《今注本二十四史》編委會
二十四史研究資料集刊

史記考證文獻彙編

四川出版集團
巴蜀書社
人民出版社

本書出版得到國家古籍整理出版專項經費資助

第三冊目録

史記短長說

[明] 淩稚隆

清道光二十七年番禺潘氏海山仙館叢書本

史記短長說集

先藻泉公輯史記評抄於司馬氏之學博綜條貫惟恐闕遺卷首錄短長說一冊後繹泉磊泉二公更蒐羣籍集其大成爲評林一書王弇洲所謂發簡而瞭然若指掌又林然若列瓌寶於肆者也茅鹿門云讀其書有如湘靈鼓瑟於秋江之上曲終而人不見者徐龍灣以二公不錄其評爲恨蓋心服之矣書刊於萬歷甲戌至丙子始竣卷首仍錄是編板久漫漶而後之翻刻者多軼之故爲世所罕覯嘉慶丙子余主講東林郭晴川學

博以是編見示言其舅氏唐冰溪先生所授也其文雖與國策史記有異同然多奇氣足資博覽弇洲疑爲戰國逸策又疑爲文景之世好奇之士所假托者卒未有定論也余觀寒泉子之教荆卿建成侯之飾四皓事說而識超謀譎而論達皆戰國策士之習漢以下不能仿爲之則其爲戰國逸策而漢士增益其說無疑也余獨異評林之成在萬歷丙子冰溪之授學博在乾隆丙子今復以丙子歲校刊之則一編之顯晦亦有數存焉者耶嘉慶二十一年丙子八月吳興淩鳴喈覺甫氏識於

東林講舍

史記短長說卷上

明吳興凌稚隆以棟訂正

王世貞曰耕於齊之野者地墳得大篆竹冊一袠曰短長其文無足取其事則時時與史牴牾云按劉向敘戰國策一名國事一名短長一名長書一名修書所謂短長者豈戰國逸策歟然多載秦及漢初事意亦文景之世好奇之士假托以撰者余怪其往往稱嬴項薄炎德誕而不理至謂四皓爲建成侯僞飾淮陰侯毋反狀乃庶幾矣因錄之以佐稗官一種凡四

十則

邯鄲之難楚取魏睢濊之間以自益也江乙爲魏說楚威王曰臣不佞少習楚事竊以爲先靈王之賢甚於先莊王也楚王作色曰先莊王雄楚者也九戰而九勝以盟諸侯光列五霸聲施到今靈王少負不韙罪爲章華臺而疆內叛之天下不哀客胡謗也曰主臣莊王之有討於宋也環城易收者以百里築室反耕宋人易子而食析骸以爨王赦之盟而弗有也討鄭鄭亡其君肉袒牽羊以迎而王赦之盟而弗有也討陳以夏徵舒僇鄉取一人而又弗有也恤鄰厄誅不庭汲汲乎亡燕息之間戎車屢駕地不加益以空名爲政於天下者莊王也靈王滅陳滅蔡城不羹踰朱方兵力所及亡不有也方城外之師與方城內應而王暴繼也以貨利媒禍於天下者靈王也今魏爭趙之請救而王弗與也潛師乘魏虛而取睢濊之間是靈王之武也臣竊以王殆賢靈王楚王曰微夫子之言殆哉請得因睢濊而媾於魏

陳軫謂楚王曰臣欲益王之地而王欲割也臣欲強王

之兵而王欲削也欲收六國而宗楚而王欲失也欲抗楚以抑秦而王欲卑也夫割與削失與卑庶非王欲也然而以意得之得之王之禮張儀而內寵鄭袖也

謂魏惠王曰酒有酖王食之乎曰否前郎中貌美而陽彊以備宮監乎曰惡是何言也然則酒之酖也爲毒也宮監之惡前郎中也爲其鈎淫也張儀之毒也甚於酖而其鈎淫也甚於前郎中王乃委國而事之何也

楚頃襄王獵於濠而樂也觴羣臣而命之監曰醉酒解客有來謁者曰請須臾曰毋間遂酒之敢問客何業曰臣不肖少賈而中棄之晚乃業儒見魯儒與吳賈爭也魯儒曰親重身吳賈曰否身重親魯儒曰吾聞之夫子矣父母之讐不共戴天其以身也曰以直報怨吳賈曰吾先君闔閭之有檇李役也王夫差因以夕枕薪晝茹膽而令於庭曰夫差爾忘越王之殺爾父乎曰不敢積甲而訓之以伐越棲越勾踐於會稽之臺而弗誅也為其稱臣也王句踐因以夕枕薪晝

茹膽而令於庭曰句踐而忘會稽之恥乎曰不敢積甲而訓之以伐吳棲吳夫差於姑蘇之臺而弗赦也夫差報親而赦也何踐報身而弗赦也然則身重親臣未有以折也臣今者過王之國都而知其騈謬也夫函關之留鄢郢之舉王殆以為疥癬也置之均已王面赤趣罷獵

芊八子使其豎謂張儀曰妾之有憾於惲君所悉也惟惲日夜不忘齧齕稷異日安能頫首而事之今惲幸在遠可圖也妾欲行申生之胙而愳大臣之以遠證也惟君善謀之請以黃金千鎰為壽儀曰諾他日見昭襄王王曰惲之治蜀也庶幾理哉曰然曰惟先生之習於蜀也吾欲開其西南之地以勁楚後可乎曰不易也其西南為羅施鬼方其人若猿猱若蠻又若假而又最善毒聚黍之液淬於刃血濡縷立死其食人有咽而死者有周月而死者有周歲而死者有三歲而死者施之食有即沸敗者有十日敗者有踰月不敗者為蠱百狀與獄變構是不可滅而致也王曰先生何以得之曰得之蜀賈之往來能以其物貿者

也居歲餘而蜀侯惲以山川之胙來致餕王將嘗之八子曰是遠餽也試而後嘗之以啖小臣小臣即斃昭襄王怒而欲誅之穰侯曰申生可鑒也蜀之程五於曲沃矣居再旬而毒不敗肉者鮮王益怒曰蜀其不敗內也夫申生冤惲獨不冤使司馬錯賜之劍蜀侯惲與其夫人皆自裁而誅其郎中令嬰等二十七人

尉文君謂趙王曰夫從人者意不欲天下之精為從也衡人者意不欲天下之精為衡也夫天下之精為從

也無間而起其說於從者精爲衡也無間而起其說於衡者從衡錯而傾邪之士得埶而操其權故夫利與客逝而害留王也且夫一辯客之任足以食百戰士而有餘王請一切謝客可也

毛公爲信陵君說魏王曰家任長然乎王曰然然則臣之鄉有火於鄰者爻箛爐篋折朿脅勢必逮及其長方醉臥不起其弟不得請而從家眾斛水柯斧而救之可乎曰可然則秦虎狼也旦夕且舉趙趙舉而包魏於膏肓之間必不已也秦甲西下軹道南陽封冀

因夏水決滎宿胥之口而灌大梁東兼邯鄲之甲度白馬而與師會大王雖欲寬然託吏民之上一日得乎信陵君以王醉之未醒乘見卒力戰破秦師而存趙以存魏也大王乃厭社稷而怨之乎王曰寡人非敢怨信陵君也不忍於死者歸耳毛公曰晉鄙宿將也將大王十萬之衆於境日費國千金而不恤也覩社稷之殆淪而次且不進也毋乃以魏爲貨乎信陵君知誅貨魏者耳不知爲大王將也王謝曰請徐思之次日薛公見王曰客何來曰邯鄲見信陵君乎曰信陵君日夜悲啼思大王內責咎外畏誅未敢東駕也信陵君之客三千人人扼腕髮立以大王薄介弟而輕社稷功思以頸血汙屬車之輪臣其一也且以大王之兵符在臥內而客取之若承蜩王謝曰敬因客迎信陵君

趙有樓煩之地攢縣人秦秦欲得之趙弗應也秦王使使以好請而以兵繼之趙王謀於公子勝曰若何公子勝曰洧之富人有溺者人得其屍富人請贖之其人需金甚多富人患問鄧析曰安之此必無他賣矣

得屍者患之以告鄧析曰安之必無他買今秦無他買而王無他賣也秦不善策而以急求王毋拒也緩之而後要之而不失利也

孟嘗君之爲燕謀齊也燕師劓騎劫破七十二城復去燕而爲齊於是襄王相安平君而誓師焉孟嘗君方食客失箸不知所擇馮煖起而問曰主君殆有憂色乎孟嘗君曰微夫子言之固有請也日者吾不能事宗國顛越於位又不能備御國之役以爲都邑憂其能免於嗣人之罰乎事秦秦吾憾也不可以再辱楚

趙吾與也事之吾不忍於先君之邑而棄之又與客也馮煖曰君何患焉吾請為君三東其客而薛席於臨菑之社而毋恐吾客一往而齊不敢西南其車騎客再往而齊七命之使馳薛三往而齊請固盟乃屬其客勝脩陽為得罪於孟嘗君者而奔齊事安平君之舍人以問謂安平君曰薛公不可救也夫弁髦我前王之托而以齊市燕今又中立弗臣也一世縱敵數世之害也請以歸燕之勁而剪之安平君曰謹受教因相與規兵食勝脩曰夫子之所守即墨若千仞

曰四仞而不及者八之一其下豐如之上不及者三之一曰薛靖郭君之所築也加等矣守士幾何曰爐餘也不及萬人曰薛公之所鳩者六萬家家壯男子二而皆荆楚鬭士也客三千人其半劍俠客也兵法十圍而五攻今二之為兵三十六萬而可曰楚魏之來救若何曰請以白璧十雙金千鎰分而媾於二廷更請以十萬塞其救道安平君不懌曰子策之善今分吾舉國而從事薛而猶不足也請緩之故曰客一往而齊不敢西南其車騎也久之馮煖乃使以二乘

為秦裝也者而閒行至薛曰秦王敬使其大夫某布之執事不穀欲留君以固秦之社稷而君弗察也雖然不穀不敢以怨也君誠有意乎穰侯出舍以待君之臨薛公謝而去之而泄之安平君居有頃則使以十乘為趙裝者而至薛曰趙王敬使其大夫某布之執事曰者君去趙相寡人心怦怦焉思辱其社稷以為先王憂君幸不得志齊敢虛介弟之位與邑以待薛公謝而去之而泄之安平君居有頃則又以一乘為楚裝者夜請鑰而內之與薛公室而語弗泄也乃

使客董之繁菁若以姦得罪者奔而事安平君以閒謂曰君知楚使之一乘夜入薛乎曰知之知楚語乎曰不知也董之繁菁曰吾得之其內侍者楚王使為薛公曰淖齒之與其兵不反也吾不敢以報其嗣王雖然請因君而利焉吾欲納甲十萬於薛因子之吏士與齊故臣觸而吾以四十萬繼之如其克也盡淮維之東奄姑攝以為君封域也不然吾得薛為外蕃以界齊江漢之豬惟其腴都五倍薛而酬君何如口口口口薛公謝曰未敢以市我先王如其不獲成也

而闘之安平君瞿然起見齊王曰薛不易下也而其地楚魏之甘也孟嘗君又諸王之所急也王請得而附之齊王乃使大夫貂勃以七命侯之車服聘於孟嘗君曰伯父先王之所師事也孤不敢以臣惟是五世之昭伯父共之孤不敢外也不腆車服太公之所拜賜於成周者也敢請爲伯仲之邦以世世夾輔齊故曰客再往而齊七命之使馳薛也孟嘗君率薛之吏民而拜賜報聘者行矣乃屬故狗盜之客往而亡何安平君寘相印兵符於臥內而且失之懸賞百戶

以購孟嘗君使敬奉安平君曰有賈於市而得者以獻爲其類於君也不敢私謹以獻下執事安平君大恐而厚禮孟嘗君使曰爲我謝孟嘗君單之首領實在君所單死而已不死而不左右齊之宗社以奉事君者有如日君無恙而所不得志於單者有如日故曰客三往而齊請固盟也

武安君坑趙降卒四十萬人於長平趙大震還師秦王爲王車而御之既罷燕舍人錯曰趙不復下矣而武安君且死武安君所謂巧戰而拙勝夫以趙之存者其耄老哭子弟其孤少哭父兄厲白刃馮堅城而以故告諸侯曰秦爲無道蠶食六王趙舉勢必及韓魏南收楚北歸燕而東割齊諸侯之吏士闘亦死降亦死等死闘什伍乎而秦之癘兵傷過半天下之爲趙者五以五倍之衆協人自救之謀而佐必死之趙當半殘之秦此猶之乎劍石也劍雖利不缺則折武安君計不勝必不行行秦王不怒而師辱不行師不辱而秦王怒臣故曰長平之役武安君爲趙坑四十萬人又爲四十萬人自坑以謝也

燕王喜使栗腹以百金爲孝成王壽酒三日反報曰趙民其壯者皆死長平其孤未壯可伐也王乃召昌國君樂間而問曰可伐乎對曰趙四達之國也其民習於兵不可與戰王曰吾以倍攻之可乎曰不可以三可乎曰不可王大怒左右皆以爲可伐鞠武曰淺矣昌國君之言夫謂趙不可伐者覩在燕者也謂燕不勝趙者覩在燕者也胡以不覩秦夫燕之所以緩中秦禍者趙爲之屏也夫燕收趙而不勝趙燕且爲趙舉是趙失之秦而取償燕也燕收趙即勝之是瘠趙

而速秦舉也禍且鄰我卽勝趙而舉之得瘠國而徼其屏亦鄰禍也且天下之能禍燕者秦也趙弗與也其稍足以支秦者齊楚之外卽趙也燕弗與也楚失鄢郢而東徙弗能軍矣齊中我濟西之役而甫復國其氣弗振矣趙又喪四十五萬於長平是三國者茅靡焉燕旦夕之爲秦是憂而何有趙也燕王益怒不聽遂以有鄗伐之敗

穰侯免相國就封陶出關關吏閲其車輜重千有餘乘聞之昭王王按劍而怒曰吾王四十年不爲王而爲

穰侯穰侯相三十年不爲秦而爲穰也籍太后柄胥何避乎必僇而室之武安君恐使其客說曰大王亦知五霸之所以遂否乎曰不知也齊桓晉文霸而遂宋襄霸而否者非桓文之獨工而宋襄之獨拙也其行事謀筭等耳齊晉强而宋弱也齊晉之所以强者何也齊之所以强非始桓而勁也釐襄之世東盡萊夷而邑之西略濟上之十二諸侯而舉其半晉亦非始文而勁也獻公爲之滅虞滅虢滅魏滅耿滅東山之狄以大啟曲沃而後文公因之宋襄之地不加闢於徼封而兵不益於殷遺也然則爲晉獻齊釐襄之所遺者難而爲桓文因者易也今大王信客卿以越韓魏而攻齊爲穰侯罪夫穰侯之所罪者一耳大王一憂魏則穰侯爲大王拔河內城大小六十走芒卯殲暴鳶入北宅圍大梁立責其河東地方四百里連拔三縣再憂韓魏則穰侯爲舉武安君將而鹵首二十四萬擒公孫喜三憂韓魏趙則穰侯爲殲其衆華陽下鹵首十萬取卷蔡陽長社觀津以東臨齊而齊服其最憂楚則穰侯之所舉武安君輕兵而拔鄢鄧

明年拔郢燒夷陵遂東至竟陵舉宛葉楚不能軍而竄陳以不振穰侯相而大楚韓魏各割其半以肥秦秦之所爲秦者三而後客卿得入策也夫客卿之所爲秘者曰遠交而近攻而其在魏何不令魏近攻秦而其爲齊謀何不令近攻楚趙而遠交秦也故夫穰侯之所爲實者難也且夫秦入楚楚之珍寶齒革悉以富咸陽而穰侯拾其濫也秦王色沮久之曰吾非爲穰侯失策也爲秦之有穰侯而無寡人也客曰惟然有之元二之際嚴君疾用事惠后内主而庶長壯

方棘時有王而無穰侯王得稱有王乎何以至今日哉王曰咎休矣吾方思之穰侯乃得良死

信陵君既促駕歸魏魏王與之相持而泣以上將軍印授之信陵君發使使五國趙王曰邯鄲之圍實魏解也且其將者又信陵君雖靡躪之餘不敢不悉發謂尉文君以八萬人往復之楚王曰魏將信陵君矣微魏不虞亡楚亦不虞亡也謂春申君與都尉英以十萬往其韓王燕王曰魏國吾蔽也不救魏魏必亡魏亡而吾亦踵之且又信陵君將各以五萬人往至魏

郊號有日矣公子選魏之武士奮擊四而一之得十萬人衆喜曰吾聞王齕之時秦衆也蓋三十萬今吾加其四之一而將者弗與也勝有日矣朱亥曰不然公子不覩夫羣鹿之於虎乎使鹿各逞其技以與虎觸未有不俛虎者也羣鹿併力而負觸以其角勁外而虎內攖虎未有不靡者也夫秦猶虎也五國五鹿也觸者鹿猶各逞技焉敢望勝乎信陵君曰謹受教乃身請於四國帥曰唯上國之郵我社稷而以師來也雖然莫適爲長進退之節孰爲之金鼓也利孰行賞不利孰行鉞也請得一人而事之諸帥曰魏師主也而公子上將也敢不惟命之聽公子乃偏拜以謝爲壇而令之斬一將之後期者與趙一都尉之亂行者曰與秦折而燕以羸師嘗之佯退以亂其壁趙趙合而盡其良以壁嘗之楚輕兵爲十覆以待戰韓而四躪之韓以谿子巨弩長戟斷其後威如公子教遂大破王齕抑之於西河之內是時天下稱明兵法者無如公子雖秦人亦曰自吾下山東未有如魏公子勁者也公子在吾何以得志乃進閒

魏哀王謂公子無忌曰甚哉寡人之不欲事秦也然而無可以與秦敵者公子無忌曰昔者未有魏而晉師之西面格河之外也十九勝焉秦人恐而退自擯爲戎不敢比數於諸侯晉恆以爲權於天下有魏而秦師之東面格河之內也彼十九勝焉君王恐而退自貶爲藩不敢比數於諸侯秦恆以爲權於天下晉一而霸三而弱君王能復求晉後約韓魏而臣之乎可以西挾秦南爲政於齊楚魏王曰惡是何言也君晉而身事之也則不若君秦而名事之無忌曰臣固知

其不可也爲從之不固也君亟斷河內母使崤函游士之軾入境而媾韓趙是一完晉也車馳金馬馳璧而南托於楚是益一晉也車馳金馬馳璧而東托於齊燕是又益一晉也三分晉而抗秦猶庶支三益晉而秦不立紬哉從衡之利害剖也請燭照然先王之君臣不察朝蘇氏而夕張儀至於此極也臣竊怪以君王問晚矣魏王曰善

文信侯且仰藥客周甲曰徐之請隱而窺秦王死未晚也乃傲行見秦王曰臣東海之鄙人也海有能魚服

游渚豫且得之束以網罟施柳鉤乎喉吻之間霜刃垂飛於纖鱗鼎灼波湧王曰危哉賈師見而憨之脫衣以質放乎清泠鼓鬐揚鬣倏忽變化雨澤四裔垂領之珠報漁者乎報賈人乎王曰賈人哉客毋爲隱也賈人因是以衷刃鋸龍之首而擬鱠龍則無異於讐漁者彼謀彼之謀吾爲吾之爲而已文信侯聞之立仰藥死也

秦王既以誅二周韓蒯趙魏燕代其舍人之坐文信隱者跳之楚楚王辟客寖見曰國且夕亡先生乃幸肯臨之先生不以亡棄楚敢問秦王何如人也曰秦王爲人蜂目長準鷙鳥膺豺聲少恩而虎狼心好以禮下士金石賞罰其大夫何如曰其大夫則刻深悍精而法於吏將帥虓猛好謀而毅士卒則習之矣無疲數曰固也數愈勁袒裼赴敵左挻人首而肉之右挾俘鹵百厲百決楚王瞿然曰秦其帝哉曰帝也等亡耳曰子之言秦帝也而亡何居曰王不見夫田者爲狐狸鼢鼬之暴也思豹牙而貙爪者逐之貙豹因是以齮齕人思又爲狻麑若駿逐之狻麑駿因是以齮

齕人甚毒發矢巧中穽三尺之童得而餔餟之諸國貙豹也秦則狻麑駿也且夫王之好以禮下士金石賞罰也此欲得所爲得之其蜂目長準鷙鳥膺豺聲少恩而虎狼心爲安於君者而已哉其大夫佐其君得所欲爲得之能無從與君哉其士卒袒裼赴敵左挻人首而肉之右挾俘鹵百厲百決此自欲得所爲得之爲安於民者而已哉楚王悅曰然則前楚亡乎曰非臣所任也臣猶之乎蜜肌以且寄息者非以春秋寄息者也

荆卿爲燕太子使將入關寒泉子見白虹之貫日也詫曰此必有諸侯謀秦王者乎據崤渭之衝而候之燕車四乘寒泉子視其使貌沈深叵測也其副悍目哆口怒而面白此骨勇者曰是爲謀秦王者哉奈何投肉虎狠之口而怨社稷也舍定間行往謁荆卿曰客何所繇事曰敝邑燕王之孽臣丹聞秦王有意督過之不勝恐懼以王之欲地讐首獻願世世稱北藩築宮比於臣妾不識秦王亦肯幸赦燕否寒泉子曰此非虞野人所任也雖然試爲子籌策之十一夫秦

豺國也其君臣日夜東嚮而思食諸侯王十世矣今業已吞二周并三晉郡縣之兵且莫度易水太子爲欲地之足以飽秦王而讐首之足悅乎得燕欲地焉往得太子讐首焉往爲太子計者不過曰吾遣卿西事秦秦王幸而見之以其間爲曹沫所爲反諸侯侵地大善則不可因而刺殺之秦内急主而外寬諸侯以延呼吸之命此大非也幸而計遂爲曹沫要盟而許之釋盟而不食言此五霸之事也非所以語於反覆秦也兵以速加燕計遂已殺王秦之易王也如反

掌而因兵如脫兎兵必速加燕計不遂而主語泄秦王之虓然怒也兵又速加燕加燕而社稷墟燕之子孫之無噍類也援秦以名而快其忿鈎其萬毒其吻荆卿跽曰不敢先生幸終教軻曰毋也子行而獻欲地讐首秦王必暫悅悅而子說之以寬燕而伐桀楚必從秦兵發子馳而歸報太子以重金寶購齊使悉國兵尾其後約楚而夾擊之以重金寶購匈奴悉胡騎繇五原躪其西北以重金寶徇三晉之亡臣大夫而悉燕兵數十萬壓之必羣起而響應夫秦重兵擊

於外而内空虛四捍不逮驟發於不虞之燕其亡秦必矣子爲盜俠而貨燕之社稷何所非死乎荆卿拜而請曰先生之言金石也請毋泄也既別謂秦舞陽曰吾非不知彼之謀以曠日持久則不能也吾以劫許太子而倍之是吾愛身也怯也吾且行矣

周鼎入於泗秦皇帝制詔善游者萬人泅求之不獲盡誅死獲之以千金若萬戶邑賞客有見者曰臣固能獲之臣少嘗見之錯彩如鏤而色飛九州之山川民物都會怪瑋具焉皇帝曰善如布式曰獲之請銷而

器之皇帝曰惡爲其鼎周也如秦則折刖之喙足矣客再拜曰主臣陛下之欲得鼎也而不忍毀也昔者得周之故王胡不以奉而廢之夫陛下易火德而水易王而稱皇帝金人傀俄萬世師泰唯鼎是周令天下有以窺見其餘夫三川之陽豈少爲文武昭穆者哉秦皇帝曰敬罷客吾不復問獲鼎

秦始皇既啗二周平六國郡縣其天下而衛之嗣君猶稱國也朝而當奪而秦王不省也居數載丞相弗悅之恩而葦其重以黃金百鎰白璧五雙賂中府令高

而祈存焉高謝曰始皇乳虎也弗敢攖且吾何得之丞相姑待之居無何烏倮以虜之駃騠百足槖馳十雙獻而始皇封之戎王之甌脫使比列侯以朝趙高乃通於丞相去疾斯之舍人曰上夕者按圖而不懌也曰衛蕞爾邑而尚稱君以亂我制丞相其謂何丞相恐乃上言衛故姬姓侯也今天下邑而獨衛邦令若長而獨衛君弗當宜罷君爲庶人邑其地始皇讀而疑忽咈然息上柱曰丞相久不言衛而今言衛者以我封倮也謂倮賈而我崇賂也下書切責丞相丞

相久不言衛今胡言衛耶丞相豈以身有功當封耶衛君世世爲秦臣共職貢不乏寧若六王之挾王而衛我其食封勿奪丞相以咎高高曰非誑也上諱非其指且不私衛而私倮丞相乃悟竟始皇世不敢言奪衛

盧生等將就坑搏膺而歎曰天乎余之無罪也余死將詛諸孔子監者曰叱嗟生惡無罪主上既以焚孔子言而召諸儒生乃倍孔子來見乎抑匿孔子乎倍而來不義匿而事不忠夫仙藥之難就而仙材之不易

遇也而徐市等乃面相謾欺糜膏血而奉之又其以子弟殉大海諸儒生從臾如決流退有後言死者而無知也奚所詛死者而有知也奚以見孔子盧生嘖然雪涕曰死晚矣死晚矣乃就坑

客謂丞相斯曰相秦而有大功於天下者二人而應侯不與也曰何人也客曰商君文信侯也孝公之初紬秦於西戎弗敢柄諸侯也商君相之明法審勢開阡陌平賦稅上首功別男女秦以富強天子致胙三晉賓服啟秦者商君也商於之邑十五城南面稱寡人

矣然而車裂於澠池之市而民不思先王之困於趙也若笠豕然文信侯捐家而出之礁盤之上又挾秘而超諸公子王鱗之符剖而長有社稷今皇帝得托體焉啟秦有天下者文信侯也河南之邑十萬戶號仲父矣然而服毒於巴蜀之市而民不思何者功大而多食報也功大者厭於主多食報者厭於民應侯則不然躡蹻而見王綏頰取相功不過行間益疆不得志於天下鄭郤而杜門蔡人而碎印沒齒之年猶飽應也今主君之功商君文信侯之功也主君之報

商君文信侯之報也竊懼秦之以主君三也

齊君建餓於共松栢之間雍門司馬聞之曰夫非君也乃走見秦皇帝曰皇帝幸哀憐齊寬之使後五國又使得比於小國諸侯共亡臣敢以故主請也皇帝弟悅曰而主寒西界不通故令兵將誅之內於共若奚問也曰帝秦十世而誅三晉及楚數百戰大者伊闕丹陽藍田鄢郢長平華陽邯鄲大梁積屍骨百千萬秦民十二焉齊無是也齊世世受秦好不敢以尺寸之刃加秦之鳥獸陛下獨不幸赦故王使歸骨東海乎敢以秦民之故徼惠於陛下秦王按劍而叱曰御史出之毋多言雍門司馬跳謂齊蒙曰三晉與楚十世而讐秦數百戰大者伊闕丹陽藍田鄢郢長平華陽邯鄲大梁積屍骨百千萬諸侯十九焉今其存者皆其孤也齊無是也大王以齊民故世世受秦好臨淄之塗得以無草莽諸大夫厭粱肉獨不念松栢之間餓者齊蒙曰嚮吾齊民也今秦黔首也有秦法在不果也雍門司馬仰天而歎曰悲夫大夫時平則君臣變則行路哉乃間行謁王建相抱而哭俱以餓死

子嬰當立爲秦王家臣韓談見焉仰而賀因俯而弔也惟問何謂也曰始皇帝過聽廷尉言罷封建諸公子亡湯沐之奉夷於黔首二世加之過聽中車府令言十二公子僇咸陽十公主矺死杜公子高雖經於墓盡先皇帝之遺毋得比黔首者今大王旣以超賤離死拔主萬乘雖然大王爲公子而不蹈非命十一也今不爲公子而不蹈非命百一也夫以二世之嚴周廬若礪環衞若蠶而咸陽令兵木末而刺之若縛雞況其下者乎子嬰大憂泣曰柰何子吾身也曰無傷

也彼以重勝二世者以輕敗我者也於是遂定策稱
病巫丞相高而與子刺之

史記短長說卷上終

番禺孟鴻光校

史記短長說卷下

明吳興凌稚隆以棟訂正

楚項王晨朝諸大夫韓生見曰大王有意幸王關中關
中四塞地肥饒可都勿失也項王默未答亞父曰善
哉韓生言也秦以虎踞東面而笞捶天下固萬世業
也沛公聞之驚曰殆矣夫項王虎狼也而據關中是
負嵎而伺內人也吾且肉矣子房曰無恐也請得見
項伯乃夜見項伯曰舍人言大王乃背王關中灞滻
之旁美田宅園圃百一之賈君擅甲焉不佞亡臣之

餘敢請其羨伯曰唯唯賴君之庇庶幾有之曰敢問
大王之所與將者師幾何曰四十萬人固也渡江而
北爲楚者師幾何曰十萬有奇人之好去鄉者情乎
曰非情也新城之役秦師之就坑者幾何曰二十萬
人二十萬人之爲父兄若子弟親戚者幾何曰不可
幾也亡慮百萬敢問大王之坑秦師也何故曰爲武
信君乃起歎曰嗟夫君之不蚤計良也今幸乃遇良
爲武信君報也者則爲秦師報也者其懷刃而欲刺
大王與君之腹專矣大王之卒四十萬人其從諸侯

王而國者三十萬人則王卒十萬人不好去鄉者十之八則毋跳而留衞王者十之二矣夫以二萬之卒而欲壓百萬之怨民使之日躭躭焉而計其隙卽灞滻之旁美田宅園圃以億計君安得長擅之乎夫使烏獲酣寢十其仇束短衣而環侍卽毋烏獲明矣項伯曰善入言之項王曰客有稱新城之役者宮其室俘其人寢食其共惴惴焉項王曰亞父亟請之吾非忘之也富貴不歸故鄉如衣繡夜行誰知者明日韓生復流訕乃亨韓生

亞父謂項王曰善勝敵者策敵者也不善勝敵者策於敵者也甚矣大王之爲漢也臣薦韓信而大王不用已令漢用之矣臣薦陳平而大王不用已令漢用之矣漢欲大王殺義帝以爲大王罪大王殺之矣今者又欲大王棄臣大王固先厭臣矣

亞父謂項王曰木蠹膚者淺蠹也蠹束者全蠹也臣不肖少嘗習於秦知秦之善因六國之間也始用應侯筴走信士日夜輦而之函谷之外以害脇諸侯王而相之毋事治事練卒務以東析符南嚮敵而北肆兵

而歸重於秦偃然而坐制天下之權十七秦猶以爲未也夫吳冠而越吟人得其自也有信信有疑信則日夜輦黃金而走函谷之外以隙乘諸侯臣而誘之而後天下之權十全制也諸侯王各賢其臣而不疑自魏無忌天下之賢公子也收五弱挫強鶩於崤澠之外秦因晉鄙客而間之曰是陰王乎公子卒謝病免角尉文君上黨之阨而未快志也又使蒲卿之舍人間於平原君曰此夫易與且降矣獨畏馬服君子耳馬服君子代尉文君而喪四十五萬人武遂之役

秦難李牧也則以郭開間曰牧爲壽桿七首行弑也趙王信之而游亡燕王不欲誅太子丹以媾代嘉爲秦間曰秦欲得太子丹頭而飽無所事燕也丹頭獻而兵朝度遼水之上矣五國兵而齊思亡欲從后勝爲之間曰齊謹秦秦不忍以尺刃東嚮也齊不備而王建餓於松栢而後知后勝也是何秦之巧而六國之拙也故用間難也因間易也雖然猶未盡易也自夫英主鮮幸而間則破也若乃處骨肉之地當肺腑之任休戚均焉而旦暮爲敵間如伯者此全蠹也雖

英主不得破矣
亞父既謝項王而歸彭城也邑邑剌剌昏燥吻洞涅火
四上焚於大宅肉食鮮進數引漿夕中夜起坐彷徨
顛錯乃召卜師取龜躬以清水澡之以卵祓之祝之
曰玉靈夫子增雖耄老敢忘家國其敢以請則爲楚
卜曰兵庶幾戢哉其兆首仰足開身作外彊請則又
卜曰增病矣其得無殆乎其兆首上開內外交駭身
節折亞父慘然不悅曰卜師前卜師乃前跽曰下走
愚不敢以天請敢以人請也君侯之初從武信君也

爲筴誰立亞父曰立懷王曰武信君之敗於雍王也
君侯奈何不先言之曰固言之而武信君愎弗聽也
然吾時在襄城曰君王之擅殺卿子冠軍也而胡弗
止也亞父曰何哉夫卿子冠軍以口將者也而久多
外心且師老矣秦克趙而強我聞克而飫必敗夫一
呼吸而存亡係焉非君王其誰能安楚卜師曰善君
王之坑秦降卒二十萬新安也而胡弗止也曰吾固
止之而君王方有恐也其秦卒怨且有謀夫六國之
吏民剸項封腹斷股屠胃於秦人之手者十世矣而

今幸得復且以秦人之一謝趙人之二而猶未足也
益君王一言之而衆刃蝟發誰能已也以諸侯僇秦
二十萬而不可以秦僇諸侯十世而百倍之可吾未
之敢信也曰君王之誅子嬰而燒秦宮室也而胡弗
止也曰有之夫子嬰者秦公子也我楚之先懷王而
以詐死王負芻而以幽死君王之大父燕與武信君
而皆以鬬死夫諸侯王之先降而全者誰也其各修
怨焉夫誰之能止都城之內外若朝宮者大而不可
訓其離宮則孰非諸侯王之故而恐存之夫是以弗

止也曰君王之倍帝約而弗予漢秦也而胡弗止也
曰君王非倍約也以程功也當是時救河北難入關
易支秦之勁難乘秦之隙易藉令漢王與卿子借而
北也我君王之入關也我入關秦且折而楚漢王與
卿子敗敗而彭城繼之楚亦折而秦且漢王不待報
而遽有秦閉關以扞我是漢先倍約也非君王也曰
然則君王胡以不遂都關中曰以存約也示與漢兩
置之且君王綱紀之僕靡西人焉而皆楚卒也誰能
無楚思卜者前賀曰卜之天而君侯左也卜之人天

且爲右焉雖然義帝江之役其眞益乎抑有以受乎君王其與聞乎抑弗聞也請更卜之必亞父不能答夕疽發於背七日而亞父卒

漢王欲媾楚以請太公不得客有侯生者蹙鬬膝攣淚目泥耳前仰後俯衣褐因謁者見曰臣請爲王媾楚漢王叱曰而胡言之易也謀若良平辯若隨陸弗敢任行而胡言之易也侯生曰王請太公耶弗請太公耶請太公也而以輕絶天下士何也令臣必貌見王王必貌取人則胡不以將張蒼而將韓信王曰善子

先之富貴且共之侯生遂東見項王曰漢王之使陪臣來謁媾未畢項王按劍疾聲若霆霓曰季不欲得父耶欲得父而不以丞相何來令豎儒來調乃公也趣鼎提烹之侯生曰臣始以爲大王英雄也乃今知大王非英雄也大王乃不如漢王項王曰何謂也曰漢王誠欲得太公則遣丞相何來遣臣來是不欲得太公也大王之王漢王也漢王如不聞也旣王漢因以王漢爲大王罪曰負約而愚天下江之役漢王如不聞也義帝死乃以死義帝爲大王罪曰弒君而愚天下鼎之問太公且就烹漢王如不聞也必太公死乃以是爲大王罪曰殺吾父弗義請與天下共報之大王幸赦太公漢王語塞請和也漢之君臣相與謀曰吾遣丞相何往齎金帛稱臣割地以求太公楚王必喜而予太公予太公吾毋以爲兵端也乃定使臣烹臣與太公而後漢君臣之計中夫決謀之謂英立斷之謂雄大王勇於謀而不斷已食其禍而食敵以實利也臣故曰大王非英雄也大王以直予漢則毋若以曲予漢正告天下曰漢之土地甲兵寡人無所

利焉漢王嘗與寡人約爲兄弟吾不忍其父而歸之以庶幾息肩元元漢王內逼親外逼名必不敢畔楚而構禍於天下項王室劍斂膝曰快乎先生之言如發矇也禮太公使侯生御而歸漢漢王大悅曰此辯士所居傾國因封侯生平國君

西楚霸王使司馬奉書漢之諸王列侯大將護軍中尉卒正人吏漢王劉季好回不道倍詛棄父酗酒嫚賢以干天伐惟我兩軍迫於兇殘不以好見敢布腹心昔我武信君有討於薛季實帥羣盜而請啟行爰錫

虎賁五千驃將十人以爲季紀綱之僕寡人迅掃河北還劉全師季得抵關以入崤函之險路空解理兵刃不血伊誰之故季逆觴寡人以奸而距嶢關義帝一介之使遂閉不內寡人以爲討賞搖其尾寡人寬之弗誅念厥功剪茅壓紐王有巴漢惟是故裔勞臣瓜分天下寡人亡所利焉庶幾與諸侯王息肩季復潛兵布謀以盜三秦強劫五國衷刃嚮德飭撫浮譖汙蠛寡人簧鼓其下羸秦爲毒屠割寰宇十世之殤奮其武怒甘心於報新安之役雖寡人先之實諸侯

王吏民意也秦鑿元元之膏以建阿房示萬世侈寡人有憂焉六王之宮廄亦有孫子臣士瘠胸疾首鬱爲烈炎秦獲六王艮者餓死敢忘子嬰之僇惟義帝之暴終以侍衞不虞爲寡人罪君其問諸水濱抑聞之季也出蜀而東窺關帝豈已大故即季又從諸田畔王命以牽我於齊而入我彭城寡人不獲已迺有泗睢之役季不習於戰大棄其師寡人寬之弗追季又跳劫老弱張兵威而窺我寡人不獲已迺有滎陽之役季又不習於守大棄其師寡人寬之弗追季又

掠奪我同盟挑脇我與國離間我腹心爲鬼爲蜮爲蟓爲蝮寡人從有肆焉爲先武信君之故與諸侯王大夫吏之不寧季幸且赦寡人夕改圖也盟季父而歸之約曰鴻溝以西爲漢以東爲楚季踴躍稱報世世臣妾季履后土而戴皇天皇天后土實聞斯言餘腥在齒復謬聽一二憸壬稱兵固陵矢鏃未交烏潰獸散今者復誘齊王武王趙王梁相國以土地金帛而謀楚曰得楚與天下共之諸侯王自視與季父孰親佐漢而伐人國與活季父孰德季已滅寡人德棄

[illegible]不顧其何有於諸侯王也寡人甲雖敝足以一奮諸侯王所習鉅鹿彭城事者斬季降請以關中事之世世鄰好與天無極季能革心自悔寘還故封寡人亦無所恨

彭王既封梁大置酒會客扈輒偏而前弔曰嗟夫大王之以身托王也是殉王也何故曰大王之起鉅野一役夫耳非六國素貫衆附而暫失職者也大王游師於梁楚其附離漢若沉而若浮非有蕭曹金石之素也大王之功獨有狗魏下昌邑絕楚糧道間給軍食

耳非有齊王信畧定之勛也夫蕭曹之貴不益侯而齊王之立非主上之意也大王安得宴然南面稱孤哉且固陵之役漢以誅楚告而大王恐疑恫喝而不應也漢以勝楚捐睢陽以北至穀城王大王告而大王翩然來也是以梁而來也抑爲漢而來也者漢焉得以純臣視大王也且夫天下不一而人易王也天下一而王不易王也無智愚知之臣故曰殉王也大王盡謝梁而就侯之故封乎夫以一世王而身裂孰與百世侯而子孫不絕也彭王嘍啨不忍辭也後竟

有雒陽事

鍾離將軍辟漢亡之楚楚王信欲弗納鍾離將軍恚且自剄也騎無詭謂曰請爲將軍嘗之乃入拜賀曰大王行千金報漂母又僴畧惡少年而不誅且官之天下之士靡不南向馮軾而入楚以得奉大王布衣之間爲幸大王之英風薄海外今者門有一鍾離將軍自言與大王有連也楚王曰鍾離將軍故有連也雖然垓下之決田王亦既辭梁王而之島矣願鍾離將軍之事田王也曰德德者常也德讐者變也然而厚也讐德者薄也大王既以幸寬惡少年而不誅且官之而獨棄鍾離將軍是大王再用變而後居薄也臣竊爲大王不取也且夫虞卿賢臣也急魏齊之禍捐相印而與之間行亡命鍾離將軍怨不勝魏齊漢暴不勝秦而大王之賢遠過虞卿幸毋以他郤也楚王曰固也鍾離將軍得罪漢而寡人漢臣也寡人耿耿之身不足以殉鍾離將軍不願見也曰大王虞臣漢也則請毋虞臣漢[illegible]什方侯之璽漢皇帝腐心而受之爲其功大也漢皇帝必不忍以大王之匿鍾離將

軍掩大王功明矣且楚國雲夢之澔折蘆之交亦足以藏鍾離將軍而無覺楚王曰諾請見之

漢之五年封英布爲淮南王出而有驕色隨大夫請見不拜曰幸甚無恙今天下稱雄勇於大王者獨項王耳項王滅獨大王在漢之諸王楚王信最貴大王次之其諸南面而王者固皆雁行弗敢先也雖然大王之所稱功烈於天下者五耳初渡江振武信君之弱而起之以破秦嘉景駒軍一也以二萬人北擊邯離之說而爲軍鋒冠二也坑秦卒二十萬以快諸侯三

也取問道破函谷關以與大會兵四也又與衡山臨江王爲楙之績五也夫是五功而皆在楚漢弗與也其一功爲楚窘漢者也其二功又豪傑之所服誹也大王以九江歸漢龍且來見討弗能距固陵之役在軍軍不能勝今徒以一歸誠故而偃然而當列城邑之封又以驕色御之臣恐漢幕之士自執圭而上皆得持功籍而與大王差計也淮南王謝不敏曰孤之獲有此日也大夫之賜也請以黃金百鎰白璧一雙爲大夫壽隨大夫辭而去之曰吾以爲淮南王功也

是吾且代淮南王禍也吾弗敢愛也

高皇后謂酇侯曰相國來帝討叛豨托君以老婦弱子胡婾自遂也酇侯免冠謝曰唯社稷之策與主上之寵命不有寧也后曰吾三使使問軍中事而三不答也意者憂不在外歟夫淮陰侯蹙項之勁也而中廢意怏怏吾甚憂之其反也老婦請厲礩盎而爲君先酇侯曰臣聞之決癰者虞其咽淮陰侯功臣也主上未有命誅之臣懇挑禍也且臣老不足以任大事酇侯趨出辟陽侯見曰臣異日得侍后未見不色懌者也今者乃不色懌也毋以臣委弱歟后曰否吾欲甘心淮陰侯相國不與也辟陽侯曰相國文吏易搖臣請徵之出見酇侯曰下走不敢從百執事以見竊怪相國鮮食惡寢中若負隱懲胡憊也相國謝曰無有曰不佞得從冡家侍環衛之列唯是一二語與聞之日者皇后朝罷而歎曰老婦誶過言漢中之帥誰壇而拜者得無生語泄乎吾毋子不食新矣酇侯大恐色變入請死遂謀誅淮陰侯

冒頓爲單于強而數苦北邊高祖患之以問劉敬敬曰天下初定士卒罷於兵未可以武服也冒頓以力爲威未可以仁義說也獨可以計久遠子孫爲臣耳然恐陛下不能爲上曰誠可何爲不能顧爲奈何劉敬對曰陛下誠能以適長公主妻之彼知漢適女必慕以爲閼氏生子必爲太子代單于冒頓在固爲子壻死則外孫爲單于豈聞外孫敢與大父抗禮者哉兵可無戰以漸臣也上曰善叔孫生進曰大漢方一宇宙超三五乃無故而飾愛女以爲匈奴御得無恥笑後世哉夫匈奴豺狼也其父之不卹而手摘之以死

何有於婦父冒頓之有子也而見其大父之死於冒頓也則曰吾父且不武何以獨忍吾大父而弗忍外大父也不然而以十萬騎入塞牧曰均而孫也吾何以無漢分地請得九州之偏若幽冀者寓牧焉奚辭捍之上曰虜貪而好色故餌之叔孫生曰冒頓餌人者也非爲人餌者也不觀其初得志而以其所愛閼氏予東胡而兵隨其後彼豈其遽耄昏哉而我乃用彼之餌人而餌之乎上不聽入宮以語呂后后大啼泣曰妾唯一子一女奈何棄之匈奴上乃歎曰唉而之不欲棄女何奴也晚矣則胡以磔淮陰侯也

高皇帝謂羣臣曰吾少也賤嘗習於戰國而未竟也夫三武安君孰賢陸大夫曰武安君秦似賢夫武安君秦不假尺箠寸兵一介之衞綏頰而鼓燕厲趙懾楚摩齊膠韓魏而西脅天下之權舒縮三寸之舌佩金者六此豪達之極操也十五年函谷不出兵而男女獲老此慈惠之宏覆也臣故曰武安君秦賢雖陽侯曰不然武安君起賢白起將而摧韓魏伊闕安邑華陽陘城野王趙上黨楚鄢郢首虜百萬城大小二百自蚩尤以還未有績烈若是偉著者也身死而秦用其教以吞天下臣故曰武安君起賢季將軍曰因易也反難也二武安無無因者起因勇也秦因怯也以關中吏士之勇卽非起將之勢不得不勝也以六國之怯卽非秦誘之勢不得不合也武安君牧賢也夫武安君當襄季之趙厲殘傷之卒北摧虜西遏強嬴若拉朽然反弱而見強反負以要勝牧存趙存牧亡趙亡臣故曰武安君牧賢帝曰善夫季將軍之言將矣

建成侯爲太子留侯曰君故爲主上時時秘謀今數欲易太子太子不敢以望君君爲言太子而主上不聽也萬歲後太子不敢以望君留侯曰地疏而計親者拙也位賤而圖貴者諄也且上數在困急中幸用臣策今策天下安定以愛欲易太子夫以疏賤幾棄之人而處於骨肉之閒百臣等何益建成侯刼曰雖然爲我強計之曰此未易口舌爭也顧上有不能致者天下四人東黃公綺里季夏黃公甪里先生四人者老矣皆以爲上嫚侮人故逃匿山中義不爲漢臣然

上高此四人公能爲太子致之乎爲太子致之而見之上必異而問之問之而事可大助也建成侯曰善言之高皇后使使者齎黃金百鎰白璧四雙安車四乘以太子書繇商山而道披箐棘貽四皓曰寡人之竊寤寐高誼久矣屬卒卒無燕閒之間不敢以身過請敬使家令布其區區夫四先生鸞矯鵠舉游於空外糠粃萬乘草芥窮顯使海內傾響而慕聲且以秦皇帝之強極六國王而不能以寸組被四先生以項氏之暴血五諸侯而不能尺刃脅四先生寡人則何

敢言雖然寡人可以執鞭箠而共埽除之役無不爲也寡人竊有請也堯舜欲以天下辱巢許故巢許弗辱也出不能加治於唐虞而遯足增華於堯舜是故其人箕潁益深也若師尙父之於文王則不然八十而非熊九十而鷹揚百有二十而磻石於齊施於孫子大表東海夫天下不以巢許故而廢師尙父四先生有意肯幸臨寡人寡人旦夕事之如父師四先生即不厭師尙父一沛其餘卷舒若雲又似游龍九有被施萬代若新豈不快哉四皓委髮蜿臥佯懲不屬

曰老臣不足以辱太子使者庶無所之長安千里而邀老臣因道路之遺骨也且焉敢以子先父也使者三請不可乃返建成侯憂曰若之何更見留侯曰子爲之號鶩於市而曰鶴也其曰非鶴而訕之者十九號山鷄於市曰鸞也其不即以爲鸞而訕之者十不一也夫鶴恆見而鸞不恆見也四皓之辟世人久矣帝嚮者固高之特耳之耳建成侯曰請受教閔使者問狀貌所近而推得之舍人中老者爲隱衣冠抵掌而談商山甚悉及太子燕上置酒受留侯辭以從上

怪問曰彼何爲者四人前對言姓名上乃大驚曰吾求公數歲公辟逃我今日何自從吾兒游乎四人皆曰陛下輕士善罵臣等義不受辱故恐而亡匿竊聞太子仁孝恭敬愛士天下莫不延頸欲爲太子死者故臣等來耳上曰煩公幸卒調護太子四人爲壽已畢趨去上目送之召戚夫人指示曰我欲易之彼四人輔之羽翼已成難動矣呂后眞而主矣長安人人謂太子能屈四皓也

漢高帝誅淮南王還張飲沛懽甚已而酒見羣臣倨謂

曰吾孰與古帝王稱鄧侯曰堯舜帝不悖曰相國過諛吾吾焉敢望堯舜哉鄧君曰唯陛下過損以不如堯舜即堯舜不如也夫堯唐侯也舜天子之介壻也陛下起布衣無尺寸之籍其不如一也嬴項之強難爲力攻百倍水焉堯使禹治之九年而甫畢陛下五載而大定其不如二也唐虞之甸不千里而近今薄海內外罔不臣妾其不如三也堯舉共工鯀驩兜而僨事陛下拔三傑而將相之動若響應其不如四也臣故曰陛下過損也非相國過諛也帝大悅曰雖然

請舍是而儗我鄧君曰秦始皇哉帝怒按劍而叱曰豎子吾提三尺誅無道秦童子知之始皇何人而辱我鄧君再拜曰始皇聖之威也以不足辱陛下乎則可然愚者任目覩跡從耳程響陛下幸赦之請得舉其似夫始皇稱皇帝陛下因之不改始皇斥郡縣湯沐之奉大於王畿陛下因之不改始皇立丞相太尉御史九卿陛下因之不改始皇築葽宮象天闕陛下之未央崔嵬不改始皇爲黃屋左纛千乘萬騎陛下之旌旂鬱然不改始皇惡儒陛下亦惡儒始皇斥太子陛下亦數欲斥太子然而始皇不好酒陛下好酒始皇之誅韓趙灌魏鹵趙斬燕滅楚四齊兵不留行陛下血濉水而跳滎陽始皇使蒙恬北逐胡築長城萬里之內無馬跡陛下之困白登七日不食卑賂以脫始皇下五嶺拓南粵陛下不能使尉佗解椎而正襟始皇之世六王之裔脇息黔首陛下不能使臧荼黥布之毋反始皇之世蒯信終牖下而陛下不能使韓彭之毋族繇此言之陛下殆不如也帝默良久久乃舉爵自罰曰敬以謝鄧君之規

高帝崩曲逆侯畏呂嬃之讒也舍車而馳至宮哭甚哀因奏事喪前太后哀之曰君勞出休矣曲逆侯因請得宿衛太后乃以爲郎中令曰傅教帝居久之曲逆侯爲人長白姣麗時時與辟陽侯審食其並宿衛其美險辟陽侯即辟陽侯亦自以弗加也而太后亦數目屬之勞賜餐饈上尊相繼曲逆侯心恐乃使其舍人謁辟陽侯曰陳侯敬使使謁君侯敢布腹心陳侯雖幸蚤貴然外臣也豈敢以僭君侯惟是長信之日屬焉愳一旦之失身以爲君侯憂帝長矣無所事傅

侯請得辭宿衛爲外臣辟陽侯必然之耳且又多之也曰是能讓乃請間於太后曰曲逆侯何如臣也太后曰是忠臣也先帝信之而托肺腑今其傳人主也十日而不洗沐蚤起寡罷若忘其有家者辟陽侯起避席曰曲逆侯之爲忠臣天下莫不聞然其美麗也少而有侯行於嫂天下亦莫不聞今臣幸而得侍宿衛以貌寢故無譏者以曲逆侯之萬一而波及臣也臣何所逃死太后不懌曰若貌曲逆侯耳吾何有也爲出之雖然不可以不重乃拜安國侯右丞相而曲

逆侯爲左丞相

潁陰侯爲大將軍東擊齊齊哀王貽之書曰高帝提三尺劍誅暴秦有天下實賴君侯及二三大臣之力剖符定封以啟湯沐世世勿絕唯是庶邦兆民之供與君侯二三大臣共之惠帝崩高后用事私其家人誅僇懿親翦滅宗社弗神其鬼白馬之盟蔑焉以王諸呂君侯及二三大臣實與聞之曰委曲匇迮以濟大幾今少主非先惠帝遺體貌貌負乘祿產實蠹其牙旦夕改社寡人眇小之區非敢以與宗廟大策唯君侯與二三大臣是希以徼惠於高皇帝今者崤函之間有兵師焉云君侯將之以誅寡人寡人未敢信也寡人少不能知君侯嘗聞之先王言雍邱之起君侯實布腹心高皇帝削廱掃項百十鄰死以有今日爵列通侯位至三事君侯所鄰死百十且富貴者爲高皇帝耶爲呂后也今幸社稷之靈呂氏倒持太阿以授君侯君侯不蚤定計卽不諱與二三大臣何面目見高皇帝於地下潁陰大慚詫曰此嬰之日夜切齒而腐心者也敬與齊王連和

淮南王之椎辟陽侯也免冠詣北闕謝文帝以親親故不忍誅而怒不已也入見太后而請罪曰臣有弟不能訓而擅僇高皇帝之大臣臣不能屬司寇而竟之敢謝不濃太后曰帝毋忘高皇帝耶曰何敢忘曰帝亦知呂后之人彘戚夫人乎曰知之曰高皇帝而在也其能無人彘辟陽侯哉淮南王代帝而行高皇帝誅者也何罪其速賜王冠

史記短長說卷下終

番禺孟鴻光校

批點史記瑣瑣

[明]郝敬

明萬曆崇禎間郝洪範刻山草堂集增修本

史記瑣瑣題辭

外編

司馬遷史記。自比春秋。班固洗索其瘢瘕。聲價不無小減矣。近世辭林推轂。置諸班史右。蓋辭人嚮文。多傳記碑版敘事。取材於諸史。而子長書。薈蕞四代典要。道古者引

繩批根。不能舍而他適。故稱子長藉甚。其書中懸事隱語。注家銓釋。徃徃標新義。余暇日料簡以示兒曹。命曰瑣瑣。桂林一枝。崑山片玉。裁以大義。錐曰糠麩。貯之青囊。寘匪金匱。皆辭林之皃藻。藝苑之珠璣也。子長自謂抽之金匱。藏之名山。殘膏賸馥。沾丐後人。者烏可視同土苴。而眉越之耶。時

崇禎改元歲戊辰二月之吉

仲輿父識

批點史記瑣瑣目錄

目錄終

山草堂集第十八

批點史記瑣瑣卷之一

京山郝敬輯錄
男洪範校閱

五帝本紀

黃帝幼而徇齊

註引爾雅徇徧也齊疾也言才智周徧敏疾也○按徇與侚通順也易曰齊乎巽巽亦順也言始生柔順整齊也大戴禮作彗齊彗徇巽聲近相通

帝堯便章百姓

註引古文尚書作平章今文作辯章○按平便辯三字聲近易剝床以辯辯即平詩平平左右平即便論語便便言便即辯漢書張敞傳便面即屏面王莽傳屏面即便面屏音平

堯召舜曰汝登帝位舜讓於德不懌

註德不堪故不悅懌俗本作澤○按作澤近是尚書作德弗嗣言德不堪繼嗣嗣澤聲近

光華曰澤即尚書所謂鄙德忝帝位之意
重華父曰瞽叟
註舜父有目不能分別善惡故時人謂之瞽
字之曰叟○按叟老父之稱或作瞍謂舜父
無眸子誤
陶于河濱器不苦窳
註苦麤也○按凡物甘曰美苦曰惡器觚邪
曰窳音庾
堯賜舜絺衣與琴

註細葛衣也○按絺衣即袗衣孟子曰舜被
袗衣鼓琴袗單也論語當暑袗絺綌凡繒之
希薄者皆可名絺不獨葛耳皋陶謨藻火粉
米黼黻絺繡以五采彰施于五色作服謂以
絺繒刺繡藻火等五采于衣即所謂袗衣也
古禮衣皆用單士冠禮兄弟畢袗玄即玄端
亦單衣也
禹皋陶契稷及彭祖凡十人堯時皆舉用未分
職舜始命之

註彭祖陸終氏之第三子名籛鏗封于彭○
按彭祖生歷唐虞夏商間壽八百歲夫子謂
信而好古竊比于我老彭即此人也彼親見
堯舜禹湯列聖其傳述最真故夫子自謂信
古竊比老彭親見先聖云爾讀者多不解
舜曰弃黎民始飢汝后稷播時百穀
註引今文尚書作祖飢祖始也書孔註作阻
飢阻難也○按前此水土未平民奏鮮食以
救飢今洪水平無鳥獸魚鼈可食土雖可耕

而民未知播種於是始飢故曰祖飢

夏本紀

舜殛鯀于羽山
註鯀之羽山化為黃熊入于羽淵熊音能下
三點象三足鼈三足曰熊○按熊與雄同音
猛獸狀似豕山居羽淵羽山下泉洞非水也
三足鼈之能下無點古篆文無三點者即熊
字耳熊雄音叶與能叶詩无羊雄叶蒸正月
雄叶懲古能熊通用非以點為別也漢高祖

本紀沛父老推季爲令季辭曰恐能薄註云能獸形色似熊足似鹿爲物堅中强力故人有賢才者謂之能然則能卽熊也有才能故稚三字可互通

禹陸行乘車水行乘船泥行乘橇山行乘檋

註橇音蕝形如船而短小人曲一脚泥上行擿進以拾泥上物海邊有之檋音句一作橋用鐵錐長寸半施履下以上下山使不蹉跌也○按此卽書所云四載也

青州其篚檿絲

按檿之言黶也音掩尚書作檿山桑也蠶食其葉爾小而堅合俗名山爾色黶然黑謂之檿絲堅韌中琴瑟之絃檿檿聲近義與弇籥通周禮典同職微聲韽弇聲鬱謂律管之聲幽閉不宣暢也考工記鳧氏爲鍾侈則柞弇則鬱言鍾口歛而內幽深皆堅合意

徐州大野既都揚州彭蠡既都豫州滎波既都導荷澤被明都雍州至于都野

按尚書都皆作豬或作瀦水所聚也鄭玄曰南方謂都爲瀦周禮距國五百里外爲都詩毛傳下邑曰都爾雅丘在澤中者爲都丘凡衆之所聚必下故瀦爲水聚邑爲民聚瀦水爲都聚下之義後世遂以都水名官

殷本紀

伊尹說湯言素王九主之事

註素王大素上皇其道質素也九主有法君謂用法嚴急若秦孝及始皇等有勞君謂勤

勞天下若禹稷等有等君等平也謂定等威均祿賞若漢高祖封功臣之類有授君謂君不能自理委政其臣如燕王噲以國授子之之類有專君謂專已獨斷不任賢臣如漢宣帝之類有破君謂輕敵致寇國滅君死若楚戊吳濞之類有寄君謂人困于下主驕于上離析可待如管子云寄生之君之類有固君謂完城郭利甲兵而不脩德如三苗智伯之類有三歲社君謂在襁褓主社稷若漢昭平

之類
湯伐三㚇歸至于泰卷
註卷作埛與尚書序同○按野外謂林林外謂埛與卷聲近楊慎云泰埛卽太行埛行聲
近古人用字不拘類此
中䨓作誥
按尚書作仲虺音毀䨓音壘與虺聲近周禮
六彝有蜼彝䨓彝䨓通虺蜼通蜼亦音壘
說爲胥靡築于傅險

按書作傅巖巖音言與險聲近雅頌以巖叶
山叶聽險與巖古字通用
西伯伐飢國滅之祖伊恐奔告紂
按書作伐黎黎飢色也書云黎民阻飢爲其
民失養而弔伐之古文字以義轉注類此
周本紀
紂走反入登鹿臺蒙衣其珠玉自燔于火而死
註引汲冢周書甲子夕紂取天智玉琰五環
身以自焚註天智玉之善者縫環其身自厚

也凡焚四千玉庶玉則銷天智玉不銷紂身
不盡也○按琰圭名
紂死武王以輕劍擊之
註周書作輕呂劍名○按顧命所謂赤刀後
人寶之卽此
武王祭社大卒之左右畢從毛叔鄭奉明水衞
康叔封布茲召公奭贊采師向父牽牲尹佚筴
祝
註周禮司烜氏以鑑取水于月曰明水以爲

玄酒也茲藉席之名諸侯病亦曰負茲采幣
也筴版也祝祝文○按百人爲卒大卒謂天
子六軍左右謂將率
命南宮括史佚展九鼎保玉
按寶保古字通用
武王告周公曰天不饗殷麋鹿在牧蜚鴻滿野
註出周書及隨巢子曰夷羊在牧牧郊也夷
羊怪物也蜚鴻蠛蠓也飛虫蔽田爲災非是
鴻雁又云小人在位君子見放之喻○按楊

愼云蜚鴻馬名言養無用害有用也愚謂此
田野荒廢閭里蕭條之狀卽小雅鴻雁于飛
註誤信冢書爲古不欲以小雅解故爲鑿說
耳若以蜚鴻爲馬馬在野亦是常事詩云鴻
雁于飛集于中澤卽滿野之謂流民之比
穆王命伯臩申誡太僕國之政作臩命
按臩書作冏周之僕正也音拱與冏聲近
宣王不脩籍于千畝
註古者天子耕籍田千畝爲天下先宣王三

十九年戰于千畝王師敗績于姜氏之戎註
千畝地名在西河介休縣○按小說介休王
借霹靂車收漦周籍田千畝在介休因以千
畝爲地名小說傅會之耳
幽王爲熢燧
註熢土櫓燧炬火○按大盾曰櫓城上守禦
露屋亦曰櫓邊方避寇作高土櫓櫓上作桔
槔常低之寇至夜則然火舉之以相告曰熢
晝則積薪焚之遠望其煙曰燧

褒神化爲二龍止于夏庭卜請其漦而藏之
註漦龍所吐沫也○按漦音斯俗謂小便爲
漦龍溺也
養由基怒釋弓搤劍曰客安能教我射乎客曰
非我能教子支左詘右也百發百中不以善息
少焉氣衰力倦一發不中百發盡棄
註引烈女傳左手如拒右手如附枝右手發
之左手不知又引越絕書左手如附泰山右
手如抱嬰兒皆學射之法○形容開弓引弦

之法搤握同
西周恐倍秦與諸侯約從
註關東爲從關西爲橫或云南北爲從東西
爲橫或云以利合曰從以威脅曰橫或云關
東地南北長爲從六國居之關西地東西廣
爲橫秦獨居之○按六國南北交合爲從西
向擯秦爲橫猶織布之有經緯也詩橫從其
畝

秦本紀

造父以善御幸于周繆王得驥溫驪
註溫作盜竊也竊驪淺青色○趙世家作盜
驪盜亦竊也近似曰竊無分辨曰溫溫亦盜
竊意不如溫佳
德公二年初伏以狗禦蠱
註六月伏日也周無伏秦始有伏金氣伏藏
之日祠社也○按四時以生氣相代春木生
夏火秋金生冬水夏季火盛生土秋金過夏
火畏伏歸于土故庚日爲伏庚金也時土氣
盛故祀社毒氣曰蠱狗善守百邪畏之殺而
懸諸郭門以禦之也
惠文王十二年初臘
註十二月臘日秦始效中國爲之獵取禽獸
以歲終祭先祖也夏曰嘉平殷曰清祀周曰
蜡漢改曰臘禮天子大蜡有八蜡者索也合
聚萬物而索祭也○按臘即蜡蜡之言腊也
百物乾薨曰腊萬物歸藏送死之祭也故服
色尚素祭先祖及百神息田事勞農休百[illegible]

也禮黃冠而蜡黃土色祀社也萬物生于土
歸于土故歲終祀之或云臘蜡二祭恐未然
孝公作咸陽築冀闕徙都之始置縣開阡陌
按闕即天子之象魏兩觀并峙其中闕然也
冀[illegible]立也取四方冀望之意阡陌田間道南
北曰阡東西曰陌即井田之經界開之以爲
田也
白起有罪爲士伍遷陰密
註嘗有爵而以罪奪爵者皆稱士伍

秦始皇本紀

嫪毐封爲長信侯
註嫪姓毐字始皇母與嫪毐淫毐坐誅世人
罵淫者曰嫪毐○按嫪音勞戀惜也毐音藹
文從士從毋男子淫惡之稱非人名
秦地南至北嚮戶
註吳都賦開北戶以向日言地極南日在北
所謂日南者也琅邪臺頌辭南盡北戶
琅邪臺頌辭晉天之下搏心揖志器械一量同

書文字
註摶古（尃）字左傳如琴瑟之摶壹揖（輯）通脅
也一量同度量也
作朝宮渭南上林苑中先作前殿阿房東西五
百步南北五十丈上可坐萬人下可建五丈旗
註以其形名宮言宮四阿旁廣也又云東西
三里鑄銅人十二于宮前以慈石爲北闕門
〇按詩云有卷者阿屋四檐深曲曰阿宮未
成成欲更擇令名名之而秦遂亡阿房非本

名也
隱宮徒刑者七十餘萬人分作阿房
註餘刑見于市朝惟宮刑者一百日隱于蔭
室養之曰隱宮下蠶室是也
盧生侯生相與謀曰秦法不得兼方不驗輒死
未可爲求仙藥亡去
註令民有方伎者不得兼兩齊試不驗輒賜
死〇人學一方欲其專精也
始皇塚中以人魚膏爲燭度不滅者久之已滅

閉中羨下外羨門盡閉工匠臧者無復出
註人魚似鮎四足羨音（延）冢中神道也〇按
羨亦作（埏）又謂之（隧）左傳隧而相見註若今
延道延羨聲近
趙高教二世行誅大臣及諸公子以罪過連逮
少近官三郎無得立者
註逮及也少小也近近侍之臣三郎謂中郎
外郎散郎漢書百官表有議郎中郎散郎〇
按少去聲如三少之少謂近侍之官皆無得

免
復土酈山
按始皇葬酈山既窆棺還以所穿土培其上
謂之復土漢文帝紀郎中令武爲復土將軍
註掌穿壙塡瘞事者
陳勝等反故荊地爲張楚
註張大楚國也秦滅六國楚最無罪已弛復
張明欲報秦所謂楚雖三戶亡秦必楚也
二世曰吾聞之韓子曰堯舜飯土塯啜土形雖

監門之養不觳於此
註飯器謂之塯形瓦器養卒也觳音學盡也
言雖守門之卒亦不盡此之疎陋也○按觳
猶酷也塯炊飯器形盛飯器監門之養對下
文臣虜之勞不烈于此烈亦酷也觳者尖削
之稱足尖謂觳士喪禮明衣裳長及觳特牲
饋食記佐食俎觳折音斛與觚通觚量酒器
有稜角考工記鬲實五觳庾實二觳旊人豆
實三而成觳觳受斗二升形尖方故名莊子

其道大觳不圖滿之意
禹決河亭水自持築臿
註亭平也築杵也臿鍬也
賈誼論斬華爲城因河爲津
註斬作踐斷華山以爲城○言設險也斬與
踐通猶剗也平治之意漢書文帝詔給喪事
服臨者皆無踐註踐翦也謂不用斬衰
陳利兵而誰何
註何猶問也或作呵漢舊儀宿衛郎官分五

夜誰何呵夜行者誰也
鉏櫌棘矜非錟于句戟長鎩也
按鉏與鋤同耘田器櫌鉏柄也一作耰論語
耰而不輟謂執鉏以耘也棘戟通周禮掌舍
棘門注以戟爲門左傳隱十一年子都拔棘
逐之註戟也禮記明堂位越棘大弓矜柄也
一作𥟍音勤言以鉏櫌爲戟柄錟音談銛通
銛音先鋒利也戟有枝兵戟枝曰戈雙枝曰
戟鎩長刃矛音晒殺去聲

寒者利裋褐
註一作短褐裋音豎褐毛布豎裁爲勞役之
衣短而且狹故又作短褐
繆公學著人
註著宁同門屏之間曰著詩俟我于著乎而
謂受學于守門之人○即閽寺奄人
周歷以移仁不代毋秦直其位呂政殘虐并兼
此段文詞甚古朴竟不知誰
天下得聖人之威距之稱始皇胡亥極惡云貴
有天下者肆意極欲痛哉言乎人頭畜鳴不威

不伐惡不篤不虛亡距之不得留殘虐以僭斯子嬰度次得嗣宜婚未得盡相勞餮未及下咽酒未及濡脣楚兵已屠關中真人翔霸上鄭伯茅旌鸞刀嚴王退舍河決不可復壅魚爛不可復全土崩瓦解雖有周旦之材無所復陳其巧而以責一日之孤誤矣

註周得木德木生火周為漢母也曆運之道仁恩之情子不代母而王火不代木漢不合即代周秦值閏位在木火之間翦鳴謂言不辨好惡胡亥藉帝王之威自矜伐其惡惡篤而亡豈其虛哉度次越序也楚莊王伐鄭鄭伯肉袒左執茅旌右執鸞刀以逆莊王莊王退舍何休曰茅旌鸞刀祭宗廟所用示以廟祀歸楚也○或謂此班固之辭也明帝諱莊故楚莊王稱嚴王賈誼司馬遷責子嬰保全宗祀故云誤哉

項羽本紀

項梁誅殺會稽守藉所擊殺數十百人

註不定數自百已下或至八十九十云數十百

東陽少年欲立陳嬰為王異軍蒼頭特起

註蒼頭謂士卒皂巾與衆異若赤眉青領以相別也○按特起謂擁立為王與蒼頭異欲貴之故下文嬰母戒以未嘗見汝先有貴者

范增說項梁曰秦滅六國楚最無罪故楚南公曰楚雖三戶亡秦必楚

註南公楚人善言陰陽言楚人怨秦雖三戶猶足以亡秦也三戶三大姓昭屈景也或云三戶地名○按項羽破趙將入關使蒲將軍引兵渡三戶軍鄣南與秦戰再破之蓋北地津名楚軍入關之路南公借為隱語耳

宋義曰搏牛之蝱不可以破蟣蝨

按蝱蠅屬牛蠅大如指牛身有蝱有蟣蝨欲搏其蝱不可望破其蟣蝨言欲撲大姑置其小喻伐秦不得兼救趙也

士卒食芋菽

註。芋蹲鴟也。菽豆也。漢書作(芋)菽。五升器。〇
按半菽謂米少半食豆也。半者不足之名。言
不能全給糧米也。荳葉亦名菽菜類
諸將慴服莫敢枝梧
註。梧音悟。猶枝捍也。小柱爲枝。邪柱爲梧
司馬門
註。宮垣之內。四面皆有衞司馬。提兵環守之
故天子禁門謂司馬門
蒙恬開榆中地數千里

註。蒙恬樹榆爲塞。〇即今九邊之榆林
陳餘遺章邯書曰。孰與身伏鈇質
註。公羊傳加之鈇質。何休云。要斬之罪。崔浩
云。質斬人(椹)。一云判椹。〇按鈇。扎刀。椹砧同。
以厚木承鈇斷草飼牛馬者也。殺人用之。周
禮夏官司弓矢職。王弓弧弓以授射甲革椹
質者。椹質謂以木椹爲質。武射尚力。故射椹
質。質者正也。射侯曰正
宋義爲項梁使于齊。道遇齊使者高陵君顯。曰

公將見武信君乎。(卽項梁)曰。臣論武信君軍必敗。公
沛公見項王鴻門。謝曰。臣與將軍戮力而攻秦。
將軍戰河北。臣戰河南。又樊噲對張良曰。此迫
矣。臣請入與之同命
按古人自謙多稱臣。不獨對君耳。高帝紀。呂
公謂季曰。臣少好相人。無如季相。臣有息女。
願爲季箕箒妾。是時高祖避仇居沛。呂公亦
稱臣。
沛公謂張良曰。鯫生說我曰距關

按鯫音(蛆)。小貌。鄙薄之稱
或說羽留都關中。羽思東歸。說者曰。楚人沐猴
而冠果然
註。沐猴。獮猴。猴不任久著冠帶。喻楚人性躁也。
〇按陸佃云。猴善候。故文從侯。猿之德靜以
緩。猴之德躁以囂。雌爲猴。雄爲猿。老爲玃。小
爲王孫。沐猴一名猱。音鐃。本作夒。母猴也。猿
一作猨。性善援。從爰。猱善技拭。故云沐猴。古
善塗者謂之獿人。楊雄傳。獿人亡則匠石輟

斤而不妄斷註亦作獿樂記云獿雜子女註
舞者如獼猴獨從㵧嬖彌嬰兒啼聲禮雜記
中路嬰兒失其母註嬰猶嬰彌一作嬰嬰兒
呼母曰嬰嬰母沐獨聲互迭故母猴曰獼猴
即沐猴也

業已講解

註業事也講漢書作媾和也○凡執事曰業
孟子有業屨于牖上……擇其善者而業
用之事已成曰業事未成亦曰……

已然半途之辭說文講和解也講媾二字通
用俱訓和

立申陽爲河南王都雒陽

註後漢改洛爲雒光武以漢爲火德忌水故
去洛旁水加隹隹從土水之忌也

漢籍何發關中老弱未傅者悉詣滎陽

註傅附同著籍也古者二十而傅三年耕有
一年之儲故二十三歲而後役五十六除籍
免役年未及二十三爲弱過五十六爲老

紀信乘黃屋車傅左纛出滎陽東門詐降

註天子車以黃繒爲蓋裏纛音毒毛羽幢也
在乘輿車衡左方上柱之或云以毛牛尾爲
之大如斗○按王侯以下皆有纛而小不在
左

項王夜聞漢軍四面皆楚歌

註楚歌者雞鳴歌漢已略得其地故楚歌者
多雞鳴時歌也○按如註所云是雞人報曉
之歌此言楚歌聲高而長如雞之鳴所謂激

楚之音今吾鄉山歌是也

漢軍皆披靡

註精體低垂

烏江亭長檥船待

註南方人謂船著岸曰檥音倚一作艤或作
檥

項王謂呂馬童云吾聞購我頭千金

註漢以一斤金爲一金當一萬錢○按秦以
一鎰金爲一斤漢以一斤金爲一金漢書註

凡言賜若干金者，一金予萬錢，非實金也。宮賜金若干，及言黃金者，實金也。此千金與以錢千萬耳。然文帝紀云賜大尉勃金五千斤，則是實與金八萬兩也。陳平灌嬰各二千斤，襄平東平典客各金千斤，則是共金七千斤，爲金十一萬二千兩。幷賜太尉者，共金十九萬二千兩矣。況徧及諸臣當賜者，不知若干人，則傾府庫之藏不足，豈其然乎。當時必別有條例，卽所稱賜金若干者，未必全是金。大段古人賞數以多爲名。如云萬鍾萬鎰，九百十萬，皆細數以見多，如一斗稱十升之類。漢制三公號萬石，實月穀三百五十斛，中二千石月各百八十斛，二千石百二十斛，比二千石百斛，以下遞減，不及全數之半。少者不及十之七八，皆非必實給也

項王走烏江，身被十餘創，顧見漢騎司馬呂馬童曰：若非吾故人乎。馬童面之

註：面不正視也。○按漢書張叔傳獄事不得已，爲涕泣而面封之。註：不忍視囚，而封其獄辭。凡人相向曰對面，相背曰背面，一作(偭)

高祖本紀

左股七十二黑子

註：左陽也，應赤帝火德，七十二日之數。五氣各居一方，一歲三百六十日，四方分之，各得九十日。土居中央，幷索四方各十八日，皆七十二日也

王媼武負貰酒

按：媼音與上聲，婦人長老之稱。王武二姓。王家之媼，武家之負。負(婦)同，卽婦字，貰音世，與(賒)同

高祖每酤留飲，酒讐數倍

註：讐亦作(售)。○按讐售(酬)古字互通。詩無言不讐。讐，報也。高祖飲其酒，必以價數倍酬賞之

折券棄責

註：周禮小司寇聽稱責以傅別。傅別，券書也。

書其所稱貸之數于扎中別之各收其一後持此責償折毀也棄其負不求償也責債同

咸陽

註秦孝公都咸陽在渭北始皇都咸陽在渭南山南曰陽水北亦曰陽其地在渭水之北九嵕諸山之南故曰咸陽咸皆也南北皆陽○按詩云秩秩斯干幽幽南山又謂終南山之陰亦此地也

高祖常繇咸陽縱觀觀秦皇帝喟然太息曰嗟

乎大丈夫當如是也

繇役也按縱觀非一人一事獨見皇帝歎羨舊註誤

蕭何爲主吏主進

註主吏功曹也主進主賦歛禮錢進作賮財也宣帝數負進與此同

紿爲謁曰賀萬錢

註紿音殆詐也謁謂以扎書姓名及錢數于其上

酒闌

註闌希也飲酒半罷半在謂之闌

高祖爲亭長時常告歸之田

註告音皋號也吏休假之名漢律吏二千石有予告賜告予告者在官有功最法所當得者也賜告者病滿三月當免天子優賜復其告使得帶印綬將官屬歸家治疾也○按漢書顏師古註告者請休也或謂之謝左傳曰韓獻子告老禮記曰若不得謝漢書云謝病

義同

高祖爲亭長乃以竹皮爲冠令求盜之薛治之

註一名鵲尾冠以竹皮爲之薛縣有作冠師故使求盜往治○按秦法十里一亭亭有長有兩卒名弩父又名亭父又名求盜求捕盜賊也

高祖被酒

註被加也謂爲酒所使

老夫相高祖鄉者夫人嬰兒皆似君

鄉(向)同漢書作(以)君更作
沛父老迎劉季爲沛令季辭曰吾非敢自愛恐
能薄
註能獸似熊足似鹿爲物堅中強力故人有
才能者謂之能○按此與三足鼈之能殊此
熊屬與雄音義近
先入定關中者王之
註東函谷南嶢武西散關北蕭關四關之中
也

沛公諭秦父老諸吏人皆按堵如故
註按次第也堵牆也言不遷改
太公擁篲迎門却行
註爲恭也如今卒持帚者然○篲掃竹音遂
去聲
將軍劉賈有功封荊王王淮東
註淮東本吳地言荊者西南有荊山在陽羨
界陽羨本名荊溪○今之常州府無錫宜興
縣是

齊東有勃海之利
註勃旁跌也齊都賦云海旁出爲勃是名勃
海郡
丞相營作未央宮立東北闕前殿
註未央宮雖南嚮而上書奏事謁見者皆詣
北闕公車司馬亦在北焉是以北闕爲正門而
又有東門東闕其西南兩面無門闕蓋以厭
勝之術爲之
更命酈邑曰新豐

註地里志新豐故城在雍州新豐縣西南四
里漢新豐宮太上皇時悽愴不樂高祖因左
右問故答以平生所好皆屠販少年酤酒賣
鷄以此爲歡今皆無此故不樂高祖乃作新
豐徙諸故人實之
孝惠帝以沛宮爲高祖原廟
註原者再也先已立廟又再立故謂原廟
贊曰文之敝小人以僿
註作薄或作蔽○按僿與博塞之塞報賽之

賫音義同今世俗角戲謂之賫七王紛爭[illegible]
賫也故曰周秦之間可謂文敝矣子云奢則
不遜者文勝而僭也

呂后本紀

吕太后者高祖微時妃
按妃與配同左傳水火妃也
為漢王得定陶戚姬
註姬周姓天子之宗女貴于他姓故為婦人
之美稱

呂后使人持酖殺趙王
註酖毒酒也與鴆同鴆鳥食蝮蛇其羽畫酒
中飲之立死
呂禄呂産欲亂關中猶豫未決
註猶豫獸名性多疑○按老子豫兮若冬涉
川猶兮若畏四鄰蓋二物豫狐也善濟水冬
聽冰下無流聲乃涉猶犬也善防在外必數
顧其主犬善疑故曰猶狐善媢故曰豫
太尉尚恐不勝諸吕未敢訟言誅之

註訟公也
滕公召乘輿車載少帝出
註天子至尊不敢媟瀆言之故託乘輿乘載
也輿車也天子以天下為家常車行天下故
又謂車駕書云方行天下至于海表

孝文本紀

張武等曰漢大臣已誅諸吕新啑血京師
按啑音雜與唼同言大臣多詐謀新歃血明
為不軌未可信也漢書作喋血註作蹀音跕

履涉之也
代王西鄉讓者三南鄉讓者再
註賓主位東西面君臣南北面先西向讓羣
臣勸進乃更迴坐即君位之漸也
太僕清宮奉天子法駕迎于代邸
註皇帝起居索室清宮而後行天子鹵簿有
大駕法駕小駕大駕公卿奉引大將軍參乘
屬車八十一乘法駕惟京兆尹執金吾長安
令奉引侍中參乘屬車三十六乘

酺五日

註漢律三人以上無故羣飲者罰金四兩今令得會聚飲食五日出錢曰醵音覺出食曰酺音蒲

元年有司請立太子上曰朕既不德天下人民未有嗛志

按嗛與(歉)(慊)并通不足而欲曰嗛從口與歉同已足而快曰慊從心從口音銜佞倖傳太后因此嗛韓嫣銜恨卽不足之意從心音恰

大學此之謂自慊快足也俗語飢思食曰欠卽嗛意言未見民人有欲我而欠之者禮書入焉而嗛亦不足之意與慊異漢書作未有愿志以慊用也

諸從朕六人官皆至九卿

註漢置九卿一曰太常二曰光祿三曰衛尉四曰大僕五曰廷尉六曰大鴻臚七曰宗正八曰大司農九曰少府

日食詔憪然念外人之有非

註憪然猶介然寢視不安貌音閒上聲

又太僕見馬遺財足餘皆以給置傳

註遺猶留也財(纔)通言太僕見在馬留者纔足用耳置傳驛遞也置建也每十里一置傳轉也四馬高足爲置傳四馬中足爲馳傳四馬下足爲乘傳一馬二馬爲軺傳急乘一馬曰乘○漢書文帝十二年除關無用傳景帝四年復置津關用傳出入註傳信也兩行書繒帛分持其一出入關合之乃得過謂之傳

又謂之棨刻木合符曰棨書繒帛曰傳此傳與驛傳小異而同音轉去聲取往來還轉之義

詔耕籍田

註帝王典籍之田或云與藉同借也借民力治之因借以勸民或云蹈籍也舉趾而耕以人君躬稼爲義

古有進善之旌誹謗之木

註旌幡也有欲進善者立其下誹謗木立道

旁使人書過其上即今橋梁頭四柱俗謂之
華表者也
十四年于今歷日縣長
按縣(懸)同言在位年彌久也
先王右賢左戚先民後己
按漢制尚右右尊左卑謂先賢後親也
祠官祝釐
註古釐(禧)通福也
廣增諸祀墠場
漢書作(壇)場註築土爲壇除地爲場○按墠
與壇同築除雖異爲場則同凡地平坦曰場
始皇禪梁父亦謂爲墠場祭地于梁父也
和親匈奴詔遺使者冠蓋相望結軼于道
漢書作結(轍)使車往來交錯轍如結也古轍
軼通
全天下元元之民
註元元猶喁喁可憐愛貌
文帝衣綈衣

綈厚繒也粗絲爲之
遺詔自當給喪事服臨者皆無踐
註踐(翦)也謂無斬衰
毋布車及兵器已下服大紅十五日小紅十四
日纖七日釋服
註勿以布衣車及兵器也已下謂柩已下壙
也紅與(功)同大功小功皆布也男功非一從
力女功在絲從系纖細布也凡三十六日除
服以日易月也○按禮大喪出入所乘車及
兵器皆以布裹之遺詔不必也既葬後服大
小功布漸易以緦麻然後從吉是未喪亦粗
衰也三年之喪實二十七月而此既以日易
月不妨畧多合三歲之全月也
孝景本紀
爲歲不登禁天下食不造
按造作也與穀通古穀糳鑿俱音作精米曰
(糳)左傳粢食不鑿一作穀凡糲米十爲粺九
爲鑿八爲侍御七算法粟五十爲糲三十爲

粺二十七為糳二十四為侍御二十一皆三之一也凡粟十斗為糲九斗凡糲一斗為粺九升為糳八升米之細窮于御禁不虀教民疏食救飢荒也榖一音毀

孝武本紀

始立后土祠汾陰脽上

註脽音椎河之東岸特起堆堀𨄴長四五里廣二里高十餘丈如人尻脽故名一作(葵)上河東人呼脽為葵○按考工記大圭終葵首註齊人謂椎為終葵爾雅作中馗菌也註地蕈似蓋大者名中馗小者名菌馗與葵音同菌形如椎頭故俗呼該椎為終葵椎脽葵音近轉注通用脽臀也一曰尻音敲

鼎出汾陰迎至甘泉至中山晏温有黃氣蓋焉

註日出清霽為晏晏而温也許慎淮南註云晏無雲也○按封禪書作曣𥇶猶(氤)(氳)日出暹曰晏俗云日出太早則雨晏則晴

有星茀于三能

按三能即三(台)星名一曰天柱上台司命為太尉中台司中為司徒下台司禄為司空今之能字古木作耐後世以耐為刑罪之名而借三能之能作耐更以三能為三台也

建元以來侯者年表

詩書稱三代戎狄是膺荊荼是徵

註荼音舒徵音懲○按詩作荊舒古荼與(舒)通荼從草余聲古余塗聲近霍去病傳檮余匈奴山名音疇塗左傳魏獻子名舒亦作荼禮記玉藻諸侯荼鄭康成作諸侯舒荼音似除即荼字匈奴休屠王之屠亦作除

富民昌水二侯皆以將軍擊匈奴不至質誅國除

註質謂所期處

批點史記瑣瑣卷之二

京山郝敬輯錄　校

男洪範校刻

禮書

大路越席

大路祀天之車無文飾也越作活草名蒲屬結蒲草爲席布地陳饌也○按後漢馬后傳白越三千端又孫楚檄文葛越布于朔土註草布也尚書卉服註草服卽葛越葛葛布越

苧布與蒲輿

寢兕持虎鮫韅彌龍所以養威

按兕虎猛獸以其皮爲車上茵褥坐卧倚凭之也鮫韅以鮫魚之皮飾馬腹帶也彌龍以金飾衡爲龍形也彌末也

縣一鍾尚拊膈

註拊音撫膈音格懸鐘格也不擊鐘而但拊其格不取其聲貴質也○按書搏拊琴瑟孔註搏拊以韋爲之實以糠所以節樂其卽所

謂拊膈者歟

樂書

高祖過沛詩三侯之章

註侯語辭三侯之章謂大風歌用三兮字○兮亦語辭與侯通○左傳昭公二十三年童謠鸜鵒跦跦公在乾侯侯音兮與跦叶二侯卽三兮詩侯誰在矣維子侯與侯栗侯梅之類

皆語辭

朱絃疏越

越瑟底孔孔大則聲濁疏亦作洞疏通使大也朱絃以練染之朱絲爲絃絲練染則聲緩生絲則急

律書

選蠕觀望

選巽也蠕軟通猶言巽懦兩可不決之義

弧者言萬物之吳落且就死也

註作柰落○按莊子云瓠落無所容言廓落無依泊也瓠易老早彫故彫落謂瓠落瓠吳

聲近相通

歷書

昔自在古歷建正作于孟春。於是冰泮發蟄百草奮興秭䳓先滜

註秭規音姊(規)一名鶗鴂音弟桂楚辭慮鶗鴂之先鳴使夫百草爲之不芳卽杜鵑也○

按楚辭今本作鶗鴂鶗鴂秭鴂二鳥也秭鴂之鴂從夫亦作規一名(子)(規)一名布穀一名杜鵑一名雎鳩一名王雎滜作嗥號同鳴也

秭規春先百鳥鳴乘陽氣變化故詩以比王后俗謂蜀國之先有望帝者其臣開明弑之化爲杜鵑故其啼如云開明殺我卽秭規也○冰泮始鳴鳴時杜鵑化開夜鳴達旦故唐人詩云夜半子規喉舌冷又蜀國巳聞子規鳥洛陽復見杜鵑花一啼一回腸一斷三春三月憶三巴是也若鶗鴂之鴂從夫通作鵙一名伯趙五月夏至陰生始出四月晨鳴始盛其聲鉼鉼如敲金六月伏鶗鳴稍息七八月間復盛鳴。則將化矣詩七月鳴鵙八月載續是麻成之候草木將萎故楚辭云百草爲之不芳得陰氣之盛者也史繼寫訛傳解者不辨今楚人呼鳴爲嫁郎亦誤以冰泮鳴之子規爲鶗鴂也因詩以雎鳩比淑女幽風云殆及公子同歸故以鵙鳴爲歸妻之候所由誤也

史不記時民不告朔故疇人子弟分散

註家業世世相傳爲疇疇昔知星之人也○

按疇與(熟)通巳治之田曰疇言熟田也

先王之正時也履端于始舉正于中歸邪于終

註邪音(餘)積餘分之閏也○按邪與(徐)通詩云其虛其邪虛卽舒邪卽徐歸餘作歸邪邪轉爲徐徐轉爲餘古人用字不拘如此謂之轉注

十干。甲曰焉逢漢書作閼逢　乙曰端蒙爾雅作旃蒙　丙曰游兆爾雅作柔兆　丁曰彊梧語　戊曰徒維。己曰祝犂。爾雅作著雍　庚曰商橫爾雅作上章　辛曰昭陽爾雅作重光　壬

曰橫艾爾雅作玄黓癸曰尚章爾雅作昭陽作十二支子曰困敦丑曰赤奮若寅曰攝提格卯曰單閼音蟬又音遏丹辰曰執徐巳曰大荒落一作芒落午曰敦牂未曰協洽申曰涒灘酉曰作噩戌曰淹茂亥曰大淵獻

天官書

星座有尊卑如官曹列位故曰天官日新

中宮天極星

即所謂北辰也其星五在紫微垣中云極者當天頂極也極北爲陰極南爲陽日月五星行陰則無光行陽則能照是爲昏明之限故謂中極

旁斗口三星隨北端兌

隨與(隋)通音妥垂也兌與(銳)通三星隋長北端尖漢書端作(耑)兌作銳

北斗七星所謂旋璣玉衡以齊七政

北斗本九星其二陰星不見故但云七星第一至第四爲魁第五至第七爲標合而爲斗

第一天樞第二璇第三璣第四權第五衡第六開陽第七瑤光即招搖斗杓也星間相去各九千里二陰星不見者相去八千里也北斗七星亦各有分野不獨二十八宿耳

角兩旁各有三星鼎足句也之曰攝提直斗杓所指以建四時故曰攝提格

猶提攜也其六星格起也

亢爲疏廟

註亢四星爲廟廷疏外也廟或爲(朝)〇按角爲天王帝廷象內朝故亢爲外朝聽政之所

箕爲敖客

按箕形似口詩云哆兮侈兮成是南箕口舌之象又主八風口舌風生如兌衍泰儀譚仰動人主故爲敖客文士有口才者多傲睨

南宮五帝坐後聚一十五星蔚然曰郎位

漢書作十五星(哀烏)哀烏蔚然皆星聚之貌所以謂之郎位也〇按哀烏猶蓊鬱攢聚也

德成衡觀成潢傷成鉞禍成井誅成質

按此以君德占天象之大略也。君有德，成象于衡。衡，大微廷也。觀，占也。占年穀成，象于滿西宮五潢。主五穀。國有傷敗，成象于鉞。鉞，北宮虛宿。有禍成象于東井。井主水事。陷也。有誅殺成象于質。質與鬼共五星。其中一星爲積屍

柳爲鳥注

註漢志作鳥喙。爾雅，鳥喙謂之柳。南方朱雀之口。○按注與(咮)通。鳥喙也。詩維鵜在梁，不濡其咮。與注通

七星頸爲員官。主急事。

七星爲朱鳥之頸。喉嚨爲員官。物在喉嚨不久留。故主急事。

西宮。參爲白虎。三星直者是爲衡石。下有三星兌曰罰。爲斬艾事。

註西直似稱衡。兌(銳)同。罰亦作(伐)○按參伐兩星相連。西方之宿。主刑。贊云。占于參罰。即參伐也。今法司論吏罪曰參罰。本此

觜觿爲虎首。主葆旅事。

註關中俗呼桑榆孽生爲葆。葆，菜也。野生曰旅。一作(稆)今飢民采旅。觜觿主收斂葆旅之事

北宮。漢中四星曰天駟。旁一星曰王良。王良策馬。車騎滿野。

註策一星在王良前。策星動搖，或移天駟後，謂之策馬。天下兵動。

匏瓜。有青黑星守之，魚鹽貴。

註匏瓜五星。主天子果園。光潤則歲熟

歲星所在國不可伐。在寅，晨出東方。色蒼蒼有光。名曰監德。在辰，晨出青青甚章，曰青章。在巳熊熊赤色有光，曰跰踵。在午，炎炎有光，曰開明偃兵。在未，昭昭有光，曰長列。利行兵。在酉作作有芒，曰長王。國其昌。在子，玄色甚明，曰天泉。江池其昌，不利起兵。

按熊熊，猶(熒熒)

金爲白衣會。

金星與塡星合則國有大喪哭臨之事凶事
尚白
免過太白間可椷劍小戰客勝
註辰星一名免或作𠒎椷(函)同容也其間可
容一劍○按太白主兵故云間可椷劍言迫
近也
月蝕常也日蝕爲不臧也甲乙四海之外日月
不占丙丁江淮海岱也戊巳中州河濟也庚辛
華山以西壬癸恒山以北日蝕國君月蝕將相

當之
旬始出于北斗旁狀如雄鷄其怒青黑狀如伏
鼈
註蚩尤也怒帑(帑)同雌也○按帑與(孥)同左傳
歲旅于明年之次害鳥帑卽爲孥尾爲孥妻
亦爲孥
破國之虛下有積錢金寶之上皆有氣不可不
察
按杜甫詩不貪夜識金銀氣本此

哭郭門閭闔臬枯槀
按漢書闔臬作潤息卽(潤)(渫)息當作渫與澤
同歷書稱規先渫註作澤誤作臬
侯息耗若覘其所處抽哭若號其人逢俉化言。
註訓相逢而驚也俉(迕)同化作(訛)○息耗猶
言消息耗消也
四始
四始日聽都邑人民之聲聲宮則歲善吉商兵。
徵旱羽水角歲惡
註四始正月元旦歲月日時之始也。

四始之日西北風戎菽爲
註胡豆也戎大也五穀惟豆晩熟秋氣多故
宜西北風爲成也書東作西成南訛史作南
(譌)譌爲也作成之義
三年之間兵相駘藉不可勝數
註駘音臺登躪也○按駘與(蹈)通
日月暈適風雲此天之客氣
註暈日旁氣適日將食先有黑氣○按適猶
偶也適來偶來也武元衡傳適從何處來謂

日忽然昏暗無光非常然也漢天文志日月
薄食暈適背穴抱珥虹蜺皆怪氣也
越之亡熒惑守斗朝鮮之拔星茀于河戒兵征
大宛星茀招搖此其犖犖大者
註南斗吳越分野茀孛同音佩河戒河南河
北也河南為越門河北為胡門朝鮮在海中
越象也居北胡象也故在河之間招搖一星
在北斗杓端主兵犖犖分明也○按戒界同
河之中也

封禪書

秦以冬十月為歲首故常以十月上宿郊見通
權火
註宿猶齋戒也權火烽火狀如井上挈皁似
稱故謂權火光遠照達祭所
神君者長陵女子以子死見神于先後宛若宛
若祠之其室
註子死以產乳死也先後音讀去聲宛音宛
即今妯娌兄弟之妻相謂先姊後姒也○按

漢郊祀志註古謂姊姒今關中俗謂之先後
楚吳謂之妯娌宛若其先後之字
令越巫立越祠祠天神上帝百鬼而以雞卜
註用雞狗生祝殺而烹之獨取雞視兩眼骨
上自有孔裂似人物形則所願吉不則凶

平準書

官與牢盆
註牢盆煮鹽之器
富人或鬬雞走狗馬弋獵博戲亂齊民乃徵諸

犯令者相引致千人命曰株送徒入財者得補
郎
註株根著也送引也先至者為根則枝葉自
窮送當作選一云鬬雞勝者為株傳云陽溝
之雞三歲為株
江南火耕水耨
以火燒草下水則草泯瀾死力省地饒舊註
未然
至酎少府省金列侯坐酎金失侯者百餘人

按月令孟秋天子飲酎酒新熟曰酎音胄漢志以正月作酒八月熟獻宗廟列侯獻金以助祭少府省視金少色惡者削免

世家

吳太伯

太伯之犇荊蠻自號句吳

註句者吳之發聲猶言於越〇按句吳於越合二爲音吳呼如胡越呼如穴也

魯周公

𨉖𨉖如畏然

註𨉖音窮〇按合鞠躳二字爲音

季氏與郈氏鬬雞季氏芥雞羽郈氏金距季平子怒

按芥作(介)古字通介甲也草芥之芥亦作介謂文飾雞羽如被甲猶詩所謂駟介亦馬被甲也金距以金飾其瓜季氏怒其勝已舊註未然

紂始爲象箸

註箸音(卓)周禮六尊有象尊箸尊箸尊著地無足紂以象齒爲之箸也〇或云以象爲食筯若是則所費無幾箕子何足歎

晉

鞌之戰齊人求平郤克曰必得蕭同姪子爲質

按左傳作蕭桐(叔)子齊頃公母男子年少稱叔女子年少稱姪叔次伯姪次姑婦人稱叔猶男子稱姪互通

楚

熊咢子熊儀稱若敖若敖子熊坎立稱霄敖楚文王熊貲子熊囏立稱杜敖康王子員立稱郟敖

按貴人稱敖楚語也楚莊王時滅若敖之族卽熊儀之族越椒官爲令尹非楚令尹通稱若敖也韓信在楚爲連敖

越

句踐發習流二千教士四萬人君子六千人諸

衛千人俱哭
按習流水軍善游者。君子。君養之猶子者。家
兵也
趙
造父取驥之盜驪驊騮騄耳獻繆王
按盜驪猶（騧）驪一作（温）驪見秦紀馬青黑而
色淺似驪曰騧即盜意驊騮赤色而有花紋
騄耳耳綠毛
簡子見當道人曰。譆。吾有所見子晰也

按註人名晰非也晰明也詩庭燎晰晰言我
會識子分明蓋憶昔夢中所見也
魏
外黃徐子說齊太子中百戰百勝之術太子欲
還客曰太子雖欲還不得已彼勸太子戰攻欲
啜汁者衆
註謂冀功勳者衆也○按啜汁猶俗云染指
沾餘瀝也
無忌謂魏王韓按質于趙請爲天下鴈行頓刃

按鴈行。猶（鴈）行。漢書嚴助傳。越人蒙死徼幸。
以逆執事之顏行前行曰顏史作鴈蘇秦傳
使弱燕爲鴈行而彊秦敝其後鴈與顏通鴈
飛大者居前頓刃頓挫秦人之兵
韓
乃警公仲之行將西購于秦
註警戒也購作（講）謀議也與購求義同○按
甘茂傳樗里子與魏講罷兵註講讀購和也
古字通

孔子
夾谷之會齊人旍旄羽袚矛戟劍撥鼓譟而至
註旍與旌同袚音拂撥音（伐）大盾也○按詩
蒙伐有苑亦作（瞂）古伐撥紼聲近櫝弓爲楡
沈設撥謂楡木棺重難行設綍挽之綍紼同
古送葬執紼此以撥爲伐亦紼聲之轉也
子見南子夫人在絺帷中再拜
按絺帷今之紗帳細絺曰絺凡布帛希薄皆
稱絺不獨葛耳書黼黻絺繡詩蒙彼縐絺皆

薄紗也解者謂薄技不可縞亦從不縞
眼如望羊
註視也○按望羊猶望洋遠視貌
[陳涉]
燕雀安知鴻鵠之志
註鴻鵠一鳥若鳳皇然○按燕與雀鴻與鵠
一鳥可二鳥亦可大鴈曰鴻鵠即(鶴)鴻大也
鳥惟鶴與鴈大
令之次近所旁叢祠中夜篝火狐鳴呼曰大楚

興陳勝王
註次師所次舍處叢祠神祠叢樹也篝籠也
音溝
故人嘗與傭耕者見殿屋帷帳曰夥頤涉之爲
王沈沈者
註沈沈宮室深邃貌楚人謂多爲夥頤語助
聲驚而偉之故稱夥頤沈音(潭)夥音禍
[外戚]
呂氏夷戚氏高祖後宮獨無寵疏遠者得無恙

註恙噬人蟲古者野居露宿多恙故人相恤
云得無恙○按恙(疢)同害也
[楚元王]
高祖與賓客過巨嫂食
註巨大也○按伯兄妻謂之大嫂漢書作(丘)
古丘巨同巨區聲近相通
[蕭相國]
相國年老素恭謹入徒跣謝
按罪人不冠曰徒不屨曰跣訓詁家知跣爲

不屨不知徒爲免冠跣之言洗赤足也徒空
也空頭曰徒所謂囚首也
[曹相國]
百姓歌曰蕭何爲法顜若畫一
按漢書顜作(講)通鑑作(較)古字聲近轉注通
用
[留侯]
良嘗從容游下邳圯上
註圯音(怡)東楚人謂橋爲圯與方命圮族之

圯音丕異圯族敗類也餘詳漢書註

留侯說漢王曰昔武王入殷表商容之閭釋箕子之囚

註商容紂時賢人○按樂記武王釋箕子之囚使之行商容而復其位鄭康成云容為禮容商家樂官後世禮署稱容臺行商容者使仍用商禮不改其物即詩有客白其馬之類示不臣也據世家本紀又人姓名與樂記異

項梁立韓成為韓王以張良為申徒

註即司徒○按莊子申徒狄即是司徒狄復姓古字通

陳丞相

陳平少貧與兄伯居不視生家產人謂曰何食而肥若是其嫂曰食糠覈耳有叔如此不如無有

註覈音紇糠中粗屑不破者為紇頭○按覈核同米精核乃出糠如齕桃李見核劉削謂之麧核舂米糠謂之糠覈糠即覈也

家乃負郭窮巷以弊席為門然門外多有長者車轍

註負背也

居無何漢王攻下殷王

漢書註居無何猶言無幾時也

絳侯灌嬰等讒陳平曰平雖美丈夫如冠玉耳

註飾冠以玉光好外見其中未必有也

文帝問左丞相平所主者何事平謝曰主臣陛下不知其駑下使待罪宰相

註主臣若今人謝惶恐也○按馮唐對文帝亦云主臣陛下雖得廉頗李牧弗能用也註猶言昧死又云驚怖之辭按揚子太玄盛首小盛臣臣大人之門註臣臣卑賤意對主稱臣仰仗託庇乞憐待罪之辭也

大后以冒絮提文帝

註頭上巾為冒絮陌額絮也方言幪巾南楚之間云陌頭○按陌額即抹額張衡西京賦

中黃之士育獲之疇朱鬒鬣髽註朱鬒絳抹額也如今世俗婦女以皂絹束額也𦂳(紵)聲近繒屬提(摘)通擲擊也

五宗

膠西王端以罪削其國大半心慍遂爲無訾省府庫壞漏盡腐財物以巨萬計終不得徙

註訾財也省視也言不視錄訾財也〇按不訾省謂王憤其見削不復收拾財物縱令狼藉如小兒爭食并其所有者棄之

趙王彭祖榷權二千石莫敢治使使即縣爲賈人榷會

註榷音角會作(儈)音快〇按榷(較)同估計之名儈即今市井牙行商賈會聚之家王使人爲市儈估計專利也

景帝召程姬有所辟不願進

註天子諸侯羣妾以次進御有月事者不言但以丹注面目的的爲識令女使見之王察神女賦免馨并施玄的是也

三王

廣陵王策命云毋侗好佚毋邇宵人

註宵人(小)人也〇禮記宵雅肄三即小雅

列傳

老子

君子得時則駕不得時則蓬累而行

按蓬累猶蓊蒲齊語首戴茅蒲韋昭註作(蒲)以竹萌皮爲笠也貴人乘軒賤者戴笠越人盟曰君若乘車我戴笠異日相逢下車揖

蘇秦

趙王乃飾車百乘黃金千鎰白璧百雙錦繡千純

註純匹端名戰國策音屯束也〇按純與(縳)同音捲猶捆也今之絹古作縳爾雅十羽爲(縳)猶今一捲也左傳季平子賂齊以幣錦二兩縳一如瑱註卷也爲易懷藏周禮羽人百羽爲搏莊子鵬飛(摶)扶摇而上者九萬里摶(捲)同千純即千卷猶千匹

諺云寧爲鷄口無爲牛後

註戰國策寧爲鷄尸無爲牛從尸鷄之主也從牛之子也○按古諺語叶韻口與後叶爲是

楚王謂蘇秦云今主君欲一天下收諸侯謹奉社稷以從韓王亦云今主君詔以趙王之教謹奉社稷以從

按主君指稱蘇秦古者自稱皆朕如琴朕舐朕之類對人皆自稱臣如范雎對須賈臣爲人傭賃漢書高帝紀臣少好相人又臣有息女之類于貴父亦稱公如晁錯爲御史大夫錯父謂曰公爲政人多怨公之類官印皆稱璽魯語季武子取卞襄公在楚使季逆追而予之璽之類

張儀

虎賁之士跿跔科頭貫頤奮戟者至不可勝計秦馬之良探前趹後蹄間三尋騰者不可勝數

註跿跔音徒俱跳躍也偏舉一足曰跿跔不著兜鍪曰科頭貫頤奮怒也謂兩手奉頤直入敵言勇也○按貫頤奮戟謂其鬚髯共怒立如戟貫兩頤勇士獰惡之狀探前趹後蹄間三尋言馬走之疾也

齊紫敗素也而賈十倍

註取敗素染爲紫喻齊國有大名而實困敝也韓子齊桓公好服紫國人效之當世十素不得一紫

酒酣樂進熱歠廚人進斟

註熱而啜之羹也羹有汁故曰斟左傳羊羹不斟是也

犀首

犀首謂義渠君曰中國無事秦得燒掇焚杅君之國有事秦將輕使重幣事君之國

註謂焚燒侵掠也焚杅音煩烏謂焚蹂牽掣也

樗里子

樗里子滑稽多智

註音骨雞。華亂也。稽計也。轉利之稱。智巧便
給也。酒器可轉注不窮者。名滑稽。揚雄酒賦
鴟夷滑稽腹大如壺

平原君

臣不幸有罷癃之病
註背疾也腰曲背癃起〇按詩云台背台即
癃也淮南子林氣生人多癃林木蘢蓯故人
癃背

信陵君

平原君自迎公子于界負韊矢爲公子先引
註韊音蘭以盛弩矢
晉鄙嚄唶宿將
註嚄大笑也唶大呼也〇按嚄唶勇猛叫怒
之貌項羽喑噁叱咤古人用字合二爲一音
者此類是也喑噁爲嚄叱咤爲唶

樂毅

燕王遺樂閒書云紂之時箕子不用犯諫不怠
以冀其聽商容不達身祇辱焉以冀其變

按此文商容本人姓名鄭康成解禮記行商
容而復其位容禮樂也行商容謂使箕子用
殷禮作賈王家詩所謂我客也此商容別是
人名與行商容異

賈生

斡流平賦斡棄周鼎兮而寶康瓠
爾雅斡轉也康瓠甈也註瓠(壺)也詩八月斷
壺瓠屬可刳爲壺盛水漿甈瓦壺也索隱云
康大也大瓠即瓢也

傳說胥靡兮乃相武丁
註胥相也靡隨也徒役之人拘攣相隨縶纍
之狀

李斯

飾後宮充下陳
註下陳猶言後列
駿馬駃騠
註音決提生三日而超其母
宛珠之簪傅璣之珥

註宛謂以珠宛轉裝其簪傅璣以璣(附)著于
珥珥瑱也卽今耳墜珠之不圓者曰璣○按
宛讀(蘊)音於禮記大喪積而不宛註蘊同陷
入之義今簪上嵌珠也
阿縞之衣錦繡之飾
註謂東阿出縞○按阿古(猗)通阿縞卽是(綺)
縞音以叉音豈子虛賦被阿緆卽綺緆也
堯之有天下也堂高三尺采椽不斷
註采一名櫟一作柞索隱曰采木名卽今櫟

木○按漢書楊雄甘泉賦唐虞棌椽三等之
制註(棌)字從木音采亦音菜柞木也韓愈文
茅茨采椽

張耳陳餘

趙王閒出爲燕軍所獲有厮養謝其舍中曰吾
爲公說燕與趙王載歸
註厮養賤者析薪爲廝炊烹爲養以辭相告
曰謝○按詩墓門有棘斧以斯之斯析也謝
猶請也

上使泄公持節問貫高箯輿前
註箯音編如牀人輿以行土器也可以糞除
者編竹木爲之○按箯輿如今致囚用筐籃
之類

魏豹彭越

酈生說豹歸漢豹謝曰人生一世間如白駒過
隙耳
註白駒日影也○按詩皎皎白駒本是馬因
六驥過決隙語遂謂隙中日影爲白駒

樊酈滕灌

彭城之敗夏侯嬰見孝惠魯元公主載之徐行
面雍樹乃馳
註南陽謂抱小兒爲雍樹大人以面向之小
人抱大人頸如攀樹也
灌嬰斬楚樓煩將五人
註樓煩胡國名其人善騎射故騎將號樓煩
非盡樓煩人也

袁盎晁錯

先錯爲御史大夫深刻錯父謂錯曰公爲政用事人口議多怨公者吾去公歸矣

按父乎于爲公亦一與也

萬石張叔

竊問侍者取親中裙廁牏身自浣滌。

註中裙近身衣廁牏音廁(窬)瀉𥩅之穴○按浣言衣也滌言廁也或云廁牏汗衫也

文帝且崩時屬孝景曰衛綰長者善遇之景帝立歲餘不譙呵綰

註譙呵讀(譙)(何)漢書作誰何猶借訪也。一云責讓宜讀(誚)(呵)

扁鵲 姓秦名越人家于盧又名盧醫與軒轅時扁鵲相類故又名扁鵲

治病不以湯液醴灑鑱石撟引按抏毒熨

註鑱石以石爲針撟引撟揉導引也按抏謂按摩玩弄也毒熨以藥物熨帖之○毒如享毒之毒治也易以此毒天下去毒曰毒猶治亂曰亂也

倉公 姓淳于名意

齊相舍人病望之殺然黃察之如死青之茲

按殺讀上聲甚也唐白樂天詩西日憑輕照。東風莫殺吹白註殺上聲說文茲黑也從二玄左傳何故使吾水茲青察之如死物之青黑也詩何草不玄草萎則黑殺黃而茲即詩所謂我馬玄黃病色多玄黃也

齊丞相舍人奴病所以四　死者診其人時愈順

愈順人尚肥也

病者安穀者過期不安穀者不及期

安穀謂進食也期死期

吳王濞

他郡國吏欲來捕亡人者訟共禁弗予

註訟(公)也謂公共禁之明知亡人在彼不予○漢書作(頌)容也

魏其侯竇嬰

相提而論是自明揚主之過有如兩宮螫將軍。則妻子毋類矣

註兩宮謂太后景帝螫音釋怒也漢書作奭
毋類言見誅滅毋遺類也
魏其者沾沾自喜耳多易難以爲相持重
註沾沾自整頓貌多易多輕易也
武安侯田蚡
晚節益貴幸有口辯學盤盂諸書
註晚節晚年也盤盂書黃帝使孔甲所作銘
灌將軍夫
與長樂衛尉竇甫飲輕重不得夫醉搏甫

輕重不得謂不平也
喜任俠已然諾
按任縱放也俠挾持也已然諾謂已許必副
前言已猶踐也
引繩批根生平慕之後棄之者
註灌夫與魏其二人相倚如對挽繩排退前
日附勢今日慢已者漢書作排根
生平毀程不識不直一錢今日長者爲壽乃效
女兒呫囁（涉）（諾帖）耳語

今日廷論局趣（促）效轅下駒（不伸展也）
與長孺共老禿翁何爲首鼠兩端
註首鼠一前一卻也老禿翁指竇嬰
簿責魏其所言灌夫頗不讎
以簿書魏其所言灌夫事責問無驗故云不
讎讎對也與酬同
李將軍廣
行無部伍行陳就善水草屯舍止人人自便不
擊刁斗以自衛莫府省約文書籍事然亦遠斥

候未嘗遇害
註刁斗以銅作鐎器受一斗晝炊夜擊循行
有柄似銚刁音貂又音鐎温器也莫幕同軍
門施帷帳曰幕府斥廣也候望視也
大將軍青陰受上誡以爲李廣老數奇也（不偶）毋
令當單于恐不得所欲
太史公曰余覩李將軍悛悛如鄙人口不能道
辭及死之日天下知與不知皆爲盡哀諺曰桃
李不言下自成蹊

註恔恔漢書作恂恂同

匈奴

文帝遺匈奴單于比余一黃金飾具帶一黃金胥紕一

註比胥鼻擖也犀者爲比疏者爲梳胥紕漢書作犀毗鮮卑帶以瑞獸名又作師比戰國策趙武靈王賜周紹具帶黃金師比註胡革帶鉤也○按楚辭小腰秀頸若鮮卑只註鮮頭也言腰細如帶束胡鮮卑好服此故以名淮南主術訓趙武靈王貝帶鵕鸃而趙國化之註鵕鸃二字三音私鈚頭也與犀毗胥紕通

酷吏傳

張湯

劾鼠掠治傳爰書訊鞫論報

註爰換也古者重刑恐有愛惡更換他官重訊之故爲傳爰書漢書註以文書代換其口辭

謫爲茂陵尉治方中

註天子即位豫作陵諱之曰方中漢書註掘地爲坑曰方凡土工以方計方中即壙中○詩云日之方中未晏之稱

始爲小吏乾沒

註浮湛爲乾內不合爲沒謂詐也又云得利爲乾失利爲沒○按下文與長安富賈田甲之屬交私又云爲小吏時與錢通訓得利近是今官吏受賕云折乾沒猶入也入不見曰沒

上溫舒爲中尉投缿購告言姦置伯格長

註缿音項投書之器可入不可出伯格讀陌落皆置長伺察奸宄古字通

史記注補正

[清]方苞

清光緒二十年廣雅書局刊本

史記注補正 一卷

光緒二十年
廣雅書局刻

史記注補正

桐城方苞譔

黃帝紀

萬國和而鬼神山川封禪與爲多焉

與讀去聲言與事爲多也又或舉字之譌周官師氏職王舉則從故書作與亦謂王與事

死生之說存亡之難

世傳醫經皆黃帝與岐伯問難語存亡之難疑郎謂此

旁羅日月星辰水波土石金玉

羅列也旁羅謂紀日月星辰之纏次辨水波土石金玉之性質無不該徧也

廣雅書局栞

帝嚳紀

歷日月而迎送之

歷稽核而布列之也屈子歷情而陳辭莊子歷物之意月令季冬命宰歷卿大夫至於庶人

其服也士

服與尚書有服在大僚罔或耆壽俊在厥服同義上古四民不分至帝嚳則服用者皆士人也

帝舜紀

爲匿空旁出

舜於井中爲可以自匿之空而其空旁通可上出也

南撫交阯北發西戎析枝渠廋氐羌北山戎發息愼東長鳥夷

索隱謂字缺少非也首以撫字該之下三方則直序其地而西戎上不復重言其方耳

禹本紀

聲爲律身爲度稱以出

稱稱量也惟其聲之稱以出故高下疾徐應律也惟其身之稱以出故動作威儀可度也

周本紀

西伯蓋受命之年稱王

文王無受命稱王之事歐陽公朱子辨之甚詳太史公蓋據大雅有聲之詩文王受命而誤爲此說也其實伐崇斷虞芮之訟乃方伯之職詩所謂受命乃受方伯之命耳其曰文王

則詩人所追稱觀其於文王稱王后於武王始稱皇王卽此可證受命稱王之說爲妄矣○王莽之篡劉歆輩竄經誣聖以爲之徵至增康誥篇首謂周公稱王或此篇亦爲所僞亂今刪去之年稱王及改法度制正朔矣十一字辭義相承渾成無閒

我維顯服及德方明

顯服與尚書自服于土中同義言我思修明政事當及我德方明四方歸往之日而大營土中爲朝會之地也

縱馬於華山之陽放牛於桃林之虛

馬牛本徵之井甸者事畢縱釋之使所司各驗受而還也必於野外者車徒至衆非城邑所能容也管仲素賞於泰舟之野期軍士

以存亡國宜告

此隱括洪範而爲言也鯀殛禹興存亡之迹也九疇皆有國者所宜用也

自爲質欲代武王

自爲質以身爲質於神也卽書所謂若爾三王是有丕子之責于天以旦代某之身也

昔我先王世后稷

世后稷謂世爲農官也

王御不參一族

娶雖一國三女而進御之夕則不使一族之人偕所以養其

廉恥也

旣笄而孕

內則十有五年而笄

所謂周公葬我畢畢在鎬東南杜中

忽出此語以正書傳之譌也公欲葬畢近文王之兆也書傳乃謂公欲葬成周成王背公垂死之言而葬公於畢謬悠極矣

秦本紀

銘曰帝令處父不與殷亂賜爾石槨以華氏死

蜚廉所自爲也蓋雖報得石槨而紂已死無所用故蜚廉以爲天實賜己而妄言以欺世耳

孟戲中衍
索隱以爲二人非也果二人則下其玄孫曰中潏當爲何人之裔與益一爲名一爲號而並舉之猶遂族解郭翁伯之類
是爲宅臯狼
正義以孟增居臯狼而生衡父非也益宅臯狼孟增別號耳下臯狼生衡父衡父生造父則人而非地明矣河西有臯狼縣則以臯狼居之而得名耳
惡來革者
惡來其號而革其名或惡來其名而革其號也古有以一字爲號者如張釋之字季是也
以女弟繆嬴爲幽王妻
不曰后而妻葢夫人嬪婦之類時秦僻陋故史以妻書耳
亦皆推鋒爭死
推當作摧摧鋒者乘勝之辭時穆公見窘晉師得雋爭死以摧其鋒也
幷諸小鄉聚
萬二千五百家乃周官六鄉六遂之鄉此幷諸小鄉聚而爲縣則非萬二千五百家之鄉明矣
伐楚取召陵丹犂臣
丹犂臣爲句言二國臣屬於秦也與下蜀相壯殺蜀矦來降韓魏徐楚趙皆賓從立文正相類據正義丹犂臣蜀爲句則下云相壯不知何國之相且二國臣蜀亦無爲載於秦史

蜀相壯殺蜀矦來降
據九年伐蜀滅之十一年公子通封於蜀則秦所立也據此年蜀相壯殺蜀矦來降則故蜀君也史記多一事而異書非自相抵牾傳聞異辭未由得其實故並存而不廢
辟文以金受免
九年辟文來相秦十年免中間無金受相秦事金受名別無所見恐傳寫之誤葢辟文以受金免而樓緩代相耳
攻魏取垣復予之
正義魏以蒲坂爲垣非也果爾則十七年不當書秦復以垣易蒲坂皮氏矣
秦以垣易蒲坂皮氏
十五年攻魏取垣索隱謂垣卽蒲坂也復謂以垣易蒲坂皮氏其說自相矛盾葢垣亦魏邑秦既取之復以易魏之蒲坂皮氏也前書取垣復予之而此書以垣易者疆場之邑一彼一此攻奪無常不可悉書以垣易則復取垣於魏可知矣猶前書取魏皮氏而此書以垣易蒲坂皮氏則皮氏復爲魏取可知矣
秦始皇本紀
百姓内粟千石拜爵一級
平準書民多買復及五大夫徵發之士益鮮則民納粟拜爵求免徵發也
發卒受地韓南陽假守騰

發卒受韓南陽地而使内史騰爲假守也

莫不如畫

畫當音劃與較若畫一之義同

倫侯昌武侯成

獨不具姓疑秦之同姓也

與議於海上

嶧山碑頌尙簡直無過諛之詞此頌則妄言侮聖以驕其君故備載與議者之名以見其敢爲不義不可沒也

僕射周靑臣頌曰

尙書左右攜僕戴記射人師扶左皆近臣而秦則合以名官也

辨黑白而定一尊句

隱宮徒刑者七十餘萬人

下隱宮及送徒作阿房者共七十餘萬人也○蔣西谷曰玩上下文不當插入下隱宮事蓋隱括宮刑徒刑者七十餘萬人分作阿房或作麗山也

寫蜀荆地材皆至

寫者移彼而置此也曲禮器之漑者不寫○朱東御曰寫之義當爲傾詩曰我心寫兮

諸生傳相告引乃自除

傳相告引他人乃得自除己罪也

使博士爲僊眞人詩及行所游天下傳令樂人弦歌之

及行所遊天下謂行游天下所歷之地皆爲詩以紀之也

飾省宣義

飾整齊也卽下防隔内外禁止佚淫也省考察也卽察其爲寄豭逃嫁者宣義示以殺之無罪子不得母之義也

人樂同則

謂人喜法則之畫一也

二世本紀

不稱始皇帝其於久遠也如後嗣爲之者不稱成功盛德

前稱平聲金石刻詞當始皇時止稱皇帝今易世不稱始皇則久遠之後如後嗣爲之也正義誤後不稱成功盛德上聲謂使人疑後嗣所爲則不稱始皇之成功盛德也

下調郡縣轉輸菽粟芻稾皆令自齎糧食

下令調郡縣轉輸菽粟芻稾以給當食者而轉輸之人皆自齎糧不得食咸陽三百里内穀也此漕轉以給京師之始古者甸服粟米穗秸足以給官吏而不資於外師行糗糧芻茭出於甸而不給於官越境則賫糧菲屨供於與國而不資於内經費所以常裕也古法盪滅自秦始而漢因之征斂滋多經費常之無制度之過也

不㱿于此

莊子天下篇其生也勤其死也薄其道太㱿注無潤澤也蓋粗薄之義

囊括四海之勢

坤六四括囊結其口而不出也此文囊括如囊之包括也

九國之師

上言六國所稱皆齊楚燕趙韓魏之臣也師言九國宋衞中山亦聞以師從六國也

魚爛不可復全

春秋梁亡傳魚爛而亡言自內潰也

項羽紀

呂馬童面之

以面向項王也舊注誤○蔣西谷曰面與偭同史記夏侯嬰傳面擁樹馳漢書張歐傳爲涕泣面而封之皆作背字解

吾爲若德

言我自頸使汝獻功受賞是爲汝德也

恐事不就後秦種族其家

種當作踵謂隨而迹之也

高祖紀

淮陰侯復乘之

左傳車馳卒奔乘晉軍葢出其不意而摧鋒以蹙之也

縣隔千里

言秦包河山之險四封之內壤地縣隔千里也齊地二千里故云縣隔千里之外

呂后紀

高祖微時妃也

戴記曲禮天子之妃曰后衞風氓詩序喪其妃耦並音配又戴記哀公問妃以及妃則知妃者通上下而言義宜爲配也

文帝紀

未有嗛志

索隱嗛者不滿之意與文義不協戰國策齊桓公夜半不嗛注嗛快也漢書作㦙亦快足之意

十一月望日又食

日當作月觀詔但言十一月晦日有食之可見并書月食者以與日食同月也景帝後二年十月日月皆食亦并書

民或祝詛上以相約結而後相謾

謾者告首以陷之也

宮殿中當臨者皆以旦夕各十五舉聲

詔曰毋發人男女哭臨宮殿中當哭臨者謂羣臣命婦內外宗也而景帝遂自短喪期誤矣

景帝紀

申屠嘉周亞夫皆以自卒書信乎此紀爲褚少孫所補也太史公實錄多直筆此類不宜曲諱

三代世表

稽其歷譜諜

十二諸侯年表序歷人取其年月譜諜獨紀世謚則此稽歷與譜諜也

于是以五帝繫諜尚書集世紀黃帝以來訖共和爲世表

疑世紀亦古書名蓋五帝繫諜及尙書所載五帝三代事甚
略故幷集世紀中黃帝以來及和世次爲表也

六國年表

然世異變成功大

言秦取天下雖多暴然世變旣與古異而秦混一海宇革古
制法成功甚大

傳曰法後王何也

篇首太史公讀秦紀必秦紀傳中有秦制可法後王語故引
而釋之也漢興一踵秦制故曰以其近已而俗變相類議卑
而易行也

漢興諸矦年表

而內地北距山以東

北當作比其外接胡越而內地比次距山以東也與下漢郡
八九十形錯諸矦閒犬牙相臨正對

高祖功臣矦年表

居今之世志古之道所以自鏡也未必盡同帝王者各殊禮而
異務要以成功爲統紀豈可緄乎

漢武以列矦莫求從軍坐酎金失矦者百餘人遷不敢斥言
其過故微詞以見義言古之道篤於仁義以安勲舊而今任
法刻削不同於古帝王殊禮異務各以自就其功緒豈可混
而一之乎刺武帝用一切之法以侵奪羣下而成其南誅北
討之功也

惠景閒矦者年表

當世仁義成功之著也

仁義之著謂追修高祖時遺功臣及諸矦子弟若肺腑外國
歸義封者成功之著謂從代來及吳楚之勞

禮書

洋洋美德乎宰制萬物役使羣衆豈人力也哉

言禮爲洋洋美德其宰制萬物役使羣衆皆天理之自然豈
人力所强設哉役使羣衆者有禮而羣衆爲所運動也

仲尼曰禘自旣灌而往者吾不欲觀之矣周衰禮廢樂壞大小
相踰管仲之家兼備三歸

於諸矦之僭舉魯秉禮之國也於大夫舉管仲賢大夫也

雖不合聖制其尊君抑臣朝廷濟濟依古以來至于高祖光有
四海叔孫通頗有所增益減損大抵皆襲秦故

秦人以私意背天理故不合聖人制禮之意其尊君抑臣卽
所謂不合聖制者而儀法則依託於古稱其朝廷濟濟以漢
襲秦故故不敢斥言其非也

樂書

於樂府習常肄舊而已

叔孫通制宗廟樂舞皆因秦舊事詳見漢書禮樂志

律書

以下生者倍其實三其法以上生者四其實三其法

倍其實三其法卽所謂三分損一也四其實三其法卽所謂

三分益一也

置一而九三之以爲法

得萬九千六百八十三

實如法得長一寸凡得九寸

實如法者卽以法之數除實之數也十七萬七千一百四十七爲實萬九千六百八十三爲法十七萬七千一百四十七爲萬九千六百八十三之九倍故得九寸

神生于無形成于有形然後數形而成聲故曰神使氣氣就形形理如類有可類或未形而未類或同形而同類類而可班類而可識聖人從天地識之別故從有以至未有以得細若氣微若聲然聖人因神而存之雖妙必效情句核其華句道者明矣非其聖心以乘聰明孰能存天地之神而成形之情哉神者物受之而不能知及其去來故聖人畏而欲存之唯欲存之神之亦存其欲存之者故莫貴焉

神者樂之精華所以動天地感萬物之實理也生於無形者太虛之絪緼也成於有形者播於樂器然後聲生而神寓也數者十二律三分損益之數也播於有形之樂器然後其自然之數一一形見而成宮商角徵羽之聲也神使氣者以天地之神而運於人之氣也氣就形者以人之氣而就乎樂器也凡音之高下疾徐皆以人氣之大小緩急調劑而成故曰就也既播於有形之樂器則其理如物類之羣分而有可別矣方其未播於樂器初無宮商清濁之可別所謂未形而未類也既播於樂器則鐘磬管絃凡同形者音必相似所謂同形而同類也然雖同形同類而一器之中其音之清濁高下又各自有別類而可班者制器而可別其度也類而可識者審音而可識其分也凡此皆天地陰陽之理自然而有別者也聖人知天地之理而識其所以別者故能從有以至未有而得細於氣微於聲者所謂神也有者器數之既形也未有者器數之未形也聲氣辨於既有器數之後而神存於未有器數之先故從有以至未有然後可以探聲氣之本而得其神也然聖人雖識天地之神而苟無以存之衆人不能用也故制爲器數以存之則其理雖微妙必因器數而各效其情矣效者呈也情者實也華者器數之形道者神理之蘊也核其器數而無差忒則神理之運亦可得而明矣非天地之神本具於聖人之心而作律之聖人又乘其聰明之獨擅以核乎器數之分豈能存天地之神而使聲氣之實理各效於器數之中哉聖人辨器數以著聲音之實理所謂成形之情也神者天地之所以鼓物故神之去來物之衰旺視焉而物常受之而不能知如聞聲知勝負而勝者負者不自知也審樂知興亡而興者亡者不自知也而其情畢效於聲樂故聖人畏而欲存之唯欲存之故設爲器數而神亦於是乎存其欲存之者聖心聰明之所寓也故莫貴焉

厤書

運算轉厤

算密則天度不失故必運算乃能改厤也
以理星度未能詹也
古卜筮之官名詹尹似有占驗符合之義觀下十一月甲子朔旦冬至巳詹可見
蓋聞昔者黃帝合而不死名察度驗定清濁起五部建氣物分數
此詔書中語合而不死卽封禪書所謂黃帝迎日推策後率二十歲復朔旦冬至凡三百八十年而僊登於天蓋方士之誕語也合者至日適與朔旦合也名察者五星二十八宿之名於是而辨也度驗者其宿離遲速之度皆可驗也定清濁者卽下所謂氣復正羽聲復清也起五部者卽下所謂黃鍾

爲宮林鐘爲徵太簇爲商南呂爲羽姑洗爲角也氣者在天之節氣也物者十二律之管也建氣物分數者惟知其消息損益之分數然後能立十二管以應十二月之氣也
今日順夏至
至當作正卽厤書所謂日辰之度與夏正同也
名復正變以至子日當冬至
名復正變義難通豈謂五正聲二變聲之名皆復其舊與以至之至疑當作甲

天官書

中宮天極星
中宮卽中垣紫微宮天極卽北極天之樞星也第一前星第二赤色明盛者紫微卽帝星第三庶子第四后宮第五卽北極
其一明者太一常居也
其一明者今謂紫微太一居垣外與天一相近
旁三星三公
三公距黃道甚遠無金火守之之理注誤○蔣西谷曰或金火之流星
後句四星末大星正妃餘三星後宮之屬也
今所傳句陳六星大者爲第三並天潢爲七卽後句四星餘三星也別有四輔星居極旁微小
環之匡衞十二星藩臣皆曰紫宮

環衞十二星乃紫微宮垣星宋均謂十二宮中外位各定總謂之紫宮非也
紫宮左三星曰天槍右五星曰天棓
案槍在紫宮之右棓在左疑傳寫之誤詩緯云在杓左右益誤矣
用昏建者杓自華以西南夜半建者衡衡殷中州河濟之間平旦建者魁魁海岱以東北也
以斗所指建月故曰建寅東北方也指寅者以正月而言
輔星明近輔臣親强斥小疏弱
恆星不移徙正義謂與斗近與斗遠非也蓋明則覩之似近暗則斥小耳

左角李右角將

左角右角東宮角宿也石氏云左角爲天田右角爲天門誤

匡衛十二星藩臣

陳星十二在太微垣外索隱誤

門内六星諸侯

今以三星爲三公三星爲九卿

月五星順入軌道司其出所守天子所誅也其逆入若不軌道以所犯命之中坐成形皆羣下從謀也

出謂自太微庭過五帝坐而東也所守謂將相執法羣位守者畱而不去也犯者獵其旁也一度内始爲占中坐五帝坐之中一星也以所犯命之者凡所犯各以其星所主命其禍災也惟犯中坐成禍災之形尤大卽羣下從謀其上也其犯旁四坐禍災亦大於他星但不若中坐之甚耳

火入旱金兵水水

舊以水字連下句非也火入五潢則旱金入則兵水入則水耳

老人見治安不見兵起

此星中原常不見五嶺以南始見本文及注皆誤

入軍軍起

入軍羽林天軍之環域也

營室爲清廟曰離宮閣道

室二星在閣道六星下故曰閣道抵營室離宮六星夾室宿爲天子行宮

義失者罰出歲星歲星贏縮以其舍命國

五星之行贏縮有常度精厤算者能預推古厤於此法或未詳也或贏或縮以其所舍止星塵命其所值之國○歲星自有行度古厤未密以日月之行度揆之是以時見贏縮

其失次舍以下進而東北三月生天棓

天棓天欃天搶名見恆星中今曰歲星所生則非恆星也又皆定以丈尺不知何據

熒惑熒惑爲勃亂殘賊疾喪饑兵（上熒惑二字衍）

其入守犯太微軒轅營室主命者惡之

命令所從出者天下則天子一國則諸侯也軒轅主後宮太微非犯帝坐亦不應占主命者

主勿用戰敗

主勿用爲句主凡事皆勿用而以戰則敗也戰尤重事故特言之易爻辭潛龍勿用

主孽卿

主其禍孽卿當之也

戰敗爲北軍軍困

凡三占以戰則敗又爲奔北之軍又爲軍見困於敵也

七寸以内必之矣

七寸謂一度之内也

五星皆大其事亦大皆小其事亦小

五星通占獨係塡星下者以土居中央備四時之氣也其日禮德義殺刑盡失而塡星乃爲之搖動義亦如此

察日行以處位太白

太白平行距冬至與日同度一歲行度比日行度止差一二分故察日行以處其距限之位

當出不出當入不入是謂失舍

太白行度有常本無當出不出當入不入者以古麻疏不能詳推而以日行處其距度故見爲失舍也

動搖躁躁圜以靜靜

太白動搖而躁則兵亦躁太白圜以靜則兵亦靜也

行勝色色勝位

行謂順逆遲疾之度色謂明暗躁靜位謂所躔宮宿

上而疾未盡其日過參天

日當作日蓋行疾未盡其當行之日而遽過也

察日辰之會以治辰星之位

辰星行度與日行度同雖有遲速相去無幾故以日所會之辰定辰星之位也

諸此雲見以五色合占而澤摶密其見動人乃有占

摶圜厚也言雖以五色合占然必潤澤摶密光氣動人乃有占其浮散之雲雖略似諸物形無占也

兵必起合鬬其直七字乃諸星下脫文

城郭門閭閨臬枯槀宮廟邸第人民所次謠俗車服觀民飲食五穀草木觀其所屬倉府廄庫四通之路六畜禽獸所產去就魚鼈鳥鼠觀其所處

次如周官思次介次之次所止居也屬聚也此承上言不獨山川谿澤之變異地常見象卽一方之衰旺外而觀其城郭門閭之潤澤枯槀內而觀其宮廟邸第以及人民所止居兼謠俗車服其象必有先見者矣不特此也民所飲食其本在五穀草木之華實其豐登荒耗觀其所聚倉府廄庫及四通之路其象必有先見者矣至於六畜禽獸所產之去就觀其所處山林川澤田疇其象必有先見者矣如淵深林茂草豐泉潔必諸產之所就也反是則所去也或謂此節申明上候息耗非也前文義已明著無容覆演宮廟邸第亦視其潤澤

枯槀魚鼈鳥鼠亦有去就蒙於上而辨係於下者古文簡奧也

凡候歲美惡謹候歲始歲始或冬至日產氣始萌臘明日人衆卒歲一會飲食發陽氣故曰初歲正月旦王者歲首立春日四時之卒始也

言歲始有三或以冬至日爲產氣之始萌也或以臘明日王者之歲首也或以立春日四時之卒而復始也

數至十二日日直其月占水旱爲其環城千里內占則其爲天下候竟正月月所離列宿日風雲占其國

直當也以其日晴雨占所當之月水旱也則法也竟終也爲千里內占法如此若爲天下候則終竟正月蓋月周歷二十

八宿然後可以所歷之宿辨分野而爲天下占也

炭動鹿角解蘭根出泉水躍略以知日至要決晷景

　炭當作灰冬至日極南晷景極長過此則漸短其物候四略可以知日至而決其運度要在晷景之長也正義以晷景連下誤

歲星所在五穀逢昌

　逢大也天問後嗣逢長音龍正義訓逢與所在義複

是以孔子論六經紀異而說不書

　直紀災異而所應之說則不書也

爲國者必貴三五上下各千歲然後天人之際續備

　五謂五百歲一大變三謂三大變一紀三紀而大備也二紀

上下已各千歲矣然必通三紀以次相續上下各千歲者五然後天人之際以相續而備其變應無不可考矣

近世十二諸侯七國相王

　前既言田氏三家又言近世十二諸侯者田氏三家始猶未相王其相王時去漢尤近也

自河山以南者中國

　關隴代北諸山也正義華山誤

是以秦晉好用兵復占太白太白主中國而胡貉數侵掠獨占辰星辰星出入躁疾常主夷狄此其大經也

　前言太白辰星主引弓之國此言秦晉雖在河山以南而近西北故其民亦好用兵而復以太白爲占蓋以秦晉對引弓之國則太白又主中國而胡貉則獨占辰星也

此更爲客主人

　銜南銜北雖有一定之限而太白辰星則更爲客主人蓋以銜南對銜北則太白爲客而以秦晉對引弓之國則太白又爲主人而辰星爲客也

余觀史記考行事百年之閒五星無出而不反逆行反逆行嘗盛大而變色日月薄蝕行南北有時此其大度也

　甘石法五星逆行日月薄蝕皆以爲占及遷以所聞見百年中考之則五星無出而不逆行變色者日月薄蝕以所行南北同度有時相値此乃其行度之大凡不宜以爲占也日觀史記考行事者見逆行薄蝕之占與事不相應也前言未有

不先形見而應隨之者此復言不應何也上所述秦漢閒皆星變非逆行薄蝕之比也諸呂作亂日蝕晝晦蓋連晝晦而爲言

此天之五官坐位也

　官當作宮即篇首所列五宮也

夫常星之變希見而三光之占亟用

　常星五宮經星也終古不易故其變希見三光日月五星也經緯見伏有時過行嬴縮有度故其變時見而占亟用日希見亦閒有見時也春秋書恆星不見其變大或有大小明暗亦小變也

爲天數者必通三五終始古今深觀時變察其精粗則天官備

矣

卽前所謂必貴三五也故曰終始古今深觀時變蓋合古之時變以參究今之時變也粗謂天官所傳三光之占精謂與政事俯仰而爲大人之德符故同是變而其占有應有不應其應有過有不及也

封禪書

自古受命帝王曷嘗不封禪

言特不以爲不死之術也

至梁父矣而德不洽

梁父二字衍曲爲之說皆不可通

卜居雍後子孫飲馬於河 一句讀

其後百有餘年而孔子論述六藝傳略言易姓而王封泰山禪乎梁父者七十餘王矣其俎豆之禮不章蓋難言之

孔子論述六藝封禪事不見於經是以其俎豆之儀不章以是斷之則非聖王之典祀而傳所言易姓而王封禪者七十餘王亦無稽之言明矣蓋孔子欲斥爲妄則傳有是言而實典祀所不載是以難言之而置之不論也非謂其儀曠不舉而俎豆之禮難言

或問禘之說孔子曰不知知禘之說其於天下也視其掌

禘雖典祀然不知其義禮亦虛行況以封禪致物怪接僊人蓬萊士乎

乾稱蜚龍鴻漸於般

蜚龍在天利見大人言君之得臣也鴻漸於磐飲食衎衎言臣之遇君也武帝以欒大爲天所遣士故引此注誤

遭聖則興

承上文鼎神物遭聖則興以隱喻鼎出爲瑞非直指汾陰鼎出事正義誤

蓋若獸爲符路弓乘矢集獲壇下

卽指武帝射麃事服虔注誤

秋及臘間祠三歲天子一郊見

三歲天子一郊見其二歲或祠以秋或祠以臘故曰間

羣儒旣已不能辨明封禪事又牽拘於詩書古文而不能騁

不能辨明封禪事謂不能辨其非接僊人求不死之術也不

能騁見詩書古文無封禪之說不敢如方士之騁其誣誕也

其下則有玉牒書書祕

太乙明堂贊饗具載其文而此書獨祕蓋以登僊禱也

皆至太山

遥承上天子獨與侍中奉車子侯上太山故曰皆至謂從行公卿侍從儒者也

推厤者以本統

十一月朔旦冬至爲得厤數之本統故云

五寬舒之祠 句 官以歲時致禮

官以歲時致禮爲句曰五寬舒之祠明太時后土二祠而外皆寬舒成之而還不與其議也曰薄忌太乙以別於還與議

之太時也
究觀方士祠官之意
言推究其意專爲道諛逢君之惡而不主於敬鬼神之祀
具見其表裏
自古帝王典祀乃致敬於鬼神其餘淫祀則妄意福祥至漢武封禪則以爲招來神僊人致不死之術而假儒術以文之故曰具見其表裏以儒術文之用自託於古帝王之功至德洽者表也而妄意於上封則不死裏也
河渠書
度九山
相度山勢所趨以知水之所會也

魚沸鬱兮柏冬日
迫冬日則水當歸壑矣而汎濫不止故睹魚之沸鬱而以爲憂也
延道弛兮離常流
延引也延道引河之隄也弛傾圮也延道頃圮故水離所常流之地
北渡迂兮浚流難
禹引河北載之高地今決而南則北渡迂遠欲浚使復流其勢甚難觀此則知河沙淤墊浚之甚難惟塞其決使水力自相推盪乃可通行古已如此
搴長茭兮沈美玉
祭川必沈玉疑搴茭亦爲祭也管子淵深而不涸則沈玉極矣
薪不屬兮衞人罪
東郡燒草以致柴薪少故曰衞人罪也
頹林竹兮楗石菑
頹林竹即所謂下淇園之竹以爲楗也以竹爲楗於外而塡石與菑草於中
平準書
一黃金一斤
一黃疑當作十貫以字形相近而誤也
蓄積餘業以稽市物物踊騰糶

稽留市物俟物價騰踊而後糶之也
及徒復作得輸粟縣官以除罪
復除也徒當作者得入粟以除之也既曰徒復作又曰得輸粟縣官以除罪者明景帝時獨徒作者許除罪至武帝則一切當刑者皆可贖也
於是大農陳藏錢經耗賦稅既竭猶不足以奉戰士有司言
陳奏也既曰大農陳又曰有司言者大農陳奏有司計要之質詞如此也與後大農上鹽鐵丞孔僅咸陽言同義
其一曰重八兩
曰字衍葢傳寫者因下二曰三曰而誤增也
便屬在所縣

在所應爲所在誤倒也

令民得畜牧邊縣官假馬母三歲而歸及息什一以除告緡

民能於新秦中畜牧受馬母於官而歸其息者則除其家不告緡也

因南方樓船卒二十餘萬人擊南越

昆明池所作樓船雖以習水戰不過用爲游觀而近粤之地別有習戰之樓船故特言南方樓船卒以別之南越傳令罪人及江淮以南樓船十萬師往討之是也索隱謂卽昆明池樓船二十餘萬人豈昆明池所能容乎

鐵器苦惡賈貴

器苦惡而賈又貴也

不敢言擅賦法矣

軍所過縣吏擅賦法以多取於民而衆亦不敢以爲言也

諸官各自市相與爭物故騰躍

先是水衡少府大僕大農分受緡錢弘羊欲併歸大農也諸官各自市者儲以待用及貴而糶之也

令遠方各以其物貴時商賈所轉販者爲賦而相灌輸

前此已稍置均輸以通貨物然猶官自輸故弘羊以爲賦輸或不償其僦費今曰相灌輸民以次相輸如灌也名爲不加賦而私費不啻倍之矣故當時論其弊卽謂農民重苦女工再稅也七書皆依世次順序以其事歷代之所同也平準乃武帝一時之法故序上古及秦綴於書後體當然也竭天下資財以奉其上猶自以爲不足秦漢之所同也舉秦事而漢不必言矣

或錢或布或刀

布刀各爲一物舊注誤

吳世家

猶有先王之遺民也

遺民懷文武之德故不貳不言

齊世家

二年伐滅郯

春秋經傳齊師滅譚而其後郯別見此以聲同而誤也

成請老於崔杼杼字衍

慶舍發甲圍慶封宮

圍繞以爲衛也

師乎師乎胡黨之乎

國策歸於何黨矣蓋齊人語也師國衆也之適也言公子四出國衆將適何黨也

魯世家

發書視之信吉六字衍

燕世家

燕相將渠以處和

處居間也趙重將渠故燕特相之居間主和議也

管蔡世家

陳司徒搦弑景公及平侯悼侯事俱與春秋經傳不合豈書記所傳各異遷以春秋但據魯史故於異聞亦不敢廢與或謂左傳後出遷未之見非也列國世家據左傳者十之八九可云未見乎

伯邑考其後不知所封

紂烹伯邑考雖不見經傳但其後無封必早死無後也檀弓文王舍伯邑考而立武王乃子服伯子附會之言不足據

衞世家

衞康叔

康謚也周本紀康叔封布茲葢追稱之此史文成法索隱以爲畿内國名誤矣

宋世家

今女無故告予顛躋

躋升也升高而顛傷必重以神明之後而墜命亡氏則忝祖尤甚也

於是太師少師乃勸微子去

尚書微子篇太師少師注家謂卽箕子比干而太史公以太師少師別爲二人故序微子與太師少師問荅後特起文曰箕子者紂親戚也王子比干者亦紂之親戚也而比干死後復曰太師少師乃勸微子去舊注葢未達其意

言曰從

得其次序也春秋傳典從禮順

微子開卒立其弟衍是爲微仲

微子微仲雖受周封猶稱殷號周家之忠厚也洪範王曰嗚乎箕子編書者又以微子之命名篇則知武王周公不忍革其故號故微仲之子始稱宋公

晉世家

魏大名也

魏乃建國之名故謂之大

且言何以易之

謂重耳之言非恆人不可忽也

晉之宗家祁傒孫叔嚮子相惡於君六卿欲弱公室乃遂以法盡滅其族而分其邑爲十縣各令其子爲大夫晉益弱

晉之亡實由於此與田盤使其兄弟宗人盡爲齊都邑大夫同而左氏乃歸美於魏獻子其識不逮太史公遠矣

楚世家

載祀六百

載如厚德載物之載商之德能載鼎其祀六百也

此國冠之上

言令尹居國如冠之在上不可復加也

稱楚之大

稱去聲衡量楚之强大也

越世家

定傾者與人

人謀得則可以定傾
不者且得罪
國語子往矣無使執事之人得罪於子
夏路以左
楚辭哀郢過夏首而西浮夏路以左卽夏首以西也自商於
至夏首皆近秦之地
鄭世家
公怒溉逐羣公子
溉當作概屬下句蓋怒己子之以罪死而羣公子概被逐也
○蔣西谷曰五帝紀帝嚳溉執中而徧天下徐廣曰古既字
作水旁既盡也與日有食之既同義

請衞君還
四字於上下無著疑衍
趙世家
嬴姓將大敗周人於范魁之西而亦不能有也
嬴姓將大謂秦將興也雖敗周而不能有謂二世而亡也
吾有所見子晰也
所處也思夢中所見而言吾有處見子甚晰也
使廚人操銅枓以食代王及從者行斟陰令宰人各以枓擊殺
代王及從官
及從者爲句行斟爲句行斟謂行美汁張儀傳所謂進熱啜
是也

左袒界乘
界一本作介甲也此指武靈王變服習騎射事左袒變服也
介乘謂甲而乘馬習射
吳廣聞之因夫人而內其女娃嬴孟姚也
既曰娃嬴又曰孟姚者廣因王夢中歌曰曾無我嬴故特名
其女曰娃嬴而實非嬴姓故著其實曰孟姚也
北至無窮
無窮門名趙襄子所建
負遺俗之累
必遺棄舊俗乃能成高世之功而世人必相訾謷故曰負遺
俗之累

有獨智之慮者任驁民之怨
驁民猶違眾也獨行其意民將以爲驁而怨之
北地方從代道大通
方始也從屬也先是襄子已取代而隔於中山道不通故十
九年主父北略地中山至於房子遂之代今滅中山起靈壽
則北地始屬於代而道大通也
天下屬行以謀王也
屬行相屬而起兵也齊策使犀首屬行而攻趙
齊之事王宜爲上佼
戰國策作交
秦以牛田之水通糧蠶食上乘倍戰者裂上國之地其政行不

可與爲難

牛田則地利盡水通糧則輸輓便能蠶食鄰國者乘上乘戰有兼人之勇者裂國中善地以予之則士爭用命故曰其政行不可與爲難也

悼襄王元年大備

疑是大爲戒備之意君死强敵外侵大臣内鬨故戒嚴也

魏世家

魏武子以魏諸子事晉公子重耳

周官諸子掌國子之倅宗伯掌三族之别其正室皆謂之門子大胥掌學士之版以待致諸子則公卿大夫之適子衆子皆可稱諸子下云令武子襲魏氏之後則此稱諸子言非適也

王之使者出過而惡安陵氏於秦

王之使者出爲句過而惡安陵氏於秦爲句言過計而惡安陵氏於秦也

隨安陵氏而亡之

隨以兵也

田齊世家

吾欲盡滅田氏適

欲盡誅其本支嫡嗣

孔子世家

孔子要經季氏饗士孔子與往

季氏饗士卒欲用之古者既葬金革之事弗避孔子所居在季氏分地故要經而往庶人召之役則往役之義也故陽虎曰季氏饗士非敢饗子而正義謂饗文學之士誤矣

禹致羣神於會稽山

舜巡四嶽望秩於山川春秋傳晉主齊盟載書之辭亦曰羣神羣祀葢禹致羣神而秩祀於會稽也韋昭以文連防風氏後至遂謂羣神爲主山川之君誤矣致與周官致禽同義葢屬聚之謂

山川之神足以綱紀天下其守爲神

言山川之神足以綱紀天下而爲神者多即其守土之君也葢上世守土者有明德或神明之胄則死即爲神以主其山川如春秋傳所稱臺駘爲汾神之類

由司空爲大司寇

魯三卿皆三桓爲之司寇乃小司寇在侯國則司馬之屬也故臧紇嘗爲之此云大司寇誤也孔子所謂司空亦如鞍之戰所稱齊辟司徒晉司馬司空之類皆諸卿之屬傳稱羽父求太宰者侯國無冢宰以司徒攝其職事也

分異姓以遠方職使無忘服

職職貢也服所服事也周書畢命纘乃舊服

故所居堂弟子内後世因廟藏孔子衣冠琴車書

當作故弟子所居堂内傳寫誤倒也葢後世因故弟子所居堂内地爲廟以藏孔子衣冠琴車書也

陳涉世家

發閭左適戍

秦發適戍入閭取其左葢家取一八

鄱盜當陽君黥布之兵相收

相收者彼此合爲一也勢不相下故特起此文○蔣西谷曰周頌我其收之傳收聚也

外戚世家

乃厚賜田宅金錢封公昆弟家於長安

封公二字疑衍或曰田宅金錢皆封公家所有以予之賜修成君亦曰公田百頃是也

娙何秩比中二千石

郡守諸侯王相外二千石也娙娥秩比九卿故曰中二千石崔浩云漢制九卿以上秩一歲滿二千斛又漢官儀云中二千石俸月百八十斛則爲中外之中明矣而浩又謂中猶滿也師古因謂實得二千石恐未安諸侯王相亦實得二千石以不若九卿之貴故以中別之

荆燕世家

諸劉遠屬也

索隱據班固言從祖兄弟不宜稱遠屬按禮小功爲遠兄弟記曰絶族無移服親者屬也族未絶故曰屬古書無一字汜設

弗與矣

與音預言田生得金以歸不復與我之事矣葢諷之也故田生感其言而如長安

曹相國世家

載其清淨

載成也蕭曹相繼成此清淨之治故民以寧一也

清淨極言合道然百姓離秦之酷後參與休息無爲故天下皆稱其美矣

謂參之清淨時人極言其合道卽下天下俱稱其美也然繼秦之後時當休息故見美於人非治道當一於清淨而不可以有爲也

五宗王世家

吏求捕勃太急使人致擊笞掠擅出漢所疑囚者

吏求捕諸證左於勃甚急使人擊掠勃左右勃恐語洩遂擅出漢所疑囚使遁匿也漢所疑囚卽與姦諸證左

三王世家

分子弟戶邑錫號句尊建百有餘國

曰尊建百有餘國者王子侯者雖同爲諸侯而有土有民爲尊皇子以列侯家居長安爲卑故曰尊卑相踰也

陛下讓文武躬自切及皇子未教

讓文武以制詞周封八百及康叔親屬有十諸語而言也躬自切以制詞朕之不德而言也及皇子未教以制詞以未教成者彊君連城而言也

羣臣之議儒者稱其術或誹其心

儒者稱其術卽李斯所謂令下各以其學議之也或誹其心卽李斯所謂入則心非也蓋帝恐羣臣封諸子之議儒者或稱其術以議之或口不言而心非之必當曰口語及此而未筆於制詞故略舉以復也

伯夷傳

夫學者載籍極博猶考信於六藝

此六藝以六經而言也許由卞隨務光雖見於諸子而六經不載孔子又無稱焉是以不敢傳疑也

豈以其重若彼其輕若此哉

壘引孔子老子之言而繼以此語言自聖賢論之豈以若彼之富貴逸樂爲重若此之困窮禍災爲輕乎蓋君子之所謂重輕與俗異故曰道不同不相爲謀

衆庶馮生

馮任也任其生之所之而留留焉所謂誘然皆生而不知其所以生也

管晏傳

上服度則六親固

服如自服於土中之服謂行政也上所服行有制度則民親睦

老子傳

老子列傳始詳其國邑鄉里姓氏名字謚爵職守終及其子孫雲仍封爵時代居國蓋以世傳老子爲神僊幻怪之流故詳誌以見其不然也

莫知其所終

老子本以周衰隱身遠去莫知其所終而世人遂以爲神僊者流也

蓋老子百有六十餘歲或言二百餘歲

前言老萊子與孔子同時後言太史儋後孔子百二十九年而中間入老子年數蓋謂老子隱去其年壽所極世人亦莫知其眞故與老萊子太史儋相混也

老子隱君子也

老萊子與老子同時同國而著書言道家之用周太史儋與老子同官同嫌名而號前知故其傳與老子相混而太史公正言老子爲隱君子所以破衆說之荒怪且見儋與老萊子別爲二人也

李耳無爲自化清靜自正

此言著書言道德者乃李耳而老萊子太史儋別爲二人也

莊子

然善屬書離辭

屬連屬也書文字也莊子之文以己意連合二字而不見於他書者甚多所謂善屬書也離麗也使辭與事相對麗也

韓非

非吾知之有以說之難也

非吾知其事之成敗利鈍而有術以處之之難也
非必其身泄之也而語及其所匿之事如是者身危
不必有心泄其事而偶語及其所匿亦不免於危
周澤未渥也而語極知
極知盡知其事與心之隱也
迺自以爲也故
也當作他如晉欲伐陸渾之戎而假於祭雒也
論其所愛則以爲借資
借資於所愛也
處事廣肆
處事周徧而徧陳之也

大忠無所拂辭悟言無所擊排
大忠悟言皆謂所說之人也彼自以爲甚忠信則應之如響
而辭無所拂彼自言有獨悟則無攻其瑕隙
直指是非以飾其身
飾當作飭謂直指是非以匡飭君身也
故著書辭稱微妙難識
號爲微妙難識也
莊子散道德放論
散推衍也推衍老子所論道德之意而放言也
伍子胥傳
剛戾忍訽
訽辱也春秋傳余不忍其訽
止中道乞食
國策伍子胥橐載而出昭關夜行晝伏至於蔆夫無以餬其
口
王走鄖鄖公弟懷曰
鄖小國楚滅而邑之封曼成然楚邑長皆僭稱公春秋傳諸
侯縣公皆賀寡人是也
仲尼弟子傳
吳王乃遂發九郡兵伐齊
春秋時郡小於縣定二年傳上大夫受縣下大夫受郡是也
此曰發九郡兵則秦漢以後人所設之辭明矣

秦商字子丕
家語字丕茲左傳秦廑父生丕茲事仲尼
商君列傳
令民爲什伍而相收司連坐
相收者彼此相拘管猶周官司圜收教罷民之收相司者相
督察以告姦也○蔣西谷曰與酷吏傳收司姦盜賊同義漢
書注云收捕司察也
敎之化民也深於命民之效上也捷於令
此泛論敎化之理命出於口而敎型於身故化民也深而民
效之捷
蘇秦傳

常苦出辭斷絕人之交也
苦出辭猶出苦辭也或傳寫誤倒凡斷人之交必出苦言蘇代云何不以苦言說秦王是也
不死殊而走
殊分也絕也蘇秦將死未絕而刺者走去也
覆三軍得二將
覆燕之三軍也
莫若挑霸齊而尊之
與挑戰同義興起而播弄之也
西河之外上雒之地三川晉國之禍三晉之半
西河上雒三川皆秦所并三晉之地也晉國之被秦禍幾失亡三晉之半也

燕趙之秦者
之秦謂奉使於秦者
張儀傳
然恐秦之攻諸侯敗約後負
恐敗約之後己負諸侯之責也
甘茂傳
人皆言楚之善變也而公必亡是自爲責也
亡音無向壽黨楚故人言楚善變而壽必以爲無變是自負楚變之責也
孟子荀卿傳
先序今以上至黃帝學者所共術大並世盛衰
大當作及傳寫誤也蓋先序戰國以上至黃帝事爲學者所共稱述者然後及並世盛衰也
始也濫耳
言始爲汎濫無端涯之詞以動人聽耳
儻亦有牛鼎之意乎
即指上負鼎飯牛
信陵君傳
如姬資之三年
以貲財資人求其父仇也
春申君傳

注地於齊
秦得韓魏則地接於齊若水之流注可通也
范雎傳
擢賈之髮以續賈之罪尚未足
非音續數相近而誤也或曰擢髮而續之尚不足以比其罪之長也
睚眦之怨必報
怒目相視之怨亦報也
樂毅傳
是以至於入江而不化
不變化其本志也國策作不改或字之譌也

廉頗藺相如傳

李牧司馬尚欲反

案國策牧以臂短用木接之郭開誣以懷刃而賜死文甚明其曰反曰捕斬者趙史之誣詞也六國惟趙史尚存故遷不敢錄異聞而於後論發之然曰欲反則無實迹可知曰使人微捕則非謀反迹見而正名以誅之可知此又遷之微指也

屈原傳

各有所錯兮

錯與措通置也窮達禍福各有措置處也

李斯傳

郎以屬吏繫於陽周

蒙恬之死於後趙高語出之故於此不言其死狀也

則舍爲天下役何事

舍除去也言既不能行聖人之術以督責天下則除去爲天下役更何所事乎與荀子是猶力少而任重舍碎折無適也辭意略同

辭服奏當上

斯之辭服故高奏其罪與刑相應也漢書蓋奏當之成雖皋陶聽之猶以爲死有餘辜

羣臣百官皆畔不適

不適不如君所也與尚書民不適有居字義同

蒙恬傳

使者以蒙恬屬吏更置胡亥以李斯舍人爲護軍使者還報胡亥

二字衍

以是籍於諸侯

劉氏云諸侯皆記其惡於史籍是也春秋傳非禮也勿籍

張耳陳餘傳

嫁庸奴亡其夫

去其夫也不曰去者不告而去猶逃亡也

今已張大楚王陳

陳勝初起爲狐鳴曰大楚興陳勝王此言今已張大楚而王於故陳地也

又不如立其兄弟

如疑當作知

韓信傳

從閒道萆山而望趙軍

使依山用草木自蔽而望趙軍之出入也登山故能望遠有蔽故趙軍不覺

信乃使萬人先行出背水陳

先行出爲句使萬人先行出井陘口背水而陳然後信鼓行以出也

樊酈滕灌傳

別擊西丞白水北雍輕車騎於雍南破之

雍輕車騎秦兵之屯於雍者蓋擊西縣丞於白水北雍輕車

騎於雍南皆破之也文義正與下從擊秦車騎壤東類此以雍秦地故不言秦耳

張丞相傳

吹律調樂入之聲音及以比定律令若百工天下程作

比刑罰之比例也尙書呂刑上下比罪禮記必察大小之比以成之葢漢初約法省刑蕭何造律尙簡律所未詳蒼更以上下大小之比例定之猶後世律之外更有例也此刑罰之律故曰律令與樂音之律異蒼吹律調樂器與人聲又以比例定刑律又爲百工立程品故以及與若之文相承屬所以別其爲三事也○蔣西谷曰比定者以舊律相比而定新律即文帝十三年張蒼馮敬議請定律事詳見漢書刑法志

陸賈傳

數見不鮮無久慁公爲也

言凡物數見則不覺其鮮好故我一歲止再三過無久慁汝爲也公即謂其子賈任達故稱子爲公非莊語也晁錯父亦稱錯爲公怒辭也

張釋之馮唐傳

其軍市租盡以饗士卒私養錢五日一椎牛饗賓客軍吏舍人

以軍市租饗士卒以私養錢五日一饗賓客軍吏舍人也

直不疑傳

其所臨爲官如故

其官屢遷所臨治之地雖異而接人處己皆如故也

倉公傳

臣意年盡三年年三十九歲也

是年乃文帝四年故曰盡三年年三十九也不曰年四十者是年尙未盡也○蔣西谷曰上言受慶方一年所尙未精要事之三年此言受讀之年盡三年時年三十九歲出治病即有驗如下文所云也

魏其武安傳

引繩批根

引繩以正其邪批根以循其本皆所以暴先慕後棄者之過也

局趣效轅下駒

轅下駒進局於扼退束於靷故曰局趣也

匈奴傳

齊釐公與戰於齊郊

據春秋釐公祿父也索隱誤

大者萬騎小者數千凡二十四長立號曰萬騎

二十四長中雖數千騎者亦立號曰萬騎也

漢亦尙關市不絕以中之

以市物投合其意冀勿侵盜也

以便偏指

以便人主之偏指也

不參彼己

不參酌彼己之勢

衞青傳

校尉句王高不識

不識在匈奴時爲句王降漢後爲校尉

常先其大將軍

蔣西谷曰大將軍青於去病爲親故曰其汪武曹曰將字衍

常先其大軍也

公孫弘傳

恐竊病死

竊恐字偶倒也

南越傳

介漢使者權

介恃也春秋傳介恃楚衆以憑陵我敝邑又曩齊魯之常隸

也敢介大國以求厚焉

聞漢兵至及越揭陽令定自定屬漢

光與揭陽皆自輯其吏民以屬漢是謂自定也

滇傳

秦時常頞略通五尺道

略封略也案封略而通道也

司馬相如傳

崇冠於二后

二后謂夏商也自堯以後所述惟周事故以爲崇冠於夏殷

也

正陽顯見覺寤黎烝

龍至陽之物其顯見於世所以昭漢受命之符以覺寤衆庶

也

依類託寓諭以封巒

言天不必諄諄然命漢封禪而因物類之祥以寄寓其意而

諭之也

淮南衡山列傳

一日發兵使人刺殺大將軍

淮南一日發兵反其所使人即刺殺大將軍也

循吏傳

史記札記

廣雅書局

市不豫賈

索賈一定無猶豫之虛辭也

汲鄭傳

非苦就行放析就功

明知所行之非而故爲艱苦以成之如湯爲三公而家產不

過五百金及造請諸公不避寒暑是也析言破律以就其功

如湯興皮幣造白金籠鹽鐵出告緡令是也

儒林傳

余讀功令至於廣厲學官之路未嘗不廢書而歎也

廢書而歎歎儒術自是而衰也自孔子修六經明正道困而

不悔諸弟子守其道不變至於戰國儒術既絀而孟子荀卿

猶遵夫子之業遭秦滅學而齊魯諸儒講論不絕漢興七十餘年自天子公卿皆不說儒術而諸老師尙守遺學不肯曲以阿世故武帝一鄉之而遺經並出凡此皆聖人之遺化也自叔孫通以禮儀爲大常諸弟子共定者爲選首始喟然歎興於學則稍鄉於功利矣至公孫弘以春秋至三公而天下靡然嚮風弘既曲學阿世以至富貴不能興禮彰教乃置博士弟子使試太常補卒史誘以利祿自是天下多文學之士而儒者之道熄矣自孔孟以來羣儒相承之統經戰國秦漢絀滅擯棄而未嘗絕者弘以一言敗之而其名則曰厲賢才悼道之鬱滯不甚可歎哉

故子路居衞子張居陳澹臺子羽居楚子夏居西河子貢終於齊

獨言五子皆世所隆也外此則隱而不見者

其令禮官勸學講議洽聞興禮以爲天下先太常議與博士弟子崇鄉里之化以廣賢才焉

制所下二事令禮官勸學講議所聞使皆協洽興禮以爲天下先如改制度易服色是也弘議古者政教未洽不備其禮對此葢言禮之未易興也太常議與博士弟子崇鄉里之化以廣賢才欲士興於學也弘議爲博士置弟子郡國縣道上秀民對此

請因舊官而興焉

太常舊禮官也言禮不易興請因舊禮官廣其路

賢才

卽下文所云也

能通一藝以上補文學掌故缺

周官列禮樂於六藝以執其器習其儀可以藝名也詩書則列於學官而不名爲藝矣以經爲藝始於弘侮聖人之言莫甚於此太史公云中國言六藝者折衷於夫子又曰學者載籍極博猶考信於六藝葢徇時人所稱而未之察爾

請選擇其秩比二百石以上及吏百石通一藝以上補左右內史大行卒史

凡吏百石能通一藝者得與太常高第秩比二百石者並補左右內史大行卒史也大行亦禮官

先用誦多者若不足乃擇掌故補中二千石屬文學掌故補郡屬

誦多者誦諸經多也通一藝以上補掌故缺故先用誦多者不足乃取掌故也上云通一藝以上補文學掌故缺是舊有是官而弘請以博士弟子補其缺也此獨稱掌故者博士弟子新補者也稱文學掌故者舊爲掌故者也誦多者高第秩比二百石者也中二千石屬卽左右內史大行卒史郡屬卽太守卒史先用誦多者補中二千石屬不足乃擇通一藝者足之而舊掌故補郡屬也

孔氏有古文尙書而安國以今文讀之遂以起其家

古文科斗文也時科斗書廢已久人不能識安國用伏生所傳今文中字畫比校讀之復得二十五篇往時言書者惟伏

生而安國復自名家所謂起其家也漢時傳經者各守一家之說故曰言易者要本於楊何之家

故漢興至於五世之閒唯董仲舒名爲明於春秋其傳公羊氏也

諸老師能傳經而已唯董子則明其義故表而出之

酷吏傳

詐刻傳出關

詐刻符篆也

見文法輒取亦不覆案

見獄詞與法律相應輒取之而不覆案其事以求官屬陰罪也

上所是受而著讞決法廷尉絜令揚主之明

承上意著讞詞決其法因載其事於廷尉律令中俾後有疑事得比例絜度所以揚主之明

關東吏隸郡國出入關者

吏官也隸徒隸也吏隸及郡國平民出入關者皆畏成也

豪惡吏盡復爲用爲方略吏苛察盜賊惡少年

吏苛察吏當作使溫舒爲方略使豪惡吏苛察盜賊及惡少年卽投缿購告言姦是也苛譴也周官世婦職大喪比內外命婦之朝暮哭不敬者而苛罰之

章大者連逮證案數百小者數十人遠者數千近者數百里會獄吏因責如章告劾不服以笞掠定之

會獄連上爲句章內連逮證案者遠近俱來會獄以聽鞫也內吏與外吏相表裏因如章內所列罪狀責令承伏其告劾外吏枉撓而不肯遽服者强以笞掠定之

張湯以知陰陽人主與俱上下時數辯當否國家賴其便

湯知事之陰陽及武帝之陰陽也名美而實惡者事之陰陽也內多欲而外施仁義者武帝之陰陽也武帝興事開粵財匱姦生欲假形威以劫之而陽慕儒術湯因請博士弟子用尚書春秋亭疑法所謂知陰陽皆此類也惟知陰陽故人主與俱上下以遂其私其所辯當否卽傳所載上所是受而決法者也國家賴其便者便上之私而不顧民之害也

游俠傳

二者皆譏而學士多稱於世云

謂二者實皆可譏而學士則多見稱於世蓋有感於俠客之獨爲儒墨所排擯也

至如以術取宰相卿大夫輔翼其世主功名俱著於春秋固無可言者

功名俱著於春秋言其行事具載國史也固無可言者鄙瑣齷齪不足道也蓋謂公孫弘張湯等輩

竊鉤者誅竊國者侯侯之門仁義存

諸侯之門必有稱誦其仁義者以見世俗毀譽不足憑也語本莊子竊鉤者誅喻俠客之捍文罔也竊國者侯喻弘湯誣上殘民以竊高位也侯之門仁義存譏世人不知弘湯之醜

而稱美之也

今拘學或抱咫尺之義久孤於世豈若卑論儕俗與世浮沈而取榮名哉

此譏拘學始或抱義及不爲世所取則變其初志以爲不若與世浮沈而取榮名也所謂榮名卽以術取宰相卿大夫非君子所謂榮也曲學阿世爲卑鄙之論以儕於俗乃與世浮沈以取榮名之術

佞幸傳

仁寵最過庸乃不甚篤

庸用也謂帝雖寵愛之而任用則不甚篤也春秋傳士伯庸中行伯君信之亦庸士伯

弦次初詩

延年能以弦音比次新造樂章也

貨殖傳

務完物無息幣以物相貿易腐敗而食之

務取完善之物可久藏且易售也其腐敗者則自食而勿市於人

與時逐而不責於人

不以財物貸人而責其息卽下所謂子貸金錢也

地重

五方之民剛柔輕重遲速異齊地重者其土厚而人性敦重也

及秦孝文繆居雍隙隴蜀之貨物而多賈

居雍爲句隙隴蜀之貨物與下東綰濊貉朝鮮之利文義正相類蓋居其隙而並受之也

領南沙北固往往出鹽

沙漠之北有自成之鹽

此有知盡能索耳

索亦盡也淳于髡傳冠纓索絕

德者人物之謂也

德被人物然後澤可百年不斬

節駔儈

駔儈所以成賈案飾出物不失其時也

連車騎游諸侯因通商賈之利有游閑公子之賜與名然其贏得過當愈於纖嗇

連車騎游諸侯間借其聲勢以通商賈旣得游閑公子之賜復有獲交於諸公之名而所贏利又過當也

太史公自序

耕牧河山之陽

春秋傳山南爲陽水北爲陽

是歲天子始建漢家之封而太史公留滯周南不得與從事故發憤且卒

封禪載諸方士以封禪爲合不死之名致怪物接僊人蓬萊士之術而將書諸儒不能辨明封禪事故於此著其父之發

憤以死蓋憤己不得與從事而辨明方士之妄也

有能紹明世正易傳繼春秋本詩書禮樂之際意在斯乎

著其父雖兼論六家要指而自處與教子則一於儒也紹明世者繼孔子而明世教也

律居陰而治陽厤居陽而治陰律厤更相治閒不容翲忽

神化之幽潛爲陰形象之顯見爲陽律存天地微妙之神而能感神人格鳥獸知吉凶勝負故曰居陰而治陽厤用象數之顯以推步日月星辰之行四時五氣之變故曰居陽而治陰更相治卽治陰治陽也律失之忽微則氣不應厤失之忽微則度必忒故曰閒不容翲忽

獵儒墨之遺文明禮義之統紀絕惠王利端列往世興衰作孟子荀卿列傳

傳稱天下方務從横戰伐而孟子乃述唐虞三代之德荀卿序列儒墨道德之行事興壞則獵儒墨之遺文謂荀卿也明禮義之統紀謂孟子也絕惠王利端謂孟子也列往世興衰謂荀卿也史記序所稱先後多錯綜陳杞世家爰周陳杞楚實滅之田齊既起舜何人哉管晏傳序晏子儉矣夷吾則奢齊桓以霸景公以治正與此類

自孔子卒京師莫崇庠序惟建元元狩之閒文辭粲如也

傷武帝不能依古崇庠序以興教化而儒術反變爲文辭之學也史序多微文不敢斥指如酷吏天下所公惡也而序乃曰民姧軌弄法善人不能化惟一切嚴削爲能齊之皆辭若褒美而兼存譏刺也

齊楚秦趙爲日者各有俗所用欲循觀其大指作日者列傳

各有俗所用爲句言日者因其國俗各有所用卜筮之法欲循觀其大旨故作此傳也天官書國殊窟穴家占物怪卽各有俗所用之謂

厥協六經異傳整齊百家雜語

言合六經並別傳之書以爲史記也

史記注補正

望溪集外集補遺·史記評語

[清]方苞

清光緒二十年廣雅書局刊本清咸豐元年戴鈞衡刻本

史記評語

盧召弓嘗言望溪先生評史記眞本藏北平黃氏甲辰乙巳之閒馬平王定甫買得史記評本不著評者名氏細察之與望溪集中讀史記諸文語意相應知是望溪評而他人傳錄者亟錄存之望溪則有史記注補正而茲評所開發尤多學者由是可悟作史爲文之義法宜編附文集而記其所從得如此仁和邵懿辰識

五帝紀後具列三代世繫陳杞世家後具列十一臣之後及三代閒封小不足齒列者乃通部之關鍵陳杞以後不復總束以衞晉鄭出於周宋出於商楚出於顓頊越出於夏趙魏韓瓜分於晉田氏襲奪於齊孔子出於宋無庸更著也（五帝本紀）

左傳所載過氏滅相事見吳世家而夏本紀則無之豈少康復位史遂弗籍而散見他說者姑別出以傳疑邪（夏本紀）

敬王以後赧王以前二百年無一事以史記獨藏周室遭秦火而滅所据獨左傳國語國策耳此遷所以深惜之也　晚周事少故詳錄國策而義鄙辭佻不似本紀中語且與篇首嚴重深廣之體不稱不若略取事實芟其蔓辭爲得體要（周本紀）

秦紀多夸語其世繫事蹟獨詳於列國而於他皆無徵蓋秦史之舊也　不載國策一語體製遂覺峻絜蓋由國史具存有事蹟可記故也（秦本紀）

後世碑銘有序本此此載羣臣之語故繫後後世序列時君事蹟故以冠於前而私家之碑銘亦式焉皆法以義起而不可易者泰山石刻無後語封祠祀天不敢列羣臣名爵也下諸銘無後語舉一以例其餘也備載則贅矣（秦始皇本紀維秦王兼有天下）

與李斯傳異蓋傳聞不一無所据以徵其信故並存而不廢也（秦始皇本紀遣樂將吏卒千餘人至望夷宮殿門）

楚與秦合兵由趙而怨結於齊羽之東歸又二國首難而其國事亦多端故因與齊將田榮救東阿入諸田角立之釁於救趙入張耳陳餘其持趙柄以爲後事張本然後脈絡分明韓魏及燕於秦楚劉項興亡無關輕重則於羽分王諸將見之先後詳略各有義法所以能盡而不蕪也（項羽本紀項梁已破東阿下軍）

高祖紀獨舉趙歇而不及張陳則羽紀之詳以標前後脈絡明矣（項羽本紀當是之時趙歇爲王）

因甯昌使秦未還而側入章邯之降因邯之降而追敘羽之救趙破秦然後以趙高來約遥承秦使未來以襲攻武關遥承攻胡陽降析酈參差斷續橫從如意章法頗似左傳鄗與鄢陵之戰（高祖本紀遣魏人甯昌使秦使者未來）

項羽本紀高祖留侯項伯相語凡數百言而此以三語

括之蓋其事與言不可沒而於帝紀則不可詳也高祖與項伯語必載羽紀以見事情則與留侯語宜以類相從故於留侯世家亦略焉且留侯世家實傳體也既載立六國後問答復載此則辭氣近複而體製亦病於重腿羽紀則閒架闊遠不病於重腿矣晉語齊姜語亟耳凡數百言而左傳以八字括之蓋紀事之文去取詳略措置各有宜也（高祖本紀會項伯欲活張良）

劉呂之禍成於分王諸呂故具列舊封則後此地勢事情了然在目與秦紀將敘孝公修政廓土先列六國疆界及擯秦而不與盟同長沙獨標非劉氏以功而王正與呂氏無功相對（呂后本紀是時高祖八子）

諸詔皆帝戰戰恐懼克已循道以懷安天下之大政他書則各入本傳觀此可識本紀列傳記事與言之義法（孝文本紀）

以下所敘列視前諸大政為小故總束於後韓歐墓誌多用此法（孝文本紀從代來即位二十三年）

春秋之制義法自太史公發之而後之深於文者亦具焉義即易之所謂言有物也法即易之所謂言有序也義以為經而法緯之然後為成體之文（十二諸侯年表約其辭文去其煩重以制義法）

六國并於秦史記為秦所焚所表六國事迹獨據秦記故通篇以秦為經緯（六國表序）

自漢以後所用皆秦法史公蓋心傷之而不敢正言故微詞以見之非果以秦為可法也（六國表傳曰法後王）

通篇以世數年紀為章法　桓叔受封紀年武公得國紀年卒又紀年　武公即位追敘其父大父悼公即位亦追敘其父大父故文公之立覆舉獻公之子因以為章法　文公少而得士紀年其出也紀年入而得位紀年因以為章法　標齊威王元年見亂臣不謀而同惡乃天道人事之極變也（晉世家）

句踐先世無所考子孫事亦甚略實傳體也范蠡謀吳霸越具見句踐語中其浮海以後事不足別立傳而史公惜其奇故用合傳體附載於後非常法也（句踐世家）

秦燒天下詩書諸侯史記尤甚為其有所刺譏故五國事迹春秋傳國語國策外見者甚稀而趙先世事迹獨詳豈與秦同祖故簡襄以前之史記無所刺譏者特存而不廢歟（趙世家）

首舉天下大勢傷天下不能用孔子也次舉魯國禍變傷魯不能用孔子也（孔子世家）

首舉收秦律令圖書進韓信鎮撫關中而功在萬世可知矣末記與曹參素不相能而舉以自代則公忠體國具見矣中間但著其處已受言以免猜忌雖定律受遺概不著於篇觀此可識立言之體要（蕭相國世家）

條次戰功不及方略所以能簡治齊相漢止虛言其清

淨不填實二事（曹相國世家）

留侯所與上從容言天下事甚衆非天下所以存亡故不著此三語著爲留侯立傳之大指紀事之文義法盡於此矣（留侯世家）

六出奇計陰謀也其後避讒僞聽呂后亦陰謀也故用此總結通篇（陳丞相世家）

絳侯安劉氏之功具呂后孝文本紀故首敘戰功承以可屬大事其後獨載懼禍遭誣二事條侯亦首敘將略後獨載爭栗太子之廢抑王信徐盧等之侯其父子以任將相豈他無可言者乎蓋所記之事必與其人之規模相稱乃得體要子厚以潔稱太史非獨辭無蕪累也明於義法而所載之事不雜故其氣體爲最潔也此意惟退之得之歐王以下不能與於斯矣絳侯則高祖預識其可任大事條侯則文帝決其可將兵絳侯氣質之偏則東鄉責諸生條侯則顧命尙席取櫡微小處亦開出相映其法蓋取諸左氏（絳侯周勃世家）

同母者爲宗親明其異於古之宗法（五宗世家）

著首傳伯夷之義言卞隨務光雖見於他說而六經孔子所不道無從考信　言孔子謂夷齊無怨而觀軼詩之意似亦不能無怨也、因伯夷餓死而歎爲善者有時得禍爲惡者有時得福天道無知此人情所以不能無惑也　言聖賢所重在行成名立不以一時之豐瘁

榮辱而亂其德也　言人事無常天道難知卽沒世之名亦有不可强者或有所附而彰顯或無所附而湮滅其窮於當時而又無稱於沒世者尤足悲也　本紀世家列傳後皆有論惟伯夷孟荀合傳與論而爲一故無後論（伯夷列傳）

管仲之功焜燿史籍於本傳敘列則贅矣其微時事則以稱鮑叔者見之此虛實詳略之準也　其書不可多載故揭其指要其事人所共知故著其權略　晏子之事亦人所共見故本傳不復敘列與管仲同而總論其爲人卽於敘次其顯名於諸侯見之與管仲異此章法之變化也　於管仲傳舉鮑叔能知其賢於晏子傳舉其能知越石父及御者三歸反坫正與食不重肉妾不衣帛反對觀此可知文之義法無微而不具也　管晏事迹見於其書及他載籍者不可勝紀故獨論其軼事（管晏列傳）

孫武吳起論兵具有書闔閭破楚入郢北威齊晉武與有力楚悼王南平百越北并陳蔡卻三晉西伐秦以相起則武與起之戰功不必言矣故以虛語總括而所載皆別事孫臏在齊田忌之客耳其再破魏王兵者皆田忌故詳著其兵謀此虛實之義法也武與起之書世多有於論見之臏之書則無傳焉故於傳曰世傳其兵法楚之戰功吳起實耶之吳則申胥華登之謀居多故曰

武與有力焉蓋古人之不苟於言如此（孫子吳起列傳）
荆蠻吳越更强齊晉伯統並絶惜僞用孔子而不終也（伍子胥列傳）（孔子相魯）
管子治齊蕭何定律皆略而不具而詳記商君之法著王道所由滅熄也（商君列傳）
馮驩事見國策而語則異蓋秦漢間論戰國權變者非一家史公所錄與今傳國策異耳（孟嘗君列傳）
平原君所喜策士也而終以著書談道之士因與虞卿著書相映（平原君列傳）
毛遂定從雖不見國策而辭頗近信陵君傳則全然太史公意趣豈游大梁得諸故老所傳而自爲敘次者與（信陵君列傳）

是歲也秦始皇帝立九年矣與晉世家終書是歲齊威王元年也同義（春申君列傳）
樂氏多賢故詳其前後世繫因以爲章法　結趙破齊具毅報惠王書故敘次不得過詳（樂毅列傳）
李牧顯功趙邊久矣至此始書以相如病篤趙奢死廉頗奔所恃惟牧也書趙奢破秦後即具奢始末書李牧攻燕後乃詳頗居魏楚事者牧誅而趙滅矣更綴頗事於其後則文氣懈惰故頗事既終而後著牧之始迹焉
頗奔牧將事已前見而覆舉之以爲前後之關鍵也者頗既亡而牧又不能自安趙之所以速亡無救也

趙奢李牧將略及趙括之敗具詳始末假而牧再破秦頗破齊燕復一一敘列則語蕪而氣漫矣變化無方各有義法此史之所以能潔也（廉頗藺相如列傳）
惜諸人不能直諫而繫以楚之削與滅通篇脈絡皆相灌輸（屈原賈生列傳）
夏太后華陽太后薨葬不應載不韋傳以夏太后有後百年旁當有萬家邑語史公好奇欲傳之而以入秦本紀則無關體要故因莊襄王之葬牽連書之而莊襄王之葬所以見不韋傳又以後與莊襄王合葬芷陽者乃不韋姬也但此等止爲文章波瀾而設據史法則不宜書（呂不韋列傳）

觀史公所增易乃知國策之疎（刺客列傳乃於邑曰其是吾弟與）
此篇乃太史公所自作編國策者取焉而芟其首尾蓋以軹居閭巷間事不可入國策高漸離扑秦皇在秦并六國後故也後論自言得之公孫季功董生所口道則非戰國之舊聞明矣且先秦人敘事皆廉峭紆餘曲暢自史公作乃有此好學深思者當能辨之　田光之死不載太子往哭恐與樊於期事複也（刺客列傳荆軻事）
趙高謀亂入李斯傳以高之惡斯成之秦之亡斯主之也其始迹入蒙恬傳以蒙毅嘗治高當其罪死而高因此有賊心也（李斯列傳）
漢初文臣御史大夫與丞相並重張蒼申屠嘉兼兩職

故合傳其餘爲御史大夫者五人具有聲績故列敘之
爲丞相者六人皆無所發明故總記其名以爲娖娖備
員者戒焉　漢興爲御史大夫者五人皆在張蒼之前
張蒼既相而申屠嘉代之故於蒼相淮南預書十四年
遷爲御史大夫然後五人之爲御史大夫脈絡相貫而
主客之分判然蒼以前爲丞相者名跡顯著故不復言
嘉以後爲丞相者六人別無所表見故最其名氏而以
娖娖備員蔽之別有見者不列皆義法之不得不然者
張丞相列傳

賈與尉他語入南越傳則傷國體且紀其五君九十餘
年事而漫及此枝且贅矣再使南越語不復詳恐複也

酈生陸賈列傳

禮書帰漢用秦儀三代聖制由是沈湮而成之者實通
然時主之所用也不敢斥言其非故於後論隱約其辭
若褒若諷而希世之污則假魯兩生以發之篇首載秦
二世之善其對以爲面諛之徵也末載原廟之立果獻
之興替其憑臆無稽以示所言漢儀法皆此類也劉敬叔孫通列傳

謚曰刻錯刻深而鄧公持議平故得善終因以爲章法
其子修黃老言亦與錯學申商相映袁盎鼂錯列傳

此篇側入逆敘處酷似左傳蓋以吳及六國之敗亡必
牽連以書設篇終更舉周邱之師及漢制詔則爲附贅
懸疣故因敘吳兵之起而及周邱之崩出因周邱之勝
而側入吳王之敗走因吳王之敗走而及天子之制詔
然後追敘吳楚之攻梁及亞夫之守戰吳王之走死六
國之滅亡而弓高侯出詔書以示膠西王亦自然而合
節矣凡此皆義法所當然非有意側入逆敘以爲奇也
吳王濞列傳

魏其灌夫生平事跡並正敘於前故武安事迹皆與魏
其夾敘其初起也著魏其方盛而卑事之其益貴用事
而下賓客進名士也以欲傾魏其諸將相其讓魏其爲
丞相也以天下士素歸之而用以釣讓賢之名其好儒
術興禮度也與魏其俱其益橫益驕也以言事多效天

下吏士皆去魏其而歸之吏士去魏其歸武安則魏其
與灌夫相歡相倚之由也武安益橫益驕則怒魏其激
灌夫之由也中間魏其夫婦治具旦及日中與武安往
來侍酒跪起如子姪相對灌夫尤敬諸士貧賤者與武
安折詘諸侯王坐其兄南鄉相對好陵貴戚有勢在己
之右者爲後爭酒罵坐張本而魏其初致名譽及後銳
身救灌夫則以沾沾自喜多易蔽之章法蔽過俾覽者
心怡目眩而不知其所以然所謂工倕旋而蓋規矩也
魏其武安侯列傳

三語括盡安國平生管子韓非文有置樞紐於中間以
要縮前後者後來惟太史公韓退之能爲此韓長孺列傳安國爲

人多大略

以恢奇多詐蔽宏之爲人惟恢奇故多詐而天子以爲敦厚也惟天子以爲敦厚故不惟汲黯之詰不能動卽左右佞幸之毁亦不能入也其稱人主病不廣大及陽屈於買臣之議陰禍主父徙董相詐也而使匈奴還報不合上意數諫通西南夷築朔方置滄海郡汲黯廷詰反稱其忠使天子察其行而以爲敦厚所謂恢奇也黯詰以背約不忠則曰知臣者以臣爲忠不知臣者以臣爲不忠黯詰其儉以飾詐則曰管仲侈擬於君而桓公以霸晏嬰下比於民而齊國亦治所謂辨論有餘也淮南衡山之反泛引傳記使覽者莫識其意向而究其隱私則自引咎以釋人主之憾所謂習文法而又緣飾以儒術也凡此類皆以恢奇行其詐也天子報書一則曰君宜知之再則曰君宜知之而其曲學逢君飾詐不忠之實不可掩矣平津侯主父列傳

史記所載賦頌書疏甚略恐氣體爲所滯壅也長卿事跡無可稱故獨編其文以爲傳而各標著文之由兼發明其指意以爲脈絡匪是則散漫而無統紀矣司馬相如列傳

備著淮南二王逆節見漢法非過也厲王反迹皆於獄辭具之故安之事既畢敘乃曰伍被自詣吏告與淮南王謀反蹤跡如此而獄辭則甚略觀此傳益信淮陰之枉始則詐而禽之而告反者無聞也既則詐而斬之宮中而上變者無徵也使果有蹤跡何難具獄而明徵其辭故著以傳著疑以傳疑俾百世以下可尋迹推理而得其情此之謂實錄也淮南衡山列傳

循吏獨舉五人傷漢事也孫叔順民所欲不致而從化以視猾賊任威使吏民重足一跡而益輕犯法者何如子產既死而有遺愛以視張湯死而民不思王溫舒同時五族而衆以爲宜者何如公儀子使食祿者不得與民爭利以視置平準籠鹽鐵縱告緡以巧奪於民者何如石奢李離以死守法以視用愛憎橈法視上意爲輕重者何如史公蓋欲傳酷吏而先列古循吏以爲標準故序曰奉職循理亦足以爲治何必威嚴哉然酷吏恣雖實由武帝侈心不能自克而倚以集事故曰身修者官未曾亂也　子產事具左傳故略舉其成功循吏列傳

黯治東海爲九卿徙內史居淮陽不塡實一事止虛言其性情氣象略舉其語言及君臣上下之嚴憚遂使千載下可聞風而興起必如此乃與黯之爲人相稱　黯學黃老之言好清靜正與武帝及諸臣好興事病民相反　治務在無爲而已語近複然前郡守之治後九卿之治也其體各異故分言之且與張湯文深小苛武帝分別文法反對而折犯顏云云亦與公孫宏懷詐飾智阿諛取容反對　此傳傷武帝有社稷臣克知灼見而終不能用也篇首稱黯以數直諫不復久留內則進言

多矣爲右內史守東海淮陽列九卿事迹衆矣而見於傳者止此蓋非關社稷之計則不著也其直攻武帝之多欲社稷臣所以格君也矯節發粟以振貧民奉使東越不至而返諫征匈奴迎渾邪罪民匿馬及賈人與市者社稷臣所以安民也面詰宏湯責李息社稷臣所以體國也始仕爲太子洗馬郎以莊見憚及列九卿與丞相大將軍亢禮致天子敬禮不冠不敢見社稷臣所以持身也史公於蕭相國非萬世之功不著於黯非關社稷之計不著所謂辭尚體要也黯之爲社稷臣不獨莊助知之淮南謀逆者憚之武帝實自發之而終不能用則內多欲之故也黯之爲人不獨衞人憚之大將軍賢之郎武安侯亦不聞含怒而宏湯獨深心嫉之欲擠之死則宏湯爲人又出武安侯下矣　人果不可以無學篇首稱黯好學正與此語反對以黯爲無學故以儒術任宏也（汲鄭列傳）

甯成周陽由之前不過吏之治酷而已趙禹張湯而後則朝廷之用法益刻由上以爲能而丞相宏數稱其美也　因湯與禹共定律令而及其交驩因交驩而及其爲人以其後湯欺天子使禹責之因以爲章法也故不與禹事連書而入湯傳　湯爲御史大夫七歲敗湯所以敗事緒多端非用此爲關鍵則散漫無紀　三長史皆害湯欲陷之句法與先揭湯爲御史大夫七歲敗同禹與湯同起而死在湯後故牽連以書　縱守南陽甯成奔亡而其跡終焉故敘列於此　後一歲張湯亦死湯誅在縱後以天下事皆決於湯故連書其敗露誅死之由不暇書其年至是始補記年歲也　尹齊與溫舒相代爲中尉而死又相次故牽連以書　減宣出前早而繫於篇終其死後也　禹湯尚能貧而周則家訾累巨萬矣郅都尚能死節官下不顧妻子而周且爲子孫營窟故以是終篇（酷吏列傳）

大宛之跡見自張騫漢伐大宛在張騫死後而此篇前幅乃通西北諸國事非此二語首尾不能相應　諸國地勢道里皆以大宛四面言之列亭諸國皆牽連大宛以爲征宛立傳也　騫因分遣副使云云大宛之跡見自騫使月氏其兵端起於使西北國者稱宛多善馬故用此爲關鍵　此篇前半記通使西北國後半記以通使起兵端而終於伐宛故因烏孫獻馬預入後得宛馬以爲中間之關鍵而通烏孫乃騫本謀故特書自博望侯死後與篇首相應然後首尾脈絡併相貫注　烏孫多馬其富人至有四五千匹馬二語非多駢見烏孫富人有馬至數千匹則其王以馬千匹聘漢女未爲重幣而漢君臣廷議要以必先納聘始遣女大辱國也　使端無窮每遣齎金幣直數千萬而所得僅此與後天下騷動傳相奉伐宛而僅得善馬數十匹中馬以下三千

餘亞相應大宛列傳

此篇文氣類班孟堅非褚少孫所能作余至江南以下義支辭弱或少孫增入耳龜策列傳

嗜欲既開勢不能閉民欲利之心而反於至治之極故善者亦不過因之利導之而已其次教誨整齊猶能導利而上下布之最下者與爭以心計取之所謂不加賦而國用自足也　古者國有分土民安其居無遠商大賈故略舉各地所出此善者之所因也農而食之云云此因之利導之之事虞夏以來之政術也太公管子教誨整齊之事王道之始變也　太公管仲富國之巧者也計然以富家之術施於國則少貶矣故別之於太公管仲　陶朱公子貢白圭富家之巧者也故並以能試所長許之倚頓而下則商賈之誠壹者耳　時富商大賈得與王者同樂而封君低首仰給所謂得勢益彰也不敢顯言故陰以子貢之事當之謂子貢之所以顯聞乃不以其學而以其財也　秦皇帝客巴清與尊卜式略同漢興海內爲一舟車無所不通故詳載行賈之地道里疆界所湊并及其民性質習俗貨殖列傳

韓厥陰德事於傳無考太史公自序

道古堂外集·史記考證

[清]杭世駿

清乾隆五十三年道古堂刻本

道古堂外集

仁和　杭世駿　大宗

史記考證一

有明萬歷中刊十三經二十一史於南北國子監南監之本大小不倫世遂以北本爲貴其間訛闕不可指數

聖天子廣同文之化一新天下之耳目中巽以命儒臣重加校勘條其同異附於各卷之後桐城方侍郎苞以余名上聞摠裁其事者華亭張尚書照也就余商搉虛心采納埍鴑鈍以答之考證所由作也既余以狂言獲譴天府之藏未由再得窺見同年天台齊侍郎惠寄三冊而史記儼然在焉一再覽觀如逢故物辛苦所存不忍捐棄錄而存之其名一仍　武英殿之舊同事此書者長白德侍郎齡昌平陳詹尹浩歸安孫編修人龍均有論議不敢闌入恐攘美也乾隆十年龍集乙丑四月朔

五帝本紀

黃帝者正義亭亭在牟陰

牟陰漢唐皆無其縣漢地理志泰山郡鉅平縣下云有亭亭山硐然則牟陰是鉅平二字之誤

而蚩尤最爲暴莫能伐集解皇覽曰孔子三朝記曰蚩尤庶人之貪者

周禮肆師疏亦引三朝記云庶人之強者與此異

遂禽殺蚩尤集解皇覽曰蚩尤冢在東平郡壽張縣闞鄉城中高七丈

東平郡依後漢郡國志宜爲東平國水經注引此則竟作東郡闞鄉縣城郡國志注引皇覽作闞城高七丈水經注引皇覽作高七尺

黃帝居軒轅之邱集解山海經曰在窮山之際西射之南

按山海經西山經曰軒轅之邱洵水出焉南流注於黑水郭璞注黃帝居此邱娶西陵氏女因號軒轅邱又海外西經曰軒轅之國在此窮山之際在女子國北窮山在其北不敢西射畏軒轅之邱郭璞注言敬畏黃帝威靈故不敢向西而射也集解不引西山軒轅之邱而引海外軒轅之國爲證已爲失誤至以西射爲地名則尤誤之誤也

是爲青陽集解太史公乃據大戴禮以爲黃帝生昌意及元囂

按戴德禮有孝昭冠辭則其後於太史公明矣集解竟以爲太史公乃據大戴禮疑有誤

青陽降居江水

大戴禮帝繫篇作降居泜水

昌意娶蜀山氏女曰昌僕

大戴禮帝繫篇作昌濮路史後紀作景僕

敬授民時正義尚書考靈耀云主春者張昏中可以種稷主夏者火昏中可以種黍菽

尚書疏引書傳云張昏中可以種穀火昏中可以種

黍

瞽叟父曰橋牛橋牛父曰句望句望父曰敬康敬康父曰窮蟬窮蟬父曰帝顓頊顓頊父曰昌意以至舜七世矣

路史餘論曰呂梁碑劉耽作碑中敘紀虞帝之世云舜祖幕幕生窮蟬窮蟬生敬康敬康生橋牛橋牛生瞽叟瞽叟產舜命禹行水道呂梁特此節完備爲可考質之於傳推無句望且不言出自黃帝

陶河濱 正義或陶所在則可

或陶上脫或耕二字無見水經注言無地不可耕且陶也

夏本紀

常衛既從大陸既爲 索隱衛水出常山靈壽縣東入滹沱

以漢書地理志考之宜云東北入滹沱

蒙羽其藝 索隱蒙山在泰山蒙陰縣西

以漢書地理志考之西下脫南字

汶嶓既藝 索隱封禪書一云瀆

封禪書一云瀆山

蔡蒙旅平 集解鄭元曰地理志蔡蒙在漢嘉縣

按鄭引地理志誤漢蜀郡青衣縣蒙山所在漢嘉之名至順帝始改地理志不得有其名一誤也蔡山既不知所在而與蒙山並云在漢嘉縣二誤也

道河積石 索隱其水停冬夏不增減

漢書西域傳作其水停居停下脫居字

北過降水至於大陸 集解鄭元曰地理志降水在信都南

漢地理志信都國信都縣下但云絳水入海尚書疏引地理志亦云在信都縣諸本皆作南字誤也

何畏乎巧言善色佞人 集解鄭元曰禹爲父隱故言不及鯀

禹爲父隱云云今尚書疏以爲馬融之言

殷本紀

伊尹作咸有一德咎單作明居

王若虛辨惑曰尚書湯誥篇末曰咎單作明居而咸有一德乃伊摯復政將歸時所陳在太甲三篇之下

次第明甚不可亂也史記乃謂咸有一德作於湯時而列之湯誥之後明居之前豈非誤歟

湯崩 集解皇覽曰湯冢在濟陰亳縣北東郭

前漢志濟陰郡無亳縣後漢志無濟陰郡梁國穀熟爲南亳蒙爲北亳河南偃師爲西亳亳本非縣名皇覽是魏時人作其所用必後漢地名此云在濟陰亳縣必有誤

迺作太甲訓三篇褒帝太甲

王若虛辨惑曰三篇之書雖曰伊尹作然自始至終皆史氏所錄豈獨伊尹褒嘉而作乎

祖己嘉武丁之以祥雉爲德立其廟爲高宗遂作高宗

彤日及訓
困學紀聞曰與書序相違王若虛辨惑曰考之於書
此篇卽祖已訓王之辭其曰高宗者史氏追稱耳諸
篇之體皆然而云武丁旣沒祖已嘉之而作謬矣且
立廟稱宗自國家之事豈獨出祖已意哉高宗之訓
乃書篇名自當全著而但云及訓此復失之太簡矣
殷之太師少師乃持其祭樂器奔周
王若虛辨惑曰尚書微子篇所謂太師少師卽箕子
比干也今乃言奔周與書所載異矣而周紀又云紂
殺王子比干囚箕子太師疵少師彊抱其樂器而奔
周則遷所謂太師少師者其樂工耶若殷紀所稱亦

止於樂工則微子何至與此輩謀決去就而此輩之
奔亦何爲併持祭器乎至宋世家則曰武王克殷微
子持其祭器造於軍門前後參差殆不可曉
封紂子武庚祿父以續殷祀集解汲冢紀年曰湯滅夏以至於受二十九王用歲四百九十六年
前正義引竹書紀年云自盤庚徙殷至紂之滅七百
七十三年更不徙都其相繆戾如此
周本紀
後七年而崩
毛詩文王疏曰尚書武成篇曰我文考文王克成厥
勳誕膺天命惟九年大統未集孔安國云言諸侯歸

之九年而卒故大業未就劉歆作三統歷考上世帝
王以爲文王受命九年而崩班固作漢書律歷志載
其說於是賈逵馬融王肅韋昭皇甫謐皆悉同之文
王九十七而終終時受命九年受命之元年年八十
九其卽諸侯之位已四十二年矣故帝王世紀云文
王卽位四十二年歲在鶉火文王於是更爲受命之
元年始稱王矣乃引周書稱文王受命九年惟暮之
春在鎬召太子發作文傳九年猶召太子明其七年
未崩故諸儒皆以爲九年而崩其伏生司馬遷以爲
文王受命七年而崩故尚書周傳云文王受命一年
斷虞芮之訟二年伐邘三年伐密須四年伐犬夷五

年伐耆六年伐崇七年而崩史記周本紀云西伯陰
行善諸侯皆來決平虞芮旣讓諸侯聞之曰西伯蓋
受命之君也此是受命一年之事又曰明年伐犬夷
明年伐密須明年敗耆國明年伐邘明年伐崇侯虎
而作豐邑明年西伯崩此雖伐犬夷與伐耆伐邘其
年與書傳不次要亦七年崩也又尚書武成疏曰伏
生司馬遷韓嬰之徒不見此書以爲文王受命七年
而崩故鄭元等皆依用之然則史記本文是七年而
正義則依尚書武成等書謂當是九年故曰七當爲
九也
百夫荷罕旗以先驅

汲冢周書作百夫荷素質之旗於王前
命南宮括散鹿臺之財
汲冢周書作南宮忽
黃帝之後於祝帝堯之後於薊
樂記封黃帝之後於薊封帝堯之後於祝與此異
登幽之阜以望商邑
汲冢周書作汁汾之阜
日夜勞來我西土索隱七字連作一句讀
汲冢周書度邑解文今其文曰四方赤宜未之我於
西土益訛易不可解又一本我字上有定字索隱七
字作八字

東伐淮夷殘奄集解鄭元曰奄國在淮夷之北
尚書疏引鄭云奄蓋在淮夷之地故孔穎達以爲亦
未能詳
申告以文王武王之所以爲王業之不易務在節儉
多欲以篤信臨之作顧命
王若虛辨惑曰今其書但載成王末命使之率循大
卞燮和天下荅揚文武之訓而已曷嘗有二申告之
事哉
康王卽位徧告諸侯宣告以文武之業以申之作康誥
王若虛辨惑曰以書考之此篇乃康王之誥耳若康
誥則成王所以命康叔者也其繆誤如此且本紀旣
先序周公作康誥酒誥等篇而於此復云書豈有兩
康誥耶
穆王卽位春秋已五十矣
孔安國書傳云穆王卽位過四十矣孔疏云不知出
何書也
共王弟辟方立
三代世表無辟字
幽王二年西周山川皆震
國語作幽王三年
二十五年惠王崩
年表在二十四年

襄王母早死後母曰惠后惠后生叔帶
左傳疏曰二十四年傳曰不穀不德得罪於母氏之
寵子帶書曰天王出居於鄭辟母弟之難也如彼傳
文則襄王與子帶俱是惠后所出但其母鍾愛其少
子故欲廢太子而立之周本紀云襄王母早死後母
曰惠后生叔帶與傳不同
叔帶奔齊
襄王四年魯僖十二年也叔帶奔齊在四年此入三
年年表亦然皆與左傳不符
十二年叔帶復歸於周
左傳叔帶復歸在魯僖二十二年於襄王爲十四年

年表亦然此作十二年蓋誤
十三年鄭伐滑
春秋經伐滑在魯僖二十年於襄王爲十二年
十五年王降翟師以伐鄭王德翟人將以其女爲后
左傳魯僖二十四年夏狄伐鄭取櫟於襄王爲十六年國語作十七年此與王絀翟后玩左傳文似一年事史記分載兩年
襄王乃賜晉文公珪鬯弓矢爲伯以河內地與晉
左傳魯僖二十八年天王狩於河陽賜晉文公珪弓矢爲伯此是後事
三十二年襄王崩

此是三十三年之誤合左傳及年表證之自知
子靈王泄心立
晉語作大心
二十年景王愛子朝欲立之會崩
左傳及年表景王二十五年崩此云二十年蓋脫五字
四十二年敬王崩
按陸德明左傳釋文曰按傳敬王崩在此年世本亦爾世族譜云敬王四十二年崩敬王子元王十年春秋之傳終矣據此則敬王崩當在哀公十七年史記周本紀及十二諸侯年表敬王四十二年崩子元王仁立則敬王是魯哀十八年崩也六國年表起自元王及本紀皆云元王八年崩子定王介立定王元年是魯哀公之二十七年與杜預世族譜爲異又世本云魯哀公二十年定王介崩子元王赤立則定王之崩年是魯哀公二十七年也衆說不同未詳孰是
王赧時東西周分治（索隱西周河南也東周鞏也王赧微弱西周與東周分王政理各居一都故曰東西周按高誘曰西周王城今河南東周成周故洛陽之地）
大事記曰周貞定王二十八年考王初立封其弟揭於河南是爲河南桓公河南郇郟鄏武王遷九鼎周公營以爲都是爲王城洛陽周公所營下都以遷頑民是爲成周平王東遷定都王城王子朝之亂敬王

徙都成周至是考王以王城故地封桓公焉平王東遷之後所謂西周者豐鎬也東周者洛陽也何以稱河南爲西周自洛陽下都視王城則在西也何以稱洛陽爲東周自河南王城視下都則在東也河南桓公卒子威公立威公卒子惠公立考王十五年河南惠公復自封其少子班於鞏以奉王號東周沒亦諡惠是時東西周雖未分治河南惠公既號奉王者[illegible]東周亦必自號西周矣顯王二年趙與韓分周爲二於是東西各爲列國顯王雖在東周特建空名是後史傳所載致伯賜胙之類者周王也征伐謀策稱東西周君者皆謂二周也周本紀云赧王時東西周分

治非也擬王特徙都西周耳當以趙世家爲正

史厭謂周君

戰國策作史黶

秦本紀

平王封襄公爲諸侯賜之岐以西之地

毛詩秦風疏孔穎達云本紀曰賜襄公岐以西之地襄公生文公於是文公遂收周餘民有之地至岐岐以東獻之周如本紀之言則襄公所得自岐以西如以鄭言橫有西都八百里之地則是全得西畿言與本紀異者按終南之山在岐之東南大夫之戒襄公已引終南爲喻則襄公亦得岐東非唯自岐以西也

卽如本紀之言文公收周餘民又獻岐東於周則秦之東境終不過岐而春秋之時秦境東至於河襄公已後更無功德之君復是何世得之也明襄公救周卽得之矣本紀之言不可信也

十三年齊人管至父連稱等殺其君襄公

左傳弑襄公秦武十二年事立齊桓公秦武十三年事與年表同與此異

晉滅霍魏耿

晉世家獻公之十六年滅霍魏耿據年表是年爲秦成之三年此作武公十三年相隔二十四年

既虜百里傒以爲秦繆公夫人媵於秦

困學紀聞曰朱文公曰按左氏媵秦穆姬者乃井伯非百里奚也太原閻若璩曰按孟子言百里奚先去虞自不至爲晉所虜益知井伯者另一人且史載繆公四年乙丑迎婦於晉左傳僖五年丙寅以媵秦繆姬亦差一年

太子申生死新城

僖四年左傳十二月戊申縊於新城是年據年表爲秦繆之四年此入於五年後

十二年齊管仲隰朋死

齊世家秦穆公虜晉惠公復歸之是歲管仲隰朋卒據年表是年爲秦穆之十五年也此入於十二年

晉旱來請粟

僖十三年左傳冬晉荐饑使乞糴於秦據年表是年爲繆公之十三年此入十二年

十八年齊桓公卒

春秋經僖十七年冬十有二月乙亥齊侯小白卒是年於秦穆亦爲十七年

二十年秦滅梁芮

僖十九年左傳秦遂取梁年表亦載入秦繆十九年與傳同

使百里傒子孟明視蹇叔子西乞術及白乙丙將

呂氏春秋蹇叔有子曰申與視與師偕行高誘注曰

中白乙丙也視孟明視也左傳疏曰世族譜以百里
孟明視爲百里奚之子則姓百里名視字孟明也古
人之言名字者皆先字後名而連言之其術丙必是
名西乞白乙或字或氏不可明也或以爲西乞術白
乙丙爲蹇叔子按傳稱蹇叔之子與師言其在師中
而已若是西乞白乙則爲將師不得云與也或說必
妄記異聞耳王若虛辨惑曰秦穆公伐鄭之役考之
左傳其諫而止之哭而送其子者獨蹇叔而已故晉
原軫曰秦違蹇叔而以貪勤民穆公曰孤違蹇叔以
辱二三子何嘗有百里奚預其間哉而司馬遷記此
以爲二老同辭不知其何據也左氏云公召孟明視

西乞術白乙丙使出師又云蹇叔之子與師蹇叔謂
孟子曰孟子吾見師之出而不見其入也哭送其子
曰吾收爾骨焉蓋孟明輩自爲將師而蹇叔之子則
士卒之屬也此亦不相涉而遷以孟明爲百里奚子
西乞白乙爲蹇叔子又何邪或曰孔疏引世族譜云
或謂西乞術白乙丙爲蹇叔子安知子長別無所據
而必以左氏爲質乎曰此或有之然是役也主其謀
者孟明也再敗不沮卒以得還使果爲百里奚子何
奚能苦諫其君而無一言以罪其子也以書觀之穆
公自殽敗歸卽作秦誓以自悔而還以爲取王官封
殽尸之後不亦異乎又云君子聞之皆爲垂涕曰嗟

乎秦穆之與人周也按左氏曰君子是以知秦穆之
爲君也舉人之周也與人之一也至於孟明子桑皆
有贊美之辭凡左氏所謂君子者蓋假之爲褒貶之
主而非指乎當時之士也安有所謂聞之垂涕者哉
於是繆公退而問內史廖
韓詩外傳作內史王繆
以女樂二八遺戎王
說苑作三九
乃使魏讐餘詳反
左傳及晉世家皆作壽餘
共公立五年卒

春秋宣四年秦伯稻卒則其公立四年非五年矣考
春秋自明
十八年晉悼公彊數會諸侯率以伐秦敗秦軍秦軍走
晉兵追之遂渡涇至棫林而還
是役也襄十四年左傳諸侯之師濟涇而次秦人毒
涇上流師人多死晉之諸帥不和謂之遷延之役此
云敗秦軍秦軍走年表亦然與左傳相反
二十七年景公如晉與晉平公盟已而背之
三傳皆無此盟
十一年楚平王來求秦女爲太子建妻
楚世家及年表在秦哀之十年

惠公立十年卒
春秋經哀三年冬十月癸卯秦伯卒總計在位稱得
九年此與年表及始皇本紀皆作十年
十二年齊田常弑簡公
事在秦悼之十年今此作十二年與春秋及年表不
合
十三年城籍姑靈公卒
六國年表及始皇本紀靈公在位十年卒
合七十七歲而霸王出
此與周本紀及封禪書不同
與晉戰於石門

趙世家作石阿
與魏晉戰少梁虜其將公孫痤
魏世家同六國年表作虜其太子趙世家作太子痤
商君傳作公孫痤
孝公元年河山以東彊國六與齊威楚宣魏惠燕悼韓
哀趙成侯並淮泗之閒
據年表孝公元年燕爲文公韓爲懿侯
齊魏爲王
齊威二十六年自稱爲王以令天下於秦爲孝公九
年此因魏連言之耳
虜其將龍賈斬首八萬

魏世家作四萬五千
十一年縣義渠
按此時義渠不得爲縣犀首傳云其後五國伐秦陰
以文繡千純婦人百人遺義渠君義渠君起兵襲秦
大敗秦李伯之下若義渠已爲縣秦必更置令長何
至十年之後反爲所敗年表云義渠君爲臣似可據
魏君爲王韓亦爲王正義魏襄王韓宣惠王也
按惠文君四年齊魏爲王索隱曰齊威王魏惠王魏
世家云惠卒子襄王立襄王元年與諸侯會徐州相
王也追尊父惠王爲王與此互異豈惠王始嘗稱王
後又降號如稱帝歸帝之說耶否則秦紀但應有十

三年之書不應有四年之書矣魏世家於惠王時亦
不著稱王事
韓趙魏燕齊帥匈奴攻秦
按戰國策補注曰按秦紀書韓趙魏燕齊帥匈奴伐
秦年表韓魏趙楚燕五國伐秦不勝楚世家青蘇秦
約從六國共攻秦楚懷王爲從長至函谷關秦擊之
六國皆引歸齊獨後互有不同通鑑據年表大事記
據楚世家按楚世家特詳者以從長故當以爲正年
表諸國皆書不勝齊獨後而不敗故畧不書與紀不
書楚者豈以世家文已明與脩魚之戰虜韓申差年
表在次年而紀於此連書之則誠有誤也高誘注五

國作齊宋韓魏趙尤誤

十年韓太子蒼來質

韓世家在宣惠十九年據年表是年爲秦惠後十一年

伐取義渠二十五城

六國年表在十一年

公子通封於蜀

六國年表在十二年作公子繇通

燕君讓其臣子之

六國年表此事在後九年

虜趙將莊

趙世家及樗里子傳作虜趙將軍莊豹

涇陽君質於齊

田完世家及年表俱在秦昭之十七年此入六年

八年使將軍芊戎攻楚取新市齊使章子魏使公孫喜韓使暴鳶共攻楚方城取唐昧

楚世家二十八年秦乃與齊韓魏共攻楚殺楚將唐昧取我重丘而去年表及各世家俱同是年於秦昭爲六年

趙破中山其君亡竟死於齊

趙世家及年表攻中山在秦昭六年滅中山在秦昭十二年田完世家亦同此敘入八年內

九年孟嘗君薛文來相

年表及田完世家薛文相秦在秦昭八年

秦奐攻楚取八城殺其將景缺

楚世家懷王二十九年秦復攻楚大破楚軍楚軍死二萬殺我將軍景缺懷王恐乃使太子爲質齊以求平三十年秦復伐楚取八城據年表爲秦昭七八兩年事也各記不同

十年楚懷王入朝秦秦留之

楚世家年表皆在秦昭八年

十一年齊韓魏趙宋中山五國共攻秦至鹽氏而還

以諸世家證年表爲秦昭之九年

左更白起攻新城

白起傳昭王十三年起爲左庶長將而擊韓之新城其明年乃爲左更

五大夫禮出亡奔魏

禮姓呂見穰侯傳彼云出奔齊

冉免

六國年表及穰侯傳冉謝病免相在昭十五年此入十六年內

封公子市宛公子悝鄧索隱悝號高陵君

穰侯傳昭王同母弟曰高陵君涇陽君索隱曰高陵名顯涇陽名悝兩注自相牴牾

齊破宋宋王在魏死溫

田完世家齊湣三十八年伐宋宋王出亡死於溫魏世家魏昭十年齊滅宋宋王死我溫年表亦同是年在秦爲昭之二十一年此入於十九年內

涇陽君封宛

十六年巳封公子市宛矣此復封涇陽君疑有一誤

四十一年夏攻魏取邢丘懷

魏世家安王九年秦拔我懷是年爲秦昭之三十九年十一年拔我郪丘卽秦四十一年也此兩年事并入一年

四十三年武安君白起攻韓拔九城

白起傳昭王四十三年白起攻韓陘城拔五城韓世家惠王九年秦拔我陘城汾旁

取陽城負黍（正義今河南府縣也）

府字誤以唐書地理志考之或應作告成二字

韓獻成皋鞏

韓世家秦拔我成皋滎陽不曰獻年表亦同

始皇帝五十一年而崩

按始皇十三年而立立三十七年而崩當得四十九年

史記考證一

道古堂外集

史記考證二

仁和　杭世駿　大宗撰

秦始皇本紀

蒙驁攻韓取十三城

六國年表云取十二城

六年韓魏趙衛楚共擊秦取壽陵

趙世家悼襄王元年龐煖將趙楚魏燕之銳師攻秦蕞不拔徐廣曰蕞在新豐今此云取壽陵所將之師一作衛一作燕亦不同

其君角率其支屬徙居野王

六國年表衛君角以始皇十八年立此是衛元君十二年不名角

己酉王冠（集解徐廣曰年二十二　正義按年二十有一也）

按徐廣云二十二者以踰年改元計也正義云二十一者以當年改元計也徐廣以是年爲二十二故三十七年崩時注云年五十如正義之說則崩年止四十九六國表周赧王五十九年秦昭王五十一年徐廣曰乙巳則始皇生年當是壬寅十三歲時當是甲寅項羽本紀注徐廣曰項王以始皇十五年乙巳歲生則始皇元年當是乙卯此處自當以踰年改元計作二十二歲爲是但秦本紀云獻公立二十四年卒

子孝公立徐廣曰獻公元年丁酉孝公元年庚申則獻之末即孝之初又不拘踰年改元之說矣

十四年攻趙軍於平陽取宜安破之殺其將軍桓齮定平陽武城

趙世家趙遷三年秦攻赤麗宜安李牧率師與戰肥下卻之李牧傳趙乃以牧爲大將軍擊秦軍於宜安大破秦軍走秦將桓齮與此齟齬

不用兵革正義協韻音棘

革與棘古通不必協也詩匪棘其欲禮記作匪革

始皇還過彭城齋戒禱祠欲出周鼎泗水使千人沒水求之弗得

困學紀聞曰周本紀秦取九鼎寶器而遷西周君於𢠸狐秦始皇本紀還過彭城齋戒禱祠欲出周鼎泗水使千人沒水求之弗得潏水李氏曰是時泗水在彭城宋之分九鼎何緣而至宋夫取九鼎者秦昭襄王也始皇乃莊襄之子也世數年歲相去不遠始皇東游過彭城於泗水欲出周鼎竟不得兩說牴牾如此

三十有七年親巡天下周覽遠方

容齋隨筆曰今人書二十字爲廿三十字爲卅四十爲卌皆說文本字也廿音入二十并也卅音先合反三十之省便古文也卌音先立反數名今直以爲四

十字按秦始皇凡石刻頌德之辭皆四字一句泰山辭曰皇帝臨位二十有六年琅琊臺頌曰維二十六年皇帝始作之罘頌曰維二十九年時在中春東觀頌曰維二十九年皇帝春遊會稽頌曰德會修長三十有七年此史記所載每稱年者輒五字一句嘗得泰山辭石本乃書爲廿有六年想其餘皆如是而太史公誤易之或後人傳寫之訛耳其實四字句也

秦孝公據殽函之固

困學紀聞曰春秋時殽桃林晉地非秦有也

兒良王廖索隱春秋曰王廖貴先兒良貴後

二語呂氏春秋蓋春秋上脫呂氏二字

逡巡遁逃

金石文字記曰逡巡遁逃之異文也管子桓公蹵然逡遁漢書平當傳贊逡遁有恥敘傳逡遁致仕周禮司士注王揖之皆逡遁既復位儀禮士昏禮大射禮公食大夫禮注辟逡遁鄉射禮注少退少逡遁也聘禮注辟位逡遁又三退三逡遁也又辟位逡遁又辟於其東西位逡遁也又退爲大夫降逡遁士喪禮注辟逡遁辟位也特牲饋食禮注辟位逡遁禮記玉藻注俛逡遁而退著屨也皆同此文則隸釋以爲讀如本字者非也又按晏子春秋晏子逡循對曰漢書萬章傳章逡循甚懼外戚傳逡循周讓遁又作循爾雅

釋詁注循亦巡也集古以爲當作徧者是也遁與循
同說文從彳之字亦或從辵如往爲迬後爲逡復爲
退之類從辵之字亦或從彳如退爲徂延爲征返爲
彶之類漢書王莽傳後儉隆約以矯世俗師古曰後
音千旬反即逡字也逡之爲後猶循之爲遁耳

吞二周而亡諸侯

宜齋野乘曰賈誼過秦論言始皇吞二周而亡諸侯
按秦昭王五十一年滅西周其後七年莊襄王滅東
周四年莊襄王卒始皇方即位則吞二周乃始皇之
曾祖與父非始皇也

以養四海天下之士

稱書作以四海養天下之士

項羽本紀

項梁嘗有櫟陽逮捕

諸本皆無捕字惟北監本有之

廣陵人召平

按水經注廣陵城楚漢之間爲東陽郡高祖六年爲
荆國十一年爲吳城景帝四年更名江都武帝元狩
三年更日廣陵此紀言廣陵者蓋史家追書之也

故立申陽爲河南王都雒陽正義漢都洛陽改爲雒蓋以火德忌水故去洛旁水而加佳佳於行次爲土土水之忌也水得土而流土得水而柔故除水以加佳

此魚豢典畧語水經注及魏志注中亦引之火德作
火行水之忌也作水之壯也

故立芮爲衡山王都邾正義春秋時邾國曹姓狹居至魯隱公徙蘄

春秋隱公世無邾徙蘄事

故立都爲齊王都臨菑正義括地志云青州臨菑縣地即古臨菑地也一名齊城古營邱之地所封齊之都也

文有舛誤據漢書地理志宜云青州臨菑縣地一名
齊城即古營邱之地師尚父所封齊之都也

於是項王乃欲東渡烏江正義注水經云水又北左傳黃律口漢書所謂烏江亭長檥船以待項羽即此也

此條今本水經注無之

高祖本紀

此兩家常折券棄責索隱周禮小司寇聽稱責以傅別

周禮小司寇但有正之以傳別約劑之文聽稱責以
傅別本小宰職中語

乃以竹皮爲冠索隱應劭曰一名長冠側竹皮裹以縱前高七寸廣三寸如板

後漢書輿服志云高七寸廣三寸促漆纚爲之制如
板然則側竹皮裹以縱前七字應是竹皮裹以纚之
訛

因襲攻武關破之索隱左傳云楚司馬起營所以臨上雒

哀四年左傳云司馬起豐析與狄戎以臨上雒

今高祖雖子人主也

王若虛辨惑曰是時未有高祖號劉子元辨之誠中

其病漢書改爲皇帝是矣

其以沛爲朕湯沐邑 集解駰案風俗通義曰漢書注沛人語初發聲皆言其其者楚言也高祖始登帝位教令言其後以爲帝爾

王若虛辨惑曰予謂不然戒辭用其字自是本法古文如是者何可勝舉而云楚語獨爾不以妄乎

楚隱王陳涉 索隱世家作幽王名擇負芻之兄

按此五字相連始皇本紀云陳勝自立爲楚王月表云二世元年七月楚隱王陳涉起兵入秦陳涉世家云陳勝葬碭謚曰隱王高祖時爲陳涉置守冢三十家碭至今血食索隱乃截楚隱王三字另作一人而楚無此王則以幽王當之殊屬牽强且幽王亦名悍

不名擇也或以六國爲疑則燕韓業已不與安見楚之必不可遺哉

高祖崩長樂宮 集解皇甫謐曰高祖以秦昭王五十一年生至漢十二年年六十三

按高祖生年乙巳至是年丙午當是六十二

呂氏本紀

齊丞相壽爲平定侯 集解徐廣曰姓齊

功臣表作齊受此作壽

封呂頴爲臨光侯呂他爲俞侯更始爲贅其侯 集解徐廣曰表云呂后弟子淮陽丞相呂勝爲贅其侯又呂忿爲呂成侯及諸侯丞相五人集解徐廣曰中邑侯朱通山都侯王恬開松茲侯徐厲滕侯呂更始醴陵侯越

按贅其侯名似應從年表作滕侯更始自屬滕侯之名本文偶誤耳否則同時受封者有兩呂更始未必然也滕侯與贅其皆諸侯相贅其呂后昆弟子滕侯不詳支屬而皆以八年坐呂后事誅則其爲同宗可知然贅其不入侯相之例而滕侯不附諸呂之中其以親疏別歟

封張敖前姬兩子侈爲新都侯壽爲樂昌侯

年表新都作信都壽作受張耳陳餘傳云壽爲樂昌侯與此同侈爲信都侯與年表同三處互異

呂榮爲祝茲侯

按年表祝茲侯呂榮注索隱曰漢書作琅琊松茲侯徐厲注徐廣曰松一作祝廣蓋以文帝紀云祝茲侯

軍棘門而絳侯世家亦云祝茲侯徐厲軍棘門也徐厲封於高后四年在呂榮前中間未嘗失封則榮不得封於祝茲明矣似應從漢書爲是但上年方以劉澤爲琅琊王而榮復爲琅琊侯豈琅琊有王國又有侯國耶

孝文本紀

天下人民未有嗛志

顧炎武曰此與樂毅傳先王以爲慊於志同皆厭足之意荀子惆然不慊又曰由俗謂之道盡嗛也又曰嚮萬物之美而不能嗛也又曰不自嗛其行者言濫過戰國策齊桓公夜半不慊又善啗之慊於口並是

慊字而誤從口大學此之謂自謙亦慊字而誤從言
呂氏春秋苟可以慊劑貌辨者吾無辭爲也亦慊字
而誤從人

諸侯皆同姓立太子母爲皇后索隱謂帝之子爲諸侯王皆同姓姓生也言皆同母生故立太子母也

顧炎武曰文帝前后死竇氏妾也諸侯皆同姓謂無
甥舅之國可娶索隱解非

封齊王舅父駟鈞爲清郭侯索隱按表駟鈞封鄔侯不同者蓋後徙封於鄔

按年表作清都徐廣曰一作鄔索隱曰漢表作鄔此
注誤脫漢字但年表駟鈞以文帝元年封前六年有
罪國除享國甚短並無徙封之說年表例凡始封某

後別封者俱次第詳載并注明轉徙絕續之由鈞果
徙封絕與表何以止錄其前封而表則直書其以清
都失國耶恐鄔都鄔鄔俱以偏傍形似而差如晉嚐
晉時之類其作鄔與鄔者又并清字脫去耳

復晉陽中都民三歲正義晉陽故城在汾州平遙縣西南

顧炎武曰此當言中都故城在汾州平遙縣西南言
晉陽誤也然此注已見卷首中都下

孝景本紀

二年春封故相國蕭何孫係爲武陵侯集解徐廣曰漢書亦作係鄒誕生本作𠈁音奚又按漢書功臣表及蕭何傳皆云孫嘉疑其人有二名

表亦作嘉與此互異表又作武陽并封邑亦不同

孝武本紀

少君者故深澤侯入以主方集解徐廣曰進納於天子而主方一云侯人主方[illegible]藥如淳曰侯家人主方藥者也

按封禪書作深澤侯舍人此明脫舍人二字徐裴紛
紛持疑未相覈對耳

三代世表

差弗生毀渝

本紀渝作隃

周昭王瑕索隱宋忠云昭王南伐楚辛由靡爲左

本紀由作游

楚熊鷙紅

世家鷙作摯

十二諸侯年表

周皇甫謐曰二十四年惠王崩

春秋僖八年爲惠王二十五年冬十有二月丁未天
王崩左氏以僖七年閏月惠王崩八年十二月告喪
謚之說依左氏也趙匡以左氏爲不足憑吳澄曰惠
王前九年冬有疾今年歲終乃崩此不知何所本也

襄王十四年叔帶復歸於周

本紀十二年春秋左傳與表同

三十三年襄王崩

本紀三十二年春秋文八年秋八月戊申天王崩左

傳秋襄王崩與表同

頃王五年崩

本紀六年春秋與紀同

敬王十六年王子朝之徒作亂故王奔晉

本紀同左傳天王處於姑蕕辟儋翩之亂也杜注姑蕕周地據此則王未嘗奔晉也

四十三年敬王崩

本紀四十二年左傳哀十九年冬叔青如京師敬王崩故也據此則敬王四十四年崩無疑徐廣曰歲在甲子非一本又作徐廣曰皇甫謐曰敬王四十四年崩元巳卯崩壬戌按通鑑敬王元年壬午崩年乙丑

巳卯乃景王二十三年敬王烏得稱元王戊乃敬王四十一年豈有崩後三年元王方即位乎其誤不辨而明矣

魯孝公立三十八年卒

世家二十七年按周宣王誅伯御立孝公在伯御之十一年其年乃孝公元年而表以伯御元年為孝公元年故孝公多十一年矣

桓公十六年公會曹謀伐鄭

世家會於曹謀伐鄭春秋公會宋公蔡侯衛侯於曹左傳會於曹謀伐鄭也則曹當是曹

僖公十五年五月日有蝕之不書史官失之

世家不載左傳不書朔與日官失之也不書下疑脫朔與日三字

文公八年王使衛來求金

世家不載春秋九年事

成公元年春齊取我隆

世家二年春秋左傳與世家同隆作龍

昭公稠

世家作裯徐廣曰一作祒春秋與表同

十年四月日蝕

世家不載春秋亦無其事

二十四年鸜鵒來巢

世家二十五年春秋左傳與世家同

二十五年公出居鄆

世家二十六年春秋昭二十五年九月巳亥公孫於齊次於陽州十有二月齊侯取鄆二十六年公至自齊居於鄆據此則取鄆在二十五年居鄆在二十六年表與世家小有參差耳

哀公七年公會吳王於繒

春秋繒作鄫穀梁作繒

齊莊公贖

世家贖作購

釐公二十五年山戎伐我

世家山作北
桓公七年會諸侯於鄄
春秋同世家鄄作甄
昭公二十年卒
世家十九年春秋文十四年爲齊昭二十年夏五月
乙亥齊侯潘卒與表同
懿公四年公刖邴歜父而奪閻職妻
左傳同世家邴歜作丙戎閻作庸
惠公二年王子成父敗長翟
世家成作城
晉孝侯十六年曲沃莊伯殺孝侯

世家十五年
晉侯湣
世家春秋俱作緡
獻公二十六年公卒立奚齊里克殺之及卓子立夷吾
世家同卓子作悼子按春秋僖九年晉里克殺其君
之子奚齊左傳里克殺公子卓又春秋僖十年晉里
克弒其君卓及其大夫荀息經傳不同表云及卓子
蓋依傳也
襄公三年秦報我殽敗於汪
世家秦使孟明伐晉報殽之役取晉汪以歸按春秋
文二年爲晉襄三年秦穆三十五年春王二月甲子
晉侯及秦師戰於彭衙秦師敗績左傳春秦孟明視
帥師伐晉以報殽之役又春秋冬晉人宋人陳人鄭
人伐秦左傳伐秦取汪以報彭衙之役據此則報殽
敗汪自是兩事而表與世家連類而及耳又彭衙之
戰秦本紀在穆三十四年與春秋異鄭世家穆公三
年從晉伐秦敗秦於汪又與秦本紀晉世家經傳不
同
景公據
世家同春秋據作獳
厲公壽曼
世家同春秋壽曼作州蒲

頃公棄疾
世家春秋棄疾俱作去疾
秦穆公十六年爲河東置官司
左傳秦始征晉河東置官司焉係十五年事本紀與
傳同
三十年圍鄭有奇言郎去
本紀三十年助晉人圍鄭鄭使人言於繆公秦乃罷
兵春秋僖十三年晉人秦人圍鄭左傳甲午晉侯秦
伯圍鄭佚之狐言於鄭伯曰若使燭之武見秦君師
必退紀與經傳事同文異奇言二字太史公斷文也
三十五年伐晉報殽敗我於汪

本紀三十六年以報殽之役無敗汪事說詳晉襄二年

共公五年卒

本紀文也表因之春秋宣四年秦伯稻卒則共公立四年非五年矣

桓公元年

當在魯宣五年

二十七年卒

本紀文也春秋成十四年秦伯卒則桓公立二十八年明矣表因本紀之誤是以秦桓之事俱與春秋異而遞誤一年耳

楚文王五年息夫人陳女過蔡

世家不載春秋左傳在莊十年爲楚文六年是當與伐蔡獲哀侯以歸同入六年

十三年卒

世家文也春秋莊二十年爲堵敖元年則文王立十五年堵敖立三年表因世家之誤也

成王惲

春秋惲作頵穀梁作髠

二十六年滅六英

世家云滅英無六字徐廣曰一本作黃春秋楚成二十四年滅黃二十九年齊人徐人伐英楚穆四年秋楚人滅六據此則楚成二十六年六英俱未滅當從滅黃其編年亦當從春秋

莊王侶

春秋侶作旅穀梁作呂

六年伐宋陳

世家云伐宋無陳左傳楚子侵陳遂侵宋與表同

康王招

春秋招作昭

靈王圍

春秋圍作虔

七年就章華臺內亡人實之

世家同左傳昭七年爲楚靈六年爲章華之臺納亡人以實之據此則六年表內執芊尹亡人入章華之事此爲羨文

滅陳

世家八年春秋左傳與表同左傳昭十一年楚公子棄疾帥師圍蔡韓宣子問於叔向對曰楚王奉孫吳以討於陳曰將定而國陳人聽命然則定陳者滅陳之詐詞也且定陳之言在楚靈七年經傳無八年定陳之文

昭王珍

春秋珍作軫

四年吳三公子來奔

世家同左傳魯昭三十年吳子使徐人執掩餘使鍾吾人執燭庸二公子奔楚據此則三字誤

七年囊瓦伐吳

世家同春秋左傳定二年秋楚人伐吳據此當是楚

靈八年

惠王四年伐鄭

世家六年白公請兵令子西伐鄭無四年伐鄭之事

春秋哀十年冬楚公子結帥師伐陳年同事異疑陳鄭音近而誤耳

宋惠公

世家三十年卒子哀公立哀公元年卒子戴公立與表異又戴公世家無名則立字立君之謂也表誤以爲戴公名耳

殤公十年華督殺公

世家春秋同

莊公馮元年

春秋在桓二年至莊二年乙酉宋公馮卒據此則宋莊立十八年明矣乃世家誤以十九年卒表遂以殤公被弑之年爲莊元年故有十九年耳

桓公御說

世家御作禦

成公王臣

穀梁王作壬

文公鮑

世家鮑作鮑革

共公瑕

春秋瑕作固

平公成

公羊成作戌

景公頭曼

春秋頭曼作欒

二十九年侵鄭衞魯

世家不載春秋春宋皇瑗帥師侵鄭無侵衞魯之文秋宋人圍曹則魯當是曹是年晉曼多帥師侵衞則侵衞當是晉事

衞莊公十七年州吁長好兵

世家十八年

宣公元年晉共立之討州吁

世家衞桓十六年春秋隱四年九月衞人殺州吁於濮冬十有二月衞人立晉與世家同

惠公三年朔奔齊立黔牟

世家四年春秋桓十六年十有一月衞侯朔出奔齊與世家同

朔復入十四年
按惠公立四年亡八年通十二年世家云通凡十三
年
懿公八年翟伐我
世家九年春秋閔二年狄入衛與世家同
文公二十三年重耳從齊過無禮
世家十六年左傳與表同第按左傳重耳處狄十二
年而行過衛衛文公不禮焉及齊齊桓公妻之然則
重耳從狄過衛非從齊過衛也
成公三十一年楚伐鄭與我平晉中行桓子距楚救鄭
伐我

世家不載春秋宣五年為陳靈十年楚人伐鄭左傳
楚子伐鄭陳及楚平晉荀林父救鄭伐陳據此當是
陳靈之事
獻公十五救鄭敗晉師櫟
世家不載春秋襄十一年夏晉率諸侯伐鄭衛與之
秋晉率諸侯伐鄭會於蕭魚衛亦與之無救鄭之文
冬秦人伐晉左傳秦庶長鮑庶長武帥師伐晉以救
鄭己丑秦晉戰於櫟晉師敗績據此當是秦景十五
年事
殤公狄
春秋狄作剽

靈公三十七年伐魯
世家不載春秋定十二年衛公孟彄帥師伐曹魯當
是曹
出公十二年父蒯聵入輒出亡
世家同春秋哀十六年春己卯衛世子蒯聵自戚入
衛衛侯輒來奔據此則哀十六年為出十四年非十
二年明矣而蒯聵元年亦非哀十五年矣
陳弟他殺太子免代立國亂再赴陳厲公他元年陳大
夫五父後立為厲公
左傳桓五年文公子他殺太子免而代之公疾病而
亂作則殺免在陳桓三十八年又春秋桓六年蔡人

殺陳佗則是年佗不得稱元也桓十二年為厲七年
八月壬辰陳侯躍卒則厲公名躍而非佗也孔穎達
曰躍為厲公世家本文也莊二十二年傳疏厲公蔡
出也故蔡人殺五父而立之五父即佗六年殺佗而
厲公立也陳世家以佗與五父為二人言蔡人為佗
殺五父及桓公太子免而立佗是為厲公立七年太
子免之三弟躍林杵臼共弒厲公而立躍是為利公
利公立五月卒林立是為莊公按傳五父佗一人而
世家以為二人按經蔡人殺佗在桓公卒之明年不
得為佗立七年也佗以魯桓六年見殺躍以魯桓十
二年始卒不得為躍立五月也既以佗為厲公又妄

稱躍爲利公世本本無利公皆是馬遷妄說也據孔
氏之辨則表仍世家之誤明矣至七年表云公殺蔡
蔡殺公俱非厲公躍徐廣曰班氏云桓公之弟

成公二十九年倍楚盟楚侵我

世家二十九年倍楚盟三十年楚共王伐陳春秋襄三年陳侯使袁僑如會左傳楚子辛爲令尹欲侵於小國陳成公使袁僑如會求成據此則是年陳爲請盟非倍盟也且經傳俱無楚侵陳之文又襄四年左傳春楚師爲陳叛故將伐陳三月陳成公卒聞喪乃止夏楚彭名侵陳據此則當在陳成三十年

哀公弱

春秋弱作溺

湣公二十三年楚滅陳

世家二十四年左傳哀十七年秋七月己卯楚公孫朝帥師滅陳與世家同

蔡宣侯措父

春秋作宣公考父

景侯固

世家固作同春秋與表同

二十八年晉率我伐鄭

世家不載春秋襄九年蔡景二十八年曹成十四年也冬公會晉侯宋公衛侯曹伯莒子邾子滕子薛伯杞伯小邾子齊世子光伐鄭不及蔡據此疑是曹成之事誤入於蔡者

靈侯班

世家春秋班俱作般

蔡侯廬

世家春秋同左傳廬作盧

元年

世家滅蔡三歲楚平王立廬爲蔡侯春秋昭十一年冬十有一月丁酉楚師滅蔡十三年蔡侯廬歸於蔡據此則昭十二年廬不得稱爲元也

悼侯東國

春秋昭二十一年蔡侯朱出奔楚二十三年蔡侯東國卒於楚朱穀梁作東第攻朱無歸入葬之文東國無出奔之事汪克寬曰東即東國誤爲朱也

曹戴伯鮮

世家鮮作蘇

宣公盧

世家盧作彊春秋盧作廬

成公二十二年伐衛

世家不載春秋襄十七年夏衛石買帥師伐曹無曹伐衛之文

平公須

世家須作須春秋與表同

靖公路

世家春秋路俱作露

鄭桓公周宣王母弟

世家云宣王庶弟

莊公寤生元年祭仲生

世家封弟段於京祭仲諫之左傳同生疑是諫

二十九年與魯璧易許田

世家云與魯祊易許田春秋隱八年三月鄭伯使宛來歸祊左傳鄭伯請釋泰山之祀而祀周公以泰山之祊易許田據此璧當是祊又春秋桓公元年爲莊

三十三年鄭伯以璧假許田表同世家不載

昭公元年忽毋鄧女祭仲取之

文義未詳按世家初祭仲甚有寵於莊公公使娶鄧女生太子忽故祭仲立之則太史公書之者見立忽之由此也取當是娶

子嬰

世家同春秋子嬰作子儀

厲公亡後七歲復入

世家厲公初立四歲居櫟十七歲復入立七歲與亡

凡二十八年與左傳同表誤

襄公元年楚伐晉來救

世家五年事元年楚縱宋伐鄭非楚伐也亦無晉救之文

十八年晉欒書取我氾

世家不載左傳取氾祭杜注鄭地成皐縣東有氾水

氾字當誤

成公三年與楚盟

世家楚共王使人來與盟鄭人私與盟據此則春秋鄭成元年馬陵之盟自是兩事

釐公惲

世家同春秋作髠頑

簡公喜

世家春秋喜俱作嘉

二年誅子駟

左傳襄十年冬十月戊辰殺子駟據此是鄭簡三年

世家與傳同

十七年子產曰范宣子爲政我請伐陳

世家不載左傳范宣子爲政子產寓書於子西以告宣子宣子說乃輕幣是行也鄭伯朝晉爲重幣故且請伐陳也據此則子產曰三字似羨文

二十八年子產曰三國不會

世家不載左傳夏諸侯如楚晉衛曹邾不會鄭伯先待於申楚王使問禮於左師與子產子產曰小國其

職敢不薦守獻伯子男會公之禮六據此不會者四國三字當誤子產曰下疑有脫文

定公四年火欲禳之子產曰不如修德

左傳昭十八年事是鄭定六年也世家與傳同

十一年楚建作亂殺之

世家十年

獻公蠆

公羊蠆作囆

燕宣公五年楚圍我我卑辭以解

世家不載春秋宣十二年楚子圍鄭左傳鄭伯肉袒牽羊以迎王曰其君能下人必能信用其民矣退三十里而許之平疑是鄭襄八年誤入於燕者

平公六年公如晉請內王

世家不載左傳昭二十四年鄭伯如晉子太叔相曰王室之不寧晉之恥也獻子乃欲會於諸侯期以明年二十五年會於黃池謀王室也疑是鄭定公十二年誤入於燕者

簡公十一年敗宋師

世家不載春秋哀十三年春鄭罕達帥師取宋師於嵒左傳同無燕敗宋師之文疑是鄭聲十九年誤入於燕者

吳餘祭十七年餘昧四年

按春秋襄二十九年閽弒吳子餘祭則餘祭止四年也襄十三年爲餘昧元年昭十五年春王正月吳子夷末卒則餘昧凡十七年也世家誤編年威表遂因之故餘昧之事皆誤屬餘祭耳

餘昧

春秋作夷末公羊作夷昧

闔閭四年伐楚六潛

世家潛作灊

夫差十八年楚敗我

世家越敗吳師於笠澤左傳哀十七年三月越子伐吳吳師大亂遂敗之據此楚當是越

史記考證二

道古堂外集卷九

仁和　杭世駿　大宗撰

史記考證三

六國年表

周安王三年王子定奔晉

本紀不載

秦厲共公五年楚人來賂

本紀不載

靈公七年與魏戰少梁

本紀作六年大事記曰出師在六年而戰在七年也

十年

城籍姑靈公卒立其季父悼子是爲簡公本紀俱作十三年

簡公十五年簡公卒

本紀作十六年

惠公十一年太子生

本紀作十二年

十三年蜀取我南鄭

本紀作伐蜀取南鄭

獻公十七年櫟陽雨金四月至八月

本紀作十八年而不紀月

二十三年與魏戰少梁虜其太子

本紀與魏晉戰少梁虜其將公孫痤無太子之文

孝公十二年初取小邑爲三十一縣

本紀作四十一

二十三年與晉戰岸門

本紀作二十四年岸門作鴈門

惠文王八年與韓趙戰斬首八萬

本紀七年共擊秦當即此事通鑑七年五國皆敗走八年大敗韓師於修魚無趙則屬兩事未悉溫公所據

九年取趙中都西陽安邑

本紀無安邑前十年衛鞅圍魏安邑降之安邑非趙地表蓋衍文耳趙世家作西都中陽與秦紀表互異

十一年侵義渠得二十五城

本紀作十年

十二年樗里子擊藺陽虜趙將公子繇通封於蜀

本紀十一年樗里疾攻魏焦降之非藺陽也十二年虜將莊又本紀十一年公子通封於蜀無繇字

武王元年張儀魏章皆死於魏

本紀張儀魏章東出之魏魏世家張儀魏章皆歸於魏死字疑誤

昭王七年魏冉爲相

本紀作十二年

十年楚懷王亡之趙

本紀作十一年
十五年魏冉免相
本紀作十六年
十八年客卿錯擊魏至軹取城大小六十一
本紀作十六年又衹稱左更錯取軹及鄧無取城大小六十一之文通鑑亦作十八年云秦大良造白起伐魏取六十一城又似兩事
三十年白起封武安君
本紀作二十九年
四十四年秦攻韓取南陽
本紀作南郡

五十二年取西周王
本紀云周初亡
始皇二十一年王賁擊楚
本紀云王賁攻薊不云擊楚
二十三年殺其將項燕
本紀作二十四年
二十七年更命河爲德水爲金人十二命民曰黔首同天下書分爲三十六郡
本紀作二十六年
二十八年爲阿房宮
本紀三十五年二十六年築宮咸陽北阪上二十七年作信宮總非二十八年事也
三十三年西北取戎爲四十四縣
本紀作三十四縣
魏衞悼公
世家作懷公
文侯斯
世家作都
五年魏誅晉幽公
世家作盜殺幽公
十七年雒陰合陽
通鑑合作郃

十八年受經子夏過段干之閭常式
世家作二十五年
二十年卜相李克
世家作二十五年
二十四年伐秦至陽狐
秦表作伐魏至陽狐
晉孝公傾
世家作頎
三十六年秦侵晉
世家作秦侵我陰晉表蓋脫我陰二字
惠王五年與韓會宅陽城武都

世家都作堵
九年與秦戰少梁虜我太子
詳見秦獻三十三年
襄王二年秦敗我雕陰
此與五年魏獻少梁河西地於秦自是兩事通鑑與表
同世家則并入五年
哀王六年秦來立公子政爲太子
世家來作求
七年虜聲子於濮
世家徐廣注聲子作贅子
安釐王十一年秦拔我廩丘

世家作郪丘
韓文侯七年鄭敗晉
世家敗作反
哀侯六年韓嚴殺其君
世家同通鑑韓嚴遂弑其君哀侯以韓廆爲相而愛嚴
遂二人相害遂刺廆於朝斤中哀侯據此則表與世家
俱脫遂字
昭侯六年取陵觀廩丘
世家廩作邢
宣惠王十年君爲王
世家作十五年

釐王二十一年暴鳶救魏
世家鳶作䳒
桓惠王二十九年秦拔我十二城
世家作十三城
趙襄子元年以金斗殺代王
世家斗作料
烈侯元年魏使太子伐中山
世家魏文侯伐中山使太子擊守之通鑑晉魏斯擊宋
使樂羊伐中山使其子擊守中山據此伐當是守
敬侯八年襲衞不克
世家不載
成侯六年敗魏涿澤

世家涿作涿正義曰音濁蓋齊康公會晉衞於濁澤齊
威王敗魏於濁澤即此地也
武靈王二年城鄗
世家作三年
十年秦取我中都西陽安邑
說見秦惠文後九年
十二年立燕公子職
世家作十一年
二十五年趙攻中山
世家作二十三年

惠文王元年以公子勝爲相封平原君

世家不載

二年楚懷王亡來弗內

世家不載

四年圍殺主父與齊燕共滅中山

世家三年滅中山四年圍主父餓死

十五年取齊昔陽

世家作十六年

孝成王元年平原君相

世家不載通鑑趙以公子勝爲相在赧王四十九年惠文三十三年也其非孝成元年明矣且惠文元年表內已書爲相至此又書其訛可知

九年秦圍我邯鄲

世家在七年

楚魏救我

世家在八年

十五年平原君卒

世家作十四年

趙王遷

世家作幽

二年秦拔我平陽敗扈輒斬首十萬

世家秦攻武城扈輒率師救之軍敗死焉

三年秦拔我宜安

世家秦攻宜安李牧率師卻之與表異通鑑秦伐趙取宜安平陽武城與表同據此則李牧卻之者二年事也拔平陽拔宜安俱三年事世家誤其年故表前後參差耳

楚惠王二十二年魯哀公卒

通鑑貞定王元年魯哀公卒於有山氏世家同據此則二十一年也

悼王二年三晉來伐我至桑邱

世家作乘邱

懷王二十四年秦來迎婦

世家云秦昭王初立乃厚賂於楚楚往迎婦

頃襄王元年秦取我十六城

世家云取析十五城而去徐廣曰既取析又并左右十五城也廣蓋因表爲十六城而遷就其詞

二十年秦拔鄢西陵

世家拔我西陵不云鄢

考烈王十四年楚滅魯頃公遷下邑

魯世家作卞邑徐廣注一作卞通鑑遷其君於卞卞春秋魯邑名即古卞明國也戰國時屬楚則下邑應作卞邑

齊宣公四十四年伐魯莒及安陽

世家莒作葛陽作陵

湣王三年封田嬰於薛

世家同

高祖功臣侯年表

平陽征和二年侯宗

顧炎武日知錄曰史記作於太初中平陽侯下元鼎三年今侯宗者作史記時見爲侯也下又云征和二年云云則後人所加也卷中書征和者二後元者一

廣嚴侯呂毆

呂漢表作召當是字形相近而誤

潁陰定濟淮南及下邑

濟漢表作齊是

汾陰

按第三格有建平二字以漢表核之無有漢表是

貰齊侯呂

呂漢表作傳胡害

東茅補韓信爲將軍

漢表作捕韓信是也此侯劉釗漢表作劉到

甯侯魏選

還漢表作遬

壯索隱作嚴避明帝諱

據此則壯應作莊

惠景閒侯者年表

軑侯倉

漢表作黎朱倉

中邑侯朱通

表作朱進

樂平侯衛無擇

樂平漢表作樂成無擇各本俱作無澤蓋誤

鍾索隱縣名屬東萊

如索隱說當依地理志作腄

缾索隱縣名屬琅邪

漢表作缾以地理志証之字應從缶

范陽端侯代

漢表作靖侯范代

亞谷征和二年

顧炎武日知錄曰此表書征和者一後元者三皆後人所加也

建元以來侯者年表

隨成

漢表作隨城

潦侯趙王煖訾

漢表煖作援

下麾

漢表下摩

常樂侯稠雕
驃騎傳作錭離漢書作雕離
壯索隱表在東平
漢表作杜索隱表字衍
義陽侯衞山
傳作邢山
臧馬康侯延年
漢表作雕延年
北石索隱漢表作外石
東越傳亦作北石
涅陽
朝鮮傳作温陽以漢表証之涅陽是

建元以來王子侯者年表
安成
漢表作安城
浮邱侯劉不審
漢表作不害
盱台
地理志作盱眙
壞
漢表作懷昌
劇魁侯劉墨

漢表作黑
平度侯劉衍
漢表作行
雷侯劉稀
漢表作豨
辟
漢表作辟土
封斯侯劉胡陽
漢表作胡傷
望廣侯劉安中
漢表作忠則此侯單名也

距陽侯劉白
白漢表作匄當由字形相似而異耳
成平
漢表作平城
陪安索隱在魏郡
漢表作陰安
周堅
漢表作周望
安陽侯劉桀
漢表作樂
富侯劉龔

漢表作欒

富侯劉襲

漢表作欒

陪侯劉明

漢表作則

邵侯劉慎

漢表作順

藺侯劉憙

漢表作罷軍

盆陽侯劉恢

漢表作恬

瑕丘侯劉貞

漢表作政

郁狼侯劉騎

漢表作驕

洛陵侯劉章

漢表作童

葉侯劉嘉

漢表作喜

鈞邱侯劉憲

漢表作寬

栁侯劉陽

條漢表作修

安郭侯劉博

博漢表作傳富

都梁侯劉遂

遂漢表作定

視茲侯劉延

延漢表作延年

漢興以來將相名臣年表

蜀湔氏反擊之

此事本紀無

立太倉西市

此事本紀無漢書紀即据此書起西市修敖倉

以芷陽鄉爲霸陵索隱地理志有芷陽縣

有芷陽縣也

索隱此句誤地理志曰霸陵故芷陽文帝更名志未嘗

元光三年決河於瓠子

文義當云河決於瓠子

道古堂外集

史記考證四

仁和　杭世駿　大宗撰

禮書

二者相待而長

荀子禮論作相持而長

側載臭茝

荀子禮論作側載睪芷

寢兕持虎鮫韅彌龍集解徐廣曰乘輿車金薄璆龍爲輿倚較

徐廣所云蓋本續漢書輿服志文劉昭注又引徐廣曰繆交錯之形也則字作繆不作璆明矣索隱云璆

然龍貌非是

必信至教順

禮論作倍至教順

情勝之爲安

禮論作情說一本作情性

是儒墨之分索隱易曰悅以使人人忘其死是也

易作說以先民民忘其勞悅以犯難民忘其死

彊固之本也

荀子議兵篇作彊國

弗由之所以捐社稷也

議兵篇捐作隕

然而兵殆於垂涉

議兵篇作垂沙楊倞曰漢地志沛國有垂鄉

莊蹻起楚分而爲四正義括地志云師州黎州在京西南五千六百七十里

唐無師州地理志云黎州至京師二千九百五十里

汝潁以爲險正義地理志陽乾山潁水出東至下蔡入淮地

陽乾山名江字衍

不畏外而固者

議兵篇作不畏外而明内

諸侯不敢懷

禮論作壞楊倞注云司馬貞云思也蓋誤耳

所以辨貴賤貴賤治得之本也

禮論作所以別貴始貴始得之本也楊倞注云得當爲德言德之本在貴始穀梁傳有此語

函及士大夫

函㕮字之誤禮論楊倞注引司馬貞曰㕮音含苞也

言士大夫皆得苞立社

有特牲而食者

禮論作持手而食者

利爵弗啐也

禮論啐作醮

三宥之弗食也

禮論作三臭

大昏之未廢齊也
禮論作發齊
大路之素幬也
禮論作大路之素未集也
始乎脫成乎文終乎稅
禮論作始乎稅成乎文終乎說
以爲下則順以爲上則明太史公曰至矣哉
禮論以爲上則明下云萬物變而不亂貳之則喪也
禮豈不至矣哉
禮之貌誠深矣
禮論貌作理

入焉而弱
禮論弱作溺
入焉而隊
禮論隊作喪
廣騖不外
廣騖禮論作厲騖
是以君子之性守宮庭
性守禮論作壇宇
樂書
其聲麤以厲正義心隨怒而發揚故無殺豥
今禮記疏作輟凝又以發揚無輒凝爲喜心所感

則是物至而人化物也集解鄭元曰隨物變化
今鄭注禮記無此語
欣喜驩愛樂之容也正義賀瑒云八音克諧使物欣喜
禮記疏引賀瑒云使物歡欣
夔始作樂以賞諸侯集解鄭元曰夔欲舜與天下之君共此樂
今鄭注無此語
教者民之寒暑也教不時則傷世事者民之風雨也事不節則無功
衛湜禮記集說引張守節曰樂以氣和民心如天地寒暑以氣生化故謂樂爲民之寒暑也風雨之事謂之禮也禮以形教故曰事也天地之以風雨齊潤萬物猶以禮安治萬民故謂禮爲民之風雨也與今本

史記正義不同
胎生者不殰集解鄭元曰內敗曰殰
鄭注樂記曰內敗曰殰陸氏釋文云內乃對反或作骨肉之肉者誤則唐時本亦有作肉者矣然究是內字
樂者非謂黃鐘大呂弦歌干揚也集解鄭元曰揚鉞也
今鄭注樂記無此語
然後可以有制於天下也集解鄭元曰言尊卑備乃可制作以爲治
鄭注樂記作可以爲治法
而鄙詐之心入之矣集解鄭元曰謂利欲生也

鄭注樂記云鄙詐是貪多利僞生

彼亦有所合之也 集解鄭元曰以聲合已意

鄭注樂記云以聲合成已之志

肆直而慈愛者 集解鄭元曰肆正也

今鄭注樂記無此語

纍纍乎殷如貫珠 集解鄭元曰言歌聲之著動人心之審而有此聲

鄭注樂記作如有此事

律書

成湯有南巢之伐以殄夏亂 正義淮南子云湯伐桀放之歷山與末喜同舟浮江奔南巢之山而死

淮南修務訓云整兵鳴條困夏南巢譙以其過放之

歷山無末喜同舟之語

歷書

月名畢聚

爾雅月在甲曰畢為月陽又曰正月為陬邢昺疏曰正月得甲則曰畢陬若史記歷書一月名畢聚也陬古字作聚讀為陬音

天官書

絕漢抵營室曰閣道 索隱又按樂汁圖徵云

樂汁圖徵緯書也

封禪書

宋毋忌 索隱樂彥引老子道經云月中仙人宋毋忌

今五千言中無此語

河渠書

功無已時兮吾山平 集解徐廣曰東郡東阿有魚山或者是乎駰按如淳曰恐水漸山使平也

水經注馬頰水又南北流逕山南山即吾山也

平準書

物踊騰糶 索隱按漢書糶字作躍者謂物踊貴而價起食貨志云大熟則上糶三而舍一是也

作躍則宜屬上句作糶則宜屬下句

吳太伯世家

文身斷髮示不可用

困學紀聞曰傳言太伯端委仲雍斷髮史記云二人皆文身斷髮示不可用與傳異

弟餘昧立

春秋作夷末公羊傳作夷昧

十二年吳召魯衛之君會於橐皋

左傳橐皋之會但有魯君年表並同秋徵會於衛乃會於鄖耳此幷兩事為一

齊太公世家

曹沫以匕首劫桓公於壇上

習學紀言曰遷言曹沫以匕首劫齊桓公遂與沫三敗所亡地此事公羊先見按左氏魯莊公九年納糾

敗於乾時幾獲十年有長勺之勝劇實主之齊猶未已與宋災乘邱公子偃敗宋師齊乃還十三年北杏之會齊將稱霸其冬魯乃會盟於柯是三戰而再勝未嘗失地三年不交兵何用要劫二十三年曹劌復諫觀社詳其前後詞語豈操匕首於壇坫之間者耶

諸侯會桓公於甄

年表作鄄按經典釋文甄音絹一音真或音旃又舉然反或作鄄

六年翟侵齊晉文公卒

左傳晉文公卒於齊昭公之五年在翟伐齊之前此作六年

十九年五月昭公卒

年表作二十年

卽與衆十月卽墓上弒齊君舍

春秋經作九月左傳云以七月乙卯夜杜注云書九月從告此云十月疑十爲七字之誤

六年春晉使郤克於齊

左傳及年表郤克使齊在頃公七年爲魯宣之十七年

郤克執齊使者四人河內殺之

左傳齊侯使高固晏弱蔡朝南郭偃會及斂盂高固逃歸晉人執晏弱於野王執蔡朝於原執南郭偃於溫苗賁皇言於晉侯晉人殺之逸此云殺之與傳異

悼公元年齊伐魯取讙闡

左傳及十二諸侯年表齊取讙闡在悼公三年

齊人共立悼公子壬是爲簡公集解徐廣曰年表云簡公壬者景公之子也

年表云鮑子殺悼公齊人立其子壬爲簡公無景公之子語

子宣公積立

積年表作就匝

魯周公世家

初成王少時病周公乃自揃其蚤沈之河以祝於神曰王少未有識奸神命者乃旦也亦藏其策於府成王病

有瘳及成王用事人或譖周公周公奔楚成王發府見周公禱書乃泣反周公

困學紀聞曰呂子進曰考之於書啟金縢之書在周公未薨前而無揃蚤事此蓋一事傳之者不同耳習學紀言曰是時楚未有國公奚之爲詩書以爲居東而異說以爲南奔

武公九年春武公與長子括少子戲西朝周宣王

年表武公立十年而卒是爲周宣王之十二年下文云夏武公歸而卒是立九年也與表互異

二十七年孝公卒

年表作三十八年宣王誅伯御在伯御之十一年其

年乃孝公元年而表以伯御元年爲孝公元年故較
世家多十一年

慶父竟立莊公子開是爲湣公索隱系本名曰啟
左傳疏曰杜世族譜云名啟方

於是季友奉子申入立之是爲釐公索隱湣公之弟名曰申
杜預注左傳僖公閔公庶兄成風之子

獲喬如弟棼如
左傳作焚如

襄公元年晉立悼公
左傳及年表晉悼公立於成公十八年二月乙酉非
襄公元年

季氏芥雞羽集解服虔曰擣芥子播其雞羽可以坌郈氏雞目
左傳疏引此語是賈逵之說非服虔也

齊伐我取三邑
左傳八年夏齊人取讙及闡二邑齊世家亦作取二
邑

十五年使子服景伯子貢爲介適齊齊歸我侵地
按齊歸我讙闡在八年春秋經傳無十五年歸侵地
之事大約因歸成之語而誤耳

卒於有山氏集解徐廣曰皇甫謐云哀公元年甲辰終庚午
年表甲辰爲定公十三年哀公元爲丁未左傳疏曰
傳稱國人施罪於有山氏不得復歸而卒於其家也

燕召公世家

十三年秦敗趙於長平四十餘萬
六國年表及秦本紀秦昭襄之四十七年於趙孝成
王爲六年是年秦阬趙卒於燕武成王爲十二年此
云十三年與趙世家合於秦本紀及年表差一年

管蔡世家

餘五叔皆就國索隱五叔管叔蔡叔成叔曹叔霍叔
左傳杜預注云五叔管叔鮮蔡叔度成叔武霍叔處
毛叔聃也孔穎達疏云史記云聃季載杜云毛叔聃
又不數叔振鐸者杜以振鐸非周公同母故不數之
或杜別有所見不以管蔡世家爲說

子宣侯措父立
春秋作考父

衛使史鰌言康叔之功德
左傳作祝鮀此作史鰌

隱公四十六年宋華父督弒其君殤公及孔父
年表作四十七年

陳杞世家

釐公六年周宣王卽位
年表在釐公五年

二十八年楚莊王卒
年表陳成公八年楚莊王薨

十六年吳王夫差伐齊敗之艾陵
左傳及年表俱在陳湣公之八年
二十四年楚惠王復國以兵北伐殺陳湣公遂滅陳而有之是歲孔子卒
年表陳亡於湣公二十三年孔子亦卒於是年此作二十四年與左傳合與孔子之卒差一年
滕薛騶夏殷周之閒封也索隱周封文王子錯叔繡於滕
世本及杜預世族譜皆云周文王子錯叔繡唯漢地理志以爲周懿王子
衞康叔世家
告以紂所以亡者以淫於酒酒之失婦人是用故紂之亂自此始
王若虛辨惑曰酒誥之文曷嘗有用婦人語
頃侯厚賂周夷王夷王命衞爲侯
顧炎武曰是頃侯以前之稱伯乃伯子男之伯也索隱以爲方伯之伯雖有詩序旄邱責衞伯之文可據鄭氏箋曰爲康叔封爵稱侯今曰伯者時爲州伯周禮九命作伯然非太史公意也且古亦無以方伯之伯而繫謚者周公召公二伯也其謚則曰文公康公
莊公五年取齊女爲夫人好而無子又取陳女爲夫人生子蚤死陳女女弟亦幸於莊公而生子完完母死
毛詩疏曰禮諸侯不再娶且莊姜仍在左傳唯言又娶於陳不言爲夫人世家云又娶陳女爲夫人非也
左傳唯言戴嬀生桓公莊姜養之以爲巳子不言其死云完母死亦非也
太子完立是爲桓公
左傳疏曰石碏言將立州吁乃定之矣請定州吁明太子之位未定衞世家言立完爲太子非也
二十九年鄭復納惠王
左傳及年表俱在二十七年
十六年晉公子重耳過無禮
左傳及年表俱在二十三年
齊置衞獻公於聚邑
按左傳齊人以郲寄衞侯杜預曰郲齊所滅郲國音來此作聚互異
孫文子甯惠子共立定公弟秋爲衞君
秋左傳作剽
孫林父爲擊磬曰不樂音大悲使衞亂乃此矣
王若虛辨惑曰吳世家云季札自衞如晉將舍於宿聞鍾聲曰異哉吾聞之辨而不德必加於戮夫子獲罪於君以在此懼猶不足而又可以畔乎夫子之在此猶燕之巢於幕也君在殯而可以樂乎遂去之文子聞之終身不聽琴瑟衞世家云季子過宿孫文子爲擊磬曰不樂音大悲使衞亂乃此矣一以爲鍾一

以爲磬此未足深病然如前說則是文子自作樂而季子適聞之也如後說則是文子爲札而作也前說則罪其不自愧懼而安於娛樂後說則以音聲之悲而知其爲亂之徵是何乖異而不同耶按前說本於左氏當是後說正有他據亦相矛盾而不應取也且左氏但言又何樂而史記改之云可以畔乎其義亦乖蓋獲罪於君即所謂畔也而何在於擊鐘耶司馬貞既知其非矣而曰畔字讀爲樂亦强爲之說也

元君十四年秦拔魏東地秦初置東郡更徙衛野王縣而幷濮陽爲東郡

六國年表作十一年

宋微子世家

於是太師少師乃勸微子去遂行

王若虛辨惑曰微子度紂終不可諫欲死之及去未能自決乃問太師少師曰云云太師若曰云云識得治國國治身死不恨爲死終不得治不如去遂亡則微子既已去矣而復記箕子之所以奴比干之所以死而終之曰微子以爲父子有骨肉而臣主以義屬父有過子三諫不聽則隨而號之人臣三諫不聽則可以去矣於是太師少師力勸微子去遂行何耶

左牽羊右把茅

孔穎達左傳疏曰史記之言多有錯繆微子手縛於後故以口銜璧又焉得牽羊把茅也

乃命微子開代殷後奉其先祀作微子之命以申之國於宋

毛詩振鷺疏曰以樂記之文知武王初即封微子於宋矣但未知爵之尊卑國之大小耳至成王既殺武庚命爲殷後當爵爲公地方百里至制禮之後當受上公之地更方五百里史記以爲成王之時始封微子於宋與樂記文乖其說非也

是歲魯弒其君隱公

左傳及魯世家年表隱公弒於宋殤公之八年

九年執鄭之祭仲要以立突爲鄭君祭仲許竟立突

左傳及年表俱作十年

十年夏宋伐魯戰於乘邱

左傳宋殤公九年爲魯莊之十一年夏宋爲乘邱之役秋宋大水公使弔焉此敘戰乘邱於大水之後又書曰十年

十一年秋

按殤公立十年而被弒此云十一年秋一字蓋衍文

襄公七年宋地霣星如雨與雨偕下六鶂退蜚

王若虛辨惑曰魯莊公七年四月辛卯夜中星隕如雨僖公十六年正月戊申隕石於宋五是月六鷁退飛過宋都左氏云隕石於宋隕星也史記世家乃謂

宋襄公七年宋地隕星如雨與雨俱下六鷁退蜚按
春秋星隕如雨初不指其在宋且莊公七年之四月
與僖公十六年之正月相去亦遠矣安得併爲宋地
同時之事乎蓋見左氏釋隕石爲隕星故誤誌焉而
隕石之事反遺而不書

子成公王臣立

穀梁傳作壬臣

夫人王姬使衞伯攻殺昭公杵臼弟鮑革立

左傳昭公將田孟諸未至夫人王姬使帥甸攻而殺
之此云衞伯不知何據又左傳及年表皆作鮑此云
鮑革亦互異

昭公子因文公母弟須與武繆戴莊桓之族爲亂

左傳爲亂者武繆之族攻之者戴莊桓之族與此舉
其公瑕立

三傳其公名固

司馬唐山

左傳作蕩澤

乃立其公少子成

公羊傳作戍

子景公頭曼立

春秋作欒

三十七年楚惠王滅陳

左傳三十九年魯哀公之十七年也

襄公之時修行仁義欲爲盟主其大夫正考父美之故
追道契湯高宗殷所以興作商頌

朱子曰太史公蓋本韓詩之說頌皆天子之事非宋
所有其辭古奧亦不類周世之文

晉世家

初武王與叔虞母會時夢天謂武王曰余命女生子名
虞

左傳疏曰世家謂此夢爲武王之夢也若是武王之
夢此傳直云武王方生太叔其文足矣何以須言邑
姜方震也邑姜方震而夢明是邑姜夢史安得以爲

武王夢也薄姬之夢龍據其身燕姞之夢蘭爲己子
彼皆夢發於母此何以夢發於父是馬遷之妄言耳

史佚曰天子無戲言言則史書之禮成之樂歌之

說苑君道篇又以爲周公曰言則史書之工誦之士
稱之諸先生補梁孝王世家亦作周公

孝侯八年曲沃桓叔卒

年表作九年

孝侯十五年曲沃莊伯弑其君晉孝侯於翼

左傳魯惠之四十五年曲沃莊伯伐翼弑孝侯年表
作十六年

曲沃莊伯聞鄂侯卒乃興兵伐晉

毛詩唐風疏曰隱五年左傳曲沃莊伯伐翼翼侯奔
隨秋王命虢公伐曲沃而立哀侯於翼六年傳曰翼
九宗五正頃父之子嘉父逆晉侯於隨納諸鄂晉人
謂之鄂侯則哀侯之立鄂侯未卒世家則言卒

晉侯緡四年宋執鄭祭仲而立突爲鄭君

左傳此事在魯桓之十一年於晉侯爲五年年表作
六年此又作四年

晉侯十九年齊人管至父弑其君襄公

左傳及齊世家年表於魯爲莊之八年於齊爲襄之
十二年合之晉侯當是二十一年此作十九年

獻公元年周惠王弟頽攻惠王

左傳周本紀鄭世家年表俱在惠王之二年於獻公
亦二年

申生同母女弟爲秦穆公夫人

秦本紀云太子申生姊左傳亦敘在申生上此則云
女弟或弟爲第字之訛

趙衰曰上者有土也君其拜受之

左傳作子犯之言且言何以易之索隱言人之出言
不可輕易之也

聞其入綿上山中於是文公環綿上山中而封之以爲
介推田號曰介山

顧炎武曰左傳晉侯求之不獲以綿上爲之田蓋子
推既隱求之不得未幾而死故以田祿其子耳楚辭
九章云思久故之親身兮因縞素而哭之明文公在
時子推已死史記則云聞其入綿上山云云然則受
此田者何人乎於義有所不通矣

趙衰曰求霸莫如入王尊周

左傳作狐偃之言

六年趙衰成子欒貞子咎季子犯霍伯皆卒

左傳是年祗書四大夫卒而子犯不書則子犯不死
於是年明矣年表亦同子犯二字蓋衍

子景公據立

左傳據作孺

魏文子請老休辟郤克

左傳請老以辟郤克者范文子也

立其太子壽曼爲君

春秋經壽曼作州蒲

秋伐鄭鄭師敗遂至陳

左傳晉韓厥伐鄭入其郛敗其徒兵於洧上晉師自
鄭以鄭之師侵楚焦夷及陳在悼公二年之夏五月
此作元年秋也

平公元年伐齊

左傳伐齊事在魯襄之十八年於晉平爲三年年表
同此作元年

九年魯季氏逐其君昭公昭公居乾侯

左傳昭公是年居鄆晉頃公之十二年乃居乾侯

十五年趙鞅使邯鄲大夫午不信欲殺午午與中行寅范吉射親攻趙鞅

左傳晉趙鞅謂邯鄲午曰歸我衛貢五百家吾舍諸晉陽午許諾歸告其父兄父兄不可趙孟怒召午而囚諸晉陽遂殺午趙稷涉賓以邯鄲叛夏六月上軍司馬籍秦圍邯鄲邯鄲午荀寅之甥也荀寅范吉射之姻也而相與睦故不與圍邯鄲秋七月范氏中行氏伐趙氏之宮據此是午前死而范中行乃攻趙鞅也此則云午與范中行親攻趙鞅與范中行爲仇

荀櫟韓不信魏侈

左傳作荀躒魏曼多

三十年定公與吳王夫差會黃池爭長趙鞅時從卒長吳

黃震日抄曰黃池之會吳晉爭長而史於吳世家曰長晉於晉世家曰長吳自相矛盾未知孰是

子出公鑿立

六國年表鑿作錯

史記考證四

道古堂外集

史記考證五

仁和　杭世駿　大宗

楚世家

卷章生重黎

尚書疏曰按昭二十九年左傳稱少昊氏有子曰重顓頊氏有子曰黎則重黎二人各出一帝而史記并以重黎爲楚國之祖吳回爲重黎以重黎爲官號此乃史記之謬故束晳譏馬遷并兩人以爲一謂此是也困學紀聞曰詩正義曰楚語稱顓頊命南正重司天以屬神命火正黎司地以屬民則黎爲火正高陽

時也言高辛者以重黎是顓頊命之歷及高辛仍爲此職故二文不同也黎實祝融重爲南正而楚世家同以重黎爲祝融謬也世家又云帝嚳誅重黎而以其弟吳回爲重黎後復居火正爲祝融鄭語以八姓爲黎後者以吳回繫黎之後復居黎職故本之祝融也左傳少皞氏有子曰重顓頊氏有子曰黎史記以重黎爲一人又言以吳回爲重黎皆謬

乃立其長子康爲句亶王

大戴禮帝繫篇作無康

次子叔堪少子季徇

鄭語作叔熊季紃

蚡冒弟熊通殺蚡冒子而代立是爲楚武王

杜預注左傳云蚡冒楚武王父劉炫據楚世家以爲蚡冒是兄不得爲父孔穎達疏云世家之文多有紕繆與經傳異者非是一條杜氏非不見其文但見而不用耳

乃自立爲武王

顧炎武曰乃自立句爲武王句蓋言自立爲王後諡爲武王耳古文簡故連屬言之如管蔡世家楚公子圍弒其王郟敖而自立爲靈王衞世家鄭世家皆云楚公子棄疾弒靈王自立爲平王司馬穰苴傳至常曾孫和因自立爲齊威王又如韓世家胥作六卿而韓厥在一卿之位號爲獻子與此文勢正同劉炫云號爲武武非諡也此說鑿矣項梁立楚懷王孫心爲楚懷王尉佗自立爲南越武帝此後世事爾

十三年卒子熊囏立

左傳楚文王於魯莊五年即位至十九年卒在位其十五年世家年表並不同

二十二年伐黃

左傳及年表俱在二十三年

三十九年魯僖公來請兵以伐齊楚使申侯將兵伐齊取穀

春秋經魯僖二十六年公以楚師伐齊取穀是年爲楚成之三十八年

晉果敗子玉於城濮

左傳晉救宋在楚成三十九年戰城濮在四十年

子莊王侶立

春秋經及國語俱作旅穀梁作呂

伍舉曰願有進隱曰有鳥在於阜三年不蜚不鳴是何鳥也

困學紀聞曰三年不蜚不鳴楚世家謂伍舉進隱於莊王滑稽傳謂淳于髡說齊威王此一事而兩見然莊王時嬖人伍參見左氏傳舉其子也新序以爲士慶呂氏春秋以爲成公賈不言伍舉

六年伐宋獲五百乘

左傳魯宣二年春鄭公子歸生受命於楚伐宋宋華元樂呂御之二月壬子戰於大棘宋師敗績囚華元獲樂呂及甲車四百六十乘俘二百五十人馘百人據年表魯宣之二年爲楚莊之七年

其王審立

楚語作箴

子康王招立

春秋經及國語俱作昭

於是晉宋魯衞不往

春秋經魯昭四年夏楚子蔡侯陳侯鄭伯許男徐子

滕子頓子胡子沈子小邾子宋世子佐淮夷會于申
　此云宋不往誤
七年就章華臺
　左傳楚子成章華之臺在魯昭七年於楚爲靈王六年
王行遇其故鋗人
　吳語鋗作涓
遇王飢於釐澤
　左傳國語皆曰乃求王遇諸棘闈
太子珍少
　左傳作太子壬國語及越世家又作軫

七年楚使子常伐吳吳大敗楚於豫章正義今洪州也
　左傳魯定二年秋楚伐吳於豫章是年楚昭之八年也
王從臣子綦
　左傳國語皆作子期
二十年楚滅頓滅胡
　春秋經滅頓在魯定之十四年滅胡在十五年滅胡之年於楚昭爲二十一年年表同此作二十年
二十一年吳王闔閭伐越越王勾踐射傷吳王遂死
　左傳及吳世家吳王伐越而死在魯定之十四年是年於楚昭爲二十年

昭王問周太史
　說苑云太史州黎
是歲也滅陳而縣之集解徐廣曰惠王之十年
　左傳魯哀十七年秋七月巳卯楚公孫朝帥師滅陳是年於楚爲惠王之十一年徐廣作十年蓋據年表
八年魏文侯韓武子趙桓子始列爲諸侯
　按楚簡王八年三家皆初立尚未列爲諸侯也周本紀威烈王二十三年命韓趙魏爲諸侯是年於楚爲聲王五年蓋後二十二年
子悼王熊疑立
　六國年表及通鑑俱作類

嬰子[illegible]善而用申紀
　國策作申縳
西起秦患北絕齊交則兩國之兵必至
　顧炎武曰此兩國即謂秦齊也索隱以爲韓魏非
二十七年使三萬人助三晉伐燕
　戰國策齊韓魏共攻燕燕使太子請救於楚楚王使景陽將而救之此云助三晉伐燕與楚策異
楚遣將軍景陽救趙
　六國年表云春申君救趙春申君列傳云秦圍邯鄲邯鄲告急於楚楚使春申君往救之此作景陽與彼互異

九年秦滅韓
韓世家正義曰亡在秦始皇帝十七年是年爲楚幽
之八年
同毋弟猶代立是爲哀王
六國年表作弟郝立
四年秦將王翦破我軍於蘄而殺將軍項燕五年秦將
王翦蒙武遂破楚國虜楚王負芻
秦始皇本紀作二十三年虜荆王二十四年項燕自
殺
越王句踐世家
後二十餘世至於允常
允常吳越春秋作元常高氏越史曰夏自少康至桀
中十二世按少康元年壬午至周敬王元年壬午凡
一千五百六十一年吳之伐越見春秋昭公二十二
年敬王十年也至是二千五百七十年矣越之傳國
至於元常何止二十餘世耶
民師敗於檇李
越絕書作就李吳世家作姑蘇
二歲而吳歸蠡句踐自會稽歸
國語句踐與范蠡入官於吳三年而吳人遣之越絕
書亦作越王入官於吳三年吳王歸之
大夫逢同諫曰

越絕書作馮同吳越春秋作扶同
乃發習流二千人索隱虞書云流宥五刑按流放之罪人使之習戰任爲卒伍有二千人也正義謂先慣習流利戰陣死者二千人也
徐天祜吳越春秋注曰笠澤之戰越以三軍潛涉蓋
以舟師勝此所謂習流是卽習水戰之兵若曰使罪
人習戰越一小國流放者何至二千人哉
教士四萬人
吳越春秋教士作俊士
吳王使公孫雄
吳越春秋作公孫駱國語作王孫雄
子王鼫與立
左傳作適郢吳越春秋作興夷卽位一年卒
商於析酈宋胡之地正義酈音櫟
北破齊於徐州集解徐廣曰周顯王之四十六年
鄭字無攤音疑擁字之誤
考通鑑在周顯王之三十五年
鄭世家
友初封於鄭索隱系本云桓公居棫林
鄭康成詩譜韋昭國語註皆作咸林
三十三年宋殺孔父
春秋經宋督殺孔父在魯桓二年據年表於鄭莊爲
三十四年

九月辛亥忽出奔衛

辛亥左傳作丁亥

夏厲公出居邊邑櫟

春秋經魯桓十五年五月鄭伯突出奔蔡秋九月鄭伯突入於櫟

秋厲公卒

春秋經魯莊二十一年夏五月辛酉鄭伯突卒此秋字應是夏字之訛

子文公踕立

左傳作捷

冬翟攻伐襄王

道古堂外集 史記考證五 八

考左傳事在秋

敗秦兵於汪

左傳秦晉戰於彭衙秦師敗績此汪疑彭衙之誤

鄭與晉盟鄢陵

左傳作辰陵

秋定公朝晉昭公

左傳事在夏

十三年定公卒

年表十六年卒

子獻公蠆立

公羊作囆

二十二年楚惠王滅陳

哀十七年左傳楚滅陳是年於聲公爲二十二年

共公三年晉滅知伯

六國年表在共公二年

趙世家

殺趙朔趙同趙括趙嬰齊

容齋隨筆曰春秋於魯成公八年書晉殺趙同趙括於十年書晉景公卒相去二年而史記乃有屠岸賈欲滅趙氏程嬰公孫杵臼共匿趙孤十五年景公復立趙氏之說以年世考之則自同括死後景公又卒厲公立八年而弒悼公公立又五年矣其乖妄如是

道古堂外集 史記考證五 九

嬰杵臼之事乃戰國俠士刺客所爲春秋時風俗無此也困學紀聞曰左傳正義時樂書將下軍則於時朔已死矣不得與同括俱死也晉君明諸臣彊無容有屠岸賈輒廁其間如此專恣吕成公云史記失於傳聞之差是時晉室正盛而云索莊姬子於宮中晉宮中自爲紀綱不容如此趙朔已亡而云與同括同時死以二者考之見其誤

趙朔妻成公姊有遺腹

考要曰同括死時已有趙武無遺腹之說又事出莊姬不關屠岸賈未知史遷何據

更立襄公曾孫周 集解徐廣曰年表云襄公孫也 索隱晉系家云襄公少子名周

晉世家云悼公周者其大父捷襄公少子也與此同與索隱不符年表亦脫曾字與此異

唯高其 集解徐廣曰一作赫

韓非子及淮南人間訓作高赫呂氏春秋作高赦

命乎命乎曾無我贏

列女傳作命兮命兮逢天時而生曾莫我贏贏

十八年秦武王與孟說舉龍文赤鼎絕臏而死

年表在十九年

寵有孝悌長幼順明之節

戰國策作窮有辭讓之節

禹袒裸國

戰國策云禹袒入裸國

王緤

戰國策作王孫緤

兄弟之通義也 集解徐廣曰兄弟一作元夷元始也夷平也

戰國策作先王

仇液之韓

戰國策作仇赫

怨毒積怒非素深於齊也

戰國策作怨毒積惡非曾深陵於韓也

反高平根柔於魏反巠分先俞於趙

戰國策作反溫軹高平於魏反三公什清於趙

有城市邑十七

戰國策作七十

七年廉頗免而趙括代將秦人圍趙括趙括以軍降卒四十餘萬皆阬之

年表阬卒在六年

秦召春平君

戰國策作春平侯

君不如遣春平君而留平都

戰國策平都下有侯字

吾聞馮王孫曰

馮唐傳云唐子遂字王孫與余善

魏世家

築雒陰合陽

六國年表雒陰作雒陽紀年作汾陰

文侯受子夏經藝客段干木

六國年表在十八年此入二十五年

今所置非成則璜

說苑臣術篇作季成子翟觸又作公孫季成翟黃韓詩外傳亦作翟黃

居視其所親富視其所與達視其所舉窮視其所不為貧視其所不取

說苑臣術篇作貴視其所舉富視其所與貧視其所

不取夠醜其所不爲
臣進鷹餧餬
說苑餬作剛
齊伐我取襄陵
六國年表襄陵作襄陽
公子朔爲亂
趙世家六國年表俱作公子朝
戰於濁澤
趙世家及年表俱作涿澤
二年魏敗韓於馬陵敗趙於懷
六國年表敗懷是元年事敗馬陵是二年事

虜我將公孫痤
商君傳作公叔痤
是歲惠王卒
困學紀聞曰左傳後序曰古書紀年篇魏惠王三十六年改元從一年始至十六年而稱惠成王卒卽惠王也疑史記誤分惠成之世以爲後王年也朱子曰惠襄哀之年見於竹書明甚史記蓋失其實邵子皇極之書乃從史記而不取竹書
五年秦敗我龍賈軍四萬五千於雕陰圍我焦曲沃予秦河西之地
秦本紀惠文君七年敗龍賈八年魏納河西地是屬

年事此併入一年
二年又拔我三城
六國年表作秦拔我兩城
蘇代謂魏王曰
蘇代戰國策作孫臣
不湛者三版
湛一本作浸
此亦王之天時已
天時戰國策作大時
韓世家
武子後三世有韓厥索隱系本云萬生賕伯賕伯生定伯簡簡生輿輿生獻子厥

考左傳正義引世本云桓叔生子萬萬生求伯求伯生子輿子輿生獻子厥與此所引不同
韓嚴弑其君哀侯而子懿侯立
吳師道戰國策補注曰策曰東孟之會韓王及相皆在焉聶政刺韓傀兼中哀侯又曰聶政刺相兼中哀侯許異蹵哀侯而殪之是故哀侯爲君而許異終身相焉夫哀侯既弑其子懿侯卽立許異將誰相哉此乃烈侯三年之事但戰國策誤以爲哀侯耳又威烈王二五年韓嚴遂弑哀侯解者引正義云紀年晉桓公邑哀侯於鄭韓山堅賊其君哀侯而立韓君山山堅卽韓嚴也君山卽懿侯也愚按此事國策誤合二事

為一司馬遷兩存而不決故溫公與劉道原書蘇氏古史皆疑之史記年表世家兩書韓嚴是聶政之事乃嚴遂而弑哀侯者乃韓嚴通鑑書嚴遂弑哀侯綱目書嚴遂下注哀侯以韓廆為相而嚴遂二人相害遂刺廆於朝併中哀侯亦仍誤也

十一年君號為王

楚世家及六國年表韓君稱王在楚懷之六年是年於韓為十年此作十一年

公子幾亂

戰國策作幾瑟

請道南鄭藍田出兵於楚以待公殆不合矣

國策云請道於南鄭藍田以入攻楚出兵於三川以待公殆不合兵於南鄭矣

司馬庚三反於郢 集解徐廣曰一作唐

戰國策作司馬康

田敬仲完世家

敬仲之如齊以陳氏為田氏

顧炎武曰此亦太史公之誤春秋傳未有稱田者至戰國時始為田耳

段干朋曰

此與下文救趙之事戰國策皆作段干綸春秋後語作段干萠

孫子曰

戰國策以為田臣思之言

孔子世家

孔子使從者為甯武子臣於衛

致堂管見曰穆公來武子之子相已與孫良夫將兵侵齊武子非老則卒矣穆公卒歷定公獻公凡三十七年至靈公三十八年而孔子來使有兩武子則可若猶俞也其年當百有五六十矣何子長之疎也

心如王四國

一本無心字

孔子年七十三以魯哀公十六年四月己丑卒 索隱若孔子以

魯襄二十一年生至哀十六年為七十三若襄二十二年生則孔子年七十二經傳生年不定使夫子壽數不明

考年表自襄公二十二年庚戌至哀公十六年壬戌正七十三年若自襄二十一年己酉至壬戌則七十四矣索隱不知如何計算

陳涉世家

高祖時為陳涉置守冢三十家

高祖紀作十家

荊燕世家

使劉賈將二萬人騎數百渡白馬津入楚地燒其積聚

高紀此事在漢三年 項羽本紀與此俱作漢四年

漢五年漢王追項籍至固陵使劉賈南渡淮圍壽春

高紀在四年

以畫干營陵侯澤 集解文穎曰以工畫得寵也

黃氏日抄曰田生所干劉澤之畫即明年所施於張子卿之計曰弗與云者弗與我施行所畫促之之辭爾澤劉氏也而王諸呂乃出其計其罪大矣故太史公之贊曰劉澤之王權激呂氏而釋之者弗察謂畫爲工畫謂與爲黨與夫於干劉澤不言其所畫而於干張子卿言之文法之相爲先後如此而釋之者弗能察故夫史遷之文深遠矣

齊悼惠王世家

懿王子次景立爲厲王

年表作次昌

蕭相國世家

封爲酇侯 集解文穎曰音贊瓚曰今南陽酇縣也孫檢曰有二縣音字多亂其屬沛郡者音嵯屬南陽者音讚按茂陵書蕭何國在南陽宜呼讚今多呼嵯嵯舊字作鄌今皆作酇所由亂也索隱瓚云今南陽酇縣顧氏云南陽郡名也太康地理志云魏武帝建安中分南陽立南鄉郡晉武帝改曰順陽郡是也

一資暇錄曰漢相蕭何封爲酇侯舉代呼爲嵯有呼贊者則反掩口而啞深可誚也酇氏分明云屬沛郡者音嵯屬南陽者音贊又茂陵書云蕭何國在南陽合二家之說音贊不音嵯明矣司馬貞誠知音贊不能痛爲指揮將來而但云字當音贊今多呼爲嵯遂使後學見今呼爲嵯字咸曰且宜從衆是誤也

曹相國世家

柱天侯反於衍氏 索隱柱天侯不知其誰封衍氏魏邑地理志云柱天在廬江潛縣

卮林曰柱天侯亦猶建成侯奉春君之類假以徽稱不必指其食邑且漢書地理志廬江灊縣天柱山在南復非柱天也是時王武反外黃程處反燕柱天侯反衍氏服虔云皆漢將則漢王所封也漢元年廬江屬楚又安得以楚地封其將軍哉

留侯世家

留侯張良者其先韓人也 索隱按王符皇甫謐並以良爲韓之公族姬姓也秦索賊急乃改姓名而韓先有張去疾及張譴恐非良之先代也

困學紀聞曰張良張仲三十代孫張老十七代孫張氏譜云仲見詩老見春秋禮記

陳丞相世家

曾孫陳掌以衛氏親貴戚 集解徐廣曰陳掌者衛青之子壻

衛將軍傳但云青姊少兒與掌通徐注或有錯誤

絳侯周勃世家

坐酎金不善元鼎五年有罪國除

顧炎武曰當云元鼎五年坐酎金不善國除衍有罪二字

梁孝王世家

乃使韓安國因長公主謝罪太后

歸有光曰安國傳因長公主謝太后事在前非爲勝謁事

使乘布車集解張晏曰布車降服自比喪人

顧炎武曰乘布車謂微服而行使人不知耳無降服自比喪人之意

三王世家

傳曰蘭根與白芷漸之滫中

荀子勸學篇作蘭槐之根是爲芷其漸之滫

史記考證五

道古堂外集

史記考證六

仁和　杭世駿　大宗撰

伯夷列傳

豈以其重若彼其輕若此哉索隱謂伯夷讓德之重若彼采薇而餓死之輕若此又一解云操行不軌富厚累代是其重若彼公正發憤而遇禍災是其輕若此也正義重謂盜跖等也輕謂夷齊由光等也

顧炎武曰其重若彼謂人之重富貴也其輕若此謂清士之輕富貴也

管晏列傳

鮑叔既進管仲以身下之子孫世祿於齊有封邑者十餘世索隱系本云莊仲山產敬仲夷吾夷吾產武子鳴鳴產桓子啟方啟方產成子孺孺產莊子盧盧產悼子其夷其夷產襄子武武產景子耐涉耐涉產微凡十代世譜同

王鏊曰此十餘世是言鮑叔而索隱所注似言管氏不知何故

常爲名大夫天下不多管仲之賢而多鮑叔能知人也正義執枹鼓立於軍門使百姓皆加勇猛不若也

國語無猛字

老莊申韓列傳

合七十歲而霸王者出焉

周本紀封禪書云合十七歲秦本紀云七十七歲

司馬穰苴列傳

齊景公時晉伐阿甄而燕侵河上

古史曰太史公爲司馬穰苴傳言齊景公拔以爲將遂以成功歸爲大司馬大夫高國害之譖而殺之其言甚善世皆信之予以春秋左氏考之未有燕晉伐齊者也而戰國策稱司馬穰苴執政者也湣王殺之故大臣不附意者穰苴湣王之臣嘗爲湣王卻燕晉而戰國雜說遂以爲景公時耶習學記言曰左氏前後載齊事甚詳使有穰苴暴起立功不應遺落也況伐鄄侵河上皆景公時所無大司馬亦非齊官遷故稱田乞田豹由此怨高國若不考信於左氏者蓋作書之人夸大其詞而遷信之爾

孫子吳起列傳

批亢擣虛索隱按批者相排批也言敵人相亢拒也擣者擊也衝也虛者空也按謂前人相亢必須批之彼兵若虛則衝擣之欲令擊梁之虛也此當是舊語故孫子以言之也

顧炎武曰索隱非也此與劉敬傳搤其肮之肮同張晏曰喉嚨也下文所謂據其街路是也以敵人所不及備故云虛

仲尼弟子列傳

宰我爲臨菑大夫與田常作亂以夷其族孔子恥之

容齋續筆曰史記稱宰我爲齊臨菑大夫與田常作難以夷其族孔子恥之蘇子由作古史精爲辨之以爲子我者闞止也與田常爭齊政爲常所殺以其字亦曰子我故戰國之書誤以爲宰予此論既出聖門高弟得免非義之謗東坡又引李斯諫書田常陰取齊國殺宰予於庭是其不從田常故爲所殺也予又攷之子路之死孔子曰由也死矣又曰天祝予哭於中庭使人覆醢其悲之如是不應宰我遇禍略無一言孟子所載三子論聖人賢於堯舜等語疑是夫子沒後所談不然師在而各出意見議之無復質正恐非也然則宰我不死於田常更可證矣而淮南子又有一說云將相攝威擅勢私門成黨而使道不行故使陳成田常鴟夷子皮得成其難使呂氏絕祀子皮謂范蠡也蠡浮海變姓名游齊時簡公之難已十餘年矣說苑亦云田常與宰我爭宰我將攻之鴟夷子皮告田常遂殺宰我此說尤爲無稽是以蠡爲助田氏爲禍其不分賢逆如此

孔子既沒子夏居西河教授爲魏文侯師

容齋續筆曰按史記所書子夏少孔子四十四歲孔子卒時子夏年二十八矣是時周敬王四十一年後一年元王立歷貞定王考王至威烈王二十三年魏始爲侯去孔子卒時七十五年文侯爲大夫二十二年而爲侯又六年而卒姑以始侯之歲計之則子夏已百三歲矣方爲諸侯師豈其然乎

孔子以爲能通孝道正義堂高九仞榱提二尺輾轂百乘

顓韓詩外傳作轉

司馬耕

家語耕上有黎字

樊須字子遲少孔子三十六歲

家語作四十六歲

梁鱣字叔魚少孔子二十九歲

家語作三十九歲

伯虔

虔家語作處

公孫龍字子石少孔子五十三歲

顧炎武曰按漢書注公孫龍趙人爲堅白異同之說

者與平原君同時去夫子近二百年殆非也且云少孔子五十三歲則當田常伐魯之年僅十三四歲留而曰子張子石請行豈甘羅外黃舍人兒之比乎

漆雕徒父

家語名從

公堅定

堅家語作肩

榮旂字子祺

家語旂作祈祺作顛

步叔乘

朱彝尊云應劭風俗通云凡氏於字伯仲叔季是也氏有太叔仲叔則有少叔無足異者子車之姓家語史記諸書皆作步而廣韻注云孔子弟子有少叔乘係複姓

原亢籍

亢家語作伉或作桃

樂欬

欬家語作欣

叔仲會字子期索隱家語魯人少孔子五十四歲

朱彝尊云魯峻石壁畫像云少孔子五十歲

商君列傳

於是以鞅爲大良造將兵圍魏安邑降之

顧炎武曰此必安邑字誤其下文曰魏惠王使使割河西之地獻於秦以和而魏遂去安邑徙都大梁乃是自安邑徙都之事耳安邑魏都其王在焉豈得圍而便降秦本紀昭王二十一年魏獻安邑若已降於五十年之前何煩再獻乎

余嘗讀商君開塞耕戰書索隱按商君書開謂刑嚴峻則政化開塞謂布恩賞則政化塞其意本於嚴刑少恩又爲田開阡陌及言斬敵首賜爵是耕戰書也

焦竑曰司馬貞蓋未見鞅書臆爲之說耳開塞乃其第七篇謂道塞久矣今欲開之必刑九而賞一刑用於將過則大邪不生賞施於告姦則細過不失大邪不生細過不失則國治矣

蘇秦列傳

前有樓闕軒轅

顧炎武曰當作軒縣周禮小胥正樂縣之位王宮縣

諸侯軒縣注謂軒縣者闕其南面

驕矜而不敢進

驕矜國策作高躍

而燕王不復官也

國策作不復館

則莫若挑霸齊而尊之

國策挑作適

張儀列傳

則從境以東

戰國策作從竟陵以東

且夫秦之所以不出兵函谷十五年以攻齊趙者

戰國策補注云按此前二年五年六年皆有攻趙之事而攻齊則無之若云不攻齊則猶可通也

梁哀王恐

春秋後語作魏襄王

館豐子止之

國策作管與止之

其後五國伐秦

戰國策補注曰按秦紀書韓趙魏燕齊帥匈奴伐秦年表韓魏趙楚燕五國伐秦不勝楚世家書蘇秦約從六國其攻秦楚懷王爲從長至函谷關秦擊之六國皆引歸齊獨後互有不同

樗里子甘茂列傳

虜趙將軍莊豹

秦本紀作虜趙將莊

今伐蒲入於魏衛必折而從之

顧炎武曰此文誤當依索隱所引戰國策文爲正

不如公孫奭

奭戰國策作郝

穰侯列傳

戰勝暴子

戰國策作畢子

穰侯與白起客卿胡傷復攻趙韓魏破芒卯於華陽下

戰國策校注曰大事記華陽之役秦救韓而擊趙魏年表列傳或云得三晉將或云攻趙韓魏皆記者之誤

斬首十萬

秦本紀作十五萬

白起王翦列傳

昭王十三年而白起爲左庶長

秦本紀昭王十三年起爲左更

武安君因取楚定巫黔中郡
秦本紀蜀守若伐取巫郡及江南爲黔中郡非起所
取與此互異
而虜三晉將斬首十三萬
一秦本紀及六國表皆作十五萬五訛爲三或傳寫之
誤穰侯傳又作十萬
昭王四十三年白起攻韓陘城拔五城
秦本紀云拔九城韓世家及六國表云秦拔我陘城
汾城
其九月秦復發兵使五大夫王陵攻趙邯鄲
秦本紀作十月

遷之陰密正義卽古陰密國
秦本紀正義云卽古密須國
以秦昭王五十年十一月死
秦本紀作十二月
孟子荀卿列傳
始也濫耳索隱濫卽濫觴是江源之初始故此文意以濫爲初也
顧炎武曰濫者氾而䍃飾之謂猶莊子之洸洋自恣
也注引濫觴之義以爲初者非
億亦有牛鼎之意乎索隱呂氏春秋云函牛之鼎不可以烹雞是其有牛鼎也言衍之迂
江大僞若大用之是有牛鼎之意而譏閎亦云觀太史公此論是愛奇之甚矣
詹惟修曰牛鼎之說不必他求卽上文伊尹負鼎百

里奚飯牛也索隱舉呂氏春秋及譙周之說意竊不
然太史公言孔孟不合於當時者始進不能投時好
如尹與奚也今衍以不軌之說見尊於諸侯是尹鼎
奚牛之意豈若孔孟哉二子求奇太過是遺近而求
遠
孟嘗君列傳
卽位三年而封田嬰於薛索隱紀年以爲梁惠王後元十三年四月齊威王封田嬰於薛十月齊城薛十四年薛子嬰來朝十五年齊威王薨嬰初封彭城皆與此文異
戰國策校注曰史以田嬰之封在湣王三年從通鑑
則在宣王二十二年按嬰自威王時任職用事而文
之言曰君用事相齊至今三王矣三王者威宣閔也

故大事記以嬰卒文立附見於閔王元年策曰受薛
於先王先王之廟在薛則是威王之世嬰已受封史
亦不合索隱引紀年云云考之史梁惠王後元十三
年在今封嬰前一年不得爲威王之世亦皆不合惟
梁惠前十三年則正當威王時疑此處有差互而嬰
之封薛則實威王之世也
九年取宛葉以北
鮑彪戰國策注曰九字誤當云六或五又曰按楚記
三國攻楚秦救之引去與之言取宛葉小駁
其舍人魏子爲孟嘗君收邑入
唐順之曰魏子馮驩豈一事而傳聞異邪

敗周最以厚行
戰國策作以爲後行
初馮驩聞孟嘗君好客
習學記言曰馮驩事與戰國策馮煖稍殊史記蓋別
有所本其義爲勝也
孟嘗君不悅
凌稚隆曰按國策無以爲家下云左右皆惡之以爲
貪而不知足孟嘗君問馮公有親乎對曰有老母孟
嘗君使人給其食用無使乏於是馮驩不復歌史記
以左右惡之爲孟嘗君不悅似誤
馮驩乃西說秦王

國策作馮煖西遊梁
平原君虞卿列傳
非以君爲有功也而以國人無勳
顧炎武曰當作一句讀言非國人無功而不封君獨
有功而封也
趙王召樓昌
顧炎武曰樓昌樓緩恐是一人虞卿進說亦是一事
記者或以爲趙王不聽或以爲聽之太史公兩收之
而不覺其重爾
王以虞卿之言告趙郝
戰國策作樓緩新序同

信陵君列傳
徒豪舉耳（索隱謂豪者舉之舉亦音據也）
顧炎武曰謂特貌爲豪傑舉動非直欲求有用之士
也
公子使使徧告諸侯
唐順之曰信陵君書不載之本傳中在魏世家
春申君列傳
先帝文王莊之身
國策作文王武王之身
今王使盛橋守事於韓
戰國策作成橋補注曰劉伯莊云橋音矯

黃濟陽嬰城（正義嬰城未詳）
鮑彪戰國策注曰嬰猶縈也蓋二邑環兵自守
王又割濮磨之北
戰國策補注曰江漢南之濮乃書所謂彭濮之濮沮
水磨城遠不相涉下文北屬之燕可見濮卽衛之濮
上水出東郡濮陽南入鉅野者也索隱云磨城近濮
按史表有磨侯程黑索隱曰表作歷歷縣在信都地
邑並無磨愚按此字作磨與歷通猶樂毅書磨室之
類新序正作濮歷則其字甚明
王之威亦單矣
戰國策單作憚新序作單

而肥仁義之地
　戰國策地作誠新序作地
鬼神孤傷
　戰國策作狐祥新序作瀇洋
春申君爲楚相四年秦破趙之長平軍四十餘萬五年
圍邯鄲邯鄲告急於楚楚使春申君將兵往救之
　考烈王元年春申君爲相六年救趙世家年表皆同
　此作五年
范睢蔡澤列傳
聞齊之劫田文
　戰國策作田單鮑彪注曰史云田文非也文去齊至

　是已一十餘年不得近舍單遠論文也
令馬服子代廉頗將索隱馬服子趙括之號也
　凌稚隆曰馬服君之子故曰馬服子索隱非
豈道德之符
　顧炎武曰豈下當有非字
豈不亦忠聖乎
　一本無聖字
樂毅列傳
乃遺樂閒書
　顧炎武曰燕王遺樂閒書恐卽樂毅事而傳者誤以
　爲其子

室有語不相盡以告鄰里正義言家室有忿爭不決必告鄰里今故以書相告也
　顧炎武曰謂一室之中有不和之語乃不自相規勸
　而告之鄰里此爲情之薄矣正義謂必告者非
樂閒樂乘怨燕不聽其計
　戰國策補注曰新序以此爲燕惠王遺樂毅書考之
　毅答惠王書云今足下使人數之以罪而史所載惠
　王讓毅無數罪之語前燕王使人讓毅云云當是此
　章之首蓋錯簡也且末云樂閒樂乘怨不用其計於
　乘何與史趙世家孝成王十五年廉頗破殺栗腹虜
　慶秦樂閒則是閒爲將而被虜燕世家則云奔趙又
　趙孝成王十六年廉頗圍燕以樂乘爲武襄君二十

　一年孝成王卒廉頗將攻繁陽取之使樂乘代之頗
　攻樂乘乘走據策史所記多舛故知此書非樂閒事而
　新序之語爲是云
田單列傳
夫始如處女適人開戶後如脫兔適不及距
　語出孫子九地篇
魯仲連鄒陽列傳
今齊湣王已益弱
　鮑彪戰國策注曰衍湣王字今乃襄王爾史亦誤
天崩地坼天子下席索隱謂烈王太子安王驕也
　考烈王太子宜爲顯王

東齊之臣因齊

戰國策作嬰齊

且楚攻齊之南陽 索隱即齊之淮北泗上之地也

顧炎武曰南陽者泰山之陽孟子一戰勝齊遂有南陽

栗腹以十萬之衆五折於外

鮑彪戰國策注曰此章引栗腹之事說聊城之將蓋好事者聞約矢之說惜其書不存擬爲之以補亡而其人意氣橫溢肆筆而成不暇檢校其細處太史公亦愛其千里而略其牝牡驪黃至於今二千歲莫有知其非者也又按燕昭二十八年書齊之不下者唯

聊莒即墨聊即聊城也徐廣注此栗腹事去如長平十年而不論其在聊城事後蘇氏古史亦因之疏矣吳師道補注曰魯仲連說燕將下聊城史不著年其事引栗腹之敗此事在其後故通鑑大事記載於秦孝文元年當燕王喜五年齊王建十五年自赧王三十一年燕率五國伐齊閔王死襄王立三十六年燕昭王卒明年惠王立越武成王孝王而至王喜凡三十四年此蓋二事誤亂爲一自燕攻齊至殺騎劫二十五字或他策脫簡而初燕將至讒之十一字亦他本所無也且單由即墨起七十餘城即復爲齊不聞聊城尚爲燕守以齊之事勢豈有舍之三十餘年而不攻單之兵力三十餘年而不能下與今日攻之歲餘不下可見爲此時燕將守聊城事也史稱毅破齊不下者獨莒即墨單縱反間亦言二城而燕世家書聊莒即墨策亦有三城不下之言果一時事則聊城亦爲齊守而非燕將爲燕守者此語因聊城不下而引與莒即墨亂也考之單傳自復齊之後無可書之事齊襄王十九年當趙孝成王元年趙割地求單爲將次年遂相趙必不復返齊矣距聊城之役凡十六年單豈復爲齊將哉此因歲餘不下之言聊莒即墨之混而語指以爲單也夫仲連之言正謂栗腹敗燕國亂聊城孤守齊方併攻勢將必拔其言初不涉滑

襄昭惠之際所謂楚攻南陽魏攻平陸閔王時楚取淮北單復齊後蓋已服之不聞楚魏交攻之事二事必在後也燕將破讒懼誅連書亦無此意此因樂毅而誤也史又稱燕將得書自殺單遂屠聊城尤非事實齊殺燕將惟騎劫耳不聞其他此因騎劫而誤也連之大意在於罷兵息民而其料事之明勸以歸燕降齊亦度其計必可者排難解紛又素所蓄積也迫之於窮而置之於死豈其心哉夫其勸之正將以全聊城之民而忍坐視屠之哉燕將死聊城屠連何功美之稱而齊欲爵之哉策所云解兵而去者當得其實而史不可信也故論此事者一考之仲連之書則

史策之外訛殽混者皆可得而明矣鮑不此之察見
其不通遂謂好事者闌約矢之說惜其書不存擬之
以補亡二千餘年莫有覺者何其謬哉史誤因策通
鑑大事記稱田單誤因史眞文忠公反據鮑氏爲斷
而謂魯仲連之說不可爲訓皆失考也

屈原賈生列傳

幹流而遷兮

顧炎武曰賈生傳斡棄周鼎兮而寶康瓠應劭曰斡
音筦筦轉也斡流而遷兮或推而還索隱曰斡音烏
活反斡轉也義同而音異今說文云斡蠡柄也从斗
倝聲揚雄杜林說皆以爲軺車輪斡烏括切按倝字

古案切說文既云倝聲則不得爲烏括切矣顔師古
匡謬正俗云聲類字林並音管賈誼服鳥賦云斡流
而遷張華勵志詩云大儀斡運皆爲轉也楚辭云筦
維焉繫此義與斡同字即爲筦故知斡筦二音不殊
近代流俗音烏括切非也漢書食貨志浮食奇民欲
擅斡山海之貨師古曰斡謂主領也讀與筦同

及孝文崩孝武皇帝立舉賈生之孫二人至郡守而賈
嘉最好學世其家與余通書至孝昭時列爲九卿

淩稚隆曰按馬遷卒於漢武末年此言賈嘉至孝昭
時列爲九卿此句蓋後人所增

呂不韋列傳

亡赴秦軍遂以得歸

戰國策子楚歸在孝文王立後與此不同

呂不韋乃使其客人人著所聞集論以爲八覽六論十
二紀二十餘萬言

高誘序云凡十七萬三千五十四言

刺客列傳

光伏甲士於窟室中

窟左傳作堀吳越春秋作窋

闔閭乃封專諸之子以爲上卿

吳越春秋作拜爲客卿

豫讓拔劒三躍而擊之索隱戰國策云衣盡出血襄子迴車車輪未周而亡

戰國策無此文戰國策補注曰或以其怪而刪之歟

多人不能無生得失索隱戰國策作無生情言所將人多或生異情故語泄也

戰國策補注曰今本無此文

晉楚齊衞聞之

列女傳云晉趙楚衞聞之

爲人庸保索隱欒布傳曰賣庸於齊爲酒家人漢書作酒家保

欒布傳云賃傭於齊爲酒人保索隱所據或有別本
耶

史記考證六

道古堂外集

史記考證七

仁和　杭世駿　大宗撰

張耳陳餘列傳

恐天下解也 正義解紀賣反言天下諸侯見陳勝稱王王陳皆懈惰不相從也

凌稚隆曰按漢書注解謂離散其心也

頭會箕斂 集解駰案漢書音義曰家家人頭數出穀以箕斂之

此段集解明有脫落漢書注服虔曰吏到其家人人頭數出穀以箕斂

黥布列傳

淮南王曰

顧炎武曰隨何說英布當書九江王不當書淮南王歸漢之後始立爲淮南王也蓋採之諸書其稱未一

淮陰侯列傳

齊人蒯通

顧炎武曰先云范陽辯士蒯通後云齊人蒯通一傳互異

容容無所倚

顧炎武曰容容即顒顒字

韓王信盧綰列傳

韓王信者 集解徐廣曰一云信都索隱楚漢春秋云韓王信都恐謬也諸書不言有韓信都按韓王信初爲韓司徒後誤云申徒因誤以爲韓王名耳

羅璧識遺曰司馬遷班固漢史韓信傳贊中皆稱兩韓信據其說韓王信古韓國之後項羽殺成復立信爲韓王都晉陽與淮陰侯不同劉知幾史通闢遷固之謬曰韓王名信都古韓國後姓姬則名信都者非姓韓亦不單名信二史不別姬韓兩姓且去韓王名下都字遂與淮陰侯韓信無辨余攷班馬誤姬爲韓誠如劉說但謂韓王名信都劉說亦差按王充潛夫姓氏論云沛公起張良屬焉沛公使韓信畧定韓地立橫陽君爲韓王而拜良爲信都又曰信都者司徒也或爲勝徒漢功臣表云張良以廄將從起下邳以韓申都下韓楚漢春秋作信都信音申史記亦作韓

申徒良傳直作韓司徒蓋信都勝徒皆司徒之聲轉然則信都乃張良官名即非韓王名知幾之說亦未免繆倘何班馬責乎

韓信從入漢中迺說漢王曰

顧炎武曰韓王信說漢王語乃淮陰侯韓信語也以同姓名而誤

不罵者黥之

高紀云不罵者原之

田儋列傳

反擊項羽於城陽 正義城陽濮州雷澤是

顧炎武曰正義以爲濮州雷澤縣非也漢書城陽郡

治菑史記呂后紀言齊王乃上陽城之郡孝文紀言以齊劇郡立朱虛侯章爲城陽王而淮陰侯傳言擊殺龍且於濰水上齊王廣亡去信遂追北至城陽皆此地按戰國策貂勃對襄王曰昔王不能守王之社稷走而之城陽之山中安平君以敝卒七千禽敵反千里之齊當是時闔城陽而王天下莫之能止然爲棧道木閣而迎王與后於城陽之山中王乃復反子臨百姓則古齊時已名城陽矣

樊酈滕灌列傳

從攻圉東郡守尉於成武

淩稚隆曰按漢書從攻圉作從攻圍注圍地名

從擊秦車騎壤東

淩稚隆曰一本車作軍

定食舞陽五千四百戶

功臣表作五千戶漢表同

蘇駔軍於泥陽索隱北地縣名駔者龍馬也

楊慎丹鉛總錄曰駔從馬從旦音亶無龍馬之訓

更食曲周五千一百戶

功臣表云四千八百戶漢表同

寄欲取平原君爲夫人

孝武帝卽位始尊皇太后母臧兒爲平原君此乃追書之

子康侯遂成立

功臣表無成字漢表有之

平懷侯世宗立

功臣表無世字漢表有之

子侯終根立爲太常坐法國除

功臣表云坐祝詛誅國除漢表云嗣二十九年後一年祝詛上要斬

嬰與蕭何降泗水[illegible]平　張晏曰胡陵平所止縣何嘗給之故與降[illegible]

楊慎曰降[illegible][illegible]也嬰與何或用兵或招降之也張說非是

賜所奪邑一百戶[illegible]音[illegible]曰時有罪[illegible]者以賜之

劉辰翁曰賜所[illegible]恐是嬰以他故奪邑至是復賜之耳漢書注亦有此說

坐行賕有罪國除

漢表元朔五年坐子傷人首匿免千戶

張丞相列傳

高后崩不與大臣共誅呂祿等免

歸有光曰漢書云高后崩與大臣共誅諸呂後坐事免考呂后紀漢書爲是

張蒼爲計相時緒正律歷

楊慎曰時字連計相讀爲是故後言至於爲丞相卒

就之
復使人脅恐魏丞相以夫人賊殺侍婢事
趙廣漢傳云使中郎趙奉壽
而丞相司直繁君
趙廣漢傳司直蕭望之也繁君名延壽見望之傳時
丙吉爲丞相褚先生誤
于丞相已有廷尉傳在張廷尉語中
張廷尉傳並無于廷尉語
酈生陸賈列傳
初沛公引兵過陳留酈生踵軍門上謁
茅坤曰當入前酈生傳而今乃以復出附平原君傳

後蓋太史公初本世所傳酈生書由高帝距羽於鞏
洛之間而以衣儒衣見及與平原君之子善乃得酈
生本由高帝過高陽時見云云遂草次如此蓋其未
定稿也誤見於此耳
傳靳蒯成列傳
居爲太常有罪國除
漢表云坐爲太常收赤側錢不收完爲城旦
季布欒布列傳
上將軍樊噲曰
漢書匈奴傳曰陳豨反於代漢兵三十二萬噲爲上
將軍與此同本傳不載

袁盎鼂錯列傳
百金之子不騎衡
水經注作立不倚衡
調爲隴西都尉集解如淳曰調選
顧炎武曰此今日調官字所本調有更易之意猶琴
瑟之更張乃調也如淳訓爲選未盡
錯所更令三十章
漢藝文志法家鼂錯三十一篇
張釋之馮唐列傳
用紵絮斮陳蕠漆其閒
蕠集韻音御黏著也漢書水經注皆去此字

下廷尉廷尉治
淩稚隆曰一本無重廷尉字
假令愚民取長陵一抔土索隱鄭氏云抔手掬之字從手字本或作盃言一勺一掬蒲音並通又音普迴反抔者塼之未燒之名也
師古漢書注云其字從手今學者讀抔爲杯勺之杯
非也抔非䃭盛土之物也其意蓋譏鄭氏又音普迴
反則字當從土坏與抔不通
主中尉及郡國車士
車疑騎字之誤
萬石張叔列傳
萬石君少子慶爲太僕御出

漢百官公卿表慶未嘗爲太僕與傳異

田叔列傳

復召孟舒以爲雲中守

容齋隨筆曰孟舒魏尚皆以文帝時爲雲中守皆坐匈奴入寇獲罪皆得士死力皆用他人言復故官事切相類疑其只一事云

是時河南河內太守皆御史大夫杜父兄子弟也

容齋隨筆曰班史言霍去病既貴衛青故人門下多去事之唯任安不肯去又言衛將軍進言任爲郎中與褚先生所書不同杜周傳云兩子夾河爲郡守治皆酷暴亦不書其所終也

扁鵲倉公列傳

號太子死

說苑辨物篇作趙太子死

國中治穰過於衆事

韓詩外傳作吾聞國中卒有壞土之事得無有急乎

扁鵲乃使弟子陽厲鍼砥石以取外三陽五會

韓詩外傳曰扁鵲入砥鍼厲石取三陽五輸爲先軒之竈八拭之陽說苑作軒光之竈八成之湯子同藥子明炙陽說苑作子容擣藥子明吹耳子游按摩子儀反神子越扶形於是世子復生周禮疏曰按劉向云扁鵲治趙太子暴疾尸蹷之病使子明炊湯子儀脈神子術按摩

慶有古先道遺傳黃帝扁鵲之脈書五色診病知人生死決嫌疑定可治

史通曰倉公傳稱其傳黃帝扁鵲之脈書五色診病知死生決嫌疑定可治召問其所長對曰傳黃帝扁鵲之脈書以下它文盡同上說夫上既有其事下又載其言言事雖殊委曲何別按遷之所述多有此類而劉揚服其善敘事也何哉

臣意年盡三年年三十九歲也

顧炎武曰按徐廣注高后八年意年二十六當作年盡十三年年三十九歲也脫十字孝文本紀十三年除肉刑

吳王濞列傳

即使人鏦殺吳王

越絕曰東甌越王弟夷烏將軍殺濞

魏其武安侯列傳

與長孺共一老禿翁索隱案謂其治一老禿翁指竇嬰也

顧炎武曰謂爾我皆垂暮之年無所顧惜當直言以決此事也索隱非

韓長孺列傳

公孫詭羊勝說孝王求爲帝太子及益地事恐漢大臣不聽乃陰使人刺漢用事謀臣及殺故吳相袁盎

劉奉世曰刺漢謀臣在漢已立太子之後此云求爲

太子恐大臣不聽故刺之與諸傳不同當是此傳誤

李將軍列傳

而是時公孫敖新失侯爲中將軍從大將軍

劉奉世刊誤曰按青去病傳是歲出塞無中將軍而敖傳是歲以校尉從大將軍此傳誤也

貳師將軍李廣利將三萬騎擊匈奴右賢王於祁連天山

淩稚隆曰一本下無於字

匈奴列傳

顧炎武曰因匈奴犯塞而有衛霍之功故序匈奴於衛將軍驃騎傳之前

其後三百有餘歲戎狄攻大王亶父

困學紀聞曰王氏迹曰自后稷三傳而得公劉自亶父三傳而武王滅商則公劉在夏之中衰而亶父宜在商之季世不啻五六百年而曰三百歲未知何所據

自是之後百有餘年晉悼公使魏絳和戎翟

困學紀聞曰以左氏考之魯文公三年秦始霸西戎襄公四年晉魏絳和戎裁五十餘歲閻若璩曰魏絳和者北戎非西戎也

而始皇帝使蒙恬將十萬之衆北擊胡

蒙恬傳作三十萬衆

築四十四縣城

秦始皇本紀作三十四縣

十餘年而蒙恬死

恬以始皇三十四年擊胡以二世初即位死首尾實四年

匈奴數萬騎入殺代郡太守恭及畧千餘人

漢書恭作共友師古曰太守姓名也衛青傳作代郡太守友則及爲友無疑

衛將軍驃騎列傳

以千一百戶封建爲平陵侯

漢表作一千戶

斬輕銳之卒捕服聽者三千七十一級

漢書作三千一十七級

益封青三千戶

漢書作三千八百戶

以千三百戶封戎奴爲從平侯

漢表從平一千一百戶

議郎周霸等　索隱案郊祀志議封禪有周霸故知儒生也

周霸議封禪見封禪書又儒林傳云魯周霸至膠西內史申公弟子也

誅全甲

淩稚隆曰按漢書霍去病合短兵鏖臯蘭下殺折蘭

王斬盧胡王銳悍者誅全甲獲醜執渾邪王子師古
注全甲謂軍中之甲不喪失也今史記於短兵下無
鏖皋蘭下一句於斬盧胡王下却言誅全甲殊不可
解蓋傳寫之誤也徐廣注曰全一作金因其誤而注
之耳

師大率減什三索隱案漢書作減什七小顏云被匈奴之師十減其七一云漢兵亡失之數下皆類此案一說爲是也

茅瓚曰若如一說則是方敘驃騎之功而又計其損
失之數也當依小顏所云

仍與之勞

淩稚隆曰按仍與漢書作仍興注重興軍旅之勞也

元封元年嫿卒

封禪書奉車子侯暴病一日死

家在漢中

程一枝曰蘇建家在大猶鄉張騫家在漢中二家字
一本作家

平津侯主父列傳

是時趙人徐樂齊人嚴安俱上書言世務各一事索隱嚴本姓莊漢明帝諱後並改姓嚴也

顧炎武曰鄧伯羔謂安自姓嚴然漢書藝文志曰主
父偃二十八篇徐樂一篇莊安一篇是安本姓莊非
嚴也漢書之稱莊安班氏所未改也史記之稱嚴安
後人所追改也

弘爲舉首

王若虛辨惑曰舉首下意似不足豈有闕文乎

始之盛也

淩稚隆曰一本始作治

朝鮮列傳

朝鮮相路人相韓陰尼谿相參將軍王唊集解漢書音義曰凡五人
也

淩稚隆曰按師古云相路人一相韓陰二尼谿相參
三將軍王唊四應氏云五人誤也

西南夷列傳

乃拜褒爲郎中將

華陽國志作中郎將

司馬相如列傳

芷若射干

考要曰此賦三用元鶴三用射干漢書文選芷若下
無射干字師古李善並謂俗本誤增也其上云雜以
孔鸞騰遠射干乃狐類其云藁本射干乃香草不嫌
其複也又如赤猿蠷蝚犀象野牛窮奇獌蜒之句漢
書文選俱無之不知二書誤脫抑亦後人所增乎

秋田乎青邱傍偟乎海外正義服虔云青邱國在海東三百里郭云青邱山名上有田亦有國出九尾狐在海外

今本山海經注無上有田三字亦有國者海外東經又有青口國也

蒧橙若蓀

焦氏筆乘曰蒧橙李善本作蒧持蒧音鍼乃馬藍又作寒將卽蘘荷善本蓋誤以將作持也張揖曰蒧持缺故詳具之

其爲禍也不亦難矣

顧炎武曰衍亦字

遬聽者風聲索隱風聲風雅之聲以言聽遠古之事則著在風雅之聲也

凌稚隆曰言風聲見其遠也索隱言風雅之聲謬

導一莖六穗於庖集解徐廣曰導瑞禾也駰案漢書音義曰謂嘉禾之米於庖廚以供祭祀

索隱鄭德云導擇也說文禾一名導字林云禾一莖六穗謂之導也

楊愼曰徐楚金云導字諸解惟鄭德得之徐廣瑞禾臆說字林亦據此文而傅會之耳

揚雄以爲靡麗之賦勸百風一猶馳騁鄭衛之聲曲終而奏雅不已虧乎

王若虛辨惑曰前漢書全引此語予嘗疑之按遷傳雖不著其死之歲月然云遷既死後其書稍出宣帝時遷外孫楊惲祖述其書遂宣布焉則其死不過在昭宣之間耳而雄以成帝元延之初始自蜀遊京師年七十一卒於王莽天鳳五年逆而推之宣帝之二十年雄乃始生遷著書時安得雄之言乎是必孟堅所續而後人誤附於史記耳困學紀聞曰江氏褏曰雄後於遷甚久遷得引雄辭何哉蓋後人以漢書贊附益之

淮南衡山列傳

一尺布尙可縫一斗粟尙可舂兄弟二人不能相容

容齋續筆曰高誘作鴻烈解敘及許叔重注文其辭乃云一尺繒好童童一升粟飽蓬蓬兄弟二人不能相容

漢亦使曲城侯集解徐廣曰曲城侯蟲名捷

功臣表蟲作蠱

以令名男子若振女集解徐廣曰西京賦曰振子萬童

振西京賦作侲

臣聞微子過故國而悲於是作麥秀之歌

呂氏春秋及宋世家皆以爲箕子

陳定發南陽兵守武關正義故武關在商州商洛縣東九十里春秋時關文

關文疑秦地二字之誤

產五十萬以上者

一本產上有家字

信哉是也

一本作信哉是言也

循吏列傳

虞邱相進之於楚莊王以自代也

呂氏春秋進孫叔敖者沈尹莖
荅曰聞君嗜魚遺君魚何故不受也
韓詩外傳作其弟諫曰
石奢者楚昭王相也
呂氏春秋作石渚
失刑則刑失死則死
韓詩外傳曰法失則刑刑失則死
汲鄭列傳
愚民安知
顧炎武曰愚民安知爲一句
儒林列傳

胥靡申公集解徐廣曰腐刑
楊慎曰列子云胥靡登高不懼胥隸也靡末也胥靡未隸微賤之人腐刑無據
安得司空城旦書乎集解駰案漢書音義曰道家以儒法爲急比之於律令
楊慎曰司空城旦書蓋太后怒言轅固之言意欲入以罪係比於城旦䮿謂比儒生於律令非也儒家外自有刑名家何得以律令比之
欲求能治尚書者
尚書疏曰尚字乃伏生所加
酷吏列傳
遂使書獄集解如淳曰決獄之書謂律令也

劉奉世曰謂秦廣耳非律令也
弟爲導官集解如淳曰大官之別也主酒
漢書師古注導擇也以主擇米故曰導官
失之旁郡國梨來
凌稚隆曰梨來漢書作追求
尸亡去歸葬集解徐廣曰尹齊死未及斂恐怨家欲燒之屍亦飛去
楊慎曰尸亡去者謂齊死而遺命其家潛逃歸葬耳
徐廣之說事涉神怪且不達文義
王溫舒免中尉而宣爲左內史
歸有光曰漢書作王溫舒爲中尉而宣爲左內史按溫舒未嘗免作爲字是張湯死溫舒自中尉徙廷尉

意郎此時
大宛列傳
爲發導驛抵康居
凌稚隆曰按遣驛二字觀後書烏孫發導譯送騫還則此驛亦當作譯
禹本紀言河出崑崙
困學紀聞曰三禮義宗引禹受地記王逸注離騷引禹大傳豈即太史公所謂禹本紀者歟
游俠列傳
近世延陵集解徐廣曰代郡亦有延陵縣駰案韓子云趙襄子召延陵生令車騎先至晉陽襄子時趙已并代何有延陵之號但未詳其是此人非耳

楊慎曰延陵吳季札也不必引延陵生太史公作傳其不名者必其顯著者也或曰季札豈游俠耶余曰太史公作傳既重游俠矣必援名人以尊之若貨殖之援子貢也子貢既入貨殖季札獨不入游俠乎故曰延陵孟嘗春申平原信陵之徒皆因王者親屬藉於有土若趙之延陵生不可言王者親屬也

且無用待我待我去

王若虛辨惑曰疑重用待我字

佞幸列傳

文帝崩景帝立

史通曰向若但云景帝立不言文帝崩斯亦可知矣

何用兼書其事乎

仁寵最過庸不乃甚篤 索隱案庸常也言仁最被恩寵過於常人乃不甚篤於韓嫣也

楊慎曰仁寵最過爲句庸不乃甚篤爲句不否同當隱句讀已非解又可笑

滑稽列傳

此鳥不飛則已一飛沖天不鳴則已一鳴驚人

黃氏日抄曰三年不飛不鳴之語楚世家以爲伍舉語莊王今滑稽傳又以爲淳于髡說齊威果孰是孰非耶

其後百餘年楚有優孟

史通曰優孟在春秋楚莊王時淳于髡在戰國齊威王時史謂後百餘年誤矣

乃召孫叔敖子封之寢邱四百戶 正義呂氏春秋云楚孫叔敖有功於國病將死戒其子曰王數欲封我我辭不受我死必封汝汝無受利地荊楚間有寢邱者其爲地不利而前有妒谷後有戾邱其名惡可長有也其子從之楚功臣封二世而收唯寢邱不奪也

呂氏春秋異寶篇所言與正義所引大同小異曰孫叔敖疾將死戒其子曰王數封我矣吾不受也爲我死王則封汝必無受利地楚越之間有寢之邱者此其地不利而名甚惡荊人畏鬼而越人信禨可長有者其唯此也孫叔敖死王果以美地封其子而子辭請寢之邱故至今不失

乳母先見郭舍人爲下泣

西京雜記作東方朔

齊王太后薨昔者齊王使淳于髡獻鵠於楚

凌稚隆曰按此淳于髡事誤入於此

有文學卒史王先生者

漢書吏傳作議曹王生

日者列傳

凌稚隆曰呂東萊考訂云此太史公所作劉辰翁云觀其辨肆淺深亦豈褚生所能

太卜之起由漢興而有 索隱案周禮有太卜之官此云由漢興者謂漢自文帝卜大橫之後其卜官更興盛焉

龜策傳高祖時因秦太卜官是漢興即有太卜不因

文帝而更興虐也由漢興而有者蓋言漢興以來即
有之矣索隱說迂

龜策列傳

史通曰尊列傳所編者惟人而已至於龜策異物不類肖形而輒與黔首同科俱謂之傳不其怪乎且龜策所記全爲志體向若以八書齊列而定以書名庶幾物得其朋同聲相應者矣

故玉處於山而木潤淵生珠而岸不枯者
語本文子及荀子

宋元王時得龜亦殺而用之
事出莊子外物篇褚先生說元公爲元王

魚者豫且
莊子作余且

以韋爲囊囊盛其血與人懸而射之與天帝爭彊
殷本紀作武乙

貨殖列傳

周書曰農不出則乏其食工不出則乏其事商不出則三寶絕虞不出則財匱少
此語汲冢書無之疑在所闕八篇之中

天下壤壤
淩稚隆曰按壤穰通用鹽鐵論此語作穰穰

計然之策七
越絕書及吳越春秋作九術

子贛既學於仲尼退而仕於衛廢著鬻財於曹魯之間
史通曰昔孔子力可翹關不以力稱何則大聖之德具美者衆不可以一介末事持爲百行端首也至如達者七十分以四科而太史公述儒林則不取游夏之文學著循吏則不言冉季之政事至於貨殖爲傳獨以子贛居先掩惡揚善既忘此義成人之美不其歎如

夫歲孰取穀予之絲漆璽卤取帛絮與之食
卤各本並作出程一枝曰璽字屬上句讀出字本作卤蓋以字形相近而訛也今從程說改正

夫燕亦勃碣之間正義勃海碣石在西
西下宜有北字

是以廉吏久久更富廉賈歸富集解貪賈者取利而不停貨也
顧炎武曰貨殖傳廉吏久久更富廉賈歸富又曰貪賈三之廉賈五之夫放於利而行多怨廉者知取與與無求多於人義然後取人不厭其取是以取之少少而久久更富廉者之所得乃有其五也注非

下有蹲鴟集解徐廣曰古蹲字作踆
徐廣既有此釋則本文蹲字應作踆矣又正義引華陽國志云汶山郡安上縣有大芋如蹲鴟安上水經注作江都

洛陽街居在齊秦楚趙之中

顧炎武曰說文街四通道也鹽鐵論燕之涿薊趙之邯鄲魏之溫軹韓之滎陽齊之臨淄楚之宛邱鄭之陽翟二周之三川皆爲天下名都居五諸侯之衢跨街衝之路

爲督道倉吏 集解漢書音義曰若今使督租穀吏上道輸在所也韋昭曰督道秦時邊縣名

班馬異同曰督道者倉所在地名耳猶後傳注漢宮闕疏所稱細柳倉也

盡椎埋去就

顧炎武曰椎埋當是推移二字之誤

太史公自序

其在衞者相中山 集解徐廣曰名喜也

呂氏春秋司馬喜難墨者師於中山王前

以傳劍論顯 集解晉灼曰史記毕起贊曰非信仁廉勇不能傳劍論兵書也

序傳作不能傳兵論劍與晉灼所引互異必有一誤

蒯聵元孫卬爲武信君將 集解徐廣曰張耳傳云武臣自號武信君

劉敞漢書刊誤曰此言當始皇時爲武信君將則武信君非武臣也項梁亦號爲武信君然皆非始皇時

間不容翲忽

困學紀聞曰出曾子天圓章閻若璩曰曾子云其間不容髮

中呂肖矣 集解徐廣曰肖音痟痟猶衰微

顧炎武曰肖乃削字脫其旁耳與孟子魯之削也滋甚義同徐廣注以爲痟者非是

壯有溉

淩稚隆曰以上文長孺推之則下壯字疑當作莊此鄭名也溉字下又疑有闕文

史記考證七

光緒二十一年歲次乙未四月 餘杭章炳麟枚叔初校 仁和景學鈐韶伯再校

閏五月 仁和張鈺子春三校 餘杭黃嘉蔭涵四校

七月 仁和黃開綬印侯五校 錢塘汪知非䞇玉六校

讀史糾繆·史記

[清]牛運震

清嘉慶二十三年刻空山堂全集本

讀史糾繆卷第一

滋陽牛運震撰

史記

五帝本紀

炎帝者神農也黃帝與戰于阪泉者神農之孫也皇甫謐所云帝榆罔是也炎帝者神農之尊稱子孫不得冒爲本紀云炎帝欲徵師諸侯又云以與炎帝戰於阪泉之野淆而混之非也　五帝同宗本無可疑楊愼以舜娶堯女爲於瀆倫遂疑史記本舜出于黃帝爲非而以羅泌所稱舜

祖虞幕爲是抑知上古荒樸宗法未立同姓不昏周道乃然何得執姬周之禮議唐虞之事而疑舊史爲不實耶即云舜祖虞幕虞幕先世何人又安知其不出自黃帝乎

授舜則天下得其利一段此子長臆揣之見聖人心事光明祇知天命有在唯德是與未必如此斤斤計量然文辭曲折備美矣　舜曰天也聖人亦無如此自負語此襲孟子而誤者　瞽叟祇是頑昧之號史記直以爲盲恐無所據　孟子舜在牀琴史記象乃止舜宮居鼓其琴與孟子異得非襲孟子而誤邪　史記載堯妻舜之後瞽叟尚欲

殺舜本孟子也古史云瞽亦允若堯聞其賢然後妻之本尚書也竊意四岳爲舜稱其烝乂不姦若堯舉舜徵庸之後而瞽叟猶欲殺舜烏得謂之烝乂乎當以古史爲長

昔高陽氏有才子八人索隱註左傳史克對季文子云云今按左傳乃季文子使史克對文公之言　三苗在洞庭彭蠡之間與淮不連史記云在江淮荆州恐誤也陳仁錫云淮當作滙謂江之巨浸穿鑿不成文理　北發當作北戶發息愼當是北發息愼也

夏本紀

放勳重華文命史記即以爲堯舜禹名按尚書稱堯曰放勳雖非其名或是其號稱舜曰重華協于帝禹曰文命敷于四海重華文命連下爲句則並非其號也況古風樸略命名必從質古未必取放勳重華文命夸張之詞以爲名也史記以放勳爲堯名尚是以號爲名至以重華文命爲舜禹名則更創而無稽攷之他書孟子有放勳殂落之句又云放勳曰云云則放勳古猶有稱之者重華文命之號寂無聞焉足徵史記之誤　孟子稱禹八年於外當有所據史記云居外十三年恐是本兗州作十有三載乃同之

詞爲言耳此誤也　陸行乘車以下數語凡兩見一是紀述之辭一是禹自敘之辭未免複而無别此史記未及檢點翦裁處　夏本紀述禹錄皐陶謨益稷等篇而不及大禹謨按子長與孔安國同時儒林傳載孔氏家藏古文尚書安國以今文讀之以起其家則古文大禹謨子長自當見之夏本紀闕而不載得非以其晚出之書詞旨平易傳錄志慎而不以爲據邪五子歌允征等篇著其事而不錄其詞想同此旨　與益予衆庶稻鮮食與稷予衆庶難得之食云云按此段一本紀中兩見應削其一處　辛壬娶塗山癸甲生啓此史記因尚書脫文之誤前人已辨其非　禹伯夷皐陶相與語帝前按伯夷無陳謨帝前之事或以尚書有益稷篇而誤伯益爲伯夷也　后羿篡弑少康興復左傳載之最詳他書亦間見之然則姒氏之祚殆絕而復續者也此爲夏本紀一大關鍵史記闕而不錄直云帝相崩子少康立若並未有后羿奸奪神器之事者宜司馬貞諸人之譏其疏畧也許孚遠以爲史遷時左傳未出不知后羿之事故不著少康之功此語亦何所據試觀周秦本紀十二國世家中採用左傳者甚多何得以爲史遷不見左傳乎

殷本紀

吞卵事未必其無楊慎等力辨其非固矣司馬索隱則謂契生側微必非嚳子此乃以後代之常例上古之事者也烏得爲允乎　契長而治水有功按契無佐禹治水之事經傳亦不一載此殆太史公臆度之詞耳　賜姓子氏按上古無賜姓事亦臆說也　阿衡官號非名前人已辨之　於是湯曰吾甚武亦非聖人語武湯武王恐是後世子孫所加　錄湯誥有顛倒原文處然不如原經文之文從而意古　東爲江南爲淮疑誤或是東爲淮南爲江　咸有一德伊尹作於太甲時獨諸湯世頗失次序　祥桑枯死而去按而去二字可省　盤庚乃告諭諸侯大臣云云此即約撮盤庚之義明盤庚所由作也又云殷復衰百姓思盤庚作盤庚三篇此無所據殆誤也　尚書無逸篇稱祖甲保惠庶民不侮鰥寡亦有商繼世之賢君史記云帝甲淫亂不知其何所據也或因無逸有不義惟王舊爲小人之語而誤以爲無道之君邪　竹書紀年武乙震死文丁立史記作太丁殷遂有兩太丁疑誤也　鄂侯爭之疾

辨之彊排語非紀事之文所尚況史記以疏落爲長者可删其一　帝外丙即位三年崩帝仲壬即位四年崩按尚書伊尹奉嗣王祇見厥祖此爲即位奠殯之禮則太甲繼湯承祀明矣孟子云外丙二年仲壬四年祇著其享年不永而其立不立則未可知也史記直云外丙即位三年崩仲壬即位四年崩則與尚書明明乖異矣或襲用孟子之言而誤邪　其後世貶帝號號爲王按甘誓稱啓湯誓稱湯皆曰王夏殷天子其稱王久矣不自武王始也帝孔甲帝陽甲等頻繁未有謚法後世加帝以號之史記謂夏殷

皆帝武王乃貶號爲王恐臆說不足憑　西北伐飢祖伊奔告飢即黎也此其所記與尚書同亦有何誤而陳仁錫乃以爲誤邪　乃與太師少師謀遂去按太師少師周紀以爲太師疵少師彊據尚書微子篇父師即箕子少師即比干也今殷本紀云微子與太師少師謀遂去比干諫死箕子奴囚又云殷之太師少師乃持其祭器奔周則其所稱太師少師殆非箕子比干而別是二人也此與尚書微子篇不合似誤

周本紀

自后稷至文王計十五世虞及夏殷凡千有二百歲以十五世之王歷千二百之歲昔人嘗疑其誤但太史公去古未遠帝系世本諸書蓋嘗親見疑必有所據而亦無庸深辨其非又楊愼云嘗見呂梁碑載后稷至不窋尚有數世其於世代年歲校合但不知呂梁碑又何所據也　尚書言文王誕受厥命乃指文王得專征伐而以爲默受天命非眞有受命稱王之事也本紀云受命之年稱王必無此理　六十四卦殆夏商之易皆有之文王特演而繫之辭耳本紀云益易之八卦爲六十四卦亦誤周洪謨又云演

易不在羑里此又辨之非所辨也　白魚躍舟赤烏復屋此僞泰誓之說似不足載　尚書泰誓十有三年伐紂史記云十一年東伐殆泰誓晚出太史公未及見是以互異也　射紂及二女俱三發及斬以黄鉞元鉞等事太史公本汲冢周書舊文或未必然　釋百姓之囚今無所考或太史公因尚書釋箕子囚附會及之　釋囚發粟等事次序應在罰監治殷之前今敘在後似失先後　蜚鴻滿野極言飛鳥成羣曠野無人也索隱正義俱非楊愼謂蜚鴻爲名更屬強解　魯天子之命魯當從書序作旅即此益

知晉序之爲古文也　三女奔密一段可以不錄蓋此事無關於王室興衰得失且女何必致王德大何可以受女此皆於道爲悖而於事情有不可信者柳子非國語早已譏之史記載之更屬無謂　宣王中興事業如敬天變安流亡任將帥簡車徒平淮夷攘戎狄諸大事載於二雅及他書者甚多史記一切畧之而摭採國語列敘其料民太原不籍千畝一切失德之事畧美詳惡亦似失宜　定王有二一名瑜一名介祖孫同謚或未必然竹書紀年載定王介爲貞定王恐是也　史記載王赧時東西周分治西

史記糾謬　卷一　七　空山堂

周稱曰武公而東周不載其名號其言西周君者亦未知其是否武公其但言周君者亦無明文定其東西至於世系年代謚號茲如或書傳殘闕無可載錄邪抑太史公失於考據邪　王赧謂成君苑圍雍此有脫誤不可解

秦本紀

秦之先大業史推大業出自女修而不著其父此史家缺畧處或亦世遠難稽耶　秦諸君名不可知者闕之可考者應載其名本紀往往有闕漏亦一失也　後曰吏吾得罪於君其百姓何罪按左傳載此作秦伯語而史記以爲百里奚語　周請晉君不見經傳未知太史公何據　襲鄭之謀發自杞子史記作鄭人賣鄭於秦似無所據　百里孟明視左傳本有明文則孟明百里奚子也西乞術無所見爲蹇叔子襲鄭之役左傳但言蹇叔之子與師亦未執是西乞術史記直以西乞術爲蹇叔子未知何據　晉亂殺智伯分其國與韓趙魏按三家滅智伯而分其地則三家自分之耳更誰與之　弦高智士能洩敵謀以弭國患此非常賈人也史記以爲弦高見秦兵恐死虜豈不誤看弦高耶又左氏載弦高將市於周不言賣牛即使賣牛

史記糾謬　卷一　八　空山堂

亦非必止持十二牛今史記因左氏有先牛十二之語遂以爲弦高持十二牛賣之周更誤　擊秦之謀出自先軫史記但云太子襄公怒曰云云則爲襄公之謀矣　其事在商君語中此何可省史記中諸如此等極多非紀事法也後世史皆沿而效之不亦甚乎竊意此等俱宜細文旁注不必入正文中似爲得之　孝公十年衛鞅將兵圍魏安邑降之或曰此誤也魏都安邑安得遂降按秦取安邑在梁惠王十九年攷汲冢紀年惠王九年四月已徙都大梁矣安邑外城下邑也何不可降邪　十九年天子致伯

二十年諸侯畢賀二語排列不類紀敘中語且已載孝公令中可不必複見　孟嘗君薛文來相秦按孟嘗君田文薛其封邑不得爲薛文　昭襄王二十年徐廣云有父馬生駒二十一年有牡馬生牛而死按此俱可編入正文亦春秋紀災異之意也

始皇本紀

將軍壁死卒屯留蒲鶮反戮其屍按此數句不可强解或有脫誤徐廣索隱等注解皆誤　太后以嫪毐事遷雍此九年事也本紀並未載明而十年突載齊人茅焦說秦王

云云殊屬闕漏事跡遂少原委昔人嘗譏之　諸山石刻皆載銘詞獨嶧山銘詞闕如今世所傳嶧山刻文出古文苑格體字句與他石刻無異雖其碑本出自翻摹而文則不害其爲真也不知太史公何故不載　始皇至陽武博浪沙中爲盜所驚求弗得按此即張良擊秦事也似不應以盜書　請刻此石使後傳文作刻此嶧石　湘君湘夫人皆堯女舜之妻故離騷九歌並載之索隱注乃以湘君爲舜何其弗討論也　畧取陸梁地陸梁地名耳正義解以爲嶺南之人多處山陸其性强梁甚屬迂曲　明星出西方皇甫謐云彗星見也以彗星爲明星亦有可議甚苛云明星有爛明星煌煌不必明星是彗星也　罷其作者復土酈山言罷阿房作者而復爲酈山土功也故下接云酈山事大畢正義解非　王鏊鄒誕生諸人皆以爲太史公删過秦論參以己見按過秦論即賈子過秦篇太史公全錄其文或字句間有裁潤實未嘗删也但原文自秦孝公據殽函之固至攻守之勢異也爲上篇秦幷海內至是二世之過也爲中篇秦幷兼諸侯至而社稷安矣爲下篇上篇論始皇中篇論二世下篇論子嬰次序釐然淺深相

承本末相貫太史公錄其文以下篇爲前段以上篇爲中段以中篇爲後段不惟前後失序而氣脈篇法亦不相連貫不知其何解也　始皇紀後襄公立享國十二年一段殆秦舊紀也文法極簡古但宜移之秦本紀後似更有倫體　始皇紀後一段載秦諸君年事世次葬地謚號往往與秦本紀不同如靜公秦紀爲竫公憲公秦紀爲寧公惠公葬衛秦紀作葬西山武公葬宜陽聚東南秦紀作葬雍平陽畢公秦紀作哀公悼公享國十五年秦紀作十四年刺龔公秦紀作厲共公肅靈公秦紀無肅字肅靈公享國

十年秦紀作十三年簡公十五年秦紀作十六年獻公享
國二十三年秦紀作二十四年悳文王秦紀作惠文君二
篇之中異同互見妥當以秦本紀爲是　索隱注按本紀
簡公名悼子卽刺龔公之子懷公弟也今按秦紀簡公昭
子之弟而懷公子也並不言其爲刺龔公之子而懷公弟
不知索隱考據何書　孝明皇帝十七年十月十五日乙
丑日云云按此一段乃漢明帝詔班固評賈馬贊中論秦
亡之得失後人因取其說附此也中間議論政與史記牴
牾應删去以存史記之眞

項羽本紀

索隱曰項羽崛起爭雄假號西楚竟未踐天子之位不可
稱本紀宜降爲世家劉知幾曰項羽事起秦餘身終漢始
譬諸闰位容可列紀或曰太史公以項羽置本紀儼然列
漢諸帝之前不以成敗論英雄所以掩其救李陵之失也
說極有見政不必深論但既編列入本紀無稱字標題之
理宜改稱爲項王本紀　秦二世元年七月云云按本紀
未有不編年者今項羽未嘗改年稱號自無年可編後篇
漢之元年漢之二年漢之三年漢之四年此以漢年紀楚
事也此處提秦二世元年以便書事似宜連編二世二年
三年以紀楚漢分爭事跡庶幾前後皆成編年紀事之體
其於本紀體制爲合矣　趙亦不殺田角田間以市於齊
市求也趙不殺角間以市取於齊也文義本明張晏索隱
二注俱非　以沛公爲碭郡長封爲武安侯將碭郡兵按
此處應將沛公西入關攻秦畧一點明後文聞沛公已破
咸陽方有原本針線更密　有不信之心此句欠者　按
高祖本紀初稱高祖爲沛公封漢王則稱漢王卽皇帝位
乃稱高祖或稱皇帝或稱上後世作史者遇創業之帝漸

次稱尊卽眞者稱謂多依此例今項王既用本紀體應於
自立爲西楚霸王後乃稱項王其敘鴻門事卽稱項王者
誤也　彭越游兵梁地絕楚糧食以苦項羽於漢有功而
於楚未有罪也書之曰反似有可議　凡書淮陰侯皆當
作韓信謂張子房亦當作張良　漢王則引兵渡河復取
成皋漢王傷走入成皋則漢已復得成皋矣項王何緣竭
大司馬咎謹守成皋也

高祖本紀

蕭何曰劉季固多大言少成事此處闌入數語氣脈反懸

脫且使蕭何視英雄氣概爲泛泛不如刪去直以高祖因
狎侮諸客遂坐上坐竟接上文爲長　鄉者夫人嬰兒皆
似君當作皆以君　神母夜號一段所以章赤帝之符也
但化爲蛇當道此語有痕迹人乃以嫗爲不誠等語羅
而意煩此中當有節刪祇應紀云有老嫗夜哭人問何哭
嫗曰吾子白帝子也今爲赤帝子斬之故哭已而嫗不見
如此則渾老矣　蕭曹等皆文吏自愛恐事不就後秦種
族其家按此數語說得蕭曹沾沾自愛全以利害爲心直
成陳嬰之母事成得封侯事敗易以亡一等見解竊意蕭

曹開國佐命必能素識眞主觀沛令欲起義而蕭曹讓名
劉季沛令後悔閉城拒守蕭曹又踰城保劉季則其誠心
推戴亦已久矣恐不如太史公所云也　沛公還引兵攻
豐徐廣曰表云拔之雍齒奔魏按此應照表添入紀中
楚軍出兵擊王離大破之此破王離爲項羽軍未見其爲
沛公也漢書削去爲是　敘王諸侯將相獨闕韓魏孫鏞
以爲無新立王故按趙王歇亦非新立之王何爲亦紀之
邪此自太史公偶然脫漏不足爲病亦不必爲之諱也
元年十月五星聚於東井此高祖應天之兆史記畧之不

如漢書詳載爲是　漢書載蕭何盡收秦丞相府圖籍文
書此大事亦當書於紀也　漢書載二年二月立漢社稷
以下有施恩澤賜民爵一段此正高祖入關以來施德行
仁規模宏遠處史記畧之不如漢書得體　漢書於張良
韓信陳平歸漢本末特載本紀中正見高祖之攬用人傑
貽成帝業處史記於此等亦嫌其畧　漢書載四年八月
初爲算賦下令軍士不幸死者吏爲衣衾棺斂轉送其家
亦要事史記不書　高祖即位以來詔書凡十八九道皆
封侯王尊高爵復諸侯子赦天下求賢士等大事也當依

漢書一一詳載之　五年十月燕王臧荼反十月字誤依
漢書當作七月　書尊太公爲太上皇而不載上太上皇
尊號詔亦一疎也　高祖置酒未央前殿奉玉巵爲太上
皇上壽曰始大人常以臣無賴云云等語似刺鄙但抾不
蕭重不似本紀中語可刪　秦田橫封雍齒二事漢書俱
書於本紀極是　七月十一月令士卒從軍死者爲槥歸
縣此恤軍之典也三月令爵非乘以上毋得冠劉氏冠賈
人毋得衣錦繡操兵乘馬此等儀也漢書皆詳之史記
畧　書立代王而不錄立代王詔亦疎　本紀義士鄉年

紀月故有月分可知者茲宜書之高祖紀五年以前有月分不具者尚有月表可參攷五年以後無月表矣自宜詳載月分以紀事迹乃漫書年而畧其月雖頗有然多闕使覽者茫然忘其先後漢書詳載之則次第如視矣

呂后本紀

徐廣曰呂后父呂公高后元年追諡曰呂宣王按此應載本紀中　謂丞相曰云云按此時蕭曹已前卒此所稱丞相即王陵陳平等是也請拜產祿爲將王陵必不爲此或是平勃邪然太史公不言其何丞相亦一疎漏　呂祿以

爲鄭兄不欺已兄字如字徐廣以爲況字失之　代王立爲天子二十三年崩諡爲孝文皇帝按此爲呂后本紀一篇收結但著文帝崩年太早祇宜紀曰代王立爲天子是爲孝文皇帝是爲得之

孝文本紀

太后薄氏子此句當在高祖中子也之下　孝文皇帝元年按此處紀元年不必再書孝文皇帝漢書削之爲是即史紀景帝紀亦無此例也　古之有天下者莫不長焉長謂歷數綿長也言古之有天下者歷數綿長皆由於立子

索隱謂古之有天下者無長於立子大非　薄太后曰諸侯皆同姓立太子母爲皇后按此當從楊慎注然諸侯皆同姓一語終覺語氣不完薄太后亦當依漢書作皇太后

乃循從代來功臣循字當依漢書作脩　人或說右丞相曰云云按此人能說絳侯謝免相位亦異人也但宜詳載於絳侯世家中此於本紀載之非體祇應紀云右丞相勃謝病免罷可矣　緹縈上書訟父事宜詳載於倉公傳中本紀內主於除肉刑而緹縈事宜從畧此紀傳詳畧互見各有所宜而不可混者亦史例也　孝景皇帝元年以

下此載景帝追崇文帝詔令有司議定樂舞廟號等事以總結文帝功德故宜爲文帝終篇也近史記俗本多將孝景皇帝以下跳行另提若與文帝紀不相蒙者大非史公之意雖陵以棟陳子龍本亦不免爲此應連爲一篇以存史記之舊　春秋編年四時具然後爲年故四時無事必書若隱六年秋七月之類是也月不可闕況於年乎太史公去文帝未遠而年鈌不具何也豈舊史殘缺邪抑史公疎漏而不能舉其全邪漢書按年而一一編入之遂成全紀讀文紀者始無遺憾焉　文帝十二年出孝惠皇帝後

宮美人令得嫁此係盛德事　元年賑貸百姓詔賜三老
內有詔十二年賜農民租稅詔賜三老孝弟力田帛詔後
元年議佐百姓詔皆文帝布德行惠大事史記一切闕而
不載不如漢書皆載爲是　十七年當依漢書爲後元年

孝景本紀

孝景本紀事跡與漢書相出入而詔書則一概不載按景
帝在位十六年尚屬恭儉守文之主詔書如議徙民寬大
地詔讞獄詔定長吏車服詔令二千石脩職詔勸農桑詔
皆溫雅可思太史公不載於紀或有所不滿於景帝而故

畧之邪然亦疏矣不有漢書則景帝詔書烏能覩於後世
乎　六年春封中尉趙綰爲建陵侯按趙綰當作衛綰此
因武帝時有趙綰而譌者也　趙丞相嘉爲江陵侯江陵
當作江陽　立膠東王太后爲皇后此非書法也當作立
皇后王氏不得言立膠東王太后　立膠東王爲太子名
徹按名徹二字可省蓋前已書膠東王名矣　以御史大
夫綰爲丞相封爲建陵侯此即衛綰也六年已封爲建陵
侯此處不應複敘當作以御史大夫建陵侯綰爲丞相可
矣　孝景皇帝崩當依漢書作帝崩於未央宮　太子即

位是爲孝武皇帝按孝武當作今上此皆後人改史記原
本而失之者　漢書載景帝五年遣公主嫁匈奴單于六
年皇后薄氏廢中二年改磔曰棄市勿復磔六年減笞法
定箠令此皆大事不得不書者史記並畧之　三月封皇
太后弟蚡爲武安侯弟勝爲周陽侯按此係武帝時事不
應載於景帝紀中

孝武本紀

孝武本紀本作今上本紀觀太史公自序可見此篇有錄
無書蓋太史公仕於元封太初之間親事武帝而未覩其

終故今上紀列其目而未及成書褚少孫乃取封禪書補
之夫封禪書豈可爲本紀況且一篇之書寧可重出兩見
邪背謬疏陋莫此爲甚宜一切删去而止存其目以還太
史公之舊

三代世表

高辛生帝俈此文誤當是高辛爲帝俈也　高辛生放勛
此文當在堯屬第五行與放勛爲堯相連爲文　鯀生文
命當在夏屬第七行與文命是爲禹相連爲文　季歷生
文王昌益易卦按益易卦三字可删且文王原未嘗益卦

卦也　世表以帝王世爲緯以屬爲經立法是也然世屬長短參差不一以殷爲十四君當夏之世十七王周屬十六君當殷之世四十七王是以殷屬終於帝槐之世周屬終於帝芒之世自帝泄至帝辛有世而無屬此中縱横連屬質無義例可通而貽以滋後人之惑猶謂世表當分爲三等自黃帝至帝舜爲一等當以世爲緯以屬爲緯而三代之祖皆附見於下系屬之短者從短長者從長殷周之屬不妨有緯而無經也夏殷二代爲一等列敘其緯世有天下之君以與五帝及三代之祖另行殊格其下則無

屬可附亦不妨有經而無緯也周自武王至共和爲一等以周之世次爲經以諸侯世次爲緯世屬經緯則昭然矣如此則世屬長短雖有不一而經緯縱横不相亂殷自爲殷而不必當夏之十七王周自爲周而不必與夏殷之四年七王長短相混致啓後人之惑也　桓譚謂太史公三代世表旁行斜上並效周譜今本世表有旁行而無斜上失太史公之舊矣以爲斜上者以垂系繫屬其世次也表內某帝生某帝世次本自分明似無庸另爲斜繫之體也　代有扈作甘誓依今考定此文當繫帝啓之下不當注於其旁　高辛生卨卨爲殷祖此當相連爲文　張夫子問褚先生一段係褚少孫所增辨論契后稷無父之說甚鄙腐無謂其引蜀王霍光更無稽不堪且不解其欲證何事宜刪去毋汙太史公之潔

十二諸侯年表

楚霄敖元年霄敖或作宵敖非　王伐隋夫人心動此誤也按左傳王心動而夫人鄧曼占之也　宋大水公自罪魯使臧文仲來弔按左傳公無自罪之實特公子御說爲之辭耳應刪公自罪三字且公自罪亦不應在臧文仲來弔之前也　萬弒君仇牧有義按此書法不明當作宋萬

弒君仇牧死之　堵敖囏元年堵敖或作杜敖非　有妾夢天與之蘭生穆公蘭不必書　圍鄭有奇言有奇言指燭之武說秦事然欠老　趙盾以車八百乘納捷菑下少弗克納三字　齊懿公二年注不得民心四字無實指亦失書法　華元以羊羹陷于鄭羊羹當作羊斟　晉公來不敬未知是誰不敬書法不明　問公年十一可冠於衛亦不成文理　伯宗隱其人而用其言此句無來歷遂不知何解應刪去　子罕曰吾句無着落亦可刪　公室卑

矣矣字可省　子西爲民泣民亦泣此事不足爲典故似不必書　國人有夢衆君子立社宮某亡曹云云亦不必書　表主著年以事附之自宜摘其會盟征伐興衰成敗大事列於簡要以簡要明晰爲貴一切閒文細事均宜從略太史公十二國年表次第條理得其大綱矣或有失之於闊略不必書而書者蓋以史公有好奇之病而誤也

六國年表

魏獻子韓宣子趙簡子按三家初入戰國猶然大夫故皆以子稱然直列魏韓趙亦無不可　表列大國內有宋衛

中山魯蔡等國則分附於六國之中如宋附齊以齊滅宋也中山附趙以趙滅中山也鄭附韓以韓滅鄭也魯蔡附楚以楚滅魯蔡也獨衛附於魏則不知其義殆蓋以秦人遷衛所而衛不便附秦或以地與魏近而附之魏邪　諸附小國紀元年皆宜細書以別於正　衛莊公飲大夫不解履公怒出攻公公奔宋此衛事誤置第五格趙次　韓趙魏始列爲諸侯第六格楚次此以楚紀三國事也但在世家不妨彼此互紀以著時代君年表則義主編年第紀事於本國之次則各國年代一覽可得何必互紀且表主簡明亦無暇爲此繁文凡如此類皆宜節之十二諸侯表有如此類者亦放此推之秦次二十八年已并天下之後似宜仍照前式用短格編年紀事不宜直用長行前後互異紊亂表體　韓姬弒其君悼公按韓無悼公政不知韓姬所弒何人也　高門成昭公卒不出此門按不出此門四字可削　君讓其臣子之國願爲臣按願爲臣三字可省　平原君書卒信陵君何以書死此誤也　荊軻刺王覺之按覺之二字不妥當改作弗中　赧王卒之下當注周亡二字

秦楚之際月表

韓成係項梁所立不與十七國封表云十八王並項羽所命似少區別　月表紀月之法自漢王改元之後撲始冬十月者建亥之月者漢朔也稱正月者建寅之月存夏正也諸侯王稱二月三月者自其分封都國之始而數之非排年輪歲之月也趙王歇齊王田市燕王韓廣魏王豹韓王成或稱二十九或稱二十二三十三二十一二十四者以其在先爲王多月故因其舊而數之也但其中亦有可議者趙歇韓成等並舊封之王按其始封第數其月而不

紀其年異芮共敖等十二國並新封之王亦按其始封以月數之滿十二月則著其年而曰二年一月三年一月例與舊封者事同一例而編列殊未盡一竊意新封十二國俱應照舊封之王以月數之而不著其年獨以編年紀月之體予漢吏爲得體而讀月表者亦無參差不一之惑矣　十月王至陝按此上漏二年字觀三年十月可知　韓成攻韓王不當曰攻韓將　八國受封之始十二國受封之始皆當依漢書例稱一月史記並有二月而無一月

漢興以來諸侯年表

總論云周封晉衛地各四百里又云地上不過百里蓋傳聞之異參互言之也然一篇之中所指異辭終屬乖舛

高祖功臣年表

侯第者因其功而序之所謂蕭何第一曹參次之也竊意侯第當在第三格侯功之下　曲逆侯陳平第在四十七可謂枉抑矣然則侯第亦未可憑也　陳平張良皆以帷幄籌策佐漢定天下而功第一在四十七一在六十二殆以其未有戰鬭功耳然則蕭何亦豈有戰鬭功邪　按呂后本紀鄜侯呂台嘗封爲呂王呂后二年呂王台薨謚爲肅王太子嘉代立爲王六年以嘉居處驕恣廢之則呂台嘗封爲王而呂嘉之有罪國除在高后六年矣依沛侯濞及曾陵侯澤例當書云鄜侯台封爲呂王國除而別以封王以後事見諸諸侯年表可耳今表內不載呂台封王而又於孝惠七年之下繫之有罪實爲舛誤　總論至太初百年之間見侯五正義註謂平陽侯曹宗曲周侯酈終根陽河侯齊仁戴侯秘蒙穀陵侯馮偃今按表內平陽侯宗征和二年坐太子死國除曲周侯終根後元二年坐咒詛誅國除陽河侯仁征和二年坐咒詛國除戴侯蒙後元元

年坐咒詛國除唯穀陵侯偃太初以後猶在耳餘四侯並皆隕命亡國然則所云百年之間見侯五者殆指太初以前言之若至征和後元之間並已耗廢豈得云見侯五乎　總論斷自太初年限甚明而年表乃及於征和後元之際然則自太初元年盡後元二年其爲後人增續無疑也　建元至元封六年三十六太初元年盡後元二年十八按此作兩層列次增續之迹顯然可見　凡改封者國名俱正行大書如曲成改垣宜曲改發婁等是也博陽改封塞廣平改封平棘鄲改封武陽絳改封平曲汾陰改封安陽

成改封節氏赤泉改封臨洄長脩改封陽平汾陽改封江鄒改封國名俱細書此殆刻本之訛非年表明白標識之義也宜平改封南宮並不正行昔義更疎謬

惠景閒侯者年表

隆慮侯中元五年五月侯蟜元年徐廣曰按本紀乃前五年非中元五年　太初已後凡言後二年征和三年皆後人續補也　諸侯子弟若肺腑言同姓一體親若肺腑也索隱注穿鑿可笑

建元以來侯者年表

太史公本表凡七十二國餘自孝昭以來四十五國皆褚少孫所續傳體非表體也並宜刪去以存太史公之舊或另行可也　褚少孫自稱好事儒者今觀其所續史記好事殊甚　本表內有太初已後稱征和三年者亦後人所續也

建元以來王子侯者年表

王子侯皆同姓也可無庸著其姓表內凡稱劉字者可省

陘城侯有二一名貞一名義皆中山靖王子不應重封必有一誤　索隱云城陽頃王子二十二人表內止一十九人疑有脫誤　王子侯以封國之先後爲序也竊意王子侯原以諸侯推恩分子弟封邑也似宜分別房次以一王之子連編成列爲序覽者更易了了

漢興以來將相名臣年表

立太子入都關中皆當入第二格大事記今本多列之紀年中誤當改正　與楚界洪渠洪渠當作鴻溝　張蒼爲計相按許孚遠云計相司計之官不宜列之將相表中高帝置酒未央殿上壽太上皇此家人歡褻之事何足列於大事記凡大事記必有與置相命將相關者也　誅淮

陰彭越按淮陰當作韓信　上崩置長陵置當作葬　蕭丞相中蕭何陳平書薨而曹參張蒼書卒豈以曹張之賢不如蕭陳邪然陳平書丞相張蒼書丞相北平侯蕭何曹參但書何薨參卒而已此又義例之不可解者豈其昔薨書卒書官不書官之閒本無義例邪　高帝二年太尉長安侯盧綰按高祖六年始命咸陽曰長安則二年之盧綰不應稱長安侯索隱謂當時或別有長安號然亦無所考也　太僕按陰侯　滕公卒按表列丞相太尉將軍而不及太僕且前亦不紀滕公爲太僕之事此處何緣書太僕滕

公卒也滕公者夏侯嬰亦不宜稱滕公　罷免薨卒俱倒書盡皆將相不利之事故倒書以殊之此太史公書圖列表精神眼目處時本能免薨卒或倒或順大失立表本旨此皆刊刻之訛也　置司徒官按漢官制丞相太尉大司徒皆三公也大司徒漢書百官公卿表哀帝時始立之此書置司徒官於景帝元年與漢書異或別有所據但表內未有書某人爲司徒者則置司徒官可以不書也

禮書

禮書自洋洋美德乎至垂之於後云係太史公本文其禮

由人起以下舊說以爲褚少孫采荀子禮論補之應一切删去祇存太史公本文之首　禮論補禮書其失有三史以數典紀事禮論泛論禮意何與典制更何與漢事其失一也載籍以來言禮之書頗多偏舉禮論貽譏掛漏其失二也原文至以爲典常垂之於後云敘事已畢文勢已完何庸添贅其失三也況楚人鮫革犀兕以下至由其道故也一段又係荀子議兵之文攙入禮論更覺不倫太史公曰至矣哉以下割截荀論隔斷章義殊乖體裁此又其自爲舛裂之處殆不足與深論也

樂書

樂書自余每讀虞書至誹謗聖制當族皆太史公原文凡音之起以下褚少孫取樂記補之按太史公敘述作樂之旨以及歷代漢家音樂之衰失而僞古樂之難復鄭聲之亂俗大意已畫特未詳言其樂章器數耳原無庸補即補之亦不可以樂記補也應將凡音之起以下悉删去　凡音由於人心天之與人云云至故身死國亡按此一段不見於樂記正義以爲文出褚意者也然如此說樂祇得其粗　衛靈公濮水聞琴及師涓師曠之事一段見韓子殆

褚少孫取韓子補之其摭拾附綴之詣可謂徒勞矣篇末聽者或吉或凶夫樂不可妄興也略有風致而摹效之迹宛然　太史公曰夫上古明王舉樂者一段板重疲滯之筆且皆沿襲舊說冗雜無精新之旨必非太史公所爲也

律書

律書釋十干十二支及二十八宿八風十二律之名義雖多精闢之旨其中牽強附會亦復不少如牽牛者言陽氣牽引萬物出之南至於尾言萬物始生如尾角者言萬物皆有枝格如角翼者言萬物皆有羽翼未者言萬物皆成

有滋味中者言陰用事中賊萬物如此等類皆不可爲典要亦與白虎通漢書律歷志注釋多不同不知其何所本也　天官書奎爲溝瀆律書云奎主毒螫殺萬物與天官書異及他注星名二書多有不同當是諸家之說兼採互見耳　太史公曰故璇璣玉衡云云一段文亦質直但筆拙而氣薾似非太史公手筆

歷書

是時獨有鄒衍明於五德之傳而散消息之分以顯諸侯而亦因秦滅六國云云此處文義不連屬後文又用而亦云云亦嫌重複疑有斷誤或衍而亦因三字若刪去此三字竟接秦滅六國云云可通　陳仁錫曰歷法七十六年爲一蔀自焉逢攝提格至祝犁大荒落此太史公自太初已後逆推一蔀七十六年之歷數也其天漢以後年號則褚少孫所加應削去　右歷書大餘者日也以下蓋褚生注釋之文宜以小字旁注之

天官書

天官書所載星宿與近代所測多不同或昔無而今有或昔有而今無蓋近代銅儀管窺之法較古人爲精密余嘗

謂今人無勝古人處惟有天文一事耳　離宮下有東壁二星主文章上帝圖書之府即二十八宿之壁宿也天官書不載二十八宿遂缺一宿　星動角益希余有丁云希當作布以文義貫之良是　危東六星兩兩相比者司命等星也史記止曰司空似有脫誤　生彗星長二丈類彗星此有兩彗星文義不叶必有譌誤當作生彗星長二丈末類彗也　以其舍命國熒惑熒惑二字衍文　末盡其日難解依漢書作未盡期日爲是　外北三尺陰星北三尺此處脫誤不可解依陳仁錫者正爲是　參爲白虎陳仁錫注白虎騶虞也仁獸故西方七宿取象焉按青龍主仁白虎主義西方刑殺之地白虎處西方而與青龍爲對則白虎不可作騶虞仁獸解也　爲國者必貴三五三五當依余有丁解謂三家五代也觀前後文義自明索隱以三十歲一小變五百歲一大變解三五附會之甚獨不計上文有百歲中變之文竟置而不論邪及注後文爲天數者必通三五又以三辰五星爲說益以見其前後矛盾而立說之疎謬也

封禪書

飱巨棗大如瓜巨當作臣爲是若作巨則與大字作複文矣　有司與太史公祠官寬舒議此太史公蓋謂當時天官掌故官屬非遷自謂也韋昭索隱注俱非　其贊饗曰贊饗謂其祝贊之祠也索隱注引漢書儀贊饗秩六百石竟以爲官名失之矣　東巡海上行禮祠八神八神卽始皇所祀也文穎以爲開除八通鬼道失之

河渠書

時有雜處此何氣玄少弱　八書書也非志也故敘河渠而不及郡國地理然亦見史記於紀載之功爲劣

平準書

彭吳賈滅朝鮮置滄海之郡此事不見於朝鮮列傳疑有錯誤

吳世家

左傳云太伯虞仲太王之昭虞仲明是太王之子卽仲雍也今史記以爲周章之弟似有錯誤　季札吳賢公子旣不得獨立一傳自應附記於世家中但敘季子歷聘列國觀樂交友等事照依左傳全錄其文毫無翦裁亦似乖於賓主詳略之法　或曰越世家何以詳陶朱不知陶朱自附於越世家篇末與此不同也　自衛如晉將舍於宿按衛無宿邑戚譌爲宿誤而又可以呼乎亦不成語照左傳作樂字爲是　王僚史記以爲夷昧子公羊傳以爲壽夢庶子當從史記爲是　左傳載專諸語母老子弱是無若我何言僚則可弒而已母老子弱須託於光故光直應之曰我爾身也正相呼應今史記言王僚母老子弱又添出兩公子將兵伐楚云云似失左傳之旨下文光曰我身子之身也亦無着落　復命哭僚墓復位而待按公羊傳此處有去之延陵終身不入吳國句似應添入以結季子始

末并以著季子之高潔也　鞭尸事不見於左傳別書所載亦祗以鞭尸爲子胥事史記乃並言子胥伯嚭似無考據　敗之姑蘇報姑蘇也宜從左傳俱作檇李　季康子使子貢以周禮說太宰嚭乃得止按康子使子貢乃因太宰嚭召康子之事不因百牢對徵百牢者子服景伯非子貢史記紀事往往以傳聞而誤　齊鮑氏弒齊悼公亦屬傳記失實按左傳鮑氏未嘗弒悼公也　左傳吳王聞越誓自剄七人於幕下史記添入或泄其語吳王怒等句頗屑而失實

齊世家

漁釣自太公微時事何云奸西伯邪此等字甚礙於義理

蒼兕謂猛士猶言貔貅也馬融以爲舟楫之官王充以爲水獸皆非　桓公下車則死矣此句稱筆可省　敘無知連稱管至父等弒襄公一段較左傳詳斷而奇險弗及

齊頃公朝晉欲尊王晉景公晉景公不敢受按左傳齊侯朝于晉將授玉所謂欲尊王晉景公也但左傳無晉景公不敢受之文殆太史公誤看郤克寡人未之敢任一語而爲此臆說耳　生子光以爲太子仲姬戎姬董份以爲

此處必有脫誤良然　簡公悼公子年表作景公子誤

魯世家

許乎遂曰封周公乃成王時事詩云王曰叔父建爾元子可證也史記以爲武王事不知何據　周公入賀武王按尚書周公無賀武王事史記以王其無害云云爲周公賀武王語若如此則不成周公且代王之說已自昭露不應待風雷之變也　周公佐成王定官制制禮樂經國野撫中外勲蹟甚多世家敘次甚簡略亦一憾事　周公乃告太公望召公奭語亦過繁不如尚書之簡淨　敘管蔡流言事中間忽入周公誡伯禽語後敘管蔡已誅東土已集又入周公爲詩貽王事章次乖錯陵亂殊欠順序此太史公未經修鍊之文也　初成王少時病一段事不載於經傳惟蒙恬對使者辨罪文中及之殆即周公代武王之說而秦漢間好事者傳沿之訛耳宜刪去之　人或譖周公周公奔楚荒誕甚矣此豈傳信之史所宜有也　述無逸祇宜總括其大旨昔在殷王中宗以下可節去之　文王日中昃不暇食此無逸文也世家誤引入多士中　周公遺命欲葬成周以明不敢離成王成王亦讓葬周公於畢

以明不敢臣周公此事在經傳無所考意思亦殊瑣瑣

風雷之變不應在周公歿後果爾則惟朕小子其迎者將誰迎也今云周公卒後秋未穫暴風雷雨云云是謂周公歿後成王始因風雷之變開金縢書矣太史公作周公世家何錯謬失次如此　凡大木所偃盡起而築之築謂培禾本也徐廣馬融解築爲拾誤　尚書載周公治洛誕保文武受民凡七年未嘗言歸豐史記云在豐將歿亦與尚書互異　惠公奪其子息妻而自妻此與衛宣楚平事相類但事不見於經傳抑不知太史公何所據也　不言即

位此春秋釋文非紀事正體可刪去　乃使大夫奚斯行
哭而往按公羊傳慶父使奚斯請齊弗得奚斯哭而返慶
父聞之遂自縊如史記所云則奚斯之行哭而歸乃季友
使之也亦屬傳聞之誤　按左傳敬嬴私事襄仲故襄仲
欲立其子紀載甚明世家云敬嬴生子俀俀私事襄仲亦
誤　齊諱之此亦春秋書法横插非體可刪　魯人敬爲
稱句此太史公以己意添設者

燕世家

召公奭與周同姓姓姬氏按此既書與周同姓則姓姬氏

可省　召公疑之作君奭君奭不說周公按此既稱召公
疑之則不說周公爲複文矣應省其一　周公乃稱湯時
有伊尹假于皇天云云按此段所引非君奭篇要文不能
櫽括其旨　按年表云噲及太子相子之皆死紀年云子
之殺公子平今世家云燕人共立太子平是爲燕昭王與
年表紀年互異或年表紀年錯誤邪　齊城之不下者獨
唯聊莒即墨聊字衍燕攻齊齊城之不下者唯莒即墨二
城耳　子今王喜立今王不解其所謂索隱曰今王猶言
今上也燕王喜無謚故稱今王殆亦曲爲之解矣應將今
字削去　趙世家惠文王二十八年燕相成安君公孫操
弑其王樂資樂資即惠王也燕世家不書惠王被弑之事
亦太史公疏畧處　燕僻處北陲春秋之時多不與於會
盟兼典籍缺畧事蹟散逸故燕世家多傳疑之文未可以
爲據也

管蔡世家

按尚書周公以蔡仲爲卿士當時周公爲冢宰卿士當是
冢宰之屬左傳云舉以爲己卿士此其證矣世家乃言周
公舉胡以爲魯卿士魯國治誠不知其何所據也　索隱

欲析曹叔世家另爲一篇亦自有見

陳杞世家

陳佗與五父爲一人世家以佗爲厲公而以五父爲别是
一人誤按厲公自名躍不名佗也　周易之繇鳳皇之繇
皆田齊興國之兆與陳之興衰無干田齊世家載之是矣
似不必複載於陳世家即載之亦不必詳也　哀公太子
偃師一人也世家云娶鄭長姬生太子師少姬生偃亦以
爲兩人誤　時孔子在陳按孔子世家孔子凡再適陳則
孔子兩次在陳也索隱疑孔子在陳八年之久亦未深考

世本杞惠公之下有成公事亦見於左傳史記以惠公爲德公而脫去成公一代當誤也　管蔡世家篇末括敘周同姓陳杞世家篇末括敘周異姓蓋太史公作十二國世家之本末於此了了矣第厥篇次當在春秋諸世家之後

衞世家

成王長用事按成王當國之君也加以用事二字殊失其體　康叔以下六世稱伯當是伯仲之伯太史公因貞伯之子稱侯遂云頃侯厚賂周夷王夷王命衞爲侯亦似康

叔以下降爵爲伯至頃侯始命爲侯者殆誤矣且不知頃侯厚賂夷王之事果何所據也　索隱又以衞六世稱伯者方伯之伯按衞建國不強屬又非尊未見其六世爲方伯也　武公衞賢侯也其德性學問之盛見於毛詩左傳弒兄自立必無之事史記據雜史而並載之枉武公甚矣又不能詳著其德性學問之美此史遷之有愧於信史也楊慎以爲太史公作史日毛詩左傳未出故附會若此殆亦曲爲之解夫太史公豈不見毛詩左傳者邪　陳女女弟亦幸於莊公而生子完完母死按完母即戴媯也莊姜送戴媯有燕燕于飛之詩則完母未死也　左傳載右宰醜涖殺州吁于濮不言進食事史記云進食因殺州吁于濮亦不知其何所據也　左右公子未得其解姑闕之杜預以爲左右媵之子亦未確　於是遂入殺懿公於是上當有翟字觀下文初翟殺懿公也可見　惠公立三年而亡亡八年復入通前後乃十一年耳今云凡十三年亦不可解左傳云惠公立四年出亡與此互異　州吁出奔并友鄭段事不載於左傳史記不知何所據也　成公出亡復國一切維持調護皆賴甯武子之力史記曾不一表著之

亦一闕漏也　季札過宿聞孫林父擊磬云云此與吳世家互異亦與左傳所載不合當誤也且此事已載於吳世家不必重記　不及莫踐其難言不在內故謂之不及買遂以爲家臣憂不及國誤解　莊公於戎州爲己氏所殺左傳載記甚明世家言莊公出奔亦不載己氏本末亦一疎也

宋世家

太師少師乃勸微子去遂行按少師比干也比干無勸微子去之事　微子乃持其祭器造於軍門肉袒面縛按此

事見左傳恐得之傳沿不足為據　洪範一篇與宋世家本末無與也且前已載敘箕子事此處更提箕子似涉夾雜應省畧之為是　此言乃公子魚敎滑公也按左傳乃公子御說為之辭也御說即桓公非子魚　楚成王已救鄭一段係楚鄭事不宜載於宋世家　兩盟晉楚向戍之事世家以為華元　莊王曰誠哉言我軍亦有二日糧按公羊傳吾軍亦有七日之糧爾係子反語世家以為莊王語　宋事本簡世家所載記更為疎畧

晉世家

曲沃益彊晉無如之何按晉無如之何句可省　畢萬事魏國蕃昌之兆也既已載之魏世家則晉世家中可畧　殺秦滅梁而及梁好土功亦屬過詳失帶敘之體　數之以其不用釐負羈言而用美女乘軒者三百人也按左傳乘軒上無美女字他書亦無載曹美女乘軒事當是太史公誤記也　文侯翼周扞王受弓矢秬鬯之命在平王之時文王獻楚俘于周天子使王子虎命晉侯為伯在襄王之時史記於文侯之事畧而不載而以平王之命義和者屬之文公重耳錯謬殊甚　王宮在河西史記云渡河取王宮亦未深考　因執會以歸晉按魏壽餘歸士會以計得之也不得言執　按左傳晉趙盾以師八百乘納捷菑于邾又周公與王孫蘇爭訟宣子平而復之自是兩事世家云晉使趙盾以車八百乘平周亂而立匡王恐誤也　為趙宣子殺獒鬬而死者車右提彌明也反戈擊宮甲而脫宣子於難者桑下餓人靈輒也世家直以餓人為彌明亦誤　左傳舟中之指可掬也形容爭舟相傷情景如畫世家改作船中人指甚衆便失摹畫之神且於事情不得明透　梁山崩問伯宗伯宗以為不足怪也按此與三傳所載不合年表云伯宗隱其人用其言亦與世家互異

楚世家

寵姬江芈按江芈楚王之妹也言寵姬誤　王怒射殺子反按左傳子反兵敗自殺未見有楚王射殺子反事　屈完楚使及諸侯盟者也未見有將兵禦齊事世家云齊桓公以兵侵楚楚成王使將軍屈完以兵禦之似誤　乾谿之役風諫靈王者右尹子革也其陳述應答語語俱有隱刺左傳載之甚明世家以為析父誤矣且於應對機鋒處多從删畧而贅以靈王喜曰析父善言古事焉真不知子革風諫之旨及

左氏紀載之意也　楚恐城郢楚乃恐而城郢按此一事
兩敘先點城次用初字追原乃解敘所以城郢之故也正
太史公敘事有法處索隱據左氏傳楚無重城郢之文而
摘史記爲誤亦不自知其誤者也　楚世家後篇敘楚人
戰國時事多錄國策全文筆意跌宕極疏爽俊快然與前
篇質古簡峭之意絕不類矣　乃使勇士宋遺北辱齊王
按楚無勇士宋遺者之戰國策乃云遣勇士宋遺齊王
辱則宋遺非人名也太史公考據之學往往疏畧輕率如
此　秦虎狼不可信有幷諸侯之心按有幷諸侯之心句

可刪　乃告于秦曰賴社稷神靈國有王矣此告秦也或
作告齊誤　楚人以弋說頃襄王一段亦縱橫家言也
文雖排宕恣肆而涉於譎謔實於正議格言無補焉不如
刪去以省繁冗

越世家

與逢同共謀讒之王按逢同越大夫不應在吳安得與伯
嚭同讒子胥耶果有之則必逢同爲越臣吳因以閒子胥
者此處應有明文而未之一見此世家之疏也　使者去
不者且得罪言將致戮於使者也國語云無使執事之人
得罪於子文義甚明虞翻索隱二解俱非

鄭世家

三公子皆君也三公子謂子突子亹子儀也玩語氣不宜
有公子忽在內世家以爲指子忽子突子亹似誤　突因
櫟人殺其大夫單伯依左傳作檀伯爲是　無謚號三字
可省　公子嬰即左傳所謂子儀也改儀作嬰或別有所
見耶　左傳惠王不與鄭伯爵謂酒器也世家云惠王不
賜厲公爵祿誤甚　叔詹諫鄭伯不禮公子重耳已載晉
世家季札謂子產數語亦見吳世家今鄭世家俱載之可

省其一　解揚誑楚一段無甚關鄭事可省敘不必全錄
子產公子發之子非成公少子也世家誤　子產春秋
時名人也依范蔚例應附傳於鄭世家中　子產者鄭成
公少子也云云亦附傳體也但於子產事祇紀大概其治
國家折强鄭繫鄭安危諸大事槪未之及此亦太史公之
疏畧也

趙世家

夙生共孟按索隱引系本夙與共孟兄弟也不應云夙生
共孟　按左傳趙衰取文公女而生同括嬰齊皆在歸晉

之後今云初重耳在晉時趙衰妻亦生趙同趙括云云似誤　晏嬰叔向對語一段繫晉興衰藏之晉世家是矣趙世家亦載複而且贅證叔向語指言六卿非專爲趙也

晉定公之十四年范中行作亂按范中行作亂即指荀寅士吉射圍晉陽事也此處預提一筆亦挈綱標目之法但既書晉定公之十四年下文紀明年春云云反似兩事殆於編年紀月之法有未精密也　而安于獨在較左傳添出此句似更明白然不如左傳之省此特有筆致　襄子未嘗爲諸侯不應稱元年後文云襄子立四年則得之矣

史記糾謬　卷一　四三　空山堂

主父死惠文王立按主父已傳位於惠文王此又云惠文王立殆誤也　武靈王二十六年惠后卒惠后即孟姚也孝成王二年惠文后卒則惠文王之后左師觸龍所說之太后也按前後書法稱謂甚明索隱以惠后爲武靈王之嫡后前太子章之母而以惠文后爲吳娃孟姚惠文王之母殊爲支謬　肥義謂信期曰信期當是惠文王之佐與肥義爲黨與者也索隱以爲即下文高信按下文高信即與王戰則高信爲公子章之黨明矣肥義何緣屬高信也故知信期必非高信也

魏世家

卜偃論畢萬一段已載晉世家又紀於魏世家中未免重出　豐見按此論關魏興立應將晉世家中一段節去　武子名犨事文公重耳從亡定霸頗有事蹟可采世家一概不載未免疎畧　悼公之十一年曰云云此處句法少安頓殊未應序

韓世家

韓本曲沃桓叔之後世本國語可考世家未敘明而但云與周同姓亦疎畧　十年韓姬弒其君悼公按昭侯首尾

史記糾謬　卷一　四四　空山堂

二十六年中間忽云韓姬弒其君悼公不知悼公何君亦不知悼公與昭侯何屬又不知韓姬是韓何人也此太史公紀載省畧不明處　屈宜臼曰昭侯不出此門許慎曰屈宜臼楚大夫在魏也世家未點明楚大夫亦闕漏失書法　韓世家載韓戰國時事錄用國策之文往往事複而語倒前人論之已詳

田敬仲完世家

田敬仲完世家當作田齊世家　陳完陳厲公子厲公非陳佗也世家云厲公佗之子誤　其粟予民以大斗其粟

二字可省　子我即監止也世家以子我爲監止宗人誤
又以子我爲宰我更誤　子莊子曰立依韓世家例當作
子莊子曰代

孔子世家

孔子宋人也實祖孔父嘉爲得姓之始防叔則其奔魯之
別子也世家當從孔父溯其莫系本末乃爲得體今始防
叔似失之　紇與顔氏女野合而生孔子野合者即以爲
在野而苟合也故後文云由是孔子疑其父墓處母諱之
也蓋因野合而諱之也史記欲以神奇孔子之生而不知

其侮聖實甚索隱正義皆以男女婚姻過期爲野合此欲
掩飾史記之非而曲爲之解究之義不可通且後文所謂
母諱其父墓者政不知何故諱之也　已而去魯云云先
將孔子周歷列國總敘一段固有筆力但後文魯復善待
由是反魯似反魯適周在游歷列國之後先後次第反欠
清楚不如去此二語爲是　臣聞有文事者必有武備止
此一語切合事情已足有武事者必有文備句可省　歸
歟一歎凡兩引亦病其複　敘孔子如葉適楚事往往重
出複見即紀孔子出處年歲世次亦欠考據　南宮敬叔

救火此句可省據左傳救火者亦不止一南宮敬叔也
檀弓史記記孔子知其將死而自爲歌詩以哀之此固不
足以重聖人而政無害其爲聖人也吳澄力攻其非而以
爲聖人必不如是真迂儒之見也

陳涉世家

陳涉世家自應以涉爲主而吳廣則連及之篇首以陳勝
吳廣雙起乃似合傳起手法　周章軍已破矣按周章即
周文變文爲章亦屬可議　陳涉雖已死其所置遣侯王
將相竟亡秦由涉首事也通篇主意具見於此更不必作

贊語矣　褚先生曰地形險阻云云殊覺其贅摭引賈誼
過秦論上篇似取陳涉甕牖繩樞之子一段究屬過論秦
事不得專屬陳涉未免迂而無謂況過秦論已見於始皇
本紀乎　地形險阻所以爲固也云云按此數語即在德
不在險之意蓋沿襲賈誼過秦論而爲言者也筆意拙滯
決非太史公手筆

外戚世家

此后紀也大旨主於紀后后之戚族乃帶敘及之標題云
外戚世家殊非也許孚遠以爲皇后自作紀而外戚別爲

傳乃爲得之　總序非獨內德茂也內德指后妃也蓋亦有外戚之助焉謂外戚之親也文義甚明索隱注非但下文夏之興也以塗山云云所舉皆三代內德未及外戚與開端意義頗不相合此太史公行文疎處不可爲訓也　太史公曰秦以前尚矣云云至非天命孰能當之當連爲一段文字俗本或以漢興以下跳行另起割裂非體殊未知太史公文字之妙也　色衰愛弛亦非臣子目君后之體漢人文字不倫而無忌如此　天誘其統仍以作衷爲是　蒼鷹攫腹之夢亦殊鄙褻記之失體　其奉薄太后

諸魏有力者橫插此句文義未叶似有誤　褚先生曰臣爲郎時云云按此下紀修成君尹婕妤等事皆褚少孫所補應一切刪去以存太史公原本

楚元王世家

楚元王世家固簡淨然亦嫌其太畧如元王之賢而好學王戊之背祖棄賢皆闕而不載此亦太史公之疎也　或謂王戊刑申公事見贊中以爲事無重出予謂不然夫所謂事無重出者蓋以贊中敘事可以補傳載所未及也今事未敘明而驟出斷語終若無根據且楚王戊刑申公事

猶見於他紀至趙不用防與先生迄今不知其爲何人何事不歸咎於史記之闕漏不可也　地節二年中云云按此係褚少孫所續宜刪去　防與先生註以爲趙人防與公見趙堯傳按趙堯傳作方與公則未知方與公之即爲防與先生也

荆燕世家

澤使人謂田生曰弗與矣按弗與矣孟康解失本意太史公此語亦欠明透　定國有所欲誅殺臣肥如令郢人按肥如令郢人定國之臣係定國以事欲誅殺之也如淳索

隱皆以爲定國欲有所誅殺餘臣俱誤

齊悼惠王世家

齊哀王遺諸侯王書原載呂后紀一書兩見可去一條　至建始三年十五歲卒至建始三年十一歲卒按此皆褚少孫續入可刪去

蕭相國世家

奈何欲以一旦之功而加萬世之功哉竊意去此三語似更疎健　以帝嘗繇咸陽時何送我獨贏奉錢二也史記此等處極有風致然欠老　蕭何無字後人以爲疎畧第

漢初將相史記多不載其字或本無字或一時紀載闕漏此不足爲史記之疵也

曹相國世家

參之相齊齊七十城裵駰言曰特著七十城以見所以酬參者不薄也按七十城自是悼惠王封邑著之以見齊大難治也淩氏以爲酬參者不薄豈以七十城爲參食邑邪

以爲豈少朕與索隱注以爲少者不足之詞極是觀始皇本紀二世云丞相豈少我哉蘇秦列傳題王左右皆少之可證陳仁錫謂少朕者以帝爲年少也反以索隱爲謬

員曲爲之解而不知其非者也　征和二年中宗坐太子死國除陳仁錫以爲褚少孫所續按征和二年太史公尚存報任安書云今少卿抱不測之罪云云正指戾太子事也此文以爲褚續尚未可定

留侯世家

良愕然欲毆之爲其老彊忍下取履昔人多譏此數語以爲不似留侯英雄氣量直如淮陰少年耳愚以爲此處描寫正有神情衹欲毆之三字未免痕迹耳　不去見景駒此句可删　臣請藉前箸爲大王籌之前箸謂沛公案前之箸也舊註謂指前代已就之事即下數事周謬殊甚

陳丞相平世家

戶牖富人有張負此處句法稍沓贅不如云戶牖富人張負有女孫云云　武士反接之此句亦可省　其計秘世莫得聞按此二語已見下則此處可省

絳侯周勃世家

其椎少文如此椎謂樸鈍如椎師古注甚剴索隱乃謂質樸之性以斯推之訓椎爲推失之　人或說勃曰云云許孚遠以爲與陳平傳互異殆勃自知其不如平而又有人說之固自危而解相不妨兩存也

越人斬吳王頭以告越人即東甌王正義注誤　此不足君所辱言二者偶然不設汝即以爲不足邪何必索之嫌而恨之之辭時本云此非不足君所文義使難解孟康如淳二解俱錯　吾不用也言不復用條侯也孟康索隱解誤　坐酎金不善元鼎五年有罪國除此處辭句倒而且複當云元鼎五年坐酎金不善國除耳

梁孝王世家

漢書梁王名揖史記以名勝失之蓋勝自王中山也

梁王使韓安國因長公主謝罪殺車服僭擬事不因勝詭
史記列傳與世家異殆世家誤也　牛足出背上祇是不
祥之兆不必深求張晏解穿鑿甚矣況孝王以六月中病
熱六日卒並非六月六日也

五宗世家

河間獻王修學好古表章經藝多所發明購求遺書有功
述作太史公不能一一道之祇於世家紀其大概此亦一
恨也　紀諸王事多從節畧較五宗世家於景十三王傳
斯馬之不如班者矣　右三國本王皆粟姬之子也按十

三王出於五母篇首已經敘明則傳後分紀所出似屬可
省且於編次體製爲乖殆褚少孫所添贅宜一切刪去
中山靖王聞樂對文辭溫雅且有功於風諫亦不應畧去

三王世家

三王世家祇載當日請封奏議及封策之辭連綴成篇故
日三子之王文辭可觀此之謂也然究非世家體

伯夷列傳

太史公曰云云此太史公自稱蓋用特筆另提以別於上
文也索隱以爲楊惲東方朔所加非是他處放此　褚補

不厭極言貧耳索隱注固矣

管晏列傳

管晏名臣特爲立傳是矣惜不爲子產立一單傳　有封
邑者十餘世謂鮑叔也索隱注乃指管仲誤矣　正義注
引括地志紀桓公及晏子冢云云與晏子贖越石父事不
類不知其何故也

老莊申韓列傳

蓬累而行宜從余有丁解索隱正義俱誤　莊子不甚推
尊老子傳云以明老子之術此太史公僅得莊子粗迹處

司馬穰苴列傳

王常曾孫和因自立爲齊威王此文誤也和自立爲齊太
公其孫乃稱威王耳　或云穰苴齊湣王時人此言非也
觀吳起傳李克謂司馬穰苴不能過也可見

孫吳列傳

起貪而好色起爲人節廉而自喜名一傳之中稱起者互
異必有一誤

伍子胥列傳

不然且爲楚患此句可省連用不然等字亦犯重沓之病

國歷立三年以下一段俱與吳世家同似宜有刪裁畧見變換

仲尼弟子列傳

蒯聵劫孔悝而子路救之故曰若燔臺半必舍孔叔非孔悝作亂而子路燔臺欲殺之也列傳誤　是時子貢爲魯使於齊此句插入子路傳中不倫且年分亦誤宜刪去

宰我爲臨菑大夫與田常作亂云云此烏有之事殆因闞止字子我因誤指爲宰予也史記傳譌之文如此者甚多極有關係不可不知　子胥以諫死按吳伐齊時子胥尚

未死家語越絕書並無此五字此史記之誤也　曾子大賢本傳殊恨其畧　孔門弟子皆受業身通之士弟子傳祇畧紀其年歲言行至於傳經授道源流本末一切大關目俱未紀及亦一恨也

商君列傳

作爲築冀闕宮庭於咸陽作爲二字疑衍　天資刻薄人也資與姿通索隱解誤

蘇秦列傳

出遊數歲大困而歸按戰國策此段在說秦王之後與此

有異　寧爲雞口無爲牛後亦譌當從戰國策爲是

張儀列傳

司馬錯與張儀論伐蜀一段此自以司馬錯論爲是而儀言不讐無當於張儀事功也今載之儀傳中似失賓主之法　陳軫不敘邑里而直曰游說之士亦一變例然終屬闕畧　臣主與王何異也言已之爲秦王計不後於楚王也索隱解誤

穰侯列傳

須賈說穰侯一段詞亦嫌其過繁

白起王翦列傳

王翦長於用兵爲秦并國拓地功亦至矣太史公責以不能建德固本此自王者宰相之事翦何與焉以此責翦亦殊太過

孟子荀卿列傳

淳于之事跡辭說頗多文亦未免太畧

孟嘗君列傳

靖郭君非齊宣王庶弟索隱辨之已明　馮驩附傳於末亦是一法但不如戰國策插書之工

平原君虞卿列傳

平原君虞卿本非一類似不宜合傳且四君並稱彼三君皆單傳平原獨以類合亦有參差不一之嫌　虞卿者游說之士也竟不知其何國人且虞卿係屬封號真姓名寃亦不傳亦一缺事　遂圍邯鄲爲天下笑此敘中帶斷也然亦非體

樂毅列傳

室有語不相盡以告鄰里言已有過尚望樂間諱之也正義解誤

田單列傳

君王后及王蠋二段皆燕師入齊時事故附記於贊語之末此帶敘法也時本多將此二段跳行另起便失其旨

魯仲連鄒陽列傳

鄒魯之臣生則不得事養死則不得賻襚謂國小財乏不能備生死之禮所云鄒魯之僕妾也索隱解誤

屈原賈生列傳

君置門下甚幸愛幸字非待賈生身分太史公語句不擇如此　故與李斯同邑而嘗學事焉此句無關會可刪　賈嘉最好學世其家與余通書此太史公深惜賈生故詳記其後前云與余通書以致親暱愛慕之意褚少孫續云王孝昭時列爲九卿似以爵位通顯爲耀便失太史公之意定宜刪去以存其真，世其家時本誤重一字

呂不韋列傳

莊襄王本名異人後更名子楚或子楚其字也太史公直云安國君中男名子楚似誤當以戰國策爲是　子楚夫人趙豪家女也按子楚夫人即子韋所進之姬殆邯鄲倡也必非豪家女史記前云邯鄲諸姬後乃云豪家女此自相

矛盾也　河南郡漢初所置在秦本名三川郡列傳云食河南雒陽十萬戶殆據漢郡言之非是宜從秦稱　謚爲帝太后按帝太后非謚也且秦不用謚法此殆號耳　不韋及嫪毐貴封號文信侯按文信侯不韋封也不得及嫪毐索隱以爲嫪毐封長信侯此殆長信侯之誤然上文以不韋嫪毐雙稱寃不知誰氏之封此等句實不可解

刺客列傳

曹沫曹劌本屬二人索隱以沫爲劌誤　其後百六十有七年而吳有專諸之事此等牽合補綴似涉小巧殊不爲

隹況刺客諸傳俱沿此法毫無變換乎　我必爲報讐而死以報智伯此處不如國策渾妙　伏於所當過之橋下似較明細究不如原文之老　聶政殺俠累在烈侯三年傳云嚴仲子事韓哀侯誤　秦舞陽與荊軻同使荊軻刺秦不成而死舞陽不知如何下落此太史公疎畧處　論功行賞及所當坐者各有差則中庶子蒙嘉必不免矣但無明文亦疎

李斯列傳

二世燕居以下殺蒙毅及公子高二段乃趙高事與李斯

似無干涉未免敘次太繁失賓主之法　二世責問李斯語本紀亦載其文而辭稍不同此太史公不及整頓處宜刪其一　乃名始皇弟授之璽按子嬰乃始皇孫也稱弟誤　宦者韓談史記談皆作同此仍談誤也

蒙恬列傳

我何罪於天無過而死乎無過二字可省

張耳陳餘列傳

破人國家云云語句殊覺繁複　武臣說豪桀一段亦欠精密　殺人之父云云連排四句亦可刪省　足下必將

戰勝然後畧地攻得然後下城二語俗滯未除　與太伯延陵季子異矣此擬比亦太失倫

韓王信盧綰列傳

自立爲大王大當作代

田儋列傳

無不善畫者莫能圖言雖有善畫者莫能圖其形容此太史公企慕田橫極至之辭也俗解以爲計畫之畫誤

樊酈滕灌列傳

漢王賜商爵信成君再言爵信成君是衍　王自殺除國

按趙王自殺除國與酈寄無涉宜刪去　酈商食其之弟因兄得用傳中亦宜點出　上降沛一日此句是有脫誤不可強解　賜所奪邑殆嬰以他故奪邑至是復還之也音義解誤

張丞相列傳

此以張丞相爲王而周昌申屠嘉等乃以類附之也故其目曰張丞相傳傳中如周昌者沛人也任敖者故沛獄吏皆宜連敘合爲一篇不宜跳行另起致乖體格俗本多譌　趙堯究不知何處人亦宜補出　臣期期知其不可臣

期期不奉詔摹寫雖極肖情狀然終近謔褻不如省卻期期而但用拙澀艱鈍之句點逗入神尤爲老致　無所不不褻無所不逼此處省一句考連排二語未免冗易　有怠慢之禮此句稚率之甚且怠慢又何足爲禮　高后崩不與大臣共誅呂祿等按呂后紀載平陽侯以呂產謀告丞相平則曹窋與誅諸呂明矣何云不與大臣共誅呂祿等邪漢書去一不字極是

酈生陸賈列傳

田間將二十萬之衆軍於歷城按此時不應有田間據田

儋傳乃是田解　病死國除也也字當得無謂漢書刪之爲是　我孰與皇帝賢陸生曰云云此處先得一語載住句脈方妙　一歲中往來過他客率不過再三過數見不鮮無久慁公爲也言一歲中尚有他客可過過汝等諸子者率不過再三次入情久則生厭故不欲數過汝等恐慁擾之語意甚明索隱重份解俱誤　語在黥布語中此句宜刪去　初沛公引兵過陳留此段雖意致駘宕而語氣殊久老堅不類太史公筆且於正傳已完之後重記初得酈生事體格亦不倫

傅靳蒯成列傳

傅靳標姓蒯成標國篇題殊屬可議

劉敬叔孫通列傳

贊中許叔孫通爲漢家儒宗此言亦過當如此則漢代諸儒無色矣

季布欒布列傳

故特召君耳特字用來庖不甚順卻最有態味宋本特作時誤陳仁錫乃謂特字不如時字更誤

袁盎鼂錯列傳

王亡與亡言盡節致命也如淳索隱俱失之　其語俱在吳事中此處括而不詳雖屬簡徑省力然敍述終不分明其後語塞語句亦欠分曉　鼂錯備邊塞言兵事諸疏最中機要即不全載亦宜畧括其概　吾去公歸矣按公者常人通稱錯公謂子爲公正惡恨錯之深也許孚遠以爲錯爲三公其父以官稱之誤

張釋之馮唐列傳

尚率車騎擊之所殺甚衆此下宜敍入上功差級下吏等語文義方明順

萬石君張叔列傳

以爲九卿迫近惲之言孝景時遷爲九卿因惲其恭謹故徙爲諸侯相也許孚遠以爲位次當爲九卿解殊支曲不通　太史公敘萬石君張叔等處處俱帶諷刺而於塞侯周文等更有不滿之旨贊語甚明其云可謂篤行君子乃筆端抑揚之妙正有深意陳仁錫曰爲失評此淺於讀史記者也

田叔列傳

田叔竟失其名亦一缺漏也　臣等當蟲出此句終嫌其

俚　張丞相傳田叔傳篇末續補處皆褚少孫惡筆也不宜汗雜正史應一切刪去

扁鵲倉公列傳

勃海郡鄭人也鄭當作鄚今河間猶有廢鄚州　我之帝所甚樂云云此段已見於趙世家此處似屬可省應以節略爲妙　扁鵲過虢虢太子死按扁鵲在趙簡子時則虢滅已久或云虢當作郭然郭公已紀亡於春秋此時亦不應有郭竊意太史公傳扁鵲多係傳聞異辭或寓言也

此處中亦除肉刑法按太史公作倉公本傳止此意家居以下以及齊侍御史成諸條乃倉公醫案褚少孫取以續之決非太史公手筆蓋太史公作方伎等傳大抵傳其精要必不爲此瑣細也應一切刪去以存太史公之眞

魏其武安侯列傳

相提而論言以徧事此對似乎自明揚主之過也諸解俱誤　除關謂除關門之禁也索隱解誤　天下士郡國諸侯按天下士士人也郡國諸侯謂列侯也索隱注亦有小誤

韓長孺列傳

王恢設謀馬邑無功自殺事與長孺無涉紀之太詳使人閱之不知爲長孺傳此有客齊王之嫌且已載於匈奴列傳則此處可畧　出於忠厚言長孺雖智而不失爲忠厚也玩贊語可見索隱解出爲去誤

李將軍列傳

匈奴必以我爲大軍誘之或作大將軍誤　青欲上書報天子軍曲折曲折謂軍情委曲也正義解謂委曲而行迴折使軍後大將軍大誤

匈奴列傳

夏道衰而公劉失其稷官按周本紀云不窋失其官此云公劉似誤　漢士卒物故亦數萬按物故者言化爲異物就朽故也索隱引高堂崇注謂無復所能於事穿鑿可笑

昔齊襄公復百世之讐按齊襄公復九世之讐言百世者甚之之辭陳仁錫必欲改百爲九固矣　貳師聞其家至兩人耳有詔捕大醫至降匈奴按此二節皆太史公原文玩筆法可知陳仁錫以此爲褚生所續不知其何所據也玩傳末文義少此二節不得或謂史記止於天漢二年不應載征和年間事然亦無確據　昔齊襄公復百世之

讐春秋大之按此詔語氣未終豈史有脫漏邪

衛將軍驃騎列傳

按衛將軍之母爲衛媼傳云侯妾衛媼又云青同母弟衛長子而姊衛子夫則媼先嫁衛姓生衛長子與子夫後爲侯妾與鄭季通生青明矣青所冒者衛長子之父姓也索隱以爲爲父與母皆未明似未深考　張騫從大將軍至封騫博望侯按此段與前後文義不屬似失倫次況張騫已載於裨將中則此處不更重複乎　將軍霍去病爲驃騎將軍按驃騎者武帝所以專寵去病也此當爲驃騎將軍驃字誤　冢在大猶鄉冢在漢中二語皆緊接其卒而及之其爲冢字無疑或作家字誤　征和二年衛太子巫蠱事太史公當及見之如任安本因太子事獲罪而太史公報任安書云今少卿抱不測之罪則巫蠱與時太史公猶存明矣或謂太史公不及巫蠱事凡裨將傳中引巫蠱事者皆以爲褚少孫續入似未深考也

平津侯主父列傳

臣聞天下之通道五至百世不易之道也此段寬泛不切宜刪去　或說偃曰太横矣此句率易未練　偃傳後篇

多稱主父亦未叶宜悉更爲偃　平津主父爲人皆曲學阿世小醇大疵故并爲一傳陳仁錫以爲行事終不相合主父以下當別爲一傳此未深考也　齊人嚴安嚴當作莊　太皇太后詔大司徒及班固稱曰二節俱宜刪去

南越列傳

略定揚越按東越閩越屬揚此南越屬荆當云荆越

東越列傳

姓騶氏騶當作駱　不戰而耘耘除也不必作殞

朝鮮列傳

滿亡命罪棄家走險不顧性命也正義解命爲致令誤
朝鮮立國已久史記祇敘王滿以來而未推原本亦一缺
漏也

西南夷列傳

行誅頭蘭杂隱以爲頭蘭即且蘭以下文嘗隔滇道者觀
之似非且蘭也

司馬相如列傳

今文君已失身於司馬長卿有長卿二字文意始足楊慎
欲削此二字失之　揚雄以爲靡麗之賦云云此漢書贊

語班氏添入者也宜削去以存太史公之舊

淮南衡山列傳

伍被諫淮南王及爲淮南畫策數段辭甚冗濫更多重複
殆伍被自告反跡之文太史公備載之未及裁削者也
盡誅所與謀者於是乃遣云云於是二字宜在盡誅所與
謀之上文勢方協　往者秦爲無道按此段與前敘秦亂
跡大概相似故知其冗而且複也　恐爲所并此四字宜
在亦心結賓客以應之之上文勢方協　於是王氣怨結
而不揚涕滿匡而橫流此二語及虢公見扁鵲一段皆雅

緣韻悒大似賦語固是史記佳處然史中帶賦終病其格
體之雜也

循吏列傳

自周以來治民之官可稱循吏者多有太史公祇取五人
漢代如文翁吳公實稱循良之職太史公亦概未之及周
知循吏傳殆非太史公用意文字未免疎漏也　子産相
業特著春秋祇載循吏傳中尚屬屈抑未足爲允也　石
奢李離二人行事未見爲循吏濫之傳中亦屬不倫

儒林列傳

儒林傳敘漢儒經術源流亦不如漢書之詳悉下筆亦有
疎率處　是役學者莫敢明受命放殺者此句可省

酷吏列傳

酷吏才人并爲一傳穿插貫串直是一篇文字俗本或將
諸人名字跳行另提似各爲一傳者此強作解事而不知
史家類傳之法亦并不知太史公紀載之妙者也

大宛列傳

既臣大夏而居謂月氏還道臣屬大夏而居其地也觀下
文可見索隱註誤且欲改居爲君更謬　大宛列傳連及

諸國亦類傳體也皆從張晏説中叙出與一篇文字俗本
誤將諸國跳行各叙甚失太史公本意　遣水工徙其城
下水空以空其城謂別穴低處引去城下下以空之城中
之水也徐廣註誤

游俠列傳

延陵楊慎以爲即吳季札徐廣謂爲趙之延陵生誤

佞幸列傳

郎中令周文仁文字疑衍　仁寵最過庸不乃甚篤不與
否同言周仁寵幸最過庸否乃亦最甚也索隱句讀旣誤

解更支離可笑

滑稽列傳

語在田完世家中此句可省

日者列傳

日者傳借卜筮之事以諷調世情其文閎肆曼衍時有奇
氣殆司馬季主寓言自敘之文太史公錄述其篇耳然文
涉排偶不類傳體

龜策列傳

傳以視人不應及物龜策傳宜列載古來之善占者如後
世方伎等傳可也太史公略而不詳亦一恨也　褚少孫
序宋元王一段宜一切刪去

貨殖列傳

及秦文孝繆居雍按繆公以前無孝公此必有誤觀下文
獻孝公徙櫟可見

自序

司馬黎之後太史公並稱重黎而云程伯休父其後似誤

太史公遭李陵之禍殆爲救李陵而下蠶室也正義謂
舉李陵而陵降按太史公實無舉李陵之事正義疏昧不

察至此

讀史糾謬卷一終　　蘭陵門人張桂林校刊

史記評註

[清]牛運震

清嘉慶二十三年刻空山堂全集本

史記評註序

史記之文詳略有體往往使讀者得其意象於語言之外而蹈舞興起不能自已固非字繩句削而為之者也後之論義法者

以為學古人之文寧簡毋冗其刊剗之過至於篇無賸句句無餘字於法得矣卒之辭盡而意亦與之俱盡讀其文者了無餘味之可尋況有蹈舞而興起者

乎以是為古文宗子京唐書列傳或近之太史公無是也淄陽牛真谷先生有史記評註藏於家塾余嘗得而觀之其於述作之指提挈收截伏應之法言之

詳矣而史文之繁悉者尤三致意焉其評五帝紀曰他史之妙妙在能簡史記之妙妙在能複蓋他史祇是書事而史記兼能寫情情與事并故極往復纏綿

長言不厭之致不知者以為冗繁則非也評秦始皇紀曰臚叙列侯倫侯丞相卿五大夫繁而不殺複而不省正古文拙重處故知以省文減字為古者非古也評項羽紀曰略知其意即又不肯竟學也然非又不肯竟學一語收不住又曰一府中皆慴伏文義已足加莫敢起三字更有神情聲勢評刺客傳曰然是

者徒深知政也及老母今以天年終云云凡一意而三四見不厭其複古來史家文字以繁與複為長者獨太史公一人耳評魏其侯傳曰所賜金陳之廊廡下云云若粗書其事當云所賜金悉予諸將軍吏便索然矣他所標舉不可件數類有異乎俗師之云者於太史公之書不惟得其文義乃并其精神意態而

傳之斯亦奇矣余既錄藏其副近先生令子中野將募貲以授剞劂氏而請余為之唱且索序馬史法非余所知然於古今作者粗涉其流別聊以所見質讀

史治古文者務為好學深思求通其意而繁省之見可以勿存庶是編之不虛刻也牛君能讀父書表章遺著如恐弗及其志行有足稱者因附書之

乾隆五十有六年歲在辛亥陬
月既望武功張玉樹

右史記評註十二卷先君子設教晉陽時所著而改定於少陵臺畔者也鈞生也晚得侍先君子者才十三年庭訓具在而弗能識也手澤猶存而弗能讀也然先君子著作等身凡詩古文辭得諸通籍以前與夫宦游者居多而批注經史多在暮年所以會萃百家苦心孤詣者鈞猶及見之每

明發孤醒追念先型思有以表章遺文公諸天下後世之能讀且解者顧限於物力蓄願莫副沉湮篋笥二十餘年於戲先君子一生心血幾等諸微言墜緒者矣歲辛丑武功張蔭堂先生來宰嶧縣每過郡城必索讀遺書而於史記評註尤為擊節越九年先生由滕州來守濟寧慨捐清俸授

諸開雕當是時宰滋陽者豐潤周尤廷先生也分廉助工雅與蔭堂先生有同志焉乃程功方半而蔭堂先生有臨安之命尤廷先生亦陞任南昌鈞當此際懼盛舉之中輟將有負於高誼黽勉鳩工左支右詘而嶧縣張君魯文知其漸不克終也由厥嗣任所寄金續刻之是編於焉告竣自圖

始以迄落成蓋三年矣嗟乎子美詩文序於身後昌黎遺編傳自及門前賢盛軌炳耀千春而先生之於先君子非有平生傾蓋之歡也非有往來唱酬之雅也而張君又先君子晚年所得士從游未久也乃皆好義若此誠足軼古人而勸來者先君子地下戴明德矣況為其後嗣者耶抑先君

子著作是編外若易解春秋傳若批註詩書論孟若十七史糾繆以及詩古文辭俱未梓行倘當代仁人君子感於義風壽諸梨棗俾先君子手澤一時並傳是鈞之厚望也夫乾隆五十八年歲次癸丑中秋男鈞謹識

長孫廉夫校字

空山堂史記評註目錄

空山堂史記評註卷一

滋陽牛運震階平

本紀

五帝本紀

三皇荒遠無考太史公作史記斷自黃帝述五帝本紀正以大戴禮有五帝德篇又帝王世系皆敘自黃帝以下其言信而有徵也百家言黃帝猶病其不雅馴而必擇其雅者論次爲書首況於三皇之荒遠難稽乎故知司馬貞之補作三皇本紀妄也　幼而

徇齊註駰案徇疾齊速言聖德幼而疾速也按疾速之義與下云敦敏文疊義複索隱據爾雅宣徇遍也言幼而才智周徧且辯給也此解似是大戴禮五帝德篇作幼而彗齊彗當與慧通　軒轅之時神農氏世衰諸侯相侵伐暴虐百姓云云至諸侯咸歸軒轅按此段將言黃帝征伐之事先言神農氏衰諸侯相侵此提掇法也自軒轅之時至諸侯咸來賓從先虛冒統敘又將蚩尤炎帝特提側卸以爲下文阪泉涿鹿兩戰張本虛實分合極史法錯綜之妙　治

五氣藝五種二語道理邃奧用兵大原本　教熊
羆貔貅貙虎正義言教士卒習戰以猛獸之名名之
用威敵也按此句最奇古聖人役使草木擾畜鳥獸
皆有自然之法不可謂誣正義解非　蚩尤作亂
不用帝命按此文與蚩尤最爲暴莫能伐隔遠不得
不復敘另提　史記長於用虛字如敘黃帝征伐
之事一段屢用而字於是然後等字頓挫句貫連斷
得宜此太史公用虛字之妙也　天下有不順者
黃帝從而征之平者去之披山通道未嘗寧居按此

數句意度約括之詞筆勢動盪有虛神　東至於
海登丸山及岱宗西至於空桐登雞頭南至於江登
熊湘北逐葷粥合符釜山按此點次巡行文體穆然
淵古合符釜山字法精彩　遷徙往來無常處以
師兵爲營衛按此寫上古草昧國制兵法極精確
順天地之紀幽明之占云云至節用水火財物按
此段典貴深奧可謂極致時播百穀草木以下排六
句結束勁整渟化旁羅水波等字法精深　水波
土石金玉水波融化變易之謂言治土石金玉流動

光明如水波也徐廣曰波一作沃亦通索隱解謂海
水不波正義解謂水少波浪皆誤　是爲黃帝故
號黃帝兩總章法極嚴　黃帝二十五子其得姓
者十四人按黃帝五帝三王之祖故敘其子姓世系
特詳　大戴禮時播百穀草木故教化淳鳥獸昆
蟲歷離日月星辰極畋土石金玉勞心力耳目節用
水火材物與史記異數字不如史記之穩練新切
靜淵以有謀疏通而知事養材以任地載時以象
天云云按此數句淵懿深厚之文　大戴禮乘龍

而至四海北至於幽陵南至於交趾云云史記削去
乘龍而至四海一句得毋猶嫌其不雅馴耶　莫
不砥屬砥屬字法深穩較大戴禮砥礪字更進一解
高辛父曰蟜極蟜極父曰元囂元囂父曰黃帝
自元囂與蟜極皆不得在位至高辛即帝位高辛於
顓頊爲族子按高辛父曰蟜極蟜極父曰元囂元囂
父曰黃帝此倒敘也自元囂與蟜極皆不得在位此
束繳也高辛於顓頊爲族子此帶補也紀敘世系數
十字中而備數法如此　普施利物不於其身聰

以知遠明以察微云云至其服也士按此段句法屢變攡宕有情其色郁郁四語奇俊生姿　其服也士士字新妙漢書袚服出於儒者同此意　帝嚳溉執中而徧天下按此句總收有筆力溉字深妙大戴禮其服也士下有春夏乘龍秋冬乘馬二語史記亦削去極有見　帝嚳娶陳鋒氏女生放勳按堯世系出身載於帝嚳紀末而堯紀不另點又一法　就之如日望之如雲按二語奇麗六朝文字之祖　彤車乘白馬能明馴德按此處入尚書無

迹俊德改馴德别有深妙之理　鳥獸字微字微字極佳　史記點竄堯典如便章百姓數法日月星辰敬道日出便程東作鳥獸字微便在伏物信飭百官等句或依本文為註釋或翻舊文更進一義大約奥者明之古者新之聱者諧之噩者易之此何艮後所謂略加點竄便知太史公之文也他改尚書處放此　旁聚布功可用句拙古　女謀事至而言可績三年矣此句有情慨然以深　五月南巡狩八月西巡狩十一月北巡狩皆如初按此處節省

尚書較簡徑　惟刑之靜哉恤字換靜字妙說出聖世明刑天清地寧氣象　讙兜進言共工堯曰不可而試之工師共工果淫辟四岳舉鯀治鴻水堯以為不可岳彊請試之試之而無功故百姓不便三苗在江淮荆州數為亂於是舜歸而言於帝按此段言四凶獲罪之由及舜請命帝堯不敢專刑之意極分曉皆補尚書所未及　堯立七十年得舜二十年而老令舜攝行天子之政薦之於天堯辟位凡二十八年崩按此段結束奇老太史公出手法見筆力

處　授舜則天下得其利而丹朱病授丹朱則天下病而丹朱得其利堯曰終不以天下之病而利一人而卒授舜以天下按此段敘事中夾議論極離奇疎宕之致一篇醇正文字而以奇肆終之是筆法變化處　敘舜世系亦用倒敘而更加詳蓋舜出身卑微必推本之以為神明之胄也　前云舜父瞽叟盲而舜母死瞽叟更娶妻而生象象傲瞽叟愛後妻子常欲殺舜舜避逃及有小過則受罪順事父及後母與弟日以篤謹匪有懈後又云舜父瞽叟頑母

嚚弟象傲皆欲殺舜舜順適不失子道兄弟孝慈欲
殺不可得卽求常在側前云舜耕歷山漁雷澤陶河
濱作什器於壽邱就時於負夏後又云舜耕歷山歷
山之人皆讓畔漁雷澤雷澤上人皆讓居陶河濱河
濱器皆不苦窳此皆先虛後實先略後詳之法他史
之妙妙在能簡史記之妙妙在能複蓋他史祇是書
事而史記兼能寫情情與事并故極往復纏綿長言
不厭之致不知者以爲冗繁則非也一部史記佳處
正在此故特於舜紀指其端　瞽叟愛後妻子變

象言後妻子妙有情　欲殺不可得卽求常在側
二語寫神聖作用入微太史公苦心揣摹得出
堯二女不敢以貴驕事舜親戚此句體貼人情溫朴
可思　舜曰然爾其庶矣按此句與孟子維茲臣
庶女其與予治另是一意而簡妙溫古似更勝
於是曰舜妻堯二女與琴象取之牛羊倉廩予父母
按此處約孟子妙　舜復事瞽叟愛弟彌謹於是
堯乃試舜五典百官皆治按此束上起下極有法脉
昔高陽氏有才子八人世得其利謂之八愷云

云至於是四門辟言毋凶人也按此段另起一頭將
舉十六相流四凶劈分兩大股提挈束結波瀾開合
極文字展拓錯綜之妙　刪潤左傳處無迹而有
法則　此三族世憂之至於堯堯未能去縉雲氏
有不才子云云至天下惡之比之三凶按四凶作兩
層敘極錯落　禹皐陶契后稷伯夷夔龍倕益彭
祖自堯時而皆舉用未有分職按此總點禹皐陶以
下十人提挈有綱領命官有夔而敘功不及以夔功
見自贊也彭祖略而不敘無照應以彭祖不見尚書

也古人行文錯落不拘如此　命十二牧論帝德
行厚德遠佞人則蠻夷率服按此段括尚書妙
此二十二人咸成厥功皐陶爲大理云云至各以其
職來貢不失厥宜按此段敘諸人功績肅古樸茂高
文典冊真不可及　唯禹之功爲大云云按此歸
重神禹所以見舜禪禹天下之本也下文接入方五
千里至於荒服咸戴帝舜之功渾然無迹此見文字
脉理安頓之妙　西戎東長鳥夷此文家省字法
不足爲病索隱以爲缺誤失之　天下明德皆自

虞帝始此句總煞妙是舜本紀　舜年二十以孝聞云云至是爲零陵按此記舜年譜特詳收束通篇筆力極古老踐帝位三十九年變句妙此文家錯綜法　記舜崩葬舜事備悉無遺矣篇末附掇三大段自舜之踐帝位云云至封弟象爲諸侯載舜朝父封弟所以終舜順事父母與弟日以篤謹之事也自舜子商均亦不肖云云至天子弗臣示不敢專也載舜禪禹所以終舜代堯受命有天下之事而堯子丹朱舜子商均以下連類竝載堯舜之後奉先賓王所

以爲堯舜二帝本紀收結也自黃帝至舜禹皆同姓云云至末敘五帝世系同姓異號所以爲五帝本紀收結也點次結搆妙在有意無意之閒而帝禹爲夏后云云連及三代氏姓已爲夏殷周三本紀根地又似不專意收結五帝者此大手筆經營錯綜渾妙無痕迹處

五帝本紀贊史記開端第一篇贊語一部史記作法要領略見於此余嘗西至空峒北過涿鹿東漸於海南浮江淮云云此自述其歷覽之博也顧弟弗深考其所表見皆不虛書缺有閒矣其軼乃時時見於他說此自述其考據典籍之詳且愼也好學深思心知其意此自道其讀書獨得之奇與其作史之本并示後世學者以讀史記之法也余并論次擇其言尤雅者此又自評其帝紀之妙不外一雅字一部史記皆當以此字領略之也　五帝本紀贊以疎宕蕭瑟之筆兼高古質邃之體疎宕蕭瑟自是太史公本色高古質邃則五帝紀贊獨勝太史公出格文字也

五帝紀贊妙在意多而文簡尤妙在意屬而文斷

用筆靈活處往往意到而筆不到詞了而意不了敘中夾斷承中帶轉正有吞吐離合若斷若續之妙吳澄硬分爲九節此章句訓詁之見不足以測太史公之文也　其文不雅馴薦紳先生難言之又曰擇其言尤雅者故著爲本紀書首太史公作史記何等愼重解此則羅泌路史眞可不作至魏收李延壽輩鋪列恠異搬演小說又不知當於何處生活也

五帝本紀最難着筆益奇詭則涉語恠之書枯簡則非記事之趣故不易作也太史公五帝紀高古典貴

一字不苟而又紀載明晰結搆完整政史公極用意之文楊愼謂非史公極筆此不知文者也　柳子厚云參之太史以著其潔五帝本紀政太史公極潔文字　太史公論贊或隱括全篇或偏舉一事或考諸涉歷所親見或証諸典記所參合或於類傳之中摘一人以例其餘或於正傳之外摭軼事以補其漏皆有深義遠神誠爲千古絶筆司馬貞索隱譏其頗取偏引以爲首末不具褒貶未稱別作一百三十篇述贊綴於簡末其不知史法與文體殊甚眞所謂爝火於日月浸灌於時雨者也

夏本紀

禹之父曰鯀鯀之父曰帝顓頊顓頊之父曰昌意昌意之父曰黃帝按此敘世系亦用倒推法　等之未有賢於鯀者句法甚古　巡狩行視鯀之治水無狀句質古可喜　禹爲人敏給克勤云云按紀禹爲人於此極有安頓　稱以出大戴禮作稍以上士按稱以出較稍以上士深穩而易解　禹傷先人父鯀功之不成受誅乃勞身焦思云云按此數語寫出聖人忠孝至性篤厚可泣　命后稷予衆庶難得之食食少調有餘相給以均諸侯按此脫化尚書而筆法質古明淨寫古聖經濟如見　禹乃行相地宜所有以貢及山川之便利禹行自冀州始按上文禹傷先人父鯀功之不成受誅一段中間敘禹乘四載開九州通九道陂九澤度九山等語括敘大禹治水作用儼然一篇禹貢總序此處入禹貢全文渾合無迹史記敘次結搆之妙如此　竹箭既布按此改尚書舊文妙有變換孫氏之評失之

道九山汧及岐至於荊山云云道九川弱水至於合黎云云按導山導水禹貢兩大段文字史記祗添道九山道九川六字更覺條理井然　禹貢在尚書極典整史記略加點竄更極明淨　禹伯夷皋陶相與語帝前按此總提一筆領起皋陶益稷二謨有法　非其人居其官是謂亂天事按此處改尚書極森竦古意可思　皋陶難禹曰何謂孳孳此一難字撰出禹皋問答辨論之神史公細閱虞書得之　於是天下皆宗禹之明度數聲樂爲山川神主

按此總收極有眼目筋力確是夏本紀與舜本紀不下明德皆自虞舜始收法同

贊語載禹後分封諸姓正以補本紀之不及也史記論贊以美補正往往如此　　命曰會稽會稽者會計也按此語誕得妙必求其解則失之

禹貢九山九川謂九州之山川非拘指九數也史記夏本紀道九山道九川亦統目九州爲言亦未嘗以岍岐諸山實九山以黑弱諸水實九川也索隱註九山實以岍壺口砥柱太行西傾熊耳嶓冢內方岷山

註九川實以弱黑河濟江漢淮渭洛水則偶然相合山則參錯不定此自司馬貞註解之誤與太史公何與毛大可尚書廣聽錄乃以此斤斤責太史公謂其欲以諸山水實九數不亦過乎

殷本紀

敬敷五教五教在寬按此疊五教二字有意態或以爲衍文失之　　契興於唐虞大禹之際功業著於百姓百姓以平按此總一筆作收結筆力極高古

自契至湯八遷湯始居亳從先王居作帝誥按太史公作殷本紀多採用書序則書序之爲先周古文可徵矣　　湯曰予有言人視水見形視人知治不云云至無所攸赦按此文質邃古勁直逼商書人視水見形二語更深古較人無於水鑒當於民鑒二語過之　　伊尹名阿衡云云至湯舉任以國政按此處入伊尹小傳筆法甚逸　　湯曰嘻盡之矣按此語甚古雋惻然可思　　欲左左欲右右按此文當作欲左者左欲右者右省一字便古勁　　古禹臯陶久勞於外其有功於民民乃有安按此用常語自

然古妙彼以雕飾刻削爲古者內不足也　　維三月王自至於東郊云云至女毋我怨以令諸侯此太史公所述湯誥文也與今所傳湯誥不同此及前所載湯征之文並簡古深厚所謂商書灝灝者也決非太史公所擬造或當時逸書殘文斷簡尚有存者而太史公採摭用之然不可確考矣　　臣聞妖不勝德帝之政其有闕與帝其修德按此數語簡直而篤厚音節亦古　　帝陽甲之時殷衰自中丁以來廢適而更立諸弟子弟子或爭相代立比九世亂於是

諸侯莫朝按此段敘次錯落可諭　盤庚渡河南
復居成湯之故居按此不曰復居亳而曰復居成湯
之故居特有意味　盤庚乃告諭諸侯大臣曰昔
高后成湯與爾之先祖俱定天下法則可修舍而弗
勉何以成德按此文總括盤庚三篇最朴老　然
後百姓由寧殷道復興諸侯來朝以其遵成湯之德
也按此敘事中有咏歎妙　高宗武丁夢得傅說
事本奇異史記寫敘此事云思復興殷而未得其佐
又云以夢所見視羣臣百吏皆非也又云得而與之

語果聖人靈聲生動神致奕奕此太史公極用筆力
處　敘殷商興衰本末曰殷道衰諸侯或不至曰
殷復興諸侯歸之曰殷復衰曰殷復興曰帝陽甲之
時殷衰曰殷道復興諸侯來朝曰殷復衰百姓思盤
庚曰天下咸驩殷道復興曰帝甲淫亂殷復衰曰殷
益衰一代國勢歷歷如指畫文莊而不苟詞複而不
煩真非大手筆不能爲也　帝紂資辨捷疾聞見
甚敏云云至相逐其間爲長夜之飲按敘紂淫靡處
約而能該侈而不殺用筆最爲勁練　大最樂戲

於沙邱句最古拙　曰益收曰益廣曰多取太史
公用字極着力處　九侯女不憙淫句雅甚情態
亦宛然　西伯滋大紂由是稍失權重二句中截
紀商周興衰有手力
贊語余以頌次契之事自成湯以來采於詩書按此
自著其作殷本紀採据原本以見其言之典而有徵
也　孔子曰殷輅車爲善而色尚白按此點殷制
作餘波泠儁史記論贊筆法往往如此
殷本紀可謂文質停勻疎整合宜簡而質者商書之

文也簡而暢質而腴者太史公殷本紀之文也

周本紀

周后稷名棄按篇首名棄二字似無緊要卻預爲下
文伏筆妙　其母有邰氏女曰姜原姜原爲帝嚳
元妃按后稷爲帝嚳子而詩大雅溯厥本始推自姜
原殆以著其母生之異也史記述稷母爲有邰氏而
帶及帝嚳極有手法正與詩大雅同旨　欲踐之
踐之而身動按此處疊二字有態　隘巷林中冰
上三棄敘次極錯落棄之隘巷徙置之林中遷之而

棄渠中氷上覆薦之遂收養長之屢用之字句法招
曳作致　初欲棄之因名曰棄按上文詳敘棄之
隘巷林中云云文勢舒緩卻用初欲棄之一語接下
文便緊峭有力　因名曰棄一語收截遥與篇首
名棄二字相應遂成一片結搆此文家情法相生妙
手　后稷之興在陶唐虞夏之際皆有令德按此
總一筆作收與殷本紀契興於唐虞大禹之際云云
一樣手法　去稷不務句古甚　務耕種行地
宜自漆沮渡渭取材用云云按數語隱括公劉全篇

最妙　古公曰有民立君將以利之云云按此數
語較孟子所載爲繁然特明透曲折有情　於是
古公乃貶戎狄之俗而營築城郭室屋而邑別居之
作五官有司按此叉檃括緜詩妙　故詩人歌樂
思其德民皆歌樂之頌其德兩以詩歌結極古雅
皆賢婦人句質古　公劉雖在戎狄之閒復修
后稷之業古公亶父復修后稷公劉之業西伯曰文
王遵后稷公劉之業則古公公季之法紀周家世德
相承層累廻環不厭其複此太史公手法之妙也

士以此多歸之盍往歸之皆往歸之疊三歸之有
法有態　虞芮之人未見西伯皆慙按此處插未
見西伯四字妙有神理　吾所爭周人所恥何往
爲語極古練祇取辱耳贅一句神情逼露　明年
伐犬戎以下凡六用明年字祇見其莊未覺其複
諸侯聞之曰西伯蓋受命之君此二句襯貼作收
結妙　西伯蓋卽位五十年其囚羑里蓋益易之
八卦爲六十四卦云云按此處已點出武王復將文
王事亹亹道之繚繞往復總括作結筆法極妙

追尊古公爲太王公季爲王季此爲古公公季作結
案也蓋王瑞自太王興句倒煞最有力　周本紀
自篇首至蓋王瑞自太王興敘周家世德質古篤雅
提挈過接收截照應無法不備可悟史家紀事用筆
之妙　武王上祭於畢謂祭畢星也馬融註云祭
文王墓按古不墓祭祭墓不得爲上祭　乃告司
馬司徒司空諸節云云至師尚父號曰總爾衆庶與
爾舟楫後至者斬按此段極有節制聲勢　其色
亦其聲魄云魄字奇筆法亦古雋可喜　乃作太

誓告於衆庶云云此與今所傳泰誓下篇詞旨略同足徵孔安國古文尚書太史公未嘗不見也乃於原文字句略加點竄便古雅絕倫　心欲武王亟入紂師皆倒兵以戰以開武王寫情事明透　武王持太白旗以麾諸侯諸侯畢拜武王云云至商國百姓咸待於郊按此處四諸侯兩商國聯疊而下極有勢　遂入至紂死所武王自射之云云至已乃出復軍按此皆汲冢書文太史公採據以作本紀昔人嘗辨之以爲當日情事未必然者也然筆致精峭寫

一時光景如畫　汲冢書本古鍊一經太史公刪潤便疏朗別有精彩　於是武王又再拜稽首曰膺更大命革殷受天明命武王又再拜稽首按此用夾敘法甚奇　武王爲殷初定未集武王追思先聖王於是封功臣謀士而師尚父爲首封按此三段提掇疊敘筆力最爲高古此中點次結搆之妙極宜細玩　曷爲不寐此句改汲冢周書本文最爽妙　武王至於周自夜不寐云云至營周居於雒邑而後去按此段汲冢書度邑篇文也看其改易約括處

眉目一新意味深長　箕子不忍言殷惡以存亡國宜告武王亦醜故問以天道按此段寫得篤厚深古得情得體以存亡國宜告言箕子勸武王恤商以存亡國之義相告也諸解多誤　逸周書劉歆七略班氏藝文志皆載其篇目則逸周書在西漢時具傳於世觀太史公所引用採錄可徵也特因晉太康二年發冢亦得是書是以有汲冢之名耳　麋鹿在牧麋鹿本作夷羊怪獸也蜚鴻滿野然則蜚鴻亦必是怪鳥高誘注曰蜚鴻蠛蠓也近是正義以爲喻

小人在位君子在野取義甚牽曲　居易毋固言其居平易不必險固也諸解錯　晉唐叔得嘉穀獻之成王云云至作畢命按此處點次書序以敘事蹟有刪有潤筆法古雅絕倫　申告以文王武王之所以爲王業之不易務在節儉毋多欲以篤信臨之按此段櫽括顧命大旨古質簡老可補書序所未及　王道微缺王道衰微王室遂衰此等政與周道初興遙對有關鍵有次第　甫侯言於王作修刑辟王曰吁來有國有土云云至命曰甫刑按此段

摘載呂刑可謂提領挈要　王室遂衰詩人作刺
按此二語正與前篇詩人歌樂思其德民皆歌樂之
頌其德遙遙對映有情有法　法文武成康之遺
風按此又與前篇復修后稷公劉之業遵后稷公劉
之業則古公公季之法等語遙作應答結構精細真
無懈筆　三十九年戰於千畝王師敗績於姜氏
之戎按此突點戰於千畝下云敗績於姜氏之戎則
知其與姜戎戰也此古文紀事簡妙法　宣王不
修籍千畝虢文公諫曰不可王料民於太原仲山甫

諫曰民不可料也按此二段括省國語不載全文詳
略有法　伯陽甫曰周將亡矣周太史伯陽讀史
記曰周亡矣太史伯陽曰禍成矣無可奈何按此三
段頓挫慨歎複述遙答廻旋飛動文情極妙　昔
自夏后氏之衰也云云至是爲褒姒按此段敘事甚
奇屢用之字搖曳擺宕極有別趣　當幽王三年
云云至伯服爲太子按此段重提複敘以起下文史
記往往如此不知者必以爲衍文矣　諸侯益亦
不至此句小結　又廢申后去太子也此又纓帶

前事筆法甚妙　平王之時周室衰微諸侯彊并
弱齊楚秦晉始大政由方伯按此下入東遷以後春
秋時事數句提掇大綱最爲簡要　四十九年魯
隱公即位按春秋一書託始隱公此紀魯隱公即位
正以標春秋之始也　齊桓公始霸按此爲春秋
大關目故特記之　富辰諫曰凡我周之東徙云
云富辰諫曰平桓莊惠云云按此二諫括約左傳最
簡妙　此三王皆定王之子按此復注一筆明晰
有法　周太史儋見秦獻公曰始周與秦國合而

別云云按此段空中着筆似與前後事跡不屬卻是
爲西周獻邑秦遷九鼎張本　秦惠王稱王其後
諸侯皆爲王按此紀周道日衰戰國割據真老筆
西周武公之共太子死有五庶子云云按此下擇
錄戰國策十餘條簡明疏快皆關周事得失者
東西周皆入於秦周既不祀按此結周亡最老周既
不祀冷然黯然　一既字所謂已矣逝矣不勝亡
國之痛也索隱解既爲盡以爲如日食之既失之
贊語辨居洛事而穆然敦古無辨駁之迹　紀以

遷周結而贊語附封周事此政筆法錯綜變換處者載封周後裔事於紀末不惟與殷紀無別而周之亡國不見可痛神致亦爲索然矣　是爲平王以奉周祀周既不祀比列侯以奉其先祭祀三處遙點作照應自成結構

周代年久事繁舊古文多有故本紀不得不詳篇首自后稷以迄成康敘周家世德典王皆約詩書之旨融會成文而質古篤厚則太史公獨出手法也共和以來春秋戰國之間多用國語左傳戰國策之文或備錄其全或節採其要錯綜安頓有法而典雅奇肆復各極其妙　周本紀文多而篇長敘次段落井井提掇束截章法結構極工

秦本紀

開端敘秦功德世系古茂處直與三代本紀同一格體　爾後嗣將大出按此句古甚　乃妻之姚姓之玉女徐廣曰皇甫謐云賜之元玉妻以姚姓之女也按玉女或是姚姓女名或以其出自帝族貴重之而稱玉女徐廣引皇甫謐分玉女爲二而添出賜之元玉一層似非正解　子孫或在中國或在夷狄按此敘世族約略之詞然正是史記筆法妙處

自太戊以下中衍之後云云至遂爲諸侯按此用虛敘殷周本紀中每同此法　蜚廉爲紂石北方石字字法古　還無所報爲壇霍太山云云至死遂葬於霍太山按此事最奇太史公敘次尤古銘詞質峭可誦　蜚廉復有子曰季勝云云至造父族由此爲趙氏按此段插入趙事作陪此文字有生發處造父族由此爲趙氏此句小結　自蜚廉生季勝云云至趙衰其後也按此總括上文筆力簡勁趙衰其後也點逗極有精神　惡來革者蜚廉子也按前云蜚廉生惡來則惡來爲蜚廉子明矣此處重提繳上起下正筆法明白不亂處余有丁云惡來革不宜復曰蜚廉子此不知筆法者也　惡來革即惡來一人兩名或名字互稱則於前後互見之左傳中往往用此法　惡來爲武王誅死安知其非早年余有丁以爲不宜曰早死亦固　趙衰其後也惡來革者蜚廉子也兩句意不相蒙而借勢宕

漾作波筆法甚妙　以造父之寵皆蒙趙城姓趙氏著此以見秦趙一家乃非無端牽合　孝王召使主馬於汧渭之閒按主馬二字新而古　所以爲王爲當作去聲言我所以復與大駱妻申駱重婚者皆以爲王也正義注所以得爲王難通　於是孝王曰云云至使復續嬴氏祀號曰秦嬴按此秦國封建之始故以孝王言鄭重出之且復提伯翳主畜賜姓遙與篇首大費佐舜一段作應前後繆拂極有章法　亦不廢申侯之女子爲駱適者以和西戎

按此小結有法　紀申侯孝王語古質簡峭有致

襄公於是始國與諸侯通使聘享之禮按此紀襄公開國列於諸侯之始一篇關目結搆特老此處著秦與諸侯通使聘享後文列紀諸國事蹟方有原本　於是復予秦仲後及其先大駱地犬邱并有之平王封襄公爲諸侯賜之岐以西之地於是文公遂收周餘民有之地至岐按此屢紀秦開地拓土正以著其強大之漸也　初有史以紀事法初有三族之罪初以人從死此皆志其大事與其始虐所以爲本紀體也　以其殺出子也點逗明白有法且見武公用刑之正　十年伐邽冀戎初縣之十一年初縣杜鄭按此即秦設郡縣之始　後子孫飲馬於河按此繇詞奇　生子三人長男武公爲太子武公弟德公同母魯姬子生出子生子三人長子宣公中子成公少子繆公按此等敘法所謂亂處見整敘德公三子先總點後分應章法尤整而變

繆公聞百里傒賢欲重贖之恐楚人不與按此數語寫繆公求賢愛才之意曲至　吾媵臣三字

口吻如生　當是時百里傒年已七十餘按此一提波瀾生動太史公最長於此等筆法　臣不及臣友蹇叔云云至是以知其賢按此段借百里傒薦蹇叔而百里傒之出處與蹇叔之賢俱見語意朴至詳細極有格法　再用其言得脫一不用及虞君難按此總一筆作收筆法脩鍊神吻亦慦生　敘繆公用百里傒蹇叔詳左國所略　繆公曰百姓苟不便何故能誅其大臣能誅其大臣此其調也按此左氏作失衆焉能殺違禍誰能出君支曰饑穰更

事耳不可不與按此左氏作天災流行國家代有災恤鄰道也行道有福而以爲百里語前段左氏約而史記暢之筆法極明快後段左氏文且繁而史記以質語約之語意極簡透　晉君棄其軍與秦爭利還而馬鷙云云至遂脫繆公而反生得晉君按此數行不滿七十字筆勢如拗坂回流中藏無數曲折一時戰情兵勢如畫　凡太史公採用左傳處能剪裁左氏而又脫出左氏間架所以爲妙　初繆公亡善馬云云按此處有此閒筆帶作波折更有妙

趣　二十年秦滅梁芮按上文兩紀梁芮來朝則滅梁芮之失自見此書法之妙也　庸知我國人不有以我情告鄭者乎按此長句脫換左氏極有筆力　臣非敢沮君軍云云按此又參用穀梁傳語然略一改換確是史記語脈　使鬼爲之則勞神矣使人爲之亦苦民矣按使鬼爲之奇語最警快若單言使人爲之便平直無味　一國之政猶一身之治不知所以治按此數語亦摹寫老莊治理精神出　且戎王好樂必怠於政按此用引伸之筆頓

折作致政與左國筆法同　用繇余一段補左國所未及故詳敘之　乃誓於軍曰云云按此引書括其大意而情旨愾然以深孫鑛譏之非也　君子聞之皆爲垂涕曰云云君子曰秦繆公廣地益國云云按此二處善約左氏語較原文更有頓挫　對曰秦公無道云云按此約左氏兩段語爲一亦有變換　晉公室卑而六卿彊欲內相攻是以久秦晉不相攻按此數語爲秦晉相攻收結手法極好　齊桓公始霸及晉楚更霸春秋大事也列國弒君

春秋大惡也孔子相魯及孔子卒聖人事蹟本末也田氏篡齊三卿分晉春秋所以變爲戰國也秦本紀及十二諸侯世家往往及此數者想見古史書法之意　秦以往者數易君君臣乖亂故晉復彊奪秦河西地按此括敘秦晉事又爲下文孝公下令原本　周太史儋見獻公曰云云按此數語繫周秦與衰離合之故故於周秦本紀俱載之　子孝公立年已二十一歲矣秦并兼之謀發於孝公故謹記其立時年歲　孝公元年河山以東彊國六云云按

此段列敘山東諸國分爭割據形勢正爲春秋變爲
戰國一大關鍵且爲秦人蠶食并吞原本此一篇精
神凝結處　秦僻在雍州不與中國諸侯之會盟
按此與前篇襄公與諸侯通使聘享之禮遙應
昔我繆公云云按此令質古雄峭爲秦漢詔令開端
想先秦文字自有之耶抑太史公採其意而潤色之
耶　衛鞅說孝公變法修刑內務耕稼外勸戰死
之賞罰按此數語可括商君之法　孝公善之相
與爭之百姓苦之百姓便之此數語連用之字句法

纓帶有情　紀秦入戰國戰伐并兼諸事多從簡
約其詳則別見於六國世家及秦將相諸列傳蓋提
綱挈要正本紀體也　王冠王游至北河王與梁
王會臨晉按秦紀自惠文王以後俱書王以紀事如
稱上稱帝者此儼然本紀體也　秦本紀自繆公
以來凡事涉周王者皆稱天子如周天子聞之曰云
云天子使召公過賀繆公以金鼓天子致胙天子致
伯等類蓋秦已用本紀儕於帝王若復稱周王嫌於
竝王無別故稱天子以別之後世史記如三國志魏

武本紀內稱漢帝爲天子五代史梁太祖本紀內稱
唐帝於本紀皆用此法　篇終紀周亡六國滅了
了　遂滅秦結法老極
贊語正秦姓氏與夏殷本紀贊同一體格
秦自襄公建國至繆公始伯諸侯孝公乃倡兼并之
謀此秦之所以成帝業也故本紀於繆孝二公敘述
特詳　紀繆公事詳左國所略紀孝公以後事略
戰國策所詳　敘繆公一代事跡變左國古奧處
爲質近之調設詞則透快入情寫事則神致奕奕生

動不可謂非太史公用意之文也
按索隱云秦本西戎附庸之君不宜與五帝三王同
稱本紀可降爲秦世家劉知幾史通亦云姬自后稷
至於西伯嬴自伯翳至於莊王爵乃諸侯而名隸本
紀應自西伯莊王以上別作周秦世家二說似皆近
理然以史記之編次條理考之則有不得不紀秦者
蓋秦伯王之業章於繆孝成於昭襄此始皇因之所
以并吞混一而稱帝號也故太史公於秦本紀末詳
載秦取蜀及南陽郡又北定太原上黨又初置三川

太原等郡而於始皇本紀開端復作提挈云秦地已并巴蜀漢中越宛有郢置南郡矣北收上郡以東有河東太原上黨郡東至滎陽滅二周置三川郡此正與秦紀末聯合照應針線相接以爲始皇并一天下之原本也如欲降秦本紀爲世家則史家無世家在前本紀在後之理勢必次始皇本紀於周本紀之後而列秦世家於十二諸侯之中將始皇開疆闢土席卷囊括之業政不知從何處託基其毋乃前後失序而本末不屬乎如拘諸侯不得爲本紀之例則始皇

稱帝後已尊莊襄爲太上皇而惠文以來帝者之形已成若泛泛列之諸侯世家中亦恐非其倫等也至史通以姬嬴並論乃謂后稷以下西伯以上亦應降爲世家尤事理之必不可通者周不可降何獨降秦耶此其持論非不有見惜徒爲局外閒觀而未察乎太史公編次之苦心也讀太史公秦本紀小序曰昭襄業帝則紀秦之旨太史公紀自發之後世讀史記者特未之深思耳

秦始皇本紀

姓趙氏秦之先爲嬴姓其後以造父居趙城姓趙氏則秦姓趙氏其來已久此因始皇易姓改物故特著其姓非自始皇始姓趙氏也索隱注非　當是之時秦地已并巴蜀漢中云云按此段提掇安頓預伏始皇并一天下原本筆法甚老　招致賓客游士按此句預伏尉繚說秦不韋舍人竊葬原本　欲以并天下此句一篇綱領　李斯爲舍人蒙驁王齮麃公等爲將軍此處預點一時用事之人後文紀事乃有原委此安頓法也　冬雷紀異蓋秦此時

猶未建亥也若建亥則冬雷不足爲異矣　彗星先出東方見北方五月見西方彗星復見西方十六日按此記天象特詳　始皇事跡詳始得從編年之體　十六日屬上讀言彗星復見西方十六日也　河魚大上輕車重馬東就食二語寫凶災最奇　嫪毐封爲長信侯予之山陽地云云至更爲毐國按此段紀事甚奇令毐居之恣毐皆決於毐更爲毐國文法凡四變筆力如鉤勒古勁之極　九年彗星見或竟天云云此年以彗星起以彗星結中

開敘嫪毐作亂事特詳筆法勁峭　皆拜爵及宦
者皆在戰中亦拜爵一級按此帶敘拜爵筆法省便
處　敘治罪分四等筆法極錯綜　從斗以南
八十日撰句最古　不過亡三十萬金則諸侯可
盡此語亦亢爽之極　繚曰秦王爲人蜂準長目
云云按此借尉繚口中寫出秦王形貌性情筆法最
妙語亦極遒鍊　卒用其計策而李斯用事此又
帶敘李斯用事以數爲提筆力有餘處　皆并爲
一軍斗食以下什推二人從軍此敘兵事筆法最簡

鍊　其舍人臨者晉人也逐出之按此突出舍人
臨者晉人也筆勢奇正爲下文秦人作地　秦人
六百石以上奪爵遷五百石以下不臨遷勿奪爵云
云至籍其門視此按此空撰一禁令妙倒秦人在上
省一臨字奪爵遷遷勿奪爵句法顛倒此中極錯綜
簡鍊之奇　秦法刻深鷙忍太史公紀嫪毐不韋
二段筆力廉峭可畏政與秦法相似覺有滿紙陰慘
之氣　當是之時天下大旱六月至八月乃雨按
此橫入天旱妙政見諸侯水旱頻仍秦得乘其敝也

本紀之體大事書小事不書始皇本紀自元年
以來書置將相書攻邑書置郡書饑旱書災異書天
象書討叛書定亂書太后薨書將軍死書兵制書刑
律書料民年書罷大將書降君書滅國書上尊號書
除謚法書罷侯置守書銷兵更制書役作書巡幸書
徙戶書攘胡即此所書可以約見本紀書事之法矣
　特書秦初并天下與篇首欲以并天下作收應
此一篇大關鍵也　初并天下令不過二百餘字
而跌頓遒拗中有無數波瀾曲折朴渾之氣雄武之

態森動如生此先秦制書文字可以上接三代誓誥
而下開兩漢詔令者也　去秦著皇此一句古甚
　除謚法制僻理強辭語特亢爽有奇氣　從
所不勝句有深文奧氣　數以六爲紀符法冠皆
六寸而輿六尺六尺爲步乘六馬按此數句一綱四
目每句有一六字而句法凡五變　剛毅戾深事
皆決於法刻削毋仁恩和義然後合五德之數按此
數句筆法亦刻深廉勁　始皇曰天下共苦戰鬬
不休云云按此數語中亦具數轉折簡勁雄武猶有

氣吞天下之槩　收天下兵聚之咸陽云云至所
得諸侯美人鐘鼓以充入之此段敘秦富强奢侈極
有氣䫂聲色而細按無一冗字濫句此筆力之高也
　地東至海暨朝鮮云云至並陰山至遼東紀秦
疆域幅幀如圖畫　諸刻石銘高古質峭先秦文
字本色中有奇奧之理鷙悍之氣　乃遂上泰山
立石封祠祀又云禪梁父刻所立石則所刻者泰山
所立石也銘詞内有登兹泰山句可証時本錄皇帝
臨位篇以爲梁父刻石文誤　列侯武城侯王離

云云至五大夫楊樛按此臚敘列侯倫侯丞相卿五
大夫繁而不殺複而不省正古文拙重處故知以省
文減字爲古者非古也　惟秦王兼有天下立名
爲皇帝云云此下散行用韻似序似銘體格最古
　既已齊人徐市等上書云云按此小頓作過文入
求神仙無迹　三十年無事按此雖無事必著其
年所以爲編年此史例也　十二月更名臘曰嘉
平按注引茅盈内紀盈曾祖濛以九月庚子得仙始
皇更名臘曰嘉平實以九月爲臘也此秦人建亥改

時改月之証　發諸嘗逋亡人云云至徙謫實之
初縣按此敘秦開邊拓地事詳而整最有筆力
城河上爲塞練句最古　以諸侯爲郡縣人人自
安樂無戰爭之患按此雖進諛之詞亦屬切實不似
後世浮靡　且越言乃三代之事何足法也此語
横甚筆亦老横之極　丞相臣斯昧死言按此頓
住又起兩層敘古章奏體　臣請史官非秦紀皆
燒之云云至以吏爲師按此以奏牘代敘事也筆底
嚴斷有殺氣　自殿下直抵南山表南山之顛以

爲闕云云至絶漢抵營室也數語敘作阿房宫筆力
極豪奇以象天極閣道絶漢抵營室也拖一句逸而
肆有風神　阿房宫未成云云至故天下謂之阿
房宫按此點逗阿房宫名目阿房宫凡三見有别趣
有波瀾　乃寫蜀荆地材皆至寫字字法古
以爲秦東門句奇横寫出始皇好大心胸　陵雲
氣奇語　侯生盧生相與謀曰始皇爲人云云貪
於權勢至如此未可爲求僊藥借盧生口中總寫始
皇爲人性情行事以及秦法之暴秦臣之諛以爲逼

篇收結完全無迹筆力最高　今聞韓衆去不報
徐市等費以巨萬計終不得藥此又借始皇語點逗
韓衆徐市作照應　或爲訞言以亂黔首於是使
御史悉案問諸生按或爲訞言句語意未了便入敘
事筆法最妙　使天下知之以懲後此句本可無
有然有此句更覺異樣嚴竦　始皇默然良久曰
山鬼固不過知一歲事也退言曰祖龍者人之先也
按此數語寫得恍惚蕭索極有節奏有神味　三
十七年十月癸丑始皇出游左丞相斯從云云至上

許之按始皇以是年崩而始禍亂秦者李斯胡亥也
故於出游之始點明丞相斯少子胡亥以爲後文原
本趙高官微故不得預書於此　孫鑛何孟春皆
謂秦刻銘二十有六年二十當作廿三十有七年三
十當作卅以爲銘詞皆四字句取其句法相叶也不
知古文銘體原不拘句之長短秦銘中如親巡遠方
黎民表垂於常式已有五字六字句矣亦非定以四
字句法爲銘體也且正見古文錯綜之妙乃必欲縮
爲四字句此固於言古文者也　夫爲寄豭妻爲

逃嫁等語奇崛之極　乃爲璽書賜公子扶蘇曰
云云至未授使者按此數句寫事情極明白一時草
草荒亂如畫封在中車府令趙高行符璽事所言趙
高行符璽事故封在其所也此句點次約撮想見古
史簡法未授使者安頓一句妙　故幸宦者參乘
云云至可其奏事數句如畫宛然一　始皇輿尸圖
會暑上轀車臭云云至以亂其臭數句寫得醜極
始皇初卽位云云至樹草木以象山按太史公
敘治酈山錯綜竦朗有法有情後人於此可悟作記

妙旨　度不滅者久之此句有景可想　樹草
木以象山此句帶敘於末作收結筆勢竦厚之極
皇帝曰金石刻盡始皇帝所爲也云云按此段文
義極質古　上以振威天下下以除去上生平所
不可者長短句作對古文法　宗室振恐黔首振
恐疊兩振恐字寫得森凜逼人　復作阿房宮如
始皇計用法益刻深苦寫二世繼暴罪案　書成
卒陳勝等反於徼屯衛調轉輸用法益刻深之後以
罪秦速亂之有由也　皆以戍漕轉作事苦賦稅

大也數語可括過秦論筆法簡古　將軍有功亦誅無功亦誅按此二句摘陳餘遺章邯書中語也括此處情事極明切　或默或言馬或言鹿者按此處敘次極錯落　及項羽虜秦將云云至諸侯咸率其衆西鄉此段敘次雖略而情事如畫　敘閻樂弒二世倉亂中極明晰敘子嬰誅趙高痛快中帶悲壯　遂屠咸陽燒其宮室虜其子女收其珍寶貨財諸侯共分之按此與秦每破諸侯寫放其宮室作之咸陽北阪上所得諸侯美人鐘鼓以充入之及

作阿房宮一段遥對暗應正以幸秦之亡所以爲惡秦之深也　秦竟滅矣餘韻凄然有感有幸

後五年天下定於漢一篇掉尾筆力老極不如此收結不住

贊語始皇自以爲功過五帝地廣三王而羞與之侔此處文義未了竟以善哉乎賈生推言之也接之似有脫簡而意味無窮　善哉乎賈生推言之也此下竟接過秦三論關脉甚妙風神逸絕

始皇本紀之有二世紀附紀也二世年促事少不足另爲一紀故附始皇紀後舉始皇以括二世故不以二世標題目也　秦法陗直刻深秦文簡質勁削太史公爲始皇紀全似之

襄公立享國十二年初爲西畤一段此舊秦紀也敘秦世次生卒年歲居葬處所又雜以記事極簡極質極整極暇中間廻顧倒述又極錯綜變換之妙真記狀高手　葬康公南文法變　肅靈公昭公子也此點世次又變　獻公立七年初行爲市云云按此敘世次已到始皇復從獻公起逆敘一番帶記

事蹟筆法靈變　右襄公至二世六百一十歲妙結古筆老致　太史公錄舊秦紀間有與秦本紀不同處所以互証而備遺也亦有已採入秦紀者如莊襄王元年大赦修先王功臣施德厚骨肉一段是也陳仁錫以爲即孝明時班固所續秦紀失之

孝明皇帝十七年十月十五日乙丑日一段文極高古勁健在班孟堅亦極用意深到之作陳沂以爲其文不類孟堅恐是褚先生語此不知文者也褚先生亦豈能爲此耶

空山堂史記評註卷二

滋陽牛運震階平

本紀

項羽本紀

初起時年二十四開端提掇最有手法　篇首數段敘羽家世履歷學業才氣以爲後文伏案皆未舉兵以前事也其季父項梁云云至王翦所戮者也順出項梁追述先世正見秦項世讎爲後文層秦殺嬰之本也項氏世世爲楚將封於項故姓項氏述項氏得姓之由以見項氏爲楚世臣爲後文求楚後立義帝之本也項籍少時學書云云至又不肯竟學寫出項羽性情學問正以預伏後文謀計得失覇業興敗之本也項梁嘗有櫟陽逮云云至以故事得已冷案閒情正爲後文封司馬欣任曹咎伏筆項梁殺人與籍避讎於吳中云云至以是知其能寫出草澤英雄作用爲後文部署吳中豪傑一段伏筆秦始皇游會稽渡浙江云云至皆已憚籍矣寫出羽志量才氣爲後文一府皆慴伏伏筆　梁父即楚將項燕爲秦

將王翦所戮者也嫋嫋有音節　劍一人敵不足學學萬人敵口語逼肖　略知其意即又不肯竟學也然非又不肯竟學一語收不住　以故事得已以是知其能梁以此奇籍每用虛字作結句此法自太史公倡之後人作史襲用者甚多　使公及桓楚將云云至使受命召桓楚按此段將桓楚桓楚亡召桓楚極有層次而安頓得所故不見重複且能省約字句　梁眴籍曰可行矣寫生　一府中皆慴伏莫敢起按此一府中皆慴伏文義已足加莫敢起三字更有神情聲勢　使人收下縣得精兵八千人按此處八千人乃一篇眼目篇中凡言六七萬人蕭將軍將卒二萬兵四十萬精兵三萬人以及八百餘人百餘人二十八騎篇末又廻應八千餘人點逗生情疊次有姿可悟史筆之妙　於是梁爲會稽守籍爲裨將徇下縣按此處小收起兵案項梁乃以八千人渡江而西聞陳嬰已下東陽使使與連和俱西按此總結起兵而又鈎起陳嬰且收且挈筆法最妙　乃以八千人渡江而西使使與連

和俱西按項氏起江東而西向攻秦入關中其後漢
王與西項王據東對峙分爭五載乃定故一篇之中
往往以東西字爲眼目如將引軍而西數使使趣齊
兵欲與俱西西破秦軍濮陽東西略地至雝邱乃與
呂臣軍引兵而東項羽聞漢王皆已并關中且東如
約即止不敢東楚以此故無西意而北擊齊漢王部
五諸侯兵凡五十六萬人東伐楚項王乃西從蕭晨
擊漢軍而東至彭城楚以故不能過滎陽而西請和
割滎陽以西爲漢楚遂拔成皐欲西漢使兵距之鞏

令其不得西項王乃自東擊彭城項王東擊破之西
與漢俱臨廣武而軍毋令得東而已乃東行擊陳留
外黃割鴻溝以西者爲漢鴻溝而東者爲楚項王已
約乃引兵解而東歸漢欲西歸於是項王乃欲東渡
烏江此皆篇中關鍵也中間楚以此故無西意而北
擊齊楚以故不能過滎陽而西漢使兵距之鞏令其
不得西尤楚漢成敗扼要處篇末於項羽口中點錯
與江東八千人渡江而西廻應返顧更又有情致有章
法　興軍蒼頭特起添此句有聲勢　猶倚名

族亡秦必矣確是草澤人口氣　事成猶得封侯
事敗易以亡非世所指名也數語簡明兼有風致
以兵屬項梁項梁渡淮黥布蒲將軍亦以兵屬焉
按此結陳嬰案又帶入黥布蒲將軍　凡六七萬
人軍下邳此句總上作結有力　當是時秦嘉已
立景駒爲楚王按此用當是時提掇轉換開人眼目
最得絜綱振領之法篇中凡八用之此處及當此時
趙歇爲王當是時諸將皆慴伏當是時楚兵冠諸侯
當是時項羽兵四十萬在新豐鴻門當是時項王軍

在鴻門下當此時彭越數反梁地絕楚糧食當是時
項王在睢陽聞海春侯軍敗則引兵還是也　便
爲王聞陳王定死用俗字最老　項梁已并秦嘉
軍軍胡陵將引軍而西按此又作一收引起下文凡
紀事事多而文長須處處有收勒過渡之法　此
時沛公亦起沛往焉按此攙入沛公自然無迹
居巢人范增年七十素居家好奇計按此點范增另
提儼然帶一范增小傳　乃求楚懷王孫心民間
爲人牧羊立以爲楚懷王寫出草澤舉動　從民

所望也此句收結得法　陳嬰爲楚上柱國封五縣與懷王都盱台按此又帶敘陳嬰遂了陳嬰案

與齊田榮司馬龍且軍救東阿按此又攙入田榮龍且以便下文別敘田榮事又爲後淮陰侯擊龍且張本　與齊田榮司馬龍且軍救東阿云云至還攻外黃外黃未下按此數段敘許多攻戰情事簡淨明畫略無煩難　項梁起東阿西北至定陶再破秦軍項羽又斬李繇按此數句復提前事正爲項梁輕秦致敗張本　宋義諫項梁數語政妙於詞令

此所謂河北之軍也斷筆以便更端文法甚妙

項羽曰將戮力而攻秦云云至非社稷之臣按此將敘項羽殺宋義先頓項羽一段議論筆力崛拗如怒馬不可羈紲全是一片憤勃之氣團結而成

首立楚者將軍家也今將軍誅亂二語冷峭妙在不添一字最得懾服神情　懷王因使項羽爲上將軍按因使二字牽强不順中有許多不自由處

項羽已殺卿子冠軍威震楚國名聞諸侯按此另提轉入鉅鹿之戰極控勒回翔之勢　皆沈船破釜甑燒廬舍持三日糧以示士卒必死無一還心按此二十三字爲一句怒氣勃發讀之風雨駭人

於是至則圍王離與秦軍遇云云至自燒殺按此先將事跡點敘後以當是時楚兵冠諸侯另提起寫生摹神極脫卸安頓之妙　楚戰士無不一以當十楚兵呼聲動天按正寫戰形止此二句妙用諸侯前後襯托振動踴躍遂有生龍活虎之勢　兩莫敢三無不精神生動頓挫淋漓　項羽由是始爲諸侯上將軍諸侯皆屬焉此二句作收結筆力最大

項羽召軍吏謀曰糧少欲聽其約按糧少二字極簡妙又此與項梁謂軍吏曰遙映作章法　章邯見項羽而流涕爲言趙高按此括無數情事委曲寫章邯羞恧悲怯如見　諸侯吏卒異時故繇使屯戍過秦中云云至秦吏卒多竊言曰按此數語寫情事曲盡三多字尤出色　未得與項羽相見按此句點退明白敘次中有脈理眼目　當是時項羽兵四十萬在新豐鴻門沛公兵十萬在霸上按此提掇最妙不惟見項羽沛公兵力不敵要在將鴻門霸

上點次明白正便後文照應演敘也此史法安頓之
妙　此處點項羽沛公駐兵處及後文點項王項
伯亞父沛公張良坐次乃太史公敘鴻門宴扼要得
力處　凡奕棊者先布勢子搏拳者先安塲地皆
預爲安頓部位後雖錯置變化自覺瞭然不亂也即
此可悟太史公敘鴻門宴先點駐兵處及坐次之妙
楚左尹項伯者項羽季父也按此又以提掇爲
過接欲呼張良與俱去曰毋從俱死也寫怱遽如畫
沛公大驚曰爲之奈何沛公默然曰固不如也

且爲之奈何此處極得英雄倉皇之神再疊一爲之
奈何逼勒更緊　敘沛公與張良問答處頓挫起
伏有脉有勢沛公語語急張良語急迫中帶舒緩之
神神吻生肖百世下讀之如新脫於口　願伯具
言臣之不敢倍德也此語最宕有神正賴此語收結
得住　旦日饗士卒爲擊破沛公軍項伯乃夜馳
之沛公軍旦日不可不蚤自來謝項王項伯復夜去
沛公旦日從百餘騎來見項王項王即日因留沛公
與飲按此點次時日纓帶照顧歷歷如畫　然不

自意能先入關破秦得復見將軍於此此句妙在拘
折而拙鈍含蓄推讓正自無盡　今者有小人之
言令將軍與臣有郤此二句妙在與上語脉若斷若
續絕似懾下辭氣尤妙在斬然而止言下不更添一
字　范增數目項王舉所佩玉玦以示之者三項
王默然不應按此數句白描得神　范增起出召
項莊於是張良至軍門見樊噲按此皆緊要節次對
點有情　其意常在沛公也此最急事卻用舒緩
語宕漾妙甚　此迫矣臣請入與之同命道壯真

烈士語　噲遂入披帷西嚮立瞋目視項王頭髮
上指目眥盡裂數語寫樊噲淋漓生動精神勃勃
西嚮立三字仍不脫上文坐次後文樊噲從張良
坐亦有原本也　項王按劍而跽曰客何爲者寫
出項王驚惶神致　張良曰沛公之參乘樊噲者
也此處用張良代答妙語致亦從容閒冷得神
敘張良語每每閒細舒緩一絲不亂使人掩其名聞
其聲即知其爲良語此筆法之妙也　壯士能復
飲乎臣死且不避卮酒安足辭此處按脉甚緊壯妙

在上文有賜之卮酒賜之彘肩兩次節奏此處頓轉
方有力　殺人如不能舉刑人如恐不勝形容秦
法刻深入骨此史家語非樊噲語　勞苦而功高
如此絕好頓挫　項王未有以應曰坐寫項王奪
氣矣　今者出未辭也爲之奈何按此又叠一爲
之奈何寫倉皇之神猶在　於是遂去乃令張良
留謝此處過入留謝無迹　良問曰大王來何操
按此時偏行此閒細之筆妙甚　當是時項王軍
在鴻門下沛公軍在霸上相去四十里按此覆說一

過映上起下神理之妙不可言喻　劉項駐軍處
凡三點俱非泛設　沛公則置車騎脫身獨騎云
云至沛公謂張良曰按此先敘沛公閒行歸軍後將
囑張良語補敘蓋寫當日怱遽情景不得不然且先
結沛公歸軍以便下文單敘張良留謝也　囑張
良留謝分兩層敘次妙節序安頓得宜　沛公不
勝桮杓不能辭云云聞大王有意督過之云云按此
二段詞令甚溫妙　項王則受璧置之坐上按置
之坐上不必記正爲下文置之地作襯耳　豈子

不足與謀奪項王天下者必沛公也吾屬今爲之虜
矣此正借亞父口中爲鴻門宴作收結也沛公至軍
立誅殺曹無傷此又帶結耳竟以棟評失之　分
封侯王一段先敘項羽倡議於前乃點明分天下立
諸將爲侯王一語以爲總冒隨敘封漢王而連及封
三秦王鉤勒鎔鍊結成一片次敘封五國後及諸將
相凡十七段有簡有詳或整或錯諸人功次封地與
項羽之愛憎公私井井如畫而總以項王欲自王先
王諸將相挙起項王自立爲西楚霸王收結章法結

構潔古老成真良史筆力也　懷王曰如約如約
二字簡約得體而懷王之坐擁空名不能專制神情
俱爲摹出　義帝雖無功故當分其地而王之雖
字故字文理不甚承接妙此中大有牽曲情事
疑沛公之有天下業已講解文惡負約恐諸侯叛之
數句將項王心事曲折寫盡太史公最善此筆
乃曰巴蜀亦關中地也無限負心無限屈理在乃曰
二字及一亦字傳神　長史欣者故爲櫟陽獄掾
嘗有德於項梁都尉董翳者本勸章邯降楚按此雙

提二人以長史欣事爲遥應以董翳事作補點閒心
細筆　瑯邪中陽者張耳嬖臣也按此出落法變
亦正以醜項王之不公也　數用乃字亦字故字
因字以故字諸虛字作摹寫筆端隱躍情狀曲盡妙
甚　田榮者數負項梁云云至以故不封按田榮
不封亦敘於此妙正爲後文田榮叛楚伏案　漢
之元年漢之二年漢之三年漢之四年按此編漢年
以紀楚事正以見項紀之爲創旨變格究未嘗不以
正統推漢也此太史公極用意處後世讀史者解此

可無譏於項之爲紀矣　陳餘陰使張同夏說說
齊王田榮曰云云按此借陳餘口中點出項王宰割
不平醜地善地字亦質老　是時漢還定三秦項
羽聞漢王皆已并關中且東齊趙叛之按此入漢定
三秦簡淨項王聞漢王皆已并關中且東齊趙叛之
總收上文有筆法　楚以此故無西意而北擊齊
此句扼要關鍵　項王由此怨布也按此作不了
語妙正爲後文漢得九江王布伏筆　漢王部五
諸侯兵凡五十六萬人按此點五十六萬人亦爲後

文殺漢卒十餘萬人多殺漢卒十餘萬人漢王乃得
與數十騎遁去伏筆　睢水之戰摹寫正有筆勢
曰漢軍卻爲楚所擠又曰皆入睢水睢水爲之不流
又曰逢迎楚軍楚軍大亂壞散而漢王乃得與數十
騎遁去寫戰情緊要處不過數語而節次明劃精神
生動人知鉅鹿戰之筆法雄厲而不知睢水戰之筆
法精奇也　逢迎楚軍四字妙寫風雨有鬼神
漢王道逢得孝惠魯元云云至於是遂得脫按太
史公往往善寫怱急情事如畫　楚起於彭城云

云至楚以故不能過滎陽而西按楚漢互戰滎陽閒
勝敗非一此處總收上文得括要法尤遒整見筆力
　楚以故不能過滎陽而西漢使兵距之鞏令其
不得西看他關繫眼目　項王之救彭城漢王之
敗彭城按此敘二年事已畢復將項王漢王雙提帶
敘諸侯事筆法甚妙　項王使者來爲太牢具舉
欲進之云云至使者歸報項王按此數句中凡用六
使者不厭其複正見句中有眼目　歷陽侯范增
曰按范增之在項紀附傳也於鴻門坐次點出亞父

於此處補出歷陽侯則增之名號封爵備矣妙在帶
點錯見令人不覺即此可悟作附傳之法　請爲
王誑楚爲王句法奇而明盡　爲我將我以公爲
上將軍二語極肖項王粗直聲口　漢王之出滎
陽南走宛葉得九江王布按此又於三年結尾復提
漢王出滎陽帶敘一事正與二年末漢王之敗彭城
云云同一妙筆　項王進兵圍成皋云云至與漢
俱臨廣武而軍按此段括無數兵機戰情井井如畫
當此時彭越數反梁地絕楚糧食按此正漢敵

提要着提掇最有關鍵　吾翁即若翁必欲烹而
則幸分我一桮羹誑語帶詼諧妙爾時措辭正須
此　楚漢久相持未決丁壯苦軍旅老弱罷轉
寬寫數句有停頓節奏最妙　樓煩目不敢視
不敢發遂走還入壁不敢復出按此連用三不敢
形容項王威猛如見凡篇中寫項王之威多用莫
字不敢字襯托精神如一府皆慴伏莫敢起諸將
皆慴伏莫敢枝梧諸侯軍救鉅鹿下者十餘壁莫敢
兵莫敢仰視及此處三用不敢字是也　漢王

使人間問之乃項王也漢王大驚按此頓挫有勢
於是項王乃即漢王相與臨廣武間而語按此與
上文與漢俱臨廣武而軍遙對　是時彭越復反
下梁地絕楚糧按此覆說一遍起下有情　大司
馬咎者故蘄獄掾云云至是以項王信任之按此覆
述作遙應冷而妙敘次中有波瀾　是時漢兵盛
食多項王兵罷食絕按此楚漢成敗大關鍵妙能點
出　漢王乃封侯公爲平國君云云至故號爲平
國君按此處偏有此等閒筆是其筆力大處　漢

欲西歸張良陳平說曰云云至漢王聽之按此敘良
平進計於四年之末頂爲五年追項伏案此有錯綜
鉤帶之妙若紀一年事截然是一年事便不成紀敘
體矣　楚兵且破信越未有分地云云至則楚易
敗也按此段頓挫搖曳極有姿態使各自爲戰尤切
中兵法機要　韓信乃從齊往云云至皆會垓下
詣項王按此敘會兵氣勢極洶湧　至垓下皆會
垓下項王軍壁垓下凡三點垓下筆法極有停頓節
奏　復點兵少食盡項王致敗之本粘住不脫

四面皆楚歌點綴幽細　漢皆已得楚乎是何楚人之多也語亂想奇凄婉悲凉　垓下歌楚聲之雄兩虞兮兩騅不逝疊言有情可奈何奈若何深哀苦調瘖啞中有嗚咽之神　項王夜飲悲歌一段於兵戈搶攘中寫出風騷哀怨之致眞神筆　項王泣數行下左右皆泣莫能仰視寫英雄氣盡亦復可憐　麾下壯士騎從者八百餘人騎能屬者百餘人耳乃有二十八騎亡其兩騎耳按此計算軍數妙在用虛字點逗生情　田父紿曰左左乃陷

大澤中按一左字寫生疊一左字更妙　漢騎追者數千人覆一句妙　吾起兵至今八歲矣身七十餘戰云云此借項王口中總收生平　令諸君知天亡我非戰之罪也按此重複繚繞妙　吾爲公取彼一將如生　赤泉侯人馬俱驚辟易數里二語寫出項王神威紙上精魄震動　乃謂其騎曰何如騎皆伏曰如大王言此亦寫生之筆正爲吾爲公取彼一將作應而爲上文一番決戰小煞　項氏本起江東此處江東雖小江東子弟江東父老

正與篇首起兵江東有廻繞收結之妙籍與江東子弟八千人渡江而西亦與乃以八千人渡江而西遙應有情　顧見漢騎司馬呂馬童曰若非吾故人乎馬童面之指王翳曰此項王也此數句中曲折低徊有無限情態　項王問呂馬童馬童卻不正答反指告王翳曰此項王也此中神情可想　垓下一段寫英雄盡步極哀颯極豪壯淋漓激昂是項王全副氣魄是太史公異常筆力　項王已死以下數段廻旋繚繞此太史公痛惜項王也中有無限欷

歔之神　漢王乃引天下兵欲屠之按漢王何至於此此自爲魯後降壯氣勢耳魯父兄乃降此處用父兄字妙　始楚懷王初封項籍爲魯公及其死魯最後下以魯事作餘波乃直掉至懷王初封收盡通篇極有筆力　諸項氏枝屬云云至皆項氏賜姓劉氏此又及項氏族屬而著其姓氏如夏殷紀末贊及後代諸氏此所以爲本紀體也

本紀摹寫項王勇力氣槩已極贊語卻就重瞳生情妙　紀中籍長八尺餘數句略寫羽狀貌才氣贊

中又補出重瞳子　羽豈其苗裔耶何興之暴也
誕語詼諧的妙正見羽之功德無足取也　分裂
天下而封王侯政由羽出號爲霸王云云按此正太
史公紀項本意以見其初非無所據也　背關懷
楚言羽之東歸背關中而向楚國也顏師古注背關
謂背約不王高祖於關中牽曲審如此何不言背約
耶　難矣過矣豈不謬哉三截頓挫有神
項羽紀縱橫馳驟亦有喑啞叱咤拔山蓋世之槩
古來善於敘戰者莫如左氏其摹寫春秋數大戰

兵機陣法可謂工且備矣史記項羽紀鉅鹿垓下諸
戰寫勇將衝鋒陷陣雄入九軍之槩更爲顯明生動
較左氏又另一種筆墨閱之如見勁裝鐵馬令人神
竦　史記敘事善用虛字極頓挫開闔之妙項紀
每於事情極難着筆處略用一二虛字點逗精神眼
目俱出　項紀是太史公本色出力文字敘次摹
寫極工即此一篇可悟史家筆法變化之妙　贊
語豪邁跌宕極與本紀相稱然其用筆能以縮頓爲
迴古宛不失之縱放固知視唐宋諸家以議論爲文

字者大異也　項羽本紀不用年月紀事但以事
迹貫串而年月則旁見於月表中此紀表互載之妙
也

高祖本紀

其先劉媼嘗息大澤之陂云云至已而有身遂產高
祖寫此一段直與殷周吞卵踐跡事同一神異
意豁如也四字虛妙神理蘊藉　常有大度不事
家人生產作業句極疎健　開端寫高祖狀貌性
情極質老莊重是眞命帝王本紀局仗　縱觀觀

秦皇帝疊一觀字有情有度　不曰始皇而云秦
皇帝亦有意細思此處須得用皇帝字　喟然太
息曰嗟乎大丈夫當如此也語極雄渾聳動較彼可
取而代也自然氣槩不同　中間插入高祖常由
咸陽一段極奇前後敘高祖神異徵應處俱通靈
敘高祖微賤時事最細最雅兼有高貴之氣不同
纖豪泛泛者　呂公因目固留高祖寫得有光景
呂公女乃呂后也生孝惠魯元公主分解一句文字
將回逸宕生孝惠魯元公主正爲下文呂后與兩子

擣田老父過相一段過豚伏綫文意上下相生處微
妙入神　老父相呂后母子并相高祖極細事敘
得情景曲折　鄉者夫人嬰兒皆似君似當作以
此及夫人所以貴者乃此男也對照作應都成奇語
及高祖貴遂不知老父處此句作一段束結有
此遂覺意思靈活蘊藉有致筆法之妙可想　高
祖爲亭長乃以竹皮爲冠云云至所謂劉氏冠乃是
也帶敘竹皮冠一事極瑣極韻連用冠字不覺其佻
秦始皇帝常曰云云此段忽插入妙筆端離合

有態　高祖乃心獨喜自負高祖即自疑高祖心
喜徒中壯士願從者十餘人諸從者日益畏之沛中
子弟或聞之多欲附者矣按此層次點敘自作照應
有情致有手法　秦二世元年按此以秦年紀漢
事所謂編年體也壓行不另提更爲斟酌得體
劉季之衆已數十百人矣此句與前壯士願從者并
多欲附者等句相應　天下苦秦久矣云云按此
爲高祖初起令約又在入關告諭之先簡質有氣
吾非敢自愛恐能薄不能完父兄子弟云云數語

將朴篤　諸父老皆曰平生所聞云云此語淺質
極肖口吻　乃立季爲沛公祠黃帝祭蚩尤於沛
庭而釁鼓旗幟皆赤敘高祖起兵典重雄武居然帝
王舉動不同草澤英雄也　由所殺蛇白帝子殺
者赤帝子故上赤此以照應爲束結古勁　項氏
起吳按此提出項氏亦大關目　當是之時趙歇
爲王秦將王離圍之鉅鹿城此所謂河北之軍也按
此處用提掇敘項紀有詳簡之別而同一局仗前後
敘次得此氣勢振動無此則曼衍矣　令沛公西

略地入關與諸將約先入定關中者王之按此先點
清沛公西入關而後又另敘沛公入關緣起極有筆勢
當是時秦兵强常乘勝逐北云云至卒不許項
羽而遣沛公西略地按此段項紀所無而敘次特有
精神借諸老將口中寫出無數層次曲折是其筆力
大處　長者扶義而西奇語占大局面　今誠
得長者往今項羽傈悍今不可遣連用今字似歷亂
無文理而口吻逼肖確不可删去其一筆意之妙幾
不可思議太史公最長此法不如更遣長者扶義而

西令誠得長者往獨沛公素寛大長者可遣長者宇
三言之鄭重篤老　卒不許項羽而遣沛公西略
地此句束結老筆　酈生不拜長揖曰云云數句
已盡酈生狂態正足爲本紀中裝點氣色　張良
諫曰云云至此危道也按此妙在語勢未了遂入敘
事　其舍人陳恢曰死未晚也乃踰城見沛公曰
按此敘法極靈動　是時章邯已以軍降項羽於
趙矣初項羽與宋義北救趙云云按此帶敘項羽一
邊事極周密筆力寛閒有餘　破之因大破之大

破之遂破之連用破之大破之排疊作章法遒緊有
勢　漢元年此時即書漢元年以正統屬漢也於
此始正編年之體　樊噲張良諫此於本紀提其
要而於列傳詳其事得體列樊噲於前更有見
遂先諸侯至霸上此處見書法　父老苦秦苛法
一諭簡質温醇遂開兩漢詔令之端　秦人大喜
人又益喜唯恐沛公不爲秦王寫出帝王氣局太史
公可謂識大體矣　鴻門一會縮作數語不厭其
簡正可與項紀參看　沛公以樊噲張良故得解

歸此語總括得妙歸功樊張亦平允　秦人大失
望然恐不敢不服爾此與秦人悅服沛公反照筆境
亦雋活　項羽怨懷王不肯令與沛公俱西入關
而北救趙後天下約此又與前遙應有情　懷王
者吾家項梁所立耳草澤市井語氣宛肖　冬十
月者建亥之月秦正月也正月建寅之月秦四月也
書冬十月於歲首所以存建亥之迹書正月者所以
從夏時之正然則冬十月者在秦時及漢初必曰正
月正月必曰四月此殆史官追改之耳　項羽自

立爲西楚霸王此處敘項羽自立於先與項紀列敘
於王諸將相之後異者項紀誅其心故每用曲筆此
處但紀事故從其序也　負約更立沛公爲漢王
點負約二字有眼　韓信說漢王曰云云至不如
決策東鄉爭權天下按此段說漢係漢與楚爭天下
關鍵挹手及其鋒而用之可以有大功不如決策東
鄉爭權天下數語特雄警有氣勢　項羽出關云
云至項羽大怒北擊齊按此與項紀參看輕重詳略
各得其體由其善用賓主轉換法　因以文諭項

羽敘論守雅甚　八月漢王用韓信之計此處另提遙接韓信獻計筆法好　更立韓太尉信爲韓王此言韓太尉信補紀其爵也此即說漢東嚮擊破韓王之韓信非另一韓信也　諸將以萬人若以一郡降者封萬戶按此於敘事中帶及一檄令體　諸故秦苑囿園池皆令人得田之大赦罪人撫關外父老按此皆以美政書是本紀體　二月令除秦社稷更立漢社稷按此係開創大關目故特書於本紀　置隴西諸郡置河內郡以拓地得書

討項羽檄嚴正雄厲而詞令自然高古有古誓誥體　項羽雖聞漢東既已連齊兵欲遂破之而擊漢　漢王以故得刼五諸侯兵遂入彭城按此係楚漢得失大關鍵太史公祇用數句寫盡筆力絕高　漢東二字反對上示項羽無東意句　刼字妙得漢王當日機權情事　太史公知兵略故指畫楚漢勝負得失事如掌　六月立爲太子大赦罪人敘戰爭怱忙中乃及立太子典要得大體是本紀體例　於是令祠官祀天地四方上帝山川以時祀之此及祭祀以典禮書　乃夜出女子東門二千餘人被甲楚因四面擊之云云至以故漢王得與數十騎出西門遁按此段紀事最簡妙較項紀參看始得之　漢與楚相距滎陽數歲云云至復與之戰破楚必矣按此策亦漢王取天下要着備多力分尤兵家精妙語　當此時彭越將兵居梁地往來苦楚兵絕其糧食按此綴彭越苦楚兵於三年之末最有筆法有意致　使自爲戰使自爲守二語各成其妙此留侯善用黃石公法也　漢王數項羽詳載

高紀極是　至櫟陽存問父老此處又及存問父老亦非閑筆　當此時彭越將兵居梁地往來苦楚兵絕其糧食敘彭越苦楚兵前後不易一字妙甚　數羽凡十罪第十罪即總括前數事用也字作結奇　漢王傷胸乃捫足曰虜中吾指按傷胸捫足所以安士卒也緣下文有張良請漢王安士卒毋令楚乘勝於漢等語故此處不復注明而筆法簡捷特甚　五年高祖與諸侯兵共擊楚軍與項羽決勝垓下此先提一筆如春秋之有經文朱氏綱目之

有標題也下文詳之　垓下之軍所謂五花陣也敘矢僅六十字而陣法戰法之奇悉具莊重森古太史公出格文字　曰合曰卻曰縱曰乘只數字而兵形進退相應奇正相生之妙宛然此處用筆可兼左氏之長　是以兵大敗重注一句有力　空言虛語非所守也語簡質有味　諸君必以爲便便國家語特質古有體班氏改作幸以爲便於天下之民則可矣祗覺輕快耳　皇帝曰義帝無後此處特用皇帝字肅重敦古開端云義帝無後愾然穆

然讀至此令人神采耳目頓爲改異班氏削去皇帝字而別載楚地已定義帝無後之令於未即帝位之前便索然無味竊謂班史真不知太史公者所謂難爲淺見寡聞道也　天下大定四字收結老極

列侯諸將無敢隱朕只此一語寫英主雄爽在目　心善家令言賜金五百斤高祖曰善賜黃金五百斤此以兩事皆賜金遙對作章法　因說高祖曰甚善俗本多脫甚善二字　士卒墮指者什二三句法古　匈奴圍我平城春秋書事法　天下句句苦戰數歲云云數語極有氣燄　十年春夏無事書之以存時本紀體　不罵者原之加一句妙意足而筆致勁　高祖過沛悉召故人父老子弟縱酒一段寫得慷慨淋漓極情盡致後世史臣無此筆　大風歌亦楚聲也雄風霸氣悲壯激昂真有籠絡一世頓挫千古之槩　敘項王敗垓下高祖還沛中皆用自爲歌詩泣數行下字樣妙有深情蓋項王身遭敗亡高祖去沛道病旋亦隨崩寫其歌詩泣下皆英雄氣盡時也　游子悲故鄉十九

首中妙句　萬歲後吾魂魄猶樂思沛無限詩樂在此一語　沛父兄諸母故人沛父兄固請留高祖沛中空縣皆之邑西獻寫得纏綿篤厚　吾人衆多父兄不能給豐吾所生長極不忘爾語特質厚有情味　乃并復豐比沛比沛二字有情兼作收結　高祖已擊布軍會甀布走令別將追之漢將別擊布軍洮水南北皆大破之追得斬布鄱陽按追布斬布本一事而分爲兩截中間敘高祖過沛置酒一段間隔之夾敘遙接極有章法太史公最長於此

於是高祖嫚罵之曰云云數語寫高祖臨崩時雄才大度可想　已而呂后問陛下百歲後云云已而二字有節奏漢書削之遂嫌太遠　然少戇然難獨任然安劉氏者必勃也三然字拗折低徊長慮苦意深情如見　盧綰與數千騎居塞下此接甚奇幸上病愈自入謝作不了語更奇他史必不肯爲此亦不能爲也　二月使樊噲周勃將兵擊燕王綰盧綰與數千騎居塞下候伺幸上病愈自入謝盧綰聞高祖崩遂亡入匈奴按一盧綰事分作三截

夾敘筆法甚妙　羣臣皆曰高祖起微細撥亂世反之正平定天下爲漢太祖功最高上尊號爲高皇帝按此借羣臣議尊號總收高祖梗槩高古肅重眞大手筆　議語簡要古質無一浮詞　及孝惠五年思高祖之悲樂云云至後有缺輒補之按此收應高祖過沛置酒一段章法周密而篇終低徊繚繞餘情可思　悲樂二字合得妙　高祖八男云云此開後人行狀體　漢書高帝紀末初高祖不修文學而性明達云云一段或以爲結束勝史記竊

意史記借羣臣議尊號作總收自然渾括而無收結之迹又帶及沛宮原廟歌兒吹樂一段餘情遺韻繚繞不絕正其筆力高處未見其不如漢書也　贊語在更制宜民上立論以見高祖能變秦苛法得天之統所以能紹三代也眞知大體得領要者而筆力肅重高古實不可及　朝以十月車服黃屋左纛葬長陵按此紀中所不載綴在此處妙文法古甚後人或以爲錯簡或以爲贅文眞不知古文者也本紀之體難於列傳或謂高祖本紀非史記之至者

殆亦有見緣其敘斬白蛇及上壽太上皇等事頗不莊重似非本紀所宜也然從來本紀不難於莊重而難於敘次生動淋漓有情讀高祖紀自微時以至起兵及滅秦楚成帝業訖於沛宮置酒長樂婁駕處處有手法激昂活動而不見有板重之迹此又史記之所以特勝於他史也不可不知

呂后本紀

索隱曰呂太后以女主臨朝自孝惠崩後立少帝而始稱制正合附惠紀而論之或依班氏分爲惠帝呂

后二紀鄭樵曰遷遺惠而紀呂無亦奬盜乎愚意索隱欲分惠帝呂后二紀者是也其謂合呂附惠而論及鄭氏之以遺惠紀呂爲奬盜者則不知史體者也夫高帝既崩惠帝早賓呂后女主臨朝稱制權出房戶凡八年所立二少帝特擁佊子飾空名政柄不由焉安得不本紀呂后乎然太史公之爲呂紀也殆未嘗以帝王統緒之事予之也凡帝紀必編年另行特提以重其體呂紀則壓行連敘與他紀異是未嘗成其爲編年之體也呂后者高皇后也依義例當稱高

后本紀今沒其高后而斥稱其姓若以著其王呂勦劉之罪不與其爲高后也然則呂后之爲本紀殆以世代事迹之序屬有不得不然者而太史公之深文微意正有予奪隱顯之妙知乎此則知呂后本不可附於惠紀而又豈得以奬盜譏之耶　太史公紀呂后本旨太史公嘗自言之矣本紀云不稱元年者以太后制天下事也自序云惠之早賓諸呂不台祟彊祿產諸侯謀之殺隱幽友大臣洞疑遂及宗禍夫太后制天下事而少帝不稱元年則安得不本紀太

后惠既早賓諸呂不台呂后本紀所紀皆祟彊祿產殺隱幽友之事則安得附於惠帝紀乎後儒遲臆見輕議論皆緣不肯細讀太史公書不知史公史法之精亦不知史公作史之難也　開端敘呂后即帶敘戚姬趙王如意便有手眼　高祖以爲不類我常欲廢太子立戚姬子如意如意類我按此以類我不類我分屬語之起訖顛倒作對妙若云太子不類我常欲廢之如意類我欲立之則板拙甚矣　戚姬幸常從上之關東日夜啼泣欲其子代太子按此

補在高祖欲立如意之後更參差有情　呂后年長年長字質甚較色衰字極雅極含蓄有情　呂后爲人剛毅佐高祖定天下云云按此特提呂后爲人賓主分明極有手法剛毅二字是殘害諸劉之本　呂后兄二人皆爲將長兄周呂侯云云至呂釋之爲建成侯按此敘諸呂官爵正爲後文王呂氏伏案　是時高祖八子長男肥孝惠兄也云云至功臣番君吳芮子臣爲長沙王按此敘劉氏諸王正爲後文殘危劉氏伏案帶敘功臣子長沙王而著之曰

非劉氏正見非劉氏有功而王者之僅有長沙而呂氏之不得王也　呂氏最怨戚夫人及其子趙王按此遥接前文另筆提掇有法　此非人所爲臣爲太后子終不能治天下此三句妙在語意不甚接續太史公文蹤處不可及即於此等見之　孝惠以此日飲爲淫樂不聽政故有病也敘得悲婉淒音嫋嫋　太后哭泣不下其哭乃哀前後照應語甚奇寫呂后哭泣中政有殺機　呂氏權由此起此句大有關鍵　十一月太后欲廢王陵乃拜爲帝

太傅云云至公卿皆因而決事按上正敘議王諸呂此處忽作歇頓乃敘易置丞相蓋丞相不易則諸呂不可得王事情次序固爾而敘次錯綜間隔之妙亦因之　迺追尊酈侯父爲悼武王欲以王諸呂爲漸太后欲侯諸呂迺先封高祖之功臣太后欲王呂氏先立孝惠後宮子彊爲淮陽王按此數段委曲層折寫得呂后心事如見如項羽紀寫羽欲自立爲王先王諸侯將相一段筆法　此數段中曰欲侯諸呂欲王呂氏曰迺先封先立曰乃封亦在用數虛字

描寫入情　太后風大臣風字亦得情　取美人子名之名字下得不輕不重妙所名子奇峭名我尤妙　不稱元年者以太后制天下事也此處用疏解奇一篇中最緊要語正照應呂后本紀四字　趙王歌直敘事情而抑鬱悲咽楚騷之遺　王乃爲歌詩四章令樂人歌之王悲按王悲二字頓住哽塞不必更載詩詞矣　兩趙王幽死事敘得悲咽激愴哀怨如結　迺令趙王呂祿爲上將軍軍北軍呂王產居南軍按此點南北軍正爲後文伏案

當是時諸呂用事擅權欲爲亂按此提掇細脈老致　錄齊王遺諸侯王書重敘高后滅劉氏王諸呂事總括遥應前後通靈　寡人率兵入誅不當爲王者用高祖討項羽檄文法　灌嬰至滎陽乃謀曰云云至以待呂氏變共誅之按留屯滎陽與齊連和以待呂氏變此灌嬰本謀也今以事計反面於嬰語中說透而正面即入敘事省簡而明豁筆法最妙史記善用此法　呂氏之敗敗於灌嬰牽制此緊要關目也故特提明　呂祿呂產欲發亂關

中內憚絳侯朱虛等外畏齊楚兵云云至猶豫未決此又承前文諸呂用事擅權欲爲亂詳言之前後有次第相生之妙欲發內憚外畏又恐欲待等句寫二呂心曲忽亂如畫　當是時濟川王太淮陽王武云云至太尉絳侯勃不得入軍中主兵此處又用提掇妙有安頓　絳侯乃與丞相陳平謀云云至紿說呂祿曰按此急中妙着文法亦簡捷　高帝與呂后共定天下劉氏所立九王呂氏立三王按此立言最妙　與大臣盟而之國此句開說庸人得法

或以爲便或曰不便二語亂得妙寫庸人紛紛聚議如畫漢書刪去或以爲便一句便少神　嬃大怒曰云云至毋爲他人守也寫呂嬃亦奇婦人雄爽在目　太尉欲入北軍不得入再言不得入祇覺提掇點應有情不嫌其複　呂祿以爲酈兄不欺已酈兄二字酷肖語氣徐廣以爲況失之　行令軍中曰爲呂氏右襢云云至左襢爲劉氏按當時軍心無不爲劉者太尉固知之矣特下令俾左襢者所以安人心壯軍勢也後人或以此譏之王應麟又

以爲古者吉凶事皆襢左惟受刑者襢右爲呂氏者有罪故太尉以右襢示之此皆不知事情而或過於曲解固求而失其真者也　軍中皆左襢綴爲劉氏三字妙有氣勢　南軍北軍點注最有關目太尉遂將北軍然尚有南軍轉筆力量老橫　平陽侯聞之以呂產謀告丞相平云云此下情事倥偬紛拏御點次分明如畫　徘徊往來四字寫得情景可想　朱虛侯則從與載因節信馳走云云至太尉起拜賀朱虛侯寫朱虛侯警捷太尉歆聳之神最

有氣色　遂遣人分部悉捕諸呂男女無少長皆斬之云云至而廢魯王偃誅諸呂數語已畢簡直竦勁之筆凡肅殺之文須以簡直竦勁爲上　灌嬰兵亦罷榮陽而歸按此以灌嬰罷兵結誅諸呂事絶好收鍵　諸大臣相與陰謀曰云云按此轉入議廢立波瀾最老　議廢立作三節層次曲折廼曰代王方今高帝見子云云數語最質峭三十字中凡備六層意思　東牟侯興居曰誅呂氏吾無功云云至宮謹除按此除宮一段結少帝案　代

王立爲天子二十三年崩謚爲孝文皇帝結法最好

太史公得意之筆

贊語亦自修潔道古政不出房戶天下晏然數語政見爾時宇內寧謐無事可紀略以著紀中不載他事之意非徒以此頌美孝惠高后也

王諸呂誅諸呂是呂后本紀一篇大關鍵　敘誅諸呂頭緒最繁多而點逗極爲明晰事最忽遽而敘次最安閒總於轉鍵安頓見筆法妙處　呂氏劉氏一篇眼目故屢屢提掇點逗生情如篇中非劉氏

功臣番君呂氏權由此起非劉氏而王命王呂氏定劉氏之後欲王呂氏欲以王諸呂爲漸太后欲侯諸呂欲王呂氏呂氏安得王諸呂用事分劉氏危呂氏絕理分託天報仇非劉氏王者今呂氏王欲危劉氏而自立此蓋呂氏之贊也以待呂氏變皆呂氏之人劉氏所立九王呂氏立三王呂氏今無處矣爲呂氏右襢爲劉氏左襢軍中皆左襢爲劉氏以強呂氏呂氏以外家惡則復爲呂氏誅呂氏吾無功足下非劉氏不當立皆其篇中眼目也　或謂漢書高后紀

所載高后八年之中妖祥水旱選舉黜奪及一時行政亦命事蹟頗有史記多不之載亦一疏漏此似有闕紀事之法貴識大旨得要領俾覽者了然知其命意所存不欲旁及他端以滋煩雜也如呂后本紀一篇大旨只在呂后王諸呂危劉氏以及大臣誅呂安劉之事故於呂后之封立諸呂殘滅諸王皆再三詳言之至如他事如漢書所載除三族罪妖言令賜民爵一級差次列侯功定朝位發河東上黨騎屯北地城長陵行五分錢尊昭靈后遣將擊南越以及趙

王幽死日食災桃李華地震星晝見江水泛溢之事或見於他傳或略而不載正以著其作呂紀本意不欲以他事與王呂危劉之事相雜也柳子厚云參之太史以著其潔望溪方氏曰明於體要而所載之事不雜即謂之潔觀呂后紀正可見太史公明於體要而其紀事之精神飛動處如彼數事不載何害即屬疏漏亦政不必以此屑屑相譏也

孝文本紀

孝文詔書質古溫醇居然三代之遺而所行政事亦

稱之不徒爲空言也太史公於他帝詔令多不載錄而獨詳錄孝文詔令葢深有見於孝文者亦以見太史公史體之嚴也　人人自以爲得之者以萬數然卒踐天子位者劉氏也此長句可謂矯若游龍　天下絶望說得透百姓弗爲使此語亦切中事情　方今內有朱虛東牟之親外畏吳楚淮南瑯邪齊代之强方今高帝子獨淮南王與大王兩方今極肖口吻得指畫陳說之神漢書刪其一遂減色　寡人固已爲王矣又何王果如公言寫代王真情雅度如生　王者不受私語極明快漢書作王者無私失之　至代邸而議之從容得體口吻亦入妙　丞相陳平太尉周勃大將軍陳武云云至遂即天子位此段敘羣臣勸進代王謙讓雍容詳悉摹寫逼真　臣伏計之大王奉高帝宗廟最宜稱云云此段藹藹有體真大臣之言　敘孝文即位清宮有與呂后本紀詳略不同處當參看　皇帝曰呂產自置爲相國云云至典客劉揭身奪趙王呂祿印此段文極簡質括誅諸呂事并諸臣功次井井　議建

太子一段寫文帝謙讓不遑處溫婉可思藹然如聞仁人之言　薄太后曰諸侯皆同姓立太子母爲皇后按此應從楊慎注索隱解非　日食詔淵然典古進乎誥體矣　後十六年追尊淮南王長謚爲淮南王立其子三人爲淮南王衡山王廬山王此預紀後事也作史者不可不知此法　雖欲改過自新其道無由也妙於立言宛篤動人　書奏天子天子憐悲其意此處須用天子字憐悲其意有情有體　除肉刑詔極婉厚或欲改爲善而道毋由也即用緹縈語妙何其楚痛而不德也惻然可涕　孝文帝從代來即位二十三年云云至是以海內殷富興於禮義總敘孝文帝盛德行事於此葢太史公深服文帝特於紀末畫一恭儉寬仁全圖以志其愛慕纏綿之意此本紀變體也後代班氏以下諸史凡帝紀操行皆敘於紀末則此體爲通例矣　有不便輒弛以利民以示敦朴爲天下先欲爲省毋煩民惡煩苦百姓專務以德化民凡此皆不徒實敘其事而虛摹括寫其意所以爲盛德之形容也尤妙在

善用數虛字意思極深永漢書削去欲爲省毋煩民并削數虛字遂少神色　按此段繫於後六年之下後七年帝崩之前正太史公善於安頓脫出蹊格處他手定將此段置於帝崩遺詔之後矣漢書用此段作贊語亦無情致　篇末錄景帝一詔總括孝文帝所行德政切實不浮羣臣議功莫大於高皇帝德莫大於孝文皇帝二語精確正大穆然高古此一篇絕大收結太史公真實筆力也班氏移此段於孝景帝紀中以爲此景帝事可謂知作史而不知爲文者矣

贊語深厚憮然穆然　廩廩鄉改正服封禪矣云云數句氣脉音節極古厚有不轉而轉若斷若接之妙　嗚呼二字無限感歎殆不爲武帝地耶

孝景本紀

孝景本紀班固以爲有錄無書衛宏漢書舊儀注云太史公紀景帝本紀極言其短武帝怒而削去此紀乃元成閒褚先生取班書補之非太史公本書也茅坤以爲太史公未定之書柯維騏又以爲紀缺而贊存竊謂不然景帝在位十六年承文帝之業海內乂安除七國倡亂行誅此外本自晏然無事本紀僅錄其詔旨之大者及其災異水旱封爵賜予貶奪誅罰興建更除諸大事至其政議事迹之詳則別見於將相名臣年表列傳中正其簡嚴有法處後人於此可以見本紀之體例焉此必非褚先生所能補且與班書互有詳略亦非褚先生所能增刪也太史公何等人作史記何等事纂述本朝先帝以垂後世何緣而爲未定之書若謂紀缺贊存更屬疑似調停之見予以爲讀孝景紀者且於其書法簡嚴處求史家本紀之法度凡疑其非太史公書者請存而不論可也

元年爲孝文立太宗廟按景帝爲孝文立廟詔書奏議之詳已載於文紀之末故此處祇書其綱

彗星出東北衡山雨雹熒惑逆行守北辰月出北辰閒歲星逆行天廷中長星出西方大風壞城地動天下大潦皆災異也本紀書災異例也漢書略之

天子爲誅晁錯遣袁盎諭告不止則誅錯之失可見矣此書法也　六年春封中尉趙綰爲建陵侯云

云至故將軍布爲鄃侯本紀體例封王書封侯不書此封趙綰等五侯書者攷年表以錄討吳楚功也此變例也漢書略之　封故御史大夫周苛孫平爲繩侯故御史大夫周昌子左車爲安陽侯此以封侯書者褒錄忠臣之後盛德事也漢書詳之兩言故御史大夫詞繁重而不殺重其事故書之詳也漢書作封故御史大夫周苛周昌孫子爲列侯雖簡括然失書法矣　中三年春匈奴王二人率其徒來降皆封爲列侯此書略本紀之正例也　置德陽宮此景

帝自作廟書之以著失德也　四年夏立太子立皇子徹爲膠東王此連書者正爲後文廢立伏案　中二年封四侯中五年封十侯此與封匈奴降王二人例同　匈奴入燕遂不和親此言匈奴和親訖於此年從此戰伐無已蓋通景武而言之有深慨焉漢書削去遂不和親四字殆失其旨

贊語單就七國事立論以諸侯太盛而錯爲之不以辭義簡約而意深厚　卒以安三字娟峭結句宕開去筆遠神妙在不甚說透正自含蓄無窮

孝武本紀

陳仁錫云子長作今上本紀武帝以爲謗書而削之故亡其篇又云太史公以孝武時人紀孝武時事則多微辭惜今亡其紀無可考見爾按武帝崩於後元二年太史公不知卒於何時第史記所載僅及於征和之初而其報任安書亦在任安被罪之後篇內有云薄從上雍攷征和三年春正月武帝行幸雍則當在征和三年也此後太史公事無所見或當卒於征和後元之間且自序云作今上本紀第十二則其不

及見武帝之終無疑也不及其終則別爲實錄紀事無不可者而括其全以爲本紀則無由本紀之也然則自序所謂今上本紀者殆其書未成而僅列其目以備一代帝統不敢竟闕之也如以爲謗書而武帝削之則太史公之譏諷武帝孰有過於封禪平準諸書及酷吏佞幸等傳者胡不聞武帝削之耶況太史公固有所不滿於武帝第其微諷暗刺或散見於書傳中則可矣若以編年紀事之書而寓微諷暗刺之旨則竊意其有必不然者何也非體也非體之文太

史公豈爲之耶觀其今上本紀自序云漢興五世隆在建元外攘夷狄內修法度殆亦未嘗沒其君之善即使太史公操筆爲今上本紀亦未見其必爲謗書也

空山堂史記評註卷三

滋陽牛運震階平

年表

三代世表

三代世表著世而不著年紀遠者從略志要也總序悉從世字生情參參數行中乃具數層轉折　自殷以前諸侯不可得而譜周以來乃頗可著此言周以前不紀諸侯之故下乃發明三代不紀年月之意也漢文歸註云四句一篇之綱殊失其旨　詳愼二字一篇關鍵　多用短句妙在不禿澁頓挫遒峭有情

十二諸侯年表

嗚呼師摯見之矣鄭氏康成曰魯太師識關雎之聲首理其亂也以此發端泠峭而風逸　紂爲象箸而箕子唏云云至鹿鳴刺焉按此三段文法凡三變　約其辭文去其煩重以制義法按孔子作春秋不過因史舊文直書其事而襃貶自見史記約其辭文去其煩重以制義法數語深得作春秋之旨後儒

紛紛講立凡例乃以聖人之經目爲繁碎迂闊之書
眞春秋之罪人也
辭不可以書見也長句逸甚　爲有所刺譏褒諱挹損之文
說盡千古訓詁之陋　各安其意失其眞
章諸家作春秋亦節節有變換　敘左邱明鐸椒虞卿呂不
云至其辭略凡五段排列而參差筆致倔強古奥眞　儒者斷其義云
不易得　欲一觀諸要難橫欄一句作總束筆力
古甚　按此另提太史公曰別作一段似前敘後
斷者蹊格甚生奇

表內屢書君子譏之君子知其變君子譏之故不言
卒君子譏曰晉人亂自曲沃始矣云云此即總論所
謂學者所譏盛衰大指也　表內本十三諸侯篇
名言十二者殊秦而言之也十二國皆世家獨秦本
紀故殊之而稱十二諸侯索隱以爲賤夷狄不數吳
夫吳史記於世家首舉之何爲於年表獨賤之耶
十二諸侯莫盛於桓文紀十二諸侯之事莫大於
春秋故史記作十二國世家於桓文霸跡孔子生平
歷聘之事往往及之而年表總論惟舉四國更伯孔
子作春秋爲一篇綱領也

六國年表

戰國七雄獨秦最強六國皆爲秦所并及六國時事
多見於秦紀故年表總論以秦紀發端以秦紀收結
中閒以秦取天下爲主而以六國事夾說帶敘歸於
權變詐謀以爲俗變議卑亦有可采殆有痛於中而
爲是不得已之論然而世變可覩矣　借端見矣
斷筆有頓挫　先暴戾後仁義早爲後文伏根
三家分晉田常篡齊此春秋所以爲戰國也故敘
述始此　務在彊兵并敵謀詐用云云至猶不能

約束也此段正言六國之權變詐謀以見秦之并六
國全以權變詐謀勝之所謂世異變成功大也
論秦之德義不如魯衛之暴戾此以德義屬秦以暴
戾屬魯衛言秦之德義猶不可與魯衛之暴戾等論
也若作秦之暴戾不如魯衛之德義文義較順然未
免淺而少味矣　非必險固便形勢利也蓋若天
所助焉筆法敦古而委蛇推秦之興爲天助正爲後
文世異變成功大含蓄見意　或曰東方物所始

生云云至漢之興自蜀漢此段用或曰宕開另生一
波以為襯筆文勢開脫不板不竭此為太史公妙境
然戰國之權變亦有可頗采者云云至此與以
耳食無異悲夫按此望溪方氏以為詭辭以志痛然
亦至論也試問自漢以迄今日郡縣田制官名法律
何一不本秦氏所謂法後王者不已信歟而其筆致
疎宕紆廻中間轉頓開闔迴不猶人此亦太史公至
文也　耳食字新奇
表內列七雄表目言六國者殊秦也附衛於魏附鄭

於韓附中山於趙魯蔡附楚宋附齊者地相近事相
連又鄭為韓所滅中山為趙所滅楚滅魯蔡齊滅宋
也

秦楚之際月表

月表者秦楚之際事繁變衆故詳著之也自序特言
其旨此篇更不敘作月表正文祗以五年之間號令
三嬗二語略為點露而大意已見感慨世代推尊本
朝歸原天命此中乃獨見精神　初作難發於陳
涉云云至成於漢家三段用倒句法古勁　考之

於天凌以棟注即孟子所謂人歸天與也韋昭注非
以德指虞夏湯武用力指秦文義甚明索隱大
謬　受命若斯之亟一統若斯之難適應作法不
嫌句調之複　維萬世之安維即維持之維索隱
訓計度亦非　適足以資賢者為驅除難耳言漢
成帝業之易正賴秦人為之驅除其難也難讀如字
索隱訓患難亦非　月表雄駿奇偉頓挫處遒古
可誦　此乃傳之所謂大聖乎云云至末收結處
唱歎有神穆然高古亦復悠然深長

月表立法最精妙楚漢等八國又分為二十國此處
列布正難乃見太史公胸中筆下具有經緯

漢興以來諸侯年表

總序論本幹枝葉形勢強弱而歸本於仁義意思最
明白易見而體格特肅重古厚指次封國山河疆域
以及剖分削奪後形勢如畫是大手筆　非德不
純形勢弱也何者天下初定骨肉同姓少故廣彊庶
孼以鎮撫海內用承衛天子也按此頓挫處醇厚古
雅穆然見尚書國語之遺　天子觀於上古然後

加惠此句另筆高提有體勢有精神　彊本幹弱枝葉之勢也尊卑明而萬事各得其所矣一篇注意處到此點出閒架句調大似周人文字　臣遷謹記高祖以來至末特用臣遷字以著莊謹收法最古形勢雖强要之以仁義爲本篇義已完又綴此二語作大關鎖眞有山岳横截之勢

高祖功臣侯年表

總論閔功臣侯之隕廢而悲漢法之嚴而少恩一篇之中三致意焉吞吐離合極蕭瑟淡宕之妙　始

未嘗不欲固其根本而枝葉稍陵夷衰微也開端便有容嗟慨然深遠　察其首封所以失之者曰異哉所聞入手挈綱暗含諷刺　豈非篤於仁義奉上法哉按此不欲用筆太顯卻以古來侯封歷國久長皆因篤仁義奉上法暗將正意揜過此用筆伸縮隱蓄之妙　子孫驕溢忘其先淫嬖云云至亡國耗矣按此敘功臣子孫驕淫失侯疊用短句以志嗚咽哽塞之神　罔亦少密焉然皆身無兢兢於當世之禁云一篇正意只用罔亦少密焉一語輕輕點逗遂覺前後意思通靈卻以身無兢兢於當世之禁一筆收轉正與篤仁義奉上法句遙應筆勢廻翔鉤勒妙不可議　居今之世云云至何必舊聞按此三疊文法遙與異哉所聞作應蓋故爲詭辭隱語以志痛而風刺之旨含蓄言外意象蕭疎筆端飄渺斯爲史記神境

惠景閒侯者年表

惠景之侯便侯爲首總論借此發端而詳稱長沙之以忠得完正以諷諸侯王之當忠附也　有以也

夫入手冷淡而深遠　追修高祖時遺功臣及從代來吳楚之勞諸侯子弟若肺腑外國歸義封者此著惠景閒侯者有此五等也義既簡括句法極古勁　咸表始終當世仁義成功之著者也收結道緊古厚卻又蕭散自得更不見有擺宕之迹所以爲妙

建元以來侯者年表

總論議武帝之勤遠略黷武功也分作兩層前敘後論不露一毫貶詞而頓挫咏歎感慨絕遠　當盛漢之隆以此知功臣受封侔於祖考矣此言侵伐交

動有功臣非國家之慶生靈之福也便含風刺況乃以中國一統云云至豈以晏然不爲邊境征伐哉長句重累古厚中間轉頓處乃極拗峭　自是後遂出師云云至將卒以次封矣按此只就功臣受封侔於祖考矣重複申明作結以縱爲收似揚實抑異樣神味　此及司馬相如難蜀文皆以反筆爲正文所謂長於風刺者

建元以來王子侯者年表

短序最高古遠神別趣　正文敘事祗一制詔另

提太史公曰略贊數語便住寥寥冷冷真創格絕調也　時本太史公曰誤連編下便失其旨

漢興以來將相名臣年表

將相名臣表太史公原文特少序語後人見其無序遂以爲闕篇而目今本爲褚少孫所補竊意將相名臣表列著大事記相將御史大夫等位凡置相命將皆正書而各安其位凡罷免薨卒皆倒書而陞進其本位一格此中縱橫經緯大有結構必非褚少孫所能創立也少孫所續特天漢以後耳序之有無本不足深論安得以無序而遂疑太史公之真書也

史之有年表猶地理志之有圖經族譜之有世系也昔人推之以爲史家之本源冠冕蓋事繁變衆則年月必不能詳世積人多則傳載必不能備年表者所以較年月於列眉畫事蹟於指掌而補紀傳書志之所不及也况年表既立則列傳可省如高祖功臣百有餘人有功臣侯年表則一百餘人之功績履歷官爵封邑傳國失侯詳悉具備檢圖可得也建元以來侯者七十二國亦同此論若無年表則高祖功臣侯

者百有餘人寧當爲百有餘傳乎建元以來侯者七十二國寧當一一悉爲傳乎此史記之有年表其命意不可及而其立法爲不可議也後世如南北諸史本紀則失之繁細列傳則傷於冗雜雖緣紀敘不善亦概由於年表不立之故而劉知幾史通以爲史家列表徒滋煩費得不爲益失不爲損攻其立說不亦誣乎　漢書之有古今人表唐書之有宰相世系表宋史之有宗室表此又別分門類過爲煩蕪而表其所不必表者殆非太史公立表之意也史通所譏

其謂此歟　史記十表誠不易作其間横行直層正書旁注此中極費苦心真有井㓖繩貫之妙文章之間架結構經緯縱横即於此可自得之殆所謂無言之文乎

空山堂史記評註卷四

滋陽牛運震階平

書

禮書

篇首洋洋美德乎至垂之於後云係太史公本文此即其所爲禮書也葢書與志有別書以記國家大體而志則加詳矣太史公禮書祗以贊美三代典禮之盛歷敘衰周秦漢禮制興壞之由傷時王之因循悼古禮之難復一篇之中感慨獨深太史公之爲禮書

如是而已至於三代典禮之制略載禮經原無庸復述漢家制度因陋就簡政不足稱道故不著也觀自序所謂略協古今之變正自述其作禮書大旨而非故爲是草創未就之書也然則褚少孫何補焉

望溪方氏曰禮書之義葢痛古禮遭秦而廢歷漢五世而終不能興也其曰至大行禮官觀三代損益益歎古儀法之具存漢之初高帝之時文獻非無徵者而叔孫通希世度務雖有損益大抵皆襲秦故厥後以文帝之躬化而惑於道家之言武帝雖好儒術實

不能用太初所定不過改正朔易服色以文封禪其宗廟百官之儀襲秦之故不合聖制者遂著爲典常而垂之於後過此以往則去古愈遠而復之愈難矣其私議古者太平萬民和喜祥應辨至乃采風俗定制作乃深知禮意者而適與武帝時四海騷然人民愁病災異數見相反故帝聞而惡之觀制詔御史云云則憚復古而安秦儀情見乎詞矣子長蓋深病乎此而未敢斥言之故傷其心於往事而稱孔子以正名不合於衛其徒卒以沉湮而志痛焉此論極得太

史公禮書之旨故備著之　洋洋美德乎云云至豈人力也哉起法道宕高古　人體安駕乘爲之金輿錯衡云云至物有節文敘禮制處整飭縝密亦自具體要　仲尼曰禘自既灌而往者云云至豈不痛哉此敘禮制衰廢獨有感慨蕭索凄動　孝景時御史大夫鼂錯明於世務刑名云云至莫敢復議按鼂錯議法與議禮無涉引入禮書所以著諸臣莫敢議禮之由　敘事中皆有微詞含蓄深遠　作禮書便自肅重莊古其整齊嚴潔處兼戴記之長太史公真有因物裁質隨方就圓之能

樂書

樂書傷古樂之難復而疾鄭音之不可尚也篇首言唐虞君臣相勅成王悲彼家難竝能戰懼終始以至百姓沐浴膏澤而歌詠勤苦此正作樂原本所以同人心而出治道也自鄭衛音興雅頌陵遲時君爭以流沔相尚靡曼相高大國滅宗秦二世更爲效尤怫李斯之諫而從趙高之諛此正前代好音之君可爲鑒戒者漢興以來高惠文景四主樂府習常肄舊武

帝於郊祀之詩雖多增更究屬古樂未復故亦不錄其詞至於渥洼大宛神馬東來本非功德盛事而君臣得意薦詩郊廟夸張浮靡不亦誣乎汲黯曰先帝百姓豈能知其音耶述之所以著新樂之非正與秦二世娛意鄭音者同此太史公深痛古樂之亡而不能不致諷譏於武帝也篇中意致含蓄風刺之旨隱然言外令人不易看出所以爲妙　開端沉鬱古厚頓挫慷愴可誦　蕩滌邪穢斟酌飽滿寫性情入微　治道虧缺而鄭音興起此句一篇關紐

何必華山之縣耳而後行遠乎句亦特有風致工絶　乃能通知其意多爾雅之文觀此則太史公亦深許十九章詩歌也特惜武帝功德不稱耳至今上即位作十九章按十九章即漢書所載郊廟歌十九章索隱注以爲安世房中歌誤蓋安世房中歌不足十九章也　天馬之歌雄武夸大之體汲黯所謂先帝百姓不能知其音者也因以爲譏故備載其詞

律書

楊愼曰兵與律本相因非特以律聽軍聲而已太史公自序律書云非兵不彊又云司馬法所從來尚矣則律書即兵書矣然則太史公於律書言兵正得制律之本意與吹律之精微也　武帝時征伐四出中外騷然太史公蓋深病之故於建元以來侯者年表平準書及四夷列傳往往露風刺之旨律書亦同此意而更爲深微含蓄　六律爲萬事根本其於兵械尤所重此二句一篇關鍵　兵者聖人所以討彊暴云云至行之有逆順耳此言兵不可廢而用之有巧拙行之有逆順即隱寓不宜黷武之旨

咎生窮武之不知足甘得之心不息也此正言世主窮武病根而借前代用兵之失以諷武帝也　高祖破秦滅楚武功最盛乃不言其用兵而言其偃兵又舉孝文之專任衣冠不事邊功結和通使休寧北陲以致百姓和樂天下殷富至孝文之後武帝之事則略而弗錄置諸論議之外蓋其諷刺之旨顯然可見矣此中正有吞吐隱見意到而筆不到之妙

開端一段蒼渾凝重遂兼孟堅之長　孝文曰朕

能任衣冠一段謙至溫厚真能傳出孝文恭仁氣度且借孝文語將兵不可黷民難重勞之意痛切言之正不知武帝當於何處安身也　故百姓無內外之繇云云此句直接得妙末段縕染濃厚咏歎酣適令人神遊其境

太史公曰文帝時云云此又即文帝之休息和樂而申言之正有贊歎不置之妙自年六七十翁亦未嘗至市井云云可謂善形容矣　王者制事立法至可謂和樂者乎太史公曰文帝時至所稱有德君子

者耶並太史公妙文書曰七正二十八舍以下及篇
末贊語文並健奧拙古但細按之頗不類太史公手
筆當是舊日律書之文或係太史公綜引成書或係
後人采輯補綴均未可定也　敘次八風十二律
二十八舍錯綜古雅開說文白虎通之祖　索隱
曰書曰七正二十八舍以下分歷述以次之援律歷
相爲表裏實不可分故言律之通氣應候不得不及
歷非分歷述以次之也　萬物厄紐未敢出未敢
出三字極有妙理　房者言萬物門戸也至於門

則出矣頓挫極有態　主風吹萬物而西之軫奇
語牽合入妙　大呂一律不釋三四月不言西至
於張七八月不言北至於觜皆缺文也然正不必補
音始於宮窮於角云云至其欲存之者故莫貴
焉此段奇文精理如道經　望溪方氏註律書末
段最精確　神使氣氣使形從有以至未有以得
細若氣微若聲此等語並精鑿深奧不可思議

歷書

歷書推重夏時寅建而以武帝之太初改朔爲正也

昔自在古一段本大戴禮而錯綜條次其文較原文
高古典貴篇法一新尤妙在王者易姓受命一結篤
健敦厚確是西漢人筆力太史公曰神農以前尚矣
以下多採用左國章句而潔老蒼茂實兼內外傳之
長敘次感慨處乃有跌宕精神、　明者孟也幽者
幼也正不率天又不由人等語孔子引虞史周太史
之詞今用其詞而削去其稱引乃更有渾健處
民神雜擾不可放物禍菑薦至莫盡其氣皆極精微
深至語　由是觀之王者所重也其後戰國並爭

在於彊國禽敵救急解紛而已豈遑念斯哉然歷度
閏餘未能睹其真也此等束截頓宕文勢乃不板滯
典制文字最宜有此　武帝太初改元一詔今日
順夏至黃鐘爲宮云云此見律歷一理相爲表裏也
黃帝合而不死此以歷法牽入神仙則又武帝信方
伎之失也　然後日辰之度與夏正同正與開端
歷建正作於孟春相應　天之歷數在爾躬柯維
騏引朱子謂歷數乃帝王相繼之次序非造歷之事
也而斥史遷爲誤竊意治歷明時即帝王相傳之大

事安知歷數非指造歷之事且太史公引書斷章借義亦無不可又何必執朱子之解以非史遷乎

天官書

中宮以天極北斗爲主星標天極而及其前後左右諸星列北斗而及其上下內外諸星章法結構井井　其一明者太一常居也此一星天帝之精故殊書之　北極本五星相連舉太一卽應及其後四星乃先其旁三星而後敘後四星錯綜法　端兌若見若不善狀寫筆底圖畫　或曰天一按天一

卽陰德也加或曰者殊其名正義謂天一别是一星似誤　曰句曰直曰絕曰抵曰攜曰殷曰杙曰戴臣皆以字法爲章法此太史公極用意處　北斗七星一段另提起極高健古穆乃更有節制精神　杓攜龍角三句三峯排列特用龍角參首等字古澤奇采用昏建者杓三段用倒點古健帶敘斗分野尤錯綜斗爲帝車云云至皆繫於斗束截得體要敦古老勁　在斗魁中貴人之牢魁下六星兩兩相比者名曰三能此連敘也輔星明近此單敘也杓端有兩星有句圜十五星屬杓此遙接杓星另敘也此中分合連斷備極錯綜之法五宮點列星宿處皆當以此推看　不齊爲乖戾節去三能君臣字斥小疏弱節去輔星輔臣字簡法　兩兩相比畫出三能部位形體　天一槍棓矛盾動搖角大兵起聽點天一槍棓等星占驗於末作收煞結構特奇

東宮蒼龍七宿依次序當曰角亢氐房心尾箕今首敘房心者以房心爲明堂天王布政之宮也而敘次開架錯綜生新遂無排垜之迹　東宮以房心爲

主星而角亢氐尾箕皆帶敘也房心王者惡之也仍以房心占驗作收煞章法何等謹嚴　鼎足句之亦善圖畫　亢爲疏廟箕爲敖客疏廟敖客皆古字奮色　房心王者惡之也此棠上火犯守而言亦約句法　南宮以權衡爲主而連敘井鬼諸星

太微諸星點次井井文整而錯　蔚然二字狀郎位最妙深於象緯者知之　月五星順入軌道云云至金火尤甚此詳太微占驗指敘有逸致　司其出所守天子所誅也言月五星順入軌道則

視其所守爲上誅下之占守將則誅將守相則誅相
也以所犯命之中坐成形皆羣下從謀也謂月五星
逆入不按軌道則以所犯命之命之者命其禍福之
占也中坐成形言中犯帝坐或成句已之形皆爲下
謀上之占故曰羣下從謀也索隱引宋均注甚謬
月五星守犯者如衡占只三字極簡妙　故德
成衡觀成潢以下五句中間横截倒筆作繳束結搆
極奇撰句亦古奥　主急事主觴客主遠客寫出
諸星性情極奇妙　明與四星等若五星入軫星

中句法錯而變　無處車馬撰句奇　衡鉞井
質皆南宮星觀成潢頳攙入西宮星有錯綜　西
宮不言白虎据三宮可知也且參爲白虎西方之主
星也於主星著其號故篇首無稱焉　火入旱金
兵水水練法簡遒　昴胡星也爲白衣會畢爲邊
兵主弋獵此皆一星兩占看他點次有變法　附
耳摇動有讒亂臣在側語帶危切正以志警戒妙
主葆旅事字法奇　兩兩相比鼎足句之有情
星五其西曲星下有三星兑小三星隅置句曲九星

三處羅寫諸星部位形狀隨方因質工妙如畫太史
公胷中乃有無窮經緯　老人見治安不見兵起
常以秋分時候之於南郊此以占候點在後倒句法
附耳入畢中兵起此占補綴在篇末妙周密而
錯綜　北宮七星首敘虛危元武以虛危爲主星
也先虛危連及室斗牛女如東宮敘法　危爲蓋
屋虛爲哭泣之事此用雙序又一變法　北落若
微亡軍星動角益希及五星犯北落入軍軍起按此
用短句牽連疊累古甚　王良策馬車騎滿野江

星動人涉水雜歌謡語有奇韻象緯占驗極幽渺難
奥之事卻以風流韻雅出之使人讀之而忘其爲天
官書此正天官書之所以妙也　一篇天官書皆
當以此意讀之　魚鹽貴奇語　南斗爲廟其
北建星牽牛爲犧牲其北河鼓婺女其北織女三段
一樣連敘又自成一章法　織女天女孫也誕得
妙作五宮煞末語韻絶　列次星占北宮尤有奇
韻　主葆旅事宋均以爲葆守軍旅之事得之如
淳晉灼注謂野菜譏甚　察日月之行以揆歲星

順逆特另提起高古莊重　東方木云云至罰出歲星敘歲星德位也歲星嬴縮云云至可以義致天下敘歲星嬴縮及五星從聚之占也特釋嬴縮於歲星章內餘四星可例也句讀參差最有法有態以攝提格歲云云至人主有憂敘歲星躔次及失次之占也中間歲星出東行十二度云云至入於西方用昏夾敘歲星行度錯綜有法單閼執徐二段複述降入青章二星名頓勒點逗有體勢熊熊赤色有光作作有芒字法生奇極用意蒼蒼然星若躍而陰出

旦造語尤奇惟利公王不利治兵起師旅其率必武絫用韻語入妙當居不居居之又左右搖數句狀寫歲星失次變態文法搖曳離奇綴於赤奮若末段則十一次可例也十二段節節變換參差不平不板

其失次舍以下云云至長數丈兩頭兌敘歲星變生他星之異也謹視其所見之國總收緊嚴有力如浮如沉如沉如浮奇語歲星一曰攝提云云點歲星別名於末亦變法　南方火云云敘熒惑德位帶出熒惑失行是也一語并及熒惑出入所主與敘歲星法變反道二舍以上云云至可以禮致天下推敘熒惑失次之占并及五星從聚之占也居之殃還至數句及若角動繞環之及乍前乍後數句遒峭亦極跌宕　法出東行十六舍云云至逆之敗敘熒惑行度及其疾急之占變置五星從聚之占及行度於失次之後與敘歲星次序異亦錯綜法也　熒惑從太白總敘熒惑建關守犯之占作收結緊謹候此三字更緊嚴　中央土云云至女主象也敘填星德位歲填一宿其所居國吉云云至易福薄敘填星

出入久易之占若已去而復還還居之既已居之又西東去文法搖擺錯綜入妙　其一名曰地侯主歲歲行十二度云云至填星乃爲之動搖敘歲星行度及五星從聚之占也變置五星從聚之占於行度之後而繫填星之罰於五星從聚後與敘熒惑又異亦錯綜法　歲爲王不寧云云至音曰黃鐘宮此處點填星嬴縮色音法又變歲星熒惑不言色音舉填星尚黃音宮則木火二星可例也　其失次上二三宿曰嬴云云至天子之星也敘填星失次之占

及塡星廟作總收已完塡星宮部木星與土合爲內
亂以下則敘五星變合之占及五星色占也五星總
占應在五星分敘之後今附於塡星章內正以中央
土爲四星之主故連及之不必更爲條列也結構有
體有情筆法離奇古宕可喜　金爲白衣會語特
新奇若作爲喪便板拙　火與水合爲焠與金合
爲鑠奇語有精理　君子憂小人流韻語雅極
五星合是謂易行以下八句皆用韻如繇詞歌訣
典古和大　蚤出者爲贏四句又以蚤晚客主釋
贏縮補前文所未及　七寸以內必之矣句極險
拔矯健　點五星色圜角二段短遒錯落赤角以
下六句用韻尤奇　塡星出百二十日而逆西行
云云此又補點塡星行度於五星總占之後仍還其
爲塡星章部也位置極奇筆端眞有無窮變化
西方秋司兵至罰出太白敘太白德位太白失行以
其舍命國云云至必有國君之篡敘太白行度及其
失次之占也其紀上元以攝提格之歲云云至入以
丑未則又推敘其纏次行度之詳也當出不出云云

至用兵退吉進凶則又推敘其失次之詳而細著其
出入久疾大小高卑贏縮之占也與角晨出入畢與
角夕出入畢云云一段文整而錯鍊法最遒當出不
出未當入而入入未當出而出當入而不入顛倒變
換　用兵象太白太白行疾云云至北國敗此又
單敘用兵之占蓋太白本主兵故行軍用兵惟視太
白所在此於其占詳言之而太白白比狼云云至行
得盡勝之又夾敘太白色位及五星從聚之占也太
白行疾數句練句最峭古師有糧食兵革遺人用之
卒雖衆將爲人虜峭拔似孫子遺人用之帶嘲笑妙
白比狼數句妙於別星色於太白舉此則他四星可
推也五星皆從太白而聚於一舍安頓五星從聚之
占又一變法居實有得也至行得盡勝之數語簡至
精奧句法節制有精神　行疾武不行文色白五
芒云云此則補敘太白雜占并記太白廟及太白別
名以爲收煞也　太白一章極繁極碎敘次亦最
遒峭其章法不亂處全在節節有提掇如其紀上元
以攝提格之歲其當期出也用兵象太白太白白比

狠太白伏也以出兵等類脫卸點逗段落次序犂然
是以極錯綜變化而不失其正也　北方水太陰
之精至以其宿命國敘辰星德位是正四時至爲中
國敘辰星四時所出之宿而指其分野也此他星所
無而獨於辰星著之惟辰星理四時也其出入常以
辰戌丑未至可以法致天下敘辰星出入失次以及
與太白俱出五星從聚之占也出東方大而白有兵
於外無兵於外數句極有錯綜外國大敗中國勝外
國利此處省一句中國利外國用者利對句添二字

亦錯綜法　辰星不出太白爲客云云至軍急約
戰此又以辰星與太白連合敘之而著用兵之占也
蓋全水本屬一體皆主軍兵故客主勝負之事必以
辰星太白相伴爲占文法極碎極錯極遒峭閒可械
劍奇語　青角兵憂至白角號泣之聲敘辰星角
圖之占中間帶點辰星別名極錯綜有法其色黃而
小數語搖曳有姿致流逸生動青角黑角占在前赤
黃白占綴在後亦錯綜法　其出東方云云至末
此敘辰星行度及其四時雜占也　辰星廟附於

諸宿分野之後法極奇變　兩軍相當日暈一段
敘次碎而整錯而序筆力險拔峭利　指暈漢志
作破軍破軍若曰殺將句法古　氣暈先至而後
去數句句法磊落勁峭有列劍排戟之勢　其食
食所不利復生生所利而食益盡句廻環有致
每敘軍陣占驗曲折詳悉一一畢出而筆勢生動險
拔可喜可駭　月行中道一段紀月占候平易而
鬆脫又一格法　十月爲四月十一月爲五月十
二月爲六月五月者六六月者五五月復六等句練

法亦古　行南北河以陰陽言旱水兵喪此渾括
言之又一變法　月蝕歲星至其宿地憂屢用也
字點逗頓宕有情有態　敘諸變星凡二十段參
差錯綜隻言片句皆有奇情古趣極小文之妙
國皇昭明先言大而赤大而白次言所出國五殘等
四星先言所出之野次言大而赤云云隨手變換有
法　去地可六丈大大字單讀徐廣謂大作六者
失之此四野星所出總束作一小結章法好　四
填星地維咸光連敘有情　所見下有亂亂者亡

有德者昌頓挫有態有韻　燭星歸邪二星連敘
一正一倒文法離奇　如星非星如雲非雲奇語
　星者金之散氣漢者亦金之散氣精理不磨
敘諸星中間夾論星漢二段錯綜入妙　音在
地而下及地奇語讀之殷殷有聲　其所往者兵
發其下變句法　其下圜如數頃田處形容入畫
　不有土功必有大害依楊慎害作客叶穫爲是
葢格澤吉星非必爲大害也　狀如雄雞其怒青
黑象伏鼈星如雄雞又如伏鼈形容奇怒字說星尤

奇　虵行而蒼黑奇語　望之如有毛羽然如
一疋布著天狀寫處愈碎愈奇愈奇愈趣　星墜
至地則石也帶敘墜星其筆愈閑　天精而見景
星又一出落法　其狀無常常出於有道之國疊
一常字有筆法時本脫一常字便失之　諸段位
置似不經意而自有次序列星分合連斷結搆極精
　望雲氣一段尤奇變章法錯綜血脉通靈奥而
鮮詭麗而典括古今短賦小記之妙天官書爲八書
之絶此段尤爲天官第一　仰而望之至居上者

勝此望雲遠近之法也帶敘雲氣有獸錯綜不言如
獸直云有獸妙　自華以南至氣皆白記五方雲
色之異徒氣白至卒氣摶言雲氣各象其質語奥峭
似考工　前卑而後高者疾至兌勝方記雲勢高
卑方兌之異氣來卑而循車通者至五六十里見記
雲氣从暫遠近之分稍雲精白者其將悍至戰不勝
單言戰陣雲氣之占也三段筆勢縱橫奇而有法
　十餘二十餘里見錯綜句時本删去二十字失之
　陣雲如立垣至故鉤雲句曲寫雜雲形象之異

諸此雲見至皆如其形以占詳雜雲占法陣雲杼雲
杓雲鉤雲點敘四雲正倒詳略極有錯綜如立垣類
杼柚如繩類闕旗形容刻劃絶工居前亘天其半半
天練句尤古　以五色合占言各以其色占其所
應也正義引崔豹古今注五色雲氣金枝玉葉等語
似失其旨　故北夷之氣至雲氣各象其山川人
民所聚積推言雲氣各象其物以成形也精至之語
可作望氣經然雲氣各象其山川人民所聚積拗折
横截文勢最古厚關鍵要領前後俱靈動　故候

息耗者至其域被甲而趨此又詳雲氣息耗之占也若烟非烟一節所謂精華實息者吉也若霧非霧一節所謂虛耗者凶也二節連用韻語風逸容與奇麗絕倫真有賦態若霧非霧一節不名何氣渾妙衣冠而不濡語尤精奇　天雷電蝦虹辟歷夜明者此下附敘雜占也括舉世宙列載物象博奧蒼密無奇不有無變不臻極記載文字之能事矣　宮廟邸第人民所次以下十二句每兩句一換韻古調鏗鏘頓挫有態趣　其人逢俉化言誠然只用二字作

結峭甚韻甚　此一段兼孟堅之密塞而靈通過之　諸此雲見一段極疎散文勢沉蓄若烟非烟二節可謂紆餘爲妍　凡候歲美惡一段極促調錯節之妙　四始者候之日總上冬至日臘明日初歲正月旦立春日故曰四始也正義註但謂正月旦爲四始誤　漢魏鮮集臘明正月旦決八風至疾勝徐敘風占旦至食爲麥云云至其雨雪若寒歲惡因風而連及風日雲雨之占并五穀時刻之應也熟五斗米頃大敗句法奇甚熟五斗米與稼事關會

有情是日光明聽都邑人民之聲至角歲惡敘人聲占或從正月旦比數雨至竟正月雨占月所離列宿至此其大經也太歲占正月上甲以下至末敘正月上甲占風冬至日占土炭而總歸重占歲星所在以收結之筆法嚴密　望雲氣候歲美惡二段想見周秦文字古奧典則之遺

天官書首列五宮次五星次分野次日月次諸變星次雲氣次候歲而終以總論收結之先記綴後論斷蓋誌天官乾象其敦古莊嚴之體有不得不然者也

陳仁錫疑天官缺序而又以太史公論自初生民以來至天官備矣爲首序之錯簡此不知文體者也

總論於列代諸國星變占驗歷歷言之如道自己家室門庭戶牖詳核分明此熟於天官掌故之筆也

總論於州域分域之說三致意焉此天官書正文所未詳者也內冠帶外夷狄分中國爲十二州此立一篇之柱後又屢於夷狄中國廻複應之　三光者陰陽之精氣本在地而聖人統理之精語奧旨

傳其人不待告告非其人雖言不著此中正有

微旨　為國者必貴三五上下各千歲然後天人之際續備總挈以舉其綱由是觀之未有不先形見而應隨之者也中鍵以鎖其勢為天數者必通三五終始古今深觀時變察其精粗則天官備矣又提三五為言總收合縈盤結融會凝重得體有此三處要筆故篇章雖長而不懈弛秦之彊也候在太白一段言分野最詳確後世述郡國躔次者陳卓僧一行皆不出此　諸侯更彊時菑異記無可錄者此指戰國諸侯也若十二國時日蝕三十六彗星三見星隕

如雨已有災異可錄者矣　遂以兵滅六王并中國外攘夷狄正與前文列國分野中國夷狄占驗相應　自是之後其察禨祥候星氣尤急所從來久矣其大經也故曰雖有明天子必視熒惑所在其大經也自蚩尤以來未嘗若斯也此其犖犖大者節次段落頓挫脫卸鈎連束截處處見筆法　故中國山川東北流其維首在隴蜀尾沒於勃碣此亦寫地形精奇語　漢興以來月暈參畢日蝕晝晦以及元光元狩之間熒惑守斗星茀河戒言之亦大略備

矣茅坤乃以太史公於高惠文景及武帝百餘年間災異不見點畫遂謂其有鑒刑禍而輒諱忌豈茅氏未嘗讀天官書總論耶　紫宮房心權衡咸池虛危數句收結五宮水火金木填星收結五星日月暈適雲風數句收結日暈月蝕望雲占風數段總論收拾一部天官何等嚴密故以疎率議太史公者皆妄也　總論後綴五帝行德一段高古奇橫有遠神有別態一曰二曰兼記占星家異說也錯落盡致客星出天廷有奇令收法冷峭而縹緲

天官星氣禨祥之書本以理數為主不必以文為工然或文不能妙將使人苦其艱晦而棄之故凡文章記敘理幽賾者必使疎朗分明誦其文者一一有針路可尋了然於心典制象數繁重者必使靈活生動又有章法結構整齊錯落各盡其致方免板滯疊砌之病如繫辭傳考工記皆言理數之書何嘗不極文字之妙天官書亦猶是也寫幽賾處井井朗朗與平常顯明者無異敘形象名數排板處極錯變繁碎處極簡整有體有法有韻有態古而靈奧而動逸而峭

奇而則文章格勢凡法與巧皆備於此令讀者驚爲異觀愛如寶玩一部天官掌故得留於後世者固文字之妙留之也　天官書其精微古奥處似易其雜用韻語風雅流逸似詩

封禪書

封禪書一篇譏諷文字開端起手卻極莊重高古似與長卿封禪書頌美之文同一格體令人不覺其有譏諷之旨此大手筆筆法渾妙處　蓋有無其應而用事者矣此句微露本旨便已一眼注定始皇武帝矣然用筆正有吞吐含蓄之妙　每世之隆則封禪答焉答字不輕不重極有分寸　傳曰三年不爲禮云云引証往往迂遠不切乃故爲曼衍其詞也　尚書曰舜在璇璣玉衡以齊七政云云至始未嘗不肅祗後稍怠慢也按此敘舜巡狩正爲封禪作引見巡狩爲省方正典彰明可稽而封禪爲升中告成之儀不可輕舉妄議也敘太戊武丁修德而昌孔甲武乙瀆神而敗爲後文禨祥符徵祠祀作引見瀆祀瀆神未必其獲福也尚書曰又作一開端妙敘

舜巡狩較虞書原文有詳有簡岱宗者泰山也西岳者華山也云云點出五岳山名便爲後文敘山川作引皆如岱宗之禮只一句總虞書四句又較原文爲括省禹遵之只三字括禹事簡法妙伊陟曰妖不勝德祖己曰修德皆可想其簡法帝紂淫亂領上文帝武乙其爲慢神可知又所謂意到而筆不到也始未嘗不肅祗後稍怠慢也穆然一歎諷刺之旨甚長　周官曰云云至郊社所從來尚矣撫引周官禮記之文以著周家郊社正典正爲秦漢壇畤雜祀作引明周禮未嘗有此也另提寬論若不但指周事者筆勢甚疏逸　自周克殷後十四世以下遥接武王克殷串敘秦事蓋壇畤雜祀皆始於秦故詳著之正見周衰禮廢而後淫祀代興也先點襄公作西畤文公作鄜畤以著諸畤之始自宋作鄜畤也一段追敘故畤而借或曰云云虚按泛論前後神情俱靈蓋黄帝時嘗用事數句又斥絶迂怪附託之説尤前後數段領要也作鄜畤後九年一段作鄜畤後七十八年云云至秦繆公上天一段點次文公祠陳實德宣作

史記評語　卷一　書

諸時而抱定作鄜時繚繞串敘章法線索何等通靈敘陳寶數語錯綜飄渺音節意境俱妙獲若石云光輝若流星則若雄雞其聲殷云多作微詞疑筆似真似幻靈怳可想而後世皆曰秦繆公上天帶敘秦繆公夢見上帝事而以冷幻之筆結之益以著後世附託之說之爲悠謬也神味渺然　秦繆公即位九年齊桓公既霸云云至於是桓公乃止此段記管仲諷止齊桓公封禪也桓公既未封禪本可從略緣管仲論封禪一段極合正道深得諷諫之旨故詳載之以著無德而封禪之爲失禮以爲齊桓猶智於漢武也無懷氏以下十二家皆封禪之君然不於正文中敘次而於管仲論封禪語中旁見之猶以爲書記傳疑之辭未可深考盡信正所謂其儀闕然堙滅其詳不可得而記聞也十二君排列複敘不肯作省括語正古文朴老處皆受命然後得封禪只用一語收轉冷甚婉甚受命二字暗應篇首於是管仲睹桓公不可窮以詞因設之以事此處用提掇櫽括極得神理鄗上之黍北里之禾云云一片滑稽詼調之談正見封禪本無正禮而鳳凰麒麟不來數語乃暗射武帝作譏笑也鳳凰麒麟鴟梟嘉穀蓬蒿藜莠句法亦有錯綜　田汝成曰始未嘗不肅祗二句與功臣表始未嘗不欲固其根本二句句法同太史公最長此頓挫之筆　用三百牢於鄜時索隱以爲百當作白郊本特牲未有用三百牢之禮許守遠以爲秦人既僭郊時何不可侈用牢禮百字不爲誤也　秦繆公事與封禪無涉亦未有作郊時事特記其夢見上帝一節爲神鬼禨祥事作渲染而借其年時以便敘齊桓公之欲封禪也是歲秦繆公內晉君夷吾云云事更無涉正旨帶記之者正爲夢見上帝結案也此太史公記敘有針線極費苦心處　秦繆公即位九年齊桓公既霸以秦年敘齊事串插無迹其後百有餘年而孔子論述大經云云言典禮必衷聖人而封禪亦爲孔子之所難言也或與篇首意旨相應蓋難言之或問禘之說孔子曰不知串得無痕真妙手詩云紂在位云云櫽括雅頌詩義筆法高絕成王之封禪則近之矣仍用微詞疑筆作小結風神

超逸含蓄無盡　敘桓公議封禪一段復廻應繆公又串入周事錯綜之極　是時萇宏以方事周靈王云云敘萇宏言方怪正為李少君欒大少翁等諸方士作引晉人執殺萇宏正有微詞周人之言方怪者自萇宏綴一句深罪偏首筆法妙　記周太史儋見秦獻公一段亦為方怪禨祥作影照而言周秦合離前後串敘周秦事跡闗會極靈動非閒筆也　周之九鼎入於秦或曰鼎没於泗水彭城下此為後文新垣平請祠汾陰出周鼎汾陰巫錦掊地得

鼎作伏筆　其後百一十五年而秦并天下云云至聞始皇遇風雨則譏之此敘秦禨祥符命之事而及其封禪也明其得封也寫出鄙態淺衷其禮頗采太祝之祀雍上帝所用而封藏皆秘之世不得而記也此記秦之封禪而略其封禪典儀不肯實敘正見封禪為荒忽悠僻之事本無正禮文可採也用筆最妙　於是始皇遂東遊海上此下始入求神仙事而以祠八神作陪串落無迹解八神一段典制詳核自齊威宣之時云云推原神仙依託緣本依於鬼神

之事說出方士迂怪佞僞串合祠祀事妙甚然則怪迂阿諛苟合之徒自此興不可勝數也長句逸氣盤旋籠照深遠早為李少君文成五利輩惋恨歎息三神山一段無一字實境無一句直筆綿邈澹蕩而方士之陋世主之愚隱然自見於言外真化工手筆蓋嘗有至者未至望之如雲數語極意描畫文境幻甚栩栩有仙氣使太史公肯為方士其迂怪不當在文成五利上耶未至及到臨之節奏絶佳終莫能至云世主莫不甘心焉一片飄渺惝怳之境筆端咨嗟繚

繞　八神依陳子龍本天主地主為句　最後索隱曰最後猶言甚後也謂騶子在先宋毋忌等最後也小顏解非　然則怪迂阿諛苟合之徒一轉通靈古健前後俱警動太史公搏挖大本領　及至秦始皇并天下云云遙接前文敘始皇事自以為至海上而恐不及矣風刺藴藉然已十分盡情曰未能至望見之焉似從方士口中托出考入海方士考字下得莊古終以始皇崩及諸侯畔秦二世弒死深文微詞正以著求仙之悠謬無益也　始皇封禪

之後十二歲秦亡又提封禪作收而以篇首無其德
而用事一語証之綠封禪爲一篇本旨故屢經穿插
轉換而不離其宗此一小結收拾前半篇文字將許
多委曲惝怳之筆片語點睛挈要何等筆力　始
皇封禪之後十二歲秦亡著封禪之無益也筆法妙
　皆譎曰始皇上泰山遙應前文　昔三代之
君皆在河洛之閒云云至輒祝祠移過於下此一段
總秦祀典蓋秦人與立天地山川鬼神祠祀最盛若
零星點次恐傷煩碎且有掛漏今於始皇封禪求仙
之後漢事之前忽然宕開橫安一大段將一切祀典
總列括敘一番拉雜瑣細摭拾無遺錯綜有序既見
分明亦不板重筆端離合收縱不可捉摸真有化工
本領昔三代之君至可得而序也總作一目收拾摶
捖高古灝轉有大氣魄自殽以東自華以西名山大
川神祠敘得錯綜而分明嘗禾嘗醪字法奇鍊名山
川小山川及諸鬼神雜祀章法凡數變句法或單或
排整散疏密各盡其妙於湖於下邽灃滈於社亳雍
點次錯落最古唯雍四時上帝爲最尊其光景動人

民唯陳寶收歸總要若轉若鎖樞紐最靈三年一郊
以下分別上親祠有司主祠民各奉祠作束截詳明
整暇極大筆力　屢提秦以冬十月爲歲首正爲
漢高祖建十月武帝改正朔伏案　記高祖微時
殺大蛇事附會有情凡此皆封禪書旁襯之筆
四帝有白青黃赤之祠按此處述四帝祠乃知前文
點雍四時正有眼目　於是高祖曰吾知之矣乃
待我而具五也語帶詼諧妙　敘高祖設置諸鬼
神雜祠而以梁巫晉巫秦巫荊巫九天河巫南山巫
諸巫串敘又一變法　自齊威宣之時及秦帝而
秦人奏之自威宣燕昭及至始皇并天下自五帝以
至秦及秦并天下按此屢以自字及字作文法喚應
甚靈緊　祝官有秘祝即有菑祥輒祝祠移過於
下按此正爲文帝除秘祝詔伏筆　敘文帝增神
祠牲幣即於詔書內點出亦變法　駕被具造句
有法　無害於民四字妙有深意無諱以勞朕倒
句佳　東北神明之舍西方神明之墓也舍墓二
字特奧奇　若人冠絻焉若光煇然屬天焉若見

五人於道北多作微詞疑筆妙　兆見不迎則不至幻語活肖方士口角　人有上書告新垣平所言氣神事皆詐也陡入此句突兀而動宕筆法妙　自是之後文帝怠於改正朔服色神明之事此即紀贊所謂謙讓未成於今也明年匈奴數入邊興兵守禦後歲少不登入得無謂而冷妙正所謂德未洽而日有不暇給也以文帝之賢而一貴方性崇神祠遂不免邊事煩而年歲儉政不知武帝更何處安身也　故河決金隄此處入河決亦爲後文伏筆

至今天子今天子初即位尤敬鬼神之祀云云按一篇封禪書全爲譏刺武帝而作此處入手處乃後半篇之領目而通篇之關紐也最難着筆看他至今天子至而上鄉儒術招賢良數行文字中頓挫曲折有無限吞吐操縱誦之如有咨嗟歎息之聲　元年漢興已六十餘歲矣此句冷而有含蓄　皆望天子封禪改正度也提醒本旨有眼目而上鄉儒術招賢良及下敘趙綰王臧等事不肯遽入賣神求仙筆法政自委蛇不迫促　是時上求神君舍之上林中蹏氏觀是時李少君亦以祠竈穀道卻老方見上上尊之按此兩用是時云云過接提掇有法無迹　神君者長陵女子口角輕雋敘次神君極作鄙褻嘲笑之筆正以著武帝之陋也　聞其言不見其人云故作繚繞之筆慌忽入妙　則厚禮置祠之內中李少君亦以祠竈穀道卻老方見上善用虛字有態有情　少君者故深澤侯舍人按此隨筆作一李少君小傳　主方字法古　能使物卻老物字依如淳注作鬼物　人皆以爲不治生業而饒

給又不知其何所人愈信爭事之數語代爲裝飾妙以爲武帝妄信解脫正以形其愚也　少君資好方善爲巧發奇中此又爲下二段作提　一坐盡驚一宮盡駭兩段中用對仗語作關照而收之曰以爲少君神數百歲人也雖小小記敘亦必成一章法以爲少君神句拖宕風致冷雋尤絕　少君言上曰云云一段句法跌頓參差極有姿態見之以封禪則不死插入封禪縫合妙甚　凡方士口中往往及封禪未必方士當日果爲此語殆太史公借方士

自作聯合耳　合則見人不合則隱按此擡高安
期身分亦正方士縣閃法　丹沙可化爲黃金此
處插入爲黃金又生出一事　居久之李少君病
死天子以爲化去不死此雖直書仍有微詞文自冷
妙陳仁錫病其無諱文可謂妄訾而過求矣　而
海上燕齊迂怪之方士多更來言神事矣此句遥應
前文燕齊海上之方士怪迂阿諛苟合之徒等句而
開下文謬忌少翁欒大等言方術事轉卸靈動風味
深長太史公最善此筆　亳人謬忌奏祠太一方

其後人有上書後人復有上書三段敘事簡明有法
而俱以天子令祠結之常奉祠如忌方令太祝領祠
之於忌太一壇上如其方令祠官領之如其方而祠
於忌太一壇旁三句伸縮倒換曲盡變化之妙
造白鹿幣獲角獸插入無端而冷妙與封禪正旨若
離若合極有閒情遠致　若麟然蓋麟云不肯質
言恍忽入妙　風符應合於天也拖一筆逸韻正
有諷刺　於是濟北王以爲天子且封禪云云此
處照顧封禪正文閒冷無迹然後五岳皆在天子之

邦小收暗應前文名山大川或在天子適爲後段封
禪作伏筆章法最妙　齊人少翁以鬼神方見上
單句作提　少翁以方蓋夜致王夫人及竈鬼之
貌云天子自帷中望見焉設詞隱約入妙　少君
言上曰文成言曰遥遥作照答　其方益衰衰字
下得大雅有體　天子識其手書問其人果是僞
書疊兩書字句法古重勁健　隱之癡得妙已爲
下文悔文成蚤死并文成食馬肝句伏案　其後
則又作柏梁銅柱承露仙人掌之屬矣按作柏梁銅

柱點敘文成段內者以宮室被服象神之論發自文
成也文成誅而作柏梁銅柱正見武帝深惑於文成
也牽附鈎帶筆法自好　此段敘作甘泉作柏梁
銅柱適爲後文作蜚廉觀通天臺建章宮神明臺作
引線　游水發根言上郡有巫病而鬼神下之上
召置祠之甘泉此一段追敘又一變法　置酒壽宮
神君陳仁錫以爲此處依本紀無酒字爲當按此文
㠯上大赦似以有酒字爲長且酒字亦何礙有之
　聞其言言與人音等數句較敘長陵神君爲詳又

與紀陳寶一段筆勢音節相似遙遙映照　來則風肅然肅然二字形容得神似須似疑　時晝言然常以夜倒句煞有致節奏入妙　其所語世俗之所知也云云故作跌宕搖曳之筆盡情嘲笑而意致自爾蕭疎　其後三年有司言元云云至曰狩云此處入建年號極有關筆冷趣實爲前後禨祥符命等事作點襯也　其明年冬天子郊雍云云至浸尋於泰山矣此段敘祠后土而及封周後帶敘附筆所謂客中之客也天子始巡郡縣浸尋於泰山矣

此句遙開下文巡行遊幸等事以漸引入封禪也浸尋二字妙有情理　海上燕齊怪迂之方士多更來言神事矣其後則又作柏梁銅柱承露仙人掌之屬矣天子始巡郡縣浸尋於泰山矣海上燕齊之閒莫不搤捥而自言有禁方能神仙矣每段束結處多作不了語隨收隨開下妙甚　其春樂成侯上書言欒大亦用單句提法　欒大小傳獨詳方士之誕妄武帝之溺惑極力描寫　敘欒大輙牽連文成照顧映帶有情　大言曰三字接得妙　顧

以臣爲賤不信臣云云委折纏繞有態　黃金可成數句亦有錯落又插入河決巧甚此正所以動武帝也　欒大大言一段寫出方士浮誕佞巧面孔栩栩欲活　神人尚肯邪不邪致尊其使然後可致也口角跳脫方士閃爍神情如見　是時上方憂河決而黃金不就寫出武帝溺惑受病之根　居月餘得四印謂五利將軍天士將軍地士將軍大通將軍也先點五利將軍中閒總記得四印遂以天士等三將軍連綴之小小點敘亦自有章法不苟如此　封欒大爲樂通侯詔荒謬傅會可謂極矣然詔體特高邈可貴　使使衣羽衣夜立白茅上五利亦衣羽衣夜立白茅上受印武帝之迂怪殆甚於方士矣記載亦飄飄有逸氣别趣而佩天道者且爲天子道天神也筆端波瀾橫生烟雲飄忽　五利大言與文成語相似不同各能曲盡妙態　神未至而百鬼集矣異常詼笑然頗能使之又爲方士出脫回護得妙　大見數月佩六印總上又與得四印作顧答海上燕齊之閒莫不搤捥而自言有禁方

能神仙矣只搤捥二字寫方士熱中技癢情狀如見正以彰武帝之迷謬也　濟北王以爲天子且封禪一段漸說向封禪矣下卻以少翁言方閒之是歲天子始巡郡縣浸尋於泰山矣已撲近封禪下卻以欒大言神仙及汾陰巫錦得寶鼎事閒之筆法有若離若合之妙　見地如鉤狀狀寫最工　麃嗢有黃雲葢焉只數字便可作一篇得寶鼎賦　有麃過上自射之因以祭云敘次閒冷若不着緊要而後文自有照應妙　有司寶鼎奏質奧鮮澤奇絕絕似先秦文字　若獸爲符指所射麃服虔以爲雲若獸在車葢誤　光潤龍變語精采過人

惟受命而帝者心知其意而合德焉句有奧態微理

入海求蓬萊者無端接入求仙筆法靈奇冷妙

殆不見其氣語不着痛痒特妙　上乃遣望氣佐候其氣云又作不了語妙　其秋上幸雍且郊索隱注以雍地形高故云上穿鑿殊甚　其秋上幸雍且郊以下敘祀太一漸說向封禪公孫卿述黃帝一段仍以求神仙事夾敘之　齊人公孫卿曰今年得寶鼎此提數語領起卿有札書曰云云此詳公孫卿出處亦用倒敘法　無書獨有此鼎書說得貴秘之極　漢之聖者在高祖之孫且曾孫也附會神情宛然逼露　連用數曰字又復提申公曰云云是引述指點之神參差有致　上封則能仙登天矣此是引申公一段緊要語　神靈之封居七千當從李奇說謂以得仙道得封者也　天下名山八云云此與前文記述山川處暗應

黃帝且戰且學仙幻語有奇趣揣摹附會入妙正以投合武帝開邊黷武之神也　乃斷斬非鬼神者斷卽斬絕也文帝詔云斷者不可復續索隱注非

故鴻冢是也明廷者甘泉也所謂寒門者谷口也點逗錯落有神　述黃帝一段誕妄極矣絕妙諧語小說　於是天子曰云云語有飄飄凌雲之意似公孫卿語尚未畢而帝卽神移色動者　上遂郊雍至隴西此下記祠太一之儀也祠壇放薄忌至除八通鬼道此記祠壇也太一其所用如雍一時物至祭月以羊彘特此記祠物也太一祝宰至如雍郊

禮此記祠禮也其贊饗曰云云此載祠贊饗之文也敘次并晰而參差　其牛色白鹿居其中彘在鹿中水而洎之此中有數層次敘得簡明　贊饗文甚簡古　有司云祠上有光焉微詞妙　立太畤壇制太一靈旗此因記太一祀而類及之而五利將軍使不敢入海忽然收轉五利妙筆端收縱離合變化無窮　敘五利事不肯作一節敘完而以得寶鼎及公孫卿陳鼎書祀太一等事間之每於敘次別事末尾忽然插入遙接帶敘筆法離奇　祠仙

人跡禱祠用樂舞記敘極閒冷正不欲驟入封禪也　北巡朔方一段插入匈奴事正與前文匈奴數入邊及黃帝且戰且學仙等語暗應　既至甘泉為且用事泰山此下漸入封禪正文也封禪用希曠絕莫知其儀禮正與其儀闕然堙滅其詳不可得而記聞遙應封禪者合不死之名也此語為一篇主意蓋武帝封禪本為求仙故太史公每以封禪求仙伴敘而於公孫卿申公二段特著其旨　天子既聞公孫卿及方士之言云云數語捲括前文雄主心事

一一曲中正見封禪求仙為一事也　羣儒既已不能辨明封禪事二語長句渾括蒼勁　聞若有言萬歲云問上上不言問下下不言設詞微妙　見其跡甚大類禽獸云世無仙人之跡類禽獸之理此極意作嘲笑語及羣臣有言老父則大以為仙人也筆意閃忽似諧似謔妙　然無驗者橫截四字妙　巡海上一段又入求仙事跌宕離合文情絕佳　上念諸儒及方士言封禪人人殊不經難施行數語遙接上文作提筆此段乃正敘封禪事也乙

卯丙辰重其事故謹而日之既言明日又言丙辰亦見文法謹至處　敘封禪事一段歸重處而其文殊略不甚詳明者以封禪事秘本非從臣所能覩著又以封禪事屬曠舉儀非經制不欲鋪張之也　詔語屑如有望欲止不敢靈恍溫古　於是上欣然庶幾遇之寫出武帝歆動神仙一種精神命脈　奉車子侯暴病一日死此可不記而必記者正為封禪作敗興語　有司言寶鼎出為元鼎以今年為元封元年正與前文改元相應乃知有司請建年

號一段之非闕文也　獨見旗星出如瓜獨見二
字微詞可想以太史公掌天官而書王朔獨見則旗
星之有無可知也　天其報德星云正爲封禪渲
染然詞特微冷　若云欲見天子無所見見大人
跡云微詞疑筆特有神味　於是天子既出無名
寫出無窮委曲　還至瓠子自臨塞決河云云至
復禹之故跡焉此則終始河決之案作收結語
天子既已封泰山無風雨災此下兩紀五年修封之
禮并雜紀作明堂禪高里禮東泰山祠石閭以及星

出稱建封之報天旱有乾封之詔皆爲封禪附綴點
染以作餘文襯筆至瓠子塞河以結河決之案方祠
詛胡以了匈奴之局皆爲前文捲結收拾以成一篇
結構無一贅蔓闕文也　於是天子曰嗟乎吾誠
得如黃帝吾視去妻子如脫躧耳於是上欣然庶幾
遇之然益遣冀遇之連用此等飄動之筆寫出武帝
求仙神情後人有云如武帝愛道憑虛欲仙正從此
等句看出　若見有光云微詞妙　天旱意乾
封乎此等詔書特爲載入乃極意爲嘲笑也作建章

宮立神明臺終前作柏梁銅柱之案　漢改歷以
正月爲歲首云云終前改正朔建年號之案　初
天子封泰山云云此段紀作明堂因五年修封祠太
一五帝於明堂而追敘之也　今天子所興祠至
他祠皆如其故總結武帝所興壇畤祠祭之事也寥
寥數行括攝許多典制而又極有條理何等簡明
五寬舒之祠官撰句奇　今上封禪其後十二
歲而還總結武帝求神仙之事也祠祭求仙武帝兩
大事皆與封禪相表裏故特抽出於篇終論之收祠

祭敘而不斷收求仙則兼用斷語然特微婉吞吐
結末一段低徊顧盼紆復盤繞數行中凡數曲折
真有出神入化之妙　天子益怠厭方士之怪迂
語矣數語似爲武帝解脫然羈縻不絕冀遇其真八
字正深中膏肓之病　然其效可睹矣長篇恰好
妙結烟波渺然
贊語余從巡祭天地諸神名山川而封禪焉括盡郊
社壇祠封禪等事入壽宮侍祠神語括盡神君竈鬼
等事究觀方士祠官之意括盡少君少翁欒大公孫

卿寬舒薄忌勇之諸人論說行事於是退而論次自古以來用事於鬼神者括盡虞舜以後漢武以前巡狩禱祠濆神求仙等事俎豆珪幣之詳獻酬之禮又檃括諸祀典牲犢車馬駕被瘞埋服色贊拜等事一篇大文字洋洋三千言只用數語收攝之何等筆力

贊語長句紆旋古勁絕倫　舊評依古郊祀柴望之義後世人主用以誇其受命之符從驕心出去之已遠漢武附之求仙長生則又益一癡心支離紐造愈遠愈訛此書妙在將秦漢以來壇時祀典與封禪牽合爲一將封禪與神仙牽合爲一又與河決匈奴諸事與求仙牽合爲一似涉傅會而其中格格不相蒙處讀之自見纍纍萬餘言無一着實語每用虛字誕語翻弄而褒貶即在其中蓋武帝雄主甘心求仙必有一段微言妙理足以深入而先奪之太史公舍其微妙者不言而娓娓談方術皆不出膚襲之語如夢如囈如兒戲如街談寫人主迷惑沈溺全在事理明白易曉處見之所謂欣然庶幾遇之羈縻不絕冀遇其真數語是其胎骨中貪癡種子恠迂阿諛苟合之徒接踵而中之往無不獲其原在此篇末一語曰然其效可覩矣意與颯然斷案悚然尤妙在含蓄冷冷無極力收括之迹

望溪方氏曰是書所譏武帝事義皆顯著獨雜古事則意各有指武帝名爲敬鬼神之祀而以封禪合不死郊時秘祝不過與祠神君竈鬼同意耳蓋好神而比於慢矣故首載夏孔甲好神三世而亡殷武乙慢神三世而亡復大書始皇封禪後十二歲秦亡示無德而瀆於神爲亡徵也殷二宗遇物變懼而修德國以興歷年以永示寶鼎一角獸不足爲符應也其詳秦先世事及史敦史儋語以雍之諸祠興於秦而敦儋妄稱符命以啟二君之汰爲方士恠迂語之徵兆也萇宏欲以物恠致諸侯無救於周之衰而身爲僇則以方祠詛匈奴大宛者可知矣秦繆公病寤而世傳爲上天繆公死年有徵則黃帝鼎湖之事乃此類耳管仲能設事以止桓公之欲而漢公卿乃徇方士以從君於昏是可歎也孔子論述六藝無及封禪者則非古帝王之典祀明矣傳所言易姓而王封禪者

七十餘君姑無論其有無信曰有之亦功至德洽而告成於天如成王乃近之耳豈以是爲合不死之名接仙人蓬萊之術乎所謂羣儒不能辨明封禪者此也故其發端即曰自古受命帝王曷嘗不封禪蓋謂非以是致怪物與神通耳傳所稱封禪者七十二君本無稽之言但以是致怪物與神通則舉之不以其事而生古封禪之有無又不足辨矣此子長之微指也

封禪書本以武帝爲主而敘虞夏以來禱祠巡狩禨

祥符命之事有得有失或經或不經皆爲武帝作影照也紀武帝事本以封禪爲主而敘祠神求仙匈奴河決黃金寶鼎改正朔建宮室等事支離曼衍紐合牽附則皆爲封禪作襯染也蓋武帝封禪本爲長生不死之道原與古帝王升中告成之旨殊別故求仙者封禪之根而祠神者求仙之階三事本屬一事是以屢屢件敘不嫌糾牽而每借方士口中點明其旨如所云祠竈則致物致物則益壽而海中蓬萊仙者乃可見見之以封禪則不死又云上封則能仙登天矣又云封禪者合不死之名也皆此義也至於匈奴河決黃金寶鼎改正朔建宮室等事皆似與封禪求仙無涉而俱有關會公孫卿言黃帝且戰且學仙則匈奴事可暗照也欒大言河決可塞而武帝詔曰天若遺朕士而大通焉後又以既出無名乃禱萬里沙塞決河則河決事可類附也言黃金則丹沙可化爲黃金以爲飲食器則益壽者是也敘得寶鼎則以黃帝得寶鼎迎日推策者是也記改正朔亦以公孫卿札書有黃帝神策朔旦冬至之事敘建宮室亦以公

孫卿言仙人好樓居方士有言黃帝爲五城十二樓以候神人之事凡此皆與求仙事有關會而類及之以爲封禪襯托渲染也設詞於疑信之際用筆在離合之間摹擬處無一實境論斷處無一直筆可謂殫譏諷之微文極紀載之能事矣

封禪書譏諷嘲笑可謂盡情極致矣然皆以冷語出之終有厚氣裝裹不失之尖酸淺露

封禪求仙秦皇漢武事跡略同太史公敘二君事多作遙對暗照之筆蓋武帝失德處不便明加貶語而借秦皇特特相形正以見

漢武無殊於秦皇也如紀始皇事云始皇聞此議各乖異難施用由此絀儒生紀武帝亦云上念諸儒及方士言封禪人人殊不經難施行紀始皇云封藏皆秘之世不得而記也紀武帝亦云書秘其事皆禁紀始皇云始皇自以爲至海上而恐不及矣紀武帝亦云於是上欣然庶幾遇之紀始皇云游碣石考入海方士從上郡歸紀武帝亦云東至海上考入海及方士求神者莫驗考神仙之屬未有驗者紀始皇云冀遇海中三神山之奇藥紀武帝亦云冀遇蓬萊焉冀

至殊廷焉然盖遺冀遇之冀遇其真紀始皇興立祠官所奉天地山川鬼神總列作一段而約之云諸此祠皆太祝常主以歲時奉祠之他名山川諸鬼及八神上過則祠去則已郡縣遠方神祠者民各自奉祠不領於天子之祝官紀武帝所興祠亦總列一段而約之云凡六祠皆太祝領之至如八神諸明年凡山他名祠行過則祠行去則已方士所興祠各自主其人終則已祠官不主紀始皇封禪事而終之曰始皇封禪之後十二歲秦亡紀武帝封禪事篇終亦曰今上封禪其後十二歲而還徧於五岳四瀆矣文法句法往往相同屢屢相犯正其故作對照重復之筆而武帝之失德無殊於秦皇隱然可見此中命意用筆之妙真不可思議

河渠書

河渠書直書事情無一貶詞蓋漢自河決瓠子屢塞輒壞梁楚之地屢受其害武帝自臨決河率從官負薪填石卒成宣房之績復禹舊迹殆有不得已者讀瓠子二歌猶惻然有憂世救民之思焉太史公備著

之以爲較賢於開邊封禪求仙等事也故曰余從負薪塞宣房悲瓠子之詩而作河渠書即所以予之也

河渠本兩事然渠多則水勢分而河無潰決之患則不妨串敘爲一事也篇中以河渠夾敘而總以利害爲言故屢屢點逗此二字以爲眼目敘治河則曰河菑衍溢害中國也尤甚敘治渠則曰有餘則用溉浸百姓享其利又曰然渠成亦秦之利也又曰通以漕大便利渠不利則田者不能償種又曰自是之後用事者爭言水利至所云諸夏艾安功施於三代

於是關中爲沃野無凶年道果便近而水湍石不可
漕渠頗通猶未得其饒歲因以數不登而梁楚之地
尤甚復禹舊迹而梁楚之地復寧無水災雖不明言
利害而皆爲河渠利害之事實寫詳敘贊語括之曰
甚哉水之爲利害也義旨既已顯明章法何等縝密
此有綱領有血脉之文也　夏書曰禹抑鴻水十
三年云云按此槩括夏書原文也起法莊古遒厚
唯是爲務着此句遒勁　於是禹以爲河所從
來者高水湍悍難以行平地數爲敗乃厮二渠以引

其河按此處詳寫以著禹之舊迹正爲塞瓠子作伏
案也禹以爲河所從來者高寫出大禹神識可補禹
貢所未及造語亦峭悍有筋節　厮字字法古
九澤既灑原文陂字換灑字妙　引禹導河一
段爲治河之始雜引滎陽下吳楚齊蜀引河通渠之
事爲治渠之始　河渠書本重漢武塞瓠子築宣
房之事故紀前代事特略　此渠皆可行舟有餘
則用漑浸此處點明漕漑二項爲後文言通漕漑田
者伏案　往往引其水益用漑田疇之渠以萬億

計然莫足數也敘次中帶搖宕之筆　於是天子
使汲黯鄭當時興人徒塞之輒復壞按此正爲後文
塞瓠子伏案　於是天子久之不事復塞也河渠
書敘次極簡質明畫此又以舒逸之筆間之嫋嫋有
致　鄭當時番係二奏語簡而事盡可玩　六
月三月九百里三百里點逗眼目極分明　此損
漕省卒而益肥關中之地得穀句法一長一短峭拔
而拙古括原奏許多文字　五千頃故盡河壖棄
地民茭牧其中耳倒敘有力　三言天子以爲然

對照互應作章法記敘便緊嚴不懈弛　通褒斜
道一段較前二奏更精峭簡明數十字括多少情事
地形水道了了　褒之絶水至斜問百餘里此中
最有曲折難得如此明畫　且褒斜材木竹箭之
饒擬於巴蜀拖開一筆帶敘材木竹箭峭動筆勢寬
然有餘　而水湍石不可漕住法峭極　敘言
漕漑者凡四段番係此鄭當時較詳通褒斜道一段
先提其目後述其實莊熊羆一段略於上言而詳於
敘事節節參差變換如此　作之十餘歲渠頗通

猶未得其饒看他鈎頓有力自河決瓠子後二十餘歲歲因以數不登而梁楚之地尤甚接此重提河決瓠子爲後文起案　太史於武帝塞瓠子沈馬用玉負薪楗竹之事特詳言之并載其詩歌以爲復禹舊迹蓋雖無須美之詞而其推服之意可見矣

瓠子二歌沉鬱頓挫高邁雄奇想見武帝雄才大略

魚沸鬱兮柏冬日奇語　爲我謂河伯兮何不仁帝王口氣　不封禪兮安知外豪氣傲語

燒蕭條兮噫乎何以禦水唱嘆深長音調最妙

頽林竹兮楗石菑頽下也即所謂下淇園之竹也楗石菑謂石有罅漏處下林石以楗之也如淳韋昭注俱非　用事者爭言水利以下正與蒙陽下引河東南爲鴻溝一段遥遥作應然其書者在宣房一筆收轉竟住何等高老

余南登廬山云云至北自龍門至於朔方此數句如一句句法極繁重迂旋中間南北東西點逗極分明

悲瓠子之詩蓋感其救民之志并以美其文也凡文詞詩歌爲太史公所錄者固非庸常者哉

河渠書贊語與封禪書贊文法略同封禪言余從巡祭天地諸神名山川而封禪焉云云河渠言余從負薪塞宣房悲瓠子之詩而作河渠書正見親與其事故言之信而有徵也

河渠書精嚴遒峭始終是一格文字此漢文本色也

河渠書敘次地理水道處井井條晰而句法極簡峭可悟作志書圖經之法

平準書

平準書譏武帝好利也凡指斥時事處多據實直書

不爲深文微詞而其失自見又往往於收束過接處跌宕呼嘆每作欷歔感慨之詞蓋以深痛武帝耗費之過才臣聚歛之非以致國事日壞民命益蹙餘禍流弊恐天下事有不可爲者也一篇之中惻然三致意焉然則後世勿以平準書爲謗書也即謂於此見太史公忠愛篤厚之忱可矣　平準者籠天下貨物歸之京師而相灌輸貴賣賤買此以帝王而爲負販之事也而其說則自桑宏羊發之蓋桑宏羊及孔僅等積商大賈出身故言利事最精篇中凡言商賈

及掊克聚歛之臣皆深惡而痛詆之以爲賈豎之人必不可與政事也故於篇首卽云高祖乃令賈人不得衣絲乘車重租稅以困辱之市井之子孫亦不得仕宦爲吏以著抑末賤商之意皆爲孔僅桑宏羊輩作伏照見賈豎與政非祖宗法也其曰不軌逐利之民蓄積餘業以稽市物物踊騰糶網疏而民富役財驕溢或至兼幷豪黨之徒以武斷於鄉曲富商大賈或蹛財役貧轉轂百數廢居居邑封君皆低首仰給正謂商賈恃財骫法本屬汙辱姦宄之徒所爲朝廷

理財自有大體至計豈可屑屑與此輩爭較也其敘東郭咸陽孔僅桑宏羊等進用出身云咸陽齊之大煮鹽孔僅南陽大冶皆致生累千金故鄭當時進言之宏羊雒陽賈人子以心計年十三侍中故三人言利事析秋毫矣又云孔僅東郭咸陽乘傳舉行天下鹽鐵又云孔僅之使天下鑄作器三年中拜爲大農列於九卿而桑宏羊爲大農丞管諸會計事稍稍置均輸以通貨物矣又云桑宏羊爲治粟都尉領大農盡代僅筦天下鹽鐵於是宏羊賜爵左庶長黃金再百斤焉正言孔僅桑宏羊等皆奸商巧賈之尤者當時興利之議皆出此三人以見商賈尊顯用事未有不奸亂國政侵牟百姓者葢所以深痛之也其言入物者補官出貨者除罪選舉陵遲廉耻相冒吏道雜而多端則官職耗廢又云除故鹽鐵家富者爲吏吏道益雜不選而多賈人矣又云入財者得補郎郎選衰矣正言選舉之雜由於賣爵買爵之人多由商賈商賈得職益復言利國事安得不壞所以著當時禍本而深罪孔僅宏羊輩引用商賈以成亂政也至其

屢言公卿更錢造幣又言公卿無益於俗稍騖於功利矣又言公卿大夫多諂諛取容矣正見當時漢廷公卿皆僅宏羊輩商賈習氣無一人爲國家持大體引正道者也篇末收煞云縣官當食租衣稅而已今宏羊令吏坐市列肆販物求利烹宏羊天乃雨葢深疾賈豎之臣掊克聚歛蠹國害民之非而借卜式請烹宏羊以洩其忿正以見言利小人蠹奪民財粃害國政非烹醢磔裂不足以盡其辜也讀平準書而太史公憂國悼時嫉惡屛邪之志殷然可見矣　開

端即提漢興接秦之弊云云見秦制之弊漢初約法省禁理財節用能變亡國之舊而武帝繁刑重歛幾蹈覆轍也　約法省禁爲後文告緡見知腹誹等法伏案　更令民鑄錢爲後文造皮弊鑄三官錢伏案　量吏祿度官用以賦於民爲後文悉巴蜀租賦不足以更之衣食仰給縣官賦稅既竭猶不足以奉戰士虛郡國倉廥以振貧民猶不足是時財匱戰士頗不得祿等語伏案　山川園池市井租稅數句爲後文出少府禁錢以贍用乃令水衡主上林

云云封君皆低首仰給等語伏案　漕轉山東粟以給中都官歲不過數十萬石爲後文千里負擔饋糧轉漕甚遼遠轉漕之費不與焉轉漕車甲之費不與焉下河漕度四百萬石漕益歲六百萬石等語伏案　故吳諸侯也二段附入筆端有烟波　募民能輸及轉粟於邊者拜爵亦復修賣爵令爲後文置武功爵賣復增秩等事伏案　敘高祖孝惠高后時國初舊事指畫歷歷如見　漢興七十餘年之間一段先敘國家富溢以爲起岸錯綜縱橫極鋪

敘形容之工尤妙在只用本色語略不雕琢藻飾而古色壯采自然雲錦絢爛古來賦記能手巧法具在於此　貫朽而不可校至腐敗不可食隔句參差作對仗有情有法　乘字牝者儐而不得聚會摹寫最妙　物盛而衰固其變也結上生下一篇主意具見於此　自是之後以下承上一變字而極言之　敘四處兵費極錯綜有勢頓宕入情

中外騷擾而相奉以下十一句乃一篇要領總冒一切提挈含蓄高古渾博此大手筆本領過人處

中外騷擾而相奉即後文所載漢通西南夷道置滄海郡築衛朔方及出師擊匈奴迎渾邪塞河決治漕渠養馬徙貧民巡郡國擊羌越戍邊塞等事是也百姓抏弊以巧法即後文所謂富商大賈或蹛財役貧吏民之盜鑄白金者不可勝數浮食奇民欲擅管山海之貨以致富羨役利細民商賈以幣之變多積貨逐利天下大抵無慮皆鑄金錢矣犯者衆吏不能盡誅取郡國多姦鑄錢於是商賈中家大率破民偷甘食好衣不事畜藏之產業是也財賂衰耗而不贍如

後文所謂悉巴蜀租賦不足以更之府庫益虛大農陳藏錢經耗賦稅既竭猶不足以奉戰士費不可勝計費亦各巨萬十數其費以億計不可勝數縣官不給天子乃損膳解乘輿駟出御府禁藏以贍之虛郡國倉廥以振貧民猶不足又募豪富人相貸假尚不能相救縣官太空是時財匱戰士頗不得祿矣是也入物者補官出貨者除罪選舉陵遲廉耻相冒如後文所云募民能入奴婢得以終身復為郎增秩及入羊為郎議令民得賣爵及贖禁固免減罪請置賞官命曰武功爵吏道雜而多端則官職耗廢民多買復及五大夫除故鹽鐵家富者為吏吏道益雜不選而多賈人矣乃徵諸犯令相引數千人命曰株送徒入財者得補郎郎選衰矣是也武力進用如後文所載衛青取匈奴河南地大將軍將六將軍捕斬首虜受賜黃金置武功爵以顯軍功軍功多用越等迎渾邪受賞賜及有功之士是也法嚴令具即後文所載自公孫宏以春秋之義繩臣下取漢相張湯用峻文決理為廷尉於是見知之法生而廢格沮誹窮治之獄用淮南衡山江都王謀反迹見而公卿尋端治之竟其黨與長吏益慘急而法令明察法既益嚴吏多廢免御史大夫張湯方隆貴用事減宣杜周等為中丞義縱尹齊王溫舒等用慘急刻深為九卿而直指夏蘭之屬始出自是之後有腹誹之法是也興利之臣自此始也正指公卿議賣爵造皮幣算軺車孔僅咸陽主鹽鐵楊可告緡桑宏羊置均輸與平準等事也要於此處看其針線細密血脉貫串之妙　興利之臣自此始也無限欷歔哽塞千秋同歎　築朔方通西南夷置滄海郡三段節節有變換當是時漢通西南夷道從築朔方出落通南夷人徒之費擬於南夷又與作者數萬人廻應過接鈎帶有法　率十餘鍾致一石七字盡轉輸之苦　入粟縣官而內受錢於都內許孚遠曰此後世開中之法也言簡而事悉　築朔方將徒役之數點在後亦錯綜法

敘擊胡列算兵額虜級賞費以數目為文法

敘武功爵鍊淨有法　留蹛無所食謂捕斬首虜之士軍賞未行留蹛無所食也索隱注非　吏

道雜而多端則官職耗廢說盡賣官濫爵之弊此有識者之言　於是見知之法生云云入得毓妙無迹　迹見尋端字法刻深　無益於俗稍鶩於功利矣看透僞人肺腑佞倆譏公孫正以刺武帝也　賣爵開則功利之徒得以濫進峻法用則聚斂之令得以必行故篇中於二事往往及之而武功爵見知法連爲一段正以著亂政壞法之根也　其明年驃騎仍再出擊胡云云至其費以億計不可勝數敘擊胡塞河治漕養馬徙貧民極錯雜事能綜舉

無遺而節段極分明　敘塞河治漕用追補法三言作者數萬人而以各歷二三朞總之分合繁簡有法　乃調旁近郡天子乃損膳於是天子遣使者云云猶不足又募豪富人相貸假尚不能相救乃徙貧民於關以西及充朔方以南云云每敘一事凡數轉形容國用拮据之狀委曲詳盡　是歲費凡百餘巨萬費不可勝計費亦各巨萬十數其費以億計不可勝數每段計用費作束截節節錯綜變換其費以億計不可勝數添一句有力　於是

縣官太空云云至黎民重困此段束上起下乃中間一大轉鍵後文鹽鐵錢幣勸分告緡以及均輸平準諸事都從此處生出　敘塞河治漕撮約河渠書簡明有法　於是天子與公卿議更錢造幣以贍用而摧浮淫并兼之徒此敘造錢幣提句作綱而下詳其事　有司奏古者皮幣一段特詳重質古　而吏民之盜鑄白金者不可勝數此句截住正與民亦間盜鑄錢不可勝數相喚應　於是以東郭咸陽孔僅爲大農丞領鹽鐵事此亦提句作綱爲下

鹽鐵起案　桑宏羊以計算年十三侍中點桑宏羊爲下均輸平準起案　敘三人出身所以譏之也幾於醜詆痛罵矣　故三人言利事析秋毫矣此句痛恨之極可爲切齒寒心　法既益嚴吏多廢免兵革數動民多買復四語切中峻刑黷兵之弊感慨深長　其明年大將軍驃騎大出擊胡此處又入擊胡冷妙　敘擊胡虜級賞賜軍馬死費轉漕車甲之費俱與前文照應　是時財匱戰士頗不得祿矣說得蕭索可歎此與賦稅既竭不足以奉

戰士遙應而文法特有變換　點東郭咸陽孔僅領鹽鐵事即宜敘鹽鐵卻將作昆明池擊胡錢法等事問之斷續閃接極敘文之妙　牢盆即煮鹽器上所謂因官器也樂彥說是　吏道益雜不選而多賈人矣正爲選舉陵遲重欷累歎　敘告緡令最簡明節制之文筆致樸質奇崛　率緡錢二十而一算二十恐當作二千　天子乃思卜式之言突接卜式奇極烟波橫生　初卜式者河南人也此處爲卜式立一小傳蓋以卜式輸家助邊持錢給

徙民意在求官希尊顯而未嘗有興利蠹民之罪猶高於孔僅桑宏羊輩數等也太史公正借卜式以鄙僅宏羊等故於卜式傳末結以孔僅桑宏羊事而記卜式請烹宏羊於平準書末以終一篇之旨此太史公用意深至處　敘卜式事有波瀾語亦奇潤可玩　歲餘會渾邪王等降此處復提前事串合無迹　是固前而欲輸其家半助邊語老勁正有餘意含蓄　是時富豪皆爭匿財唯式尤欲輸之助費此二語武帝尊顯卜式本意也點明御無

綴注之迹　非獨羊也治民亦猶是也云云自成奇論柳子厚種樹傳似從此處生情　孔僅之使天下鑄作器桑宏羊爲大農丞管諸會計事此處叉帶敘僅宏羊穿插鉤繞遙應前興利之臣而爲後文平準起案也　天下大抵無慮皆鑄金錢矣此與前文民多盜鑄錢吏民之盜鑄白金者不可勝數遙應爲下文酷吏起案　而御史大夫張湯方隆貴用事云云寫酷吏表裏用事鉤連纏繞入妙　而大農顏異誅搭接冷峭　微反脣三字摹畫入神

自是之後有腹誹之法與廢格沮誹窮治之獄用矣相應　以此而公卿大夫多諂諛取容矣洞見本末之言前後敘公卿議造幣請告緡請改鑄只此一語斷盡正以痛詆之也　天子既下緡錢令而尊卜式云云此處遙接上文而連緡錢令尊卜式爲一事正以尊卜式乃所以勸百姓分財助官也始知前文天子乃思卜式之言突入有情而下文百姓終莫分財佐縣官意可互見也　於是楊可告緡錢縱矣縱字大有感歎許多蠹國害民情事都因一

縱字　張湯死而民不思冷語入妙太史公深恨
此輩幸其死而憾其不早也　民之鑄錢益少云
云此即專令三官鑄錢之效也與前文諸盲盜鑄數
處相應終錢法事　卜式相齊而楊可告緡徧天
下此又接前天子既下緡錢令而尊卜式以實敘告
緡事也複舉疊引文法蟬聯相生　杜周治之獄
少反者此又帶入酷吏正以酷吏與利臣展轉相成
也　於是商賈中家以上大率破民偷云云此正
摹寫告緡之害也而縣官有鹽鐵緡錢之故用益饒

矣又用鹽鐵告緡雙收正以著二者之效可見如此
也說得可悲可耻有無限譏刺　益廣關置左右
輔云云此因敘鹽鐵告緡二事而及大農水衡少府
官制職掌之事正爲後文桑宏羊領大農置平準起
案也此下數段雜敘樓船宮室賑貸巡幸遷民治道
征伐羌越築田塞課息馬置初郡紛紛生事滋費
以致國用乏絶鹽鐵告緡勸分諸端莫效勢不得不
出於平準也事雜變衆而兩以皆仰給大農收之正
爲後文桑宏羊領大農請置大農部丞盡籠天下之

貨物歸大農等語伏案以見大農主財賦之重權而
宏羊爲聚斂之首惡也敘次雖極變化而脉絡貫串
一絲不亂是大手筆能事　入財者得補郎郎選
衰矣遙與吏道雜而多端吏道益雜不選而多賈人
矣相應蓋至是而選舉陵遲極矣　方一二千里
此句點在後意思好　天子始巡郡國以下二段
摹寫武帝喜功生事騷擾煩費紛紛如目　既得
寶鼎立后土太一祠公卿議封禪事前文帶敘河渠
此處又入封禪事此三書事情自相聯合處　二

十餘萬人擊南越數萬人發三河以西騎擊西羌又
數萬人渡河築令居卒六十萬人戍田之接前敘擊
胡治漕多將士卒徒役數目點在後此處二十餘萬
人數萬人六十萬人俱點在前亦是文字變換處
天下莫應寫得敗興筆法冷妙之極　鐵器苦
惡價貴許手遠注言官所作鹽鐵既苦惡而價又貴
也索隱注非　上由是不悅卜式此爲下文卜式
貶秩伏案　漢連兵三歲誅羌滅南越此遙接上
文收擊羌越事以爲置初郡緣起也平準書敘事節

節有相承處　然兵所過縣爲以訾給毋乏而已
不敢言擅賦法矣寫盡州縣供支之苦賦法因循之
失　　不敢言擅賦法言經常賦法有司不敢自專
也不必改擅作經　卜式貶秩爲太子太傅而桑
宏羊爲治粟都尉領大農卜式退而宏羊進此平準
書一大關目　置平準於京師故抑天下物名曰
平準兩點平準有眼目用筆亦廻環有法　平準
本以朝廷爲販豎之事辱國蠹民甚矣宏羊原奏富
商大賈無所牟大利則反本而萬物不得騰踊偏說

得極正大假公道飾私欲之尤者也縣官衣租食稅
豈可坐市列肆販物求利篇末借卜式曰中發出正
論對照有情　均輸鹽鐵賣爵告緡俱於平準法
中帶收以終一篇之意卻不見有收煞痕迹最妙
諸農各致粟山東漕益歲六百萬石收應漕轉山
東粟數語一歲之中太倉甘泉倉滿邊餘穀諸物均
輸帛五百萬匹收應府庫餘貨財太倉之粟陳陳相
因等語章法何等周密　不告緡三字發明平準
功效幸其僅足以止告緡也正有無窮嘲笑　民

不益賦而天下用饒故爲張大其效殆詭辭以志慨
也　卜式言曰云云突入卜式數語竟住奇極此
中命意用筆之妙真非人思力可到　太史公詳
著卜式本末與平準意義本不相蒙卽鹽鐵告緡諸
節式皆不與其事祇以其輸財助邊而被尊顯爲勸
分一事渲染耳至篇末載卜式請烹宏羊而太史公
悼傷國體嫉惡小人之旨悉借式語發之乃知太史
公之詳著卜式本末用意特深也　於是宏羊賜
爵左庶長黃金再百斤焉正與卜式拜爵左庶長賜

田十頃遙相激射　令遠方各以其物貴時商賈
所轉販者爲賦此句有何不明馬庭鸞議之非是
贊語農工商交易之路通而龜貝金錢刀布之幣興
焉長句發端古勁奇崛　事變多故而亦反是物
盛則衰時極而轉一質一文終始之變也贊中屢提
變字正與敘事中物盛而衰固其變也二語照應往
復廻環以終其旨　於是外攘夷狄內興功業云
云斥言秦弊殆以志諷於武帝也海內之士力耕不
足糧饟女子紡績不足衣服正與篇首丈夫從軍旅

老弱轉糧饟二語遥應亦有廻複映帶之妙　古者嘗竭天下之資財以奉其上猶自以爲不足也倒轉句法古勁流逸兼之　事勢之流相激使然曷足恠焉此即篇中變字之義終篇累歎收盡一書意旨烟波悠渺真不可際　天官封禪河渠平準四書皆先叙事後贊語同一體例封禪河渠皆先述古事而後及漢事平準書則先紀漢而後述古格體又小異蓋平準本漢一代之事非如封禪河渠通古今爲言者故開端即叙漢事而留古事附論於後以志

慨焉所以借古諷今而寓微詞於武帝楊慎所謂叙事之變體是也篇章次序似乎錯亂而廻複倒轉意味深長感慨無盡叙事以卜式請烹宏羊結者正有深切之旨其叙漢武之事未竟而述平準之事則於是可止也贊中不叙漢事者蓋借秦事以諷漢事則不得更及漢事也於此正見太史公史體之精文法之妙誠非好學深思者不能心知其意也柯維騏謂贊語乃平準書之開端欲以漢興接秦之弊續於海內之士力耕不足糧饟等語之後而疑平準書止於烹宏羊天乃雨爲未竟之書又謂贊中不叙漢事似欠結束殆於太史公命意用筆之妙未能窺見本原所謂淺見寡聞者耳試將事勢之流相激使然一歎置於開端漢興接秦之弊之前不惟意味索然抑且文理不順而卜式請烹宏羊天乃雨之下又何可再着一語耶　一國之幣爲三等止叙上下而不及其中此自太史公行文疎脫處亦不足爲病許孚遠遂疑三字爲誤祗形其泥耳

舊評平準之法乃武帝理財盡頭之想最後之着所

以代一切興利之事而救告緡之禍所謂窮則變變則通其道不得不入於此也何也文景殷富而武帝以喜功生事化而爲虛耗之世鬻爵鬻罪而鬻爵鬻罪不效也鹽鐵而鹽鐵不效也鑄錢制皮幣而錢幣不效也風示百姓分財助縣官而分財不效也募徙民而徙民不效也非惟不效而已而又曰選舉陵遲廉耻相冒曰吏道雜而多端官職耗廢曰見知之法生窮治之獄用曰縣官大空而富商大賈或蹛財役貧曰公卿大夫諂諛取容一篇之中三致意焉則形

已見而勢已窮矣至於告緡之令下以天子而同於盜與兵天下囂然喪其樂生之趣不思以解之且求爲秦之季世而不可得矣桑宏羊領大農乃始爲平準之法籠天下財物歸於縣官而相灌輸貴賣賤買則商賈不得牟大利而萬物不得騰踊雖所謂不加賦而天下用饒是利臣籠絡人主之語而賞賜帛百餘萬匹金錢巨萬計皆取足大農不復告緡不復告緡此即平準之效也或曰是又以天子而同於負販矣以天子而同於負販不猶愈於以天子而同於盜

與兵乎且告緡之禍可以亡平準非救窮以救亡也故曰平準者所以代一切興利之事而救告緡之禍其道有不得不出於此者也然則史遂無譏乎曰惡得無譏文景之天下何以遂化爲武帝之天下也觀時觀變史蓋有深悲焉非悲平準也悲其所以不得不出於平準之故也

平準書凡敘錢法者六高祖時更令民鑄錢孝文時更鑄四銖錢其文爲半兩令民縱得自鑄錢武帝時天子與公卿議更錢造幣以贍用銷半兩錢更鑄三銖錢有司言三銖錢輕乃更請諸郡國鑄五銖錢公卿請令京師鑄鍾官赤側一當五後三歲赤側錢賤民用之不便又廢於是悉禁郡國無鑄錢專令上林三官鑄是也敘賣爵者七孝文時募民能輸及轉粟於邊者拜爵孝景時亦復修賣爵令而賤其價以招民武帝時募民能入奴婢得以終身復爲郎增秩議令民得買爵及贖禁固免減罪請置賞官命曰武功爵除故鹽鐵家富者爲吏始令吏得入穀補官郎至六百石乃徵諸犯令相引數千人命曰株送徒入財

者得補郎是也敘鹽鐵者五富商大賈冶鑄煮鹽東郭咸陽孔僅爲大農丞領鹽鐵事募民自給費因官器作煮鹽置水衡欲以主鹽鐵大農以均輸調鹽鐵助賦故能贍之各往往縣置均輸鹽鐵官是也敘告緡者四算軺車賈人緡錢皆有差請算如故云云於是楊可告緡錢縱矣乃分遣御史廷尉正監分曹往即治郡國緡錢乃分緡錢諸官是也敘養馬者四天子爲伐胡盛養馬馬之來食長安者數萬匹於是除千夫五大夫爲吏不欲者出馬令民得畜牧邊縣官

假馬母三歲而歸及息什一以除告緡令封君以下至三百石以上吏以差出牝馬天下亭亭有畜牸馬歲課息是也敘酷吏者六張湯用峻文決理爲廷尉於是見知之法生淮南衡山江都王謀反迹見而公卿尋端治之竟其黨與長吏益刻深而法令明察法既益嚴吏多廢免御史大夫張湯方隆貴用事減宣杜周等爲中丞義縱尹齊王溫舒等用慘急刻深爲九卿大農顏異誅自是之後有腹誹之法中家以上大抵皆遇告杜周治之獄少反者是也敘勸分者五

募豪富人相貸假尚不能相救富商大賈財或累萬金而不佐國家之急天子乃思卜式之言召拜式爲中郎爵左庶長賜田十頃布告天下使明知之天子既下緡錢令而尊卜式百姓終莫分財佐縣官賜爵關內侯金六十斤田十頃布告天下天下莫應是也凡此數端皆脉脉相生節節相間極開架次序錯綜變化之妙他如敘伐胡敘築邊敘治河漕敘徙貧民敘宮觀巡幸諸事莫不皆然熟讀而深會自知之

平準爲一書之歸結卻以武帝興利諸事曲折紆疊引入至末段始將平準之法詳悉著之緣起究竟倫序分明又於平準一事中將鹽鐵告緡等事牽籠收合極有筆力　寫武帝興利處先將其喜功生事鋪敘於前以爲緣起蓋喜功生事必致煩費煩費定成匱乏有不得不出於興利者也篇中凡數大節節節有相生處

空山堂史記評註卷五

滋陽牛運震階平

世家

吳世家

吳世家於讓國之義三致意焉太伯以讓開吳季札以讓著高節故太史公以太伯首世家而篇中於季札特詳敘之贊語極稱太伯季子而自序亦云嘉伯之讓有以也闔廬爭國卒致滅亡正以終始崇讓之旨一篇意義自相貫串此太史公紀敘之有領要也

皆周太王之子而王季歷之兄也點次有手法　季歷賢而有聖子昌亦顛倒作句法　敘太伯讓國奔荆蠻事極簡妙中間用數虛字點逗挑剔意狀溢出　是時周武王克殷求太伯仲雍之後得周章此補經傳所未及殆當日情事必不可少者　是時晉獻公滅周北虞公以開晉伐虢也按此帶敘虞事與吳對照有情　自太伯作吳五世云云至中國之虞滅二世而夷蠻之吳興按此又將吳虞世次分派總敘一番作小煞極明淨結搆絕佳

楚之亡大夫申公巫臣云云至吳於是始通於中國按吳用巫臣之言而始通中國此其國勢世運一大關目故詳書之所謂紀事必志其大者也　壽夢有子四人云云敘諸樊以下諸君傳次及闔廬王僚爭立鈎帶照應如畫　有命授弟餘祭云云至兄弟皆欲致國以漸至焉數語敘得委折纏綿　季札觀周樂游歷諸名卿及掛劍徐君冢樹本無與吳世家興衰事特詳錄之者蓋太史公深慕延陵季子之爲人故述之亹亹不厭贊語延陵季子仁心慕

義無窮見微而知清濁又括其事而美之所以致其企仰之意也於是季札遂附傳於吳世家中不必更作季札列傳矣　吳與楚越爲鄰篇中敘吳楚吳越相攻伐處甚詳暢　公子光客之即指後文伍員見專諸於光而客子胥之事先點後敘正文字出落法非作兩次複敘也索隱以爲譏非是　公子光者王諸樊之子也按此提掇極明晰常以爲吾父兄弟四人云云數語質古簡勁勝公羊　即不傳季子句似復然省此句即少情味　初楚邊邑卑

梁氏之處女云云用追敘法　吳楚邊邑女子爭桑事拈出點綴有情正爲讓國爭立作映照　於是伍員知光有他志云云按此較左傳增易數字便自曲折明暢情狀橫生　紀事諸刺王僚較左氏有節省處亦自簡明得法　王闔廬元年舉伍子胥爲行人而與謀國事此句提掇有領要　遂以其部五千人襲冒楚冒字字法生奇　此人不死必爲吳患八字勁決　而王不先而務齊一句中用兩而字句法好　敘吳越構兵吳世家從略而特詳於越世家正太史公識賓主知輕重處　越王滅吳誅太宰嚭以爲不忠而歸妙結老勁而有意味

贊語寥寥三節而得世家全篇之體要　嗚呼又何其閎覽博物君子也筆意回翔低徊不盡

齊世家

太公望呂尚者開端標目便有手眼　或封於申或封枝庶或爲庶人三或字傳疑之筆亦敘譜牒簡法　呂尚蓋嘗窮困年老矣蓋嘗字疑辭亦復黯然以深　卜之曰云云兩提所獲句法古拙　吾太公望子久矣誕得奇妙　故曰呂尚故號之曰太公望分應篇首章法明晰　或曰太公博聞嘗事紂云云至然要之爲文武師按此兩用或曰別記傳聞異辭而以要之爲文武師收繳斷敘離合極有結構　兵權奇計斷盡太公學問本領　皆宗太公爲本謀太公之謀計居多師尚父謀居多屢作收繳極勁老太公之謀計居多收文王師尚父謀居多收武王此所謂兵權奇計皆宗太公爲本謀也正以複句作遙應章法甚妙　營邱邊萊云云疏解萊侯爭國又一敘事法　因其俗簡其禮寫大手經濟不同　齊爲大國齊由此得征伐爲大國此亦以複句遙應作收篇中往往以複應爲文法

魯夫人者襄公女弟也亦倒敘法　初襄公之醉殺魯桓公云云按此再提襄公分敘糾桓有筆力

桓公之中鉤詳死以誤管仲云云至故得先入立數語注明最警健誤字尤妙故得先入立又作一小收結　桓公之立云云至厚禮以爲大夫任政

此段單敘桓公得管仲極得覇業要領臣無以增君
置語最妙乃詳爲召管仲欲甘心實欲用之管仲知
之故請往說得醒透補左傳所不及　僉一小快
耳句勁爽　陳厲公子完號敬仲來奔齊云云按
此係要緊關目故特敘明田成子常之祖也點逗有
情有力　諸侯聞之皆信齊而欲附焉諸侯聞之
皆從齊諸侯頗有叛者紀諸侯從齊叛齊而桓公霸
業興衰分明如畫　敘桓公覇業志數大事極得
綱要　是時周室微唯齊楚秦晉爲彊云云至故

諸侯賓會按此總敘桓公能霸之由收繳極有筆力
於是桓公稱曰云云此段已載封禪書本可無
庸複錄然借此正可總收桓公霸迹亦不可少
非人情不可非人情難近非人情難親句法若變若
複正古文疎處　桓公好內多內寵如夫人者六
人云云此處點六姬六公子後文又點桓公十餘子
要其後立者五人排列無詭孝昭懿惠以爲總綱下
卻以是爲齊孝公是爲昭公云云分段倒應又以其
母曰葛嬴其母曰密姬云云倒繳諸姬廻環繳收自

爲章法極變化結構之妙　敘五公子爭立極分
明復極錯落又有閒力帶入他事是大手筆　管
仲卒五公子皆求立說得管仲有關係筆下眼目分
明　管仲卒五公子皆求立桓公病五公子各樹
黨爭立眼目關鍵點照有情　冬十月乙亥齊桓
公卒後文又云桓公病五公子各樹黨爭立倒挈追
敘有力　其母曰葛嬴其母曰密姬云云分鎖倒
繳筆法最醒動董份疑其少衍而以爲太史公未及
删者真不善讀史記者也　宋以桓公與管仲屬

之太子故來征之此又重提前事解敘有法　以
亂故八月乃葬齊桓公點葬桓公作小收　職曰
斷足子戎曰奪妻者最簡最有神吻勝左　鄭伯
降已復國鄭伯句法新　敘鞌之戰及國佐對晉
之辭較左氏最簡然左史各有其妙　歸而頃公
弛苑囿云云此亦補左傳所未及　遂東太子光
東字字法　九年景公使晏嬰之晉云云此爲田
氏篡齊伏案故特記之　敘崔杼弒莊公及晏子
佐景公數段較左氏文俱節簡而一二點染增潤處

又極有情彩　是歲晏嬰卒按太史公於晏嬰卒特書之可謂重晏之爲人矣　景公老惡言嗣事又愛荼母云云畫出愚人衷曲　田乞盛陽生槖中置坐中央云云按此段公羊敘次妙矣此更警健有神　芮子故賤而孺子少故無權國人輕之應前荼少母賤作收鎖有情　敘田闞爭寵事特詳此田氏簒齊之因也　呂氏遂絕其祀田氏卒有齊國爲齊威王彊於天下收結亦極勁練　齊世家刪節左傳處極簡勁敘五公子爭尤奇變

贊語亦濶達可愛　太公之聖建國本桓公之盛修善政二語括齊世家之大端　洋洋哉固大國之風也拖一筆作咏歎極有風神

魯周公世家

及武王卽位旦常輔翼武王用事居多此亦提掇法　周公佐武王作牧誓作餽禾作嘉禾作多士作毋逸作周官作立政皆以編次書篇爲敘事法

毋逸稱爲人父母爲業至長久云云多士稱曰自湯至於帝乙云云括屬二書語義極簡明有手法

伯禽卽位之後有管蔡等反也此處遙接前文乃復提法　魯由此公室卑三桓彊收鎖法　秦始列爲諸侯齊桓公始霸三晉滅智伯分其地有之及列國弑君之事此春秋戰國世運國勢大關鍵故史記於諸國世家中皆列記之孔子生卒亦每篇編載者尊聖人也　長翟始末備載於魯世家中極有見葢春秋事當以魯史爲紀載之宗也　魯起周公至頃公凡三十四世結法老極列國諸世家起結俱極用意

贊語至其揖讓之禮則從矣而行事何其戾也筆意曲宕回翔諷刺歎惜俱有　何其亂也何其戾也廻環照應有致

魯世家兩書君子譏之又云君子曰季文子廉忠矣君子曰是不終也魯諱之魯耻之魯耻焉此皆於敘事中加斷語照應收鎖自爲章法

燕召公世家

記甘棠事一段文意甚古質　篇末書秦虜滅韓王安秦虜趙王遷滅趙秦滅魏而後書秦虜燕王喜

卒滅燕點次照顧有情正爲贊語中於姬姓獨後亡一語安根伏案　繆侯七年而魯隱公元年也此處點魯隱公元年正春秋尊魯之旨　此文武之時不可失也謂如文王伐崇密武王伐紂也索隱注非

贊語拈甘棠事開端飄逸頓宕北迫蠻貉數語括盡燕國事勢末以豈非召公之烈耶一筆掉轉回翔有法風味深長

管蔡世家

管蔡世家中間載蔡國世繼建廢而開端收結綜括十母弟之終始意在總敘十人而管叔爲武王諸弟之長雖作亂誅死無後不得不標列之蔡叔事跡世系正見此篇故著其目曰管蔡世家也贊語云賴同母之弟成叔冉季之屬十人爲輔拂自序云太任十子周以宗彊足知管蔡世家所重在十人也　楊愼曰敘武王同母兄弟十人之爲支爲本賢否成敗條分晰列可爲序支派之法　冉季載最少同母兄弟十人唯發旦賢敘次中自作斷截收鎖有手法

伯邑考既已前卒矣隨筆倒補有法　敘武周分封諸弟極明晝　餘五叔皆就國無爲天子吏者收束極細密　楚平王初立欲親諸侯故復立陳蔡後紀事往復轉繞筆法甚妙　是年楚亦復立陳蔡遂絕祀後陳滅三十三年按陳蔡齒敵之國同逼彊楚故敘蔡與廢往往以陳事牽伴之

伯邑考其後不知所封云云按此段照應篇首十母弟作結結搆嚴密并合春秋諸世家都有關照處

曹叔世家本應自爲一篇緣事簡文少不成冊帙故

連管蔡世家爲一卷其實自爲一體非鄙略曹而附之管蔡也　蔡逼楚曹鄰晉皆以大國爲存亡故蔡世家多敘楚事曹世家往往及晉事也

贊語古拗勁折非太史公不能作索隱云檢諸本或無此論不知諸本何以遺卻也　叔鐸之祀忽諸忽謂忽焉絶也左傳其亡也忽焉庭堅之祀忽諸是也正義注非

陳杞世家

敘舜後得姓受封本末極簡質有體　厲公所殺

桓公太子免之三弟長曰躍中曰林少曰杵臼此亦先點明太子三弟而下分應之與秦本紀齊世家同法　孔子讀史記至楚復陳曰賢哉楚莊王云云按此於敘事中夾斷語筆致極古勁左傳中往往有之　探續哀公卒時年而爲元空籍五歲矣按此追紀失國年歲筆法明晰而閒冷　是歲孔子卒按此紀孔子卒年於陳亡之歲正與孔子讀史記孔子適陳孔子在陳等句照應作收極有結搆亦以見太史公之推重聖人也　杞後陳亡三十四年按此鉤帶陳亡雙收陳杞有法　杞小微其事不足稱述按此正以申明陳杞世家之旨意在列敘唐虞功德臣之世裔本末所重不在陳杞也　舜之後周武王封之陳云云按此總述唐虞有功德之臣之世裔譜系也凡十一人五人之後皆至帝王餘乃爲顯諸侯所以著有功德者其後必昌自序云王後不絶舜禹是説維德休明苗裔蒙烈正此旨也列次本紀世家封滅本末分合隱顯明晰如畫

管蔡世家篇末括敘周同姓陳杞世家篇末括敘周異姓蓋太史公作十二國世家之旨於此了了矣并滕薛江黃胡沈之屬弗采著於世家者皆申其説孰得議史記體例之不密哉

贊語以陳滅而田齊建杞滅而越勾踐興對照生情筆亦古質有致　苗裔茲茲句法古意可掬

衛康叔世家

敘周公申告康叔三誥大旨質實古雅可參尚書小序　爲武庚未集恐其有賊心康叔之國既以此命能和集其民武公即位修康叔之政百姓和集三處廻環照應有法　敘公子伋壽事原委詳晰讀之惻然　惠公立三年出亡亡八年復入與前通年凡十三年矣補點年數極分明此必不可少之筆也　懿公之立也云云至是爲戴公此段鉤鏈分疏極明晰是太史公筆法　初翟殺懿公也云云至復立其弟燬爲文公此段複敘上文世繼本末更詳密如畫伋子又死而代伋死者子壽又無子數語極纏綿悽惻入情　衛世家於伋壽二子爭死之事三致意焉　晉公子重耳過無禮冷筆　愼

公父公子適適父敬公也亦倒敘法　成侯十一年公孫鞅入秦按公孫鞅出自衛且强秦而亡衛者鞅也故於其入秦特書之

然卒死亡何其悲也淒婉入神　或父子相殺云云宕開一歎無限深慨　亦獨何哉惻然仁人之言

宋微子世家

箕子者紂親戚也王子比干者亦紂之親戚也按此因微子類及箕比是帶敘法　於是太師少師乃

勸微子去遂行此句廻應作收結賓主極明晰

欲哭則不可欲泣爲其近婦人二語寫得委婉入情

必如公言即奴事之耳句亢爽有情　遂滅宋而三分其地煞筆亦老

傷中國闕禮讓襃之也意思含蓄分寸俱出　宋襄之有禮讓也贊一句回繞有情感歎無盡

晉世家

唐在河汾之東方百里按此爲後文晉强開疆拓地張本　是爲晉侯點晉字醒出眼目　靖侯已來年紀可推自唐叔至靖侯五世無其年數數句束上起下鈎畫極明晰自唐叔至靖侯云云倒繞之筆亦見手法　昭侯元年封文侯弟成師於曲沃特筆一大伏案　曲沃邑大於翼翼晉君都邑也點次有分曉　曲沃稱晉末大於本此晉世家一大關目太史公雙敘曲沃晉世次并其攻伐吞併之迹特詳核有法　桓叔是時年五十八矣此句點頓有情　君子曰晉之亂其在曲沃矣云云春秋諸世家往往於敘次中夾斷語數用君子曰云云以開

之法本左氏格調古勁　晉侯緡四年宋執鄭祭仲而立突爲鄭君晉侯十九年齊人管至父弒其君襄公諸世家中往往以本國攙敘他國事此處敘曲沃併晉帶記鄭人立突齊人弒襄公事更關照有情此史記筆法閒雅處　曲沃武公已即位三十七年矣按此倒點武公即位年數跌頓有情又與桓叔是年五十八矣遥作映照筆法最好　武公稱者先晉穆侯曾孫也先晉者目始封之晉曲沃代晉爲後晉則穆侯爲先晉矣索隱不達此旨以爲晉有兩

穆侯言先以別後誤矣今晉世次具在何嘗有兩穆
侯哉　武公稱者先晉穆侯曾孫也云云複點世
次倒捲上文作收鎖參差明晰章法最妙　自桓
叔初封曲沃以至武公滅晉也凡六十七歲而卒代
晉爲諸侯如此收鎖真老致古筆武公已即位三十
七年始都晉國前即位曲沃通年三十八年武公代
晉二歲卒與曲沃通年即位凡三十九年而卒層點
層敍往復有筆勢亦見收結之妙　晉國以此知
太子不立也淡宕有遠調　申生同母女弟爲秦

穆公夫人伏後案冷　獻公子八人而太子申生
重耳夷吾皆有賢行及得驪姬乃遠此三子每於提
掇收鎖處見精神眼目　驪姬詳譽太子而陰令
人譖惡太子而欲立其子寫出驪姬衷曲深透如見
每每用太子字拙老真摯　而驪姬泣曰對照有
情寫生　且君老矣旦暮之人曾不能待而欲弒
之巧譖特婉痛曲曲刺心　始君欲廢之妾猶恨
之至於今妾殊自失於此喃喃的妙口角婉摯如生
史記寫驪姬讒譖處較三傳詞句爲贅而情致

婉曲特工絕　君且怒之較左傳姬必有罪語更
活妙　當此時晉疆西有河西與秦接境北邊翟
東至河內點次晉疆域前後俱有關會筆法極老
使死者復生生者不慚爲之驗懇硬語倔強動人
惠公使丕鄭謝秦數語剴亮正大善於詞令是
太史公空撰出者　與之何疑而謀之七字兩折
句法輕雋之極　晉文公重耳晉獻公之子也云
云至晉人多附焉按此段另提起別爲重耳立一小
傳緣文公爲晉伯主故鄭重述其事文特詳晰而潔

老　文公重耳晉獻公之子也醒一句妙　年
十七重耳年二十一是時重耳年四十三時年六十
二矣點年歲作照應醒豁分明　敍重耳游歷列
國點化左傳處有情有法　始吾奔狄非以爲可
用與云云真英雄語此補左傳所未及　數士者
以子爲命最痛切語　然皆陰知公子重耳入也
此句拗折翩躚有勢　重耳出亡凡十九歲而得
入收鎖有法　敍齊女醉遣重耳一段極精彩生
動是太史公着意文字　始嘗欲殺文公宦者履

覲知其謀欲以告文公解前罪語特委曲深中至隱左傳所未及　文公恐初入國國人賣己乃爲微行云云亦自深曲得情　秦所與文公妻者卒爲夫人迺應有力　晉初定欲發兵恐他亂起是以賞從亡未至隱者介子推按此當時情事未必然然分解特細　晉文公欲救則攻楚爲楚嘗有德不欲伐也欲釋宋宋又嘗有德於晉患之此處於晉文德怨衷曲說得分明亦左傳所未及　文侯之命本周平王命晉文侯仇之語世家以爲命文公重耳

年代懸隔矣然點次尚書原文特簡古似古鐘鼎文字　亡鄭厚晉於晉得矣云云約左傳語簡峭　秦師驚而還一驚字簡約而深中情事　毋淫子僻無威陳小而遠無援按此疊用短句跌逗爲勝　盾閫門開居處節二語簡鍊　殺忠臣棄君命罪一也約左傳語亦自簡妙　欲以去趙盾令先毋及難寫情事曲至亦補左傳所無　然不知明之爲陰德也句亦曲折翩躚與然皆陰知公子重耳入也同調　欲飲馬於河爲名而去添贅爲名

二字好　是時楚莊王彊以挫晉兵河上也頓挫有態文境更覺閑暇　所以然者郤克僂而魯使蹇云云按此推原補敘情態橫生自屬太史公筆法之妙　故齊亦令人如之以導客此句括簡勝公羊原文　郤至不知見賣也此句點逗有情晉世家多此文法　悼公周者其大父捷晉襄公少子也云云按此倒敘無痕迹　悼公曰大父父皆不得立而避難於周云云述悼公語用內外傳之意而變其辭質勁可愛　收文公入時功臣後寫出悼

公陰德厚道　逞者欒書孫也以報臨菑之役也報太行之役也點逗俱有情　六卿彊公室卑晉益弱六卿皆大此皆敘事中關鍵處　哀公大父雍晉昭公少子也號爲戴子鈎帶妙　兩敘立哀層次變化不嫌其複　晉絕不祀收法亦勁老晉文公古所謂明君也云云單指一事作贊　故君道之御其臣下固不易哉一語跌宕作結感歎深長

晉世家點化左國處每能約繁爲簡往往以跌逗短

峭見精神　晉世家事多而篇長屢用提掇章法最緊湊

楚世家

敘楚得姓始封世系如畫古質可玩　敘陸終六子獨於季連綴曰羋姓楚其後也賓主分明桀之時湯滅之殷之末世滅彭祖氏尋常點敘亦有變換

其後中微或在中國或在蠻夷弗能紀其世按此傳疑之筆可爲紀荒遠世系之法　當周夷王之時王室微諸侯或不朝相伐熊渠甚得江漢閒民和

此著荆楚所以强盛之故　熊渠曰我蠻夷也不與中國之號謚寫强橫口角如生　蚡冒十三年晉始亂以曲沃之故云云至宋太宰華督弑其君殤公按此段敘列國弑君作亂之事正爲下文楚曰今諸侯皆爲叛相侵或相殺等句伏案又以見蠻夷上侵中國皆中國之亂有以啟之也　楚曰我蠻夷也云云正與熊渠曰我蠻夷也語勢映對　齊桓公始霸楚亦始大齊霸楚强對舉極有關鍵　莊王自手旗左右麾軍手旗二字生色　莫如楚共王庶子圍弑其君兄之子員而代之立句法峭峻

乃興兵伐庸楊粵至於鄂於是始開濮地而有之始都郢楚彊陵江漢閒小國楚亦始大於是楚地千里楚東侵廣地至泗上敘楚開疆拓地極有次第

是時楚國雖已立比爲王畏靈王復來又不聞靈王死按此提掇有法正爲下文起案　初共王有寵子五人云云敘共王埋璧請神決立事初子比自晉歸云云述叔向論子比語皆追敘也敘次大概與左傳同祗於段末添入唯獨棄疾後立爲平王竟續

楚祀如其神符及卒立者棄疾如叔向言也數語作收結章法嚴整老勁便成另一格文字　建時年十五矣其母蔡女也無寵於王王稍益疏外建也點次有法筆境閒冷爲後文作伏案　辱平王之墓以伍子胥故也點鞭尸事渾雅　吳由此怨越而不西伐楚此句收截作關鍵最老健之筆　讓其弟公子申爲王云云疊句法老　臣豈敢忘君王之意乎句法雋　是時越已滅吳而不能正江淮北楚東侵廣地至泗上按此處紀楚出春秋入戰國

時事故更提楚疆域爲中間關鍵　秦始復彊而
三晉益大魏惠王齊威王尤彊按此列提諸國之强
以爲下文楚與秦齊魏戰伐等事伏案筆法極老
諸侯由是不直秦秦楚絶收截最老
操行之不得悲夫勢之於人也可不愼與重疊頓跌
有神　甚乎哉幾再亡國文法峭甚

越王句踐世家

越上世世系事跡皆荒略惟句踐事最詳史記備載
之故標目曰越王句踐世家觀自序可見今本或作

越世家便失其旨　越王句踐困會稽用種蠡滅
吳成霸事跡載於越絶書吳越春秋最詳太史公點
次其文極有酌量妙在不繁不簡之間筆法遒緊特
絶　試身於所末危語入妙　不許而身與之
市語亦險峭　句踐之困會稽也喟然歎曰吾終
於此乎云云按此於罷兵後不竟接反國苦身焦思
事特倒插此段以間之章法最妙　置膽於坐坐
卧即仰膽飲食亦嘗膽也三句連用三膽字點逗纏
聯有情　德少而功多功德二字分得妙　貸

粟一事約舊書記極簡峭　子胥大笑曰我令而
父霸云云五句中連用五我字六若字歷落緊峭
子胥屬鏤自殺臨命數語頓挫激昂本傳吳世家
載之已詳越世家又以緊峭勝　越自度亦不能
滅吳此句關目最分明　紀兩國行成語越質吳
婉各有其妙　當是時越兵横行於江淮東諸侯
畢賀號稱霸王按此以提掇爲收煞筆力最老勁
子爲我從先王試之狠人口語卻最冷婉　而
越以此散諸族子爭立云云收點越亡以後事獨有

餘波　范蠡列貨殖傳而功名附越世家即此可
悟太史公手法用意亦極深遠　范蠡事越王句
踐既苦身戮力與句踐深謀二十餘年云云此處正
收越王事側落范蠡正妙於脱卸　臣請從會稽
之誅妙於立言　君行令臣行意只六字簡冷之
極　父子治產此句中便伏長男　久受尊名
不祥老子學問　交易有無之路通爲生可以致
富矣善用輕倩流宕之筆　於是自謂陶朱公天
下稱陶朱公故世傳曰陶朱公三處廻複作應有情

朱公居陶生少子按此點少子有眼　且遺
其少子復點一句剔醒眼目有力　不得已三字
有多少委曲正埋伏後文朱公獨笑曰一段議論
乃裝黃金千溢置褐器中爲一封書遺故所善莊
生按此一事分作兩層敘妙　慎無與爭事最緊
要語上文語意已完復贅此句正見諄切莊生可疾
去矣愼毋留數語與此句對針　莊生雖居窮閻
然以廉直聞於國云云按此一段敘中夾論爲前後
文伏照關鍵摹敘情節委曲纏綿朱公長男不知其

意以爲殊無短長也反折一筆逸宕有神　朱公
長男以爲赦弟固當出也云云寫出富人窄腸小算
頓宕擺脫筆致生動　莊生羞曰云云寫莊生長
男問答處極得神　獨自歡幸形容得可憐
朱公長男竟持其弟喪歸竟字帶嘲笑妙直收到朱
公初遣時　唯朱公獨笑曰云云按此乃通傳歸
注收結處長男重棄財少弟能棄財亦祗數語可了
此文重疊往復幾二十句而委蛇纏綿極情盡致神
吻如生　吾固知必殺其弟也吾日夜固以望其

喪之來也迴環鉤應文意方不懈散　故范蠡三
徙成名於天下按此竟作收結妙正見知人用財爲
范蠡大本領此所以三徙成名也非苟去而已一語
最深　卒老死於陶故世傳曰陶朱公收法最老
　陶朱公附傳設詞寓言也飄忽逸宕別一種筆
法　舊評能用財者少子也能用用財之人者朱
公也用少子則中子生而千金固在用長男則虛費
私齎之金而無益中子之死故古今事無大小其成
敗只在明取舍明取舍只在知人越滅吳定霸得力

在一范蠡太史公以長男少子一論爲越世家終局
舉此以見蠡之用財用人所以霸越之道不出於此
此文字映帶妙處　顧有所不能忍者也此句深
極范蠡所以霸越滅吳及能全身去越得力總在一
忍字
贊語從禹說起極有要領本原筆意亦古厚　臣
主若此欲毋顯得乎雙收得法頓挫遒峭
苦身焦思聖賢豪傑極困雪恥大本領一篇越世家
於此三致意焉故曰越王句踐反國乃苦身焦思又

曰范蠡事越王句踐既苦身戮力又曰耕於海畔苦身戮力贊語又云句踐苦身焦思終滅强吳屢屢點注暗作關照針線細密意趣深遠

鄭世家

鄭世家事跡略較左傳原文多簡直每有一二語着意處最有情致可思　百姓皆便愛之河雒之間人便思之字法朴厚古情可掬　記克段事一段文簡而情至　三公子皆君也儁句　所謂三公子者太子忽其弟突次弟子亹也列三公子便提

自然文法亦活變　厲公無奈祭仲何說得明透

宋頗予厲公兵自守於櫟鄭以故不伐櫟按此小收作停頓　所謂三公子者所以然者按此連用倒插法　往何遽必辱且又何至是句法委折得情　故鄭亡厲公突在櫟者厲公後元年書法分明　厲公初立四歲亡居櫟云云按此總括明淨與晉世家收點武公即位年數同一筆法　鄭文公怨惠王之亡在櫟而文公父厲公入之云云長句委屬紆叠寫事情極明透　初往年鄭文公之

卒也云云亦倒敘法　堅者靈公庶弟去疾之兄也繆氏者殺靈公子公之族家也皆用倒點法　其來持兩端故遲晉將卒或欲渡或欲還卒渡河按此紀事最簡卻確中情事　鄭人皆哭泣悲之如亡親戚寫得真摯　子產者鄭成公少子也云云便附一子產小傳　孔子爲泣曰古之遺愛也兄事子產按兄事子產四字似贅卻得流連愾摯之情史記如此等甚多概不可刪也

贊語拈甫瑕一事生議　變所從來亦多故矣洽

歎作結穆然深永

武公名掘突太史公當別有考索隱以爲昭公名忽厲公名突祖孫不宜同名而譏世家之謬誤不知春秋祖孫同名者甚多此不足爲鄭譏亦不足爲太史公疑也　按左氏賣鄭者秦戍將杞子也世家作司城繒賀或別有所考

趙世家

趙世家質峭更多奇肆之氣在諸世家中尤勝

趙氏之先與秦共祖起法便莊古牽秦陪敘別有手

眼　敘趙氏族最詳核與秦紀叅看始得其賓主
分合輕重詳略之妙　由此爲趙氏此趙得姓之
始始建趙氏於晉國此趙入晉之始點敘最有次第
簡質可玩　自造父已下六世至奄父趙宗益與
五世而生趙夙脫卸有法　夙生共孟當魯閔公
之元年也按此提掇次春秋世代非閒筆　趙衰
事稍多敘次簡而能括　文公所以反國及霸多
趙衰計策約筆小結有法趙夙趙衰趙盾三世事敘
次極明淨節節有收結　趙衰妻亦生趙同趙括
趙嬰齊爲後伏案　發兵距所迎襄公弟於秦者
此句勁捷而明白是太史公句法　敘趙盾事詳
於晉而略於趙筆極輕峭　朔娶晉成公姊爲夫
人此句爲後伏案　晉景公之三年重提年分鄭
重以紀事　大夫屠岸賈欲誅趙氏此句標題作
綱紀事眼目　初趙盾在時夢見叔帶持要而哭
甚悲已而笑拊手且歌追記趙盾夢讖極錯落筆有
幻態　兆絕而後好隸句古似繇詞　屠岸賈
者始有寵於靈公云云此推屠岸賈出處卽敘趙氏

寃對之由　韓厥數語往復曲折直婉兼至
子必不絕趙祀朔死不恨二語拙摯沉痛極省口吻
韓厥許諾稱疾不出寫出深心妙用預將韓厥
安頓一邊得法　趙朔客曰公孫杵臼杵臼謂朔
友人程嬰曰胡不死側串出落極參差筆法鍊淨若
排對平點便板滯且不見筆法省便之妙　若幸
而男吾奉之卽女也吾徐死耳數句道宕生動
趙宗滅乎若號云云數句娟峭若號若無聲兒竟無
聲有韻有態　立孤與死孰難大商量語特奇

乃二人謀取他人嬰兒負之衣以文葆匿山中裴
點極細　杵臼謬曰抱兒呼曰分作兩層便有跌
頓次第描畫神情絕工寫諸將攻公孫杵臼滅趙氏
假孤一段纏綿沉痛淋漓激昂宛然如見其人如聞
其聲此爲太史公極筆　諸將皆喜許之諸將不
許諸將以爲趙氏孤兒良已死皆喜廻複照應有情
發師隨程嬰攻公孫杵臼遂殺杵臼與孤兒書
法極有分寸次第　然趙氏眞孤乃反在此句截
住點醒最有關鍵眼目惟太史公長此筆法　厥

知趙孤在補點細　大業之後在晉絶祀者云云一段古質蒼峭確是左國神脉　韓厥具以實告省文極老　景公因韓厥之衆以脅諸將而見趙孤長句警透有神力　趙孤名曰武忙中註明趙孤名字筆法好　於是召趙武程嬰徧拜諸將遂反與程嬰趙武攻屠岸賈滅其族長句簡逍括多少情事讀之覺霜鋒稜稜廉斷痛快　我將下報趙宣孟與公孫杵臼此語奇壯　武願苦筋骨以報子至死而子忍去我死乎此語搖曳而淒痛　今

我不報是以我事爲不成不更着一語妙　春秋祠之世世勿絶收結最老更有餘筆　紀程嬰公孫杵臼保全趙孤事沉着激昂太史公出力文字

晉由此大夫稍强趙武續趙宗此以廻收爲過脉

晉由此大夫稍强晉公室由此益弱映應有神情　紀趙簡子夢讖一段事誕而文奇趙世家本末一夢了了　秦繆公卧疾七日而寤寤乃言夢見上帝詳載趙世家內正與簡子夢讖映照有情封禪書略點秦本紀不載俱有分曉　簡子召之曰

譆吾有所見子晰也突出有情有態　紀簡子與當道者問答極錯落節節變換　董安于受言而書藏之簡子書藏之府對收有情　則子卿起曰此真將軍矣神致生動添一則字峭便有力　從常山上臨代代可取也雄略壯語　董安于知之伏筆　然後趙氏寧終安于之言小煞　簡子由此能附趙邑而懷晉人收截最老　然亦愠知伯毋䘏由此怨知伯鈎截正有筆力　代人憐之所死地名之爲摩笄之山閒筆淒調　伯魯者襄

子兄云云追註有情　自帶以上可見自帶以下不可見寫得奇幻　伉王字法奇　大膺大胷修下而馮左衽界乘奄有河宗云云蒼勁似古繇詞

於是趙北有代南并知氏云云結霍太山案

襄子爲伯魯之不立也云云寫敘得委折纏綿

敘烈侯賜歌者田一段分作數小段極有層次變換愈碎愈奇要當於詳略長短鬆緊之際玩其用筆之妙　只一不與歌者田分作四層點逗正文字情趣妙處他手便括之以屢問不與而已　君實

好善而未知所持此語意思深文字闊宕處有峯回
路轉之妙　烈侯復問歌者田何如此處復插入
問歌者田更有情趣　不與公仲終不與求未有
可者方使擇其善者詳略相間生情　烈侯逌然
逌然二字寫神　牛畜荀欣徐越三段妙在意思
以漸而切句法以漸而長連用兩明日字一氣貫注
有力　歌者之田且止命遠有神宛然禪機
敘武靈王一代事蹟雄肆奇警是太史公出力文字
武靈王少未能聽政云云寫武靈王初立規模

便自異樣出色　五國相王趙獨否云云插入此
段正見武靈王雄略狠手筆致亦極生拗　歷紀
秦齊敗我秦取我中都秦拔我藺云云正爲後文胡
服伏案　他日王夢見處女鼓琴而歌云云此處
即應入胡服卻以納孟姚一段間之預爲沙邱宮一
段伏案極有筆法　琴歌極娟倩風致音節俱妙
數言所夢想見其狀八字摹神　孟姚也三
字點逗逸應簡子夢中語神情活跳　敘議胡服
凡三段議論極縱橫恣肆妙在不竭不復　我先

王因世之變語氣濶達不羣因世之變四字已盡胡
服主意　是亡社稷奈何作危急語妙　吾欲
胡服突然而入不更置一字妙　世有順我者胡
服之功未可知也數語橫態傲語寫出英雄氣概
於是遂胡服矣矣字決甚　寡人胡服將以朝
也語迅悍駭人　家聽於親國聽於君制國有常
利民爲本云云就胡服一節說出極正大議論
事有所止而功有所出二語最沉透　語公子成
一段文意更酣暢說得胡服主意出　敘武靈王

論胡服與商君傳論變法同然商傳簡古此奇肆
吾國東有河薄洛之水云云按此仍前文中山在
我腹心一段意思而說來每進一層雄警動人
於是遂胡服矣於是始出胡服令也遂胡服招騎射
三層極有節次停頓　敘武靈王略中山攘燕代
一段寫得雄略在目筆極蒼勁似國語敘齊桓公霸
蹟一段文字　使周祒胡服傳王子何此處猶點
綴胡服妙　惠文王惠后吳娃子也點一句有眼
目　寫主父詐爲使者入秦一段跌宕磊落極有

精神　主父所以入秦者云云註一筆雄姿橫生
敘公子章作亂公子成李兌起兵距難圍主父
宮一段錯落娟峭有韻有態又一格調　章素侈
心不服其弟所立主父又使田不禮相章也點次歷
落節奏入妙　夫小人有欲輕慮淺謀云云語極
透切寫亂世傾險小人得情　同類相推俱入禍
門毋爲怨府毋爲禍梯毋變而度毋異而慮等語語
意精峭似銘贊中佳句　且夫貞臣也難至而節
見忠臣也累至而行明句法新倩跌宕有態　李

兌曰諾子勉之矣云云語極婉妙連涕泣而出有無
限交情　李兌數見公子成以備田不禮之事伏
筆極周密省敘文法變　主父令王聽朝云云一
段寫得疊曲纏綿情景宛然　是時王少成兌專
政畏誅故圍主父事後註明極細　主父初以長
子章爲太子後得吳娃云云至豈不痛乎按此覆說
總收感慨作斷語陶鎔情事簡括明白纏綿往復別
有餘韻此太史公最用意之筆　蘇厲遺趙王書
說利害極深至文筆矯健　左師觸龍說太后出

長安君一段國策原文本佳太史公略加添改更覺
纏綿活暢神情如生　老臣病足數語添數字委
婉入情　太后笑曰婦人異甚添一笑字映唾面
盛氣甚妙　持其踵爲之泣云云頓跌歷亂極有
情致　國策此段文字本似太史公手筆太史公
略易數字便與史記體格一律令人不復思讀國策
并不得議太史公之爲錄舊也　王夢衣偏裻之
衣云云又一夢讖古語殊有精理　王悔不聽趙
豹之計故有長平之禍焉鎖句有往復之神　民

譌言曰云云謠語甚奇與篇中諸讖兆映照有餘味
　邯鄲爲秦結語無限哽塞與篇首趙氏之先與
秦共祖無意中自然顧應甚妙
贊語趙王遷其母倡也爲信讒殺將者醜詆痛罵正
揭其出身極不堪處爲千古泄憤此太史公血性精
神也　秦既虜遷云云公子嘉王代六歲始爲秦
滅亦應紀載今略於世家而綴贊語中另一筆法
　廢適子嘉而立遷早爲下截鉤伏贊語雖兩橛乃
成一篇文字

趙世家敘程嬰公孫杵臼存趙孤事一段文極淋漓激昂敘武靈王議胡服事一段文極縱橫奇肆敘公子章等作亂公子成李兌等興兵圍主父一段文極歷落纏綿一篇之中筆境體格凡數變而無不工絕

趙世家記夢者凡數段趙盾夢叔帶此一夢也趙簡子夢之帝所又一夢也武靈王夢處女鼓琴又一夢也孝成王夢乘龍上天又一夢也趙襄子受霍太山三神朱書亦夢類也凡皆讖兆禨祥之事點綴映帶都成關鍵眼目使前後事情了了相照亦復姿趣橫生不得以閒文視之亦不得以荒誕譏之也趙記固多怪乃以資太史公用筆之妙在諸世家中最爲奇觀　趙盾夢叔帶爲趙氏中衰趙武復興伏案也簡子夢之帝所爲簡子滅中行氏襄子滅智伯武靈王胡服取代林胡伏案也武靈王夢處女鼓琴爲納吳娃廢適立幼以致禍亂伏案也孝成王夢乘龍上天爲馮亭獻上黨秦坑趙卒長平伏案也襄子受霍太山三神朱書亦爲滅智伯取代林胡等事伏案也皆以天設地造之事爲埋針伏線之文若有意若無意自然激射成趣映帶有神　晉卜霍太山爲祟趙衰卜事重耳趙盾命史援占夢晉景公卜大業之後不遂者爲祟姑布子卿相毋卹孝成王命史敢占夢趙人謠言皆讖兆之事隨筆點染都有情趣

世家紀趙氏中滅更立本末內有屠岸賈程嬰公孫杵臼事與左傳不同然左傳載晉誅同括武從姬氏畜於公宮後乃立武而反其田則亦未嘗不言趙氏中絕復立也特所以復立之故未之詳及耳今觀世家所載嬰杵保孤事特奇節義甚高亦安知其必無左簡史詳所傳異辭政不妨兩存之

魏世家

魏世家敘事特簡峻有法　從其國名爲魏氏點明姓氏眼目極清　敘魏絳事極簡核　文侯受子夏經藝云云至文侯由此得譽於諸侯此段風致極雋逸　文侯曰先生就舍寡人之相定矣寫文侯敏達可喜句法亦警提動人　且子之言克於子之君者云云此句承上語特提妙　君問而置相云云不減換一字妙　什九在外什一在內

以此爲得士之本妙有經緯原委　惠王之所以身不死國不分者云云忽作斷語收鎖高勁有力

欲毁汁者衆毁汁字新奇喻事透切勝國策原文與其以秦醳衛不如以魏醳衛語特勁快有鋒其心以爲攻衛醳衛不以王爲主語更鍊更奇

今王使欲地者制璽欲璽者制地六國割地賂秦之害獨此二語說來透快句深奥而明晰　肘足接於車上而知氏地分形容刻警句法亦奇峭之極

此方其用肘足之時也收語危悚　信陵

君無忌上魏王書指陳痛切筆勢縱橫真絕世勝算絕調奇文乃不載於本傳而載之魏世家正以見此書繫魏之社稷存亡也

贊語天方令秦平海內云云正以悲惋魏之不用信陵君以亡其國故反其意而爲此誕語也索隱引譙周語以駁太史公真癡人滯見不知太史公言外之旨可謂固哉爲詩矣

韓世家

韓在六國中最弱無多戰伐事蹟而太史公作韓世家敘世次與衰簡括而明晰政於文字簡約處見質勁筆力茅坤乃謂其撰次本末無可覽睹亦淺之乎讀韓世家矣　敘韓厥感晉景公立趙武復趙氏祀一段簡而能括較趙世家所載敘詳略輕重釐然確是韓世家中敘韓厥事非徒紀趙氏與衰事也

厥知之此句補趙世家所未及　大夫曰代列爲諸侯始曰立書法分明　果不出此門綴一句喚應古勁有力

韓氏之與歸功韓厥陰德獨見其大且寓猷勸後人之意意思甚深遠　韓氏之功於晉未覩其大者也此折挾疎靈動　陰德二字深

田敬仲完世家

田齊世家以二卜詞爲一篇張本　厲公之殺以淫出國此亦敘中夾斷之法　敬仲之如齊以陳氏爲田氏點姓氏有眼目　田氏收賦税於民施德市惠此其取齊之本乃篇中緊要節目故兩次疊敘不嫌其複　敘田釐子云以小斗受之其粟予民以大斗敘田常云以大斗出貸以小斗收亦自有

變換　紀田乞亂齊殺高昭子逐晏孺子而立公子陽生敘次甚工語句尖刻極有精神　田乞僞事高昭子國惠子者每朝代參乘言曰又紿大夫曰田乞鮿曰孽奸雄情狀如畫　田乞盛陽生橐中置坐中央云云事極奇筆力亦險提警動　遂立陽生於田乞之家此句收結老勁點明田乞之家有眼　田常既殺簡公云云至封邑大於平公之所食敘田常篡齊作用節次詳核有法　齊侯太公和立按子太公和立已見上文此重紀齊侯太公和

立著田齊得國之始也書法分明　齊威王初年屢書三晉伐我魯伐我衛伐我趙伐我而總收一筆云九年之間諸侯並伐正爲下文齊國大治諸侯莫敢致兵於齊伏案此紀事有原委次第處　敘威王封即墨大夫烹阿大夫事極有神色是日烹阿大夫及左右嘗譽者皆并烹之點是日字警醒綴皆并烹之句法勁辣之極　人人不敢飾非務盡其誠寫治世景象極警透　騶忌子論鼓琴一段極有精理微言意致古雅　騶忌子推戶入曰善哉鼓琴王勃然不悅去琴按劍曰王曰善語音王又勃然不悅曰序次節奏工甚　若夫語五音之紀云云兩若夫意致蹁躚又何爲乎絲桐之閒亦自音韻妍雅　騶忌子曰夫大弦濁以春溫者云云復述最有致　淳于髡見騶忌子五進隱語一段極恢奇精闢載於世家中最爲生色　趨出至門而面其僕曰狀寫有光景惟左傳檀弓有此筆法　蘇代謂田軫一段節奏古健而意奧折大有態　蘇代論稱帝一段三問最警快　自湣王後齊國多難

太史公本國策貫串序次如畫　湣王子法章爲太史敫家傭而私其女既得王齊乃立太史女爲王后一段事極奇序次極恢雅絕妙一則演義小說乃敢自言我湣王子也王已立在莒矣頓跌最有音節神色　君王后賢不以不覩故云云意味纏綿深長　篇末書秦滅周秦滅韓秦滅趙秦滅楚虜代王嘉滅燕王喜正於田齊世家中列敘秦滅六國本末次第以收捲諸世家也末又總結一筆云遂滅齊爲郡天下壹并於秦賓主分明筆力何等勁整

始君王后賢事秦謹云云一段此又總論齊與亡原委指陳了了詳悉明透筆致疊複纏綿更多憤恨感慨之情　多受秦閒金多使賓客入秦秦又多予金三多字疊複有情無限扼腕　以故王建立四十餘年不受兵秦以故得滅五國云云用兩以故字闡論興亡大勢正以綜括緊密見筆力　故齊人怨王建不蚤與諸侯云云長句收筆意最厚

住建共三字字法峭怨甚　疾建用客之不詳也較國策原文添註一句作結嗚咽繚繞風神隹絕

田齊世家以卜詞始以歌詞終極風雅

贊語指周太史齊懿仲二卜發論意境高遠益徵二卜之爲田齊世家一篇張本矣　蓋若遵厭兆祥云古韻

孔子世家

太史公列孔子爲世家劉知幾王安石輩頗譏之以爲自亂其例夫孔子之聖不以世家而大亦不以列傳而小第孔子不可以列傳置也孔子以尼山大聖經緯萬古子孫傳繼累葉不絕可謂以道德六藝世其家者矣故爲世家以殊之非自亂其例也蕭曹張陳位止通侯尊非公王而皆世家之誠以其子孫承繼世守其業也安在孔子不可比例且篇中紀孔子宗祖子孫世次釐然又敘孔子自少而老繫以魯君之年而綴以孔子之歲及其生卒葬地鄭重而詳列之固儼然世家體矣體不世家則孔子之道不尊世家其體而不世家其標目則義例不明故太史公之世家孔子殆有不得不出於此者也自有史記以後褒成肇封爵秩疊加衍祜承澤歷代罔替古今世家孰有過於孔氏者雖謂太史公預造其兆可也夫安可以輕議也哉　孔子生魯昌平鄉陬邑起法便鄭重　生孔子得孔子孔子生屢提不嫌其複此正手法古重處　誨孔子父墓誨字莊古　其祖弗父何始有宋而嗣云云按此段借孟釐子敘孔子家世正與前段敘世系處相發明　魯大夫孟釐子病且死索隱注據左傳孟僖子病不能相禮謂病者以不能相禮爲病非疾困之謂也按孟釐子誠其嗣懿子之言本出於將死遺命故左傳紀之曰及

其將死也而史記亦云孟釐子病且死非太史公誤
認病不能相禮之病爲病困之病也　已而去魯
斥乎齊逐乎宋衛困於陳蔡之閒於是反魯按此處
先將孔子周歷列國總括數語以爲提掇結構極好
蓋見老子云離合其詞語特隱妙　爲人子
者毋以有已爲人臣者毋以有已雙收語峭古
是時也晉平公淫云云至齊師侵魯按此處又
用提筆指畫列國情勢正爲後文孔子用魯伏案極
有關鍵　魯昭公之二十年而孔子蓋年三十矣

按此後或書魯君立年或書孔子生年或以魯君之
年與孔子之年連書直用編年之法以爲孔子年譜
蓋他載傳所無也此太史公尊崇聖人極用意經營
處　齊景公與晏嬰來適魯云云至孔子遂行反
乎魯按此紀齊用孔子不終正與前提掇一段暗應
季桓子穿井云云至善哉聖人此處遽入孔子
用魯便覺文字板滯特入此段閒文以閒之　於
是吳客曰善哉聖人住句收截分明　桓子嬖臣
曰仲梁懷云云至然亦卒不行此段敘魯國大夫陪

臣擒亂正爲孔子用魯伏案　孔子不仕退而修
詩書禮樂遠爲後文刪詩書贊周易修春秋預作鉤
伏之筆　孔子循道彌久溫溫無所試二語極工
摹出聖人窮居無聊恬淡無求之神　然亦卒不
行此句鉤勒勁峭　其後定公以孔子爲中都宰
云云至以羣婢故也夫按此紀魯用孔子不終亦與
前提掇一段暗應　敘夾谷之會載孔子折齊侯
語較左傳家語簡要爽朗極有生色　我之爲先
并矣句法古　夫子罪我以羣婢故也夫結孔子

去魯風致搖曳　以其策指之曰昔吾入此由彼
缺也寫生　敘孔子三至衛詳略不一節節有變
換　使人謂孔子曰四方之君子不辱云云詞令
韻致太史公每遇一事即有一種筆墨副之妙甚
招搖市過之形容醜極　孔子欣然笑曰形狀
末也云云甚誠諧得妙語意政自黯淡無聊　石砮
矢長尺有咫倒出句法古　隼來遠矣此肅慎之
矢也頓挫蕭疎　要盟也神不聽六字簡淨
吾所伐者不過四五人語極鍊奇　敘孔子學琴

一段摹寫宛然頓挫節奏古雅動盪尤妙在文王操
三字倒跌點出　臨河而歎數語三頓三咽音節
淒婉　乃從政三字寫出小人忍心辣手　而
況乎丘哉便住悠然冷雋　乃還息乎陬鄉云云
至反乎衛語句纏聯入妙極淒咽　是歲魯哀公
三年而孔子年六十矣點次頓跌極有音節　輩
而見魯城光景宛然　敘孔子困陳蔡與子路子
貢等問答語波折明暢姿趣橫生　孔子欣然而
笑曰有是哉云云詼諧入妙語似不可解而特有情

韻　是歲也孔子年六十三而魯哀公六年也顛
倒妙音節更佳　毋以小人固之固字字法妙
孔子之去魯凡十四歲而反乎魯此以年譜爲鎖
法卻暗與前文總提一段於是反魯收應何等筆力
然魯終不能用孔子孔子亦不求仕亦收勒法
孔子之時周室微而禮樂廢詩書缺按此處將
敘孔子刪定事先提撥數句特有筆法　夏禮吾
能言之云云至吾從周串合論語入妙　故書傳
禮記自孔氏此句爲書傳禮記小收　上采契后

稷云云數語括三百篇大旨　禮樂自此可得而
述云云至成六藝又爲詩樂作小收　序書傳云
云至編次其事觀太史公此數語益信書序非僞也
若是我於易則彬彬矣序贊易在末段語句特
有風致　乃因史記作春秋云云作春秋另敘而
特詳言之別見手法蓋以史記繼春秋之微意也
敘孔子臨終一段刪潤檀弓處意致無限淒婉
哀公誄之曰云云誄詞古峭而風韻　敘孔子
身後軼事瑣碎詳悉極低徊纏綿之致　孔子生

鯉字伯魚云云詳敘孔子後人世系是世家體
贊語精微淡遠平易中自有風神讀之令人肅然生
敬　稱孔子爲至聖在此時則爲公家常語在秦
漢時實爲創論特見此太史公識力不可及處試問
宋儒當此掃羣聖籔百家之際能有此精當之論耶
或云贊語稱孔子處極淺近不知正太史公筆
力高妙意思含蓄處若臚揚孔子聖智文章之實非
揭之不精則舉之不詳正柳子厚所謂譽天地之大
褒日月之明非愚則惑者也

孔子世家撫潤羣書自成篇段既不病其疎略亦不傷於繁碎肅古雅馴是極有體格文字

空山堂史記評註卷六

滋陽牛運震階平

陳涉世家

陳涉世家者紀劉項未起之前陳涉首事羣雄蠭起并力攻秦之事而總以陳涉爲之綱領非但紀涉一人之事也陳涉以匹夫發難爲漢驅除所遺王侯將相竟亡秦族雖列之世家非過也且紀涉一人之事則可世家可傳紀陳涉首事羣雄蠭起之事則不編爲世家不可也陳涉世家者所以著紀事之體非以

尊涉也　列孔子世家於十二諸侯六國之後志孔子之紹周也標陳涉世家於漢將相侯王之前著陳涉之功漢也　悵恨久之極有光景可想　今亡亦死云云連用四死字句法練　陳勝曰天下苦秦久矣云云至宜多應者按此段屢用吾聞或聞多聞其賢未知其死也或以爲死或以爲亡約略閃忽確是草澤人口氣　然足下卜之鬼乎語特隱妙　念鬼字法好　固以恠之矣極有頓挫　廣故數言欲亡云云至激怒其衆許多委曲情

事一一道出　且壯士不死卽已云云數語亦極亢爽　從民欲也應前作小收筆法好　袒右稱大楚云云至號爲張楚正敘陳涉略地稱王之事以下乃敘陳涉分遣侯王將相將兵徇地之事內中點葛嬰點武臣張耳陳餘點周文點韓廣周市田臧秦嘉等節次脉絡分明致以當此時諸郡縣苦秦吏者皆刑其長吏殺之以應陳涉當此時楚兵數千人爲聚者不可勝數當此之時諸將之徇地者不可勝數三段提綱挈領結構緊嚴敘事繁而不雜長而不

懈茅鹿門以爲太史公紀陳涉始末竟無章法脉絡殆未細讀世家者也　先於陳涉口中點明爲天下唱宜多應者後又云號令召三老豪傑與皆來會計事又云徽國之豪傑與計又以諸郡縣苦秦吏者楚兵數千人爲聚者諸將之徇地者三段節節照應而總以其所置侯王將相竟亡秦由涉首事也數語結束之何等筆力　周文陳之賢人也點法變

周文自到軍遂不戰截住極冷峭　且以楚之彊不敢害趙王將相之家云云句拙而老長而勁正

太史公句法不可及處　將軍田臧等相與謀曰周章軍已破矣按此遙接周文自到軍遂不戰斷續有情　陳王初立時云云至謚曰隱王敘陳涉兵敗身死之事陳王故涓人將軍呂臣云云至會項梁立懷王孫心爲楚王敘陳涉身後事　敘陳涉分遣侯王將相將兵略地擅立相殺雖極拉雜繁碎究以陳涉爲主綱領眼目犂然分明是其敘次有法處

陳勝王凡六月總收一語老又暗與篇首兩陳勝王關應　敘陳王故人嘗與傭耕者之陳見陳

王一段廻應篇首傭耕時事質鄙瑣碎卻自恢宕生動有情　諸陳王故人皆自引去由是無親陳王者過下陳王信用朱房等諸將以故不親附一段融合無迹　末段敘陳王所以致敗之故詳而有法正自廻復痛惜不盡　陳勝雖已死其所置遣侯王將相竟亡秦由涉首事也斷數語一篇結案正自明其所以列陳涉於世家也　斷數語作收又帶點高祖爲涉置守冢事作餘波括事無遺含情無盡正不必更作贊語矣此變調也

外戚世家

總論先述三代后妃賢愚國家興廢之事後引易詩書春秋禮樂以証之亦脫換法庸手定先以易首乾坤云云後述三代實之以事矣　夫婦之際二句頂易詩書春秋陰陽之變二句頂禮樂可不慎歟總戒之分合變換亦化板爲活法若歷引易詩書春秋禮樂而總收以夫婦之際陰陽之變等語便有堆排之病矣　人能宏道無如命何按一命字通篇眼目　甚哉妃匹之愛云云至惡能識乎性命哉節節用跌宕極有精神　太史公以妃匹之愛歸之於命者正指其驪合成子姓之事也陳子龍以爲謹踰僭之誡息妬嫉之心深得其旨陳仁子謂呂后之禍不可專言天命而謂太史公失勸戒之義不亦悖乎　呂后專政諸呂爲變此漢外戚中一大關目其詳已載呂后本紀中世家又不可略故置之開端以爲敘事緣起安頓特妥　此豈非天耶非天命孰能當之二語遙與豈非命也哉等語唱歎呼應血脉通靈　此兩美人相與笑薄姬初時約漢王心

慘然憐薄姬數語寫兒女憐愛之情宛然　而薄姬以希見故得出暗與前文高祖後宮唯獨無寵疏遠者得無恙照應乃成一篇文字　竇太后趙之清河觀津人也按此點竇太后籍貫特爲鄭重醒豁爲後文家在清河欲置趙籍中并家在觀津等語伏案極細　敘竇后誤置代籍中涕泣彊行情事極款委　代王王后生四男云云至王后所生四男更病死按此帶敘王后事極簡淨　竇太后趙之清河觀津人云云至長丞奉守比靈文園法按此敘竇后出身及貴顯後事已詳備此後自竇皇后兄竇長君至不敢以尊貴驕人單敘二竇遭遇貴顯之由摹景設色異樣生動可喜可涕　竇少君踪跡際遇甚奇值得太史公一寫　具言其故果是緣下文有復問一層應細寫故此處用省略之筆亦文字變換法　姊去我西時云云寫姊弟決別事款細入情真非太史公不能爲也　點竇后持之泣又云泣涕交横下點左右伏地泣又云助皇后悲哀俱用加一倍寫法情致淒惻纏綿酣足　吾屬不死

命乃且縣此兩人按此處突出此二語可駭可愕因
以悟倒跌翻出之妙　吾屬不死數語極有頓挫
有含蓄　竇長君少君云云至不敢以尊貴驕人
收截有法　竇太后從昆弟子竇嬰云云按魏其
別自有傳此處卻以任俠自喜將兵數句括之
竇太后後孝景帝六歲建元六年崩按此點竇太后
崩年卻夾點出後孝景帝六歲極有分曉　敘王
太后出身極瑣悉極明晰　點臧兒兩女三男極
分明後文俱有照應　臧兒長女嫁為金王孫婦

因欲奇兩女乃內之太子宮先是臧兒又入其少女
兒姁鉤畫點次筆下了了　長公主欲予王夫人
王夫人許之句意似未明顯第上嘗長公主嫖有女
欲予栗姬子為妃後文又有初上為太子時娶長公
主女為妃借映互見固知其為欲予王夫人子武帝
為妃也此亦紀事省筆法　景帝恚心嗛之而未
發也句搖曳有深情　兒姁早卒其四子皆為王
帶收兒姁四男極周密　蓋侯信好酒田蚡勝貪
巧於文辭帶敘蓋侯等性行筆下極閒細田蚡自有

傳此處亦用括敘法　生微矣蓋其家號曰衛氏
微詞妙頓挫冷甚　平陽主拊其背曰行矣彊飯
云云數短句中曲折纏綿可謂細貼人情　中用
乃俗字用來卻極老　敘衛子夫寵幸之由曰得
幸又曰竟不復幸又曰復幸又曰後大幸有寵節次
娓娓　挾邪媚道挾婦人媚道極猥事說得極雅
陳皇后母大長公主景帝姊也複點有情有眼
目　所謂姊衛少兒所謂二字尖刻之極看此處
不謂太史公輕薄不得也　太史公極不滿衛霍

乃於外戚世家特記曰衛青有功封為長平侯霍去
病以軍功封冠軍侯衛氏枝屬以軍功起家五人為
侯未嘗揜沒其功也其公信如此　然皆以倡見
非王侯有土之女士不可以配人主也按此語非但
以刺夫人婕妤並以譏衛后之以倡謳幸也諷刺深
長感歎無限　篇中拈一命字為主或敘或斷皆
見之如云呂太后以重親故欲其生子萬方終無子
又云欲連固根本牢甚然無益也又如竇太后欲置
趙籍中宦者忘之誤置代籍中陳皇后求子與醫錢

凡九千萬然竟無子皆隱隱含一命字是其針線密細眼目分明處　薄太后世家中載管夫人趙子兒竇太后世家載代王王后傾夫人尹姬王太后世家中載少女兒姁薄皇后栗姬衛皇后世家中載陳皇后王夫人李夫人尹婕妤皆附敘法也陪映鉤帶有情　薄氏侯者凡一人竇氏凡三人爲侯王太后家凡三人爲侯衛氏枝屬以軍功起家五人爲侯點次外戚極分明以此爲收鎖老甚

總序既驪合矣或不能成子姓云云數語括栗姬陳

皇后等妃后情事甚備妙在有意無意之間

楚元王世家

敘高祖兄弟三人曰長兄伯曰次兄仲於代曰乃以弟交爲楚王點次極錯綜若庸手定於高祖兄弟四人之下列點三人便板排無味矣　始高祖微時嘗辟事云云按作元王世家而帶敘伯仲二兄事亦附法也邱嫂櫟釜羹頡封侯偏有此閒微事渲染生情元王世家遂不寂寞　已而視釜中尚有羹此句補找得回翔曲折他人定略之　戊則殺尚夷吾許子遠以則殺當作賊殺竊意則字如字解極通正太史公善用虛字處　竇太后曰吳王老人也云云數語極質老

贊語賢人乎賢人乎云云頓挫咨嗟有味甚矣安危在出令存亡在所任平正作收意思更淡遠

趙王世家附楚元王後而統名之曰楚元王世家此亦附傳之體例也與管蔡世家附曹叔振鐸政同楚元王高祖之弟趙幽王高祖之子似不應同傳然按太史公贊語自以楚刑申公趙不任防與先生爲聯

合亦非漫然者

荆燕世家

荆燕世家用筆最簡而括撮事情甚多結搆處極勁鍊　當是時也云云提掇有法　始王昆弟劉氏也以點逗爲收結最妙　諸劉者不知其何屬諸劉遠屬也亦變換法　以畫干營陵侯澤畫謂計畫當從服虔說　弗與矣從黃震註言不與我施行所計畫也孟康文穎註俱誤　令其子求事呂后所幸大謁者張子卿長句減一字不得此等句

法惟馬班二史能之　田生說張卿一段曲折詳晰中間括多少情事　呂氏雅故言呂氏本高祖微時故舊也臣瓚與索隱或解雅爲正或訓爲素俱非　遂跳驅至長安跳驅字奇

贊語事發相重言事發於相重也謂劉澤倚呂氏得王呂氏亦以劉澤王而王益固故曰事發相重也

贊語勁矯權激呂氏事發相重造句極簡重古奧

齊悼惠王世家

齊悼惠王世家以齊王爲主而城陽菑川濟北濟南

膠西膠東皆悼惠王子附載帶敘章法整錯入妙

朱虛侯宿衛宮中及協誅諸呂事載入世家較呂后本紀更詳此悼惠世家中最生色處　齊爲漢親强之藩諸呂作難大臣倚齊爲援太史公於世家中詳敘漢事正以齊關漢廢興也此是太史公手筆大處他手便不暇及　其母外婦也曰曹氏微詞搖曳太史公慣用此筆　齊王孝惠帝兄也此句點明接下文脉理甚妙　哀王元年孝惠帝崩呂太后稱制天下事皆決於高后按此以齊年分紀漢事提掇有要領　朱虛侯仗劍行酒爲高后言耕田歌斬諸呂亡酒一人寫得英爽風流神情生動

自是之後諸呂憚朱虛侯雖大臣皆依朱虛侯劉氏爲益强按此收束有力　齊王詐琅邪琅邪入關計事此事略載荆燕世家而於齊世家更詳列之正以兩見參互入妙　朱虛侯首先斬呂產於是太尉勃等乃得盡誅諸呂數句括多少情事而第功亦極有分曉　而琅邪王亦從齊至長安此句遥接有筆力　以子則順以善人則大臣安兩句雙

結勁　灌嬰在滎陽聞魏勃本教齊王反云云按此找繳魏勃一段有關鎖　恐不能言者又曰終無他語詞義叠複縷縷不斷此正史記妙處　人謂魏勃勇妄庸人耳按此妄字絕句言人謂魏勃勇殆妄言乃庸人耳索隱解以爲凡妄庸劣之人非是

魏勃父以善鼓琴見秦皇帝云云此段閒筆附一魏勃傳精峭有致正以魏勃郤掃相門干曹參踪跡甚奇可紀也　孝文帝元年盡以高后時所割齊之城陽琅邪濟南郡復與齊云云繳應前文細密

不漏　孝文帝以所封悼惠王子分齊爲王云云
按此下逐一著悼惠王子建立誅滅之由此處以列
敘爲提掇正有領要向後處處點逗悼惠王子乃其
眼目也　漢太后欲納女於齊與齊搆釁一段寫
徐甲紀太后主父偃各入情態心事委曲如畫
燕王者與其子昆弟姦云云按此注解分疏得妙敘
事忙中有閒　主父偃由此亦與齊有郤東頓有
法　篇末列敘悼惠王子自城陽景王以下凡七
人井井有法始終嚴整　以朱虛侯與大臣共誅

諸呂云云復說有味絕不厭複　及文帝從代來
興居曰云云敘興居功在此補前文所無　始大
臣誅呂氏時朱虛侯功尤大云云按此總說朱虛東
牟作收卸是左氏法　濟南王辟光以下四反國
複敘在末有分曉
贊語寥寥數行括盡一篇齊世家始封分裂多少情
事　激秦之無尺土封何古甚
　蕭相國世家
蕭何世家起手極謹飭簡勁只數語便括蕭相微時

情事　漢王所以具知天下阨塞戶口云云斷一
語明蕭相功績大節骨脉隆厚絕大筆力　蕭相
踰城保沛公薦韓信爲大將皆其佐高帝大略高紀
已詳故世家從略　漢王引兵東定三秦何以丞
相留收巴蜀云云至上以此專屬任何關中事按計
戶口給軍食修法令立宗廟社稷皆蕭何相業知大
計處此段紀敘詳括得體句法亦極峭拔　何守
關中關中事上以此專屬任何關中事屢提關中正
以何功績在關中也眼目最分明　上以此專屬

任何關中事收句老　議功二段借高祖鄂君發
明蕭何功最盛處有體有法　功人功狗句法亦
奇　鄂君語一段連用夫字轉折拙勁古法
收圖籍全關中敘何功績已畢餘文皆紀蕭何朴忠
謹厚善於自全處　鮑生謂丞相曰召平謂相國
曰客有說相國曰凡此以見相國之門多智謀之士
相國無好客之名而能收諸客之益也於是何從其
計相國從其計於是相國從其計正見相國畏罪遠
禍納忠受善處一篇之中屢提疊見故爲相犯而絕

不嫌複正以映照爲章法也　漢王大說高帝乃大喜上乃大說上笑曰上大怒曰高帝不懌寫出高帝喜怒不測猜忌滿腹情狀以蕭何之朴忠而高帝猶疑之如此太史公特著之其不滿高帝甚矣何之韜晦自全以榮名終者幸也　漢得之不必待以全句亦古勁　召平者故秦東陵侯云云又附一召平小傳點染最有姿態　高帝不懌不懌字神情絶肖　吾不過爲桀紂主而相國爲賢相語最質懇正其忌心未化處卻得太史公曲曲肖出

何置田宅云云附載何置田宅居窮處固是何達識盛德事正與前買田地賤貰貸映照以見何非真彊買民田宅者也此等處有不即不離之妙　後世賢師吾儉不賢毋爲勢家所奪語極精峭古雅

贊語何謹守管籥因民之疾數句寫得蕭何相業作用出　贊曰淮陰黥布等皆以誅滅而何之勳爛焉正以櫽括篇中事有無限歎息含蓄在內也

閎夭散宜生比配得有分寸

蕭何世家鋪敘森然有法詳略極得大體

曹相國世家

秦時爲沛獄掾而蕭何爲主吏按此即帶蕭何妙便爲後文伏筆　居縣爲豪吏矣高祖爲沛公而初起也紀敘用虛字頓挫入妙後世史家便無此筆法

紀曹參戰功屢用取之破之大破之擊之攻之先登陷陳追北盡破之疊頓迴應作章法紀律森嚴秦以前無此體漢以後無此筆真敘戰功絶調也

方與反爲魏擊之豐反爲魏攻之文法宕漾入妙

北救東阿南救雍丘又以北救南救爲章法

高祖爲沛公而初起也秦將章邯破殺項梁也提掇適適作應又以小頓作過峽　其後從攻東郡尉軍從攻又開一法脫卸甚奇　破之成武南倒句法　復攻之杠里大破之追北大破之殺追北字又一變法　從南攻犨從西攻武關從南從西作應筆法又變　前攻秦軍藍田南又夜擊其北此用南北字作應句法變　秦軍大破變句

項王至以沛公爲漢王云云此處文勢小歇更有節奏　參以中涓以將軍以中尉從以假左丞相以

右丞相以齊相國遙應作章法　參以中尉圍取
雍邱王武反於黃程處反於燕往擊盡破之此用總
敘法又變　又進破取衍氏變句　因至滎陽
參自漢中爲將軍中尉從擊諸侯及項羽敗還至滎
陽凡二歲小結先後至滎陽極分曉有力量　而
令參還圍趙別將乃引兵詣敖倉參以右丞相屬韓
信已而從韓信擊龍且軍而參留平齊未服者敘事
曲折簡明井井如畫全無鉤勒脫卸之迹、　遂至
咸陽滅秦項籍已死天下定此於曹參絳灌諸世家

列傳中屢言之蓋滅秦定楚乃高帝取天下大局面
固當爲諸人戰功緊要眼目也　參功凡下二國
縣一百二十二云云至大莫敖郡守司馬候御史各
一人先散敘後總計結束謹嚴無迹尤妙在虛實不
甚照對　言人人殊盡出儒生俗態　推此類
具言之簡約得妙　以齊獄市爲寄夫獄市者所
以并容也此黃老精理也如齊故俗府中無事此黃
老治效也太史公治黃老言故推摹其術如此
參始微時云云補法好與篇首作應句法亦峭潔可

喜　欲務聲名四字深中俗吏之病　至者參
輒飲以醇酒閒之欲有所言復飲之醉而後去云云
寫得纏綿紆復妙處難言　乃請參游園中云云
至亦歌呼相與應和形容得盡情他人必不肯如此
細寫亦不能也　專掩匿覆蓋之複字反老若省
二字則失之單弱固知以滅字爲史法者非法也
然無言吾告若也情理語口角宛然　與窋胡
治乎乃者我使諫君也語簡峭之極太史公練法如
此　百姓歌之曰云云恰有此歌作結妙甚

贊語極有不滿平陽之意然亦不沒其善抑揚轉折
分寸俱出風神絕遠　以與淮陰侯俱及信已滅
而列侯成功惟獨參擅其名蓋深惜淮陰也情旨愴
然　極言合道楊愼以爲倒一字法謂言極合道
也　平陽事蓋公飲醇酒正其深心韜晦善於自
全處及信已滅數語隱隱道出　然百姓離秦之
酷後一轉似極牽強委曲而褒貶俱見含蓄無窮
曹相國參似是兩截人世家亦是兩截敘法前篇敘
其戰功後篇載其相業前篇參功凡下二國縣一百

二十二云云爲戰功作結後篇百姓歌之曰云云則
結其相業也界段極爲分明然前篇敘戰功處帶載
高祖三年拜爲假左丞相又曰以右丞相屬韓信又
曰以參爲齊相國又曰以齊相國擊陳豨將張春軍
又曰以齊相國從悼惠王云云固已爲漢相齊相張
本篇首載參爲沛獄掾蕭何爲主吏早伏蕭何推賢
曹參之根篇末借百姓歌蕭曹雙結作應真是一脉
貫串文字使人讀之不覺其爲兩橛也贊語一半收
戰功一半收相業遂與世家表裏隱映敘斷相生云

留侯世家

漢功臣世家者五蕭曹陳稱相言其猶可以相也絳
侯周勃稱爵稱名不稱相謂其將而不相也獨留侯
爵而不名特以留侯標目葢不欲其與蕭曹諸將相
儕置也此太史公推重子房處　史傳例不著字
或以字行則著之留侯世家中獨著子房者以高帝
常字之也高帝稱三傑蕭何韓信皆名而子房獨字
可見然則蕭曹皆不著其字固無足異也而後人乃
以蕭何無字病太史公哉　其先韓人也開手便
有眼目　未宦事韓寫子房義重在此四字
爲韓報仇四字精神以大父父五世相韓故倒煞有
力　五世相韓以相韓五王故曰五世然作相韓
五世便稺弱　爲張良故也綴此句咄咄逼人
從容步遊下邳圯上從容二字寫出真膽勇唐李
白詩云潛匿遊下邳豈曰非智勇竊意潛匿二字不
如改從容字　良與客狙狙字字法　圯上老
人授書一段宛然一幅畫圖句法節奏並佳　父
以足受寫生傲態可掬　笑而去父去里所復還

真仙佛點化行徑　良愕然欲毆之良殊大驚隨
目之良因怪之良因異之文筆曲折了了　父曰
履我喜曰當如是口吻如生　後五日平明與我
會此後五日早會後五日復早來怒曰與老人期後
何也復怒曰後何也節節有變換　卽我矣復一
我字句法古　遂去無他言不復見寫得悠然神
遠開後人多少筆墨　此段寫得踪跡幽異神致
淡遠離奇恍惚使人望之有出世之想真絕筆也
項伯嘗殺人從良匿預伏無迹　在留良欲往

從之留字點出眼目　良爲他人言皆不省此襯
托法　顧沛公且留壁簡語極工　此獨其將
欲叛耳云云警着辣手語亦挺拔動人　樊噲諫
沛公出舍劉敬請都關中俱用略點輕約的妙正爲
留侯陳說留地也顧沛公聽樊噲言劉敬說是也此
留侯不没人善處亦史家筆法照顧也　鴻門事
項羽本紀高祖本紀留侯世家俱載之項紀詳高紀
略留侯世家止載留侯開說沛公固要項伯本末而
鴻門見項羽只一語括之此其所以爲留侯世家也

深得輕重分配之法　乃以齊王田榮反書告項
王項王以此無西憂漢心而發兵北擊齊此劉項成
敗一大關目子房佐漢亡楚第一要着故於項高本
紀及留侯世家俱特著之　漢王下馬踞鞍而問
曰寫得光景動人　吾欲捐關以東等棄之語奇
而渾妙非子房策此語幾不可解　即欲捐之捐
之此三人則楚可破也句法搖曳入神　然卒破
楚者此三人力也搏挽有力　張良多病未嘗特
將也常爲畫策臣時時從漢王子房畫策極多列數

必不能括着此數句前後實處皆虛通篇皆靈
酈生議立六國後子房借箸畫策陳八不可一段跌
宕奇肆酷似國策文字　趣刻印先生因行佩之
矣語輕爽亦大似國策　漢王方食曰子房前如
生　臣請藉前箸爲大王籌之語脉宛肖　漢
王方食曰子房前具以酈生語告於子房曰何如漢
王曰何哉節奏入妙　八不可止有第八段係正
意其七段皆係襯托中間有可省者有可合者卻妙
在故爲繁文又截然分作八段歷歷數來文法乃奇

變其藉箸指畫光景更千載如生　其不可四矣
句法變　臣請藉前箸前箸即帝前之箸也舊解
謂前代已就之事迂曲不可從　第八段切中情
事文勢恣肆怒悍不可羈紲　且夫楚唯無彊云
云八難已畢又橫插此數語意始足而筆不竭
漢王輟食吐哺罵曰仍帶應方食妙　豎儒幾敗
而公事如聞其聲　良未嘗有戰鬭功此句應未
嘗特將句　望見諸將往往相與坐沙中語亦有
畫景　陛下不知乎此謀反耳危語入妙　雍

齒與我故故謂有故舊也漢書音義以爲初起時有故怨便與下文數嘗窘辱我意複　皆喜曰雍齒尚爲侯我屬無患矣確是揣度諸將意中語　留侯性多病即道引不食穀杜門不出此處小歇作頓妙兼爲後文伏筆　歲餘上欲廢太子立戚夫人子趙王如意云云此處橫入一大事提掇靈動　大臣多諫爭未能得堅決者也記敘中有擺宕此真太史公手筆　天下有四人天下二字重四皓之爲人也　此段凡十二用四人字關目照應甚警

宜來令上見之問之確得指畫神情　疊字有節奏篇中多此筆　上知此四人賢則一助也不說煞妙立言有含蓄　四人相謂曰凡來者將以存太子云云又似戰國策士口吻　四皓說建成侯一段極委悉纏綿　且太子所與俱諸將皆嘗與上定天下梟將也云云此本一意卻前後兩述他手必裁併之複而不厭繁而不亂太史公最長此法然此中亦有詳略變換之妙　上雖苦爲妻子自彊語極溫懇動人　是時叔孫通爲太傅亦爲後文伏筆　入留侯叔孫二諫亦不可少不然全靠四皓亦無此理　鬚眉皓白衣冠甚偉畫態　四人前對各言名姓云云此處始出四人名姓詳得妙排得妙　上乃大驚正與前上高此四人相應寫出英主精神　趨出上目送之白描傳神到底不着痕迹妙手　指示四人者曰有光景　敘四皓定太子一事點次明晰風神生動上召戚夫人指示四人一段更淋漓激昂可喜　呂后真而主矣英雄扼腕語神動讀此語隱然有人彘之痛

爲我楚舞吾爲若楚歌寫出淒楚無聊光景便如項王垓下泣美人時　歌數闋戚夫人噓唏流涕寫得黯然　四皓定太子事紆廻詳悉敘一大段若别爲四皓立傳者卻用一語收轉云竟不易太子者留侯本招此四人之力也有關應有主腦此太史公真力量　然卒破楚者此三人力也竟不易太子者留侯本招此四人之力也一樣筆法無意中兩兩遙應甚妙　出奇計下馬邑及立蕭何相國補綴在此有手法　所與上從容言天下事甚衆非

天下所以存亡故不著虛括特有遠神又與前文常爲畫策臣相應如此作收筆法亦簡老之極　留侯乃稱曰家世相韓云云此又空撰一段借留侯自敘總括留侯事迹作結掀翻擺動通身皆靈眞絕筆也　爲韓報仇强秦倒句勁　留侯乃稱曰此留侯之意而太史公之筆非必爲留侯之言也

子房始所見下邳圯上老父云云又有閒筆照應黃石文意完足而悠遠

贊語風逸淡遠極與世家相稱　至見其圖狀貌如婦人好女帶點得留侯狀貌出

子房乃漢初第一謀臣亦謀臣中第一高人也其智謀籌策甚多若鋪列歷敘必失之板而不靈或繁而不節且大半已見於項高二紀中世家再見又嫌於複看太史公作留侯世家止舉其大計數條其解鴻門難封韓信齊王致諸侯垓下諸事已見於項高紀者則略而不詳下馬邑立蕭相等事正文不能悉載者亦附而不漏中閒又虛括其詞曰常爲畫策臣時時從漢王篇末總結之曰所與上從容言天下事甚衆非天下所以存亡故不著於是前後事迹通身皆靈旣無繁複之病亦無遺漏之憾矣尤妙在圯上老人授書四皓定太子二段善於淡處着筆虛處傳神空悅飄渺若離若合遂使留侯逸情高致一一襯托俱出安得不謂之神筆也　古來智名勇功多從忠孝做起爲韓報仇一事篇中屢屢提掇極有深意

陳丞相世家

平爲人長美色至逐其婦而棄之寫里巷家人情語委悉可玩　寫平微時高遠矜貴有品　獨視偉平平亦以故後去是異人相視莫逆光景　家乃負郭窮巷云云至門外多有長者車轍儼然一幅高士家居圖雅甚　人固有好美如陳平而長貧賤者乎長句嫋嫋有致　賫用益饒游道日廣正與前家貧好讀書縱平使游學數語相應　張負誡女孫數語典則正大事兄伯如父事嫂如母又與前映帶有情　善陳孺子之爲宰倒句　嗟乎使平得宰天下亦如是肉矣意態豪遠是有才人熱中功名語　陳平固已前謝其兄伯帶顧兄伯細

項羽之東王彭城也云云此太史公簡健句而事情更委悉如此　船人見其美丈夫獨行美丈夫與前後映照有情　目之只二字寫出殺機臣爲事來所言不可以過今日二語氣魄奪人臣所言者能也陛下所問者行也二語分晰得明爽　今有尾生孝已之行而無益於勝負之數此語今人不敢道宋儒見之必嘵嘵滋口議矣　臣進奇謀之士奇謀之士一篇眼目從魏無知語中點出　且盜嫂受金又何足疑乎略帶二事不屑屑置辨妙　盡護諸將諸將乃不敢復言束結好凡敘事長者必有束結　平爲漢王論楚漢一段頓轉甚繁而意思承接甚明晰似亂實整　顧楚有可亂者此轉甚拗與上不甚連貫妙　恐所爲不問其出入英雄局度二語道得出　郎詳驚曰云云此計瑣細而狡獪寫得爽淨　陳平乃夜出女子二千人陳平乃與漢王從城西門夜出去複一夜字正有眼目　用其奇計策卒滅楚總括得妙高帝默然問陳平寫得深細　其計秘世莫得聞此計秘之極得體　凡六出奇計輒益邑凡六益封奇計或頗秘世莫能聞也結束警健六出奇計六益封極精神奇計或頗秘又擺宕一筆有閒遠之神　則恐後悔句法峭勁　太后哀之曰君勞出休矣口吻節奏甚妙　是後呂須讒乃不得行預點後事又一法　樊噲至則赦復爵邑束法細孝惠帝六年相國曹參卒以安國侯王陵爲右丞相云云按此以後敘平爲丞相事而以王陵審食其周勃陪之自成一章法　王陵者故沛人云云帶撰一王陵傳此附傳法也漢書則定作王陵傳矣　陳平聞日益甚呂太后聞之私獨喜寫出陳平智謀作用　食其亦沛人云云亦帶撰一審食其傳　呂太后立諸呂爲王云云至立孝文皇帝按此敘誅諸呂事自宜儋然精神亦出　敘誅諸呂事而結之曰陳平本謀也是陳平世家結構政與留侯世家中留侯本招此四人之力也句法同　苟各有主者而君所主者何事也句亦爽捷逼人　於是絳侯君獨不素教我對畫出一鄙朴好人

自知其能不如平遠矣收束筆意脫灑　始陳平曰我多陰謀云云借陳平口中點出陰謀二字結盡一篇本意用筆甚妙　然終不得結得冷　少時本好黃帝老子之術贊語中補出陳平學術　傾側擾攘楚魏之間句法層累得勁　然平竟自脫爲出陳平苦衷　高帝殺戮功臣太史公深爲不滿故於蕭曹張陳諸將相世家中時有譏諷處

贊語亦自頓挫風神

奇計陰謀是陳平一生功業本領篇中屢屢點出如臣進奇謀之士用其奇計策卒滅楚吾用先生謀計戰勝克敵高帝用陳平奇計其計秘世莫得聞凡六出奇計輒益邑凡六益封奇計或頗秘世莫能聞也平與太尉勃合謀卒誅諸呂立孝文皇帝陳平本謀也眼目點逗不一而足篇末又借陳平口中結出陰謀二字而於贊語總收之曰非智謀孰能當此者乎章法貫串纔是一篇文字　乃拜平爲都尉典護軍拜爲護軍中尉常以護軍中尉從定臧荼以護軍中尉從攻韓王信常以護軍中尉從攻陳豨及黥布始終不越都尉益封而不遷其職所以能盡其用亦見筆法點逗之妙

絳侯周勃世家

敘絳侯戰功與曹相國世家同法而更遒練奇變亦過之可謂古今絕調　勃以中涓從以令從以將軍從以相國代樊噲將並與曹參世家同法　滅秦籍已死與曹參世家同一關目　殿最多字法最遒篇中屢用之作章法此曹參世家所未有　自初起沛還至碭一歲二月結上起下文勢亦小歇

頓筆法好　所將卒當馳道爲多撰句古勁　因東定楚地泗川東海郡凡得二十二縣定鴈門郡十七縣雲中郡十二縣定代郡九縣定上谷十一縣右北平十六縣云云此又定郡縣若干爲章法　最從高帝得相國一人云云至得丞相大將各一人按此總結勃戰功卻以最從高帝別破軍分敘奇將軍二千石各三人得丞相大將各一人較曹參世家更變換　勃爲人木彊敦厚云云至其椎少文如此勃爲人帶點在中腰最奇前文戰功及後文誅諸

呂下廷尉等事通身俱靈　趣爲我語活畫一武人在目　勃恐不知置辭寫木彊人可憐　獄吏乃書牘背示之寫墨吏曖昧舉止如見　吏事方驗而出之吏事當句斷言此法吏之事　吾嘗將百萬軍只一語便足簡縮得妙　然安知獄吏之貴乎此句真痛心疾首　文帝乃擇絳侯勃子賢者河内守亞夫封爲條侯只一句出落分明絕不費力

亞夫笑曰云云只數語便含兩三曲折　許負指其口曰云云祇答餓死法省卻封侯一段說話妙甚可憎作文之法　寫細柳營勞軍一段安詳整飭古雅嚴肅一時賢主良將精神俱出　天子先驅至不得入上至又不得入作兩次頓截妙　屢提天子先驅至天子乃按轡徐行天子爲動特用天子字樣有精神　吾欲入勞軍語謙質入妙究然溫旨　將軍約三字寫盡低聲暗喝又與軍中聞將軍令相應　使人稱謝皇帝敬勞將軍成禮而去寫得肅重雍容　羣臣皆驚此句襯貼妙

嗟乎此真將軍矣云云數語亢爽震動又低徊入妙

卽有緩急周亞夫真可任將兵拘句有力真將軍真可任將兵遙應甚精神　梁急請救太尉引兵東北走昌邑云云至堅壁不出按此三段節節有變換　吳兵乏糧饑數欲挑戰終不出云云至已而其精兵果奔西北按此段亦以終不出太尉終卧不起太尉使備西北分作三段與上文三段纓拂作章法凡此非必太史公有意爲之實有筆端縱橫自成機柚處　寫亞夫拒吳楚一段離奇而整勁軍情兵機如畫誰謂太史公不知兵者　於是諸將乃以太尉計謀爲是由此梁孝王與太尉有郤二語結上起下筆力千鈞　景帝甚重之景帝由此疏之景帝以目送之景帝屬之屢用此等句調映帶成文法　請得與丞相議之丞相議之疊句好敘述中有口吻　景帝視而笑景帝以目送之寫出殺機　此怏怏者非少主臣也慍怒語卻以風韻出之　君侯縱不反地上卽欲反地下耳此語詰責得無理卻不可置辨真法吏口吻　絳侯世

家兩次寫獄吏慘橫處悲酸痛切千古傷心正坐李陵幽囚之後一觸此事即爲筆底愴絕耳　條侯果餓死死後景帝乃封王信爲蓋侯低徊條侯之死爲許負相法作應又補侯王信事作結深重之深憐之繚繞頓挫無限感傷此太史公絕筆也

贊語抑揚盡致

梁孝王世家

梁孝王世家無多情事而義格貫串仍娟峭可味

而與孝景帝同母母竇太后也點次頓挫便有神吻　紀梁孝王始封帶敘太原王參梁王勝本末簡淨明晰　梁王之初王梁孝文帝之十二年也梁王自初王通歷已十一年矣按此點明孝王初封之年及自初王至徙梁通歷年數鉤截清晰賓主釐然　是時上未置太子也點明此句有情　雖知非至言然心內喜二語得情　明年漢立太子此處帶點立太子有眼目　孝王竇太后少子也寵說有情　敘梁王苑囿宮室旌旗府庫之盛及朝覲寵遇之隆詳贍恢雅有氣色有次第讀之可悟作賦記之法　竇太后義格義格二字得情得體　太后泣曰帝殺吾子竇太后哭極哀不食曰帝果殺吾子兩層疊應甚緊　景帝憂恐景帝哀懼不知所爲亦自有呼應　王辭謝雖知非至言然心內喜太后亦然太后泣景帝憂恐然後太后景帝大喜相泣復如故竇太后哭極哀不食景帝哀懼太后乃說爲帝加一飡一時情事曲折一一寫出

紀平王襄及李太后任王后爭罍樽事連用數罍樽字筆意極拙古　李太后與爭門措指措指二字畫出

贊語短極凡三轉峭筆古調

五宗世家

五宗世家以五宗爲經以十三王爲緯標總於前而綴其屬於後綱目本末釐然有則敘次簡勁閒有風姿非太史公不能作也後世史册諸王列傳章法整齊者多本於此說者以爲褚少孫所補或謂後人取漢書景十三王傳足之此豈知太史公者耶　孝景皇帝子凡十三人爲王而母五人同母者爲宗親

開端總提數語綱領分明且令人一閱即解五宗之義真能手　彼服造次必於儒者語簡而雅此有貫氣　江陵父老流涕竊言曰吾王不反矣寫得惋惻動人　然所賜諸子亦盡之矣句跌宕有姿　程姬有所避不願進此語亦自修雅　寫諸王爲人喜好每人不過數句或數字而色態逼露　贊語只歎諸侯今昔盛衰之異正見漢法改制之善也篇末拖一筆感慨無窮風神獨遠

三王世家

三王世家不載三王事跡及世系承繼饗國久近本末但載原封三王奏牘疏議牘詔書封策以爲世家蓋太史公不及見三王封後事第紀其封國策案成篇此創體也而諸奏牘詔策訓辭深厚摛字古雅偪然淵然真西京文章之盛即是史記中異樣生色文字

三王世家歸有光陳子龍等皆以爲本不闕觀太史公贊語云文辭爛然甚可觀也是以附之世家自序亦云三子之王文辭可觀然則三王世家本無別撰即原封三王之奏牘詔策編次以爲世家明矣班氏以爲有錄無書褚少孫謂求其世家不可得予甚惑之誠不知其何說也

空山堂史記評註卷七

滋陽牛運震階平

列傳

伯夷列傳

伯夷傳只是一誕字妙在文義若不相屬意思在有無離合之間以蕭瑟之筆寫怨憤之衷淋漓錯綜淒婉高奇以此首諸列傳眞絕調也　伯夷傳陳仁錫以爲似論不似傳按篇中明明有其傳曰三字則中間自成傳體前後散文似序似贊敘中帶斷而傳

體自在也謂之傳之變格則可以爲似論體者失之

一起空中游漾狀若垂天之雲　傳首伯夷崇讓也引舜禹作緣起正爲讓國影射而筆意游衍頓挫含蓄若與本意全不相屬甚妙　牽敘許繇隨光作陪漸與伯夷正身近矣而設難發問疑有疑無作史家一番愼重傍徨企望追賞之神如見

太史公曰余登箕山其上蓋有許繇冢云此層入得不倫妙沒要緊而有波瀾繚繞多姿澹蕩入神

如吳太伯伯夷之倫冷然點出伯夷令人不測世家首太伯列傳首伯夷美讓國高節以風世也此處以吳太伯伯夷並稱隱然點出作傳本旨　余以所聞繇光義至高隨撇過繇光妙　余悲伯夷之意睹軼詩可異焉按此點題有要領筆法高古

從舜禹引出許繇隨光借許繇隨光陪出太伯伯夷卻單落伯夷紆徐委蛇閃側脫卸中間有多少曲折層次　其傳曰其傳者即太史公自指所作之傳也緣前後散文用斷語故中間加其傳曰以別之索隱以爲其傳蓋韓詩外傳及呂氏春秋失之遠矣

傳文簡古正以不攙入稗野雜記爲高　由此觀之怨耶非耶即拈怨字兜轉吞吐飄渺　或曰以下另起議論波瀾橫生而餓死三字句啊佳極悲憤　又入顏淵盜跖文情恣肆不枯　若至近世操行不軌以下直書眼中所見當時姦雄權要公然暢罵或擇地而蹈之時然後出言云云明指自已救李陵被禍一事忽然痛哭此處文勢歷亂錯綜出之若不可盡滿腹悲憤傾吐殆盡筆底酣肆極沉鬱頓挫之妙　余甚惑焉云云淋漓飛越如書家

之舞筆　子曰道不同不相爲謀云云此下言天道無常賢者當自修勵也亦正是太史公自言其志處報任安書云富貴而名磨滅者不可勝紀惟倜儻非常之人稱焉卽此意也　雜引經傳而意思貫串若自已出淺深層次轉頓令人不覺此太史公擅長處　其重若彼謂節義卽上文所引從吾所好清士乃見下文所引烈士徇名也其輕若此謂富貴卽上文所引富貴如可求下文所引貪夫徇財也索隱正義解俱誤　伯夷叔齊雖賢得夫子而名益

彰故到伯夷意外高奇且醒出本傳題目又與前篇文義相應卻以不經意出之更妙　聖作物覩纍尾青雲等語正寫自已述作本旨一部史記表微顯幽公然欲與孔子同功也自負高遠　若此類名堙滅而不稱悲夫黯然嗚咽欲絶　一結又颺起風骨超遠意象蕭疏

太史公自以立身廉直而不用於世卒陷非罪以致困窮與伯夷相類故作伯夷傳皆爲自已寫照不覺其言之激昂乃爾　伯夷傳初起極蕭淡後篇乃極淋漓悲憤其段落似不相屬而脈理正可尋味是其用筆疎古處此高格文字也後人或謂其文義錯亂遂有妄加改正者此直作僞之極殆與考定武成訂正大學同一負罪古人者也

管晏列傳

管晏傳於朋友三致意焉　管晏齊名臣事跡繁衆鋪敘則傷於冗約舉則病其漏此傳善用檃括法而脈理淺深特歷歷是太史公別一格文字　管仲貧困常欺鮑叔鮑叔終善遇之不以爲言略得妙

後文一一補出　九合諸侯一匡天下管仲之謀也此處小綴妙後文乃更波瀾層疊　管仲曰云云借管仲口中敘仲事跡史記中往往用此法　知我不羞小節而耻功名不顯於天下也長句拖得妙五段末段獨長亦一結構法　生我者父母知我者鮑子也二語有淚　鮑叔既進管仲云云又有閒筆結鮑叔妙　天下不多管仲之賢而多鮑叔能知人也此借客形主法　故其稱曰云云此稱管子中語獨得要旨　其爲政也善因禍而爲

福轉敗而爲功二語提掇有骨幹　故曰知與之爲取政之寶也斷語與故其稱曰云云作應勁格古力　敘管子政事功業有提掇有轉紐有收束筆端縱橫自如不可紲制　以節儉力行重於齊一語道盡晏子生平　晏子列傳初段用虛語敘事後只載贖越石父薦御兩事格調超絶　君子詘於不知已而信於知已者議論甚奇乃交道中最深至語　志念深矣不說透妙　晏子薦以爲大夫竟住妙　越石父論君子信於知已一段正與

管仲知我者鮑子一段文意相映帶薦御爲大夫一段又與鮑叔薦管仲暗應此合傳用筆之妙也

晏子傳極簡而風神趣味更爲高雋

贊語先總後分極抑揚曲折之致　是以不論論其軼事二語說出作傳本意故傳中事跡不妨過略　豈以爲周道衰微桓公既賢而不勉之至王乃稱霸哉句法屈曲古勁　豈所謂見義不爲無勇者耶此正言晏子之見義必爲有勇者也古文往往以反辭見意　伏尸哭君犯顔諫說此晏子大節義不容略傳中又不便攙入故於贊語中拈出此太史公極費苦心處　連引成語不嫌其複由其筆端句調有變化　余雖爲之執鞭所忻慕焉企仰語風雅之極然亦悲憤之思　贊語凡六七節最長之調而脈理貫串頓挫疎宕有情

老莊申韓列傳

老子韓非同傳昔人或譏其不倫不知太史公父子極重道家之學今以老子踞莊子申韓之首正其推尊老子處老子傳末結云李耳無爲自化淸淨自正

贊語論莊子申韓皆原於道德之意正以見老子之大也如此則老子韓非何妨同傳耶　老子傳開端點次極肅重　老子傳但載孔子問禮關令尹喜請著書兩事其下三用或曰一用或言以傳疑之筆寫之一切稗史怪誕不經之談盡爲刪卻高極潔極　其人與骨皆已朽矣獨其言在耳說得斬截奇語逼人　良賈深藏若虛君子盛德容貌若愚語大深妙一部道德經精理都在此中　言道德之意意字妙　莫知其所終此句已寫得最超遠

猶龍二字隱隱在內以下連用或曰或言另起波瀾辨難問答說得老子踪跡離奇恍惚正莫知其所終注腳也此太史公善用虛筆處　或曰儋即老子或曰非也云云至老子隱君子也數語波瀾橫生頓挫離合飄渺入神　老子隱君子也斷一筆作收妙亦老子定評也　世之學老子者則絀儒學云云傳末先綴數語作贊亦變格　李耳無爲自化清淨自正結語與上文不相屬妙十分欽慕　故其著書十餘萬言云云此是一則莊子序文寥寥數

語能括大意用筆亦有洸洋自恣之態　雖當世宿學不能自解免也此句似預指南宋道學一輩人

傳莊子只論其著書并記卻楚聘一事便自成一妙傳細思傳莊周只宜如此　於是韓非疾治國不務修明其法制云云按此善於檃括韓子全書而得其精要所養非所用所用非所養刻峭深透之言　韓子知說難而不能自脫於死非其知不足也故獨載其說難一篇亦爲自已以諫說得罪解免也　終死於秦不能自脫預提韓子死秦便含悲慨亦見手法　余獨悲韓子爲說難而不能自脫耳一結低徊往復慘然有蠶室之痛無限欷歔

莊子傳云其要本歸於老子之言申不害傳云申子之學本於黃老韓非傳云其歸本於黃老此爲贊語皆原於道德之意預伏注腳也亦見合傳中脈理貫串處

贊語評老莊申韓精當切實此太史公讀書有識處

而老子深遠矣掉筆超絕風神栩栩欲仙

老莊申韓傳高賞遠慨境地曠神采潔出格用意之

文

司馬穰苴列傳

司馬穰苴傳祇紀誅莊賈退燕晉師一事而規模整齊節次井井如覩部伍行陣鐵馬金戈氣象　人微權輕誅莊賈在此　誅一莊賈中有數段文字看他波瀾節奏情事宛然　立表下漏仆表決漏節次好一團殺機　以爲將已之軍而已爲監不甚急語妙酷肖痛痒　不佞大夫親戚送之故留像貴臣口氣　將受命之日則忘其家云云至忘

其身三叠壁壘堅卓　病者皆求行形容妙
晉師聞之爲罷去燕師聞之度水而解寫得聲勢生
動　釋兵旅解約束誓盟而後入邑寫得禮讓雍
容正見穰苴真學問本領　齊威王使大夫追論
古者司馬法云云至司馬穰苴兵法穰苴所以著名
今古者在司馬法一書拈出是一篇文字好結束
閎廓深遠司馬法確評此所以爲三代之文也
如其文也亦少褒矣深婉可味　洋洋齊國而云
區區爲小國行師正以推重司馬兵法也　揖讓

二字妙說得司馬兵法身分出
穰苴傳節奏安雅讀之如與古名將儒服相對所爲
揖讓者抑太史公所以自名其文也

孫子吳起列傳

孫吳傳以兵法連合如孫子傳以兵法見於吳王闔
廬於是闔廬知孫子能用兵孫臏嘗與龐涓俱學兵
法孫臏以此名顯天下世傳其兵法吳起傳好用兵
學兵法以事曾君皆傳中首尾眼目也　孫武傳
只載婦人試兵一事設想布境極高　寫孫子部

勒婦人事涉游戲卻寓兵法至理　太史公評司
馬法曰閎廓深遠至於孫子十三篇則略而不論殆
於其詐謀術數之道有所不滿也　汝知而心與
左右手背乎淺得妙束伍之法簡明如是　皆中
規矩繩墨無敢出聲寫軍容嚴肅極入深微與小雅
之有聞無聲同妙　王徒好其言不能用其實語
含怨妙　寡人已知將軍能用兵矣於是闔廬知
孫子能用兵照應好　而田忌一不勝而再勝此
句明白簡捷　批亢擣虛形格勢禁則自爲解耳

善戰者因其勢而利導之此皆兵法中精理熟於道
術世故乃有此言　批亢擣虛云云數語精奧極
似管子　讀其書未畢着未畢二字便有精神
孫臏以此名顯天下世傳其兵法結法好正與孫
武以兵法見吳王相應此係附傳卻無綴合之迹
吳起傳只是編綴諸家之言成文而首尾自見手
法　魯人或惡吳起曰云云按此借魯人口中敘
起平生爲人亦一法　舟中之人盡爲敵國也危
論峭語　吳起乃自知弗如田文收截法

贊語論孫子吳起短處皆中肯要而悲慨亦自深遠

伍子胥列傳

伍子胥傳縷縷纚纚凡二千言而首尾貫串中間針線次第俱出委曲瑣屑不嫌其冗回環往復不厭其複此史記長篇文字之妙也　伍子胥傳以贊中怨毒二字爲主篇中屢屢點次報仇雪怨諸事是一篇極陰慘文字伍子胥仇楚平王此正主也他如伯州犁仇楚平王鄖公弟仇平王吳夫差仇越句踐白公勝仇鄭人又仇子西皆陪客也看他一篇之中處

處點逗隱映有情自是時事湊合亦正是太史公藉端生波用筆深妙處　員父曰伍奢員兄曰伍尚其先曰伍舉點次最疏爽　無忌旣以秦女自媚於平王因去太子而事平王恐一旦平王卒而太子立殺已按此數語寫得無忌隱情出　剛戾忍詢四字合來意思甚妙伍員爲人從其父口中帶出亦一法　往而令讎不得報耳一折語殊峭快　不如奔他國云云數語定伍員一生之局亦本傳全篇關目　伍尚對子胥數語縷縷分曉謂員可去

矣謂字截開妙語殊忼慨淋漓可悲可涕　伍胥貫弓執矢嚮使者語正勁峭有鋒　楚并殺奢與尚也點次輕爽卽作小收　寫子胥流離多難祗書過昭關解劍贈漁父一事便自淒冷無限　退而與太子建之子勝耕於野云云按此不曰勝而曰太子建之子勝不曰秦女而曰平王所奪太子建秦女極有分曉此史家眼目也　始伍員與申包胥爲交云云按此先敘伍申二胥覆楚存楚之言於前中間夾敘伍胥鞭尸事次及申胥哭秦方有手法次

第亦可省減筆墨　鞭之三百然後已然後已三字寫出痛恨之神　當是時吳以伍子胥孫武之謀云云至南服越人按此敘事中加一提掇極有筆力伍胥孫武賓主釐然西破強楚結前半覆楚案北威齊晉南服越人爲後文張本通體俱靈　伯州犁之孫伯嚭亡奔吳預伏此筆在前好　益疏子胥之謀點敘中有收頓　太宰嚭讒子胥一段句峭勁而意條達已近國策語勢而更覺古氣　子胥臨到仰天數語忼慨激昂歷歷攄忠真烈丈夫語

然今若聽諛臣言以殺長者咽住妙悲甚
吳王既誅伍子胥云云至誅太宰嚭以不忠於其君而外受重賂與已比周也按此於子胥既死之後復敘越滅吳誅宰嚭事終子胥觀越寇入滅吳語并了結北威齊晉南服越人案　伍子胥初所與俱亡故楚太子建之子勝者在於吳二十字句矯矯有力眼目點逗極清　按此下一段附記白公勝亂楚事收結楚故太子建子勝完密不漏又借勝之復仇與伍胥映帶生情波瀾橫生痕迹都化文家妙境

贊語怨毒之於人甚矣哉王者尚不能行之於臣下況同列乎陡然一歎包括子胥鄖公白公夫差諸人在內又因以自見也觸起救李陵被宮刑慘禍不覺悲憤之極　怨毒隱忍四字一傳扼要眼目
贊語凡四折跌頓緊湊而悲壯　白公如不自立為君者云云長句拖筆極古有分寸有氣概音節亦入妙
伍胥列傳與吳楚世家參看或詳或略均有斟酌如楚世家詳無忌讒太子殺伍奢事吳世家詳闔廬刺王僚句踐報夫差事伍胥傳則兼詳之此明於賓主之法也

仲尼弟子列傳

孔子之所嚴事於周則老子云云按此借孔子友事數人作陪襯妙有波瀾不然則枯寂無色矣　弟子列傳是太史公不着意文字未免有簡略草率之病然體格自好　諸弟子事實編輯成書不加修飾而自然貫串　孔子設禮稍誘子路誘字深細
大臣僞而無用衰世之臣一僞字說透　故

子貢一出存魯亂齊破吳彊晉而霸越收束遒老長篇得此後勁乃不冗懈　子貢游說諸國一段較越絕書略加裁潤便另有色澤　自子石已右三十五人頗有年名云云中間插此一段標明體例便自整明可觀此太史公特見手法處
贊語簡質作傳原本裁擇斟酌具見

商君列傳

商君傳以法字作骨開端鞅少好刑名之學中間云鞅欲變法又曰卒定變法之令而末段於商君語中

結之曰爲法之弊一至此哉首尾血脉貫串筆法斷
制饒削總成一篇滿紙陰慘文字　王熙然王且
去節奏好　彼王不能用君之言任臣又安能用
君之言殺臣乎二語奇警醒快眞少年奇才人語
敘商君說孝公一段節次關目頓挫入妙　不
自知其膝之前於席也一語寫出英主精神　然
亦難以比德於殷周矣反掉語作收有力　敘商
君變法一段與趙武靈王議胡服同一格調而文更
簡切　敘變法之令文整而錯句法斷決而緊奏

民勇於公戰怯於私鬭二語寫出勇悍急功之
神形容入妙　梁惠王曰寡人恨不用公叔痤之
言也廻繞有情　封之於商十五邑號爲商君點
出商君標目醒豁文勢至此小歇收上生下節次甚
妙　敘趙良說商君一段有波瀾有筋節有此一
段轉下商君勢敗車裂方不徑驟　商君之法四
字說出報應醒快之極　秦惠王車裂商君以狥
曰莫如商鞅反者遂滅商君之家結法巉截痛快與
烹宏羊天乃雨誅太宰嚭以爲不忠而歸同一妙結

贊語商君其天資刻薄人也斷語辣甚刻薄二字竟
商君一生說盡　挾持浮說非其質矣看透商君
肺腑語亦了了明快　亦足發明商君之少恩矣
語嬌嬌有風致發明二字用得奇　商君開塞耕
戰書於贊中點出亦一法　卒受惡名於秦有以
也夫語脉恨恨不絕妙似爲秦民切齒　開塞依
淮南子啟之以利塞之以禁言政化有開有塞也開
如興利塞謂禁奸索隱注非

蘇秦列傳

蘇秦傳摭用國策而略加刪潤全勝舊文　蘇秦
傳全以氣勝絡繹縱橫洋洋數千言讀之能使舌辯
之士精神栩栩生動　蘇秦說六國之詞伉爽條
達娓娓動聽第在國策各以國別本傳聯合爲一更
覺興會淋漓生氣勃勃　蘇秦傳有蘇代蘇厲附
見旁出有情而文字亦更有波瀾　國策記蘇秦
伏讀陰符期年揣摩在說秦不行之後史記敘在說
秦之前而篇首祇以出遊數歲大困而歸虛敘作緣
引蓋傳聞異辭不妨互見而作列傳與短長家言體

格亦各別也　期年以出揣摩曰此可以說當世
之君矣此蘇秦之游說列國之本領血脉也自應在
篇首方成格體　國策敘蘇秦說秦惠王詞句繁
沓史記刪裁從簡蓋蘇秦不得志於秦故說秦無取
乎繁也此文家剪裁精處　說燕無甚反復
紆折而詞甚簡鍊以燕弱小國仰吹噓於趙易以說
辭下也　說趙於六國形勢攻守機宜及事秦擯
秦利害獨詳蓋蘇秦之以趙爲從約主也　國策
奉陽君妬大王不得任事史記改作妬君而不任事

史記評註　卷六十[illegible]　一七

不曰妬士而曰妬君舌鋒[illegible]　且無庸有事於
民也[illegible]國策請無[illegible]　擇交而
得則民安云云至[illegible]齊[illegible]不得安充口而出
自成結構波瀾[illegible]　[illegible]則趙氏自操兵
設原文刼韓包周則趙[illegible]語特警鍊　秦
之所害[illegible]敢舉兵伐趙者
[illegible]也此[illegible]　國策請屏左
右曰[illegible]作請別黑白所
以異[illegible]　要約曰秦

攻楚云云至燕出銳師以佐之一段六國攻守地形
兵機略見於此亦徵蘇秦合從本領不徒以口舌爲
長也　說韓之詞激文古而壯　天下之彊弓
勁弩云云至無不畢具一段別一格文字可作弓弩
刀劍譜　少府時力距來索隱注時力距來極是
但謂時力距來爲少府所造似非少府亦弩名當是
少府所造即名少府也　雞口牛後之喻以韓弱
氣餒故激之此說小國之法也　說魏山河形勝
與車騎卒徒之盛作兩層點敘文法稍變　故兵

史記評註　卷六十[illegible]列傳　一八

未用而國已虧矣一語警策　說韓魏獨切言割
地事秦之弊以韓魏迫近强秦患秦最深割地之說
易入因以破之　說齊連用疊如邱山進如鋒矢
連衽成帷舉袂成幕等句居然另一格調解如風雨
自成奇句　五家之兵按五家之兵管子之制也
高誘注國策五家即五國似誤　臨淄甚富而實
云云至志高氣揚一段典麗恢壯可作齊都賦
恫疑虛喝說盡秦人數世狡詐作用　恫疑虛喝
索隱引劉氏謂虛作恐喝之詞以脅韓魏許孚遠曰

以臏脅齊非脅韓魏也　說楚只衡不如從一意而反復曲折言之波瀾橫生鋒芒甚利　從合則楚王衡成則秦帝二語括得明盡關鎖緊　從親則諸侯割地以事楚衡合則楚割地以事秦二語申明楚王秦帝二句而不嫌其複　楚王數語說出深心苦衷　心搖搖如懸旌而無所終薄語妙可入詩　於是六國從合而并力焉收束有力

周顯王聞之恐懼帶周顯王好了前求說周顯王案　蘇秦之昆弟妻嫂側目不敢仰視云云接此

段摹寫世俗兒女子醜態極工　以面掩地而謝掩字字法好　極力爲蘇秦得志渲染了前取尊榮三字案　蘇秦一歎正與周人之俗治產業數語相應而文勢至此大有收歛停頓之妙　蘇秦爲燕說齊王一段詞氣快利有勢喻亦自佳　蘇秦說燕王忠信得罪一段氣甚遒逸層次紆折有味

燕聞之曰甚矣齊之爲蘇生報仇也借燕人語作斷筆妙有鋒有韻亦作文字收結　蘇秦之弟曰代代弟蘇厲見兄遂亦皆學此處接入蘇代蘇厲緊奏而無迹　蘇秦之事已畢乃點出蘇代蘇厲此附傳體也若於篇首即點秦代厲便似三蘇傳矣

且苟所附之國重此必使王重矣此一折甚快利　國策載蘇代往來燕齊游說多端史記獨摘其說燕王及遺燕王二書可謂得其要領亦以附傳體從略也　蘇代約燕昭王書七國戰守情形井井如指掌而瓌瑋奇肆不可方物此晚周最上乘文字　蘇代書極簡切勝蘇秦說詞　燕使約諸侯從親如蘇秦時云云至名顯諸侯此即國策原文

也在國策中不甚生色史記作列傳借作一篇收束便覺異樣古健通篇局勢完整自然此善於襲用古人文字者也

贊語褒貶互見最爲持平之論　異時事有類之者皆附之蘇秦說盡古今論人通病　毋令獨蒙惡聲焉住句古勁意思深長

張儀列傳

張儀傳撫錄國策之文而篇首敘儀邑里出身末以儀相魏一年卒於魏結之遂成傳體中間編次聯絡

天然一篇文字此大手筆過人處　始嘗與蘇秦
俱事鬼谷先生云云開首即入蘇秦作後文伏案有
眼目　張儀謂其妻曰視吾舌尚在不云云至儀
曰足矣此段語意詼易而出之獨老　蘇秦已說
趙王云云至念莫可使用於秦者張儀之來也自以
爲故人求益云云至獨秦能苦趙二段寫儀秦二人
心事委曲都盡　所欲用爲取給而弗告而弗告
三字應上鉤下有情　蘇君憂秦伐趙敗從約云
云此又覆說蘇秦之意較前文簡勁不厭其複

此吾在術中而不悟吾不及蘇君明矣此句適與蘇
秦自以不及張儀張儀天下賢士吾殆弗如也等語
相應緩拂有情　張儀語凡數轉峭折生動
張儀既相秦爲文檄云云至我顧且盜而城此段連
用吾我若而汝等字文法奇峭口角如生　司馬
錯與張儀爭論於惠王之前一句提綱老有眼目
秦下兵攻河外云云至欲毋危不可得也說魏一
段止此數句有精神　張儀既出未去聞蘇秦死
乃說楚王曰按此處插入聞蘇秦死正與蘇君在儀

寧集能句應前後通篇聯映有情　秦西有巴蜀
大船積粟云云至此其勢不相及也此段說秦楚戰
守利害亦自鑿鑿如指掌　說韓如虎賁之士跿
跔科頭云云至左挈人頭右挾生虜一段亦自有聲
勢有氣燄　說趙極爲辭費牽誘恐呵委曲都見
而詞令格調極佳　說燕止用摩笄一事亦別
陳軫傳亦自修潔　開首不敘邑里直曰游說
之士與敘虞卿廉頗李牧諸傳首句同又一例也
饜事字法生新　陳軫說越人莊舃一段別情

傳態下莊子刺虎一段正與莊舃越吟雙映有情
此陳軫之計也結句老　張儀已卒之後云云
結法亦極老橫正不寂寞　陳軫者與張儀俱事
秦惠王犀首者與張儀不善提挈作眼目深得附傳
之法　犀首傳末遙接張儀卒魏作結縮合有情
亦附傳體
贊語三晉多權變之士便連犀首在內感歎深長
以其先死云云至成其衡道長句屈曲勁傑
要之此兩人真傾危之士哉深斥之爲世道危痛不

小

樗里子甘茂列傳

樗里子甘茂以智謀勝兩人傳中以事相牽自然綰合有情　樗甘傳最簡直修潔之文　樗里子滑稽多智秦人號曰智囊此一篇挈領處　以樗里子甘茂爲左右丞相此處鉤帶甘茂有法　樗里子又益尊重虛點一筆前後俱有照應　樗里子卒葬於渭南章臺之東云云至末偏有此奇蹤異徵爲篇末作點綴文境方不寂寞　秦人諺曰力

則任鄙智則樗里妙結韻極緻收篇首智囊二字

甘茂傳因張儀樗里子而求見秦惠王還而以甘茂爲左丞相以樗里子爲右丞相按此聯合樗里是合傳體　息壤在彼只四字簡勁透快有千鈞之力

息壤索隱注鯀竊帝之息壤以堙洪水或是此地按山海經息壤當是生息之壤泛指地脉言之此息壤地名必非山海經所云息壤也　向壽者宣太后外族也云云閒中又附一向壽傳　公仲且躬率其私徒以鬬於秦按躬率私徒鬬於秦謂鬬

止秦正前文所謂禽困覆車也正義謂公仲恐韓亡欲將私徒往宜陽鬬向壽似誤　彼有以失之謂公孫奭甘茂不得親秦事殆有以失之也文義甚明索隱謂情有所失意思反悔　公必亡之言人皆言楚之善變而公獨不然之故曰亡之正義謂楚若變攺向壽必亡敗文義屈曲不明　今公徒收之甚難言不用反武遂歸宜陽之民而第徒手收之此甚難事也正義解不亮　樗里子與魏講罷兵此句收束前文甚明晰　秦因復甘茂之家以市於

齊按此句繳收前文蘇代餘光振之之意又暗伏後文甘茂有孫曰甘羅復以始甘茂田宅賜之之根甚矣史記之無閒字句也　秦卒相向壽而甘茂竟不得復入秦卒於魏結向壽甘茂賓主釐然　甘羅奇士附傳極生色　甘羅者甘茂孫也重點一句提掇脫卸有法不知者以爲羡文矣　秦乃封甘羅以爲上卿復以始甘茂田宅賜之結法好廻繞甘茂有筆致

贊語櫽括三人行事不漏脫而抑揚分寸俱有

方秦之盛時天下尤趨謀詐哉一筆颺起感歎深長

穰侯列傳

篇首點宣太后惠文后華陽君高陵君涇陽君次第　宣太后非武王母此句最拙而鉤剔極明白　而魏冉最賢收轉有力賓主釐然　自惠王武王時云云至任魏冉爲政此段括敘魏冉擁立專擅情事極得要領簡勁有筆力　白起者穰侯之所任舉也重提一筆句中有眼筆外有情　敘白起戰勝攻取封爲武安君下連言穰侯之富富於王室正以見穰侯任白起收諸侯之利而肥私家也此處可悟史記書法　從以此散言合從從此解散也索隱注誤

識穰侯之伐齊乃越三晉以攻齊也此處簡約得妙較范睢傳詳略得宜　收拾穰侯晚節只用數句全不費力

贊語不沒穰侯功績太史公極公道處　貴極富溢四字撮合入妙　況於羈旅之臣乎開掉一筆極飄灑感慨無窮

白起王翦列傳

白起王翦傳最有部伍規矩之文　起翦以善兵合傳白起傳云善用兵事秦昭王王翦傳云少好兵事秦始皇此其一篇之眼目也正其兩傳自相聯絡處　白起傳全用編年體又一格調　昭王十三年云云至攻南陽太行道絕之敘白起攻城略地戰功及封爵次第朗朗筆法極有錯綜變換又如絳侯曹相國世家敘戰功法　沉其卒二萬人於河中只一語括盡用兵情事筆法簡嚴如此　絕之字法好　四十七年秦使左庶長王齕攻韓云云至趙兵不出茅坤曰王齕以下非白起本傳而附載本末者以秦陰使白起將兵遂有長平之勝故也然文家推溯事原以爲文字開宕古人往往有此

趙王既怒廉頗云云至又聞秦反間之言層累言之以悉事情史記最長此法　長平之戰武安君陣法與淮陰侯破成安君兵法略相似敘法井朗亦自爭奇出色　前後斬首虜四十五萬人趙人大震總計斬首虜之數腕力勁絕收一句寫武安聲勢駭

人　長平之戰武安出奇制勝之師故特詳寫志
武安君聞之由是與應侯有隙小收亦爲後文
伏案　武安君言曰秦不聽臣計今如何矣按此
亦莫須有之言寫來亦政閃爍　武安君引劍將
自到云云按此頓挫咨嗟極有神理廻繞長平之戰
一篇文字收攝有情處　武安君之死也云云倒
記武安死時年月終編年體餘情嫋嫋動人　王
翦傳簡而能肆較白起傳更勝　秦并滅六國王
翦力也篇中點秦并六國定地降王之跡獨詳而篇

末總收云秦盡并天下王氏蒙氏功爲多贊語王翦
爲秦將夷六國是其血脉聯貫處　始皇十一年
云云至遂定魏地敘翦定趙魏破燕師皆用略筆正
爲後文詳敘滅荆地然文特簡而有制　秦始皇
既滅三晉走燕王而數破荆師按此束上生下筆力
挺拔之極　秦將李信者云云前文文勢未住突
接秦將李信似另起一波而意實相承此中有若斷
若連之妙　秦使翦子王賁擊荆此處安頓王賁
正爲後文地　始皇謝曰已矣將軍勿復言此句

極得神吻亦見英主氣色　屢點六十萬人眼目
甚醒　或曰將軍之乞貸亦已甚矣云云至顧令
秦王坐而疑我耶按此王翦未必果有此言安有翦
之深情隱衷而肯自白之者獨不畏秦王更生疑耶
此殆假設寓言以寫王翦心迹耳即此可悟文家筆
法凡文中用或曰或謂者皆宜參活看之　久之
王翦使人問軍中戲乎云云至士卒可用矣此段寫
用兵整暇之神精彩飛動　而王翦子王賁與李
信破定燕齊地按此帶敘王賁又收找李信點完破

定六國案筆法好　秦始皇二十六年盡并天下
王氏蒙氏功爲多名施於後世總收王翦功績筆力
勁老又帶收一蒙氏作陪妙　或曰王離秦之名
將也云云至今王離已三世將矣按此收結王氏三
世而著將兵者後世之報特以或曰客曰設爲問答
以發明之敘事兼斷語而不見論斷之迹筆法妙絶
　今王離已三世將矣不更着一語妙　一傳
之中設兩或曰敁作映照有態　語云三世爲將
道家所忌又曰善戰者服上刑起翦並以善用兵顯

名太史公於白起傳末記起杜郵自剄之言王翦傳末記王離圍趙被虜之事皆以著爲將之報志垂戒之旨其爲世道計者甚深而聯映互照極得合傳之神

贊語極言起翦之短正以著好戰多殺之戒也彼各有所短也一語輕退婀娜有韻

孟子荀卿列傳

真德秀曰孟荀傳旁及諸子而兼乎議論傳之變體也按此傳以孟子荀卿爲主而以孟子引端於前荀

卿收結於後中間騶衍淳于髡等諸子經緯聯貫賓主釐然分合虛實極錯綜變化之妙史記最奇格文字

韓子愈曰孟子醇乎其醇者也荀與楊大醇而小疵戰國之時崇儒術明道德者孟子之外獨荀卿稍爲近正太史公序列諸子以孟子荀卿標題篇中論敘蓋以孟荀爲主而孟子尤主中主也其稱孟子曰述唐虞三代之德是以所如者不合又曰孟軻困於齊梁孟軻稱太王去邠此豈有意阿世俗苟合而已哉其推尊孟氏之意至矣孰謂太史公不知道哉　按此篇置贊語於傳首別格緣傳以孟子開端而贊語祇論梁惠問利國一事自應列贊於首作引起也意致蕭疎含蘊無窮　梁惠王不果所言暗與贊語作應　當是之時云云一筆颺開展脫縱橫此文家大開大合處　篇中自孟荀而外徵援商君吳起孫子田忌及騶衍愼到諸人而序其述作加以雋評蓋戰國從橫智謀之士儒墨刑名之家幾於羅列無遺矣蓋借孟荀作正主而列引旁敘以上下一代人物也正與莊子天下篇韓子十二子論

命意相似　孟子述唐虞三代之德是以所如者不合此不爲阿世苟合者也騶衍游諸侯而見尊禮殆與孟子異道者淳于髡愼到以下諸人則所謂著書言治亂之事以干世主者也淳于髡傳曰承意觀色爲務愼到田駢諸人傳曰齊王開第尊寵之獨至荀卿則適齊不合廢死蘭陵其道術行事近正而其厄困亦與孟子同此太史公以孟荀爲主而作合傳也方正者不容苟阿者多顯世道齟齬古今一歎太史公窮愁著書其感憤者深矣　齊有三騶子按

孟子在齊之時多故詳敘三騶子用爲比况也後文淳于髡慎到田駢荀卿諸人亦皆游齊傳中悉點明之此文字線索自相聯合處　其前騶忌先孟子其後騶衍後孟子騶忌騶衍皆孟子陪客而騶忌又以陪騶衍者也先孟子後孟子鉤畫分明　騶衍覩有國者云云至其術皆此類也騶子十餘萬言太史公以二百餘字括之而能得其要領探其精微筆力之大如此　然要其歸必止乎仁義云云至其後不能行之寫騶子亦自恢變閎奇語極精到

豈與仲尼菜色陳蔡云云至其能入乎此又收轉孟子卻以伯夷孔子連撫立論無迹　儻亦有牛鼎之意乎牛鼎指上伊尹負鼎百里飯牛也索隱注非

或曰一段作開宕筆致離合甚妙此文字出脫法　列提三騶子先騶忌次騶衍騶奭則於淳于髡慎到諸人中夾敘出此又錯綜法　自騶衍與齊之稷下先生云云至豈可勝道哉按此收騶衍挈起淳于髡慎到諸人長句振動前後通靈筆力甚大

淳于髡事跡頗有而紀載甚簡以其非意所重也　然而承意觀色爲務陪與阿世苟合相應

私心在彼有之言不忘此二事也索隱注謂我實有此二事文義未明　慎到田駢等四人同作一傳亦錯綜法　騶奭傳中總收淳于髡等以便特敘荀卿也行欵甚明　言齊能致天下賢士也前後列敘皆齊士及游於齊者此句點明有眼目語帶諷妙　荀卿傳中借齊人頌收結騶衍等又云田駢之屬皆已死齊襄王時而荀卿最爲老師勒轉甚明篇中序列諸人提挈過接脫卸收束經緯分明離

合盡致可謂極文字之變化矣　篇末附公孫龍子劇子等餘波不竭筆致閒暇之極　自如孟子至於吁子世多有其書故不論其傳云總結神致淡遠意思亦完密　墨翟又附總結之後更有變化兩或曰作疑辭收之蕭疎之極　墨翟不與公孫子等同敘亦自有識

原缺第一葉

爭立而齊魏共滅薛孟嘗絶嗣無後也按孟嘗與他國伐齊其他行事亦多悖謬絶嗣之罰不爲過也如此收結孟嘗意致極蕭索便含黯然不滿之神

馮驩客孟嘗事附傳末似爲馮驩作附傳者位置極有斟酌　記馮驩客孟嘗事與國策不同而摹寫各有工妙處　敘馮驩初見孟嘗特詳有色態

居期年馮驩無所言停頓好　敘驩焚券書一段寫出馮驩作用讀之令人有感動處大勝國策

自齊王毀廢孟嘗君云云至末按此就馮驩說孟

嘗收結好客案亦太史公匠心處

贊語寥寥數筆而諷刺含蓄風神獨遠　只與鄙督殊四字便已譏刺隱露好客自喜又寫其驕溢目滿之神此太史公之深文冷筆也董份乃以爲美刺並顯何哉

平原君虞卿列傳

平原君說楚合從存趙社稷虞卿亦有合從趙齊以賓秦一事故二人合傳蓋以平原君爲正而虞卿附也　太史公身罹窮困殆於公子好客俠士尚義者不勝其欣慕而稱道之而虞卿救魏齊不得退而著書自見正與太史公事迹相類此以平原虞卿同傳之意也　他手作四公子傳便截然作四傳矣太史公卻於平原君傳中附一虞卿此隨手生參差處孰謂文有定方哉　諸子中勝最賢云云至數千人平原君賢而好客只此數句已括其爲人

槃散二字活寫一躄者臣願得笑臣者頭乃斬笑躄者美人頭呼應緊細　寫平原君好客只斬美人謝躄者一事便已異樣出色　是時齊有孟嘗云

云至相傾以待士點三公子好客互相映照正爲四君立傳本旨　毛遂自薦說楚合從一段寫得精神栩栩鬚眉欲動　平原君語中連用四先生字流亮輕儁口吻絶肖　先生不能先生留疊複口角得固拒之神　臣乃今日請處囊中耳云云至非特其末見而已語特豪快妙甚　十九人相與目笑之而未發也語儁妙寫庸人盡情　目笑字奇　十九人謂毛遂曰先生上插入十九人語活態極肖神情　謂平原君曰丟卻楚王徑責平原

君曰　謂平原君曰楚王謂平原君曰平原君曰楚王叱曰毛遂按劍而前曰連寫三人問答便似有無數人紛紛爭論之狀此用筆之妙也

毛遂說楚王一段危言侃論竦動開朗氣魄動人較樊噲鴻門對項王語更爲生色

以楚之彊云云至而王弗知惡焉雄悍如劍拔弩張說得頑懦人動心驚魄

合從者爲楚非爲趙也破的之論所謂兩言而決

兩客何爲者也兩楚國之衆也兩吾君在前叱者何也多用連疊之句怒氣急喉勃勃不可遏止

毛遂曰從定乎云云至所謂因人成事者也寫得毛遂英風雄姿颯爽逼人真畫生手也

左手持盤血而右手招十九人畫得出

次者吾君次者遂公相與歃此血於堂下公等錄錄所謂因人成事者也此可以報目笑之辱而爲穎處囊中吐氣矣呼應甚緊真成一氣團結文字

今乃於毛先生而失之也毛先生一至楚毛先生以三寸之舌云云連用三毛先生亚與前文四先生遙相呼應擊照有情

遂以爲上客仍收好客

楚使春申君將兵赴救趙魏信陵君亦矯奪晉鄙軍往救趙皆未至按此善用停頓而於平原君傳中點次春申信陵亦事迹自相聯合處

邯鄲之民炊骨易子云云至鐘磬自若三段君民相較顛倒錯綜入妙

亦會楚魏救至亦會二字有斟酌

虞卿欲以信陵君之存邯鄲云云此又插入虞卿爲合傳作聯絡且王舉君而相趙云云至亦自以爲親戚故也按此與應甚緊頓挫有勢

而以國人無勳倒句妙

公孫龍說平原君一段較國策條暢而勁健亦過之

竟與趙俱亡說得平原君有身分勝孟嘗之以他國伐齊者遠矣

孟嘗君傳止寫一馮驩出色平原君傳乃有毛遂李同公孫龍三段出色文字

虞卿論媾秦論割六城論合從國策之文層折疊轉固已靈妙極矣太史公無以復加故備錄之祗增潤數字句更覺明暢而勁快耳

制媾者在秦說得透極

王又以其力之所不能取以送之送字較國策資字更醒透

國策載秦索六城在長平戰後史記載索大城在邯鄲圍解後國策載六城

之議與虞卿爭論者祇一樓緩史記載趙郝之議割六城於先又綴樓緩公父文伯母之喻於後事迹之前後無可考第以文勢論之則史記層折較多波瀾更奇耳　而齊趙之深讐云云至而反媾於王也較國策添此一段語意更條暢筆法之靈快亦極似國策甚矣太史公之善肖前人也　秦使者已在趙矣此等點敘輕雋之極　魏以小國請其禍而王以大國辭其禍此二語亦國策所無添出更覺精神透露　虞卿以著書結別情高格　讀虞卿論媾秦論割六城等議一時問答吞吐如見彷彿抵掌緩頰之神

贊語平原君翩翩濁世之佳公子也長句雅甚有逸韻　庸夫且知其不可況賢人乎似追恨救李陵事然虞卿非窮愁亦不能著書以自見於後世云掉轉作結紆逸沉鬱之極不覺將自己發憤作史一段情衷寫出　不忍魏齊不忍字寫出虞卿救魏齊苦衷下字最有分寸　平原君傳不載聽馮亭陷長平事虞卿傳載其救魏齊去趙困梁事亦略而不詳爲賢者諱也贊語中著出之者不肯沒其實也此中眞有微意可爲心知其意者道耳

聽馮亭陷長平載於白起傳而不載於平原君傳救魏齊去趙困梁詳於范睢傳而略於虞卿此太史公安置得法用意最有斟酌處

信陵君列傳

傳以信陵君標題者從四君例也開端卽稱魏公子無忌者美賢哲志景仰所以殊於三君也一篇之中凡稱公子者一百四十有七故爲美重不肯節省讀之如得津津亹亹稱道不絕之神奇情異格　魏昭王少子而魏安釐王異母弟也點次便鄭重似含景慕　魏王及公子患之不了語妙　不敢以其富貴驕士寫出信陵眞好客　當是時諸侯以公子賢多客不敢加兵謀魏十餘年一篇要緊主意直注射救趙抑秦等事　魏王畏公子之賢能不敢任公子以國政此亦爲後文伏筆　魏有隱士曰侯嬴另提起好　終不以監門困故而受公子財拗句有力　公子於是乃置酒大會云云至侯

生遂爲上客按此寫公子爲侯生執轡情致纏纏委
曲纏綿如欲置身其閒者是用加一倍摹畫法
當是時魏將相宗室云云極力張皇掀動有景有色
此善用襯托法也　從騎皆竊罵侯生此亦想當
然語或當時情事未必爾然不如此則形容不出
欲以觀公子公子執轡愈恭微察公子公子顏色
愈和侯生視公子色終不變三叠摹寫不厭其複祇
覺其濃厚筆底綢繆不盡　市人皆以嬴爲小人
而以公子爲長者能下士也收得輕鬆而意致嫋嫋

侯生謂公子曰云云此又單提朱亥暗伏後文
要筆　公子怪之又作不了語妙　寫朱亥簡
極矣正極高冷　公子姊爲趙惠文王弟平原君
夫人點法不厭其細句中有眼　平原君讓公子
語本可略所以詳敘者正爲逼起下文地　計不
獨生而令趙亡與趙俱死語極懇至一死字尤悚漏
具告所以欲死秦軍狀句古勁　侯生曰公
子勉之矣老臣不能從冷得妙　公子行數里心
不快復引車還問侯生侯生笑曰臣固知公子之還

也寫英雄相知機鋒警捷處透甚微甚　尚安事
客語雋妙有頓挫　然公子遇臣厚然字轉得文
理不甚連屬妙　臣固知公子之還也以是知公
子恨之復返也迴環繚繞紆委纏綿真耐人百回讀
公子再拜節奏好　寫公子過辭侯生引車
還問一段容止安雅光景宛然真神助之筆　侯
生策公子竊符救趙事極曲折敘來極分明條暢
如姬資之三年言如姬以資蓄搆求仇人也索隱
謂畜之於心已得三年似誤　於是公子泣陡接

一泣妙　晉鄙嚄唶宿將正義云嚄大笑唶大呼
蓋雄猛之意猶項羽之喑啞叱咤也索隱注非
臣乃市井鼓刀屠者與嬴乃夷門抱關者遥對
臣宜從老不能又冷得妙與前少變卻有真假之別
舉手視公子寫生　欲無聽三字亦得遲疑
之神　父子俱在軍中云云至歸養此與越王伐
吳軍令同六句括彼數十言遒勁之極　進兵擊
秦軍秦軍解去遂救邯鄲存趙正敘卻秦救趙止此
數句蓋詳信陵不得不略秦軍詳敘信陵用侯生而

策救趙不得不略其卻秦解圍之事也此中裁酌不
苟如此　自古賢人未有及公子者也語似淺泛
卻極質懇入妙　當此之時平原君不敢自比於
人虛舉一語作襯託妙此篇最善用襯托法　侯
生果北鄉自剄不漏侯生照應周到　魏王怒公
子之盜其兵符矯殺晉鄙趙孝成王德公子之矯奪
晉鄙兵而存趙此是兩邊敘法雙提成對仗有格勢
　遂救邯鄲存趙公子獨與客留趙趙孝成王德
公子之矯奪晉鄙兵而存趙公子竟留趙公子留趙

公子留趙十年不歸秦聞公子在趙按存趙留趙連
出之鉤勒呼應眼目極分明　於趙則有功矣於
魏則未爲忠臣也二語明白直捷　於是公子立
自責似若無所容者刻骨形容神理入微　自言
舉過以負於魏無功於趙語特拙懇溫厚　爲公
子退讓處亦用加一倍摹畫真得神之筆　口不
忍獻五城以公子退讓也當時情事何必然只爲公
子退讓摹寫入微耳若說趙王獻五城公子辭讓不
受便意味索然矣　公子留趙複句有力頓勒明

劃　徒豪舉耳猶言徒爲豪舉耳索隱謂豪者舉
之亦非　以無忌從之游尚恐其不我欲也句有
深情雅韻　平原君門下聞之云云至公子傾平
原君客四句中有三平原君三公子往復不厭如有
津津不置之神溢出筆舌　公子欲見兩人此下
連用數兩人毛公薛公兩人往見公子此處兩人本
可省必用兩人者正與前文數兩人相呼應也
語未及卒四字精神閃動　公子立變色正與公
子立自責遙應俱摹神寫照語　公子遂將亦與

公子遂將晉鄙軍相應　抑秦兵秦兵不敢出當
是時公子威振天下按此爲公子聲價氣色張皇裝
點可謂極情盡致矣然總用虛摹之筆　公子皆
名之故世俗稱魏公子兵法董份曰客進兵書而總
名於公子故世稱魏公子兵法索隱注正與本文相
反　秦數使反間僞賀公子得立爲魏王未也長
句縱而逸　竟病酒而卒句中有淚　秦聞公
子在趙秦聞公子死鄭重提掇正與不敢加兵謀魏
句遙應生情　十八歲而虜魏王屠大梁必紀魏

亡者正見魏以公子爲存亡也如此收煞乃見筆力之大　篇末詳載高祖奉祠公子事筆外有情狀外有態低徊繚繞如不欲盡

太史公出力寫一魏公子善於旁處襯託虛處描摹復處縈繞情致有餘而光景如生眞佳傳也　篇中凡四用當此時是文字掀轉提掇法極力形容有景有勢

贊語吞吐往復只以虛冷之筆傳其企仰之神　求問其所謂夷門夷門者城之東門也從訪問夷門

生情冷妙之極便將公子侯生一時俱爲神醉　天下諸公子亦有喜士者矣隱然貶過三君　有以也三字極含蓄蘊藉以見好客非徒豪舉也　高祖每過之而令民奉祠不絕也只復述高祖過祠便覺低徊往復不盡如聆嫋嫋餘音

春申君列傳

春申君獨有止秦攻楚歸楚太子一事於楚有社稷功他不足稱也太史公作傳止綜敘其事實不加分外摹寫且牽呂不韋事夾記伴敘則春申君之爲人可知矣雖以好客與三公子聯傳而用筆大有軒輊處　秦昭王使白起攻韓魏云云至秦輕之按此段爲下文春申說秦昭王書作案據也秦昭王使白起攻韓魏至與韓魏共伐楚此是春申使秦時事秦已前使白起攻楚云云此則追敘使秦以前事黃歇見楚懷王云云此又白起攻楚以前事也分作三層敘次正以疊累爲緊切此中有化板爲活之妙

春申上秦昭王書史記與戰國策所載小異較原文有稍簡約處有更明暢處陳仁錫以爲不及原文曲

折生動何也　天下莫強於秦楚云云開端數語便將一篇大意說透明白直捷而擒縱有勢此國策本所無也殆太史公於流傳別本得之　吳之信越也從而伐齊謂越從吳伐齊也下文從而伐趙同此索隱讀從爲縱劉氏云從猶領也義牽曲不可從

鬼神孤傷較原文鬼神狐祥危痛之極陳仁錫亦以爲不及原文殊不解其說　進令韓魏歸帝重於齊國策作詘令韓魏詘猶反也詘字較明白言卻令韓魏歸帝於齊爲齊重也陳仁錫解悞　若

不歸則咸陽一布衣耳語簡秀亦切中事情　臣請止以死當之語特聲壯有氣　是時齊有孟嘗君云云此處提掇三君好士正以寫聯傳之旨三公子好客喜士名重諸侯信陵平原俱以賓客之力存社稷孟嘗以一馮驩市義身重於齊雖雞鳴狗盜之雄亦資其能以脫強秦太史公於各傳中形容摹畫可謂工矣獨於春申祇將其招致賓客一點并記其上客躡珠履以見趙使而已何其言之略也蓋春申好客於諸君中徒爲豪舉名高有一朱英而不

能用固爲太史公所不滿也　春申君爲楚相四年此下以春申君爲相編年紀事又一法　秦莊襄王立以呂不韋爲相封爲文信侯取東周無端插入甚冷讀至篇末始知其妙　春申君以此益疎此段轉上生下有節次　春申君由此就封於吳行相事此句亦與上文春申君以此益疎遙應世有毋望之福又有毋望之禍云云創格奇論遂生子男立爲太子以李園女弟爲王后李園既入其女弟立爲王后子爲太子而李園女弟初幸春申君有身而入之王所生子者遂立按此一事而三敘不厭其複而各段俱有顛倒變換分寸歸重不同此惟太史公善用此筆也　而李園女弟初幸春申君有身而入之王所生子者遂立是爲楚幽王二十七字爲句拙古不見冗弱此亦太史公長處　是歲也秦始皇帝立九年矣云云按此綴載秦呂不韋事縈拂無迹此文筆湊合生情處　此節本國策所有太史公祇增數虛字便別有吞吐此文在國策本妙置之春申傳中更覺異樣精神此史筆大關鍵

處非徒以牽合見長也

贊語述春申君故城宮室盛矣哉便含諷刺視適太梁求問所謂夷門何如　贊春申君故城宮室之盛與傳中所載春申君上客躡珠履夸趙使事一樣意思殆薄之也　旄矣一旄字寫出器滿智昏之神　春申君失朱英之謂耶句法老可悟造句之法

范睢蔡澤列傳

范睢蔡澤傳直如一篇文字范睢傳事迹未了借一

蔡澤收結范雎而澤事亦附見矣此合傳用意之妙也　兩人俱以口辨相秦范雎說秦王蔡澤說范雎皆纚纚數千言徵引廣博機鋒敏捷極一時辨說之盛兩兩映照生情天然成一體格　范雎傳說辨議論雄博宏衍皆國策原文也其寫范雎恩怨報復烟波千重曲折貫串聯合無痕此則太史公獨出手法者也　魏相魏之諸公子曰魏齊出落極省便　故僇辱以懲後令無妄言者綴二語索性寫得盡情畫出魏齊切齒之神　守者乃請出棄簀

中死人竟說簀中死人妙得情吻　魏齊醉曰可矣畫得出此句在魏齊爲死根在太史公則真活筆也　魏齊悔復召求之未了語妙　更名姓曰張祿此句伏後文無數波瀾　鄭安平詐爲卒侍王稽語未究王稽知范雎賢古人苦心具眼可感可泣　語未究王稽知范雎賢寫知己相投機緣神情如見　望見車騎從西來此處倒出穰侯有筆勢若直敘便少味矣　因立車而語畫　敘穰侯與王稽立車數語節次安詳宛然活態　范雎

曰云云至此必悔之按此寫范雎智甚矣分明范雎一段說話中間夾敘於是范雎下車走一語便將一時倉急之狀與范雎機警之神儼然畫出有景有想　范雎下車走置在此必悔之之前便省多少筆墨須細察之　當是時昭王已立三十六年云云至欲以廣其陶封按此先敘秦之强盛及太后穰侯等擅權用事爲下文范雎上書根緒此善作伏案處左氏太史公最長此法　范雎上秦王書疎宕流轉先秦絕佳文字昔人以爲似太史公文殆有見之

言耳　詳爲不知永巷而入其中云云寫范雎往往於急中生奇全是一機警人物　是日觀范雎之見者羣臣莫不灑然變色易容者中間着此語前後悚動閱之亦爲灑然改觀　秦王跽而請曰先生何以幸教寡人范雎曰唯唯若是者三范雎拜秦王亦拜然左右多竊聽者范雎恐未敢言內先言外事以觀秦王之俯仰范雎曰益親復說用數年矣因請閒說曰敘范雎說秦王凡數轉極有次第頓挫節奏詳雅神情入微　范雎說秦王意思溫懇而詞

詢圓轉奇肆之態又其所自有矣說辯之才似出儀秦右者　處人骨肉之閒上畏太后之嚴下惑於奸臣之態此等處已將本意逗露　然左右多竊聽者云云數得妙此國策本文所無添出更有頓挫操縱筆法靈變　王不如遠交而近攻此語出秦之帝業成矣　萬世之後有秦國者非王子孫也危語動人　當是時秦昭王四十一年也側點有法　范雎既相秦秦號曰張祿而魏不知以爲范雎已死久矣一筆掉轉全不費力波瀾老成又曰此

轉有運斧擬光之妙是通篇一大關鍵　范雎聞之爲微行云云寫范雎微行誑須賈一段極委曲極瑣碎事悉力裝點將炎涼恩怨世態人情一一逼露絕似小說傳奇而仍不失正史局度此太史公專擅之長自古莫二者也　范叔固無恙乎范叔有說於秦耶范叔一寒如此哉三段寫故人乍見又慙顧相對情態口吻逼肖　孺子豈有客習於相君者哉確得須賈挑動范雎口角而驕狎故態猶在　願爲君借大車駟馬於主人翁此句大車駟馬本可

省然必塡入不厭其複者以省之則不拙重也須知之　府中望見有識者皆避匿須賈怪之着此一筆細須如此方有景　范叔不出何也無范叔乃吾相張君也范叔張君醒出此處關目正與更名姓曰張祿秦號曰張祿而魏不知以爲范雎已死久矣遙作收應虧他以描摹頓挫而出之而仍不失爲老致大樣　令兩黥徒夾而馬食之馬食字法好直如作劇　范雎既相王稽謂范雎曰云云按上紀魏齊匿平原應接敘范雎報魏齊矣卻復提范雎既

相接入薦王稽任鄭安平事蓋以王鄭與魏齊德怨相映而又爲後文范雎失意伏案也篇法既有離合之妙而用意亦極周密　王稽諷范雎一段亦自妙論創調覆說處不更一字尤佳　范雎於是散家財物云云按此虛寫范雎償德報怨之事正爲前後須賈魏齊王稽鄭安平等諸恩怨報復處映照襯染　秦王遺平原君書詞旨溫雅而帶有殺氣咄咄逼人　在固不出也今又不在臣所立言妙甚吞吐有致不激不隨　信陵君聞之畏秦云云至

怒而自剄按此又載信陵君一事細思因范雎報魏齊而及信陵固不得不載於范傳也　范雎相秦二年云云至出平原君歸趙按此敘秦王爲范雎報魏齊一事而委折詳悉數十百言爲一段乃收轉范雎此史家能離能合之妙也凡紀載能事中敘事傳中附傳乃見筆力大處　倡優拙則思慮遠此句意思甚深　欲以激勵應侯云云至往入秦也史記合傳往往用過接聯絡之法此處更妙合無痕而句法蕭洒擺宕逸甚　唐舉熟視而笑有景態

吾持梁刺齒肥躍馬疾驅云云形容壯浪氣色甚濃酣　去之趙見逐入韓魏遇奪釜鬲於塗略寫蔡澤游說不遇正與范雎窮厄處對照便爲贊語白首無所遇寫影　天下雄俊宏辯智士也疊字句法古厚　秦王必困君而奪君之位改國策句有氣勢咄咄逼人　應侯固不快及見之又倨頓挫情節悉出　吁君何見之晚也飄然而來擺宕之極　若夫秦之商君云云轉語甚逸口角間有翩躚之勢　其卒然亦可願歟卒然二字渾妙勝國策　應侯知蔡澤之欲困已以說復謬曰何爲不可委曲得情　夫人之立功云云至名在僇辱而身全者下也此段國策原文所無添出甚條暢於是應侯稱善蔡澤少得閒節奏甚妙敘范雎說秦王蔡澤說范雎善於停歇頓轉處生情蓄勢　應侯曰未知何如也亦自得體　蔡澤曰今主親忠臣云云至應侯曰不若此段亦照國策添出者甚不可少　故國有道則仕國無道則隱云云至故天下承而不絶添此波瀾甚暢　流血成川沸聲若

雷似賦語　君何居焉即君何居焉兩君何居焉逼奥甚緊　爲秦使於燕云云繳應篇首燕人也有情

贊語連用三然字一轉一意愈轉愈曲深感歎亦與俱長　二子不困厄惡能激乎不覺寫出自己胷中磊塊　結尾一掉與虞卿不窮愁結句同彼以紆折勝此特峭利

樂毅列傳

樂毅傳詳其先世及其後代蓋太史公深慕樂將軍

之爲人　樂毅辭讓忠厚讀本傳考其遭遇令人憤咽　樂毅賢好兵此一篇之主　聞燕昭王以子之之亂云云從樂毅一邊點敘燕齊事一間字貫下百數十言　當是時齊湣王彊云云至百姓弗堪按此敘齊之强盛及湣王驕暴處爲下文伐齊伏案此提掇法也上文緣有此段故於燕齊搆怨事不得更用提掇祇從樂毅所聞串敘此又其用法變換處　樂毅傳一篇生色處祇在報惠王一書樂毅事跡始末書中悉及之作傳又不得不正敘看太

史公敘樂毅伐齊及代將走趙與書中詳略互見處　尊寵樂毅以警動於燕齊此句綰照燕齊有氣色　燕惠王後悔云云至乘燕之弊以伐燕三層寫出情曲委疊　會先王棄羣臣云云至左右誤寡人三語妙於立言可謂簡質而溫雅　而亦何以報先王之所以遇將軍之意乎十六字句亦殊紆折有厚力　報燕惠王書溫厚坦白政自纏綿含蓄絕非戰國縱橫人習氣即此見樂將軍身分高處開端朗朗便已敦厚動人　不能奉承王命

以順左右之心極含寃隱憤事卻以謙卑柔順出之使聽者刺心實難爲情古人文字極忠厚處政其極怨毒處也　恐傷先王之明篇中提先王字凡十四處鄭重切惻有聲有淚　臣恐侍御者不察云云只二語綰提前後大旨便爲一篇要領　臣竊觀先王之舉也見有高世王之心入手一語便將自己與昭王身分俱出句亦振舉有勢　以天之道先王之靈文字大樣鄭重得體　敘破齊盡情暢言之正見身之無負於燕卻用一語收之曰自五伯

以來功未有及先王者也歸功先王便自得體不嫌夸張　齊器設於寧臺云云語殊酣壯恢皇開後代賦家儷體　薊丘之植植於汶篁此倒句法也謂汶上之竹植於薊邱也徐廣註非　臣竊不自知云云此與前文複見不換一字妙兩兩關鎖正以疊複而得古厚　臣聞賢聖之君云云至故稱於後世按此重以臣主對提爲轉關地　及至棄羣臣之日云云至皆可以教後世按此稱先王之德施後世正見自己爲先王簡任舊臣不宜以讒言輕代

也借先王爲言便自蘊蓄無痕然其責惠王深矣此處用意妙難言喻　善作者不必善成善始者不必善終不肯明言騎刼代將事是其立意高處第此處最難轉關卻用此二語反托而前事已自隱露蓋以不能善成不能善終爲昭王惜爲惠王責也用筆妙甚　昔伍子胥說聽於闔閭云云至入江而不化此處借吳王子胥賜開影照正以見己之不肯蹈子胥以陷惠王於夫差也凄惻繚繞長言之哀甚於痛哭　夫免身立功云云至義之所不敢出也三

疊作收分疏明白咏歎紆餘盡致　臨不測之罪以幸爲利即所謂乘燕之弊也立言隱躍得旨　臣聞古之君子云云至不潔其名收處藹然大雅

報惠王書經太史公刪潤更覺疎暢而纏綿較國策原文遠勝　於是燕王復以樂毅子樂閒爲昌國君而樂毅往來復通燕按此收樂毅而脫卸其子樂閒筆力健捷之甚　燕王謝樂閒書國策載其文對偶語太多往往有失之冗泛處史記刪繁爲約極簡質古峭讀至室有語不相盡以告鄰里憱然婉厚勝原文多矣　樂閒又與樂毅踪跡大類亦奇寫來正好與樂毅映照　樂毅傳着意在報燕惠王一書讀贊語可以知之前篇敘破齊及代將事正爲毅書作案據後文敘樂毅歸結及燕王謝樂閒書并樂間事亦爲毅書映照耳

贊語拉一蒯通及主父偃極不相干而意致誕遠　從樂臣公敘其本師傳授凡得六人而注意在樂臣公之賢正以賢樂毅也此贊之變體而意格蕭索閒冷高不可及

廉頗藺相如列傳

傳以廉頗藺相如爲主中間趙奢李牧縷拂穿插斷續離合全無牽聯之痕傳四人直如一人此傳之奇格變體也　廉藺傳全用編年法似以趙事聯合四人首廉頗次藺相如次廉藺合敘次趙奢次又入廉頗次李牧中間小穿插處尤錯綜盡致而賓主先後釐然分明趙氏之勝敗興亡節目次第亦即與四人傳中見之正見四人與趙爲存亡也賢才關係國家固徵史識亦頗有史筆傳之哉　拜爲上卿以

勇氣聞於諸侯伏案　藺相如者趙人也即入藺
相如妙　趙王與大將軍廉頗諸大臣謀插入廉
頗　其人勇士有智謀宜可使就繆賢口中括相
如生平語亦敦重簡峭　相如曰秦以城求璧云
云相如語殊侃侃亢朗之極寧許以負秦曲句練勁
王必無人立言妙覺毛遂自薦爲贅　傳以
示美人及左右左右皆呼萬歲寫秦王驕玩有景有
態　相如因持璧卻立倚柱怒髮上衝冠寫相如
英氣勃勃　相如對秦王語亢爽高雅絕妙詞令

非一味激烈也　何者嚴大國之威以修敬也頓
挫節奏極妙　臣頭今與璧俱碎於柱矣語激壯
之極今字響如聞其聲　相如持其璧睨柱欲以
擊柱云云至指從此以往十五都予趙一段拉雜怨
急神情寫來如畫　持其璧下添睨柱二字案圖
下着從此以往四字真寫生手此頰上添毫法也
相如度秦王特以詐詳爲予趙城實不可得相如
度秦王雖齋決負約不償重疊言之不嫌複祇覺其
厚　歸璧於趙點歸璧似與完璧歸趙句暗應

秦自繆公以來云云此又侃侃正論明目張膽得
體　趙立奉璧來句銳峭如持馬拔劍　今以
秦之彊云云此又申明上句意更剴透　秦王與
羣臣相視而嘻寫秦君臣神沮景態冷妙真白描手
秦王因曰寫秦王轉關亦有神　秦亦不以城予
趙趙亦終不予秦璧二語結完璧事對句雙收有筆
力顛倒句法好　一璧耳變出易璧奉璧完璧授
璧得璧求璧取璧持璧破璧送璧歸璧留璧字雖非
經意卻有多少生情處　廉頗藺相如計曰帶入

廉頗妙手合說尤妙　於是相如前進缻因跪請
秦王節奏極詳雅　相如張目叱之左右皆靡寫
相如英悍如生一相如耳直以寫項王之筆寫之
鼓瑟擊缻本極雅事澠池之會一鼓瑟一擊缻寫
來直覺殺氣搶攘　秦王竟酒終不能加勝於趙
趙亦盛設兵以待秦秦不敢動又對句作收與完璧
一段收法遙應　相如聞不肯與會云云至引事
避匿相如避讓廉頗處亦用三層疊寫平常摹敘不
肯輕過如此　顧吾念之歇頓一筆深細含蓄

强秦之所以不敢加兵於趙者徒以吾兩人在也　此太史公廉藺合傳本旨卻借相如口中說出　廉頗聞之肉袒負荆云云至爲刎頸之交此廉藺佳話盛事也太史公最得意此等事故不覺摹寫酣暢盡致　鄙賤之人不知將軍寬之至此也語極沉着纏綿有咨嗟有血淚　傳藺相如只敘完璧擊缻二事而以廉藺交驩終之至廉頗戰功則於首末見之極得錯綜輕重之法　其明年趙奢破秦軍閼與下又接趙奢事劈空驚人妙在無痕迹　趙

奢者趙之田部吏也趙奢獨非趙良將哉而曰田部吏爲下文便接收租稅治平原君家也　奢因說曰君於趙爲貴公子云云趙奢所言是管商治國學問文法亦絕似管商文字　王召廉頗而問曰又入廉頗　譬之猶兩鼠鬭於穴中形容刻肖　武安屋瓦盡振警語炎炎動人　內之胥後令語簡冷入妙儒雅圓警俱有　趙奢於是與廉頗藺相如同位收法好聯合廉藺無痕　時趙奢已死而藺相如病篤使廉頗將攻秦如此脫卸過接自然

之極是三人合傳大關目　趙王信秦之間秦之間言曰點逗極活脫有節奏有精神　奢不能難然不謂善二語神理微妙難言　兵死地也而括易言之妙論真仁人之言不徒知兵　始妻事其父時云云趙奢事又於括母口中敘出亦一法　王以爲何如其父父子異心句溫婉而極矯健　趙王亦以括母先言竟不誅也帶找周密　趙使廉頗將此處又入廉頗廉頗起廢無常常以宿將爲藺趙李後先太史公點敘廉頗亦離合錯綜盡致

廉頗之免長平歸也云云至有何怨乎敘廉頗軼事偏有此閒情餘筆　其明年趙乃以李牧爲將即入李牧妙昔人所謂不待其斷而後續之也　趙任將初任廉頗任藺相如次任趙奢趙奢死復任廉頗又以趙括代之括敗復任頗頗去魏乃任李牧作四人傳細算須按年以事敘始得貫串使讀者一閱了然又省多少煩複之筆此太史公安頓排次極費苦心處　廉頗一爲楚將無功曰我思用趙人楊慎曰冷語收煞妙　我思用趙人一語神情淡

妙真令人黯然銷魂　廉頗卒死於壽春結得淒
滄　趙之北邊良將也有眼目　有敢捕虜者
斬如是數歲亦不亡失邊士日得賞賜而不用數語
寫出名將作用本領　李牧如故臣如前乃敢奉
令如故約叠點關應緊切　百金之士五萬人句
法奇　廉頗既亡入魏又牽廉頗作過接妙
遂滅趙三字一篇關鍵結李牧并結廉藺趙三人四
人亡而趙亡矣
傳以廉藺標目贊語則以相如爲主而廉頗帶及之

處死字深處智勇字尤深　勢不過詠句極
勁透有持弩廻軸之勢　贊語以短勝沉悍絕倫

空山堂史記評註卷九

滋陽牛運震階平

列傳

田單列傳

田單傳止載破燕復齊一事大致與司馬穰苴傳彷
彿　俾鐵籠致翔鳥下食皆奇想早爲火牛渲染
田單出奇制勝處止是火牛一計然謀定後戰
先事有多少作用布置太史公鋪敘其事亦費多少
安排勒頓也　乃縱反間於燕宣言曰田單因宣

言曰乃宣言曰單又縱反間曰令即墨富豪遺燕將
曰節次寫來委曲明畫亦自成一章法　燕人士
卒忿燕人怪之城中人見齊諸降者盡劓皆怒堅守
即墨人從城上望見皆涕泣其欲出戰怒自十倍燕
軍由此益懈按此寫燕齊軍情士氣極有層次而呼
應亦殊緊勁　正敘火牛極力裝點聲勢逼人
牛尾熱怒而奔燕軍要緊語只此二句便已悍動
無前　寫田單火牛直欲彷彿鉅鹿之戰　國
策載田單事尚有數條太史公一切刪去敘完破燕

復齊封爲安平君便住識解極高細思此後夾雜他
事便不成局格
贊語亦單指火牛一事　始如處女云云自是兵
家精奇語引用亦恰合
王蠋之節義亦復齊之助也故附傳之　綴王蠋
於田單傳後不整不齊妙　齊亡大夫聞之云云
按此借齊亡大夫口中贊王蠋之賢又繳合立襄王
事與田單傳中相應用意甚妙

魯仲連鄒陽列傳

魯仲連輕世肆志鄒陽一書有磊落倜儻之氣太史
公皆深慕其爲人故並傳之　魯連傳止載破帝
秦及射書下聊城二事中間錄國策原文略加點竄
而起訖祗添數語提挈收斂便一氣貫串自成傳體
真妙手也　好奇偉俶儻之畫策而不肯仕宦任
職好持高節三句寫出魯連品格一篇綱領　趙
孝成王時而秦王使白起云云此時魯仲連適遊趙
會秦圍趙云云看他入手處出落鉤聯之法　今
其人在是勝也何敢言事口角頓挫如生　吾始
以君爲天下之賢公子也吾乃今然後知君非天下
之賢公子也云云語有俶儻奇偉之槩磊落驚人
吾請爲君責而歸之其氣奪人　魯連見新垣
衍而無言按此政有神機妙理可言　新垣衍曰
吾視居此圍城之中者云云文法擺宕鬆脫政與魯
連對平原君語脉相似　世以鮑焦爲無從頌而
死者皆非也開端語亦自突兀飄忽太史公作魯連
傳亦有意爲俶儻奇偉之文也　過而爲政於天
下言秦縱欲逞志以爲政於天下也索隱注非

梁未睹秦稱帝之害故耳云云語氣爽豁逼人針鋒
甚利　彼天子固然其無足怪住得妙含蓄冷雋
若說了便索然矣　嗚呼梁之比於秦若僕耶此
一頓跌乃中間吃緊得力處國策原文本作然梁之
比於秦若僕耶史記改作嗚呼字攔頭一喝如聞其
聲　吾將使秦王烹醢梁王一語霹靂駭人
固也吾將言之頓跌入神有咨嗟之聲　曷爲與
人俱稱王卒就脯醢之地拖句作頓勁而逸暗應烹
醢梁王句含蓄深長　子安取禮而來吾君句亦

有峭力　而將軍又何以得故寵乎掉轉作結只一語已透語多卻失之　魯連破帝秦正論只數句意已暢足餘則挫激之恐喝之　始以先生爲庸人云云又與魯連對平原一樣文法　即有取者是商賈之事也而連不忍爲也句法若斷若續妙

魯連遺燕將書文勢縱橫詞法嚴密倜儻之中兼復溫婉戰國策上乘文字也太史公照原文點易數處覺明暢流利即此可想見古人用筆之妙

今死生榮辱貴賤尊卑此時不再至按此即上文所

謂智者不再計也較原文此其一時也殊明顯

計猶且爲之也且夫齊之必決於聊城云云至則臣見公之不能得也較國策原文一意分作兩層盤旋盡致　臧獲且羞與之同名矣云云至恥威之不信於諸侯此較國策添出數語跌宕有致意更暢足

枝桓公之心於壇坫之上枝字字法奇較原文刦字精深　國策原文曹子以敗軍禽將非勇也功廢名滅後世無稱非智也史記嫌其與殺身絕世功名不立等語重複故省之　魯連逃隱於海上曰吾與富貴而詘於人寧貧賤而輕世肆志焉結法蕭灑出塵超然遠態此外不可再着一語

鄒陽止有上梁王書一事可作魯連陪客耳書詞亦不佳止是創格與體貌語云比物連類有足悲者又云附之列傳較之魯連軒輊本自分明也

太史公取魯連謂其處布衣之位而輕世肆志折卿相之權此太史公之素志也取鄒陽者閔其獄中一書比物連類傷於讒言怨而不怒有小雅風人之旨正以悲己之遇也魯鄒合傳全爲自己寫照不必從

兩人起見也

屈原賈生列傳

太史公傳屈賈便將讒人高張賢士無名滿腹抑鬱無聊寫出　屈原稱字賢之也賈生稱生哀其年少不遇而死也只一標題愛慕之雅悲憤之情俱出

楚之同姓也開端著明楚之同姓便見屈原有與國存亡之義一部離騷哀怨至性俱從此出

上官讒諂淺淡入情亦殊工妙　楊慎曰太史公作屈原傳其文便是離騷其論作騷一節婉雅悽愴

真得騷之趣者也　屈平疾王聽之不聰也云云
至雖與日月爭光可也按此多襲用淮南小山舊文
而一經太史公點易增潤便覺歷亂繚繞激楚淋漓
極悲愴之調妙在以柔厚出之此詩人之旨也又不
可徒以騷體目之　離騷者猶離憂也離訓解以
亂之錯節悽謫　夫天者人之始也云云數語極
哀怨之深致寫人情所難言一種悱惻和大之旨雖
序三百篇可也何但騷哉　信而見疑云云一種
纏綿嗚咽之神真覺滿腹煩寃令人雪涕　國風
好色而不淫小雅怨誹而不亂二語深於說詩妙於
寫騷　其文約其辭微云云短句疊調節奏極佳
妙得緊辭句法又曰頓挫往復錯綜有神　死而
不容自疎此屈子真心苦衷與楚存亡本旨也慘極
厚極難讀　濯淖汙泥之中云云長句咏嘆紆逸
如遊雲舒卷空際　推此志也云云高逸之調飄
飄欲仙　屈平既絀遙接法妙　屈平既絀云
云至以其弟子蘭爲令尹按此一切事跡已載楚世
家及張儀傳此篇看他用筆簡勁處又確是於屈平

傳中帶敘秦楚事賓主釐然　乃令張儀詳去秦
遂絶齊遂取楚之漢中地乃悉發國中兵而齊竟怒
乃曰以一儀而當漢中地竟聽鄭袖復釋去張儀懷
王卒行因留懷王以求割地竟死於秦看他敘事處
只用數虛字斡旋便覺原委分明情致生動　奈
何絶秦歡勁儁妙有聲口子蘭乳口宛然　楚人
既咎子蘭以勸懷王入秦而不反也此句借楚人爲
屈平作引綿邈委屬如春雲舒展遊絲宕漾　屈
平既嫉之接得飄忽　雖放流云云至一篇之中
三致志焉忽轉入騷妙此段往復重疊纏綿柔厚極
情盡致矣　然終無可奈何故不可以反鬱折摧
挫　人君無愚智賢不肖云云至賢者不賢也此
段又宕開肆暢言之太史公無非自鳴不平觸其痛
隱故往復繚繞乃爾　懷王以不知忠臣之分云
云數句收結傳中事迹極整便不費力　令尹子
蘭聞之大怒此接更突兀更妙　節錄漁父一篇
以著屈子沉江之志也意致極闊遠　懷沙一賦
屈子絶命詞也騷不能悉載又不容一篇不載細思

惟此一篇可括其要　屈原既死之後云云附載宋玉唐勒等爲屈子餘波爲賈生引照謂皆騷雅之流也筆致閒暇意境蕭疎　終莫敢直諫非貶三子也正以反襯屈原之正道直行不徒以辭賦見長也　竟爲秦所滅五字五滴淚正爲屈子深慨之與信陵君傳末著秦滅魏意同　竟爲秦所滅篇終緊要語正爲屈子作結非但結秦楚事也蓋屈子亡而楚隨之矣　自屈原沉汨羅後云云篇末渡賈生悲音繚繞烟波縈洄　人人各如其意所欲

出妙於寫賈生之才然正是賈生招忌處　諸生於是乃以爲能不及也與以爲非我莫能爲也暗照

自序云作詩以諷諫連類以爭義離騷有之屈賈同傳蓋以騷合也賈生經濟才緣與屈原合傳故祇載其弔屈原服鳥二賦至其上文帝陳治安疏及新書他諫疏皆略而不入此其體致宗旨有必不可入者也此太史公能割愛處其用意非後代史官所及　賈生以爲漢興云云至其說皆自賈生發之此又將賈生經濟作用括敘略點亦必不可少者

聞長沙卑濕云云至爲賦以弔屈原此即弔屈原賦小序也短語淒調蕭索悒愴　長沙卑濕自以爲壽不得長云云覆說一遍悲甚有欷歔嗚咽之神

前席字字法好較不知其膝之前於席更約妙

自以爲過之今不及也又與乃以爲能不及也暗應此皆無意之中涉筆成趣隨手成法者也

賈生之死時年三十三矣倒點賈生卒年悲咽欲絶一篇賈生傳全從年少二字生情賈生招忌處在此太史公欷歔痛惜處亦正在此　及孝文崩孝武

皇帝立云云無限惋惜在此一段而語意若不相干妙甚此言外有音句外有味也　讀至賈嘉最好學世其家與余通書似見太史公與賈太傅把手欷歔俯仰唱歎令千古失職才人一時俱爲感泣

贊語凡四轉沉挫而流逸　又怪屈原以彼其材云云故作波折　贊語全以騷賦聯合屈賈斷續抑揚盡致

呂不韋列傳

呂不韋者陽翟大賈人也開端大賈人三字一篇之

綱不韋一生全是賈販作用篇中點其見子楚而曰
奇貨可居以千金爲子楚西遊又云念業已破家爲
子楚欲以釣奇又行金六百斤予守者吏又懸呂氏
春秋咸陽市門延諸客有能增損一字者予千金孰
非以利啗天下以陰釣人國顯盜聖言眞大賈人矣
太史公處處點逗眼目分明意思貫串亦奇傳也
　秦昭王四十年太子死云云　先敘秦事作案何等
原委　此奇貨可居　眞賈人口吻國策原文覷此
繁而無味　乃往見子楚說曰云云至乃引與坐

深語此段機鋒甚妙如見深警人對面抵掌之神
　則子無幾得與長子云云　長句折轉有力　敘
不韋謀立子楚事曲折明悉如畫布置瑣細處一一
俱出　常曰楚也以夫人爲天云云　纏綿有情態
音節極婉歟　不韋因使其姊說夫人　敘來極有
節次　說華陽夫人一段語極繁而無支蔓意致
特錯綜此古文用筆之妙也　今子楚賢而自知
中男也云云至自附夫人　數句中有數轉委折入情
　敘謀立子楚詳於國策亦較國策情節細貼

　呂不韋取邯鄲諸姬云云至自匿有身　按此曰知
有身又曰姬自匿有身則不韋與姬定計釣子楚顯
然矣文約而事露此紀事之妙也　呂不韋怒念
業已破家爲子楚欲以釣奇　寫出不韋陰險肺腸狡
獪情形　釣奇字字法深　眞母夏姬眞母字
質而古　秦王年少太后時時竊私通呂不韋　預
伏此筆便有層次錯綜若將太后私通不韋及愛幸
嫪毐事作一截敘則率直少味矣　當是時魏有
信陵云云至予千金　將敘不韋著書先提荀卿著書

欲敘不韋好士預提四君好士原委次第歷歷分明
局勢亦極開展　始皇帝益壯云云至爲嫪毐舍
人千餘人　極猥褻事不惜筆墨詳細寫之太史公極
力醜秦至此　以啗太后　啗字妙有機情　呂
不韋進嫪毐事最難着筆寫來卻不傷雅　夏太
后獨別葬杜東曰云云　記夏太后語閒情奇趣
屢點不韋賓客辯士亡爲不韋好客渲染作餘波也
乃知前文紀不韋好客非無謂者　君何功於秦
云云至號稱仲父借秦王賜書收結不韋筆法緊勁

秦王所加怒呂不韋嫪毐云云此又雙收不韋嫪毐并結舍人遷蜀案筆意完密

贊語詳嫪毐作亂敗滅事以補傳所未及末用一語收轉呂子紾曲有神　呂不韋傳附嫪毐鄙夷不韋甚矣敘嫪毐家僮及舍人往往與不韋映照此其用意深處

呂不韋傳全爲醜秦而作也 敘事不厭瑣曲形容盡致

刺客列傳

刺客俠武之流太史公極歆艷其事故悉力寫之淋漓盡致光景動人　猶復以爲將只一句寫出莊公與曹沫知遇之至　今魯城壞即壓齊境句亦奇拔　曹沫投其匕首云云至辭令如故寫曹沫大有學問氣度篡刧之中宛然雍容禮讓刧桓事正面本無可寫卻於事平後寫出一段光景此公轂諸書所無也　光之身子之身也較左傳添數字更明透　王僚使兵陳自宮至光之家云云至皆持長鈹極寫王僚兵衛之盛正爲專諸刺僚襯托

使專諸置匕首魚炙之腹中而進之較左氏語詳而妙　故嘗事范中行氏云云至智伯甚尊寵之此補國策所無爲後文衆人國士之說伏案此傳體也　則吾魂魄不愧矣添魂魄不愧字語奇特沉痛　使形狀不可知不可知三字特妙　其友識之曰云云至其友爲泣曰添此一段有情態國策有其妻不識曰云云史記略之而詳於其友此見太史公意思手法之高　以子之才云云至不亦難乎此段語氣較國策疏爽而圓暢　豫讓曰既已委質臣事人云云至懷二心以事其君者也苦心深衷以紆廻鄭重寫出約國策四轉爲三轉卻極沉鬱經綸將以愧天下云云二十字爲一句何等筆力

豫讓曰既已委質云云較國策刪去笑而應之字亦佳　豫讓遁逃山中曰嗟乎襄子喟然歎息而泣曰嗟乎兩歎詞適應有法有情　以致報讐之意添此句意思明透　於是襄子大義之暗應彼義人也句較國策添一大字好　與母姊如齊眼目軹深井里約字法　固謝嚴仲子嚴仲子固進叠

兩固字有生色　將用爲夫人麤糲之費云云辭
合亦佳　然嚴仲子卒備賓主之禮而去此句有
廻繞有頓放　臣之所以待之至淺鮮矣未有大
功可以稱者頓挫好　然是者徒深知政也點仲
子知政篇中眼目屢屢呼應　聶政自述一段忼
慨激昂妙在伸縮曲直相間疊生有音節有氣勢
見嚴仲子一段略得妙然意已盡　此其勢不
可以多人云云疊語勁峭沉摯說出聶政深心高識
敘刺俠累只數句一時驚張擾亂如畫　購

問莫知誰子久之莫知也兩莫知顛倒頓挫極靈醒
不厭其複　政姊榮聞人有刺殺韓相云云至縣
之千金重述一段纏綿詳悉愈複愈有情味　其
是吾弟與意深而語沉嗟乎嚴仲子知吾弟又咽住
三句中兩轉沉鬱頓挫　立起如韓之市而死者
果政也兩句捷作一句便迅疾挺拔中有轉鍵脫卸
最勁最靈此等句法非太史公不能　嗟乎一語
截住立起如韓之市云云迅筆直下紀敘文字至此
眞有頓挫飛舞之妙　是軹深井里所謂聶政者

也奐然一句道出淋漓警動較國策末後點出絕勝
删去軼賁育高成荆等語亦高　聞之聲口絕肖
澤厚矣可奈何六字絕妙俠客詞豪士歌
可奈何三字感之亦恨之也無限深情　重自刑
以絕從絕從二字刻鍊之極　妾其奈何畏歿身
之誅終滅賢弟之名句法崛拗悽愴沉厚讀之如見
瞋目疾呼之神　大驚韓市人添此句更有聲勢
造句亦警勁　卒於邑悲哀而死政之旁疊字酣
厚沉而能動　鄉使政誠知其姊無濡忍之志云

云篇末陡作一大折歷磊蓬勃歷亂纏綿讀之扼腕
悲咽更爲擊節吐氣眞大手筆也　姊弟俱僇於
韓市此句更慘　鄉使以下四句作一句讀三十
餘字一氣貫注眞奇筆　嚴仲子亦可謂知人能
得士矣得此跌落更疎宕收煞亦完密　寫政姊
榮自赴韓市列政之名而死其旁一段較國策特詳
血性淋漓神彩飛動勝國策十倍眞太史公得意之
文也　國策政姊嬰聞之云云語意鬆軟太史公
節去之有見　方望溪苞曰世未有乍見所親皮

面挾眼屠腸而從容贊美如途人者觀史記所增損
乃知國策本文之踈且拙也，太史公寫姊榮正
以寫聶政也亦自吐其胷中鬱勃耳　然是者徒
深知政也政將爲知已者用嚴仲子知吾弟士固爲
知已者死老母今以天年終今不幸而母以天年終
親既以天年下世凡一意而三四見不厭其複每複
一遍更增一番趣致此太史公用筆妙處古來史家
文字以繁與複爲長者獨太史公一人耳　聶政
曰嗟乎乃於邑曰其是吾弟歟嗟乎亦以前後一樣

筆法遙作呼應　徙於衛衛人謂之慶卿而之燕
燕人謂之荆卿先提之衛之燕有手法兩謂之風流
雅韻　固去也吾曩者目攝之複一句口角如生
荆軻嘿而逃去遂不復會蓋聶論劍一段詳魯
句踐爭博一段略參差有致　敘荆軻之怯正寫
其智深勇沉處茅坤曰與韓信藺相如同　荆軻
嗜酒日與狗屠云云至旁若無人者一段寫得情致
淋漓光景動人絕妙一幅燕市悲歌圖　酒酣以
往以往二字有境可想　相樂也已而相泣旁若

無人者寫出英雄氣概居然名士風流　荆軻雖
游於酒人乎然其爲人沉深好書頓挫節奏蕭洒逸
宕妙在以荆軻絕世忼慨激昂人物寫來卻自風流
儒雅　其所游諸侯盡與其賢豪長者相結總一
筆前後通靈　其之燕重提之燕與前文應另筆
入題手眼極清　點高漸離田光爲後文伏案魯
句踐後文亦有照應狗屠爲高漸離陪客蓋聶亦爲
魯句踐作陪客也看他點次參差線脉貫串痕迹都
化處　燕太子丹者云云至國小力不能敘事中

有呼應故靈　問其傅鞠武武對曰云云唐順之
曰全以問答代敘事㒵然　其後迺可圖也此語
紆轉殊有深意　心惛然恐不能須臾且非獨於
此也頓挫活脫　是固丹命卒之時也句悚痛
計淺而怨深五字切中情事　智深而勇沉深
沉二字說智勇有精理是學問人語　鞠武謂太
子曰計淺而怨深而薦田光先生蓋默會太子之意
矣　道太子願圖國事於先生也此處略敘下田
光見荆卿詳敘有變換　燕秦不兩立怒深語促

然此一語已危肅之極　田光俛而笑曰俛而笑
三字已伏自殺之根　僂行見荊卿曰僂行二字
有景老態如畫　欲自殺以激荊卿敘田光語中
間忽插此斷語甚奇橫帶寫出田光本意　致光
之言又簡約得妙　荊軻坐定節奏閒雅又與前
田光坐定對應　敘太子從武得光從光得軻極
有節次摹畫其接見光景問答口吻詳悉宛至情狀
溢出　此天之所以哀燕而不棄其孤也謂天哀
燕而不棄其後嗣也言孤者危肅之詞索隱注迂甚
久之二字有停蓄　秦之遇將軍可謂深矣
舊評云此遇字下得妙深字尤妙妙在不情　臣
左手把其袖右手揕其胷刺秦王身勢不在對太子
語中敘出卻於語樊於期點之筆法活變　偏袒
搤捥摹寫極壯　既已不可柰何頓挫好　血
濡縷人無不立死者語意亦工　荊軻有所待欲
與俱云云荊卿有所待而云居遠未來則非狗屠高
漸離也其人何人哉故掩其名而令千載懸想此史
筆之妙也　何太子之遣往而不反者豎子也拗

句古勁氣急語悉如生　且提一七首入不測之強秦
僕所以留者待吾客與俱妙在不說盡尤妙在上下
語意不甚承接傲岸紆折此史記最難學處　高
漸離擊筑荊軻和而歌云云至髮盡上指冠寫漸離
擊筑荊軻和歌又絕妙一幅易水悲歌圖方知前寫
燕市悲歌不爲空設正爲此處引照耳　妙在用
兩層寫情狀淋漓音節淒古真絕調也　極激昂
忼慨事卻寫得幽颯蕭瑟不是一味壯浪　於是
荊軻就車而去終已不顧綴終已不顧四字愴澹入

神　荊軻顧笑舞陽前謝曰云云寫得辭旨從容
因左手把秦王之袖而右手持七首揕之特應
前語手眼分明　未至身秦王自引而起云云至
於是左右既前殺軻荊軻逐秦王一段本可整齊敘
之偏用極歷亂之筆亦本可簡約敘之偏用極詳細
之筆蓋不歷亂則情景之倉皇擾亂不見不詳細則
事迹之節次曲折不出節次曲折出則情景之倉遽
見矣極詳細處正其極歷亂處極歷亂處正其極整
齊處也此中摹畫敘次有絕大神通太史公出力寫

來後人當悉意求之　插末至身三字險極細極
與左氏傳末絶鼓音一樣神理　袖絶拔劍劍長
操其室時惶急劍堅故不可立拔峭句促節錯出入
妙如說口伎人一時作數等聲口急語雜遝成奇態
而秦法羣臣侍殿上云云此轉愈詳暇愈緊湊
敘事中之大開大合也　方急時不及召下兵復
解一句更有力　以故荆軻乃逐秦王而卒惶急
無以擊軻而以手共搏之曲屈頓折中有大力搏挖
是時侍醫夏無且以其所奉藥囊提荆軻也偏

有鬭力帶寫夏無且也字逸宕自然前後俱爲流利
生動　秦王方環柱走卒惶急不知所爲二語總
前極力鉤勒作勢　左右乃曰王負劍此處方接
拔劍神脉斷連入妙若總在一處便失之　負劍
遂拔以擊荆軻負劍上删一王字極緊便疊頓入妙
中銅柱三字寫匕首餘威驚人紙上火光迸裂
倚柱而笑箕倨以罵八字寫出英雄風姿
秦王不怡者良久此句亦摹神　於是秦逐太子
丹荆軻之客皆亡如此轉落高漸離自然之極絶不

費力　舊評政之姊軻之離皆絶奇人寫得離奇
淋漓異樣出色可喜可愕　高漸離一段以淡微
之神寫詭異之態酣釀淒清絶調奇筆　傍徨不
能去每出言曰彼有善有不善寫出深情異踪
彼庸乃知音竊言是非此等瑣曲處偏詳政有別韻
乃退出其裝匣中筑云云至客無不流涕而去
者寫高漸離更衣擊筑座客流涕光景絶佳燕市易
水餘響激昂　終身不復近諸侯之人此句收得
住　魯句踐已聞荆軻之刺秦王云云數句中有

數折搖曳婉轉嫋嫋不絶此曲終之奏也　借魯
句踐收結荆軻用意甚妙　陳子龍謂以魯句踐
之言結荆軻爲不滿荆軻竊謂不然按句踐之言惜
軻劍術不精而未嘗不重其人太史公綴此語於篇
末正其愛重荆軻處篇中於軻之舉止言詞氣概風
度摹畫極工不遺餘力何謂短軻哉　待客與俱
太子遲之遂發事不成乃曰以欲生劫之必得約契
以報太子此正太史公爲荆軻出脫回護處
贊語立意較然不欺其志便不以市井俠少目刺客

矣　先辨荆軻事次總論五人次第了了

史記摹寫荆軻刺秦王一段極酣肆生動國策亦全載此文竊意此太史公之文非國策之文也國策他處記敘文字不見有此等筆法況太史公自稱得之公孫季功等所口道則非國策之舊文決矣方望溪苞以爲後人以史記文竄入國策當是也

李斯列傳

李斯傳載斯佐始皇并兼吞滅之謀及其銷鋒焚書之計及與趙高廢適立庶相二世阿順苟合諸事跡

條悉詳明洋洋數千百言凡秦興亡并趙高始末具在似爲秦外紀而併爲趙高立傳者然首尾關目仍以李斯爲主無劃剔之迹而賓主釐然此所以爲大手筆也　李斯傳凡有五歎於是李斯乃歎曰人之賢不肖譬如鼠矣云云此其未得志而歎不得富貴也李斯喟然而歎曰嗟乎云云此其志得意滿而歎其物極將衰也斯乃仰天而歎垂淚太息曰云云此爲聽高而歎亦以遭亂世不能舍富貴也李斯拘執束縛居囹圄中仰天而歎曰嗟乎悲夫此爲失勢被囚而歎而富貴不能長保矣顧謂其中子曰吾欲與若云云此其臨刑之歎也而斯遂夷族矣五歎遙作呼應層次關目了了分明而節節警策遂使長篇累幅不覺其懈此太史公之妙於用法也　傳中載李斯有六篇文字初說秦王次諫逐客次議焚書次說二世行督責次短趙高次獄中上書六篇之文凡李斯功罪起廢本末具在此亦一篇之層次節奏也而文字古奥峭堅奇肆酣暢先秦絶工之文遂爲本傳生色　游者主事只四字精健　胥人者

去其幾也成大功者在因瑕釁而遂忍之此等語原委甚深奥而辭鋒亦殊奇崛　寵上騷除奇語

諫逐客書淋漓酣暢真奇文也中間往復離合波瀾橫生　諫逐客書色澤醲郁詞采璀璨開漢代枚馬之奇　二十餘年竟并天下收斯與秦事自此以後節節皆斯族誅罪案　謬其說絀其辭六字揭斯隱情可作斯爰書　斯皆有力焉此斯罪案也卻說有力斯不堪矣　斯長男繇爲三川守云云至以千數極寫斯貴極富溢正爲失勢被罪作

勒頓以便轉關　無眞太子眞字下得拙而切
時乎時乎云云至唯恐後時峭健有韻似黃帝兵法語　君侯自料能孰與蒙恬云云至長子舊而信之孰與蒙恬連下五孰與蒙恬詞鋒駿快可喜　管事二十餘年楊愼曰管事字亦古按此二字正以俚極爲古　忠臣不避死而庶幾用歇後句古
斯其猶人哉安足爲謀筆端活妙口吻如生
於是斯乃聽高看他敘斯高合謀往復數百言只此一語截然收住何等筆力　李斯恐懼重爵祿不知所出此又說透李斯肺腑深文毒筆　舊評說二世行督責書文流麗不及逐客然非先秦人不能湊泊逐客則漸似漢人筆舌逐客俊而督責朴也按督責書質實蒼峭布帛鑠金一段矯健奇肆轉變如龍尤不易讀　於是行督責益嚴云云至可謂能督責矣敘事分二股筆法新脫變調奇格　但以聞聲云云至故號曰朕朕字解得無理　高聞李斯以爲言云云至且固我哉寫趙高愚弄李斯處伎倆瑣曲口吻輕脫宛然　斯所以不死者自負

其辯云云至幸二世之寤而赦之寫李斯小人肺衷委曲如見亦正呆得可憐　獄中書朴直中自然峭肆亦借爲李斯佐秦事跡一總　顧謂其中子曰云云至父子相哭而夷三族寫李斯就刑數語有情致有音節亦政悽愴激楚　二世驚自以爲惑狀得妙　殿欲壞者三事怪文亦奇　遂以亡天下結秦正以結李斯併二世趙高等一切結之眞史筆　竟并天下遂以亡天下前後兩截照應極分明極老健
贊語妙能隱括全傳多少事迹　持爵祿之重五字說透李斯一生病根　反掉風致絕逸而貴斯之旨更緊切

蒙恬列傳

蒙氏兄弟俱有功於秦而弗良死此傳以蒙恬蒙毅合傳而以蒙恬爲主蒙驁蒙武則又及恬之先世錯綜敘之甚奇　此及李斯傳筆力刻峭傳先秦人即摹先秦文字此太史公之筆端變化也　蒙恬傳敘事謹嚴有法　乃使蒙恬將三十萬衆云云

乃使蒙恬通道云云兩乃使造作對仗有章法　築長城一段詳寫伏恬罪案　敘恬毅二人事迹從恬及毅從毅及恬參差穿插有致　恬任外事而毅常爲内謀云云至莫敢與之爭焉此處將恬毅兄弟二人一總前後照應俱靈　趙高者諸趙疏遠屬也入得妙　讒害李斯及殺蒙氏兄弟者趙高也故斯恬二傳皆敘高事高之矯遺詔殺扶蘇及佐二世害宗室將相遂成弑逆終以族滅一切事迹已載李斯傳矣獨其出身進用未之及之此又附之

蒙恬傳中而趙高有完傳矣固不必更爲趙高立傳也此太史公用體例精處　帝以高之敦於事也敦字深古　始皇欲遊天下舊評此一欲字伏贊中阿意興功案也文字血脉甚微　敘通直道只數句已盡簡老之極　又怨蒙毅法治之而不爲已也因有賊心深文古筆　前已囚蒙恬於陽周補法　蒙毅對使者辨罪之詞奇氣横溢然自是先秦文字與漢别　使臣得死情實四字哀感千古韓淮陰岳武穆安得情實死哉　臣故曰過可振而諫可覺也造語極古以此作收極老横　蒙恬喟然太息曰云云此與白起傳末臨死自明其罪之語同乃故作飃落跌挫以盡其勢而波折絶勝　贊語輕百姓力正與絶地脉對一輕字惻然古大臣仁者之言　阿意興功此太史公深文亦正其識力高處　兄弟遇誅帶顧蒙毅

張耳陳餘列傳

張耳陳餘以腹心之交凶終隙末此不得不爲合傳者也傳以兩人之交情始末爲精神眼目或合敘或

單敘錯綜見奇傳後附張敖貫高事尤淋漓出色　楚漢之閒事亦多故矣項高本紀陳涉等世家所未詳者張陳傳中往往見之此以列傳著人而紀事者也　張陳傳中有蒯通房君趙厮養卒甘公貫説貫高孟舒泄公皆一時奇士也俱於傳中帶見説辭氣概異樣生色　其少時及魏公子毋忌爲客此句非閒文爲後文許多説客游士伏根生情　張耳是時脱身游楊慎曰脱身游三字備出處按脱身游言子身遠游也語約而雅　亦知陳餘非庸

人也點在後錯落　點張耳出身詳陳餘只數句便似有軒輊　高祖爲布衣時嘗數從張耳游伏筆　已聞此兩人魏之名士也此用兩人字將張陳一總後凡屢用兩人字亦篇中眼目也　始吾與公言何如責得深語極惻欵似怨似惜　張陳說陳涉一段峻潔有力掉尾儁脫　竊聞公之將死云云活脫戰國策士口吻　今范陽令宜整頓其士卒云云至此臣之所謂傳檄而千里定者也此段凡有數折縱橫奇肆然令范陽少年一轉尤妙

又聞諸將爲陳王徇地云云至而以爲校尉四句中有三意史記最長於此筆　此又生一秦也語亦妙　趙養卒說燕將歸趙王一段亦戰國策士機鋒然語意豁達簡切確中情事非一味恐喝啗誘也此人身分尚是陳軫犀首一流　吾爲公說燕與趙王載歸其氣奪人　舊評云知臣何欲知其志何欲得勢在此兩問便省力　杖馬箠下趙數十城語亦奇快可喜　養卒爲御而歸點爲御而歸正與與趙王載歸應此其設色寫景最生動處

趙人多爲張耳陳餘耳目者以故得脫出以上摹敘張陳相得處此下則指悉張陳所以相倍本末極分明　且有十一二相全句法古　必如公言語歇後妙氣憤如畫　當是時燕齊楚聞趙急云云至卒存鉅鹿者楚力也鉅鹿之戰詳項王本紀此處用略寫而獨詳陳餘所以不肯爲救鉅鹿本末緣欲寫兩人之相倍故精神有偏注也　卒存鉅鹿者楚力也此句結得快截分明於是趙德楚而怨餘則深矣　由此陳餘張耳遂有郤此句一篇關鍵

張耳雅游二字新妙　念諸侯無可歸者云云寫張耳歸漢情事有停頓有光景　斬陳餘泜水上張耳薨此處已收結耳餘下文單敘張敖貫高事　趙相貫高趙午等年六十餘徐廣曰田叔傳云趙相趙午等數十人皆怒然則或宜言六十餘人按此言年六十餘者謂貫高趙午等年皆老大故下云故張耳客也徐廣之說非也觀後文屢言十餘人則非六十餘人明矣　故張耳客也點得醒亦有廻繞　吾王孱王也只一句已足寫怒氣勃勃

乃吾等非也悄傳如新脫口　令事成歸王事
敗獨身坐耳句法堅悍快截舊評云千古謀國不可
無此一念　壁人二字字法壁人柏人要之置七
字簡盡古甚　問曰縣名爲何問得誕甚警甚
柏人者迫於人也解得無謂而妙　誰令公爲
之誰自王不反者兩誰字極緊勁如聞其聲　乃
檻車膠致膠致字法濃緻　獨吾屬爲之王實不
知句極拙直頑鈍得妙　身無可擊者終不復言
極形容　壯士誰知者以私問之語亦壯甚眞主

氣槩　此固趙國立名義不侵爲然諾者也拖一
筆句法亦疎宕入古　上使泄公持節問之云云
至泄公勞苦如平生驩寫情景如畫佩然宛然
高曰人情寧不云云貫高語惻感千古　其道本
指所以爲者王不知狀語極拙古非左史不能爲此
句法　上乃赦趙王因赦貫高兩赦安頓得錯綜
入妙若連敘便失之　泄公曰然泄公曰上多足
下故赦足下此處寫泄公一面答貫高一面重提赦
字語氣極忙而節奏不亂極得神理　泄公曰三

字插得妙細思此處省此三字不得　所以不死
一身無餘者倒句古　顧爲王實不反白張王不
反也與誰自王不反者呼應甚緊醒　貫高對泄
公一段與田橫對使者語同俱忼慨激昂令人悚聽
當此之時名聞天下特聳揚之語勢壯甚太史
公亦心許貫高矣　篇末特出力寫一貫高殆爲
貫高作附傳耳
贊語明白疎暢而頓挫仍古　豈顧問哉言張陳
相然信以死不必問也索隱注誤　所由殆與太

伯延陵季子異矣此以責耳餘之不讓也陳仁錫以
爲不切亦過

魏豹彭越列傳

魏豹彭越先後定梁地俱不得其終故同傳　魏
豹傳簡直然敘事自有致　豹不足立傳也魏咎
周市不可不傳二人因豹而見故爲豹傳而二人附
之　齊趙使車各五十乘立周市爲魏王着車各
五十乘便有色致正極寫周市處　緩頰往說魏
豹緩頰二字寫辯士之神　吾以萬戶封君爽甚

彭越傳止初起澤中誅後至一人事奇敘次有精神最出色　後者至日中添此句有力　皆笑曰何至是寫出草澤人眼孔口角　漢王二年春與魏王豹及諸侯東擊楚云云至略定梁地敘魏彭共事本末此魏彭所以同傳也　彭越亦將其家居鉅野中收魏散卒彭越皆復亡其所下城獨將其兵北居河上彭越常往來爲漢游兵擊楚絕其後糧於梁地彭越攻下睢陽外黃十七城彭越復下昌邑旁二十餘城得穀十餘萬斛以給漢王食彭越乃

悉引兵會垓下遂破楚屢書彭越起事蹤跡及其攻取戰勝之功遙遙呼應自成章法亦見越之有功而無負於漢也　梁王恐欲自往謝梁王不聽按此則越不反明矣贊語乃云懷畔逆之意爲高帝負功臣周旋耳

贊語凡數折疎宕不羣　智略絕人獨患無身耳云云筆致紆曲鬱折　獨患無身耳五字寫出英雄心胷得攝尺寸之柄欲有所會其度以故幽囚而不辭此意屬之魏彭亦不甚切魏豹更非其人直以幽囚刑戮觸動自己心事爲蠶室著書攄憤耳一部史記大半是太史公自寫照處

黥布列傳

黥布傳敘布楚漢閒事往往補項高二紀所未備如張耳陳餘傳例而布舉兵反後尤詳漢策布及討布本末　黥布者六人也姓英氏黥非姓也以黥標目而倒出姓英氏此亦史記奇趣他史無此也　布欣然笑曰云云寫英雄熱中富貴宛然　布皆與其徒長豪傑交通寫布微時亦自可畏　布常

冠軍布數有利以布數以少敗衆也布常爲軍鋒數處遙相呼應自成章法　項王方北憂齊趙云云至以故未擊寫出項王心事曲折　謂左右曰云云至乃與二十人俱使淮南此段寫高祖雄略隨何機警氣概光景如畫　竊怪大王與楚何親也問得唐突妙甚　夫北面而臣事人者固若是乎只此一句問得膽落語塞　夫託國於人者固若是乎再喝一句更逼緊　大王提空名以鄉楚而欲厚自託此一語透堅刺隱　然而大王不背楚者

以漢爲弱也此轉靈變是國策機軸　使楚勝漢則諸侯自危懼而相救此加一倍法也然當日實有如此情勢　項王必留留數月漢之取天下可以萬全此漢招降本意公然對布說出正以肺腑至誠動之　隨何說黥布雖亦戰國策士機局然詞旨懇款指陳質實直有情理可信非一味恐喝詐誘也　隨何直入坐楚使者上坐云云至布曰如使者教此段寫隨何迅警駭人光景如畫此一篇生色處　無使歸而疾走漢并力句倔古有力　布甚

大怒云云布又大喜過望畫出一黥徒局面　上折隨何之功謂何爲腐儒云云至吾方圖子之功此段四腐儒字兩步卒五萬騎五千字廻旋生情駿快可味　上折隨何之功提一筆好吾方圖子之功首尾呼應成一章法　上折隨何一段此自紀何事與黥布無涉然非載之黥布傳則幾無安置處看他正傳中附他事筆有餘閒處　布因心恐見醢因大恐極小節處用筆亦有層次　薛公亦一策士與隨何映照生色　此皆爲身不顧後看遠一

時功臣伎倆　布之初反云云追補法果如薛公籌之廻繳有致

贊語倔强疎挺若斷若續或用韻或不用韻另有一種風神　其先豈春秋云云長句有力細思減一字不得　布常爲首虐此語無可置辯　住法咄然老筆古趣

淮陰侯列傳

舊評云信而不以反誅也不世家乎哉然信實不反也信不反而以反誅也則亦不得不降而傳也尊漢

法也曰淮陰侯不名者重其人其功而原其不反也按淮陰以反誅嗣絕國除固不得列於世家非必尊漢法也淮陰反迹未具而怨望已形太史公未嘗諱言之至於約陳豨舉兵而爲豨從中起則以約略疑似之筆敘之贊語乃曰天下已集乃謀畔逆一似信之智不出此者而淮陰之反至今遂成疑獄其標目曰淮陰侯者重其功惜其人又非必以淮陰侯原其不反也　方望溪曰太史公於漢與諸將皆列敘其成功而不及其方略以區區者不足言也惟於信

詳哉其言之葢信之戰劉項之興亡係焉且其兵謀足爲後世法也然自井陘而外夏陽濰水之蹟葢略矣其擊楚破代亦約舉其成功至定三秦則以一言徹之而其事反散見於他傳葢漢楚之爭惟定三秦爲易雖信之部署亦不足言也此紀事之文所以左史稱最也　又曰淮陰侯傳詳載武涉蒯通之言殆微文以志痛也方信據全齊軍鋒震楚漢不忍鄉利倍義乃謀畔於天下既集之後乎信之過獨在請假王與約分地而後會兵垓下然秦失其鹿欲逐而

得之者多矣蒯通教信以反罪尚可釋况定齊而求自王滅楚而利得地乃不可末減乎故以通之語終焉　又不能治生商賈常從人寄食飲寫出英雄本色亦自可憐　乃晨炊蓐食寫貧婦伎倆情事入微　飯信竟漂數十日妙在竟漂二字便有情便有力若作飯信數十日即失之　一亭長妻一漂母寫來兩兩映照有情　於是信孰視之云云至一市人皆笑信以爲怯孰視俛出蒲伏形容如畫

每於英雄微困時事不厭詳悉曲盡此太史公爲有才而窮愁人自慰亦以自寫也他史多略之

信仗劍從之寫得不凡　信乃仰視適見滕公云云寫得有光景有氣概　如失左右手句刻肖入神　居一二日何來謁上云云至設壇場具禮乃可耳敘高帝與蕭何問答粟慢斷續歷落曲折清快活脫如新出口遂極摹神寫聲之勝　人人各自以爲得大將至拜大將乃信也一軍皆驚形容妙一時情事宛然　漢王默然良久曰云云至惟信亦以爲大王不如也節奏口吻入妙絕似范睢見秦

王光景　今大王誠能反其道云云至何所不散三排氣甚古壯　劉項成敗決於淮陰登壇一策故詳述之唐順之曰淮陰者非特將略也　於是漢王大喜自以爲得信晚收法有力　部署諸將所擊又照顧諸將　以故楚兵卒不能西此楚漢成敗大關目處然倚信力也故於項高二紀及信傳特著之　信之下魏破代漢輒使人收其精兵詣滎陽以距楚此及後文卧內奪軍皆高帝馭將用奇處而帝始終畏信之能亦可見矣故備著於高帝紀

及信傳　廣武君說成安君一段論兵切透文勢極遒勁　成安君儒者也云云語帶嘲笑妙　井陘之戰淮陰侯得意兵法亦太史公出力摹寫處妙在先不說明誡輕騎令裨將傳飱故作疑人之筆諸將皆莫信詳應曰諾趙軍望見而大笑故作勒頓正以見其神妙不測也敘趙擊信耳信耳走水上軍趙奪漢鼓旗漢入趙壁拔趙幟立漢幟乍開乍合似錯似整戰形文法俱極奇變趙軍已不勝云云至趙將雖斬之不能禁也又妙在一氣貫下中用數虛字

跌頓折落矯健震動極其精神遂成一篇絕妙戰陣文字　軍皆殊死戰不可敗不可敗三字緊要有力　立漢赤幟二千點明二千字樣有眼目有聲勢　信乃令軍中毋殺廣武君云云至西鄉對師事之按此處應接諸將效首虜休一段然後另敘信令軍中毋殺廣武君與信問廣武君連寫一段似有條理第如此則成排疊文字板甚矣且信不應於賀功效虜之後始求廣武君也古來無排板事迹亦即無排板文字此文妙在以師事廣武君敘在前而其

間以效首虜論兵法問之乃以信問廣武君遙接之安頓得宜錯綜有法左史敘事之良往往如此　且信非得素拊循士大夫也此人所難言語亦雅甚　因固問曰中間插此四字有節次　不以短擊長而以長擊短二語精妙作用極深　敘臥內奪軍事與高帝紀詳略各見　濰水之戰雖不如井陘詳寫然已盡　躡足說漢立信齊王此良平策也卻詳其事於淮陰傳益信之失計與高帝之疑信殺信全在請王齊一事故特詳之　漢王亦悟

因復罵曰復罵妙轉變得無迹　漢王罵信又復罵與漢王罵蕭何一樣光景暗作映照　足下右投則漢王勝左投則項王勝二語有景有勢似國策中語漢書刪去失之　詳載武涉蒯通說信反漢纚纚千餘言正以見信之不背漢而反者非真反也　蒯通說淮陰一段凡三層文亦奇偉曲折中段頓挫擺宕略祖蔡澤　吟而不言四字妙有神理　韓信猶豫云云數語揣摩斟酌得淮陰心事以淮陰忠漢則誠非忠漢矣然足以明淮陰不反也

信至國云云至故忍而就於此此段亦不可少爲傳中點逗照應生色　信欲發兵反自度無罪欲謁上恐見禽信由此日怨望居常鞅鞅羞與絳灌等列寫淮陰心曲入微以爲此實錄也敘約陳豨舉兵即不言信意所以故曰㲉筆也　信常過樊將軍噲云云至生乃與噲等爲伍一段寫信噲有光景此即淮陰之不學道謙讓也　上常從容與信言云云至所謂天授非人力也此段見淮陰將略之奇又証其心折高祖知天命有歸以明其不反也非閒文

漢十一年陳豨果反陳豨之反周昌激之也果由淮陰豨傳何不及淮陰一字耶　且喜且憐之寫高帝衷態真不可令功臣見也　秦之綱絕而維弛云云附載蒯通對高帝一段頗生色使高帝知此可不殺信矣此爲淮陰死後吐氣所謂微文以志痛也　學贊語言信營高敞地葬母又附信一微時事　天下已集乃道二字似迂而妙淮陰無可置對　謀畔逆二語有分曉含蓄深文

韓王信盧綰列傳

陳仁錫曰韓王信盧綰異姓封王同反叛同亡何奴同子孫來降同故二人同傳陳豨則以反事附見爾　按韓王信盧綰並王燕代近胡陳豨亦以趙相監趙代邊兵三人勢地相倚反跡亦相交關故同傳併以著漢邊事焉　韓王信傳直敘而文簡嚴及其鋒東嚮語亦有氣勢　平城之圍詳於韓王信傳以事以韓王信爲緣起也　胡者全兵全兵二字奇　信令王黃等説誤陳豨此句鈎帶陳豨　僕之思歸如痿人不忘起盲者不忘視也語亦自工切沉痛　盧綰親與高祖太上皇相愛云云至復賀兩家羊酒一段語致濃厚纏綿寫人情世態宛然　此段妙在重疊往復里中嘉兩家親相愛云云本可省卻定要複説一遍疊相愛字同日字情致便婉篤十分　敘盧綰與高祖同里同日生俱學書相愛與左傳華弱樂轡少相狎長相優筆法同　盧綰常隨出入上下疊出入上下字語意完緻而厚　以太尉常從出入卧内云云至莫及盧綰敘綰親

幸委曲往復有情　諸侯王得幸莫如燕王收結
一句有力　勝還具道所以爲者云云至連兵勿
決寫燕王通陳豨閒匈奴情事委曲明晰　高后
時盧綰妻子亡降漢云云至亦病死附記盧綰妻事
正爲傳首同日相愛意映照　不知始所以得從
此史家闕疑之筆也又一例　豨所以待賓客如
布衣交皆出客下語亦紆叠有厚態雅致　陳豨
傳祗載討陳豨事較高紀爲詳蓋事有本紀所不得
載者故曰本紀者列傳之綱列傳者本紀之目也

史記評註　卷九 列傳　四十三

韓盧傳簡贊語卻以贈暢勝　事窮智困卒赴匈
奴語亦斟酌未嘗枉信綰　其少時數稱慕魏公
子傳於陳豨微時略贊語卻補其少時爲人　邪
人進說遂陷無道邪人指王黃等按韓王信傳信令
王黃等說誤陳豨可見陳仁錫謂太史公以邪人目
周昌誤　夫計之生孰成敗於人也深矣筆法逸
宕係歎深長

田儋列傳

田儋傳一串似世家體最有章法文字　儋從弟
田榮云云至能得人先點列儋兄弟三人一篇針線
關目能得人三字尤能貫串首尾　儋弟田榮榮
弟橫分應搏法井井　蝮螫手則斬手云云數句
峭深似申韓中精語　非直手足戚也註言恐害
身則手足且不顧今殺三田非直斬手足之戚也直
字正以反用見意古文往往如此　則齮齕用事
者墳墓矣墳墓謂死也語致甚古勁　由此怨田
榮點句醒文勢亦小頓有法　項羽既存趙云云
至立侯王也提法有綱領　榮弟橫收齊散兵云云

史記評註　卷九 列傳　四十三

云至政無巨細皆決於相此段事極錯綜而點次搏
轉曲折如畫　儋榮橫並以自立爲齊王照應見
手法　儋弟榮榮弟橫傳以此三人爲主儋子市
榮子廣別有諸田田假田角田閒及田都田安並於
儋榮橫三人中帶敘之其爭立相賊殺事跡紛亂如
絲太史公詳次指畫瞭若列圖簡淨明白不得不服
其筆法之精　且爲漢且爲楚句法極疏朗俊快
而似不經意亦非太史公不能　詔田橫數語爽
爽有鋒芒　未至三十里預點清妙　橫謝使

者曰謂其客曰寫來有節奏　不敢動我動字質妙　且陛下所以欲見我者云云奇情快語連用兩个字極緊筆勢亦橫絕　高帝曰嗟乎云云至拜其二客爲都尉借高帝語贊歎作總收筆法入神　倒裝有以也夫陡健意味亦深長　爲之流涕而拜其二客爲都尉中用而字作一句貫下便欷歔有神　於是廼知田橫兄弟能得士也掉尾收應無限低徊

贊語以蒯通發端甚奇其卒亡此兩人拘筆老致語有深痛

蒯通者善爲長短說云云張陳傳淮陰侯傳載蒯通說辭籌策甚詳此又帶敘蒯通出處著述而通之爲人本末悉見便不必更作蒯通傳矣太史公附傳之法如此此所以上下千古不用人人立傳而人物事跡悉括無遺者也人都不知　通善齊人安期生又有閒筆拉一安期生甚妙　無不善畫者莫能圖何哉古拘含蓄節短而韻甚長　無不善畫者云云言雖有畫工不能圖田橫之形狀甚以爲恨正企慕田橫之深也人多誤解

樊酈滕灌列傳

茅坤曰太史公詳次樊酈滕灌戰功大略與曹參周勃等相似然並從未嘗專將也其間書法曰攻曰下曰破曰定曰屠曰殘曰先登而卻敵曰陷陣曰最曰疾戰曰斬首曰虜曰捕虜曰得咸各有法又曰身生虜身生得曰別擊曰別將曰從攻曰所將卒此又各書其戰陣之績有不可紊亂所授也　以屠狗爲事爲沛廐司御睢陽販繒者也皆直書其微時生業正爲得志英雄炫耀亦文字生色處　敘舞陽戰

功以從字冠首附戰級賜爵不編年月又一格例　常從沛公擊章邯軍濮陽復常從從攻城陽兩常從作呼應前後遂靈動亦搏結不散漫劉辰翁曰兩常從亦見當時獨親厚噲不特敘戰功也　擊泗水監豐下破之復東定沛破泗水守薛西兩破字顛倒變換有法　東攻秦軍於尸南攻秦軍於犨破南陽守齮於陽城東此又列敘三節戰功從略　攻武關至霸上斬都尉一人云云此段敘斬首捕虜降卒之數特詳不繫賜爵特變　敘鴻門事項高

二紀及噲傳繁簡各盡其妙可悟文家紀事之法

中酒倒字法與左傳中置中坐同　項伯常肩蔽之肩字妙并舞態寫出許字遠以爲不言項伯起舞失之

敘鴻門事獨注意樊噲故於范增謀殺沛公張良謝項羽等處皆略　臣恐天下解心疑大王也楊愼曰此語可爲删潤之祖紀傳兩載不相犯最是奇俊按解心猶言解體正義讀解爲懈句絕誤

項羽亦因遂已無誅沛公之心矣此句收得住逸宕自然　是日微樊噲犇入營誚讓項羽沛

公事幾殆反勒作結筆力萬鈞是作樊噲傳體

雍輕車騎於雍南雍輕車騎言雍之輕車騎也本上文別擊西丞白水北此省別擊二字耳觀後文從擊秦車騎更可見劉辰翁謂當時先有漢軍合軍應秦其說迂曲不可從　灌廢丘最廢丘即槐里因舊稱廢丘不欲重舉槐里者殊文以見義也例本左氏

從攻項籍云云至攻鄒魯瑕丘薛此用渾敘又變

以噲堅守戰有功益食八百戶小鎖　從高帝攻反燕王云云至取信定楚以將軍從高祖攻

反韓王信云云至與絳侯等共定之此等處又用略敘燕王韓王上署一反字字法　從斬首百七十六級云云至二千石已下至三百石十一人總收戰功并晰整嚴絕大結構韓歐作誌傳極意學之

先黥布反時云云唐順之曰先敘戰功而別事繫之後不以年月次也則文體整潔按此段在擊燕以前係追敘法卻用先黥布反時其後盧綰反鉤勒極分明

楊愼曰流涕數語粗粗鹵鹵有布衣之憂有骨肉之悲不獨似噲口語而三反四覆情詞俱竭眞

是子長筆力至一絕字可諱可悟趙高一語更嗚咽而長　一絕字戇直懇痛之極與字亦殊妙

亦爲臨光侯敘次中筆墨欲舞　侯家舍人得罪他廣怨之乃上書曰云云太史公與他廣善而其實非荒侯子不能爲之諱如此　酈商傳以年月紀事又每以官名標提屬戰功其下法又變　以將卒四千人以將軍爲隴西都尉云云連用十一以字受梁相國以梁相國將遷爲右丞相以右丞相別定上谷云云每用蟬聯而下此等處不避重疊正其班

班見眼目處此紀事之老法亦活態也　賜爵封
信成君漢王賜商爵信成君按此初封信成君者始
起沛之始加虛號以榮之及沛公為漢王又實賜商
爵也故再言爵信成君而書漢王以著之許孚遠以
為衍文失之　紀商戰功多從簡直　凡別破
軍三云云總收與樊傳同　呂祿信之故與出游
許孚遠曰寄紿呂祿出游與本紀所載不同按此或
寄說呂祿解兵柄而祿又與寄出遊耳紀傳正以互
載見義非不同也　天下稱酈況賣交也偏有此

閒筆若諷若惜機趣橫生酈況說紿呂祿功在漢社
稷而猶著其賣交太史公交情之重如此　夏侯
傳紀戰功法與酈商同而不甚紀年月又變　與
高祖語未嘗不移日也風致雋永　紀高祖傳嬰
嬰證脫高祖事筆力極古勁　終以是脫高祖收
法好　以為太僕常以太僕太僕字一篇眼目傳
中凡十三書太僕貫串照應生情　得印一匱紀
功狀別　卒得脫而致孝惠魯元於豐亦收法
嬰以太僕從擊荼云云至除前所食每一功一賜

爵一益食只一筆法到底而字句則逐段變換
徐行面雍樹云云至卒得脫嬰固徐行云云至卒得
脫兩徐行兩卒得脫故作疊復應照見精神　賜
所奪邑五百戶劉辰翁謂嬰或以他故奪邑至是復
賜之也漢書音義解非　嬰自上初起沛常為太
僕竟高祖崩以太僕事孝惠仍以太僕收上御下關
鍵絕奇此太史公大魄力也　滕公一生未嘗別
將故樊酈灌三傳皆紀別將功而滕傳獨無　孝
惠帝及高后德嬰之脫孝惠云云此功關係國本故

殊著之而長句宕逸神味悠然　曰近我句法峭
異　灌嬰傳紀戰功亦與他傳略同第嬰初為戰
將故屢用疾鬬戰疾力疾戰等字句寫之自為章法
後為大將故敘戰功皆稱所將卒凡十用之貫串為
法此其體例與他傳別處　灌嬰雖少然數力戰
此借必甲語中收上疾鬬疾戰有情精神警策
灌嬰大將也故曰所將卒又曰身生得嬰長於用騎
故曰破其騎又曰斬騎將又曰擊破楚騎又曰虜騎
將又曰破胡騎於武泉北又曰受詔并將燕趙梁楚

車騎此其眼目分明針線細密處　項羽使項聲
薛公云云至與漢王會頤鄉此段戰攻事繁敘得該
括而有力　及特將五人特將字法　因屯兵
滎陽云云至齊兵止不前此簡法然古勁
贊語無深意亦自疎宕妙在不甚承接

張丞相列傳

舊評以丞相二字作眼目故不曰張蒼傳而曰張丞
相傳此命題主意也傳止蒼一人而周苛周昌趙堯
任敖申屠嘉錯出點綴承轉收應或用蒼引起而諸

人繼之或中入蒼而諸人先後終始之凡六人出處
本末數十年官職沿革人才用舍斷續藏露其文至
變不當以一人一事求之也　張蒼丞相也其初
爲御史大夫前乎蒼爲御史大夫者周苛周昌趙堯
任敖曹窋也後乎蒼爲丞相者申屠嘉也傳以張蒼
爲主以丞相御史大夫爲眼目線索開首敘蒼出身
至爲御史大夫卻追溯先爲御史大夫者敘周昌并
及周苛次趙堯次任敖又帶入曹窋仍收轉張蒼此
以御史大夫爲聯絡者也中間敘蒼爲丞相因連及

後之爲丞相者已結張蒼因敘申屠嘉并附及陶青
劉舍許昌薛澤等輩此以丞相爲聯絡者也條次分
明穿插變化合數人爲一傳而如一人傳者此又傳
之變例也　而張蒼乃自秦時爲柱下史云云投
此處敘入張蒼律歷本領正爲後文伏案　蒼長
大肥白亦爲後文暗作伏筆　騎周昌項昌仰曰
一騎字一仰字真畫景　然尤憚周昌收轉有勁
力　臣口不能言然臣期期知其不可云云董份
曰寫真處雖近諧然正得情狀竊謂此惟太史公爲

之他手不易效也　微君太子幾廢又一收結敘
次中非收結不得　高祖憂卽萬歲之後不全也
每作搖曳之筆此更奇　語不了下便接入趙堯
斷續過渡妙　羣臣不知上之所以然着此句形
容入神　吾私憂之不知所出又加一語神情更
緊　吾念之欲如是而羣臣誰可者句中曲折轉
頓真太史公句法　於是乃召周昌云云至公不
得已彊行一段寫得婉摯入情令高祖周昌神吻鬚
眉欲動　高祖持御史大夫印弄之曰誰可以爲御史大夫者孰視趙堯

曰弄印執視一時光景妙絶　堯亦前有軍功食邑云云敘堯戰功封邑以帶爲補　使者三反周昌固爲不遣趙王括筆有力　以廣阿侯任敖爲御史大夫搭筆有法下接任敖者云云便成一篇文字　遇之不謹句含蓄有體　以平陽侯曹窋爲御史大夫曹窋不在類傳數內而敘御史大夫官第必及之此中敘次乃有主客相陪之妙　以淮南相張蒼爲御史大夫忽轉張蒼妙合無痕　四年丞相灌嬰卒張蒼爲丞相又轉入丞相題目

自漢興至孝文二十餘年云云至本之張蒼此段用大開宕敘張蒼律歷關係漢家制度有局勢有間架此善於用離合之法也　張蒼德王陵云云至然後敢歸家且應且接隨手波瀾　蒼爲丞相十餘年蒼爲丞相十五歲而免丞相緊要眼目故屢提之　初張蒼父長不滿五尺云云沒要緊處又生出波瀾此史家之閒情别趣也　申屠丞相嘉者添丞相二字有針路　蹶張字法奇　張蒼已爲丞相嘉遷爲御史大夫回顧張蒼妙到底以丞相御

史作串眼目絲理一毫不亂　其寵如是頓挫好　朝廷者高皇帝之朝廷也詞亦侃侃嚴重有體　欲因此以法錯法錯字法老　自申屠嘉死之後云云感慨漢廷相臣無人餘情遠致細想此篇須得如此結法　娖娖廉謹爲丞相備員而已刻語直筆　無所能發明功名有著於當世者詘然而止别有感歎

贊語簡質亦自抑揚有神　木强字法奇

酈生陸賈列傳

酈生陸賈俱以說辨勝酈生傳縣中皆謂之狂生陸賈傳名爲有口辨士皆一篇精神眼目所係也酈生倔强倨肆陸賈風流倜儻其性情意態一一畫出　皆握齱好苛禮自用不能聽大度之言數句寫盡千古無用庸人　酈生乃深自藏匿如此寫狂生品識身分特高　按此段正爲高祖作陪襯文非勒頓陪襯便索然矣　人皆謂之狂生生自謂我非狂生自寫自薦只此二語已足　縣中皆謂之狂生人皆謂之狂生生自謂我非狂生點逗狂生烟

波生動　騎士曰云云借騎士語寫高祖慢易處
恣肆盡致正見英主真率本色　酈生長揖不拜
氣折人主此太史公最得意事故寫來自然出色
足下欲助秦攻諸侯乎云云問得無理妙甚跌宕
自喜　酈生常爲說客馳使諸侯總虛收一筆有
力　說漢王據敖倉一段關係天下大計語亦磊
落條達　廼從其畫復守敖倉而使酈生說齊王
曰一語收上轉下最有脉力　王知天下之所歸
乎云云寫酈生說齊王真有睥睨玩弄之態語特恢

爽動人　天下後服者先亡矣語殊勁古　而
公不爲若更言倔強老橫真狂生語　陸賈說辭
最爲情實懇到而能得大體非徒以口舌見長如戰
國縱橫短長家言也太史公推演其說妙得口吻神
態　陸生之功在說下南越佐平勃誅呂安漢故
傳以使南越爲首尾中間敘交驩平勃事而於從高
祖定天下事不著此詳略之法也　足下中國人
刼持尉他在此五字開口氣已奪人　不助天下
誅暴逆責的得大義使尉他反口不得　天子憐

百姓新勞苦故且休之詔令中溫切語　說尉他
一段反復明暢嚴切有體直可作一則討南越檄文
讀　皇帝起豐沛云云此段更覺氣魄充沛精神
勃勃　吾不起中國故王此云云寫尉他意服矣
而詞猶倔強口角拗折有力　廼大說陸生留與
飲數月云云寫尉他英雄氣概故自不同　陸生
卒拜尉他爲越王云云此事跡眼目一一點明作一
段之收結　居馬上得之寧可以馬上治之乎此
語駁得警捷　且湯武逆取而順守之逆取順守

四字道理極深似涉權術家言實三代以後有天下
者不易之道也宋儒見此等語必痛詆之矣　高
帝不懌而有慚色寫出聖主大資性　試爲我著
秦所以失天下云云語不修整卻錯落盡致　高
帝未嘗不稱善左右呼萬歲楊慎曰左右呼萬歲寧
其回心鄉道也今人豈復有此按左右呼萬歲太史
公極力形容語亦是加倍襯托法極得意軒暢之筆
　長大臣有口者無意中暗與名爲有口辨士繞
應　陸生自度不能爭之云云寫出陸生深心作

用又為後文陳丞相作陪引掩映甚妙　以好畤田地善云云至無久恩公為也此段首尾僅百餘字耳而陸生偃隱玩世深晦退藏之神寫得風流駘宕蕭疎閒雅以及世態人情委曲纖細靡不畢露悉見真化工手也　分其子子二百金鎖細有情

陸生謂其子數語故極遒峭閒雅一歲中往來過他客云云語脈更嶔崎歷落若斷若屬特妙　一歲中往來過他客率不過再三過言一歲中尚有他客處可往來大率不過再三次過汝也索隱讀率為律

誤　數見不鮮無久恩公為也言人情數見則不鮮美久而易厭也故一歲中率不過再三過無久恩苦公令厭患吾也索隱解誤　孝惠帝時呂太后時並提作對而敘事層次淺深有法　常燕居深念而陳丞相方深念陸生曰何念之深也屢用深念字不厭其複而往復廻繞有情　陳丞相方深念不時見陸生寫得神理入微漢大臣深心至此

天下安注意相云云數語意思正大深遠不特一時安劉良畫實為千古謀國名言　連用峭語敦古

遒勁經書中最有典制句法　此兩人深相結則呂氏謀益衰橫安二語敘中加斷最奇崛最深透

陳平迺以奴婢百人車馬五十乘錢五百萬云云按此正與出越中裝千金分子置產及車馬寶劍等相輝映有情有景　陸生以此游漢廷公卿間名聲藉甚云云寫陸生得意處極酣暢亹亹有致

陸生頗有力焉收結好　孝文帝時再使尉他事約敘好詳略得法　陸生竟以壽終一篇絕好結束善陸生之以智謀自全也漢初將相功臣得以壽

終者幾人哉此中感歎不少　平原君楚人亦有口辯士與陸生善其救辟陽侯而卒以殺其身者陸生誤之也故於陸生後附傳焉　辟陽侯行不正語渾拙得妙　陸生往見辟陽侯賀曰云云賀得奇然平原君死此一賀矣　陸生為辟陽侯致平原君此其好奇用智之謬也此事若載陸生本傳便與陸生他事不類而文字亦減色矣故特於平原君傳附見之亦史家安頓位置之一法也　辟陽侯乃奉百金往稅云云此與尉他賜陸生千金陳平遺

陸生錢五百萬暗照有情　呂太后慙不可以言妙於弄筆太后不甚矣　兩主共幸君此句亦醜甚　辟陽侯之囚欲見平原君云云至廼大驚廼復前事作收極瞥策　皆陸生平原君之力也陸生平原君雙收有賓主有眼目　孝文帝聞而惜之曰吾無意殺之此作廻繞之筆正爲平原深惜也

廼罵單于遂死何敢中平原君有子如此遂爲傳中生色然正與陸生使南越有天然關照處

酈陸合傳二生有事跡相類自然映帶處酈生傳云酈生常爲說客馳使諸侯陸生傳亦云居左右常使諸侯酈生傳云沛公不好儒云云陸生傳云高帝罵之曰廼公居馬上得之云云酈生說高帝高帝踞牀洗足爲之輟洗延坐陸生說尉他尉他魋結箕倨爲之蹶然起謝酈生說田廣田廣日與酈生縱酒陸生說尉他尉他留與飲數月此皆事跡之自然映照而太史公觸手生情涉筆成趣者也　陸生傳及高祖時孝惠帝時呂太后時孝文帝即位陸生以說辨功名顯四世點次歷歷分明此太史公用手法處

初沛公引兵過陳留云云此段記酈生謁高祖說下陳留與本傳所載不同亦不類太史公手筆當是他書別載傳聞異辭者太史公特附之傳後以廣異同且以証高帝得酈生在未入關時非已拔三秦之後此則諸書無異說耳　此段摹畫情景淋漓生動殆不讓太史公矣中間句法欠老亦有太作意欠自然處

贊語亦自蕭疎平原君子與余善是以得具論之此語占身分極高

空山堂史記評註卷十

列傳　　　　滋陽牛運震階平

傳靳蒯成列傳

柯維騏曰傳寬靳歙戰功最多此傳敘傳功運用從字屬字敘靳功運用從字別字及破之字文體變化與樊酈滕灌相類非太史公不能作也　歸有光曰傳蒯傳不類補者按傳蒯傳簡峭可法最有部伍安頓文字陳仁錫以爲絕無意味眞不知文者也

從擊項籍待懷待懷者待高帝於懷也句法簡練

所將卒斬騎將一人敖下句法變　屬淮陰屬相國參屬太尉勃三層又別一類文法　屬相國參殘博練句法　從高帝曰從屬淮陰相國參等曰屬用字有分曉　殘博者破齊之一事也殘字用意　爲齊右丞相備齊齊未滅也爲齊王韓信相也五歲爲齊相國齊已定也爲齊悼惠王相也只增易一二字便自句簡而意括　敘靳歙戰功特詳以從攻別攻從擊別擊從定別定爲章法節節詳計斬若干人捕虜若干人身得若干人降吏卒若干人末後又總計斬首虜若干別破軍若干降城定郡國各若干作收結簡而晰錯而整此之謂大手筆

別西擊章平軍於隴西別之河內別下平陽只用一別字節節變換　蒯成侯無戰功可紀故傳極短簡獨敘其軍無離上心及涕泣留行處忠愛藹然最有情態　軍乍利乍不利終無離上心語極錯落生動只此二句便非太史公不能爲而謂後人補入耶　是爲無人可使者乎柔媚語口吻極肖

緤以壽終言緤之無功者以壽終哀功臣之不得以壽終也贊語此有傷心者正指此意

劉敬叔孫通列傳

劉敬傳落落只敘數事格調最高讀史記須要知此等變例唐順之謂此等傳似不爲本人但爲漢敘事者雖亦有見恐未深考史例耳　婁敬脫輓輅衣其羊裘寫眞率處有色　說高帝都關中一段節約周紀精峭錯落可誦　欲令周務以德致人云云數語切中深入能見三代王者心事　即日車

雋西都關中卽日二字精神　於是上曰云云數
語收轉劉敬是爲劉敬立傳者　婁者乃劉也賜
姓劉氏杜撰得妙　是時漢兵已踰句注二十餘
萬兵已業行此句倒補有力　吾皆以斬前使十
輩言可擊者矣斬前使借高祖語中帶出亦一法
當是時冒頓爲單于云云另提起有勢正爲後文
備胡案　然恐陛下不能爲上曰誠可云云以問
答生波瀾亦文字之自然勒頓　漢所餘彼所鮮
六字和戎妙用後世邊市利便機宜盡於此　乃

使劉敬徙所言關中十餘萬口竟住不另作收結高
絕　唐順之曰備胡都關中兩事結案在此
陳子龍曰傳內遷都使虜議和親徙大姓皆漢初大
事也太史只敘此四事而劉敬之功業自見矣按傳
載四事實只兩事耳議和親備胡終使虜事徙大姓
實關中終遷都事而實關中卽所以備胡實合爲一
事也以勸都關中起以實關中結首尾都成一片結
構之自然如此　叔孫通傳敘通出身履歷稍詳
亦不另作收結與劉傳同格　贊語中希世度務

四字乃一篇精神所注處　通曰公不知也我幾
不脫於虎口云云至薛已降楚矣茅坤曰數字轉折
間叔孫梗槩可見按此虛字轉折如意敘次中神情
活脫非太史公不能有此筆墨　漢王憎之漢王
喜叔孫通知上益厭之也三處轉應甚緊自然有情
漢王方蒙矢石云云至我不忘矣語致殊疎宕
意到而筆不必到　羣臣飲酒爭功醉或妄呼拔
劍擊柱有此作影襯愈見後文位置之妙　禮者
因時世人情爲之節文者也此語卻得禮意後世言

禮者當宗此旨　令易知度吾所能行爲之語朴
率得神　公所爲不合古吾不行云云絮語碎語
得迂儒拘腐之神　會十月漢七年長樂宮成云
云至吾迺今日知爲皇帝之貴也此段極力鋪設有
局仗有節次極整飭極錯綜典則詳重令一時朝制
官儀歷歷如畫是太史公出力文字　此段妙在
能於周官司儀儀禮十七篇之後另出一格不必斤
斤襲古字句而拙重詳晰處正自古極　於是高
帝曰吾迺今日知爲皇帝之貴也一段大文字一語

總收有力　諸生廼皆喜曰叔孫生誠聖人也云云此又收諸弟子結構甚緊筆有餘閒　叔孫通曰太子天下本云云數語侃侃有正氣叔孫頗有此少爲面諛取貴解嘲　及上置酒見留侯所招客云云至無易太子志矣帶留侯招客事作收幹補圓足　定宗廟儀法云云至皆叔孫生爲太常所論著也此處總一筆作收結宗廟儀法又爲後文作緣起妙　奈何令後世子孫乘宗廟道上行哉十四字句有力　原廟起以復道故廻繞收繳淋漓可

喜　諸果獻由此興竟住老以此作收勁古之極

叔孫傳每於收結見精神處處用收法有情有力

贊語千金之裘云云寬語作引極大樣　智豈可專耶一語收拍極疎宕亦政有含蓄　叔孫通希世度務云云括評叔孫褒諷互見正自不沒其實前人以爲溢美者失之

季布欒布列傳

二布奇人太史公亦極出色摹寫季布傳尤淋漓

一爲氣任俠有名於楚二語一篇立柱處　將軍能聽臣臣敢獻計周氏爲季布畫策先用虛說妙此筆法有閃那處　朱家說滕公一段凡數轉筆意極有操縱疎宕條達　朱家心知是季布汝陰侯滕公心知朱家大俠意季布匿其所特用兩心知字故作映照寫出英雄機警精神相關處　果言如朱家指簡法　當是時諸侯皆多季布能摧剛爲柔朱家亦以此名聞當世橫欄作雙收勁暢圓活太史公筆力之高在此等處　能摧剛爲柔此太史

公自寫胸臆語　欲搖動天下語未了竟截住妙卻岌岌有勢　是時殿上皆恐插入此句神力詡詡　遂不復議擊匈奴事結筆勁季布傳節節有收結　上默然慚良久曰云云默慚良久忽得一語神情佳處正自可想　故特召君耳特字牽强無理寫生處正在此　楚人曹邱生辯士云云一段曹邱生請說季布季布引爲上客此事本無足稱亦不足爲季布行事增重特爲篇首季布任俠有名於楚作渲染耳然太史公遇此等事每每高興極情

盡致寫之淋漓有色　季布名所以益聞者曹邱揚之也敘中夾一斷語極疎勁非太史公無此筆　季布傳末附其弟心兼及母弟丁公餘情悲凉繚繞　少年多時時竊籍其名以行句拙勁有態有力　當是時季心以勇布以諾又收到季布妙季布季心對舉雙收賓主釐然　季布母弟丁公爲楚將波瀾疊生文情最妙太史公往往如此　丁公正與季布相反高祖處之亦正相反附見作結鍊局生趣兩極其妙　短兵接三字有景　高祖

以丁公徇軍中云云妙在數句中連用數丁公錯節厲響歷落沈勁倘一則失之　以丁公徇軍中遂斬丁公分作兩層便自錯落有勢若他手定作以丁公徇軍中而斬之云云則索然少味矣　使後世爲人臣者無效丁公竟住勁極隱然與篇首朱家臣各爲其主用等語相應卻無關照之痕妙不可言　篇首以爲氣任俠有名於楚作柱後文諸侯皆多季布云云季布名所以益聞者云云季心以勇布以諾著聞關中屢屢收應甚細甚緊　始梁王彭越爲家人時云云至爲奴於燕陳仁錫曰太史公敘欒布彭越二人之始一爲家人一爲酒保一爲盜一爲奴連用四爲字相形甚妙按此敘欒布出身踪跡甚奇極生色　爲其家主報仇寫欒布微時任俠一事便爲哭梁王彭越事伏案　奏事彭越頭下寫出奇男子氣概只奏事頭下四字有慘致有奥態　方提趣湯着四字警動逼人　與楚則漢破與漢而楚破換一而字口角便有低昂妙　臣恐功臣人人自危也語帶恐喝妙有刼持　布廼稱曰

云云借欒布自言結布平生始末甚妙語亦感慨激昂　借自述作收結太史公列傳中往往用此法　燕齊之間皆爲欒布立社云云此一筆正爲季布有名於楚作映帶窮困不能辱身云云亦似爲季布寫照者

贊語以項羽之氣五字勒頓法如持弩正滿時　贊語凡數轉跌宕鈎頓盡致　彼必自負其材云云直是自寫胷臆道得蠶室著書意思出　夫婢妾賤人感慨而自殺云云此用反托法文意廻環盤

旋　賢者誠重其死彼誠知所處不自重其死兩
處鉤應關照緊湊有結構　贊語意思多轉折繁
而不覺其重纔此疎健之筆有以舉之
　袁盎晁錯列傳
袁盎傳詳委有態　意得甚上禮之恭常目送之
摹寫工宛然　上益莊丞相益畏對敢勁　盎
遂不謝句甚冷妙此敘次中有勒頓處　絳侯得
釋盎頗有力絳侯乃大與盎結交極意作收結有法
袁盎傳處處有收結　如有遇霧露云云至奈何

句極錯落纚連眞古文句脉也　敘淮南遷蜀一
段極紆長屢用虛字轉折措置有力　上弗用上
弗聽互應作勒頓　陛下居代時云云至過許繇
遠矣三段各有變換整齊中極不整齊此筆法伸縮
之妙　且陛下遷淮南王云云又拉遷淮南事作
收文極參錯入妙細讀之固知所引高世行三爲旁
文而此爲正文也　盎由此名重朝廷此句虛收
有力　袁盎嘗引大體忼慨揷此二語承上起下
文勢靈活下文辱趙同諫馳峻坂郤愼夫人坐三段

俱有綱領此敘事最有手法處　陛下獨奈何與
刀鋸餘人載句亦峭勁激昂　然袁盎亦以數直
諫不得外居中二語收轉有力與引大體忼慨遙應
又爲下文作提挈太史公敘事全在此等處用意見
筆力雖文極紆長事極煩碎總成一片結構也
君能日飲毋何時說王曰毋反而已句極拗折卻不
失爲拙直故妙　爲吳相一段暗作後文伏筆
　敘盎說申屠嘉一段極詳悉有節奏　君卽自
謂不如口吻婉便入妙　以聖主責愚相語極警

透　吳王厚遇盎丞相引入與坐爲上客語亦遙
遙相應　盎素不好晁錯云云此處始入晁錯一
篇着眼目處正袁晁合傳之本旨也　治之有絕
謂可以杜絕其謀也舊解誤　敘盎進說斬錯事
特略而別詳於吳王傳中詳略分見亦史家之法例
也　敘盎賜從史侍兒及因從史以脫吳難纖悉
宛曲極情盡趣他史皆不肯如此寫而獨太史公不
厭爲此者以筆有餘情也　乃以刀決張道云云
至遂歸報寫得委曲分明情狀如見醉卒直隧司馬

分背等字皆太史公極用意處標奇生新　安陵富人有謂盎曰云云此段無端設爲問答文境甚高叩門不以親爲解不以存亡爲辭數語直是借他人論議寫自已胷次真有激昂淋漓之槩　拉入劇孟一段正爲從史脫吳難一事渲染生情　諸公聞之皆多袁盎收轉好　袁盎雖家居云云遙接生下脉理甚清　來刺君不忍刺君然後刺君者連用三刺君不變文甚老勁　梁刺客後曹輩云云一筆竟結極老讀之令人氣咽神沮　爲人陗

直刻深四字得錯之神　老不可徵句極古勁

太常遣錯受尚書伏生所還只一句了括鍊法

數上書孝文時言削諸侯事及法令可更定者云云錯論貴粟言兵事諸疏綜核精確悉有關世務者太史公皆刪去不錄只以數上書言事一語括之蓋以錯本非文詞著見之士兼與袁盎同傳已不得獨錄錯疏也此與賈誼與屈原同傳不錄其治安諸疏之意正同甚矣太史公作史之有權衡也　然奇其材寫出孝文聖主　當是時太子善錯計策云云伏筆有眼　由此與錯有卻亦用伏筆收勒老

劉氏安矣云云弄筆極蕭洒爽便然他手爲之未有不輕且佻者　死十餘日點清警醒可畏

鼂錯已死謁者僕射鄧公爲校尉云云傳末紀鄧公一段爲錯暴白也細思此段真少不得　於是景帝默然良久曰云云數句寫出光景神吻　鄧公成固人也多奇計附鄧公一小傳特蕭疏閒逸有致

贊語善傳會三字窺見袁盎至隱資適逢世時以變

易二語寫出袁盎精神作用　說雖行哉云云跌宕遒古錯落入神

袁盎鼂錯以結怨尋讐合傳在諸合傳中別是一例

張釋之馮唐列傳

張馮傳詳載言論光景風神可誦可想　張馮皆老成名臣其侍文帝濟讌從容風旨宛篇一時君明臣賢穆然深厚令人不復作後世之思真古今來希有事亦太史公設色摹神最工妙之文　釋之傳以歷官次行事詳悉委重另一格法　張廷尉釋

之者開端標題便有眼目篇中或稱釋之或稱廷尉
各有旨趣非漫然者　久宦減仲之産不遂云云
眞摯中功名語滿心怨望　文帝曰卑之云云數
語朴至如見　秦所以失而漢所以興者此處略
得妙　久之文帝稱善節奏極雅　尉左右視
盡不能對寫光景如畫　從旁代尉對上所問云
云至口對響應無窮者長句聯綿重複若不可了如
此乃盡嗇夫情態　如此文若從史家簡字之法
只當云從旁代尉對上所問禽獸簿甚悉可矣必綴

欲以觀其能二語不厭繁曲瑣瑣者正爲後文釋之
論嗇夫諜諜利口地耳固知有筆法無筆情不可以
作史　欲以觀其能此五字切中嗇夫肺肝嗇夫
不可用處正在此　釋之久之前曰久之二字有
景有想　上曰長者也上復曰長者二語伸縮頓
挫入妙敘事中有神吻　吏爭以亟疾苛察相高
亟疾苛察說末世文吏痛切刻骨　無惻隱之實
以故不聞其過論吏治須惻隱之實眞血性有學問
人語宋世儒者議論不能如此透切　且下之化

上云云至不可不審也宕開鬆一筆文勢寬然有餘
　釋之對文帝論嗇夫一段抽重纏綿惻感動人
長者之言固篤厚若此　召釋之參乘徐行敘次
雅甚徐行二字更有光景　教兒子不謹只一語
已質懇盡情　敘從行至霸陵一段幽秀悽深宛
然畫境　上指示愼夫人新豐道云云此間文也
寫來更有別情逸趣他手即不暇及此　釋之前
進曰云云釋之數語清峭婉折別一種筆舌有可欲
無可欲更含蓄有味　讀臨霸陵論石槨一段情

文相生淒然黯然太史公乃獨擅千古　釋之治
問曰縣人來云云至即走耳宛然犯蹕人一段口供
活態活筆　一人犯蹕一人字眼目　而廷尉
乃當之罰金句殊峭健　上使立誅之則已按此
乃張廷尉一時權言欲以可其奏正謂廷尉不可傾
法也且亦史家行文自作波折而後世爭以爲譏此
不知當時奏對情實亦併不解行文之法者也
法如是足也只一語已簡盡椽犯蹕一段論法已詳
此處更不容贅　且罪等然以順逆爲差語極訥

重文意極拗折　有如萬分之一假令云云抽惣
重疊極得慎重不敢斥言神吻　以之文帝與太
后言之乃許廷尉寫得慎重之極廷尉字亦有眼目
　當是時中尉條侯云云至張廷尉由此天下稱
之一鎖局仗完密氣勢極生動　王生者善爲黃
老言處士也脫卸極有節奏　王生老人曰添老
人二字妙　吾韈解云云從王生口中突說韈解
甚奇者敘王生韈解於前便減趣　顧謂張廷尉
爲我結韈獨奈何廷辱張廷尉使跪結韈自度終無

益於張廷尉張廷尉方今天下名臣吾故聊辱廷尉
使跪結韈張廷尉屢呼疊喚妙三用結韈字故爲重
複而實有變換凡此皆太史公獨擅之長得意之筆
　猶尚以前過也風刺冷妙景帝不過也猶尚以
前過也回環縈繞有致　以不能取容當世故終
身不仕感慨深長　釋之傳以歷官敘行實補謁
者紀其論秦漢事爲謁者僕射紀其論嗇夫事爲公
車令紀其劾太子梁王事爲中郎將紀其論石槨事
爲廷尉紀其論犯蹕論盜高廟玉環二事而附王生

結韈事以終之節次明晰原委款曲過接收頓自成
章法列傳中絕佳文字　以之文帝稱善釋之以
之前曰頃之太子與梁王共車入朝頃之至中郎將
頃之上行出中渭橋夏以上曰廷尉當是也以之文
帝與太后言之以之釋之卒篇中屢用以之頃之良
以作停頓節奏閒雅章法自然　馮唐傳止紀其
論將一事餘事不一及此紀事知要領處而傳體乃
以不雜　馮唐者其大父趙人父徙代云云開端
敘唐大父及父伏案甚細　楊慎曰寫文帝謾問

與當時感慨中語耿耿如對　父老何自爲郎唐
年老從文帝語中點出　今吾每飯意未嘗不在
鉅鹿也語溫篤可思中有無限纏綿　文帝問李
齊唐對以廉頗李牧及承帝問又言李牧李齊而不
及廉頗上說而搏髀又言廉頗李牧而不及李齊正
以參差錯互見筆法自然處　臣大父在趙時云
云語必稱大父與父想見老人對君溫謹詳確處
　王維禎曰太史公凡序人父祖兄弟朋友親戚故
舊似有關係非徒爲塡塞侈漫者按史傳主於紀人

紀事非爲人家作門牒世譜也後世史家凡作一傳必將其人之祖父兄弟子孫臚列塡寫累幅連篇史法之壞莫甚於此此弊自後漢書已見其端至魏隋等書殆有蕪雜而不可言者矣　上旣聞廉頗李牧爲人良此句括無數語簡法　說而搏髀寫神　公奈何衆辱我獨無閒處乎語宛篤朴至入神君臣間直如鄉里朋友想見文帝盛德亦虧得太史公寫得出　當是之時匈奴新大入朝那云云接入此段妙極突兀意思卻極有關屬又能暗伏魏尚

此等筆法不得不獨推太史公也　唐論將一段質古明暢極似國策　百金之士十萬鍊字奇

當是之時趙幾霸云云至其母倡也數句頓挫有神吻　魏尚獲罪處在上功首虜差六級妙在士卒盡家人子一段突然發議而上功首虜差六級至末乃點明語脉筆勢便有隱顯頓挫若平直敘去郎奄然少色　臣愚以爲陛下法太明云云至罰太重三句收鎖好　文帝說是日令馮唐持節赦魏尚云云一篇收束筆力絕佳是日字妙寫出文帝駕馭鼓舞精神　唐時年九十餘不能復爲官此句有無限扼腕　遂字王孫亦奇士與余善與余善三字雅甚劉辰翁以爲他史所不必者不知其切於傳聞與紀載也愚謂太史公持品絕高交遊最愼凡傳中言與余善與余通書正爲其人增重耳然風致神情乃以超絕　傳末附馮王孫正與釋之傳末附張摯遙遙作映對妙

贊語連稱有味哉有味哉咨嗟壹壹　書曰不偏不黨云云引書不甚切卻有妙旨

萬石張叔列傳

萬石君父子及衛綰直不疑周仁張叔皆以孝謹忠愿稱於時故得連傳標題曰萬石張叔者舉首末二人爲目猶孟荀列傳之旨也　愛其恭敬恭敬二字眼目　以姊爲美人故也語帶調笑太史公於恭謹人物亦不肯放過　無文學恭謹無與比正寫萬石本色　奮長子建云云至號奮爲萬石君點明萬石君以見標題本意又總提萬石父子而下以萬石君及長子建次子慶行實分敘於後章法最

明整　萬石君以上大夫祿歸老於家云云至皆自以爲不及也按史傳馴謹忠實人最難寫畫家所謂犬馬難工也看太史公描寫萬石君馴謹處逋用數必字數不字爲章法參差轉換步步有情有景極瑣曲極朴厚極工妍大似曲禮内則鄉黨篇等項文字以是知太史公胸中筆墨無所不有　申申如也僮僕訢訢如也中間插入二語虛摹之筆逸宕風流　唯謹二字佳得妙峭而動　萬石君家以孝謹聞云云至自以爲不及也數語總括作收圓暢

有神　郎中令王臧云云借客形主生波有致　不敢令萬石君知以爲常以爲常三字作收圓足　事有可言云云至如不能言者倒延見如不能言於後便得馴謹人身分一易置便失之　萬石君聞之不食不食字與上對案不食遙應有脉理　固當二字冷甚然已十分嚴切　乃以長子建爲郎中令建爲郎中令長子郎中令建建爲郎中令書奏事屢屢喚醒有精神　建爲郎中令書奏事云云建死之後又書一事流連迴復疊疊有情

誤書馬字與尾當五今乃四不足一極瑣細事寫來極有老致朴趣他人筆端刻畫不出不則失之穉氣或易陋相　其爲謹慎雖他皆如是添二字拗法斡轉圓勁　舉手曰六馬畫景　慶於諸子中最爲簡易矣然猶如此頓挫好敘事中有頓挫神味便佳　此一折萬石君及諸子神致俱爲生動凡傳中寫建慶等事悉是寫萬石君也　萬石君在時寫長子建二事少子慶一事萬石君卒後寫建慶各一事而别敘慶升黜本末以終之錯綜布置有情

有法　是時漢方南誅兩越云云此段插得妙正見中國多事武帝用喜事之臣未嘗不重質行之士丞相祿祿無所建白適以徵醇謹之人無益於國事也　上以爲丞相老謹老謹二字連用妙　天子曰云云檃括詔書極簡妙搖曳有神吻勝原文　諸子孫爲吏更至二千石者十三人篇末爲萬石字映照渲染有情　孝謹益衰矣迴顧孝謹作收有眼目有筆力　雖齊魯諸儒質行皆自以爲不及也不言而齊國大治凡稱舉萬石君過情處皆含

風刺非滿子之也至論石慶曰醇謹而已無能有所
匡言又曰無他大略爲百姓言則公然直斥之矣評
者乃謂太史公過于萬石真不知文義者也　綰
日以謹力謹力二字約字峭古　死罪實病四字
最簡卻深厚之極　賜劍事極瑣細寫來卻大樣
極有情致太史公往往於細事生情見筆力　實
無他腸語極真摯朴老所謂質而不俚　然自初
官以至丞相終無可言此正綰醇謹處太史公殆有
不滿之詞　而告歸者來而歸金而前郎亡金者

大憝兩句中情事曲折妙在連用而字句流走而挺
健　我乃無兄以此四字辨盜嫂想來好笑
以此稱爲長者不好立名稱稱爲長者二語故作呼
應襃貶分寸俱見蓋不疑非不求名正釣名之至者
此贊語所謂微巧也　陰重不泄四字深極
期爲不潔清刻畫刺骨　終無所言然亦無所毀
不敢受也終無所受疊複句作章法形容有味
其人長者事以誠長者處官官屬以爲長者連用長
者字疊呼緊應不厭其複　周文張叔傳末俱結

云子孫咸至大官矣言外含蓄譏笑宛然太史公乃
狎侮長者耶
微巧處闇看得深文字法亦精確　君子譏之爲
其近於佞也然斯可謂篤行君子矣抑揚襃貶分寸
平允筆致亦跌宕風逸

田叔列傳

田叔與貫高孟舒同事趙王以柏人事逮漢廷顯
名貫高首事且無他行實故附傳於趙王傳末田叔
別有論孟舒案梁獄相魯王事故特爲立傳而孟舒

亦附之以見云　刻廉自喜喜游諸公寫出田叔
品格風流　臣等當蟲出句極朴勁陳仁錫以爲
俗句何也　唯貫高就繫唯孟舒田叔等十餘人
云云貫高事明白趙王乃進言田叔等十餘人叔爲
漢中守十餘年次第出落脫卸側注有法　公長
者也宜知之語妙神吻宛然　論孟舒一段連用
長者字翻挑點逗極警策有意致　於是上曰賢
哉孟舒復召孟舒以爲雲中守收結有力　田叔
論孟舒與馮唐論魏尚事相類敘次亦彷彿　上

毋以衆事爲也口吻活妙　王自奪之使相償之云云連用虛字轉折數句直如一句句法繚繞而輕健　發中府錢使相償之王自奪之使相償之相毋與償之於是王乃盡償之數句中有四償之字疊出見奇複而有味　魯王以故不大出游收句勁不大出游正自有致　少子仁不受也曰不以百金傷先人名句極冷峭廻顧剌廉自喜意致蕭疎淡遠　陘城今在中山國傳末忽注一筆環繞篇首此正太史公之弄筆出奇無所不可處陳仁錫乃以爲後人訓注失之

扁鵲倉公列傳

扁鵲倉公醫方絕伎太史公特傳其耶論軼事以廣異聞蓋會中有一段奇異之文特借二君之奇以寫之　扁倉二公太史公不肯與日者龜策同列方伎傳而特爲立傳實有雅重扁倉爲人處　扁鵲傳事與文絕精奇、　禁方字法奇　當知物矣下字深微若說出鬼物便淺　忽然不見殆非人也寫得恍惚離奇　視見垣一方人句法古

爲醫或在齊或在趙點齊趙伏案　在趙者名扁鵲點明扁鵲號名即順手過入趙簡子事極自然　諸大夫彊而公族弱云云提掇此段於前下文方有原本　簡子賜扁鵲田四萬畝收結明白有此乃醒出扁鵲傳　精神不能止邪氣此語最深　言臣齊勃海秦越人也云云絕好詞令詳欵入情　練精易形道書中精語　目眩然而不瞚云云儷語形容最精　無先生則棄捐塡溝壑長終而不得反語連綿不斷得欷歔於邑之神　因噓唏服臆云云至容貌變更忽參韻語疊砌描寫淒節古調似楚漢人賦體　形靜如死狀善形容　良工取之拙者疑殆二語作收老橫取字亦自深妙　故天下盡以扁鵲爲能生死人云云至能使之起耳活虢太子事似涉恠有此一收下一解語便覺通身圓活　語齊桓侯一段正見醫理通於治道此中大有機鋒點化　望見桓侯而退走寫生　使聖人預知微云云至重難治也忽然颺開作議論寓言遠大文境斷續離奇　人之所病病疾多

而醫之所病病道少謂人之病苦於疾多醫之病苦
治病之道少也文義本甚顯明徐廣注曰所病猶療
病也意反晦而難解　扁鵲名聞天下過邯鄲云
云至隨俗爲變扁鵲隨俗爲變處篇末補出正以項
細周匝見奇　至今天下言脉者由扁鵲也結法
好廻應以診脉爲名句　太史公本好奇活號太
子決齊桓侯正奇事與奇文相稱者寫來便自出色
畫中庶子及虢君形狀文有賦態此殆史傳之
變體也　許孚遠曰敘事後作斷語此似諸子之

舊文非史家之正體也語自有見然太史公他傳如
此類者多有　使意盡去其故方云云此處略敘
後文臣意奉詔自狀處乃詳之　決嫌疑定可治
六字道理深　不以家爲家語妙　此歲中亦
除肉刑法帶敘除肉刑正結緹縈上書事此下乃敘
倉公醫方詳悉也陳仁錫以爲太史公作倉公傳本
文止此恐不成傳體　意家居云云至具悉而對
按此處連用兩詔問正以前略後詳疊出爲文法陳
仁錫以前段詔召問二句爲衍文亦非　及所能

治病者有其書無有等項一連六層錯綜頓挫備極
文章節奏之妙　臣意年盡三年云云繫年歲於
末娓娓項悉有情舊評似供狀　齊侍御史成以
下係倉公醫案朴拙古勁別有蒼奧之色此西漢之
文與後世不同處太史公錄之以附傳末雖不類史
公手筆而其文自佳　諸段言方脉事極有奇辭
奧旨與內經素問彷彿　所以知成之病者所以
知其後云云凡十六用所以知字極拙重有力
成之病得之飲酒且內語自深雅　此悲心所生

也病得之憂也文法亦自擺宕　敘中御府長信
墮水一段細峭生動　濡者去衣而汗晞也隨手
注解筆有餘態　適其共養語極細貼含蓄
不平不鼓乍躁乍大說脉理最工妙　尸奪字法
奇尸奪者形弊造語深奧　臣意未往診時我稱
此段有法　後五日死者云云說腑藏事透快明
豁如此　一摶一代語妙　安穀者過期云云
二句作收最老勁語亦極古奧精拔　爲所是案
法新句生拗眞古文　望之殺然黃察之如死青

之茲內經中每有此精爛之句　敘宋建弄方百
一段連用之字句極生動跳脫　病得之欲男子
而不可得也語要眇風雅可謂寫人情所難言
循之戚戚然弄筆形容好　宛篤不發語深
輒後之字法古後世無此用法　其來散數道至
而不一也脉經中精語形容有景　臣意曰公所
論遠矣云云此段暢論醫方文理陰陽之道正爲前
後段關鍵竅會也醫案本不以文字競勝卻自手法
次第如此　起度量立規矩稱權衡合色脉語深

微精當醫之難言如此　必有經紀云云綴此數
句好跌宕參差有神味　大如覆杯喻工切
臣意曰他所診期云云綴此數句作諸段收結手法
妙　王韋曰問臣意所診治病以上每段用所以
知三字眼目其文短簡而轉換多另是一格此下問
答論凡七條多用以故字作轉語　敬恐更以除
拘臣意也此語意思深腕力自古　愼毋令我子
孫知若學我方也長句有勁力古脉極曲折意思卻
一語道明此正簡爽不可及處　問臣意師慶何

見於意云云此段敘次更覺曲折詳細筆致亦妍婉
可喜　奏馬字法好　時時失之臣意不能全
也餘意嫋嫋
扁鵲傳秦太醫令李醯自知伎不如扁鵲也使人刺
殺之倉公傳或不爲人治病病家多怨之者人上書
言意云云術數之精乃得奇禍太史公於此有深痛
至戒焉故於贊語中特拈此義正自意思高遠
倉公乃匿迹自隱而當刑云云數句忽用韻語奇
扁鵲傳不似太史公本色古奧蒼郁正似先秦文字

吳王列傳

吳王傳只敘吳楚七國反一事而首尾貫串分合有
法順敘追敘錯綜盡致史記長篇最佳文字　天
子爲骨肉故不忍致法說來得體筆致大樣　無
壯王以塡之壯王二字字法新奇　謂曰若狀有
反相妙在從高帝語中突然說出亦省卻一層筆墨
心獨悔業已拜因拊其背告曰云云此際有無
數曲折情事三四語寫出　高帝一時說話分作
兩層點敘文法頓挫斷續有情　漢後五十年云

云誕得妙長篇文字亦確須此層伏案　會孝惠
高后時云云至國用富饒此段敘吳之富饒預伏謀
反之根　孝文時云云至以故能使其衆此敘吳
與京師搆釁之由及吳之能使其衆俱爲謀反節次
作安頓　會孝惠高后時孝文時以漢世代敘吳
事段落分明　敘吳使者語極得大體句法曲折
委婉　晁錯爲太子家令云云至以此吳日益橫
此又爲削地作引線層次從容不驟　以故無賦
國用富饒以故能使其衆以此吳日益橫三段收煞

極老勁明白如劃連用以故云云一樣句法亦作意
爲關應　削之其反亟禍小不削反遲禍大句法
刻削峭利似申韓子之文　漢廷臣方議削吳此
句有提掇　乃使中大夫應高誂膠西王誂字字
法奇劉辰翁曰誂字佳漢書改作口說則下無文書
口報字贅矣　舐糠及米語質而透切所謂質而
不俚　此恐不得削地而已劫持語有神吻
同惡相助云云五句妙在不甚切合隱寓甚深
應高說膠西王語極含蓄深切而有蒼奧之氣想見

初漢風格劉辰翁曰此辨士極知淺深變化語皆蘊
藉可觀　膠西羣臣或聞王謀諫曰云云至非長
策也語極疏達透快　皆許諾而曰云云而曰字
釣連而下又出一議帶筆生奇太史公最長此法
及孝景帝即位云云至陰使何奴與連兵此段正
敘吳楚七國謀反起兵事　七國之發也云云至
敬以聞此單敘吳王下國中令及遺諸侯書七國之
發也另提極分明　諸年上與寡人比下與少子
等者皆發立言妙氣桀激壯動人　鍾惺曰吳反

書亦自雄黠而有牢籠愚按吳反書疎峭蒼堅讀之
英氣勃勃檄書之最佳者不特雄黠而已太史公備
錄之豈亦愛其文詞而不忍割耶　越直長沙者
云云至入蕭關走長安唐順之曰七國攻漢形勢如
此按此數語點次如畫文法亦錯綜盡致　或不
洗沐十餘年深怨語卻說來極雅馴　能斬捕大
將者云云至更益勿因敘賞須極詳整如得大將云
云簡鍊甚有法　寡人金錢在天下者云云此句
雄宕更足傾動一世　七國反書聞天子云云至

監齊趙兵此敘漢擊吳楚事略舉其綱　吳楚反
書聞兵未發云云至遂歸報此敘漢兵未發之先誅
晁錯及袁盎使吳事此補敘也　白頭舉事語朴
妙　吳有銅鹽利則有之云云至不反矣語極矯
健斬截　吳所誘皆無賴子弟云云數句倒綴在
後妙若翻在前語勢便不警提　於是上默然良
久曰云云寫景帝無聊眩聽有景有神吻　條侯
將乘六乘傳會兵滎陽云云至輕兵絕吳饟道按此
正敘條侯禦吳楚兵策劇孟一段爲鄧都尉作陪引

正見條侯收用奇士精神他史必略之　劇孟今
無動此句有勁力精神勃勃　吳王之初發也云
云至疽發背死此又追敘吳王起兵事事繁緒多不
得不兩邊敘亦不得不用追敘也看他敘次錯綜而
頭緒極分明處　周丘者下邳人云云田祿伯桓
將軍周丘三人皆奇士太史公一一寫出周丘另敘
特分明　二月中吳王兵既破敗走云云至及不
如詔者皆要斬此段載漢討吳楚詔御將吳王兵破
敗走點在前眼目特妙　初吳王之度淮云云至

亡走閩越此段遙接條侯堅壁昌邑正敘條侯破吳
用兵詳悉亦追敘也　連用條侯不許條侯復守
便宜不行條侯壁不肯戰廻複勒頓精力矯健
漢使人以利啗東越啗字字法奇　即使人鏦殺
吳王云云此數句收結吳王吳王之棄其軍亡也云
云至楚王戊軍敗自殺此段收結楚王三王之圍齊
臨菑也云云至國除納於漢此段收結膠西膠東菑
川濟南諸王芧坤曰次七國之亡處甚明如掌
鄧以讚曰敘戰陣中問答絕似左氏然句語自是漢

人辭命按弓高侯責問膠西王一段絕似國語范子
與王孫子問答語句　以此觀之意非欲誅錯而
已語輕甚卻極嚴冷　酈將軍圍趙十月云云至
趙王自殺收結趙王濟北王以劫故云云至徙王菑
川收結濟北王　初吳王首反云云至獨趙後下
總收處陡健簡盡陳仁錫曰太史公作吳王傳幾五
千言而結束總括只二十餘字可謂簡而盡矣
一篇多用遙接追敘之法如七國之發也吳王之初
發也初吳王之度淮吳王之棄其軍亡也三王之圍

齊臨菑也提掇處眼目分明　鄧以讚曰一時事
散在各處敘得一一有次第讀畢而事具見絕似左
氏　鼂錯傳袁盎傳條侯傳與吳王傳事跡互見
然吳王傳乃其總會貫串處
贊語括事簡古有法　吳王贊卻連及盎錯意思
有餘波致橫生此文字善用陪伴處　王鏊曰此
贊總敘總斷與別傳不同　吳王贊純用韻語音
節亦佳

魏其武安侯列傳

魏其武安灌夫三人恩怨相結權勢相傾杯酒起釁
卒以凶終故同傳傳以魏其武安爲經以灌夫爲緯
蓋田竇爭端皆灌夫搆成之此亦自然之線索穿插
也敘次處乃分合盡致　魏其武安傳以結賓客
爲眼目如魏其傳喜賓客諸游士賓客爭歸魏其侯
武安傳多有賓客計策卑下賓客欲以傾魏其諸將
相天下吏士趣勢利者云云灌夫傳薦寵下輩士亦
以此多之食客日數十百人宗族賓客爲權利卿相
侍中賓客益衰賓客居閒遂止俱解使賓客請莫能
解云云屢屢提轉此三傳精神照應處　陳仁錫
曰竇田灌三傳分合聯絡錯綜周密而賓客聚散盛
衰相傾意態宛然在目又曰三傳妙絕敘事如丹青
寫物種種真至字字神奇按太史公與竇田灌夫同
時三人權勢盛衰恩怨相傾太史公身親目覩其事
故言之真至痛快而尤多激烈不平之氣　竇灌
以功進田蚡以寵驕蚡以杯酒釁隙傾殺兩賢太史
公極爲痛憤故傳中敘武安如云武安日益橫貌侵
生貴甚云云武安由此滋驕云云等語極意貶刺輕

薄而末以一語迴旋收結曰使武安侯在者族矣切
齒搤腕正以寫其深惡痛恨之隱筆法文情奇絕高
絕　喜賓客開端便點出眼目分明　天下者
高祖天下云云數語昌明磊落　太后由此憎竇
嬰伏後案　所賜金陳之廊廡下云云至金無入
家者寫魏其班予諸將賜金極意鋪敘描畫充動出
色金無入家者綴足一句更有力若祖書其事當云
所賜金悉予諸將軍吏便索然矣　竇嬰守滎陽
監齊趙兵云云七國兵破竇嬰本無大功略敘極是

諸游士賓客爭歸魏其侯收結眼目分明鄧以讚曰着下魏其侯便躍然見一時人情如但云爭歸之則少味矣　相提而論此句連下明揚主上之過爲說言魏其之擁趙女屏閒處本非揚主上之過若以形迹之閒較量則是自明揚主上之過也索隱劉辰翁解俱非　有如兩宮螫將軍螫字字法奇辣　魏其者沾沾自喜耳云云切中魏其病亦自論相得大體　難以爲相語意已完綴持重二字意圓而句古　往來侍酒跪起如子姪伏筆妙特着如子姪字正寫武安卑乞不堪　方盛未貴蚡益貴幸點逗分明　敘魏其與竇太后多有不相得處敘武安則曰王太后賢之皆以太后弟以王太后故親幸然則魏其以賢以功進武安以親貴明矣敘兩人貴盛之際固已曲直判然　多有田蚡賓客計筴點武安賓客　蚡弟田勝云云此附筆也然正見武安兄弟競盛相倚爲勢也竇氏魏其之外更有南皮侯彭祖則不一及之皆有深意　武安侯新欲用事云云至欲以傾魏其諸將相此用虛筆

後文伏根正在此　惡人衆三字句峭可畏

魏其武安俱好儒術云云魏其武安由此以侯家居此段雙敘二人賓客之盛及二人失勢家居也武安雖不任職云云至武安日益橫此段側注武安以見魏其衰而武安盛也以上二段文字大關鍵轉卸處　以大司農韓安國爲御史大夫帶筆作伏案令人不覺　武安者貌侵生貴甚口吻嘲笑極輕薄太史公不平武安殊甚　蚡以肺腑爲京師相語自質貼生奇　非痛折節以禮詘之天下不肅以爲漢相尊不可以兄故私撓此武安肺腑中語也寫權勢小人胷臆作用曲折畢露　漢相尊不可以兄故私撓拗句勁　武安日益橫天下士郡國諸侯愈益附武安武安由此滋驕屢屢提勒極分明有次第　魏其失竇太后云云至獨厚遇灌將軍上文自建元六年以後單敘武安傳末忽然收轉魏其又插入灌夫正以田竇盛衰相形而灌夫與魏其相引相激釁禍之端全伏於此落落數語冷然詘然而三傳精神血脉俱動　此下接灌將軍神化無迹

願取吳王若將軍頭云云語戇而壯自有生氣
寫灌夫壯勇凡作數折拗悍之氣勃勃逼人
吳已破灌夫以此名聞天下鎖語挺拔　長安
中諸公莫弗稱之又結　夫與長樂衛尉云云寫
灌夫恃氣使酒一事正爲後文作影照妙甚鄧以讚
曰入事都無定法意到即及然卻中情事愚按太史
公敘事層次結搆實有匠心慘淡處非意到即及隨
手爲之者特出之無迹耳　灌夫爲人剛直使酒
云云此處正寫灌夫爲人直書其實而深予之且惜

之句法刻廉古峭與汲黯酷吏等傳同調　夫不
喜文學云云至灌氏族寫灌夫豪橫處爲後文伏案
灌夫家居雖富云云至恨相知晚也此段寫竇
灌相結處正與武安傳末魏其失竇太后一段廻應
寫得恩怨綢繆悲感嗚咽　引繩批根生平慕之
後棄之者句堅韌拗折有致　引繩批根連下生
平慕之後棄之讀謂治此輩如攻樹木引繩牽出之
而批其根括也舊解俱非　其游如父子然故用
父子字不倫正與蜿起如子姪句對照此實灌得禍

病根不能爲諱也　其游如父子然云云短節峭
調正自疊複纏綿　鄧以讚曰曰引重曰如父子
又曰相得曰驩甚曰無厭曰恨晚惟恐形容不至
竇田搆郤傾陷乃三傳意思注結處看他歷歷指
數極力描寫纖悉毫髮詳至無遺神情飛動栩栩欲
活　灌夫具語魏其侯如所謂武安侯省筆卻自
曲到　魏其與其夫人益市牛酒云云一片世情
宛然如畫寫意卻在與其夫人句妙處令人不覺
丞相豈忘之哉冷然一語已足　丞相特前戲

許灌夫殊無意往二語找補自然寫武安驕倨處已
十分盡情　丞相尚臥此句描寫入化細思只是
點次如法耳　又徐行三字頓勒好至今讀者猶
爲勃勃不平　夫起舞屬丞相云云此處略寫正
爲後段詳寫地　丞相卒飲至夜極驩而去偏說
極驩妙此段本伏田竇搆隙之根收結處卻又藏過
令人不測文勢乃更有歇頓迂曲之妙　敘武安
怒魏其語一句一斷寫口氣咽如生　武安由
此大怨灌夫魏其又一小煞篇中每於煞頓見腕力

元光四年春丞相言灌夫云云至遂止俱解此段閒閒點次不肯遽入正文意境蕭遠而灌夫潁川事應前武安受淮南金事伏後結搆正自謹細　武安起爲壽坐皆避席伏巳魏其侯爲壽獨故人避席耳餘半膝席灌夫行酒至武安武安膝席臨汝侯方與程不識耳語又不避席看他屢用避席膝席字廻互鉤應詳細如畫此段筆筆詳細不肯一筆粗過　灌夫不悅夫怒因嘻笑曰夫無所發怒乃罵臨汝侯寫來詳至有次第夫無所發怒如親見其事又如親見灌夫肺腑　將軍貴人也屬之冷峻妙在句意不連　生平毀程不識云云今日斬頭陷胷云云怒罵之文極警悍莽蒼卻自蕭括不見有決裂囂張之病　獨不爲李將軍地乎想見李將軍一時名重　案灌夫項令謝書　銳身字奇刻且終不令灌仲孺獨死嬰獨生句倔强有力堅響錚錚康海曰魏其欲死灌夫難語甚悲壯　武安曰天下幸而安樂云云敘武安語妙在一氣趕出拉雜重沓極似忿爭不擇口吻　一段語脉古拙偃

蹇勁健絕頂　臣乃不如魏其等所爲復一筆作收語意始完讀之有搤腕切齒之勢　魏其言灌夫父死事云云魏其武安語借韓安國口中點出亦文家倒補之法　魏其言是也丞相言亦是也[illegible]字二亦字低昂判然　主爵都尉汲黯是魏其云[illegible]特著二人是魏其然則太史公之直魏其明矣當[illegible]無附會武安者太史公竟不及之　即罷起[illegible]上食太后云云此處過入太后無迹　今我在[illegible]云太后語凡數轉層層駁折真如推墻排壁

[illegible]帝寧能爲石人耶依索隱注　是時郎中令[illegible]建爲上分別言兩人事帶點石建見謹厚者亦復[illegible]今乃史官之不沒人善也　局趣效轅下駒首[illegible]兩端想係當時世俗語用來兩兩對照然語致自首鼠兩端如言兩頭鼠也言兩頭皆首以譬[illegible]見也舊解非　譬如賈豎女子爭言折得痛快倩　孝景時魏其常受遺詔云云此節特敘[illegible]其事之實有而非魏其矯也　議定不死矣[illegible]頓挫有致　共守欲殺之竟死一守字令人

毛髮悚竪三句只七字寫得果報昭然　淮南王安謀反覺治云云武安受淮南王金事另載篇末而敘其往還踪跡首尾詳至如見以見武安受金之非虛誣而惜其發露之晚也匠意處深遠周密　使武安侯在者族矣語特弇儁恨聲不絕以此語結田竇曲直判然矣昔人以爲如此作史眞老獄吏手𠬝然

贊語舉三人善罪極平允極切當　茅坤曰太史公小論言質而情慘可爲實錄　參用韻語參差

頓挫音節鼓舞字句亦極質重清越鄧以讚以爲造語不甚佳者何也　嗚呼哀哉禍所從來矣惋歎深長

韓長孺列傳

御史大夫韓安國者梁城安人也開端標目便有分曉韓傳前半篇述其仕梁時事後半則其仕漢爲御史大夫事篇首二語已伏一篇之局　吳楚反時云云至名由此顯扞吳楚功已詳於他傳此處略載之張羽附載安國張羽名由此顯小結　梁孝王景帝母弟云云另提事由史家敘事法　令得自請置相二千石伏後案　何梁王爲人子之孝云云長句逸宕而激切　一言泣數行下跪送臣等六人倒句古勁有力語意惻懇動人　梁王父兄皆帝王所見者大云云粉飾之辭說得軒暢鼓舞所謂妙於立言　爲言之帝句自古重且得太后欣喜神吻班氏改作爲帝言之便索然矣句法亦歎梁內史之缺也云云倒補前事且過入公孫勝等名由此顯結於漢重結　起徙中三字點睛

無迹　語曰雖有親父云云鄧以讚曰語悖然能動人故佳　語未卒孝王泣數行下寫得淋漓

梁事皆得釋安國之力也收鎖好

太后益重安國又結　安國仕梁而名顯於漢凡三鎖勒頓分明有法　爲梁使見大長公主而泣曰一言泣數行下安國入見王而泣曰安國泣數行下曰孝王泣數行下屢用泣字及泣數行下字回繞關照自成章法寫來淋漓生動淒然可感　大行王恢燕人也王恢附傳　當是時漢伏兵車騎材

官云云此段提掇列敘有法　於是單于入漢長城云云此遙接也　天子怒王恢云云鄧以讚曰忽接天子怒得簡妙法接此句提掇醒豁有手法

安國爲人多大略云云至唯天子以爲國器此段始收轉安國總括爲人抑揚不苟一篇着精神處

敘安國行丞相事牽引墮車一段連書蹇字蹇甚蹇愈宛然寫出一命字　新幸壯將軍衛青等王鏊曰又幸又壯書法大奇然此二字亦輕薄不堪矣

新幸壯將軍衛青云云特借衛青等相形太史公胷中不平殊甚　安國既疏遠默默也冷甚餘音甚淒惋將屯又爲匈奴所欺道安國意中事宛然使人歎息

贊語借客形主意境蕭疏閒興　鄧以讚曰韓長孺傳乃論壺遂亦變格　陳沂曰本惜長孺之不得相御以長孺所舉而不得相者以爲惜有味哉其言之也　陳仁錫曰太史公贊韓長孺而言壺遂不得相贊汲鄭而言翟公書門皆借客形主法也

贊末一反掉咏歎低徊神情欲絕

太史公不爲壺遂立傳然觀韓長孺傳贊語及自序篇中與壺遂問答語則壺遂之爲人本末具見矣此即太史公所爲壺遂傳也

李將軍列傳

傳目不曰李廣而曰李將軍以廣爲漢名將匈奴號之曰漢之飛將軍所謂不愧將軍之名者也只一標題有無限景仰愛重　一篇精神在射法一事以廣所長在射也開端廣家世世受射便挈一傳之綱領以後敘射匈奴射鵰射白馬將射追騎射獵南山

中射石射虎射濶狹以飲射猛獸射裨將皆敘廣善射之事實廣爲人長猨臂其善射亦天性也云云又其射見敵急非在數十步之內度不中不發云云正寫廣善射之神骨末附李陵善射教射正與篇首世世受射句收應此以廣射法爲線索貫串者也

一篇感慨悲憤全在李廣數奇不遇時一事篇首而文帝曰惜乎子不遇時云云已伏數奇二字便立一篇之根後敘廣擊吳楚還賞不行此一數奇也馬邑誘單于漢軍皆無功此又一數奇也爲虜生得當斬

贖爲庶人又一數奇也出定襄而廣軍無功又一數
奇也出右北平而廣軍功自如無賞又一數奇也出
東道而失道後大將軍遂引刀自頸乃以數奇終焉
至初廣之從弟李蔡云云以客形主及廣與望氣語
實敘不得封侯之故皆着意抒發數奇本末上以爲
李廣老數奇云云則明點數奇眼目傳末敘當戶早
死李陵生降曰李氏陵遲衰微矣又曰李氏名敗云
云總爲數奇不遇餘文低徊淒感此又一篇之主宰
而太史公操筆謀篇時所爲激昂不平者也 廣

從弟李蔡亦爲郎此處預伏陪客無迹 而文帝
曰云云而字一勒轉寫出文帝一段惋惜低徊之意
便令人扼腕不平 敘典屬國公孫昆邪爲上泣
曰數語淒惻淋漓便如太史公自寫意中語 特
着爲上二字意味甚妙 恐亡之三字殷殷有淚
後廣轉爲邊郡太守徙上郡云云至皆以力戰
爲名廣戰功在邊郡太守時爲多此段總點其爲邊
郡太守作提掇皆以力戰爲名句虛按一筆俱爲後
文作伏案 中貴人將騎數十縱云云此用詳寫

步步有筋節眼目 果匈奴射雕者也廻繞一筆
有精神 寫廣射射雕者三人正面數語神倩躍
然 吾去大軍數十里云云此段語句正妙在詳
細曲至 廣令諸騎曰前前未到匈奴陳二里所
云云楊慎曰精神正在叠一前字按此連敘廣令亦
正警策 用堅其意四字解得妙寫盡敵情
必不敢擊我胡騎遂不敢擊胡兵終怪之不敢擊叠
次叫應有情 解鞍令士皆縱馬卧鄧以讚曰復
見此奇 此段屢點數十騎三人百騎數千騎十

餘騎客主多少之形宛然正敘次中精神眼目
大軍不知廣所之故弗從注明一筆妙此筆力有餘
處 於是廣以上郡太守爲未央衞尉云云至爲
人廉謹於文法此段借程不識與李廣賓主相形以
見廣之將略鄧以讚曰並述二人五遍較量三遍神
采溢如 人人自便士卒佚樂咸樂爲之死數句
寫盡良將兵法 程李對較處凡用三層敘寫曲
折纏綿意思回斡神致鼓舞他手必不背如此寫亦
正不能爲此 前二層敘程李兵法及載不識之

言俱用平寫後一層收結處側注李廣既不失兵法正理又特著李廣將略此謂有法有神　士卒亦多樂從李廣而苦程不識苦字妙　程不識孝景時云云附筆王韋曰此便足了程不識傳　稱程不識廉謹於文法正特爲李將軍引重　敘胡騎得廣兩馬絡行廣推墮胡兒取弓鞭馬南馳得脫一段詳至便捷寫出李將軍警悍之神真如生龍活虎　置廣兩馬閒絡而盛卧有景　取其弓鞭馬南馳云云以弓鞭馬極忽皇中寫出英爽之態

廣行取胡兒弓云云點清胡兒弓妙　廣家居射獵爲霸陵醉尉呵止一段偏用詳敘寫英雄失職拓落無聊光景可悲可涕　夜從一騎出細　今將軍猶言現任將軍也今將軍尚不得夜行云云畫出小人口吻令人刺耳酸心　廣出獵云云至其射猛獸亦爲所傷云五段敘射敘將略錯綜淋漓鄧以讚曰五敘射而以廣訥廉寬愛插其中其法在有意無意之間正自錯綜有趣味若他人則直爲兩項敘矣　因復更射之終不能復入石矣復射妙終不能復入石着此句卻更有精神　廣亦竟射殺之句極峭健　終廣之身爲二千石四十餘年暗應五爲邊郡守亦在有意無意之間　專以射爲戲竟死短節嗚咽　寬緩不苛士以此愛樂爲用又暗應程不識語　其射見敵急非在數十步之內云云又收轉說射語極峭拔銳不可當用此其將兵數困辱云云收結廉勁完密如此乃總束得五段住　五段疊疊說廣事瑣悉纏綿若不容口真有無限眼淚　五段敘廣爲人及射法將略妙在中

間横插見奇令人陡增無限深情他手爲之或附在篇末矣　而廣軍無功冷數言漢軍無功軍賞不行廣軍無功無限扼腕　直貫胡騎出其左右而還只一筆寫盡李敢衝鋒陷陣氣勢極精神　會日暮吏士皆無人色而廣意氣自如加倍形容寫出李將軍骨法神度　廣軍功自如無賞冷　初廣之從弟李蔡云云至公孫宏爲丞相此段借客形主引李蔡之始末僥倖至列侯三公正極意形容李將軍之不幸也卻又帶出一李蔡傳　蔡爲人在

下中云云着意洗發較量此自太史公胷中不平處　借廣與望氣王朔語寫廣胷臆懷抱若慨若歎如訴如泣纏纏動人　連用然字而字轉折似不甚順而跌逗頓挫惋憤隱然　且固命也只四字能使英雄墮淚　自初廣之從弟云云至此乃將軍所以不得侯者也總敘李廣之數奇結盡生平後另敘廣失道自剄事布置得法　是歲元狩四年也點明年分鄭重　青捕虜知單于所居云云而是時公孫敖新失侯爲中將軍從大將軍云云寫衛

青肺腸曲折陰抑李將軍處一一如畫令人滿腹惋憤　廣自謂曰云云數語激昂悲壯讀之可涕　青欲上書報天子軍曲折曲折字甚奥異　廣謂其麾下數語語語有氣字字有淚　一軍皆哭寫得慘壯百姓聞之知與不知無老壯皆爲垂涕此自太史公意中語　廣死明年李蔡以丞相云云至不對獄國除此處入李蔡結局妙自殺不對獄正與李廣映照　附載李敢賜爵關内侯暗應不封侯有情　去病時方貴幸上諱云鹿觸殺之直筆

冷文　李氏陵遲衰微矣篇終三歎意與蕭索　欲以分匈奴兵毋令專走貳師也注明好長句蜿蜒有筆勢　自是之後李氏名敗而隴西之士居門下者皆用爲耻焉結得嗚咽令人氣短　楊慎曰太史公以陵被禍至陵傳怨怨如此正亦得體按太史公作李廣傳一腔悲憤不平之意已洩露殆盡正借李廣生平寫自己胸臆也陵乃附傳勢不得不從略　葛鼐曰史遷於李陵一生悲憤所係故當敘其先世而感慨尤深　唐順之曰李將軍傳當

看㸔應穿插是首尾文字　茅坤曰李將軍於漢最爲名將而卒無功故太史公極力摹寫淋漓悲咽可涕　他人忙處獨閒閒正其忙也他人整處獨亂亂正其整也此惟太史公獨擅其妙讀李將軍傳知之

贊語平淡蕭疎引証處正妙在不甚切合

匈奴列傳

匈奴傳傳記絶調　匈奴傳洋洋幾萬言史記最長篇文字結構搏捖處極大筆力　匈奴傳以年

敘事似封禪書體例　隨畜牧而轉移其畜之所多其奇畜敘法以一畜字相生錯綜可喜　劉辰翁曰兒能騎羊云云雖其俗常事寫出如畫　其畜之所多其奇畜其俗其長兵短兵其俗連用其字爲章法長短參差不板不亂是太史公着精神處

夏道衰而公劉失其稷云云自此以後敘三代以來匈奴累世爲邊患甚明悉　當是之時秦襄公伐戎云云帶筆卻有關鍵極不可少　其後二十有餘年而戎狄至雒邑云云此處先提一筆初周襄

王以下卻用追敘法　故詩人歌之曰云云夾引詩詞有波瀾有風韻正筆有餘閒處　周襄王既居外四年此用遥接終周襄王事　當是之時秦晉爲强國云云此段點敘諸戎而結之曰往往而聚者百有餘戎然莫能相一正爲匈奴作跌頓出落之勢　鄧以讚曰摭春秋時事不無疎略然頗有櫽括法　與荆軻刺秦王秦舞陽者開之孫也許孚遠曰此語不關本傳以事遠有指實也按此亦文字閒中生波瀾處後人則不暇爲此矣　當是之時

冠帶戰國七而三國邊於匈奴結束最有關鍵　當是之時東胡彊而月氏盛按此特提東胡月氏正爲後文伏案　篇首凡四用當是之時提掇最醒最有力　匈奴得寬寬字妙活動有精神　冒頓乃作爲鳴鏑云云按此後凡七用鳴鏑字眼目精神其左右亦皆隨鳴鏑而射殺單于頭曼此鳴鏑字可不必用然着此二字更警策句法勁悍有力　左右或不敢射者云云按一段中五用左右字亦見精神　冒頓立斬不射善馬者冒頓又復斬之句

法變換　於是冒頓知其左右皆可用此句收頓有勢　冒頓自立爲單于小束　遂與之千里馬按此句千里馬字極可省精神卻在疊此千里馬字　遂取所愛閼氏予東胡變句法　東胡以爲冒頓畏之東胡王愈益驕敘事中頓挫有情　冒頓上馬令國中有後者斬寫得精神踴躍真如風馳雨驟得力卻在冒頓上馬四字　既歸西擊走月氏云云至遂侵燕代敘冒頓并國略地聲勢震動　是時漢兵與項羽相距云云至以故冒頓得自

疆帶敘中國一筆縷補周密有勁力　自淳維以至頭曼云云至乃可得而記云此一節總結數語束上轉下回斡鉤折爲一篇大關鍵此之謂大手筆　南與中國爲敵國一語開拓後文和親爭戰多少事情筆力絶勁折　置左右賢王左右谷蠡王云云至戰而扶輿死者盡得死者家財此一段總敘匈奴官制方域禮法風俗與開端一段詳略相生參差錯見而節次犁然最有法　置左右賢以下至其貴種也詳敘官名官制默寓部署之法　諸左方

王將居東方以下至各有分地逐水草移徙敘匈奴方域明悉如指畫　其攻戰斬首虜云云敘攻戰尤出色參差離合筆勢奇宕逸氣橫奔　於是匈奴貴人云云至以冒頓單于爲賢收束老　卒之隳指者十二三寫奇寒可畏　匈奴騎云云敘匈奴東西南北馬各一色遥與篇首奇畜相映亦寫盡匈奴强盛　且漢王亦有神只一語神情便自閃爍奇妙　冒頓遂引兵而去漢亦引兵而罷使劉敬結和親之約漢胡雙收帶起和親爲後文伏案

冒頓乃爲書遺高后妄言略冒頓爲國諱也極得體漢書詳載之非是　單于遺漢書云云董份曰匈奴書氣强而局大蠻夷亦有人哉　今以小吏之敗約故罰右賢王云云語特崛傲而立言亦妙　以天之福吏卒良云云占身分語殊有斤兩北州已定此語頓住倔强而有含蓄　以安邊民以應始古云云語亦自大樣詔誥淳厚之體匈奴何自得之　皇帝即不欲匈奴近塞云云語極有操縱頓挫古勁　漢文帝前六年遺匈奴書文詞簡古風

論最得體　罰右賢王使西擊月氏盡定之略其戰功立言最妙使匈奴高興夸張事爲之氣沮　朕甚嘉之此古聖主之意也二語占身分居然詔諭之體　倍約離兄弟之親者云云責讓匈奴之意略略閃露卻即一筆收轉操縱吞吐詞令最妙　使者言單于自將伐國有功甚苦兵事冒頓自侈其破月氏卻以甚苦兵事慰勞之風刺無迹　必我行也爲漢患者倒句法古拗口角宛然　漢物不過什二則匈奴盡歸於漢矣說得透快看破千古中

國和戎資本　其得漢繒絮云云至以示不如湩酪之便美也兩排參差偃蹇筆勢矯若游龍　漢遺單于書牘云云至所以遺物言語亦云云此等處敘寫最易佻㒓此段敘法卻極朴老　而漢二字可恨如聞其聲　其老親豈有不自脫溫厚肥美以齎送飲食行戍者乎長句癡重卻自古厚　中行說折漢使語勢疎散詞鋒甚銳可謂崛倔之極數語畫出彊橫無理悍然不顧口吻警動異常

嗟土室之人云云古拗有風韻　漢使無多言

中行說與漢使辨論一段備見匈奴風俗且指畫匈奴戰和利害機宜極明悉故於傳中具載之正有關係　漢逐出塞即還不能有所殺數語寫文帝擊胡用兵情狀頗盡其槩　故匈奴以驕匈奴日已驕前後相應　後二年遺匈奴書較前六年書大旨相似而更博暢　然其事已在前矣一筆撇過提甚　匈奴處北地寒云云立言最占身分氣脉蒼古　朕與單于爲之父母至性語答蠻貊須藉此等語以爲感動　謀臣計失此語推卸有體

朕聞天不頗覆云云大言得妙渾淳磅礴籠絡一切　漢過不先四字簡嚴似左氏句法　使劉敬結和親之約約爲昆弟以和親復與匈奴和親復修和親之事單于亦使當戶報謝復言和親事單于既約和親孝文皇帝復與匈奴和親孝景帝復與匈奴和親今帝即位明和親約束按漢自高帝以及武帝初即位多與匈奴和親本傳屢屢點明和親云云正敘事有線索眼目處　今帝即位明和親約束此處將敘武帝擊胡卻言初即位和親作停頓正文

字寬以養局之法　匈奴自單于以下皆親漢往來長城下此著和親之效也正爲馬邑一事伏案以見釁端開自中國漢過不先之約漢自犯之矣敘馬邑事與韓安國傳詳略相參可悟其簡法漢以怵本造兵謀此倒點法　自是之後匈奴絕和親云云至以中之按此後絕和親而事擊胡正漢與匈奴一大變局數語中間扭轉關鍵極靈　於是漢遂取河南地築朔方云云至以尹胡按此敘漢胡疆域棄取規制井井廻應秦時蒙恬築塞事有法

匈奴右賢王怨漢之奪河南地而築朔方提掇
有眼目　趙信者故胡小王云云按此附趙信出
身本末　以誘罷漢兵徼極而取之寫趙信用計
極刻透　單于怒渾邪王休屠王居西方云云此
處又用提掇法聯綴有情　於是漢已得渾邪王
云云至減北地以西戍卒半漢得渾邪王亦制胡一
大關目故極力勒敘長句拖運有力斷截分明即此
可悟其練法　粟馬字法奇　大將軍驃騎絕
幕擊匈奴一役漢人勝胡第一要着太史公亦悉力

鋪敘寫一時戰鬬追逐情形如畫　單于之遁走
云云至復爲右谷蠡王忙中敘右谷蠡王自立本末
筆法詳至不漏如此　眞單于加一眞字有眼目
卻自老致　漢驃騎將軍之出代云云至臨翰海
而還敘驃騎一邊戰功獨略亦文字參差之法
是後匈奴遠遁云云至地接匈奴以北此亦敘漢疆
域開拓處而收勒古勁筆勢錯落有法　初漢兩
將軍云云至無以復往按此追敘漢胡殺虜數目爲
匈奴請和作緣起停蓄頓挫正自有法　其後漢

方南誅兩越不擊匈奴匈奴亦不侵入邊小歇亦勒
頓法　不見匈奴一人亦不見匈奴一人兩不見
匈奴一人勁峭有力寫漢兵威極矣　勒兵十八
萬騎以見武節敘得極聲勢　禮卑言好王維楨
曰四字點綴有景　南越王頭已懸於漢北闕云
云數語極壯激烈直勁抵一篇諭匈奴檄文　何
徒遠走亡匿云云十六字句如勁鐵百折綴毋爲也
三字極娟悍　語卒而單于大怒云云至求請和
親數語凡數轉折極精神　是時漢東拔穢貉朝

鮮云云至匈奴終不敢以爲言按此鋪敘漢開疆拓
地之事正爲制匈奴長策而結之曰匈奴終不敢以
爲言敘事方有次第本末塡補結構活似左傳文法
　茅坤曰漢使楊信以下敘當日之威與所以斷
匈奴之臂者正在三又字而匈奴終不敢言與前終
不肯寇漢邊皆極馳騁　單點漢使楊信於匈奴
一句下卻敘漢之强盛以閒之然後敘楊信出使事
筆法極開宕錯綜　匈奴俗見漢使云云至必得
當乃肯止閒中帶敘虜情甚明悉筆法警峭　諸

所言者單于特空紿王烏云云至及遣太子來質結
一筆點出匈奴本意筆法甚老情態如見　兒單
于稱謂甚奇　自此之後單于益西北云云此又
帶敘匈奴疆域地形詳至不漏　一弔單于一弔
右賢王欲以乖其國寫漢用計機鋒筆法甚活
初漢聞此言故築受降城倒補法猶以爲遠作不了
語妙　高皇帝遺朕平城之憂語極奇崛　昔
齊襄公復百世之讐春秋大之語未終而止卻咄咄
有勢蔡汝楠以爲史官側之真不知筆墨之妙者也

乃自謂我兒子安敢望漢天子云云語質甚活
似匈奴粗野氣態　單于益驕禮甚倨非漢所望
也敘事用括斷語甚逸　千人一兩人耳句法跳
脫　是歲漢兵之出擊匈奴者云云至使廣利得
降匈奴事未了便住太史公筆法眞無所不可班范
以下必求其可住者而後住章法雖備卻是不及太
史公處　貳師聞其家以巫蠱族至千人一兩人
耳有詔捕太醫令隨但至得降匈奴此兩節四十九
字陳仁錫以爲褚生所續按此處文勢及事情本末

正不得中間截斷千人一兩人耳句法儁脫亦非褚
少孫所能陳氏殆泥太史公自序至太初而訖一語
謂巫蠱事在征和二年史記所不及錄次者不知史
記訖竟年限卽太史公亦不一其說或云訖於麟趾
或云至太初而訖至於報任安書實在巫蠱之後乃
云惜其不成是以就極刑云云又云僕誠已就此書
則巫蠱之時史記未成明矣書旣未成則征和以後
之事又安得不紀耶故予謂匈奴傳及衛霍傳及他
傳之言巫蠱事者皆以爲出太史公手無疑也

陳仁錫曰太史公敘中國與匈奴之強弱屢提河南
塞地爲綱領若蒙恬悉收河南地因河南爲塞此秦
強而匈奴弱也匈奴復稍度河南與中國界於故塞
此匈奴強而秦弱也匈奴與漢關故河南塞匈奴入
居河南地此匈奴強而漢弱也漢遂取河南地繕故
秦時所爲塞徙關東貧民處所奪匈奴河南新秦中
此漢強而匈奴弱也　自漢設謀馬邑擊胡凡十
四次敘次節節分明戰守勝負情事如畫
贊語隱桓之間則章定哀之間則微此隱語也太史

公引此二句寓託最爲深遠　以便偏指不參彼
已造句古甚　將率席中國廣大氣奮人主因以
決策是以建功不深語極勁古深厚諷刺之旨已自
顯露　唯在擇任將相哉唯在擇任將相哉責成
將相出腕武帝立言最妙重欷累歎感慨無窮茅坤
曰太史公甚不滿武帝窮兵匈奴特不敢深論而託
言擇將相其旨微矣　岡褒謂不得不褒則有可
諱者矣初讀此語似寛泛無着細思正有微旨隱映
吞吐可想

凌約言曰太史公敘衛將軍追胡至闐顏山而還霍
將軍逐虜臨翰海而還卻總結之曰是後匈奴遠遁
幕南無王庭兩段一束得開闔結搆之妙　陳仁
錫曰悉復收秦所使蒙恬所奪匈奴地者云云至至
朝那膚施二十六字爲一句蟬聯有力　匈奴傳
以年敘事開端斷自唐虞繼之以夏又曰其後三百
有餘歲其後百有餘歲後十有餘年其後二百有餘
年又曰穆王之後二百有餘年是後六十有五年其
後四十四年其後二十有餘年又曰自是之後百有

餘年後百有餘年紀年疏濶往往百年參絕所謂世
傳不可得而次者也入漢以來至孝文帝略用編年
之例曰其三年其明年又曰孝文皇帝前六年孝文
皇帝十四年孝文帝後二年後四歲又曰自馬邑軍
後五年之秋其冬云云其明年秋其明年又曰是歲
漢之元朔二年也其明年春其秋其明年春其明年
其明年春其夏其秋其明年春又曰是歲漢元鼎三
年也是歲元封六年也其冬云云其明年春其明年
又曰是歲太初三年也是歲太初四年也其明年其
明年云云後二歲紀年詳密或細具四時所謂世傳
可得而記也然先後間出或作提或作收或沿敘或
倒點或指在某人之前或指某事之後錯綜變化而
條理卻自井然太史公紀敘筆法之妙如此

空山堂史記評註卷十一

滋陽牛運震階平

列傳

衛將軍驃騎列傳

太史公極不滿衛霍然必特爲衛霍立傳且標其題曰衛將軍驃騎見衛霍之無愧於將軍驃騎也史家立法之平允而能不掩人功如此　衛霍以外戚貴然陵挫強胡深入絕域實以邊功顯也太史公兩不沒之凡敘其所以得貴寵處立言俱有分寸

篇中凡九用天子曰蓋以詔語敘衛霍二將功績體格莊嚴詞旨古雅在諸列傳中特爲創調　與侯妾衛媼通按所稱妾乃僮婢之通稱如儀禮言貴臣貴妾謂侯家人之婦也漢書與主家僮衛媼通語意更明衛者媼之夫姓也媼自有夫與鄭季通而生青故冒姓衛諸解紛紛俱未明晰　青同母兄衛長子云云至皆冒衛氏一門眷屬串聯總在此處點清爲後文作伏案根據了了　不以爲兄弟數句法勁折　人奴之生云云句特古健有味　青壯爲侯家騎從平陽主點此爲後文尚平陽主伏案生情　青姊子夫得入宮幸上云云至公孫敖由此益貴敘青貴之始極詳悉有情　篡取之字法奇　孺爲太僕公孫賀妻少兒故與陳掌通上召貴掌此是爲青着色襯染處　公孫敖由此益貴應前篡取不漏　子夫爲夫人青爲太中大夫云云衛夫人有男立爲皇后其秋青爲車騎將軍按此凡子夫得幸與青得寵任處屢屢連敘映帶生情神味絕遠茅坤曰太史公一篇語脉乃畫工施粉黛處

青校尉蘇建有功青校尉張次公有功按校尉有功每冠以青有眼目又曰牽連書青校尉正爲青設色添毫　天子曰匈奴逆天理云云詔語爾雅溫古開端數匈奴罪惡確是第一段詔書口語又曰借天子語敘戰功邃古高貴琅然可誦格體句調俱臻奇絕後世如韓昌黎等俱以此爲法門　獲首虜二千三百級捕服聽者三千七十一級捕斬級數悉在詔語點出奇變　絕梓領梁北河句法古勁絕梁字法好　得石賢裨王十餘人衆男女萬五千

餘人畜數千百萬此處捕獲之數特於敘事中詳之
法變　天子使使者持大將軍印云云至大將軍
立號而歸按此連用大將軍字作十分酣暢之筆極
有氣燄　天子曰大將軍青云云按此段詳於敘
事故詔書從略　而封青子伉爲宜春侯云云按
此三用青子字古文質重處　非臣待罪行閒所
以勸士力戰之意也句意極古重　乃詔御史曰
護軍都尉公孫敖云云按此平平敘次自然蒼古每
段以從大將軍爲骨有眼目有綱領　校尉李朔

校尉趙不虞校尉公孫戎奴三人總敘云各三從大
將軍此省筆也三人連敘俱書校尉又分敘以千三
百戶封朔以千三百戶封不虞云云凡三用以千三
百戶字不肯省減一字不厭重疊此正古人文字拙
重質實處非可易及漢書刪兩千三百戶字便索然
少味矣　青幸得以肺腑待罪行閒此句質懇之
極真到家句法　且使臣職雖當斬將云云此下
凡數轉直如一句古宕勁折筆力高絕　是歲也
大將軍姊子霍去病年十八幸爲天子侍中云云過
入驃騎無迹　幸爲天子侍中約句法　另敘
驃騎戰績極有手法　於是天子曰剽姚校尉去
病云云此下凡五用天子曰云云皆敘驃騎戰功事
故大將軍不益封又纏合大將軍真打成一片
文字　右將軍建至云云補右將軍事於此不漏
是時王夫人方幸於上云云茅坤曰此處插入
王夫人一段所以繫照衛子夫之寵也　張騫從
大將軍云云又帶張騫封侯筆有餘閒　而驃騎
將軍出北地已遂深入云云側卸極分明篇中往往

用此手法　天子曰驃騎將軍踰居延云云此段
詔書記敘獨詳凡捕斬級數一一明晰　諸宿將
所將士馬兵亦不如驃騎云云至由此驃騎日以親
貴比大將軍此段寫驃騎戰力天幸分寸悉稱太史
公一篇着精神處　由此驃騎日以親貴比大將
軍又繫合大將軍說得刺眼逼人　諸宿將常坐
留落不遇總上傳至合騎又暗爲李將軍等慘然下
淚　以驃騎之兵也此句點逗有眼目　於是
恐其以詐降而襲邊此句寫得兵機夷情出　驃

騎乃馳入與渾邪王相見云云至盡將其衆渡河數
語矯拔挺健寫得精神震動　降者數萬云云至
數十巨萬疊數萬字句法極矯健　天子所以賞
賜者所以二字虛用極竦峭漢書刪之便少力
於是天子嘉驃騎之功曰此段變文特見鄭重詔語
亦更錯古有蒼致　是歲元狩四年也倒點分明
緣幕北一戰亦漢胡大關目而在衛霍爲奇績故特
點之　敢力戰深入之士皆屬驃騎此句側注驃
騎與驃騎所將常選句暗應　絕幕之役大將軍

驃騎雙敘大將軍戰功實寫驃騎以詔語虛敘不惟
錯綜盡致而抑揚隱見意旨甚遠　茅坤曰大將
軍此戰極爲奇絕以不得並驃騎益封故太史公儘
力描寫令人讀之凜凜有生色　鄧以讚曰此戰
寫得精神踴躍然亦不纖悉略一摹寫便自精魄生
動　自敘驃騎出隴西以後寫驃騎戰功封賞極
其薰赫覺大將軍一邊漸爲冷落此處卻詳寫大將
軍幕北一戰磅礴變動異樣精神而以大將軍不得
益封軍吏卒皆無封侯二語結之仍接敘驃騎封賞

開合閃卻有法中間卻含無限悲憤　令武剛車
自環爲營而縱五千騎往當匈奴益縱左右翼繞單
于只數語寫出陣法兵勢練絕奇絕　漢匈奴相
紛拏紛拏字刻深寫戰形如見只二字便有生龍活
虎之勢　頗捕斬首虜萬餘級云云至悉燒其城
餘粟以歸極力鋪敘大將軍戰功作十分掀動之筆
異樣酣暢　大將軍之與單于會也云云此段另
敘前將軍等失道事極分明有手法　大將軍軍
入塞凡斬捕首虜萬九千級又重提大將軍斬捕級

目正見大將軍功不可沒鉤剔有法　所捕斬功
已多大將軍此句略敘下特於詔書中詳之　約
輕齎絕大幕練句簡勁　封狼居胥山禪於姑衍
登臨翰海數句穆然高古似先秦文字　取食於
敵逴行殊遠而糧不絕句拗折古服勁裝　而大
將軍不得益封軍吏卒皆無封侯者陡轉此二語作
勁頓爲大將軍扼腕極冷勁　妙在點大將軍不
得益封於驃騎封賞之後便形容襯托盡致若如常
乎必點在前將軍等失道之下便索然少神味

兩軍之出塞云云至不滿三萬匹此又帶及武帝用武之失得不償亡筆意甚冷　自是之後大將軍青日退而驃騎日益貴二語雙縮作收又於盛衰炎涼無限感慨　唯任安不肯五字住得勁峭又帶表任安　篇中頗不滿去病嘆息衛青往往搤捥不平　驃騎將軍爲人云云至天下未有稱也按此以兩將軍爲人平列雙結正還並傳體格　太史公風刺衛霍處總在此段抑揚頓挫筆致超雋閒遠　茅坤曰太史公所不滿驃騎處種種可見然

和柔自媚於上寫大將軍正自醜極　驃騎將軍自四年軍後三年云云至子伉代爲長平侯篇末總收兩將軍敘衰遲零落亦有情致　點兩將軍卒年錯落　爲冢像祁連山異想奇文　謚之并武與廣地古句　上愛之幸其壯而將之二句寫武帝惓惓去病之意餘情繚繞　自大將軍圍單于云云至以故久不伐胡王韋曰自大將軍下收拾一篇用兵首尾絕大筆力　竟不復擊匈奴者廼繞衛霍低徊不盡太史公正未忍沒其功也　大

將軍以其得尚平陽公主云云點尚平陽一筆廻應有情又終子伉失侯事筆法錯落　左右兩大將軍及諸裨將名最云云此下總計兩將軍功績封賞別記附列另一格體　大將軍青凡七出擊匈奴云云此總計大將軍功筆法極勁截　并之萬五千七百戶又總一筆老極　將軍公孫賀等凡十六人每人作一小傳附大將軍驃騎之後此附傳體也　敘諸裨將每人各數語俱簡明有法又於各傳內點明從大將軍從驃騎將軍眼目極分明

賀七爲將軍出擊匈奴無大功而再侯李息凡三爲將軍公孫敖凡四爲將軍出擊匈奴小傳中往往作一束筆法不苟如此　次公父隆云云至景帝幸近之也帶敘張次公之父點次有致　家在大猶鄉家在漢中二句連上卒字家字本作冢程一枝曰太史公載此二冢正從冢像祁連波及之　襄曹參孫也綴點有致　最驃騎將軍去病云云此下總計驃騎軍功　諸傳紀年皆以後一歲後二歲三歲四歲爲敘次亦變體他傳所無也　自衛氏

與大將軍青首封云云附記衛氏盛衰本末於諸裨將傳尾章法極錯綜又與坐法失侯遙應叠出有情陳仁錫以爲脫簡失之

贊語別記大將軍一段議論又一變體疎古蒼勁筆法甚妙　其爲將如此一語煞住不置襃貶妙淵然意深　劉知幾曰敘事之體有假贊論而自見者如衛青傳後太史公曰蘇建嘗責大將軍不薦賢招士此則記之與傳並所不書而史臣發言別出其事所謂假贊論而自見者也

傳內多以詔書代敘武功又往往稱天子與他傳不同亦變體　董份曰太史公歷敘諸將則右李廣而貶青衛霍並言則右青而貶去病反復其文自見　楊慎曰自日且入至二百餘里寫得如畫唐人詩胡塵獵獵吹人面漢虜相逢不相見又月黑雁高飛單于夜遁逃皆用此事　青以恩幸而邀邊功封賞甚厚御借甯乘徒以皇后故也一語點出一篇眼目注照處　戰功都不實敘只詳寫武剛車一段遒拔飛動便覺遍身俱靈　茅坤曰兩將軍爲

一傳太史公用意摹寫處　鄧以讚曰是太史公自擧事寫出甚有精神按衛霍傳乃諸傳中之變體創格敘次排列部伍森嚴又於閒冷處着論斷頓挫曲折無限風神乃鄧以讚又以爲非史公甚得意作何也

平津侯主父偃列傳

宏偃學術行事相類故同傳平津侯傳尤多深文摹神之筆　唐順之曰摹寫平津侯極得其髓

少時爲薛獄吏有辠免使匈奴還報不合上意云云詳敘宏未遇時事正爲後文遇主得位伏案　王維楨曰宏遇時故至相位傳中總明此義　宏爲人恢奇多聞云云此段寫宏爲人虛實兼到槩括一傳大旨語句分寸斟酌俱出　宏奏事有不可云云至上益厚遇之此段即前文開陳其端令人主自擇之實事也尋出一戇直之汲黯伴說陪寫便令平津毛髮骨髓畢露尤妙在一事用兩層寫意態風神層累無盡　夫知臣者以臣爲忠不知臣者以臣爲不忠立言最妙含蓄隱躍有味　鍾惺曰妙在不說透干

古老奸情形如見　汲黯曰宏位至三公云云至愈益厚之布被一事亦分作兩處敘前段點布被作伏案此段借汲黯詰布被寫宏深情利口脚肝都見　宏語凡作數折吞吐伸縮總以不盡爲妙尤妙在轉折處不甚合文理卻斷續頓挫意思自深誠飾詐欲以釣名妙在自認不諱　桓公以覇齊國亦治語陰陽伸縮有情　且無汲黯忠云云此語藏機鋒深文可畏　屢黜上大說之上益厚遇之天子以爲謙讓愈益厚之正爲遇時二字寫照叠

次呼應有法　宏爲人意忌外寬内深六字簡極寫宏刻深次骨陳仁錫曰一篇隱隱摹寫宏奸惡處得此一句通篇俱靈　此段總收宏之爲人又找點宏行事結構極完密　殺主父偃徙董仲舒此二事詳載董與主父本傳此處卻用帶點櫽括之法　皆宏之力也力字下得無情理似歸功於宏卻怨恨入骨　故人所善賓客云云此自宏善攻不可没　總收處抑揚分寸俱出　竟以丞相終言宏之有天幸也正是極不滿平津語以此作結老

極冷妙入神　主父偃微時踪跡與公孫宏相類詳寫其客遊困頓形狀正爲後文日暮塗遠伏案　朝奏暮召入見先點召見後敘所上之書有手法　是時趙人徐樂齊人嚴安俱上書言世務云云隨筆搭入徐嚴夾敘無迹　鍾惺曰因徐樂嚴安與偃同上書故插入二人在内主客相安此文字波瀾之妙若他人一傳中强置此兩篇文字則塞破矣　主父偃傳事跡頗寥落祗諫伐匈奴一書透切生動徐樂嚴安二書文亦奇宕編次一傳中遂覺異

樣生色　徐嚴書皆以開邊黷武爲言略與主父諫伐匈奴之旨相類錄之殆以諷武帝之喜功也　太史公傳不必人人備著顛末嚴安徐樂一書足矣次之主父諫伐匈奴書後此即附傳體也　一傳之中往往旁及數人附列夾敘正太史公筆力有餘處他人則不能爲此體　鄧以讚曰徐樂書大率本過秦論來　王韋曰文勢變化而氣更滂沛　王慎中曰漢武用兵獨嚴安一疏論事有本末譏刺當世有味　鄧以讚曰縱筆寫去不事繩削

而奇氣自躍如　天子召見三人謂曰公等皆安在何相見之晚也二語寫出武帝延攬風度宏濶英爽千載如見　一歲中四遷偃仍歸重偃實主分明　彼人人喜得所願云云數語說事情最深透

偃有功焉此句與公孫宏傳皆宏之力也一語同一筆法自成映帶　主父曰臣結髮游學云云此段借主父語自括生平一一與傳首所次未遇時情事相應收結最妙　發燕王定國陰事虛點劫齊王自殺實敘詳略有法　是時公孫宏爲御史

大夫云云此處入公孫宏結果主父正與宏傳殺主父偃一語相應雖非有意聯合亦文家天然結構

天子後聞之以爲孔車長者也有感之言餘音嫋娜漢書刪去一也字便覺風韻頓減　陳仁錫曰數語似未了而意味沖然

贊語公孫宏行義雖脩然亦遇時二語斷盡公孫語極有分寸　主父偃當路諸公皆譽之云云王維楨曰此太史公有感之言暗指李陵事也

平津主父先貧困後遇時遍顯相同諫諷武帝開邊搆兵大旨相類爲人之刻深陰險亦有相似者主父之誅死由公孫宏發之正其事跡相關合處陳仁錫乃以爲二人行事終不相合主父以下當別爲一傳誠不知其何說也　茅坤曰摹寫平津暗以曲學阿世四字爲精神故其巧爲持正而外不拂衆望內不忤上旨以節儉砥行以分俸養士陽善汲黯陰排仲舒至於主父則訟言疾之此皆深中絕倫處

鍾惺曰徐樂書以安民爲主而易動二字是千古治亂安民之候偃重一悔字安重一變字謹察其候使

治無亂安無危及亂可治而危可安也斯勿悔矣三子之言互相發故併載之

南越尉佗列傳

唐順之曰南越傳及大宛西南夷等傳總括一國之事貫串百餘年興亡成敗如世家體例格法絕勝

召龍川令趙佗語曰此處龍川令三字不可少他手必省之　會病甚此句不了語下即轉且番禺云云斷續頓挫甚妙　摹任囂語絕似英雄口吻

爲中國勞苦故釋佗弗誅此句安頓得體

因稍以法誅秦所置云云佗因此以兵威邊云云寫尉佗布置作用有節次　因讓佗自立爲帝曾無一介之使報者一語括賜書全文極得要領　爲書謝稱曰云云佗報書亦約得妙語意似謙似傲筆力亦正簡峭　然南越其居國竊如故號名此句收勒拗折有力　天子乃爲臣與兵云云只二語便已十分感激懇切　太后中國人也嘗與安國少季通再提一筆委曲有情不嫌其複　其相呂嘉年長矣此段單敘呂嘉勢要須用此提掇之筆

其居國中甚重越人信之云云至得衆心愈於王重疊言之文意極深厚得衆心愈於王一語收得勁老　介漢使者權介字用得深古　使者皆東鄉云云至侍坐飲敘宴飲位次甚悉光景宛然又用鴻門宴筆法、　以激怒使者使者狐疑云云寫情景委曲透切如畫　天子聞嘉不聽王云云至不足以興兵按此又總收一筆曲折分明　參曰以好往云云好往武往句法甚奇數語峭宕極似左氏　天子罷參也句亦攏宕　取自脫一時之利

云云至爲萬世慮計之意句法拙古正以不修飾爲佳　而韓千秋兵入破數小邑云云而字遙接陡轉文勢甚緊如珠走盤　元鼎五年秋衛尉路博德爲伏波將軍云云敘次伐越兵經緯條斷一時軍形地理如畫　咸會番禺此句總收一段眼目必不可少　因推而前挫越鋒以數萬人待伏波數語括樓船用兵極簡健　敘伏波樓船用兵機宜情形錯綜分明　蒼梧王趙光者云云此處始點蒼梧王名族　戈船下厲將軍兵云云至南越已

平矣此處始找補戈船馳義兩路兵不漏　自尉佗初王云云至國亡焉特總收一筆老甚

贊語用韻錯綜古峭似銘語語有奥氣　呂嘉小忠評得確妙　陳仁錫曰南越朝鮮二贊俱用韻語班書敘傳祖此

夌約言曰敘武帝討南越筆力千鈞而越內后王亂臣之變態討越樓船伏波之將略委曲轉折纖悉殆盡　南越傳極簡峭括事情頓挫變化有致鄧以讚以爲略似吳王濞傳庶乎是矣乃以爲之奇峭何

也

東越列傳

閩越王東海王先後同封東海王又號東甌王閩越擊東甌東甌舉國內屬閩越分爲二國一爲越繇王一爲東越王繇王殺東越王以其衆降東越地遂虛一國之事分合錯綜叙次極明白亂而能整細而能括　東越傳似無出色處卻自簡峭妍細有致

閩越東海先並提後分叙極分明　東甌請舉國徙中國云云此一筆結東甌　當安所告愬終

滅國而止此等語俱懇動有情　其弟餘善乃與相宗族謀曰云云此及後大行語簡極矣卻極雋永太史公用意修鍊處　元封元年冬咸入東越總一筆有力與南越傳咸會番禺同一筆法　自兵未往故越衍侯吳陽前在漢云云此處用追叙好

福者成陽共王子云云何孟春曰此段斷而復續亦倒叙法也　於是天子曰東越狹云云用詔語作結東越閩越雙收章法結構極穩老　東越地遂虛五字結此然而出筆力萬鈞　屢用天子詔語作提掇有精神有眼目

贊語只一意轉折呼應有神　蓋禹之餘烈也正與開端有功德於民句相應咏歎有致

朝鮮列傳

朝鮮傳格調與南越東越傳同而筆致尤勝　漢興爲其遠云云至都王險點次王滿略屬朝鮮事迹及諸國名地名俱爲後文伏案一一有照應　又未嘗入見又擁閼不通二語寫出右渠負固罪狀

使御刺殺送何者朝鮮裨王長如此倒點自省便

可悟史家簡字之法　未能破自前余有丁曰謂未能破之而前進也故後云破浿水上軍乃前按此解良是文意亦自相照應　持兵方渡浿水點明持兵二字細後文宜命人毋持兵方有原委　左將軍素侍中云云至常持和節按此寫兩將軍私心曲折如畫其用幸悍驕恐懟等字尤極刻意摹寫

鍾惺曰寫出千古邊將依違情形　以故兩將不相能收束一筆明白遒勁　左將軍心意樓船云云至未敢發預提左將軍心事於此爲後文作伏

筆妙　鍾惺曰寫兩將相妬相疑相阨之情曲盡按記載家寫敘人情世態委曲如見肺腑毛髮逼露者惟左氏傳及史記有之如兩將軍征圍朝鮮互持相傾一段他手爲之祗是敘事太史公卻句句是寫情也　將率不能前前字與前文未能破自前破浿水軍乃前二前字暗應　不下者有狀此句有操縱吞吐如聞其聲　具以素所意告遂曰此句遙接前文左將軍心意云云妙在一事分兩處敘寫斷續伏見有情若如常手移心意樓船前有失軍罪云云於此便平直無味矣　而以節召樓船將軍云云至以報天子一氣直敘如一句筆力絕勁悉盡曲折　天子誅山天子誅遂分點對照自成章法

卽急擊朝鮮應前急擊二字　王又不肯降與前文朝鮮不肯相應此句未了竟接陰峽路人皆亡降漢妙所謂意到而筆不到　以故遂定朝鮮爲四郡此句收結老　左將軍徵至云云至末收結兩將軍極斬截老勁筆力如老吏斷獄括盡兩將情事

贊語較南越傳贊更短峭簡至　兩軍俱辱將率莫侯矣只按事情作感慨自然意味深長　楊慎曰南越朝鮮贊用韻語蓋後世銘詩之祖

鍾惺曰此傳最簡而許多揣摩曲折一一得情事理無遺後人無此筆力　朝鮮傳傳衛滿也與箕子之後裔無涉陳仁錫乃怪太史公敘朝鮮不推原箕子之後亦何悖也　悔失番禺余有丁曰謂樓船前力攻番禺反驅降者入伏波營故此欲獨降之爲已功也按此句又補傳所未盡

西南夷列傳

西南夷傳傳記佳格昌黎柳州多倣此法　開端一段列敘諸夷以夜郎滇爲綱以邛筰冉駹等國串敘綴附其次極分合經緯之法文字忽整忽散奇格變體入妙　其外西自同師以東云云至地方可數千里此段又用統敘緣嶲昆明無君長無常處故殊文以別之亦文法離奇處　此皆巴蜀西南外蠻夷也此句總收有筋節　凌約言曰開端一段不百四十字而西南諸夷其方域風俗大小具見敘

事明整簡盡可法　柳州遊黃溪記倣此段文法
然柳文體直不如史記之奇變　略通五尺道造
句奇五尺道極生異　巴蜀民或竊出商賈云云
此句預為後文枸醬邛竹杖作伏案令人不覺
南越食蒙蜀枸醬云云開邊大事卻從一枸醬生出
敘次幽異情致波瀾絕奇陳仁錫曰突如其來風馳
雨驟　此創越一奇也語奇練似國策　當是
時巴蜀四郡云云又用提掇有筆勢　稍令犍為
自葆就葆就二字撮來生新　言居大夏時見蜀

布邛竹杖使問所從來云云此與枸醬情事同而敘
次筆法變　漢孰與我大活似悍夷口吻　天
子注意焉此句虛煞住而不住　頭蘭常隔滇道
者也倒點明晰生動敘次活法　點七郡一一與
篇首諸夷廻應結構極密　西南夷君長以百數
獨夜郎滇受王印云云總結一筆奇橫　以百數
遙與篇首數以十數字收應　滇小邑最寵焉冷
甚
贊語推本楚裔別識遠神　然南夷之端云云轉

筆拗折　卒為七郡竟住老　見枸醬番禺大
夏杖邛竹謂於番禺見枸醬大夏見邛竹杖也文法
極錯綜太史公字句不苟如此

司馬相如列傳

司馬相如傳雅韻逸情風流婉媚別一種筆墨
相如詞賦之士故多載其文辭子虛大人封禪書等
篇相如平生佳文略備矣　漢書諸傳以博載其
人之文為勝漢世之文流傳後世者賴有孟堅也史
記列傳於諸人之文多不濫載屈賈文辭之士祗載

其騷詞數篇賈生治安一疏猶從割愛則他可知已
獨於司馬之文採錄最多連篇累牘極繁不厭可謂
心折長卿之至而編載有法真不可及　故其親
名之曰犬子云云至更名相如點逗名字便已風致
嫣然太史公企慕長卿神情亦自亹亹露出　非
其好也會景帝不好辭賦兩句連敘便活脫照出長
卿是一詞賦人　乃著子虛之賦此處先點子虛
賦作伏案特留賦詞在後與上林賦連載妙　長
卿久宦遊不遂而來過我此句冷甚澹甚有無限世

情在內妙在此下不添一語　臨邛令繆爲恭敬
云云繆爲恭敬便爲後文作伏案用意深曲　日
往朝相如朝字用得不倫卻極雅妙　臨邛中多
富人云云至數百人此處橫截插入特有手法
卓氏客以百數此句側出卓氏極分明點卓氏客借
襯法　長卿謝病不能往臨邛令不敢嘗食自往
迎相如云云極力烘托描寫委至纏綿似信陵君自
往迎侯生一段文情　此段極似作態可厭卻自
成千古韻事　臨邛令前奏琴曰云云奏琴奏字

妙與朝字一樣用法　願以自娛自娛字立言妙
是時卓王孫有女云云此處方點明題目委趣
橫生若點敘在前便少味矣　而以琴心挑之琴
心字奇挑字婉細入妙　相如之臨邛從車騎云
云追敘有情宛然　及飲卓氏弄琴弄琴字娟秀
之極　心悅而好之恐不得當也委婉纏綿寫情
艷入神太史公筆墨之妙至此　陳仁錫曰臨邛
令繆爲恭敬相如亦繆與令相重虛情往來此際如
畫　相如飲卓氏弄琴挑文君一段極俚褻瑣細

事寫來極雅極奇須知是正史不是小說精神風致
次第曲折畫絕　家居徒四壁立此語寫貧刻至
入骨　卓王孫大怒曰爲後文喟然而歎伏案
不分一錢也爲後文分財伏案　人或謂王孫
王孫終不聽此故作控勒之筆　文君久之不樂
曰云云數語溫秀蘊藉可想　而令文君當鑪相
如身自著犢鼻褌云云此處偏着意詳寫妙茅坤曰
他人不着手處太史公偏着手　昆弟諸公更謂
王孫曰云云數語凡數轉婉宕紆折最有姿態

且又令客廻顧得妙　劉辰翁曰已失身於司馬
爲一句長卿故倦遊爲一句今人不得其讀於長卿
下又添長卿二字失之按此二句中疊兩長卿口吻
姿態宛然如生正有神趣　卓王孫不得已三字
嘲笑富人不少　文君乃與相如歸成都買田宅
爲富人一段文字收頓處　朕獨不得與此人同
時哉聖主憐才奇語千古文人讀之墮淚　上驚
只一驚字寫出愛才精神　相如以子虛云云楊
慎曰此太史公總子虛賦之大旨爲訓詁之法按太

史公作訓詁體亦極參差古雅筆墨之妙如此
子虛賦不徒以閎麗爲工詞調高奇意象超遠中有
極淡極靜處所以不可及　王世貞曰長卿之賦
賦之聖者也造體極元　割鮮染輪奇語確有此
境　其山其土其石其東云云鄧以讚曰條分縷
析而錯綜出之讀之但覺霞蒸雲變正在有意無意
之間　陳仁錫曰後人之模擬者僅四方耳其高
燥其卑濕其上下不能道矣　其東其南其西其
中其北中間邠夾入其高燥其卑濕便自錯綜離奇

他手定將高燥卑濕列五方之後矣　轔邛邛蹵
距虛云云轔蹵軼轊字法好　獲若雨獸奇語
觀壯士之暴怒與猛獸之恐懼壯士與猛獸雜敘
有精神　怠而後發謂倦怠而別往也頓句容與
有神　烏有先生曰是何言之過也云云鄧以讚
曰氣象雍容諷詠歎息雖敝文而猶存賦體造語最
工腴而不失古意　吞若雲夢者八九云云語奇
妙入神　鄧以讚曰稱齊處語簡而無不盡真有
吞吐雲夢之勢　烏有先生一段極簡括正文字

停蓄處爲上林鋪張作勢三段問答亦自有詳略參
差若仍似子虛一段極力鋪敘文體便癡板不靈矣
獨不聞天子之上林乎此句振起有精神
悠遠長懷寂寥無聲寫水亦寫出妙情逸致來奇極
魚鼈讙聲奇語　鄧以讚以爲上林極力馳
騁閎富則有之而精工終讓子虛余謂上林奇情奧
氣雅與子虛相稱未見不如且此賦亦不可徒以精
工目之也　叢積乎其中羣浮乎其上陳仁錫曰
又將其中其上作佳句便妙　隨風澹淡與波搖

蕩寫景畫態飛動　日出東沼入於西陂插此二
語超忽離奇最有態　上林亦用東西南北與子
虛法變　奔星更於閨闥宛虹拖於楯軒此又以
整語見奇後人如王延壽左太冲祇能摹此等語
偓佺之倫暴於南榮陳仁錫曰插入仙人大奇
過川過乎中庭寫景妙句　長嘯哀鳴翩幡互
經牢落陸離爛曼遠遷數語精奇超忽又可截作一
猿猱賦　生貔豹手熊羆足野羊數語字法尤奇
箭不苟害云云擇肉後發先中命處數語寫射

亦有精理妙諦　軼赤電遺光耀云云數語似藏
鐃歌語　乘虛無與神俱寫入空虛妙　不被
創刃而死者寫倦獸之神　天子芒然而思似若
有亡妙語　鄧以讚曰通篇文極夸耀而末乃歸
正昔人謂曲終雅奏良是然自是文字之妙矩
若此故獵乃可喜也此句頓挫有味有態所謂筆歌
墨舞　無是公言天子上林廣大云云至歸正道
而論之此數語子虛賦之總評也太史公錄子虛賦
前作一序後綴斷語脉理章法貫串自成一片作史

者凡編採古人文字不可無此法　乃使相如責
唐蒙因喻告巴蜀民以非上意此句櫽括一篇檄文
大旨可抵一則小序　喻巴蜀檄得告諭之體雙
責使者蜀民極明切深透佳絶　夫不順者已誅
而爲善者未賞立言極得大體　衛使者不然不
然謂非理不測之事也造句古勁　夫邊郡之士
云云此段借邊郡諷蜀民文意激昂淋漓　父兄
之教不先云云鍾惺曰責得不情而甚有理妙筆
陛下患使者有司之若彼云云篇末數語總繳通

篇簡嚴整厚漢文多用此法　責使者正爲責蜀
民作地處處側卸有體　蜀太守以下郊迎縣令
負弩矢先驅云云此處極力渲染太史公着意出色
處　卓王孫喟然而歎自以得使女尚司馬長卿
晚寫盡富人眼孔炎凉世態尚字妙甚輕薄富人不
淺　而厚分與其女財與男等同又應前不分一
錢此句方結得王孫住　司馬長卿便略定西夷
云云此段敘相如略定西夷之功自不可少　相
如欲諫業已建之不敢云云至知天子之意此括難

蜀本旨數句中多少曲折　鄧以讚曰難蜀文亦
是賦體子雲長揚賦本此　又曰句句着意撰出　且
不事幽奇而自越常調高雅濃至久而愈新
夫賢君之踐位也云云至參天貳地此段雄聳古厚
一篇撑開架擔斤兩處　係纍號泣內嚮而怨曰
云云此段愷切濃緻最得鋪揚之體王韋曰相如之
文中有賦體謂此　夫拯民於沉溺云云此段括
一篇之意而總結之　相如口吃而善著書云云
至不慕官爵此段敘相如爲人似作間中點染御應

前伏後通體俱靈　陳仁錫曰諫獵疏甚奇昔人所謂十賦不如一疏是也太史公錄之正爲相如占身分處　諫獵疏發端極奇　倪思曰憂愛懇款語厚意長可爲奏疏法　雖萬全無害云云深切有體　以哀二世行失也句極風神亦含諷諫意　哀二世賦發端磊落忼慨　天子既美子虛之事仍適按子虛之事妙　大人賦尤高逸鄧以讚曰規摹離騷更加馳騁按大人賦極靈悅容與非馳騁之謂也　飄飄有凌雲之氣似游天地之閒意句奇妙確似大人賦評語　天子曰司馬相如病甚云云相如一文人至使天子爲收取其書今之人所不能得之於師友存亡之際者也寫千古文人第一知遇真令人感激流涕　家無書長卿固未嘗有書也時時著書爲一卷書無他書數句中連用數書字楊慎曰回翔繚繞無限深情妙在說極矜重正爲長卿作聲價　綴無他書三字意味極深長　天子異之變文點在前妙　鄧以讚曰封禪書字句意格俱練有聲有色有氣有骨有味有態

按封禪書高古拗奇相如别格絕調文字典引劇秦貞符皆摹此然風斯下矣　封禪書全以轉折頓挫勝妙在無痕迹　鄧以讚曰頌詞最古按封禪頌典古和大真雅頌之遺　披藝觀之云云頌詞後又綴此數語作總斷格調甚奇他手定以頌詞作收結矣　總收數語猶存風諫之意此文字矜貴占身分處太史公之取封禪書以此　司馬相如既卒云云點敘武帝封禪於篇末終封禪書本末確不可抄　相如他所著云云餘筆拖帶有法

贊語推本易春秋大小雅以立言極有根據亦正爲相如之文抬高身分　然其要歸引之節儉云云此評相如之文得其要領可見太史公見地之高相如傳以所著之文詞爲敘事之次第章法自然貫串　楊慎曰劉子元史通云相如傳具在相如集中子長因錄斯篇卽爲列傳又按南史云古之名人相如孟堅子長皆自敘風流傳芳末世觀此則相如傳卽相如之文也董份曰相如集中乃校傳者取子長所作傳附之也史通以爲相如自作非矣卽自作

獨不爲文君事一少諱耶按相如集乃後人編輯固無足深據南史所云長卿自敘者亦無所考果相如自作傳必不自斷子虛賦爲侈靡過其實且非義理所尚也且相如欲諫業已建之不敢云云此中委曲相如豈自言之耶封禪書取於死後爲其妻文君所奏其非相如之生前自敘更不待辨而明矣乃以相如傳爲其所自作益楊用修之好奇如此　茅坤曰太史公序次相如特愛其文賦而已予覽之多爲磈礧奇崛然變之再變矣特檄蜀父老與諫獵書絕

佳　王世貞曰子虛上林材極富辭極麗而運筆極古雅精神極流動意極高所以不可及也長沙有其意而無其材班張潘有其材而無其筆子雲有其筆而不得其精神流動處　又曰長卿以賦爲文故難蜀封禪緜麗而少骨按難蜀封禪皆高渾古厚之作豈少骨者耶祇以緜麗目之更失之　劉辰翁曰相如得文君是一段小說子長以奇著之如聞如見乃併其精神意氣隱微曲折畫出　鄧以讚曰相如至臨邛一段敘麗情纖悉而古雅濃厚最是

高手千古傳奇之祖　又曰子虛上林賦乍讀文采絢爛極其馳騁細察之精思妙句往往寓也然文字又皆古質絕無綺靡之態此最不可及　又曰封禪書瑰琦而古質瑰琦尚可及古質絕不可及　子虛賦一結極得體太史公所謂引之節儉歸於正道而論之者正以此鍾惺乃以爲末章曲終奏雅反覺黯然索然疑於儒冠而胡服誠不知其所謂也

淮南衡山列傳

淮南衡山傳洋洋七千餘言亦列傳中長篇敘事詳

悉周匝妙以曲折層複取勝令人往復不厭　淮南王安衡山王賜雖有不臣之心然反情逆跡究屬未著鄧以讚所謂淮南衡山終是疑獄者是也傳中所述淮南王與伍被謀畔問答之詞似是漢廷鍛鍊之文太史公備錄之以實其叛迹也贊語謂非獨王過亦其臣下漸靡使然自序但言子長填江淮之間以安剽楚庶民而略其叛逆之罪則太史公於淮南衡山之事殆有以深悲其致罪之由而其反跡之虛實隱見亦有所吞吐含蓄而不欲明言者矣　趙

王獻之美人厲王母得幸焉此句連讀古拙有力俗
本美人句斷非是　上方怒趙王未理厲王母詳
得妙此等情節確不可略　厲王母弟趙兼此句
帶點其弟趙兼則知厲王母之爲趙氏也　真定
厲王母之家在焉父世縣也此句倒點厲王母爲真
定人補敘有法　辟陽侯不彊爭此句伏案
厲王早失母常附呂后云云至弗敢發又提一段作
伏案眼目醒豁頓勒有情　常謂上大兄一語寫
淮南橫甚　敘淮南王殺辟陽侯一段事跡極奇

語亦亢壯妙在連用三弗爭字　臣謹爲天下誅
賊臣云云報母之仇語極光明嚴厲霜鋒稜稜
孝文傷其志爲親故語極蘊蓄深厚　爲親故句
斷俗本多誤讀　當是時薄太后及太子云云提
掇生動　淮南謀反事詳劾奏中故於敘事特略
即此可悟敘次之法亦可想見太史公用意處
所不當得欲以有爲二語古拙有含蓄　劾淮南
王奏古質精峭無贅文剩語　謾吏曰不知安在
又詳聚土樹表其上曰開章死埋此下謾言曰無勞

苦者謾言曰忌病連用數謾吏曰謾言曰刻畫淮南
王罪狀宛宛有致章法絕工條悉明峭真無遁情
朕不忍致法於王只一句意已足惻厚入情
計食長給肉日五斤云云瑣細得入妙　誰謂乃
公勇者云云數語中三轉折慣咽之情如見　尺
布斗粟謠特取可縫可舂不能相容反正跌逗生情
乃以無意義爲與讎者也漢書音義以爲尺布斗粟
猶尚不棄瑣說又以爲一尺布尚可縫而共衣一斗
粟尚可舂而共食皆以深求其義反成穿鑿　東

城侯良前薨無後也補法周匝筆意亦自閒暇
不聽王而爲漢此句點得明白勁折有力　廬江
王邊越數使使相交此句廻應前文往來使越句甚
細　淮南王安傳開端一段活畫出安之爲人又
爲謀畔伏案通篇筋脉都爲生動　時欲畔逆未
有因也爲畔逆事而謀反滋甚然淮南王削地之後
其爲反謀益甚處處點逗鉤勒有法　淮南王心
恠之王心以爲上無太子此等宛見肺腑真深文隱
筆　王乃詳爲怒太子云云至王乃上書謝歸去

之倪思曰謀情委曲難知太史公摹寫得極明盡
當是時淮南相怨壽春丞云云此處從漢事轉淮
南是時上不許公卿請云云此處從淮南接入漢事
雙敘互御有法鄧以讚曰一淮南一漢串插無痕絕
妙
王恐事發王自度無何不發王以故不發其
後自傷曰寫情事委曲如畫　言上無男漢不治
云云至以爲妄言非也數語寫出淮南呆橫情狀句
法巉峭錯落可喜　召伍被與謀曰將軍上被悵
然曰因之三月復召曰將軍許寡人乎被曰不直來

爲大王畫耳一時問答機鋒淋漓如生　夫百年
之秦近世之吳楚亦足以喻國家之存亡矣雙提朗
朗疎健　敘秦世暴橫百姓離心處以欲爲亂者
十家而五十家而六云云爲文法筆意恣肆極似賈
山至言　客謂高皇帝曰時可矣云云陡接入妙
不必有此事卻不可無此文真有憑空結撰之奇
今大王見高皇帝得天下之易也云云轉法圓提
無迹磊落驚人似嚴徐言世務書　於是王氣怨
結而不揚涕滿匡而橫流二句賦中最雅鍊語風韻

欲流　是時故辟陽侯孫審卿云云至深購淮南
事於宏插入此段情事確不可漏究報針鋒相對
敘伍被與淮南王問答漢廷治亂及論吳興兵是
非頗有疎宕雄奇之氣似國策趙武靈王論胡騎等
篇　王意不說王怒被謝死罪王默然欲發被又
以爲難寫節奏層曲了了　淮南王見建已徵治
遙接前文有法無迹　吳王至富貴也云云複括
吳事往者秦爲無道云云複舉秦事往復變換筆端
令人不測　男子之所死者一言耳此句緊應上

文悔字言男子往往因一言而死何悔之有一本無
言字瓚說以爲或有一言之交以死報之俱非
男子之所死者云云二語特英矯明爽　漢將一
日過成皐者四十餘人語亦奇特似國策　口雖
未言聲疾雷霆云云數語有波瀾色態極似過秦論
餘吻　伍被與淮南王問答及謀爲畔逆諸語洋
洋纚纚若貫珠走盤此即當日伍被所上獻牘傳中
所謂自詣吏因告與淮南王謀反反蹤跡具如此者
是也絲絲係被自爲不能無塗粉文飾之詞太史公以

其文之佳故備錄之篇末所云天子以伍被雅辭多引漢之美可証也漢書乃取此爲伍被傳失之　鄧以讚曰初未定漢兩不發三欲發兩未決一未發終之欲休敘述有次第可玩精神眼目備具　雖然吾以爲不至若此已許被計猶作曲勒妙　欲如伍被計云云此處一筆直敘下是文字省簡處　如發蒙耳添此四字敘次中便有情波　屈彊江淮間猶可得延歲月之壽說得亦自可憐屈彊字亦入妙　於是廷尉以王孫建辭連淮南云云又

遙接前文妙　王念獨殺相而內史中尉云云太子念所坐者謀刺漢中尉云云寫王與太子肺曲如見　王亦偷欲休寫得呆甚　淮南王安廢法行邪云云鄧以讚曰漢獄詞簡古有致如此　天子以伍被雅辭雅辭便成伍被論議定評太史公固不欲沒其文之佳也　單收伍被作結案筆法極高　衡山王傳開端一段總敘后姬男女在前後分敘之筆法極明快　衡山王閩淮南王作爲畔逆反具云云數語一篇要領　求能爲兵法候星

氣者日夜從容王密謀反事此句與淮南傳中陰結賓客拊循百姓爲畔逆事兩相關照　敘衡山宮庭妻妾男女骨肉怨相傾處極簡明最猥瑣事敘得委曲備至一一具見、　王后知王決廢太子又欲并廢孝又提一筆有要領　衡山王非敢效淮南王云云至望如是一段總收寫透衡山心跡正與前文恐爲所并相應筆力團聚圓勁望如是三字峭極　衡山本緣淮南相連爲反具傳中凡寫衡山反跡往往因淮南爲言

贊語直敘直斷祇有結尾一掉與開首引詩相應廻環咏歎逸氣無窮

淩約言曰衡山傳起處先以王后諸妃及男女總敘於前末後復以王后諸妃及男女等結之可謂首尾相應　鄧以讚曰篇中曰心怨曰時怨曰時歎曰心以爲曰自度曰自傷曰念曰恐曰以爲描寫歷歷如見

循吏列傳

循吏傳似錄春秋戰國諸子之文別一格調頗與說

苑新序文字相類　古來循吏不止如子產公儀
等數人諸人事跡頗多亦不止如列傳所載數事太
史公本意總爲循吏寫其梗槩循吏之道要以潔已
愛人奉法循理爲主太史公約舉孫叔子產公儀數
事循吏潔已愛人之道槩如此矣列舉石奢李離二
事循吏奉法循理之道槩如此矣以此爲牧民守官
者標格意甚簡嚴然亦太史公不甚經意之文祗取
略寫大意以備一體固不欲多着筆墨也　奉職
循理亦可以爲治何必威嚴哉此編循吏本旨正取

其與酷吏相反　孫叔敖載其一二軼事要取其
與循吏之道相稱寫盡委曲便民作用　乘車者
皆君子云云二句注釋明白　此不教而民從其
化云云間用斷語作束筆意逸宕風流　敘子產
極簡略虛敘無事實須知是循吏傳不是子產傳也
此中若參入左傳國語所載事體便醜　老人兒
啼妙語　子產去云云促節嗚咽特於誰嗣歌外
另載此詞妙　使食祿者不得與下民爭利云云
二語得公儀要領　以嗜魚故不受也云云數句

中三轉妙在連用數魚字淸折如生　云欲令農
士工女安所讐其貨乎掉尾極逸
贊語用韻參差奇崛太史公隨筆所之無不入妙
鄧以讚曰循吏傳語似諸子別是一種小文字以綴
語爲歎息好

汲鄭列傳

汲鄭同學黃老之言一則抗言直諫秉正嫉惡一則
慨宏任俠喜交游奉賓客皆太史公所嘉予樂道者
也故同爲列傳而述之亹亹不置　汲黯乃太史

公最得意人故特出色寫之當其時勢燄橫赫如田
蚡阿欲固寵懷詐飾智如公孫宏張湯等皆太史公
所深嫉痛惡而不忍見者故於灌夫駡坐汲黯面詆
宏湯之事皆津津道之如不容口此太史公胷中壘
塊藉此一發者也如此文安得不工　汲黯奇偉
直毅之士本傳文法筆意刻峭倔强往往如裂石挫
金確稱其人以此知太史公之文正如右軍書法因
物肖形無不如意　汲黯傳善用借襯旁寫幾於
纖悉無遺鬚眉都見　其先有寵於古之衛君須

知此句不泛下　以莊見憚此句一傳要領　開端紀黯使東越往河南兩事便見黯有大臣之體　黯學黃老之言云云至不拘文法此段寫黯治官理民本領其治責大指而已不苛小治務在無爲而已宏大體不拘文法錯出叠見不嫌重複正見古文厚力　臥閨閤內不出東海大治說來甚妙此出力寫汲黯處　黯爲人性倨云云至不得久居位此段寫黯之爲人極稱其任氣修行犯顏直諫乃一篇之主

他傳述人性行或在篇首或綴於傳尾黯傳獨以其爲人安在中腰此乘間便入不拘常格者更覺離奇有致　不能忍見四字刻深次骨忍字尤深　士亦以此不附焉然好學游俠云云抑揚有法轉折盡致　常慕傅柏袁盎之爲人也一句收逸宕之筆遒節靈活　善灌夫鄭當時云云牽連及灌鄭諸人亦以數直諫不得久居位一筆勒住寫灌鄭正寫汲黯此即所謂借襯旁寫也　點鄭當時爲合傳地卻雜在灌夫劉棄中無迹　當是時太后弟武安侯云云此處用提掇法正借田蚡以顯黯之亢節也　吾欲云云虛語傳神卻難其老致　甚矣汲黯之戇也一戇字汲黯確評得黯神理　天子置公卿輔弼云云此數語太史公意中語報任安所謂全軀保妻子是也今借汲黯口中發之　守城深堅招之不來麾之不去創語奇崛風骨矯矯　古有社稷之臣云云此言武帝爲黯知己亦以黯之不用爲武帝惜也　大將軍青侍中云云此又借大將軍丞相宏作襯正以極瑣曲事寫出以莊

見憚氣概　張湯方以更定律令爲廷尉云云黯之大節在非詆宏湯此處處帶寫　責湯於上前一段沉悍如壯士揮戈怒馬摧陣　何乃取高皇帝約束紛更之爲長句險動殷殷有振鳴聲　公以此無種矣語毒而快無種字辣甚語帶咀呪恨聲不絕　天下謂刀筆吏不可以爲公卿果然必湯也斬絕遒決氣急語咽如生　令天下重足而立云云綴二語頓挫甚壯宛然切齒怒目神吻　是時漢方征匈奴云云上段責湯此段兼及公孫宏諫

征邊事詆文法皆黯錚錚大節　使人不得反其
眞以勝爲功此語殊深痛非老成惻怛者不能爲此
言　宏湯深心疾黯唯天子亦不說也欲誅之以
事三句小頓句有深文　大將軍青既益尊云云
至遇黯過於平生揖武安侯揖大將軍分敘好連敘
使少味　夫以大將軍有揖客反不重邪語極冷
卻帶婉轉處已處大將軍俱妙　大將軍聞愈賢
黯此特表大將軍卻正以寫汲黯也　淮南王謀
反云云此又拉淮南王作借襯推重汲黯眞不容口

如發蒙振落喻甚奇妙　天子既數征匈奴
有功黯之言益不用小頓接上生下　始黯列爲
九卿云云此處用詳曲之筆正好逼出黯褊心不能
無少望句　如積薪耳後來者居上此語極新創
巧甚　人果不可以無學觀黯之言也日益甚兩
句語極拗折而意卻相承甚古妙　居無何匈奴
渾邪王率衆來降云云此段詳敘黯諫渾邪降漢一
事　獨斬黯民乃肯出馬險語驚人　諫市買
渾邪坐死一段伉爽條達暢所欲吐鍾惺曰妙在字

字反上意而切中情理痛快之極　愚民安知市
買長安中物云云二十四字爲一句亦長句之矯矯
者　上默然怒上默然有閒上默然上默然不許
連用四默然摹神亦有意作關照處　黯伏謝不
受印詔數彊予然後奉詔寫黯倔强如畫　黯爲
上泣數語血誠惻動抵一通陳情表　臣常有狗
馬病力力字屬上讀言病進也句意甚古陳仁錫以
爲屬下讀者失之　君薄淮陽邪吾今召君矣語
極有冷韻是武帝懇對汲黯神理　顧淮陽吏民

不相得顧字轉得不情　過大行李息曰云云敘
黯去國之後放不過張湯收結嫉湯本旨　居郡
如故治淮陽政淸帶點治郡不漏　卒後上以黯
故官其弟云云敘黯身後事篇末餘波　因黯及
司馬安因安及濮陽段宏展轉相引似與黯無涉者
卻用衛人仕者皆嚴憚汲黯出其下一筆收轉正借
安宏之深文巧宦以襯黯之正直不阿也筆力手法
極高　衛人仕者一收與篇首其先有寵於古之
衛君暗相觸應又收應以莊見憚句甚妙　其先

鄭君云云與汲傳起首相映照嘗爲項籍將即點項
籍有眼若作項王便失之　以任俠自喜與以莊
見憚對照亦一傳要領也　嘗置驛馬長安諸郊
此等皋動越制驚人太史公正好爲此奇人奇事寫
照　鄭傳往往以斷語代敘事正與汲傳同一體
格　莊好黄老之言陡出此句語脉極錯落
然其游知交云云拖一筆極風逸流暢　誠有味
其言之也此句有深意寫出推轂薦士真性情精神
來　嘗引以爲賢於已未嘗名吏與官屬言若恐

傷之咨嗟俯仰亹亹有致　山東士諸公以此翕
然稱鄭莊此句收住聲情甚妙太史公亹亹稱道神
情不覺露出　寫鄭莊止是好客薦士一事卻用
旁寫曲寫重疊咏歎寫之遒峭妍媚之調更極濃纖
纏綿之神　寫鄭莊前後止二段每五日洗沐一
段敘其爲太子舍人事也莊爲大吏一段敘其爲大
農令事也前段用常恐不偏如恐不見二恐字後段
用若恐傷之唯恐後二恐字極力摹擬暗應有神
行千里不齎糧品目絕雅鄧以讃曰上亦字莊緣

時人語如此想一時翕然之稱直達九重　然鄭
莊在朝云云此又反映汲黯　漢征匈奴天下費
多又入征匈奴事與汲傳同　鄭莊汲黯始列爲
九卿云云總收汲鄭結出合傳本旨　家貧賓客
益落已爲贊語伏案　莊兄弟子孫以莊故云云
餘波又與汲傳對照　陳仁錫曰兩人分敘至傳
末合二人而結之
傳中論斷汲鄭處已盡贊語只就貧客盛衰作感慨
但述翟公之言不更作斷語無限蒼凉　太史公

感慨深情全爲自已抒寫報任安書所謂交遊親近
不爲一言也傳贊中往往及之
茅坤曰兩人性行不同而猶意氣相合又同好黄老
其廢也賓客並落故太史公合爲一傳以摹寫之
鄧以讃曰篇中發揮黯爲人處旁引曲証無不極
意筆勢縱横畫出一强項之臣有色有態有味有韻
凌約言曰敘鄭莊曰其慕長者如恐不見曰其
游知交皆其大父行曰客無留門以貴下人曰候上
之間說未嘗不言天下之長者曰推轂士及官屬丞

史云云太史公宛轉摹寫而鄭莊之好賢樂善具見
矣

儒林列傳

儒林傳點次古雅風致雍容句裏行間多禮樂詩書
之氣總序所載奏議云文章爾雅訓詞深厚殆以此
自目其文矣　鄧以讚曰太史公諸文俱雄肆乃
此篇獨醇雅甚儼然儒者之風　總序明白條暢
隱隱鬱鬱中有敦古溫醇之氣　余讀功令功令
卽指公孫宏等所奏定之選舉令也從此倒起首尾

結構都成一片　開端推本孔子已得六經綱要
然齊魯之閒學者獨不廢也夫齊魯之閒於文
學自古以來其天性也屢稱齊魯所以明孔子之教
澤又以儒林諸人多齊魯閒人也頓挫古雅風味深
穩　於威宣之際孟子荀卿之列云云倒轉作提
挈有筆勢　陳涉起匹夫云云至發憤於陳王也　故
一段頓挫盤旋大作捲束筆意極沉鬱酣厚
孔子在陳云云又引孔子之言作証筆有餘閒
漢世表章六經自武帝始故高惠文景皆略敘極是

言詩於魯則申培公云云至自董仲舒此段點
次儒林諸人列之以地別之以經乃諸傳之綱領
祗載公孫宏等請選擇文學一奏而漢之崇儒右
文諸典制法令具見　奏議平淡古質卻極有意
味可玩其條次典制簡而明整而錯尤不可及
自此以來則公卿大夫士吏斌斌多文學之士矣一
筆便結咏歎頌美俱有不必更贅一語
無傳疑疑者則闕不傳兩句廻環有法　申公時
已八十餘老老字似贅然加此一字卻有意味

爲治者不在多言云云二語切骨之言申公本領盡
此兩句　是時天子方好文詞倒找有意味
稱其好學此句最難言　言詩雖殊多本於申公
收結好　與黃生爭論景帝前提一筆有綱領
是後學者莫敢明受命放殺者收一筆有結束
安得司空城旦書乎太后怒詈轅固之言斥言儒
書也謂固以老子書爲家人言我且以儒家爲城旦
書汝安所得司空城旦書乎　諸諛儒多疾毀固
諛儒二字撮得妙　固之徵也云云又倒找一事

補法　側目而視固嘿笑公孫不淺　自是之後齊言詩皆本轅固生也收束文法稍變　諸齊人以詩顯貴云云諸弟子綴在後敘申公又變
伏生壁藏之壁藏之字法　學者由是頗能言尚書云云此段文法又變　常爲弟子都養都養字法新創　伏生傳中附兒寬獨詳　孔氏有古文尚書云云數語可決後人疑古文尚書之非筆意亦駛駛條達　諸學者多言禮而魯高堂生最起法又別　襄其天姿善爲容不能通禮經延頗能

未善也以容爲禮禮之末失也太史公挈而著之語帶詼笑妙　是後能言禮爲容者由徐氏焉收法又小變　自魯商瞿受易孔子又一起法　蓋三年董仲舒不觀於舍園其精如此敘仲舒獨見推重　於是董仲舒竟不敢復言災異此句感諷時事悲咽含蓄　是時方外攘四夷公孫宏治春秋云云又借公孫形容仲舒直斥公孫亚以抬高仲舒也　陳仁錫曰公孫宏學業不如三人而獨以飾詐文奸致位宰相故詳著三人之不過以見宏之竊位云　唯董仲舒名爲明於春秋其傳公羊氏也倒點公羊氏此又變法　而董仲舒子及孫皆以學至大官鄧以讚曰中間插入胡毋江生末復收歸仲舒又一法　條次爲數小傳一傳中又附數人或十數人不厭其雜手法絕淨鍊　王維楨曰文學興廢世代沿革此文備之看他敘數千百年事略無滲漏　鄧以讚曰經井分五家一人各分流派中間或詳或略敘得錯綜有致

酷吏列傳

酷吏傳傷武帝之峻刑也武帝之世煩文苛法以嚴酷爲治怨愁慘傷民幾不聊其生太史公目覩其事惻然傷之不忍斥言君上特借酷吏發之一篇之中感慨悲憤漢廷用人之非與酷吏得報之慘具見於此此太史公悲世之書所以致惓惓垂戒之至意不獨爲十人立傳也　酷吏傳別是一種筆墨立格用意以短悍爲主與字峭句隱然有肅殺陰慘之氣其刻深次骨處往往如老吏斷獄太史公亦可謂文

中之酷吏矣　酷吏傳以類傳敘事蓋漢世之用刑本末具見焉意在敘事不專主爲十人傳故自漢興以來通敘用刑之事略以年代之先後爲次而十人之出身進用廢黜死卒本末分合錯綜貫串穿插總成一片文字蓋有不得不然者非故爲此鉤連纓搭之奇也其作沈命法一段單敘武帝用刑之事十人之迹都無所見尤可見其以敘事爲主而文字結撰開宕之妙亦於此極矣　酷吏傳與平準書相表裏平準書每紀匈奴用兵之事而見知之法廢格

沮誹窮治之獄直指之使張湯減宣杜周義縱之用事本末往往及之　酷吏傳亦著興兵伐匈奴之事而造白金出告緡令以及徵發徒卒之役事載平準書者亦併記之蓋酷刑厚斂未有不相濟者而害國本剝民命其源俱由於此此酷吏傳所以與平準書並見而刑罰志可以不作也　酷吏傳欷歔頓遏節處筆法與平準書極有相似者讀之令人惻然感歎　開端引孔老之言着意在法令滋章盜賊多有二語爲酷吏全案伏根後文云事益多民巧法又

云百姓騷動姦吏侵漁又云取小治姦益不勝吏民益輕犯法盜賊滋起又云盜賊寖多上下相爲匿以文辭避法皆與此二語相應是其一篇血脈貫通處　敘秦漢寬嚴得失處反正抑揚用意在筆墨之外鄧以讚曰論嚴酷則詞激切道寬大則語和平猛發而緩收妙　救火揚沸喻亦奇　當是之時云云至勝其任而愉快乎此反言以爲諷切也折嚴酷吏篇快非教人尚嚴酷也　故曰聽訟吾猶人也云云此處又引孔老與開端相應凡太史公引成

語處最能融合無迹　破觚而爲圜云云用喻語寫來渾妙網漏於吞舟之魚語尤奇創非漢兩司馬不能爲此語　由是觀之在彼不在此收處屹峭似不着力而筆有餘味　酷吏獨有侯封獨有二字罪侯封之作倡也蓋深疾之　晁錯非酷吏也以其文法刻深爲用刑者之倡故推本及之亦深罪之　遂禽侯封之家錯卒以被戮早伏後文諸酷吏結局　其後有郅都甯成之屬郅都甯成雙出分敘　太后聞之云云即入太后爲後案　由

此重郅都小結　都爲人云云此處方入都爲人借都自稱數語形容描寫極警策　固當奉職死節官下云云語極不倫硬悍之甚唐順之曰畫出一倔强人　而都揖丞相此處丞相似可省然有此二字方勁　是時民朴畏罪自重而都獨先嚴酷二語定都罪案　匈奴至爲偶人象郅都云云至見憚如此形容甚奇都奇人須以此奇筆寫之　臨江王獨非忠臣邪只一語極嚴厲真折得倒　好氣爲人小吏云云此處將甯成爲人提在前敘法

變　操下如束濕薪妙喻奇想句法刻酷之極　始前數都尉皆步入府云云至其畏郅都如此甯成傳中卻纓帶郅都事此即旁十餘郡畏都如大府之實也　其治效郅都其廉弗如寫甯成總以郅都伴說　寫甯成酷吏正面祇爲中尉數語卻只是虛筆形容無事實　其使民威重於郡守此處小歇卻自未了　武帝即位吏治尚循謹甚提此句此即周陽繇罪案也　所愛者撓法活之云云至奪之治總敘繇爲人爲守數句與甯成同而特變其文　與汲黯俱爲忮云云此借客形主法　同車未嘗敢均茵伏造句刻意形容　自甯成周陽繇之後云云東一筆作過峽　上以爲能此句見酷吏之興由武帝也　與張湯論定諸律令帶入張湯　用法益刻蓋自此始此言深罪趙禹併罪武帝　張湯酷吏之魁故湯傳獨詳　張湯傳張湯趙禹合敘蓋以張湯爲主而趙禹往往帶陪　敘湯劾鼠事極詳寫酷吏亦有夙根出奇生色　偏見湯貴人句法簡練　爲甯成掾又帶甯

成　深竟黨與句法刻鍊　與趙禹共定諸律令應禹傳　已而趙禹云云至兄事禹此處總湯禹後分敘　趙禹之酷禹傳但引其端而於湯傳點之詳略有情　務在絕知友云云十六字爲句矯矯峻絕　乾没二字字法奇　寫湯恣意盡情無微不極鍾惺曰太史公揣摩湯蹤跡作用誅心察影委曲深至真無遁情亦文中老獄吏也鄧以讚曰湯術自謂微巧不謂太史公乃能寫之　亭疑法三字刻鍊之極篇中往往多此等句　奏事即

諓云云一段所治即上意所欲罪云云一段紀湯之事美惡俱見也中閒插入其欲薦吏揚人之善二語隔斷有法二段文法錯落古峭所治即上意所欲罪一段尤爲深文𢿨筆字意奥峭　於是往往釋湯所言收結　湯至於大吏內行修也云云又稱湯善以揚之太史公不沒人善如此　文深意忌四字斷盡字意生創　丞相宏數稱其美又帶入公孫宏湯衛祖宏宜爲所喜太史公亦不肯一筆放過　其治獄所排大臣自爲功多此類又收結湯傳

往往敘中作收結語　會渾邪等降云云至縣官空虛按此大作開宕述當時財力之困以爲下文湯之籠鹽鐵出告緡地所以備列湯之罪案也鍾惺曰插得無端妙甚　承上指三字書法　天下事皆決於湯云云暢言酷吏之禍無一含蓄語　咸指湯三字頓住峭甚寫出積怨深怒　湯嘗病云云繫天子之隆貴湯於天下咸指湯之後用意極深　匈奴來請和親云云至羣臣震慴此拈狄山一事以著湯之罪案也狄山面指湯而頭斷於匈奴則湯之威震朝廷矣匈奴斬山頭而去點法亦尖刻生動帶有口吻　楊慎曰只一狄山寫得情狀窘迫可想　湯之客田甲云云寫田甲與前文應似帶敘甲一小傳正以重湯之不堪也甲賈人猶能責湯行義過湯非人哉　與錢通三字質鍊生新　王慎中曰太史公從容敘及於田甲而湯愈無所容矣　敘狄山田甲二段皆借形法　誅顏異斬狄山皆湯事也一敘於平準書一敘於酷吏傳分繫有義有法　湯爲御史大夫七歲敗橫插此九字

奇此提綱法班孟堅漢書往往學此　預提此筆於前亦所以幸湯之敗也　不能爲地四字刻深　而湯心知謁居爲之此句點逗有手法　謁居病臥云云極繁極忙中又入此事安暇詳細　事下減宣此處帶出減宣　窮竟其事未奏也妙在作不了語以便搭入後文三長史事　三長史皆害湯欲陷之又提一頭突然而入後文卻分解詳至筆有餘力不礙正文　跪伏使買臣等前寫得不堪

常欲死之寫得刻毒次骨　王朝邊通又用合
敘變換　知此三長史素貴云云此又總一筆以
故三長史合謀曰卻收轉正文手法極分明　湯
不謝湯又詳驚二句中妙在疊一湯字固宜有三字
寫閃爍情狀遍露湯詳驚曰欲陰爲之而詳不省湯
又詳驚曰三詳字寫湯巧詐入微而卒以懷詐面欺
結之脉法顯然　減宣亦奏謁居等事接入前事
鄧以讚曰原湯所以敗收拾不遺仇怨參會一
一有條理絕似左傳　王維楨曰前云湯爲御史

七歲敗中云窮竟其事末奏也末云三長史皆害湯
欲陷之此三節皆敘事起伏血脉　湯得禍本末
事極繁曲瑣碎此處不得不用提綱分目開轉收攏
之法須看他節次分明筋脉貫通繁而不亂雜而能
整處太史公於此亦極費經營結搆非此亦不足以
見太史公筆法手眼之高　禹至讓湯曰此處湯
禹合收了前兩人交讙案　君所夷滅者幾何人
矣從趙禹口中說出現前果報悚然可畏　出田
信結田信不漏　趙禹中廢云云湯傳末又及趙

禹　始條侯以爲禹賊深弗任提前事賊深二字
合得奇　而禹治加緩而名爲平以禹之峻急而
名爲平則他吏之峻急可知已此非贊禹傷他吏也
王溫舒等後起又帶起王溫舒等　後湯十
餘年以壽卒於家結趙禹禁帶張湯一筆以終兩人
合敘之意　以壽卒於家幸禹之以稍平自免也
筆端天道顯然　治敢行少蘊藉按少蘊藉三字
高雅之極舊評三字頗難解而甚有妙義傳首網漏
吞舟而吏治烝烝數語可想蘊藉二字之義宇宙元

氣與國家和平之福隱隱在內　而張次公亦爲
郎云云又有餘筆帶及張次公其勇悍深入正可爲
酷吏榮拂借襯　甯成家居云云忽然又入甯成
臣居山東爲小吏云云成爲濟南都尉事卻借
公孫宏口中補出　唐順之曰插入此段最奇茅
坤曰甯成事不入本傳而附入縱傳以客形主也按
太史公借郅都形容甯成故都爲濟南守事卻附於
甯成傳借趙禹形容張湯故禹爲人併禹結局附入
張湯傳借甯成形容義縱故成爲濟南都尉事附義

縱傳此皆客主相形自然之結搆亦其事跡有天然關合處非故爲穿插以騁筆法之巧也　寧見乳虎乳虎蒼鷹暗映生情　重足一迹寫入深至與國語道路以目同妙　杜衍杜周爲縱爪牙之吏帶起杜周無迹　不寒而栗四字刻劃入神鷹擊毛摯喻意更深　楊愼曰日重足一跡曰不寒而栗曰鷹擊毛摯形容至骨矣　是時趙禹張湯云云又提趙禹張湯相應相形文情甚妙　王溫舒爲中尉云云預點出王溫舒　取爲小治四

字說酷吏治效甚妙　縱廉其治放郅都夾敘縱爲人二語冷峭又能縈拂郅都妙　後一歲張湯亦死入得無謂極冷妙　余有丁曰自溫舒而下皆湯故吏也故每傳皆曰事張湯其罪湯之意深至矣　皆把其陰重罪云云至亦滅宗筆勢險悍勁峭爽爽有神力　廣平聲爲道不拾遺語妙郡中毋聲此句更入微　野無犬吠之盜唐順之曰道不拾遺變文　溫舒頓足歎曰云云寫出酷吏神理命脉可畏可恨　其好殺伐行威不愛人如此

天子聞之以爲能二語承接不倫天子之失自見其治復放河內省筆　名禍猾吏名禍二字奇　及縱死張湯敗後徙爲廷尉而尹齊爲中尉此處帶上轉下綰合有法　鍾惺曰尹齊傳只當一過文而插王溫舒楊僕串落之妙人不能知　廉武二字合得不倫妙　聲甚於甯成緒甯成亦敘事省筆　上復徙溫舒爲中尉而楊僕以嚴酷爲主爵都尉此處從尹齊轉楊僕卻帶定溫舒一筆治放尹齊亦綰上省敘法　南越反云云此事

只宜略敘意不在爲楊僕傳也　而溫舒復爲中尉忽然收轉妙手　楊僕不在十人之數只借作過節開宕筆法文情甚妙　茅坤曰楊僕不詳僕本末而特詳尹齊王溫舒及末篇盜賊滋多之故太史公重在傳酷吏不爲僕傳也　居廷惛惛不辨至於中尉則心開寫出酷吏精神專一神理入微　善事有勢者云云連用有勢無勢縱橫險峭筆法變動之極　以焄大豪焄字字法妙　行論無出者慘氣句極奇崛　其爪牙吏虎而冠奇句

治如其故如故操俱用省筆　光祿徐自爲曰
云云至五族乎此太史公意中語也無限痛憤借徐
自爲悲歎發之其懲惡垂戒之旨至此乃淋漓洋溢
唐順之曰敘酷吏死事皆詳　尹齊死敘在
王溫舒後亦相形法　自溫舒等以惡爲治云云
此下一段不敘十人事實總論當時吏治嚴酷之事
要爲開首法令滋章盜賊多有二語寫照也一篇文
字大開放奔滙處而章法離合斷續之妙絕有神境
鍾惺曰此一段寫酷吏結局效驗極其詳至原

委了然是太史公胷中筆下透處　鄧以讚曰此
本是收尾一段乃不置之篇末而插入於此正在有
意無意之間據事情宜如此　猶弗能禁也無可
奈何恐不能得敘次紆折頓挫筆法與平準書無二
沉命法二字約奧之極　上下相爲匿以文
辭避法焉說得情弊了然篇首所謂上下相遁至於
不振也　減宣傳中微文深詆一切爲小治辦云
云多與前諸傳有相應處　董避外寬內深次骨
寫杜周治法刻至短峭　其治大放張湯云云寫

杜周又一張湯而文法特變　久繫待問而微見
其寃狀揣摹極深至又借杜周以發明張湯之奸也
三尺安出哉五字悍極語極尖快　至周爲
廷尉云云至增加十萬餘人總敘周治獄事縱橫流
暢較他傳又一法　鄧以讚曰新故大小遠近久
插入有次第見章法　其治暴酷皆甚於王溫舒
等矣廻環王溫舒一筆　家訾累數巨萬矣感歎
無盡
贊語與列傳意義各別列傳多深疾酷吏之詞滿腹

痛憤贊語卻摘酷吏之長以爲節取此褒貶之互見
而抑揚之並出者也可見太史公筆法意思真不可
測　人主與俱上下謂與人主俱上下也倒用便
奇　九卿碌碌奉其官云云此言九卿更出酷吏
下非過貶九卿正極慨歎時事　其廉者足以爲
儀表云云真公論何云太史公是非謬於春秋邪
一切亦皆彬彬質有其文武焉長句逸氣橫生
至若蜀守馮當云云十人之外猶有此輩篇末臚
列一筆收拾筆意絕高

茅坤曰酷吏傳凡十餘人太史公特以刺武帝時任用及盜賊滋多之弊故諸酷吏本傳或略而他傳反詳或兩三人錯附勒一傳而海内横被刑戮之慘如指掌矣　劉辰翁曰酷吏首尾只似一傳故趙禹卒於張湯溫舒始於義縱義縱亦卒於楊僕尹齊甚於甯成杜周甚於溫舒皆横行逆見而心術形勢時事勝敗民俗情僞無不可以一目而得若禹自禹湯自湯誰不能者　董份曰前引孔子老氏發端見上德薄刑酷吏必不可爲矣而贊語又表著酷吏之

長正所謂不隱惡不没善而首尾相應不露於詞讀者自得耳　鄧以讚曰摹寫一時尚酷之風曲盡情勢可痛可歎筆力極馳驟　鍾惺曰漢用酷吏務得其力史遷作酷吏傳先引老子法令滋章盜賊多有二語作骨數用上以爲能一語張酷吏之氣而惟恐不竟其用至問漢之所得於酷吏者則曰事益多民巧法也姦吏侵漁也取爲小治姦益不勝也吏民輕犯法盜賊滋起也上下相匿以文辭避法也官事寖以耗廢也問酷吏之所自得者則曰侯封之禽也晁錯之東市也郅都之斬也周陽由之棄市也張湯之自殺也義縱之棄市也王溫舒之五族也減宣之自殺也讀未終而爲酷吏與用酷吏者效應在目爲之悚然矣　陳仁錫曰敘酷吏十人錯綜聯絡如甯成傳附郅都事張湯傳附趙禹事義縱傳附甯成事楊僕傳附溫舒事總成一篇文字奇絶又曰太史公敘酷吏首郅都則曰獨先嚴酷次甯成則曰治效郅都次溫舒則曰治酷於禹次義縱則曰治效郅都次尹齊則曰聲甚於甯成次楊僕則曰治放尹齊

次杜周則曰治與宣相放曰治大放張湯曰酷甚於溫舒節節血脉聯絡回顧又曰酷吏傳以中尉官貫串十人若郅都遷爲中尉若上召甯成爲中尉若趙禹遷爲中尉若尹齊爲中尉若復徙溫舒爲中尉又溫舒復爲中尉與張丞相御史大夫官一例　十人被禍獨王溫舒最慘故於溫舒獨加論斷以志懲惡垂戒之旨則他可知已　趙禹傳曰上以爲能張湯傳曰於是上以爲能義縱傳曰上以爲能尹齊傳曰上以爲能楊僕傳曰天子以爲能杜周傳曰天

子以爲盡力無私蓋深慨乎用酷吏之失也傳著之屢書之太史公之意深遠矣

空山堂史記評註卷十二

滋陽牛運震階平

列傳

大宛列傳

大宛傳併敘烏孫大夏安息等國殆西域諸國總傳也武帝之好大喜功以及喜事之臣開邊生隙俱見於此緣以伐宛爲主其過使用兵於諸國亦因伐宛連及之故以大宛標題　以大宛爲經以烏孫大夏諸國爲緯敘次出落極其錯綜　大宛傳謀篇鑄局最妙外夷傳第一有結搆文字　大宛之跡見自張騫陳仁錫曰突然而起八字已足盡一篇之旨　起法創格綱領分明八字鑄一篇之局開韓柳以來多少提挈手法　張騫漢中人此即張騫傳也騫傳即於大宛傳中附之故騫不必更立傳　因胡匈奴過月氏因月氏至大宛又抵康居又從月氏至大夏看他點次分明自然有序　騫爲人彊力云云閒筆生情　初騫行時云云至二人得還收鎖有法　騫身所至者云云至具爲天子言

之總收諸國又總冐諸小國一篇提挈關鍵　大
宛在匈奴西南云云首敘大宛此一傳正題也太史
公敘次得要領處　多善馬爲後伏案其先天馬
于也奇幻之句　其北則康居云云從大宛點次
諸國賓主綱目釐然　于寘之西則水皆西流云
云寫西域水道地形如畫　茅坤曰騫從大宛歸
所指畫旁諸國而下以次分別如掌　烏孫以下
七國點次錯落節節變換　行國二字與土著對
看絕佳　蓋乃北海云緣去中國遠不能知大澤

之名故臆斷云此亦鑿空之一端也　大月氏獨
詳絲篇首從月氏發端故敘法與他國不同南則大
夏西則安息北則康居紀其壤接以爲諸國中紐云
行國也倒點法變　至匈奴老上單于云云
詳匈奴殺月氏王事與篇首相應　錢如其王面
云云事奇紀法亦精異　其西則條枝云云綴記
壤接三國於此法變又便下文接入條枝亦出落法
暑濕耕田董份曰西北少暑濕故特著其異有
大鳥卵如甕國善眩此亦奇異可記處　長老傳

聞條枝有弱水西王母而未嘗見帶筆作隱躍疑信
之詞筆端變幻　及大月氏西徙攻敗之云云詳
月氏臣大夏與前文相應　其東南有身毒國帶
出身毒國爲後文案布置甚巧　烏孫康居大月
氏大夏前文所已點出者奄蔡安息條枝前文所未
點出連類及之者扜罙于寘又前文所有而條敘處
卻未之及此皆行文參差疎落處　騫曰云云舊
評插騫曰二字寫出鑿空按上文諸國風土皆騫爲
天子言之者也此下乃騫爲漢畫過諸國之策故又

插騫曰二字以殊之唐順之所謂上文如棋盤以下
如着棋是也　天子既聞大宛及大夏云云總束
一筆力量波瀾極大　且誠得而以義屬之云云
此處鋪張恢皇摹寫雄主侈大虛妄之想如見
初漢欲通西南夷云云追敘有法正以重騫之罪案
也　騫以校尉云云至贖爲庶人此又帶敘騫事
跡亦不可少　是歲漢遣驃騎云云至到而希矣
此言匈奴不爲通西域之害也爲後文北道伏案
騫既失侯因言曰二語寫出騫喜事邀功衷情

詳烏孫王昆莫事與前文烏孫故服匈奴數語相
應　天子欣然以騫言爲然天子以爲然竟不能
得月氏要領騫不得其要領皆用疊互之筆前後鉤
照處　烏孫國分云云烏孫情形有數層曲折一
一寫盡　國分王老此總提也昆莫有十餘子以
下詳敘之　昆莫亦以此不敢專約於騫此句收
勒手眼分明　列於九卿歲餘卒結張騫　烏
孫使云云至乃益重漢烏孫事小收　其後歲餘
騫所遣使云云至外國由此信之按此結過張騫轉

出諸外國通使事開後半篇南北道西域諸國文字
是爲一篇大關鍵　騫所遣使通大夏之屬者皆
頗與其人俱來伏案事詳後　鑿空二字斷張騫
精確　匈奴聞漢通烏孫又應匈奴妙　初天
子發書易云云至名大宛馬曰天馬云此段借烏
孫馬渡大宛馬先提作伏案　因益發使抵安息
云云節節應前　而天子好宛馬特提宛馬從諸
國側注出有眼目　大放博望侯時廻環映照妙
是時漢既滅越而蜀西南夷皆震云云至竟莫

能得通此段接上復事西南夷此謂南道也　而
北道酒泉抵大夏云云至於是酒泉列亭鄣至玉門
矣按此段接上初置酒泉郡以通西北國及發使諸
外國事此謂北道也　茅坤曰以南北道作對紀
甚奇　陳沂曰又通前總論當時事情如掌按北
道一段暢言出使外國者諸情事曲折與燕齊迂恠
方士無二　而匈奴奇兵時時遮擊使西國者又
點入匈奴　烏孫以千匹馬聘漢女云云至四五
千匹馬此段遥應烏孫請婚一節　昆莫曰我老

只二字神情如生　初漢使至安息云云至名河
所出山曰崑崙云此段遥接前騫所遣使大夏之屬
者皆頗與其人俱來節節照應帶敘窮河源一事尤
與張騫鑿空影照非泛及也　是時上方數巡狩
海上云云至自此始此段極寫武帝之夸示外夷蓋
武帝之好大喜功開邊生事具見於諸外國傳而大
宛傳尤暢言之　西北外國使云云至然以畏匈
奴於漢使焉按此言漢使不得志於西北外國之故
特筆洗發一番爲後伐宛之難伏案　宛左右以

蒲陶爲酒云云至苜蓿極望此段獨述宛俗灕爲伐
宛作引　自大宛以西云云至不用爲幣此段兼
及諸國俗補前文騫言所未備也此筆意閒暇處
而漢使者往既多其少從率多進熟於天子云云
此下始入伐宛單言宛事蓋大宛列傳之正面也茅
坤曰摹寫漢伐宛處更精神　聞之甘心四字寫
出愛馬精神與封禪書世主莫不甘心焉甘心字同
而貳侯寵姬李氏云云鍾惺曰入得突然而無
迹　而關東蝗大起蜚西至敦煌入此不倫然窮

兵之效顯然矣　攻郁成郁成大破之此處略提
後文詳之　天子已業誅宛云云數語說情勢曲
折勁健宛善馬絕不來句尤有主腦　天下騷動
傳相奉伐宛極鋪張伐宛事譏刺宛然　而拜習
馬者二人云云描寫到此武帝愛馬精神形容盡矣
而所至小國莫不迎出食給軍又覆前案細
決其水源移之應前細　漢毋攻我云云鄧以
讚曰語精簡有致　乃罷而引歸完結伐宛事
初貳師起敦煌云云至迺及大將軍此段詳郁成

事結郁成案　初貳師後行云云至因以爲質焉
此段收拾烏孫及諸小國　貳師之伐宛也云云
至賜直四萬金總結封賞　天子爲萬里而伐宛
不錄過描寫似極得體卻非美詞　伐宛再反凡
四歲而得罷焉總結伐宛年歲筆力千鈞似吳王傳
末結法　漢已伐宛云云至以鎮撫之此敘伐宛
以後事篇末餘文亦以見漢之不能以兵力定宛也
而漢發使十餘輩云云篇終又作不盡之筆廻
環遣使開邊之事而結之曰因置使者護田積粟以

給使外國者正與篇首開端相應意旨隱然精神完
足
贊諸祇拈窮河源一事以辨禹本紀所指崑崙之疑
詞旨隱蓄風神淡遠而張騫鑿空之非以及武帝好
奇喜事之過悠然自見於言外高絕　日月所相
避隱爲光明也奇語　董份曰觀此云烏覩所謂
崑崙則前云案古圖書名河所出曰崑崙蓋譏之也
但其詞微不易窺見
唐順之曰匈奴傳與大宛傳體異匈奴一國而大宛

諸國諸國則錯綜也　鄧以讚曰只挨平敘去本好大意節節生出中間諸國隨事插入或詳或略事力甚彪騁風神具血脉貫　鍾惺曰大宛之跡見自張騫二語本末要領既明下筆自不犯手其敘諸國情形變化首尾腰腹曲折無端而脉絡井然如目見口陳只是胸中筆下極透

游俠列傳

儒俠二字一篇眼目太史公援儒稱俠謂俠客之義有合於士君子之行也開端引韓子之譏儒俠者而

皆不然其說儒如季次原憲讀書獨行而聲施後世此是何等志業不得謂之以文亂法也游俠崇信果已然諾以赴士之阨困蓋亦有足稱者不得謂之以武犯禁也此以儒俠分說而各稱其長也且緩急人之所時有一段忽然飈開言有道仁人猶有困阨降而中材勢所難免隱然見儒者涉世亦有賴於游俠處鄙人有言曰設爲詭激之論見世風汙下習俗頹倒是以儒者久孤於世而俠客卓然足以自表見正爲流俗類取世路崎嶇有激言之故其詞之慷慨乃爾此以儒俠合較而抑揚以盡其意也後文則以卿相之俠形出布衣之俠而又稱游俠之士與豪暴之徒不同以終一篇之旨意思最爲深厚評量極爲平允往復跌宕淋漓盡致太史公最有斟酌用意文字不得以退處士而進姦雄譏之也　論游俠云其行雖不軌於正義又云誠使鄉曲之俠予季次原憲比權量力云云予奪極爲確當其合較儒俠雖抑揚含蓄而意思正極明白本未有貴俠賤儒之意乃劉辰翁以爲叩其意本不取季次原憲等卻借他說游

俠之所爲有過之者倪思亦以爲太史公非笑學士拘於咫尺之義可謂擯詆不遺餘力此皆不深味太史公序傳之本旨而強爲穿鑿支離之說以立異非所謂心知其意者也　太史公稱季次原憲懷獨行君子之德不苟合當世又云拘學抱咫尺之義久孤於世此正爲自己寫照滿腹不合時宜處藉此發抒以自見　開端引韓子取儒俠二字作柱便立一篇之綱　且緩急人之所時有也此句飈開突兀不測　此皆學士所謂有道仁人也云云隱然

自寓便爲鬻室事一痛哭　鄙人有言曰云云此
設爲詭激之詞憤世疾俗若諷若怒老子所謂正言
若反也　而布衣之徒云云陡然收轉游俠最有
筋節　故士窮窘而得委命云云只此二語哀憤
淋漓　茅坤曰太史公下腐時更無一人出死力
救之所以傳游俠獨蘊義結胎在此　要以功見
言信云云又作收結意思完密筆力聳暢　雖時
扞當世之文罔趣帶以武犯禁文家顧毋法　余
悲世俗不察其意云云掉結廻繳篇首筆意盤旋有

神龍蜿蜒之勢
魯人皆以儒教而朱家用俠聞仍以儒俠對較生情
與篇首相應　其餘庸人不可勝言此句冷而妙
須知此中含蓄無窮憤怒　既陰脫季布云云事
已見季布傳此處只用帶敘較布傳卻多添終身不
見一句便是游俠傳正身　朱家傳全用虛敘略
點脫季布一事以實之　田仲只略敘劇孟事稍
詳皆因朱家連及之故曰父事朱家行大類朱家筆
筆有綰合處　周人以商賈爲業云云二語又與

朱家傳魯人皆以儒教二語對映生情　條侯得
劇孟一段事已見吳王傳硬斷天下騷動數語便覺
異樣精彩生動創格勁調爲游俠吐氣不少　及
劇孟死家無餘十金之財楊循吉曰專着如此冷語
益見游俠身分　王孟晭氏等隨手於中間夾縫
點敘蓋按時代爲序卻自參差有情　傳郭解獨
詳太史公蓋目覩其人而言之津津尤有感慨
善相人者許負外孫也隨筆點染便覺歆慕其人
解爲人云云至不使知也一段已括郭解生平爲

人後文詳敘其事別一格法　敘郭解爲人一段
筆意亦自曲折精悍　以軀借交報仇句極簡摯
精神勃勃卻在一借字　其陰賊著於心云云妙
在說得破正無一毫回護　少年慕其行云云伏
後案　解姊子負解之勢云云負解之勢四字句
中有眼欲以辱解四字筆下亦極分明　諸公聞
之皆多解之義益附焉收結　少年聞之愈益慕
解之行每段多作收結格法極嚴　乃夜去下綴
不使人知四字妙　諸公以故嚴重之云云極寫

一時人士推重郭解眞不容口　布衣權至使將
軍爲言此其家不貧此句折得倒　由此楊氏與
郭氏爲仇收頓伏後案　解爲人短小不飲酒覆
說有情他手必不敢爲此　已又殺楊季主云云
隔段接　素不知解四字安得有法　輒有儒
生侍使者坐突入不接而接　解雖弗知此罪甚
於解殺之語自確而快　遂族郭解翁伯郭解下
綴翁伯二字見翁伯名重人口如此故書以重之亦
惜之　自是之後此後收拾餘人　此乃鄉者

朱家之羞也筆意回翔首尾成一篇文字　結句
嫣嫣有致
贊語獨舉郭解其注意推重所在可知矣　人貌
榮名四字腴鍊之極　於戲惜哉憐傷郭解亦自
慨也含蓄無盡
鄧以讚曰激詭之論而以抑抗出之似與非與似排
非排奇態溢出文氣特矯健甚　游俠傳雖短簡
卻自勁悍拗折寫奇情俠氣一團精神自是太史公
極用意文字　鍾惺曰爲游俠昭雪得明白正見

自已推許不苟耳此文人自愛其品處　游俠傳
收尾與酷吏傳同一意致筆法
　佞幸列傳
佞幸傳無深旨亦似太史公不經意之作然筆致婉
柔委折可喜其調笑諷刺令人羞惡之性恧然而生
　非獨女以色媚而士宦亦有之從女色引入便
自羞人　高祖至暴抗也暴抗二字用來不倫細
思卻有其妙　化閎籍之屬也此句鄙薄郎侍中
甚矣　士人則鄧通特用士人二字令人慚羞欲

死　鄧通無技能綴此句好　文帝夢黃頭郎
推上天事詳寫有情　以夢中陰目求推者郎語
細極句中有眼目姓鄧氏名通點得好他手於此等
處多略之　然鄧通無他能複敘妙　獨自謹
其身以媚上而已說得鄧通正有一副本領卻自可
憐可鄙　其富如此敘次中有頓挫　文帝使
唶癰唶癰色難之疊唶癰字有味劉辰翁曰四唶字
相應心慼由此怨通矣句洒絕　一簪不得着身
亦刻意形容語　田汝成曰通無他能獨長公主

賜之假之殆有微詞焉按此突入長公主賜鄧通云云其所以緣起似有不能明言者田評極可味　竟不得名一錢寄死人家暗與餓死應寫得慘極名一錢名字下得入妙　屢言鄧通無他能令人思文帝尊幸之故有不得不諱言者微詞可想　庸不乃甚篤不與否同庸否猶言庸劣庸否甚篤言庸劣之極也　贊賜擬於鄧通隨筆作鉤帶法類傳中往往有此　鶩馳覩歡只四字便有賦態　請得歸國入宿衛比韓嫣比韓嫣三字說得傷心可憐　其弟也亦佞幸帶點嫣弟連上文上爲謝云云讀之便冷然有餘情　父母及身兄弟及女皆故倡也總點一筆醜極　茲次初詩句法古雅　埒如韓嫣也又作迴帶　愛弛則禽誅延年昆弟也延年被誅又一點法　傳中屢提與上卧起已將佞幸醜褻事寫盡　大抵外戚之家不足數也篇末又用酷吏游俠筆法此中嫚罵當時人不少　衛青霍去病亦以外戚貴幸公然將衛霍綴佞幸傳末太史公意中鄙衛霍極矣　然頗用材能

自進此句暗應兩人非有材能及鄧通無他能等句甚妙說者謂太史公此語不沒衛霍功績是爲衛霍出脫處不知正其鄙薄不堪之極　冷然而止妙處正不可思議

傳末又綴一短贊蕭疎簡淡　雖百世可知也誕得妙慨歎深長

佞幸本不足立傳太史公鄙容悅取媚者故聊爲寫照以吐其詼調嫚罵之氣其微詞含蓄處尤極不堪太史公意中筆底固不爲此輩留餘地哉　佞幸傳略於上世獨載漢代贊語卻借彌子瑕一証紀次便自迴環變化　鄧以讚曰佞幸傳非太史公得意筆然神氣意態亦頗具造語多工亦得簡妙法按此傳雖似以不經意出之而神氣意態獨至冷妙處甚勝是否得意之筆太史公自知之非後人所能議也　陳仁錫曰佞幸傳非德懋官也令忠臣志士扼腕喪氣太史公寄慨頗深

滑稽列傳

滑稽傳真以游戲成文太史公偃蹇支離之態宛然

如見　滑稽傳卻從六藝開端王大闊處眞令人
不測劉辰翁曰滑稽者至鄙褻乃直從六藝莊語說
來此即太史公之滑稽也　排列六藝不更斷一
語突接太史公曰云云筆境極超忽離奇　談言
微中亦可以解紛二句得滑稽要領一篇主意在此
　滑稽傳採錄諸書成篇而編輯聯合自成片段
其詼諧儻易之態往往涉筆成趣　淳于髡傳云
滑稽多辯數使諸侯未嘗屈辱優孟云多辯常以談
笑諷諫優旃云善爲笑言然合於大道每傳各有數

語隱括其人　喜隱好爲淫樂長夜之飲伏案
　冠纓索絕形容妙　臣飲一斗亦醉一石亦醉
奇語妙論　三徑醉矣風情洸溢茅坤曰炎酒醉
千年以來獨暢　若乃州閭之會男女雜坐云云
此段用韻奇文有賦態警妙妍媚工絕　極之而
衰綴此句妙　宗室置酒云云點此又與髡語作
廻映　衣以火光奇語　無令天下久聞也綴
此句嫋嫋　楚相孫叔敖知其賢人也過接無迹
　莊王大驚以爲孫叔敖復生也云云寫出覇主

精神文意飛動欲活　因歌曰山居耕田苦云云
鄧以讚曰此歌不叶韻然卻具風人語勢　優孟
歌嶮崄參差轉折盤旋格調最勝　此知可以言
時矣插斷語有煞截　然合於大道此句卻與傳
序正旨關會　多縱奇歎其中云云鍾惺曰說得
悚然有一陣涉在前　敘優旃凡三段皆有收結
　居無何二世殺死舊評此句亦可思而不可言
贊語用韻奇傲岸恣肆　豈不亦偉哉此語張皇
得妙誕而無理卻自可想　楊愼曰太史公贊滑

稽語亦近滑稽韓文公銘樊宗師文亦學樊宗師
　傳滑稽即得滑稽之神太史公筆墨眞任其所向
無不如意也鄧以讚以爲中間微言謔語頗有機鋒
然大槩不雅馴不知滑稽家言本與六經之旨異其
極誕易處正不失爲雅馴奈何以此病之　鍾惺
曰一斗亦醉一石亦醉妙在無理卻有至理直是涉
世觀變胸中一段極圓妙處卻借飲酒一事發之
　又曰贊語前三段各二句合得無謂豈不亦偉哉
結得無謂滑稽精神見於語言眉宇之間只在一序

一贊着意便失之　淳于髡已見孟荀傳此篇特摹其滑稽處

日者列傳

日者傳類莊子之寓言當是漢初人原有此篇文字陳仁錫以爲西漢才人隱淪不遇而發憤於竊位苟祿之失故爲此言其說近是太史公想愛其文故特錄之而首尾一序一贊則太史公之筆也　日者之伎必擇日辰分五行決人死生窮通此其所長也太史公作列傳概不及此獨取司馬季主詆俗刺世

之文以當之而顧以日者名篇不幾文與題相左耶不知太史公目擊當時仕宦者流持祿養交之輩苟合取容之徒胸中眼底不可一切特借司馬季主面詆宋賈一段文字以發抒之其磊塊不平之氣固已勃勃欲出矣本非爲日者作傳也自序云爲日者各有俗觀其大旨其志略可知矣一部太史公書往往多有此意讀者貴心知之而不徒泥其詞可也

日者傳所稱引並老莊之言其文洸洋恣肆誕忽深渺雖多排語自成奇作大抵非漢初人不能爲或即司馬季主手筆耶　日者傳真太史公採錄之文班固以爲十篇有錄無書而謂日者傳闕或疑此傳非太史公所爲耶後人又疑日者傳爲褚少孫所補按褚少孫補篇在後史記凡少孫補輯者皆低一格日者傳及前後敘贊固非少孫所能作也　天新雨道少人陳仁錫曰是行吟問卜景畫　今公所謂賢者云云鄧以讚曰一篇神采在此筆勢既奇肆語復多精到詆刺仕流砭入骨可諷可歎　王維楨曰語雖涉謾罵然曲盡宦情矣　此務華絕根

者也綴一句作結古甚便非近代文字所有　董份曰太史公雖其體務宏深然其詞極精嚴時涉浩漫義亦微妙如龜策貨殖游俠等傳其論議亦有出入而文則絕高矣日者傳汪洋自肆然其間似亦有繁詞又非褚大之筆意者所記季主自有當時舊文而褚述之耶

龜策列傳

龜策傳蓋敘古今卜筮之事太史公祇作敘文一篇舉其大旨其卜筮之詳則未之及自序所謂略闚其

要是也褚先生既引太史公之傳曰云云而猶欲求龜策列傳殆未知太史公所謂略闚其要者即此一篇矣　董份曰龜策傳閎博精雅　或以爲昆蟲之所長聖人不能與爭句有妙理一篇警策處

百僚蕩恐皆曰龜策能言微文冷語寫出一時恫恐之神

貨殖列傳

貨殖傳班氏以爲崇勢利而羞貧賤董份謂太史公自傷極刑家貧不足自贖故感而作貨殖傳專慕富利班固譏之是也汪道昆亦云太史公艷貨殖而羞貧賤何足羞也其誠薄太史公不直一錢鍾惺曰貨殖一傳太史公借以寫其胸中實用蓋從學問世故中淹透出來將治身治國與貨殖之道不分作二事方有此文殆於貨殖之說以深心妙理推之余謂貨殖列傳毀太史公者失其真譽之者過其實皆失事理之平而不知太史公之用心者也蓋富者人之情性不學而俱欲者也聖人亦不諱言之故曰崇高莫大於富貴本富者操自然之符擇人因時而來之以

德此賢人君子之所勉也若陶朱子貢白圭皆是太史公則亟稱之故近於慕利富者而其實非也末富者或以畜牧或以鐵冶與時俯仰獲其贏利此亦有賢豪作用若卓氏任氏無鹽皆是太史公於此亦無譏詞焉且爲之解曰非弄法犯姦而富且至若掘冢博戲賣漿販脂此則汙辱之處下流之歸殆所謂姦富之用奇勝者未得則鬬智爭時已得則作色相矜炫張勢能壞敗風俗太史公蓋深惡而痛絶之一篇之中冷諷暗刺嘻笑怒罵或夷之於娼嫗或比之於劫盜所以揶揄而排擠之者不遺餘力其爲世道人心盛衰炎涼慨歎悲憤者亦不少矣篇中或作誹語或作謔詞或爲詭激之論或爲平情之言察其旨皆有所謂考其是非頗不謬於聖人世儒見其推崇之詞則以爲艷富厚覩其嫚罵之文則以爲貧賤憤嫉皆不求其本不訊其端而輕議者吾故曰失事理之平而不得太史公之用心者也　鍾惺謂貨殖傳補平準書之未備此語卻有見蓋理財致富本屬一理篇中所列天下都會物產謠服皆國家自然之利

理財者不可不知而足國生財自有利道教誨整齊
之理俱可於此悟而得之平準書言利純尚剝削究
於國計無補所謂最下者與之爭也此中正可參看
　或曰太史公身被極刑家貧不能自贖故發憤
作貨殖傳竊謂當時太史公即不下蠶室貨殖傳亦
不容不作以此度太史公之心殊未必然然其悲怨
感慨之意觸境生來亦自時時露出　開端引老
子言隨加斷語正見人情之趨於貨殖古今必不可
易民而治也用意輕渺淡遠在不即不離之間有不

輕不重之妙　楊慎曰將信已說而先引老子破
之此健吏舞文手也　正文之前先安一小段奇
絕超絕　輓與挽同謂挽回近世之俗也索隱輓
與晚同誤　而心誇矜勢能之榮多此一句妙便
自活脫人之欲富皆生此念　善者因之云云理
財大論正大古重一篇大意已舉　夫山西饒材
竹穀纑云云接法奇妙在突然而入　此段預爲
後文中段地理物產風俗伏案妙在無迹　則千
里往往山出棊置句法奇譎如上文物產千里之間

往往如山而出如棊而置也正義解誤　故物賤
之徵貴貴之徵賤精論至言　若水之趨下云云
數句筆勢飄逸如雲湊波委　豈非道之所符而
自然之驗耶說來入微鍾惺曰加一道字又加一自
然字便深　原大則饒原小則鮮左國中精語
貧富之道莫之奪予云云數句說得鬼神不測
故齊冠帶衣履天下句法　淵深而魚生之云
云忽然用興體妙　夷狄益甚此句罵盡炎涼世
態歸有光曰此非有激安得爲此言　千乘之王

云云此從富國側出富家爲貨殖作引也舊評以爲
暗刺武帝亦有見　首段從人情自然理財大道
說起而以匹夫編戶患貧爲利結之已定一篇大旨
　貨殖傳作兩截敘此傳之變體范蠡子貢白圭
諸人爲一截此皆漢以前人也卓氏程鄭以下諸人
爲一截此漢本代人也中間隔斷開宕徵引極變化
離奇之妙俗解謂卓程以下爲正傳而以范蠡子貢
等爲引端失之　旱則資舟水則資車二句有深
識妙理　務完物無息幣六字貨殖秘訣刻奧至

此　貴出如糞土賤取如珠玉二語老子作用卻
從世情看出　積著之理云云至行如流水一段
積著精鑿之理語語生峭鮮奇筆致亦錯落　既
已施於國吾欲用之家二語亦該一篇之旨此即貨
殖平準相表裏處　故善治生者能擇人而任時
此處插一斷語妙正所謂太上因之　此所謂富
好行其德者也隨筆作照應　廢著字法　原
憲不厭糟糠云云插入原憲陪映甚奇　此所謂
得勢而益彰者乎舊評按傳中兩人分結前好行其

德二句未嘗無呼應　陶朱公已見越世家子貢
已見弟子列傳此篇特因其貨殖一事牽入作傳猗
淳于髡已見孟荀傳又拉入滑稽傳也柯維騏以爲
引二子特証富好行其德二語非爲二子作傳此不
知太史公立傳之旨者也陳仁錫謂子孫修業而息
之夫使孔子名布揚於天下云云特爲二子出脫夫
貨殖之名居之何必貶賢而必爲二子出脫乎
白圭一段特將貨殖寫出本領身分諸段中緊要警
策處文意險峭極有精語奥氣　倪思曰此傳特

於敘事中着精語　鍾惺曰貨殖大本領借此段
議論發透讀此知貨殖非鄙事貨殖之人非庸人
人棄我取人取我與二語絕似老子一篇要領
太歲在卯云云一段占歲法敘得簡峭錯落
至卯二字非衍文也正文字迴環處　與用事僮
僕同苦樂此句妙用即此可悟用兵之法　趨時
若猛獸摯鳥之發此句寫得刻險次骨亦自迅疾駭
人　商鞅行法是也商鞅白圭以後人故知是寓
言也或以此疵太史公則陋矣　是故其智不足

與權變云云其言閎深恣肆筆勢峭拔確是先秦文
字本色　能試有所長非苟而已也斷語妙有分
寸斟酌　谷量馬牛奇語入妙與莊子死者以國
量句同工韋昭註非　清寡婦也云云頓挫生姿
用財自衛語亦深　夫倮鄙人牧長云云收結搖
曳入妙　鄧以讚曰文以錯綜勝妙處在情生於
文及有意無意之間　每段都用斷語段段錯綜
　漢興海內爲一以下總記天下地理物產風俗
謠服言之徵實而有物綜括該載極錯綜馳騁之能

事此與貨殖諸人本不相涉緣太史公游覽九州得諸親歷胸中有此一段奇文藉貨殖傳發之而於作傳本旨亦有關會處雖謂太史公於貨殖傳中兼作地理志可也　漢興海內爲一云云至於京師此段總目起有法　關中自汧雍云云至什居其六此敘關中以西連及巴蜀天水隴西等郡而以關中之地云云收結之　地重重爲邪練句妙疊兩重字自成奇語　地重猶言土著之民以地爲重也後文地重難動搖同此索隱解誤或讀平聲失之

隙閒孔也隙隴蜀之貨物用字奇　綰轂其口字法奇善形容　關中之地云云至什居其六計算精確收法老　昔唐人都河東云云至故其俗纖儉習事此段另提起又以三河作總冒下分應之　楊平陽云云至陳椽其閒得所欲此段目河東也陳椽猶言列肆也　溫軹西賈云云至真番之利此段目河內連及燕趙也　丈夫相聚游戲一段文情姸溢真賦記妙品　次各風俗矜重而確切品題絕妙　洛陽東賈齊魯云云至致其畜藏

此目河南因及齊魯也漢世齊魯俱在河南泰山之陽則魯其陰則齊二語有領要　楊慎曰按多劫人者大國之風也此諸若無着而有餘味與不勇不成京師意同　越楚則有三俗云云至故至今謂之夏人此下分敘三楚連及江南潁川南陽也分列西楚東楚南楚中閒卻夾入江陵吳越二段相閒而出極有錯綜　俗則齊言其俗與齊同微重而矜節地重難動搖剽輕易發怒清刻矜已諾好辭巧說少信此等語皆經細心稱量錘鍊而出

董份曰序海內土俗錯綜橫佚包括宇宙指數歷歷其文尤妙　鄧以讚曰善用實殘乎一字一句惟其筆勢縱橫故讀之不覺其碎　余有丁曰別東西南北其中又分都會正如禹貢分某山某水爲某州者由其胸中包括輿地已盡如行旅逐勝可畫爲圖故言之縷縷無所不載　夫天下物所鮮所多云云至大體如此矣總結見筆力　帶敘鹽事無一筆遺漏　總之楚越之地云云至田畜而事蠶重說一番往復迴疊卻自參差有神　前文敘

吳越風俗獨略卻於總收中特詳之太史公於此真
有匠心經營處　由此觀之云云至終不餘力而
讓財矣陳仁錫曰突然雲起不知所從來　按太
史公此段描寫人情世態可謂盡情極致恢宕淋漓
擅一篇之警策中間似謔似嘲似嘻笑似怒罵傲睨
鄙薄之態如見其揶揄富厚人已甚矣俗人猶以太
史公羞貧賤吾不知其何說也　賢人深謀廊廟
及隱居巖穴之士此與富厚真不相涉卻開端扳引
之以為歸於富厚此有激之論也語雖近游戲第非

漫無所謂者且先從此說起正令人意境難測
安歸乎三字搖曳語帶謔妙　廉吏久久更富云
云此數句應總冒在前卻參插在中參差入妙　走死
故壯士在軍下八段節節變換錯綜有致
地如騖形容最工　目挑心招相如賦中艷情妙
語太史公賦九篇今不傳固知其未有不佳者也
不擇老少四字說得不堪　作色相矜四字寫
博戲亦有情　農工商賈畜長此貨殖正身本色
人卻安在末後略敘妙　此有智盡能索耳云云

二語險快寫透骨髓讓財二字新妙　百歲來之
以德舊評此一語說貨殖便深　素封二字奇解
法亦入奇　戶二百云云細算得妙　故曰陸
地牧馬云云此下臚列物產名數揮霍馳騁言之為
素封二字渲染正絕大文字鍾惺乃以為偶然弄筆
而恐効之者鄉於纖且拘無乃不知文體耶　牧
馬二百蹄牛蹄角千千足羊三句句法三變奇
若千畝卮茜千畦薑韭句法又變　此其人皆與
千戶侯等云云遙應素封句作收轉　若至家貧

親老云云至無所比矣說到家貧親老不覺觸動本
懷宜其言之憤激乃爾滿腹怨尤傾吐殆盡　本
富為上三句一篇本旨其第富人等次最平允
無巖處奇士之行云云感歎深長風神澹婉語亦極
分寸細味其旨知非因羞貧賤矣　此處復稱道
巖處奇士固知前文隱居巖穴之士歸於富厚者有
激之論也　凡編戶之民云云說得世情勢利廉
恥蕩然千則役萬則僕造句亦工　通邑大都以
下云云臚列市肆貨物之富所謂比千乘之家也較

前素封與千戶侯等更進一格且彼以地敘此以物敘法亦變　僮手指千僮以指計奇　棗栗千石者三之變句奇　貪賈三之二語練極學術世故之言從貴出如糞土賤取如珠玉看出　唐順之曰此市肆薄劵由太史公點次便是絕好文字　千戶侯千乘之家兩段臚列物產貨畜名數纖悉綜核一一登載有法後人作志記手正可於此參悟脫化不得容易看過　賢人所以富者賢人二字妙正見富非庸人所能然此中亦帶嘲諷　蜀卓

氏之先云云此下敘當世富人節節變換　田池射獵之樂擬於人君暗與素封句應　盡法孔氏之雍容雍容二字雅甚然卻是誚笑孔氏處　鄒魯以其故多去文學而趨利者以曹邴氏也此語深恨曹邴氏　寧爵毋刁此反語也言與其爵毋寧爲刁奴也故云言其能使豪奴自饒而盡其力舊解不明　洛陽街居在齊秦楚趙之中街居字法妙言洛陽居齊秦楚趙之中猶街衢之四達也漢書音義解誤　陳仁錫曰太史公得意在人棄我取四

字故每段極力摹寫　然任公家約云云貨殖中唯任公有品太史公敘寫特雅重之　皆非有爵邑奉祿云云總收廻應　以末致財云云四語經權變化聖賢豪傑作用故是一傳中精語　富者必用奇勝奇勝二字妙正所謂姦富也　田農拙業云云數句中用耳字也字甚奇拗峭離奇可喜　唐順之曰零零碎碎不捨一物　此皆誠壹之所致楊氏曰誠壹語又精微　陳仁錫曰郅氏以洒削而鼎食濁氏以胃脯而連騎便似拙語　能

史記評註　卷一二　列傳　三

者輻湊不肖者瓦解此即變化巧者有餘二語而語特佳　豈所謂素封者耶非也鍾惺曰結得潰而妙妙在不了

王鏊曰貨殖傳議論未了忽出敘事敘事未了又出議論作文奇亦甚矣　董份曰先敘述古之富者又雜論海內土俗而極言人欲富之情性末又撰次漢興以來富者又別一體　李夢陽曰予讀貨殖志而知遷之言過也其言曰巖穴隱處之士設爲名高者亦以利耳信斯言也則伯夷爲矯巢由爲僞矣

予故曰讀貨殖志而知遷之言過也按太史公此語乃詭激之論正言若反或有爲言之烏得執是以議其瑕耶然則非太史公過乃空同過耳　董份曰此傳縱橫自肆莫知其端與游俠傳並絶千古余謂貨殖傳文自高奇奥衍出游俠傳上　陳仁錫曰子長敘貨殖傳多反諷故凡攻剽掘冢鳴琴躡屣皆列其中所以比之爲盜賊之爲娼而羞之者極矣班氏乃反譏其崇勢利何哉

太史公自序

太史公自序者蓋太史公自序所以作史記之本旨也凡後人作序皆撰而冠諸書之簡端太史公自序則附於一部史記之後蓋此篇所載太史公世譜家學之本末具在焉如自作列傳者故不得不列於六十九傳之後而又櫽括作書之本旨分標諸篇小序凡一切綱領體例莫不於是粲然明白此太史公教人讀史記之法也開端五帝紀贊曰好學深思心知其意正欲人於此篇留意耳須讀此篇深沉有得然後可讀諸紀傳世家讀紀傳世家而不得其解仍於此篇求之正如周易之有繫辭毛詩之有小序皆一書之體要不可容易看過　自序高古莊重其中精理微旨更奥衍宏深一部史記精神命脉俱見於此太史公出格大文字　昔在顓頊云云陳仁錫曰起得鄭重敘世譜古雅按太史公自序安得不高古五帝本紀自序俱太史公高古出格文字一始之一終之太史公史記豈苟作者　敘世次支派分合處似世家體　故重黎氏世序天地司馬氏世典周史步步作收勒提清職守有眼目　當始皇之時蒯聵元孫云云茅坤曰太史公自以系出司馬錯之後則蒯聵之後當略乃復插入司馬卭一段以其顯著不欲遺也　愍學者之不達其意而師悖乃論六家之要指此總六家論大旨也似詩書之有小序　有省不省耳省註簡省之省意以道家爲簡易也　六家要指遍論諸家而推歸道家似莊子天下篇體格　博而寡要勞而少功二語亦自中後世俗儒之病道學章句俱不免此　名家使人儉而善失真儉如儉約之儉收斂節制之意也

與儉而難遵之儉義別董份以爲檢字之誤非是
儒者則不然忽入此句奇償變而不亂　按道
家一段插入儒家陪襯校量縣諸家之中唯儒最尊
舉儒則他可知矣此自文字變化處若板列六段則
意趣索然矣　夫陰陽四時云云此下覆說上文
自解自釋古文中少有此體然理趣極深長　諸
段分解頭緒分明長短錯綜有致　形神騷動騷
動二字奇　苛察繳繞繳繞二字說苛察有情所
謂牛毛繭絲之煩　道家一段語多精奥格調奇

變往往插入韻語奇　神大用則竭形大勞則敝
董份曰此二句重出恐是不及芟處按太史公文字
如此等頗多正以不甚整齊見妙不必以此爲疵摘
也　鄧以讚曰前後兩截俱用貶儒語作結勢若
未住極精簡有法　論道家一段極得道德之旨
可作老子道德經序　有法無法四語更見古格
奥氣　太史公既掌天官不治民再提一筆更有
筋節眼目亦自占身分　發憤且卒着發憤二字
便有隱痛　太史公執遷手而泣曰云云此一段

悽惻柔厚鬱結纏綿長歎淋漓短吟嗚咽一部史記
聲情意致都見於此　余先周室之太史也提此
句前後血脉俱靈舊評一部史記藏之此句　絶
於乎乎摇曳妙悲音繚繞　是命也夫云云覆說
絶似遺言　歷亂重疊讀之有欷噓之響幾不能
成語　陳仁錫曰敘遷父子死別丁寧之際鬱結
憤悶不堪再讀　言其能論歌文武云云長句鬆
逸古厚　余爲太史而弗論載云云說得悚切爲
史官者不可不存此一念　一部史記卻從孝道

做出後人如班孟堅姚思廉等皆父子相繼勤成一
書同此志也大禹治水周公制禮作樂都從孝字上
得力作史豈淺末事而不自本原中來故以爲本於
事親而歸於立身揚名之爲非過也　五年而當
太初元年云云點次太初改元作收結謹嚴又爲下
文至於今五百歲作緣引脉理細極自然無迹
意在斯乎云云公然自任妙咨嗟頓挫有情　當
時能明於六藝之文紹紀載之任者自太史公而外
亦無第二人矣太史公之公然自任非過也後儒或

以爲譏失之　上大夫壺遂曰云云突接此問甚
奇　論春秋似未得其精義微文卻自躉括大旨
有國者不可以不知春秋云云排數段極嚴切
長句牽連疊累氣體疎疎條達　爲之不知其義
被之空言而不敢辭此句卻得春秋之旨　以天
下之大過予之則受而弗敢辭複一筆更緊嚴
法之所爲用者易見云云此處語意未了便接壺遂
復問妙　壺遂曰孔子之時云云此段言史記之
作意主記載明聖盛德述功臣賢士大夫之迹如春

秋之褒周室非專主於刺譏也按史記中刺譏當時
者多矣此段卻自明其不出於刺譏殆以畏禍也然
括一書大旨須如此立言乃爲得體　墮先人所
言云云暗應太史公執手而泣一段所以終始其旨
非所謂作也云云太史公明明自謂史記紹春
秋而作此處不得不作謙詞者乃以避春秋之刺譏
也正非與前說相悖　是余之罪也夫云云疊欲
累噓正與是命也夫云云文意相應　此人皆意
有所鬱結云云此所謂窮愁著書也以此收結正見

作者之意　自黄帝始結語峭古舊評此句下不
添一字便接下文脉絡之妙人不能知
鍾惺曰讀小序一切凡例目錄俱可廢矣有時片語
居要亦有絶不緊要而可作一篇領袖者其吞吐之
妙全在及半而止　十二本紀小序並高古莊重
卻不失於板鈍所以難及　五帝紀序首提黄帝
末及堯舜餘諸帝則渾括之極得要領　虞舜不
台台與怡同言不以位爲樂也　光唐虞際句法
古　小序參用韻語奇五帝夏殷轉韻尤工

維契作商維棄作稷作字下得古厚　殷舉開創
亡國之君中及守文中興者極得條序周不舉宣王
者宣中興之業不固在所略也舉幽厲者著亡國所
自基也　武王牧野云云中間用一實字既字轉
折頓挫自然入古　悼豪之旅句古雋沉痛
以人爲殉云云特點此事著秦之用夷法也卻自風
雅可誦　昭襄業帝此句括無限事亦點出升秦
爲本紀之旨　維偃於革似秦刻石中語　矜
武任力四字寫盡秦立國氣局　項紀序運用之

字摇曳文法奇變絕另一格董份曰數語斷項氏興亡之原已盡　項梁業之子羽接之二語用韻風致絕佳　誅嬰背懷造句古極　秦紀以下四節開端蟬接而下自然脉絡　子羽暴虐漢行功德二語已決楚漢成敗之本　憤發蜀漢憤發二字寫出高祖創業精神　誅藉業帝撰句　大臣洞疑寫出一時國事人情　遂及宗禍拗筆作收古勁之極　繼嗣不明語極含蓄　孝文之世無變故可紀卻臚事而博稱之直作一文帝聖德

頌太史公之推美文帝至矣　孝景紀單舉誅七國一事著其重者也　漢興五世隆在建元頌美武帝不可謂不至以此知今上本紀非謗書也　十表八書序疏散古錯頓挫中風致蕭瑟　維三代尚矣十表開端一語便已變調　略推作三代世表云云添出略推二字是世表之旨　欲睹周世相先後之意非有論世巨眼者不能為此言　月表變體也事繁變衆故詳著云云特為月表二序洗發　添詳著二字特與略推二字對映　有司靡踵云云謂諸侯譜紀不明有司靡所踵承論彊弱之原但以世計而已此年表之不得不作也舊解俱誤徐廣索隱改以世二字作已也更難通　二語句法古甚拗折倔強　維高祖元功一節整調中自見錯落　忘其昭穆四字極簡貴或殺身隕國拖一筆妙便有功臣不終之痛　北討彊胡云云四語用韻錚鏦勁峭　推恩行義云云數語括賈誼主父之策說來極得體　國有賢相云云又變調提起作虛冒之筆極高古　賢者記其治云

云確創周秦人文字詩書小序中語　維三代之禮云云數語便成一則禮論　略協古今之變即此知禮書非詳備之書　鄭衛之音云云跌頓一筆意味深長　遠俗則懷句古　比樂書以述來古來古即古來也倒字古　律書即兵書也讀小序始悟律書之旨　非兵不彊云云突排四語勁格變調　可不慎與云云頓挫有神慨然悠然　律居陰而治陽云云括律歷大旨極精奥　五家之文佛異云云二語老橫真古文　天官書

序極質古疎勁　河渠書序著宣防之配禹功也
得要領　平準書本以刺譏武帝小序卻借農商
爲言便自隱蓄　其極則玩巧云云數句括無限
情事　作平準書以觀事變添四字於此妙一百
三十段小序惟此變例感慨諷刺都在此內　十
二諸侯六國諸小序概用四言檃括諸國故實點化
左國字句頓挫跌宕有議論有感慨一種蒼古典雅
之氣鏗鏘和平之音真古今絕調　避歷二字撮
來便奇　古公王跡句似不完卻自古極　信

謚親越四字合得有情　嘉伯之讓有要領亦是
史家占身分處世家序中多用此調法　繆權於
幽陰符經精旨　番番黃髮渲染得妙偏有此閒
情　周公世家序更優柔有體咏歎盡致　依
之違之寫出聖人經權作用　憤發文德文德着
憤發二字奇　是獨何哉深慨無言婉惻之至勝
於痛貶　燕世家序稍變調　嘉甘棠之詩偏
尋出此風雅標目妙　每世家能摘其要領董紛
以爲各摘一事見太史公好奇其言過矣　將寧

舊商似爲管蔡出脫　大任十子云云點出管蔡
世家末段之旨周以宗彊左國中古重語　王後
不絕起法莊古之極　齊田既起又有閒筆帶起
齊田妙　舜何人哉舊評冷極妙極　收殷餘
民四語可摘作三誥小序　子父易名語新
嗟箕子乎云云重欷作起微歌短吟不能長　宋
世家序卻從箕子發端奇正言不用乃反爲奴無限
委曲憤懣　重耳不得意乃能成霸括十九年事
爲困厄英雄進步句法亦極頓折盤曲　嘉文公

錫珪鬯尋出錫珪鬯一事又是一典重標目　鬻
子牒之牒之字法　班師華元蘭咎屈原造句俱
奇　文身斷髮云云此亦閒筆點染有情　嘉
句踐夷蠻云云突出長句矯橫古拙有峭壁長松之
勢　鄭世家序開端蕭閒　維驥騄耳乃章造
父從御馬一事開端精彩生動　主父生縛云云
生縛二字奇確　探爵事摘用新穎　魏世家
序又連用之字爲搖曳法　王假廝之廝之字法
韓厥陰德陰德二字看得深　紹絕立廢似

國語中語　嘉威宣能撥濁世而獨宗周威宣朝
周事他人所略特筆提出　孔子世家序湛深醇
粹真有關經術之言　桀紂失其道云云三語並
說妙在從大處發論　周失其道御說春秋極有
斟酌　陳涉與湯武春秋並列俗儒必以爲不倫
此處正要心知其意不可固泥　天下之端自涉
發難重提一筆有勒頓有精神此其手法分明處
成皐之臺云云楊愼曰從成皐臺起奇絕按此真
有創想別徑　外戚世家以命字爲主序中語語

含一命字　八句錯綜頓挫微詞風刺可摘作后
妃箴　漢既誦謀竟下誦謀二字論事有膽
嘉游輔祖造句古甚　激呂二字字法　齊悼
惠世家序全用韻語　禍成主父鍾句老極後人
於此可得造句之法　使百姓愛漢不樂爲楚二
語關楚漢成敗之由補蕭何傳中所未及　推計
踵兵說蕭何之功精確　與信定魏云云數句極
有轉折　嘉參不伐功矜能此句有識鍾惺曰哀
漢功臣之不終也微甚　無智名無勇功云云黃

老書中精語確是留侯作用移贊別人不得　反
經合權此語看得深　亞夫駐於昌邑云云長句
兩折說得當日兵謀形勢出尼字委字下字俱有眼
　偵愛矜功四字練寫盡梁王驕橫　僭擬之
事稍衰貶矣宕筆活妙有咏歎之神　維彼奔義
奔義字奇舊評奔義妙於扶義　晏子儉矣二句
尋常句法亦有頓挫不肯作平直筆　非信廉仁
勇云云論兵得要領較孫吳深一層文法動盪盤旋
　內可以治身此句人說不到　尚既匡父匡

父字法　崇仁厲義推奉孔門至矣何謂後六經
　天下患衡秦毋饜疾秦之詞古甚　戰國以
下諸列傳序似隨手爲之每段用一二語每人舉其
一事若不經意而極得要領筆致亦自然入古
樗里甘茂之策魏冉之功此亦公論不磨　獵儒
墨之遺文云云孟荀傳序忽用莊語得體太史公相
題爲文筆端真有變化　獵字字法　爲齊扞
楚魏句法古勁　賢能詘於不肖陳仁錫以爲未
見信陵詘於不肖處蓋極狀之按此正摹其執轡侯

生從游毛薛神情　能忍詢於魏齊忍詢字看得
深　雪其先君之耻有此句便自深切痛快
能信意强秦云云用藺子串合妙筆意屈曲盤旋
作辭以諷諫云云鍾惺曰離騷二字括屈賈妙按
此可悟屈賈合傳之旨　連類爭義說得離騷意
義體格出爭義字法奇　斐然爭入事秦斐然字
似不切合而意思自佳　刺客舉二人蓋品之特
高者　能明其畫云云秦之并兼歸功李斯有見
數語竦暢有氣魄　敘蒙恬功績不没其實句句

有意義　張陳傳序曰塡曰塞曰廣曰弱字法極
有用意處　明漢王之信於天下突出一長句有
氣力說出大題目大要領　以苦項羽苦字下得
生確楚之備多力分糧道騷擾總不出一苦字
使漢三分天下有其二信功最多括此一語中獨見
其大　敘漢初功臣績多以簡言居要　唯齊
連子羽城陽云云齊未嘗附漢卻說成漢之功臣確
得當日情勢　非獨鞭策又與之脫難添此二句
確是漢初功臣戰績格調亦高古　欲詳知秦楚

之事云云立論妙甚補列傳所未及亦是創格變調
不顧其身云云此言亦深許晁錯　守法不
失大理云云古甚句調朴茂之極　敦厚慈孝云
云此段亦自莊重古厚　任重權云云二語極堅
栗　守數精明說醫直如用兵家言眞精語
而倉公可謂近之矣倉公只帶一筆筆勢亦翩動蕭
疎　智足以應近世云云二語推服長孺至矣可
補贊語所不及　欲知强弱之時云云二語得匈
奴傳長篇要領設備征討說得此傳眞不可不作

衛將軍傳序連用三字句峭悍如劍排山立別格
絕調　直曲塞三字奥　唯宏用節衣食爲百
吏先宏節儉一事本不可没故特著之亦有風世之
旨　然其指風諫歸於無爲取相如賦得其精要
亦正爲文人占身分處　百姓無稱二語說循吏
深至　汲鄭傳序用倒出法勁壯之極　一矜
字沉力勁響　括寫長孺數語英鋒勃勃說得長
孺精神氣概出　壯有漑壯當作莊漑言德足以
沾漑人也或作槪誤　儒林傳序只數語卻自溫

醇茂美雅與題稱　善人不能化有激之言亦自
確有至理後儒必以此言爲疵議矣　欲觀中國
立言不輕不重極有分寸　仁者有乎義者有取
焉此節取之詞王鏊譏其以仁義許游俠爲過亦甚
矣　游俠傳序兩摺呼應有筆勢　夫事人君
能説主耳目云云數語亦屈曲盤旋列傳序七十通
無貶詞故佞幸序亦自用冷妙之筆然譏笑極矣
上下無所凝滯云云説出滑稽大作用詞理深妙
各有俗所用爲句欲循觀其大旨連讀時本多
誤讀　貨殖傳序亦用屈曲盤旋之筆似一節爲
一句者　維我漢繼五帝末流云云此段總收作
史本旨一篇大文字束攏滙結處朴質高古最不可
及　惟我漢繼五帝末流另提起歸美本朝體格
莊重肅古　蕭何韓信張蒼叔孫通以及葢公賈
生等偏用兩層敘次極有頓挫分曉　太史公仍
父子相續纂其職重提父子纂職得要領　於戲
余維先人云云仍從開端溯起往復廻繞與余先周
室之太史一段一樣聲吻呼應有神　欽念哉云

云咨嗟深厚　原始察終見盛觀衰八字道出作
本紀之旨春秋之義亦不外此　既科條之矣云
云作年表之旨只三句説透　鄧以讚曰文最古
質卻健峭可喜　天人之際承敝通變八書事別
義繁此二語卻能櫽括　二十八宿環北辰三十
輻共一轂創喻奇想　扶義俶儻云云列傳最繁
卻用一二語了括其旨文勢有壁立千仞之概
凡百三十篇五十二萬六千五百字總算篇目字數
必不可少文之質古節在於此陳仁錫以爲本註失

之　厥協六經異傳云云自評甚確無一溢亢語
藏之名山云云截然自任大書特筆一部史記
如此方結得住　太史公曰余述云云已收結矣
又綴此段不整不齊出人意外　董份曰前已詳
著作文之義此又下一冷語結括之甚妙　篇末
綴一小段較前並未別增一義卻添出無限神情令
後人低徊想像當年太史公作史已完不肯歇筆釋
手光景
樓昉曰世家源流論著本末備見於此篇終自敘處

文字反覆委折有開闔變化之妙尤宜玩味　何良俊曰史家序六家要指進道德詘儒術誠有如班孟堅所譏者然其述六家之事指陳得失有若案斷及其文字貫串纍纍如貫珠燦然奪目文章之奇偉孰有能過此耶　鍾惺曰觀太史公執遷手而泣遷俛首流涕千古而下五十餘萬言字字聲聲且一一本之孝親依傍於孔子春秋著書者何等原委而但以文字讀之耶　陳仁錫曰太史公百三十篇小序葢源本於尚書百篇序逸周書七十篇序也然

雜用韻語最爲高古

史記疑問

［清］邵泰衢

文淵閣四庫全書本

欽定四庫全書

史部

史記疑問　卷上至下

詳校官侍講學士臣法式善

洗馬臣王坦修覆勘

總校官編修臣王燕緒

校對官中書臣趙秉淵

謄録監生臣何熙

欽定四庫全書　史部一

史記疑問　正史類

提要

臣等謹案史記疑問三卷

國朝邵泰衢撰泰衢有檀弓疑問等書已著録史記採衆説以成書徵引浩博不免牴牾班固嘗議其宗旨之乖劉知幾頗摘其體例之謬至其敘述之舛漏先儒雖往往疑之而未

有專著一書抉其疏舛者泰衢獨旁引異同而一一斷之以理如謂高祖紀解縱罪人坦然回沛之非情實留侯世家諸將偶語沙中之不可信李陵傳兵矢既盡尚殺匈奴萬餘人之言為誇誕據功臣表漢九年呂澤已死而駁留侯世家所紀漢十一年不應又有呂澤大抵皆參互審勘得其間隙故所論多精確不移洵足袪讀史之惑不但如吳縝之糾

新唐書祇求諸字句間也是書本與所作檀弓疑問合為一編今以檀弓疑問入經部而是書析入史部俾各從其類焉乾隆四十六年正月恭校上

總纂官臣紀昀臣陸錫熊臣孫士毅

總校官臣陸費墀

欽定四庫全書

史記疑問卷上

欽天監左監副邵泰衢撰

焚書以後古史無徵帝王之記得以傳述史通謂其多雜舊聞時採異說或違經傳與理不符互見瑕瑜每奇豪富致使愚者傳訛雅人遺誚不可謂非白圭之玷也班氏曰甚多疏略或有牴牾先黃老退處士羞貧賤其是非頗謬于聖人余覽其言敢舉其違經繆理疏略牴牾之處以為疑問兼集先儒之說著于篇淺識鄙見匪敢問人聊遣長日以自怡云爾

三皇紀

王母曰華胥履大人跡于雷澤而生庖犧蛇身人首

女媧氏蛇身人首與祝融戰頭觸不周山崩天柱折地維缺女媧乃煉五色石以補天斷鼇足以立四極聚蘆灰以止滔水以濟冀州于是地平天成

少典氏感神龍而生炎帝人身牛首

庖犧近取諸身遠取諸物以通神明之德以類萬物之情始畫八卦神農氏耒耨之用以教萬人日中為市交易而退此聖人之始祖也夫豈不類人形體同獸畜其何以君臨畿甸綏撫萬民乎至煉石補天輕清從何登躋鰲足立極餘體向何安置蓋共工叡攙天紀綱常幾絶女媧滅之四土復正萬民更生此所謂補天立極地平天成也然雖喻言實同誕鄙馬貞補入殊屬贅瘤況山崩柱折三皇萬歲乘雲車駕六

羽益附會不經矣至履跡感龍蓋惑于履帝武敏歆交龍于媼上孕產漢高之謬也男女搆精萬物化生人交成人獸交成獸安有異物交人而生人之理若是則契非嚳子燕父而人母矣高帝非太公子龍父而人母矣賤人貴畜而曰龍厭常喜新而曰大人跡有毋無父豈常經哉古者立郊禖玄鳥至之日太牢祀之天子親往后率嬪御以從乃玄鳥至而祀以生商有天命也故曰天命玄鳥降而生商安得曰吞鳦邰乎姜嫄隨帝之後武以祭于郊禖故履帝武而上帝居歆之敏速也生而棄之者蓋生產每苦其不達而難也今也先生如達矣生產者必坼副有災害也今也不坼不副而無災害矣居然生子異于常人之生此所以棄也豈履大人跡之謂哉今以伏羲生于大人之跡神農生于感龍之神是欲以異尊聖而不知其誣聖之甚也將以聖人為非類與

五帝紀

軒轅之時神農氏世衰諸侯相侵伐神農氏勿能征軒

轅乃習用干戈以征不享諸侯咸來賓從而蚩尤最為暴莫能伐炎帝欲侵陵諸侯諸侯咸歸軒轅軒轅乃教羆熊貔貅貙虎以與炎帝戰于阪泉之野三戰然後得其志與蚩尤戰于涿鹿之野乃禽殺蚩尤而諸侯咸尊軒轅為天子是為黃帝以師兵營衛

史載黃帝在位百載崩年百有一十是十有一齡即登帝阼矣弱齡童稚雖習干戈安能敵強諸侯而使

之賓從又安能敵最暴之蚩尤而禽誅之尤可異者黃帝阪泉之戰也是奪神農氏之天下而有之三戰後得志炎帝雖欲侵陵諸侯未必有桀紂之矯誣上天沉湎冒色也則此得志也者其亦異于南巢牧野之師矣況黃帝者易所稱垂衣裳而天下治者也夫豈以軍旅自衛而以武得志者哉涿鹿阪泉固難稽測習用干戈三戰得志殆事屬無徵者乎

黃帝崩葬橋山

世俗有鼎湖之説史遷不載蓋知其妄也程子曰世之好怪也聖人與人同類也故形同而氣同而知識同也相君長者類也相使者形也相管攝者氣也相維持者知識也龍與鼎異類也形氣之不同也曷足以感召而使之耶太古之聖有曲言以範俗者假之喻也傳久而詭偽生焉唯智者其正之耳黃帝之治天下也上下與天地同流百神之宗也故曰百神受職于廷采銅者剛中也登首山者高明也爐火者鼓萬物之化也神鼎者享帝養賢之物也上水而下火者二氣升降而既濟也羣龍者乾也雲者從龍之物也黃帝乃乾九五飛龍之大人也羣小臣之攀胡頷者利見之象也至于弓衮衣冠者黃帝垂衣裳而天下治也世好譎怪以為輕舉也希寵之臣又從而逢世之君乃甘心于黃帝矣不知生而少壯轉而衰老而死亾人之大常聖賢之大共如終始消息之不可以幸免苟大圜之上有聖人居之則聖亦多矣恐不

能容臺榭累累如是之多也因史葬橋山而特附其説與世明之

帝摯立不善崩

不善者微弱不著也帝王紀曰摯乃致禪若云不善而崩則不得云禪史而曰崩乎將何從

窮蟬父曰帝顓頊顓頊父曰昌意以至舜七世矣自窮蟬以至帝舜皆微為庶人

昌意者黃帝之子皇英乃軒轅五世之女舜乃軒轅

八世之孫堯舜人倫之宗以孫娶祖瀆禮亂常又何觀厥刑善其婦禮為哉窮蟬既為帝子又何以微為庶人一也男女辨姓婚姻不通舜為堯之五世從孫而可以尚曾祖姑哉二也帝王之姓累世不易唯舜之姓非先王之姓三也舜為堯之從孫禹為舜之從祖仍一家而祖孫授受也謂之揖讓謂之公天下可乎蓋堯以至公授異姓在下之鰥故曰傳賢舜以天下傳外姓有功之賢故曰異位夏本紀曰鯀父顓頊

又云自黃帝至舜禹皆同姓而異國號之皆非矣四也若言鯀弟蟬兄本之顓頊一體夫何鯀則始生禹子蟬遂遠歷五傳且舜年長禹二十揆諸年世甚為懸絶況舜生冀地非昌意降居若水之方必非頊後史辨之矣至堯用元愷不以為舉舜以非親故謂之舉五也舜尚堯親非側微矣惟其側微而必本岳薦然後舉之歷試之而朝野信之然後授之六也至受終文祖者受天下于人必告其人所從受者文祖者堯之太祖也祖堯之祖以明受之堯也非祖考本生之祖也禹之受命于文宗曰堯廟又推舜所自受之堯也顓頊豈虞氏之祖哉

堯以二女妻舜以觀其內使九男與處以觀其外二女事舜親戚甚有婦道堯九男皆益篤耕讓畔漁讓居瞽瞍尚復欲殺之焚廩以兩笠自扞而下實井從匿空出去

岳曰父頑母嚚象傲克諧以孝烝烝乂不格姦帝曰

我其試哉釐降二女于溈汭嬪于虞夫以諧孝烝乂乃始釐降嬪虞不過二女與處試其刑于式化耳若使瞽瞍復欲殺之又何克諧不格姦之有余以讓畔讓居宜在釐降之先若已女妻男處而瞽不為奸大似諂尊奉勢之流歸之德化詞屬未安而萬章有二嫂治棲之文又似殺舜在釐降後然塗廩之時兩笠從何而辨穿井之時井實從何匿空似皆未喻者也

八元八愷世濟其美不隕其名堯不能舉四凶堯不能

去禹皐陶后稷伯夷夔龍垂益彭祖自堯時皆舉用未有分職

唯天為大唯堯則之誰謂舉措人才堯猶不克哉靜言庸違丹朱嚚訟知之深矣舜之受終正代堯之有終也誅凶分職皆禀申堯命而已堯以不得舜為憂耳賢不能舉凶不能去得人而又不能分職大哉為君之謂何路史曰久抑元愷則克明峻德為虛言長庇四凶則百姓昭明為妄語此言誠然

舜薦禹于天十七年南巡狩崩于蒼梧之野塟于江南九疑是謂零陵

禹受命于神宗之日舜年九十五矣耄期倦于勤今乃百有十歲猶自躬巡荒服乎舜典云舜生三十徵庸三十在位五十載陟方乃死史官紀舜典之總結從生至死也姚舜牧氏曰升遐死之別名也若以陟方為升遐又云乃死史何其複也史紀舜生始末曰舜三十徵庸則前之祗載克諧也及受終三十載允陟五十載為天地立心為生民立命為萬世開太平而不敢自暇豫也至于若時五十載而巡歷于方岳之下也如此乃死焉自生至死乃字始明何得云巡狩而死于蒼梧之野乎史且言其塟江南九疑是謂零陵不考之如是乎孟子曰卒于鳴條桀走鳴條即今之山西安邑縣也九疑之說殆不足信路史言之甚詳

禹紀

帝禹東巡狩至會稽而崩會稽者會計也

哀七年傳景伯曰禹合諸侯于塗山註塗山在壽春縣東北濠州鍾離縣西九十五里是塗山者壽春之塗山今訛蕭山之會稽皆世家致羣神于會稽與會計之一語耳蓋會稽越地上古未通仲雍逃吳猶然斷髮即使會朝述職何為遠抵蠻方若云封德爵功又不當近舍朝宁宋景濂云稽之左氏當以壽春之塗山為正

禹傷先人父鯀功之不成受誅乃勞身焦思居外十三年

書曰無若丹朱敖唯慢遊是好予創若時娶于塗山辛壬癸甲啓呱呱而泣予弗子惟荒度土功蓋禹勸帝修德而以敖為可畏不可不創娶妻弗顧生子弗恤而唯荒度土功弼成五服未嘗創于鯀也若以為創于鯀而痛父功不成亦可為幹蠱之孝不知禹之地平天成萬邦作乂者豈以是哉蓋禹功當世而有

天下稷播穀而萬生文武周公傳道于天下後世而有天下契敷五教生湯以有天下萬生孔子傳道萬世至淑問如皐陶而其子伯翳秦趙皆其後也秦自平王封襄公為侯享國三十世而始皇混一天下唐之李姓刑官之司李也宋之趙姓皐陶之裔也孰謂明刑弼教之絶世而不有天下哉唯益不有天下者雖有烈澤之功當禹薦益之時史云益之佐禹日淺天下未洽且艱食鮮食之時皆佐禹成功而禹之功大也故因禹而并附其說焉

劉累學擾龍于豢龍氏以事孔甲

變化不測之為龍非牛馬之可豢也畜牛以欄牧馬以廄豢龍必當以江海矣江海可以赴蹈而擾之乎且學擾者必先得龍龍不可得安從學哉竹書曰夏孔甲元年廢豕韋氏使劉累豢龍蓋非豢養其龍也豢龍者豢龍氏乃諸侯之氏族如豕韋氏也曰使劉累豢龍者命劉累為豢龍氏也今曰學擾龍于豢龍

氏以事孔甲何哉曰賜之姓曰御龍氏受豕韋之後者是也

殷紀

阿衡欲干湯而無由乃為有莘氏媵臣負鼎俎以滋味說湯三聘迎五反然後肯往

割烹孟子辨之詳矣此又曰干曰媵臣負俎不足深置喙也夫既曰干湯負俎又何俟聘迎五反哉前何其卑屈後何其崖岸與

湯伐三嵕俘厥寶玉

伐夏救民者湯也夫豈若俘貨者為哉仲虺之誥曰惟王不邇聲色不殖貨利豈虚語哉

作湯誓于是湯曰吾甚武曰武王桀敗于有娀之墟奔于鳴條

湯誓曰非台小子敢行稱亂有夏多罪天命殛之予畏上帝不敢不正今曰吾甚武曰武王是敢行稱亂非不敢不正也

附

湯七年旱史無其文金罍子曰禱七年而雨耶旱七年而禱耶禱七年而始雨天棄湯也旱七年而始禱湯其可為湯耶七年大旱始有省過之詞一禱而應即有象成之樂湯為何如之湯乎況七年大旱煎沙爛石百穀烏得遺種生民烏有遺育至云以人禱者亾國之妖言也一鄰吏能言之而湯不如一鄰吏耶聖人修德以回天未聞躬作犧牲而可以應天也湯豈躬為不情之禱以欺天耶況天之歷數在躬亶聰明作元后而一為犧牲可以膺歷數而四海不困窮乎或一時之旱湯躬自省禱于桑林則可若旱七年而犧其身以禱而天始應鄉黨自好者不為而矯誣若是與

既勝夏欲遷其社不可作夏社

仲虺之誥曰纘禹舊服奉若天命湯誥曰王歸自克夏至于亳伊訓曰古有夏先后方懋厥德于其子孫弗率皇天降災是湯之弔民伐罪放桀而已夏禹何罪而滅其社乎

伊尹作咸有一德湯乃改正朔

書咸有一德云伊尹既復政厥辟將告歸乃陳戒于德是復政于太甲而作也今于克夏作湯誥之後其然乎

伊尹放太甲于桐宫三年伊尹攝行政當國以朝諸侯

攝王之事周公之所無也禮記明堂位之偽也當國朝諸侯伊尹之所無也書經太甲之可徵也蓋周公

之朝則抱冲子而太甲居桐乃宅憂耳古者君薨太子諒闇百官總已以聽于冢宰蓋父母之喪至痛而庶事之可委者悉委之不唯天子然也國君亦各有攝痛均故也伊訓曰惟元祀十有二月太甲始居陰十二月為正朔殷建丑也伊尹祠于先王奉嗣王祇見厥祖惟嗣王不惠于阿衡狎于弗順營于桐宮密邇先王其訓無俾世迷王徂桐宮宅憂克終厥德非廢也因其居憂使之遠邪小而邇先王以啓其憤悱

之心耳惟三祀十有二月朔伊尹以冕服奉嗣王歸于亳是三年居憂之終期諒陰既畢向以喪服居桐今除喪而以冕服迎之非再立也始曰太甲今曰嗣王而見厥祖之時亦曰嗣王夫既為嗣王尹得而廢之哉使之居桐尹之專也故曰放尹曷嘗當國以朝諸侯哉攝行政則有之耳以伊訓始以咸有一德終嗣王曰尚賴匡救之德圖維厥終尹曰慎終于始而陳戒于德以告歸曰君罔以辯言亂舊政臣罔以寵利居成功戒君若臣其心為何如哉

周紀

太伯虞仲亾如荆蠻斷髮文身以讓季歷

哀七年傳子貢曰太伯端委以治周禮仲雍嗣之斷髮文身裸以為飾註曰仲雍始效吳俗以避災害是太伯亾時尚端章委冠以治岐周之禮仲雍嗣立始斷髮文身以效吳楚之俗也今曰伯仲文身示不復用遂若伯仲之逃情非得已者此文身斷髮禍避申

生之誹議史通所由生也

乃獻洛西之地以請紂去炮烙之刑

崇侯譖西伯故紂囚西伯于羑里譖之言曰積善累德諸侯皆向之將不利于帝而帝囚之也今請解炮烙之刑是益徵善德而顯不利之實矣西伯戡黎而祖伊為之恐今請解刑其能免哉況太師少師從容燕語之所不得于紂者而以羑里之囚能之乎況紂醢九侯脯鄂侯而文王不過竊嘆且致囚矣今請除

炮烙而紂竟相從也何哉司馬温公曰是正中崇虎侯之譖者是也故如韓非馬遷之言不特請不行且如東爐灌膏以救火矣況當是時尺地莫非紂有即洛西之地亦紂地也文王又安從得此地以為私有而獻之乎蓋三分天下之有二者豈如今日之為郡縣哉不過諸侯之賓服而奉之者有其二耳豈眞有天下之地三分其二而據之是文王無洛西千里之地明矣呂氏春秋曰文王處岐事紂寃侮雅遜朝夕必時上貢必適祭祀必敬紂喜命文王稱西伯賜之

千里之地文王辭願為民請炮烙之刑此言庶乎近之

殷紀西伯歸乃陰修德行善諸侯多叛紂而往歸西伯西伯滋大紂由是稍失權重武王率諸侯伐紂紂衣其寶玉赴火而死武王斬紂頭懸之太白殺妲己周本紀云紂嬖妾二女皆經自殺武王斬以玄鉞懸之小白齊世家呂尚以漁釣奸西伯西伯獵遇太公于渭之陽曰吾太公望子久矣或曰西伯拘羑里散宜生閎夭素知而招呂尚為西伯求美女奇物獻之紂西伯歸與尚陰謀修德以傾商政周之陰權皆宗太公其二歸周者太公之謀計居多武王與天下更始師尚父謀居多陰謀則人臣而將矣況曰傾乎謀計則仁義鮮矣況曰多乎美女之獻已累聖德失權滋大服事云何至武之伐紂永清四海而已以已焚之枯骨復受黃鉞之誅以已經之嬖妾更有懸旗之慘害義傷教誣聖實甚至妲己而曰殺曰經不符太公而曰奸曰遇曰

招互異路史駁之誠亦有見于此

太公封于齊乃齊之太公也如田和之為齊太公是也曰周公旦曰召公奭以名配爵號而稱者也曰吾太公望子久矣故名之曰太公望試問誰為太公且望之欲何為也豈文王萌不臣之念而古公亶父久有圖殷之望于是呂尚乃為伐紂之舉而出非聞文王之善養老而來歸者乎殆非服事至德之心也蓋

太公者大賢也孟子所謂見而知之者也居東海而來歸者也今曰奸西伯以美女奇物獻紂陰謀以傾商政周之陰權皆宗太公噫太公何至譎詭為憸人舉如是哉閭閻之子愛其君者必有道矣公之所學者王道所事者聖人況大老來歸其子焉往而後先疏附之莫不有其才也孰謂太公猶伏漁以待獵乎且太公之漁也有意于天下乎無意于天下乎有意則文王興而自當歸矣無意則鑿坏而遯文王其能載而師之乎且既曰畋得之矣又曰四子于隱所相與見西伯于羑里矛盾如此況武王曰予有亂臣十人太公在焉則太公為武王臣而未嘗為文王師也詩曰惟師尚父者乃師中之師易所謂文人是也尚者公之字也父者禮之所謂某甫也天子而以父為臣乎臣居然稱父而仍臣列乎學謅以脫人之囚陰謀以傾人之國儀泰輩之詭也曾太公而若是至所謂六韜者非真太公之書蓋雜出于戰國用兵者之邪說楚漢之際好事者之所為也君子可不審取而闢說之是狗耶

附　澤及枯骨

王政養生送死無憾力之所及者比使之相保族使之相塟又安有不衣冠之殣骨乎呂覽曰扣池得死人骸而更塟之曰有天下者天下之主也此仁之微者耳烏足為文王重哉賈氏新書曰夢曰我東北之槁骨也速以王禮塟我而文王以人君禮塟之噫文王于夢中而以王禮許人醒而踐夢以王禮塟槁骨文王之迷于夢而踈于禮一至是哉是阿鬼以不正之封而罔民以非義之信也扣池得骸而始為之主以更塟之不及見者未必不多也以是為仁吾恐文王之仁不如是之小也

為文王木主載于車中自稱太子發言奉文王以伐不敢自專

古之征伐必載祖主社主以行所謂賞于祖僇于社也此所以載文王之木主也至自稱太子發泰誓曰

肆予小子發未聞稱太子也自稱太子不嫌于專乎

武王渡河白魚入舟火流為烏

此河内女子之僞泰誓也壁經出而其妄破矣史遷采之不過好異耳

太師疵少師强抱其樂器而犇周

宋世家微子乃持其祭器造于軍門肉袒面縛左牽羊右把茅膝行而前

微子之去也父師詔曰王子出廸其志決矣所謂遯于荒者出遯荒野以自免耳古者同姓雖危不去國

微子為紂兄固不得苟去而自靖人自獻于先王顧忍以先王重器適人哉况祭器置宗廟中微子敢無君而抱之以出司宗廟者其容之乎原其歸周之意惟欲為殷祀地不知成湯不廢禹祀武王寧肯遽絶湯祀乃背君蔑宗祇蒙面取辱耳仁人固如是乎且謀于二師而遯之之意何居遯者我不顧行遯耳豈叛商歸周之謀哉是微子歸周當在武庚叛誅之後周訪微子立之以存商祀故微子之命曰修其禮物作賓于王家則其非抱器歸周明矣至于面縛而又把茅牽羊則正義所云面縛是縛手于後故曰銜其璧也又安得左牽羊右把茅乎周紀曰太師疵少師强抱樂器犇周是伶官之屬非微子也而宋世家乃以微子持祭器不亦異乎

武王初定未集使其弟管叔鮮蔡叔度相禄父治殷武王至周不寐曰我未定天保何暇寐悉求夫惡貶從殷王受武王病天下未集羣公懼

武成曰惟九年大統未集予小子其承厥志垂拱而天下治按此則向之未集今已集矣何終武世而尚未集哉至欲悉求不順罪並殷王孰謂武王聖德竟等秦暴之阬誅哉

二神龍止于夏帝庭卜請其漦而藏之吉龍亡而漦在櫝夏亡傳此器殷殷亡又傳此器周比三代莫敢發

三代建都異地且經遠歷千年寶鼎尚難稽問矧茲

木櫝漦亟既非傳世重珍何為藏勿敢發卜云其吉竟得亾周之姒玄黿新化觸非宜孕之人吐沫幾何千年始變七齡童妾難與黿交左右思之殊增迷惑

褒姒不好笑幽王為烽燧大鼓有寇至則舉烽火諸侯悉至至而無寇褒姒大笑

邦畿軍警烽火為徵諸侯各君其國遠程遠邇不同必集衆師師整戈束甲夫豈一呼即至姒從市樓觀乎況師行三十里吉行五十里勤王兵至而城門不

閉士卒不驚亦必釋甲解戈入見天子姒豈堂前簾下笑語聲聞者乎

附 我百爾九十吾與爾三焉　文王九十七而終武王九十三而終文王固聖然亦人耳何為自有其壽百年知武王之壽九十而又自損其三以與武王又何能自減其百而為九十七父子相揖讓而制其短長之命也如此更計之皇極經世載癸巳年周文王生已巳崩合九十七歲又十六年乙酉而武王崩是文之崩年武七十七矣蓋文王二十一歲而生武王也且有伯邑考之長子生子之蚤不足異也至武王之子成王尚在襁褓襁褓者二三歲之嬰稱也武豈九十而始生成王乎又何遲也而又有祭胙茅蔣凡伯魯公邢侯晉侯韓侯邘應狄孝伯之十二子豈武王九十以前竟無子九十以後而連舉十三子乎即曰成王立年少而有十三歲也亦武王八十而得子矣豈成王嫡而諸子庶乎武王元配計當亦八十矣安

得更生子與鄭康成曰文王十三生伯邑考武王八十四生成王後又生唐叔虞何遲早之若是

附 卜年卜世　書曰天難諶命靡常詩曰天命靡常此文武周公之訓也豈有預為歷世長久之說以數告子孫使子孫恃數而忽天命之理堯之傳舜舜之命禹皆以四海困窮天祿永終為戒伊訓曰爾惟不德罔大墜厥宗太甲曰無越厥命以自覆古聖皆然也右其卜而左其德豈君子之道乎故知王孫滿特假

天命神告以拒其問鼎之心耳文武周公豈其然乎

附剪桐封弟　唐叔應封不剪桐而亦封也如不應封則雖有戲言而必不遂過也若成王為失禮之舉周公為遂過之教君臣胥失之矣其何以示天下柳宗元剪桐之辨得之

秦紀

大費玄孫曰孟戲仲衍鳥身人言帝大戊聞而卜之使御吉遂使御而妻之

鳥身無手何以執綏即使俱全諒非人類為帝之御已不可況尚之主哉卜云其吉夫亦何吉之有

穆王西狩樂而忘歸徐偃王作亂造父為穆王御一日千里以救亂又趙世家穆王西狩見西王母樂之忘歸而徐偃王反註曰徐偃王有筋而無骨又曰徐君宮人娠生卵棄之為犬鵠蒼銜歸成小兒其後鵠蒼犬死生角九尾實黃龍也

王母何王之母西王何地之王本之大戴少間篇曰虞舜以天德嗣堯西王母獻其白玉琯故筆叢云西王母非婦人乃西方諸侯王名母者也後世遂誣為仙母而荒唐至今矣至卵為禽種今乃成兒犬而生角更增九尾真彼童而角實虹我小子乎至偃王有筋無骨何以坐立持兵況今古以還曾有人而無骨者乎至人非翼鳥安能一日千程即使造父稱神騄駬稱駿而車中人亦不能堪此一日千里之風馳電掣而奔也且天子行必有副車後乘豈能盡駕千里

之馬抑豈可以一乘獨馳歸乎至以西王母為婦人者穆天子傳也安足信哉

秦始皇

臣請史官非秦紀皆燒之非博士官所職天下敢有藏詩書百家語者悉詣守尉雜燒之

蕭何世家沛公至咸陽何獨先入收秦丞相御史府律令圖書項王屠燒咸陽而去

始皇在位之三十四年焚書三十五年坑諸生兼幷

天下始九年耳非秦紀皆燒之則所燒者史書也非詩書經典也曰非博士官所職敢有藏詩書百家語者悉詣守尉雜燒之則所燒者天下民間所藏之書而博士之職守如故也則經書百家語特非博士不得藏耳故呂東萊曰所燒者天下書也博士所職自若也蕭何收圖籍而遺此惜哉是博士職如故也秦紀亦自若也計戊子焚書至甲午入關七年耳詩書尚未湮没而老成尚多存也孰知沛公不好儒蕭何

又刀筆吏止入丞相御史府收其山川形勢之圖官吏戶口之籍與夫刑法之律令制誥之文書而不及博士所藏之經書百家語且又不弛詩書之禁又不委曲于約法三章之時又不召老生宿儒以典其學以致羽入咸陽而博士所藏盡付一炬其後雖有高堂伏生其人高祖又未遑其事孝惠皆武力之臣孝文唯具官之博士而詩書之亾不在始皇而在李斯又不在項羽而實在漢高之亭長蕭何之刀筆吏噫何固不足責張良又何為者與不知良亦黄老徒耳彼又烏知儒學而加之意哉然而焚書之禍其由來之漸當繆公之世由余入秦乃曰詩書禮樂法度為政中國所以為亂也邪說之作始矣至孝公而商鞅變法修刑此焚書之先聲也至荀卿著論欲人毋貳後王而迂法先王其徒韓非李斯皆師事卿而非之言曰世之愚學不知治亂之情多誦先古之書以亂當世之治李斯介之入秦乃為滅學毁儒之說極本

遡原由余衛鞅開其先而荀卿為之創韓非為之導而斯竟行之荀卿曷勝誅哉死于蘭陵幸矣

始皇喪棺載轀涼車中抵九原會暑上轀車臭乃詔從官令車載一石鮑魚以亂臭

秦始雖崩棺寧不慎即曰倉卒必不疎虞況欲遠達咸陽者哉今也始抵九原鮑魚亂臭事若齊桓烏足深信且穿及三泉水銀為海而肯草草一棺乎

項羽紀

項伯素善留侯夜馳私良呼與良俱去良要見沛公言願伯具言臣之不倍德項伯許諾復夜去以沛公言報項王項王許諾

夜馳夜去軍事嚴且密也私良會沛漏師負重罪也猶敢以告項王乎使項王曰而何得見沛公伯敢曰余私良乎高紀又云以文諭項羽羽乃止此又項伯以沛公言告項王何也雖古者軍有可入之理華元登子反之牀高祖晨馳入趙壁之類是也然非所論于項伯也

弑義帝

羽不殺義帝沛公亦必殺之羽為沛公代之手而且為漢藉口使天下義之此羽之失也蓋韓彭之功猶不容況義帝名位之足以動天下者乎縱沛公能善處帝數年之間反者九起亦必有挾義帝以為名者而帝亦不能自安于漢矣故曰沛公必殺之也

項羽聞沛公入咸陽大怒使當陽君擊關項羽至戲下兵四十萬屯新豐鴻門沛公軍十萬在霸上相去四十里沛公脫身獨騎與樊噲夏侯嬰靳彊紀信等四人從酈山下道芷陽間行謂張良曰從此道至吾軍不過二十里度我至軍中公乃入

應劭曰霸上在長安東三十里古曰滋水秦繆更名曰霸霸上者霸水上也東至霸城十里即芷陽也文帝之霸陵也戲下戲水下也在新豐東北三十里又東北十七里為鴻門又十三里為戲水兩軍相屯自鴻門至新豐十七里新豐西五十五里為霸城又十

里為霸水相去計七十七里若伯之夜馳夜去則一百五十四里矣沛公旦日往謝亦七十七里矣今曰相去四十里間道二十里者何也吾以為項伯私良沛公因具知之得以自解于羽旦日往謝羽增意終未釋也而良噲在側一智一勇恐倉卒未能得志且恐在坐之不免于噲也因賜之酒而遲之迨莊入舞劍沛乃間遁留良入謝增乃始悔不決而起撞玉斗

耳若夫盾仆衛士按劍而跽伯蔽沛公至軍始入謝與伯之具告項王皆浮詞也

范增數目項王舉所佩玉玦以示之者三項王嘿然不應

不應者有所思也羽非不欲殺沛也殺之無名耳吾知范增名莊羽未嘗不心許也

莊入為壽曰君王與沛公飲軍中無以為樂請以劍舞項王曰諾項莊拔劍起舞項伯亦拔劍起舞常以身翼

蔽沛公

項王曰諾心許莊也知增之令莊也伯何為者不令而起且翼蔽之乎蓋示王以變生倉卒從者之不肯甘心乎不然伯獨不畏增法乎至項伯黨敵人而滅宗國罪不容誅漢高戮丁公以戒不忠而獨封項伯且賜姓劉氏何哉

噲帶劍擁盾入衛士不內噲側其盾以撞衛士仆地噲入瞋目視項王項王按劍而跽曰客何為者

軍中馳者死況撞仆衛士乎寧無守衛之將軍不搏執之尚容其入而瞋視致項王之按劍而跽乎矧項王一喝樓煩入壁豈區區一噲乃怯似小兒損滅其叱咤之威按劍而跽乎羽增之欲殺沛懼無名也今也何難先執噲于轅門責仆衛士之無狀而沛公後之可也良噲不自危乎

項王曰賜之彘肩則與一生彘肩噲覆盾按劍切而啗之曰臣死且不避卮酒安足辭夫秦王有虎狼之心沛

公先破秦遣將守關而王聽細說欲誅有功之人竊為大王不取也項王未有以應曰坐

彘肩自庖人來或自席上來也安得生者耶且二王相會末將輒敢肆言且曰竊為大王不取此時之項王未有以應此刻之亞父亦無一辭直俟沛公遁去而始曰不足與謀王怯增騃不應至是

沛公起如廁招樊噲出令張良留謝曰度我至軍中公乃入沛公已去間至軍中張良入項王曰沛公安在良

曰已至軍矣

貴者張筵尚有司閤之報項王宴客乃任沛公之遁張良入謝始詢沛公如廁一頃手招樊噲形容想像殊類村莊

項王使者來為太牢具舉欲進之見使者佯驚愕曰吾以為亞父使者更持去以惡食食項王使者高祖紀予陳平金四萬觔以間疏楚君臣于是項羽乃疑亞父乃怒辭老至彭城而死

呂東萊曰項使為飲食之人可也不然平計甚易識也何云奇計哉且欲進驚訝更持去而以惡食食之又與以金間疏事相矛盾

羽顧見呂馬童曰若非吾故人乎馬童面之指王翳曰此項王也王自刎翳取其頭餘騎爭項王相蹂踐相殺者數十人後楊喜呂馬童呂勝楊武各得其一體分其地為五封以侯高祖紀羽敗而走灌嬰追殺項羽東城灌嬰傳所將卒五人共斬項籍

餘騎爭項王矣則項尸已為餘騎所分最後之楊喜四人其又殺餘騎而奪之乎抑餘騎爭殺自盡尚留項尸為楊喜四人所得乎噫頭與四體共封五侯倘有得其五臟六腑者又可得十一侯矣奚必爭蹂踐乎為之一哂　呂馬童面之者背之也羽既以馬童為故人馬童乃背面指示而假手于翳故人固如是乎雖然今之呂馬童必誘項王生擒以首功裂地而王矣背面之以指示他人其亦存古道也哉

高祖紀

高祖母曰劉媼息大澤之陂夢與神遇太公往視見蛟龍其上有身產高祖

龍交產祖謂是龍兒不知龍為獸類何得人交即使其事甚真亦同異類者矣太公冒名太上亦可謂無功矣

單父人呂公善沛令沛中豪傑往賀蕭何令諸大夫曰進不滿千錢坐之堂下高祖乃紿為謁曰賀錢萬實不

持一錢謁入呂公大驚起迎之門坐上坐

呂公既善沛令豪傑大夫皆往賀之既曰大夫則必爵位可稱斷非里中之廝養也以一送徒警盜之亭長虛聲重喝主起迎門且賓上賓坐上坐哉

老父相呂后曰夫人天下貴人

邦君之妻曰夫人亭長何人輒當貴號至曰天下貴人不知貴能滅族至曰少奇此女不知女當滅呂相也云何

高祖為亭長乃以竹皮為冠令求盜之薛治之時時冠之及貴常冠所謂劉氏冠也

服非其服者無赦先王所以易服色也今以區區之亭長乃制竹皮為冠既異時王之制寧無時王之法與

高祖以亭長為縣送徒驪山徒多道亡乃解縱所送徒曰公等皆去吾亦從此逝矣壯士願從者十餘人高祖被酒夜經澤中有大蛇當徑乃前拔劍擊斬蛇始皇以東南有天子氣東游厭之高祖自疑隱于芒碭山澤之間陳涉世家曰失期法當斬

秦法失期尚斬無赦若曰解縱罪更何如今乃公然縱去曾無稽察之令丞坦然回沛尚多從游之壯士且銷兵之後猶然佩劍秦帝東游始隱芒碭白帝赤帝之訛亦如白魚火烏之偽而已

五年與項羽決勝垓下淮陰侯將三十萬自當之孔將軍居左費將軍居右皇帝在後

是年漢高未帝韓信已王豈追書人臣則從輕人主則從重乎方回曰此豈史遷信筆乎

高祖欲長都洛陽齊人劉敬說上及留侯勸上入都關中高祖是日駕入都關中張良世家六年劉敬說高帝都關中劉敬傳五年說上都關中

五年六年紀傳互異吾以為六年是也六年十二月偽游雲夢執楚王信田肯賀曰陛下得韓信又治秦中蓋以一時之事故也然攷七年長樂宮成九年未

央宮成置酒未央前殿蓋其先尚居櫟陽而惟營宮
室于長安耳十年七月太上崩櫟陽宮從可知矣今
曰是日駕入都關中者非也在櫟陽非長安也
紀信乃乘王駕誑楚詐為漢王曰城中食盡漢王降楚
軍皆呼萬歲之城東觀漢王乃從西門去
漢非楚主安得爭呼萬歲楚兵敵漢安得驟聚東城
或曰呼萬歲者楚人賀項王也時范增已去故漢計
得行不然成擒易耳後吳王濞夜犇條侯壁驚東南

條侯使備西北果從西北入吳大敗條侯其亦有鑒
于此與
家令說太公曰奈何令人主拜人臣太公乃擁篲迎門
却行曰奈何以我亂天下法于是高祖尊太公為太上
皇心善家令言賜金五百觔
父子君臣倫義兩重若以此較彼則棄天下如敝屣
矣今乃擁篲迎門大似蛇行匍匐業較仲多儼然季
子多金猶曰以我亂法而乃尊為太上不如沛父兄
之酒酣擊筑極歡道舊故為笑樂者多矣高祖分羹
當必忍之者矣
高祖崩四日不發喪呂后與審食其謀曰非盡族是天
下不安人或聞之語酈將軍將軍見食其曰聞帝已崩
不發喪欲誅諸將誠如是天下危矣食其入言之乃以
丁未發喪
不發喪而謀誅諸將事巨且密呂審之外固非一人
所得聞也人或聞之其人何人與況告之酈與至酈

語食其使呂后曰何物酈商輒造蜚語尚不買禍乎
呂后紀
呂后年長常留守希見上益疎如意立為趙王後幾代
太子者數矣賴大臣爭之及留侯策太子得毋廢呂后
為人剛毅佐高祖定天下所誅大臣多呂后力長兄周
呂侯澤死事封其子呂台為酈侯次兄呂釋之為建成
侯
外戚世家太史公曰呂娥姁為高祖正后男為太子及

晚節色衰愛弛而戚夫人有寵

留侯世家上欲廢太子大臣多諫爭未能堅決呂后使建成侯呂澤刦留侯留侯曰此難以口舌爭也顧上所不能致者天下有四人耳逃匿山中義不為漢臣令太子卑辭安車使辨士固請宜來四人至客建成侯所漢十一年黥布反上病欲使太子將四人曰太子將兵事危矣乃請建成侯急請呂后承間為上泣言于是呂澤立夜見呂后呂后為上泣言如四人意十二年燕置酒

太子侍四人從年皆八十餘上驚曰公避逃我今公何自從吾兒游乎四人皆曰太子為人恭敬仁孝愛士天下莫不延頸欲為太子死者四人為壽畢趨去上目送之召戚夫人指示四人者曰羽翼已成難動矣呂后真而主矣

功臣表六年正月丙戌周呂令武侯呂澤元年漢九年子呂台酈侯元年

功臣表六年正月丙戌建成康侯呂釋之元年

呂雉佐定天下醢越斬信其剛毅亦非常也高祖敢以愛子易元儲乎又敢以愛弛年長色衰易儲子等于姬媵乎況夫涕泣承間婦女之能技也良平呂后太子之羽翰也豈僕皤皤四老而始知秉間始成羽翼耶至曰呂后真而主矣夫豈亦欲其不為主與談何易也況四老者既無令名于天下分爭之日又無經濟于孝惠為帝之年逃匿山中而辨士可請不為漢臣而呂后可要急請間泣唯知柔媚之乞憐延頸

欲死勸習游談之浮說即有是人品奚足重至于九年澤死台已襲封十一年夜見之呂澤又胡為乎來哉況建成呂澤名爵互差禁衛森嚴安得夜呼禁闥直入后宮而告之哉易儲重典既不見之高紀大臣爭諫又不聞是何人甪里夏黃皆為烏有愛弛廢儲盡屬子虛者矣善乎楊鐵崖之言曰子房之所呼者老人之贋者也高悞為真耳然沛公不知有君以鄉老言而始喪義帝不知有父以家令言而始尊太公

此二人者知君父之綱常者也太史公不能博訪而著其名并魯兩生之能以禮樂扶世教者皆不得其姓氏徒有黨子拒父四皓之姓名留于残簡令後世之慨以為賢噫正人而不得名邪人而反奸于正誠不能不為之撫巻太息矣

張辟彊為侍中年十五謂丞相曰太后哭不悲請拜呂台呂禄呂産將兵居中用事丞相如計太后悦呂氏權由此始

平媚呂者也戮信醢越不即斬噲皆平之甘心左右之也良之辟穀處呂禍而避之也諸呂用事平借辟彊小兒以啓端耳至曰王諸呂無所不可幾覆劉矣尚敢曰定劉氏後乎乃心不愧王陵耶欲王諸呂先封功臣先立孝惠後宮子風大臣請立諸呂為王后心未嘗不畏外廷也星星之火可以燎原平乃不滅之星星之日而反成其燎原之勢皆平罪也觀平之自言曰我多陰謀必招陰禍及曾孫何坐畧人妻棄市國除鬼神福隱德而禍陰謀大可畏哉攷張良世家子不疑嗣侯傳中不見有所謂辟彊者夫豈又烏有者乎

奉天子法駕迎代王于邸即夕入未央宮有謁者十人持戟衛端門曰天子在也足下何為者而入代王乃謂太尉太尉往諭謁者十人乃揞兵而去孝文紀王至渭橋丞相以下皆迎羣臣拜謁稱臣太尉跪上天子符璽遂即天子位乃使東牟侯清宮載少帝出皇帝即日夕

入未央宮

宮既清矣少帝既出矣丞相以下皆迎稱臣矣天子即位入宮而奉天子法駕矣此謁者十人獨從夢中來乎况越新天子之警蹕而騶當法駕曰客何為者乎即太尉往諭則新天子明矣乃不俯伏稱萬歲而揚揚揞兵去乎

孝景紀

二年熒惑守北辰月出北辰間

星月出入黄道内外至遠不過十度從未有失度上行直至樞辰間者況月之合朔可推食分可定者乎如此則歷象实此蓋妖星之似火妖氣映雲之似月者也觀象者訛之也

孝武紀

李少君故深澤侯趙將夜入以主方以人之餽遺而饒給誑上曰丹砂可化為黄金以為飲器則益壽居久之少君病死而燕齊恠迂之方士多相效言神仙矣

化金之說起而丹砂鉛汞硤飲器益壽之言興而服食詭術售獨不見其病死乎裴駰之註亦迷于迂怪者也劉向上書言黄金可成致費帑金而論死少翁以帛書飯牛而以詐被誅欒大尚主而驗之無實被誅武帝曰自嘆向時愚惑為方士所欺天下豈有仙人盡妖妄耳卓哉親嘗之而真知之也世之論者往往以漢武媲之秦皇不知秦皇焚棄詩書漢武表章聖學其相去本霄壤但其窮奢欲而惑神仙侈宮室而喜巡游其迹耳然有亡秦之失卒無亡秦之禍者有其本與

史記疑問卷上

欽定四庫全書

史記疑問卷中

欽天監左監副邵泰衢撰

太伯世家

子胥奔吳知公子光有他志求勇士專諸見之光伍奢曰員為人剛戾忍詬能成大事知子莫若父乃員生平之定衡也觀其奔鄭而欲與晉為内應奔吳而進專諸以弒王又進要離以刺慶忌而同病相憐

引嚭進用入郢而鞭其君之尸自以為倒行逆施也至令吳王妻昭王之夫人胥與伯嚭孫武亦妻司馬成之妻則豈特剛戾已哉至引兵擊鄭者報殺太子建之君仇也漁父私恩釋殺君之大怨父仇報而君仇可以私恩已乎至夫差者闔閭所謂愚而不仁者也員以夫差日夜之求而曰我入則決矣亡吳者夫差而立亡吳之夫差者員也賜劒之日猶曰前王不欲立汝我以死爭之其要君可見矣況人臣事君有禮君之前側笑付執若殺無赦誅不敬也吳王當伐齊飲至之日而為社稷不食之不祥語且目若熛火聲如雷霆可為有臣禮乎且越王雖因人君也員曰廚宰之事也等之如獸畜伯嚭太宰也員曰嬰雖啼毋聽也視之如黄口輔君者如是乎胥死之後吳王會于黄池未嘗不霸且强越入吳請吳王居于甬東未嘗不即越之石室是亡國之夫差百員不能濟也員立夫差而亡吳猶以抉目東門以觀越兵之入而

沼吳為悲者不亦是非之謬與至伯嚭者史哀二十二年冬越滅吳誅太宰嚭以為不忠左傳哀二十四年公如越越將妻公季孫懼因太宰嚭而納賂乃止夫豈越德嚭而存之仍爵之太宰乎豈嚭納賂之性不悛如是乎抑或名爵之相同乎不然二十二年吳滅二十四年越有宰嚭者何人也

齊世家

惠公二年長狄來王子城父攻殺之埋于北門魯世家

曰鄋瞞伐齊齊王子城父獲其弟榮如埋其首于北門宋武公之世獲緣斯于長丘宋世家昭公四年宋敗長狄緣斯于長丘

左傳文十一年初宋武公之世鄋瞞伐宋敗狄于乘丘獲長狄緣斯齊襄公之二年鄋瞞伐齊齊王子城父獲其弟榮如埋其首于周首之北門衛人獲其季弟簡如鄋瞞由是遂亡

齊襄二年魯桓十六年也今云惠公二年則宣二年

矣宋武未入春秋之前也今云昭公四年乃文公十一年也年世殊絶不亦甚乎穀梁云尸横九畝斷其首而載之眉見于軾夫身有九畝之大頭不應一車之小况天生斯君必生斯民必生男女為之配今所獲唯喬如緣斯焚如榮如簡如之五男而鄋瞞遂亡種類遂絶者何也是皆禹致羣神于會稽長狄本之于汪罔防風之神其説也蓋必地名長狄入犯宋齊必非人長三丈尸横九畝以此為長者矣

魯世家

武王崩成王少在襁褓之中周公恐乃告太公望召公奭曰我之所以勿辟而行政者恐天下畔周

齊世家武王平商封師尚父于營邱東就國夜衣而行黎明至國則太公未嘗在周也今曰告太公望者何與况齊山川道遠乃曰夜衣而行黎明至國乃似一晝夜之可即達者何與至立嗣必以長武王九十三歲乃崩成王未必當襁褓况成王多弟即且太公此時亦當百餘歲矣

惠公適夫人無子賤妾聲子生子息息長為取于宋宋女至而好惠公奪而自妻之生允登宋女為夫人允為太子及惠公卒允少故魯人令息攝政

左傳隱元年之前惠公元妃孟子孟子卒繼室以聲子生隱公宋武公生仲子仲子生而有文在其手曰為魯夫人故仲子歸于我生桓公而惠公薨是以隱公立而奉之蓋次妃攝治内事而曰繼室也不聞聲

子之為賤妾也手文有若天命而宋歸我也不聞新臺之始自惠公也

莊公盟孟女生子班班長說梁氏女往觀圉人犖自牆外與梁氏女戲班怒鞭犖

傳莊三十二年初公築臺臨黨氏見孟任從之閟而以夫人言許之割臂盟公生子般焉雩講于梁氏女公子觀之圉人犖自牆外與之戲註曰女公子子般妹也戲以慢言戲之也今曰梁氏女者何與豈遷以

雩講于梁氏女為句乎蓋肄習雩祭之禮于梁氏而女公子與子般同往觀之也今曰說梁氏女所未喻也

燕世家

惠公六年惠公多寵姬欲去諸大夫而立寵姬宋大夫共誅姬宋惠公懼奔齊姬名宋

昭三年燕簡公多嬖寵欲去諸大夫而立其寵人冬燕大夫比以殺公之外嬖公懼奔齊以簡公訛為惠公以嬖寵訛為寵姬何也若曰姬宋即外嬖也則不當曰惠公多寵姬也寵姬可以為大夫而欲去諸大夫乎欲去諸大夫而立寵姬宋誠所不解

管蔡世家

悼侯父曰隱太子友靈侯之太子平侯立而殺隱太子故平侯卒而隱太子之子東國攻平侯子而代立是為悼侯

傳昭十一年冬十一月楚子滅蔡用隱太子于岡山

申無宇曰不祥五牲不相為用況用諸侯乎王必悔之經曰冬十一月丁酉楚師滅蔡執蔡世子有以歸用之註曰用之殺以祭山也既為楚子之用安有平侯之殺且世代相攻之不已哉經傳之記明矣史遷之記妄乎

陳世家

靈公與其大夫孔寧儀行父皆通于夏姬註曰列女傳云夏姬夏徵舒之母三為王后七為夫人公侯爭之莫不迷惑

徵舒之母詩之從夏南是也函史云申公死平公命叔向因其室是叔向娶之為室也因左傳之娶于申公巫臣氏而誤也考宣公十年陳靈公飲于夏氏徵舒弑之是時靈公即位十五年矣徵舒為卿夏姬之子也子為卿則姬雖少亦壯年矣十一年冬楚殺徵舒楚莊子反皆欲娶之申公巫臣曰天下多美婦人何必是莊王乃予連尹襄老襄老死于邲其子黑要烝焉是聚麀也申公諫者也乃豔之通使于鄭而取

姬焉子反怨之乃殺巫臣之族并殺黑要而分其族巫臣乃使于吳而吳楚之兵自此釁矣此一姬也亦人妖矣至所生之女叔向取之而亦生子以滅族美女破國如此乎叔向之母曰鄭穆少妃姚子之子子靈之妻殺三夫一君一子而亡一國兩卿矣可無懲乎真有然矣然向所娶者夏姬之女也左傳曰申公巫臣氏是也非因其室也宣九年陳靈被弑昭二十八年晉殺祁盈及楊食我乃叔向之子伯石也叔向母所謂豺狼之聲狼子野心非是莫喪羊舌氏者是也計宣九年至昭二十八年相距八十七年姬年即少百三十餘矣晉平元年距食我死年四十四年巫臣氏生食我亦年過四十若曰夏姬則九十之婦而嫁人叔向取九十之婦矣函史之因其室與列女傳之為王后為夫人之言皆不足信史通亦辯之矣但叔向之母妬叔虎之母美而不使子諫之而使往視寢生叔虎嬖于欒盈士匄逐欒盈殺叔虎因叔向而

祁奚救叔向出之不然向亦久斃矣噫叔虎之母美而叔虎死叔向因叔向之妻美而食我死叔向族叔向之母曰三代之亡皆是物也誠哉

哀公娶鄭長姬生悼太子師少姬生偃司徒招殺悼太子立公子留楚靈王聞陳亂殺陳使者註曰即司徒招昭八年春陳侯之弟招殺陳世子偃師楚執公子招放之越傳陳哀公元妃生悼太子偃師二妃生公子留下妃生公子勝二妃嬖留有寵屬諸司徒招公子

過哀公有廢疾三月甲申公子招公子過殺悼太子偃師而立公子留夏四月哀公縊干徵師赴于楚楚人執而殺之書曰陳公子招殺其世子偃師罪在招也楚子執陳行人干徵師殺之罪不在行人也偃師悼太子也而分其名為二使者干徵師也而註其下曰招觀經之殺世子偃師放公子招可知矣此誤可不訂正乎

衛世家

共伯弟和有寵于僖侯賂工攻共伯于墓上共伯入僖侯羨自殺衛人因葬之僖侯傍謚曰共伯而立和為衛武公

衛世子共伯早死其妻共姜守義作柏舟以自誓未聞其為武公弒也況武公者抑抑威儀沒稱睿聖襄二十九年季札觀樂而曰吾聞武公之德如是也如其弒兄何以稱德

襄公有賤妾幸之有身夢有人謂曰我康叔也令若子必有衛名而子曰元妾怪之問孔成子成子曰生子男也以告襄公

傳昭七年襄公夫人姜氏無子嬖人婤姶生孟縶孔成子夢康叔謂已立元史朝亦夢康叔謂已余將命而子苟與孔烝鉏之曾孫圉相元見成子告之夢夢協今云妾夢史與傳違且閨中夢兆先及外庭宜男告語始呈公聽夫豈衛襄嬖幸之寵姬不若鄭文燕姞之徵蘭哉

宋世家

箕子佯狂為奴比干曰君有過而不死爭則百姓何辜乃直言諫紂紂剖其心微子曰其義可以去矣于是太師少師乃勸微子去遂行

少師比干也太師箕子也一佯狂而奴一剖心而死又安得太師少師之勸行哉書曰王子不出我乃顛隮而不顧行遁者未嘗非太師少師之勸也但書之行遁是在佯狂剖視之先而史之勸行乃在佯狂剖

心之後史之為史何所據耶

楚成王已救鄭鄭享之去而取鄭二姬以歸註曰鄭大夫芊氏姜氏之女既是鄭女故曰二姬

傳僖二十二年丙子晨鄭文夫人芊氏姜氏勞楚子于柯澤楚子使師縉示之俘馘丁丑楚子入享于鄭九獻庭實加籩享畢夜出文芊送于軍取二姬以歸叔詹曰楚王其不沒乎為禮卒于無別註曰芊氏楚女姜氏齊女也二姬文芊女也婦人迎送不出門芊

也勞軍借名楚女姜而視馘於義云何至九獻加籩僭擬天子不嫌芊女實係楚甥此楚子之所以師敗城濮見弑商臣如叔詹之所言不沒也今乃註曰大夫且曰芊氏姜氏之女芊姜既非夫人二姬亦非芊女為禮無別何以稱焉不詳經傳輒註史書未見其可也

景公三十七年哀公五年也熒惑守心宋之分野也司星子韋曰君有君人之言熒惑宜有動候之徙三度

唯德動天書有明訓徙行三度理固宜然但事關天變不見之左氏之續經若他云三舍乃不識星躔之行度者矣

晉世家

晉滅虞執虞公及其大夫井伯百里奚以媵秦穆姬

秦紀百里奚媵于秦亡秦走宛楚人執之繆公以五羖羊皮贖之授以國政曰五羖大夫百里奚讓曰臣困于齊而乞食蹇叔收臣臣欲事齊君無知蹇叔止臣得脫

齊難之周周王好牛臣以養牛干之蹇叔止臣得去不誅事虞君蹇叔止臣臣知虞君不用臣臣誠私利祿爵且留再用其言得脫一不用及虞君難

傳僖五年襲虞滅之執虞公及其大夫井伯以媵秦穆姬未嘗有百里奚也孟子曰知虞公之不可諫而去之秦知虞公之將亡而先去之則為媵及難之說破矣曾不知以食牛干秦穆公之為汙也而食牛干周之說破矣百里奚舉于市則贖之五羖皮者又不

足辯矣相秦而顯其君于天下可傳于後世虞不用百里奚而亡秦繆公用之而霸今乃曰私利祿爵而且留以及難蹇叔止臣而再用以得脫奚之為奚不特不賢不智已也又安足以霸君傳世哉史通曰史記多聚舊紀時插雜言事罕異聞語饒重出良信然也又如秦紀繆公亡馬食者三百餘人馬雖云大難共三百之一飧一馬何珍三百齊同而犯法若云一人所盜安肯公食多人若云自野攘之夫豈不知公

物至于賜酒求從推鋒爭死以脫公于圍也非報食馬之德報不死之恩耳是既知盜馬之必死而三百人之盡甘心于此一臠者何也

里克弒卓子于朝鞭殺驪姬于市

傳僖九年里克殺卓子于朝國語曰殺奚齊卓子及驪姬不聞其鞭殺于市也不知何本

過五鹿饑而從野人乞食野人從土器中進之重耳怒趙衰曰土者有土也

傳僖二十三年過五鹿乞食于野人野人與之塊公子怒蓋怒其不與食而與土塊也故子犯曰天賜也稽首受而載之今曰土器中進之是盛食于土器而進之也以土器為有土又安往而不得土哉

使鉏麑刺趙盾盾閨門開居處節麑退嘆曰殺忠臣棄君命罪一也遂觸樹而死

傳宣二年使鉏麑賊之晨往寢門闢矣盛服將朝尚早坐而假寐鉏麑退歎而言曰不忘恭敬民之主也賊民之主不忠棄君之命不信有一于此不如死也

觸槐而死

公羊曰晉靈公使勇士殺趙盾見其方食魚飧曰子為晉國重卿而食魚飧是子之儉也吾不忍殺子

羣臣之朝别色而入今寢門晨闢早而假寐所以為恭敬也公羊生自齊邦不詳晉物以東土所賤目西州亦然而曰子之儉也遷其取左氏而曰閨門開信公羊而曰處節乎然亦並不明言所以止書閨門開處節

而已以此言忠忠從何見以此言節節自何徵鉏麑之死胡為乎來哉

初盾常田首山桑下有餓人示眯明盾與之食為晉宰夫欲以去趙盾令先毋及難盾既去伏士縱嚙狗名敖明為搏殺狗伏士出示眯明反擊伏士曰我桑下餓人問其名勿告明亦亡去

傳宣二年晉侯伏甲其右提彌明知之趨登扶以下公嗾夫獒焉明搏而殺之鬬而出提彌明死之初宣

子田于首山舍于翳桑見靈輒餓食之既而與為公介倒戟以禦公徒而免之曰翳桑之餓人也問其名居不告而退遂自亡也

搏獒扶下者右車之彌明也曰宰夫者何與禦徒倒戟者公介之靈輒也曰眯明者何與豈鬬死之眯明可二人而合一乎至于傳則已為公介故不必問名而止問其名居也史則既名眯明復乃問名而勿告者何與

景公八年使郤克于齊頃公母從樓上觀而笑之所以然者郤克僂而魯使蹇衛使眇故齊亦令人如之以導客

傳宣十九年郤克徵會于齊齊頃公帷婦人使觀之郤子登婦人笑于房獻子怒出而誓曰所不此報無能涉河杜氏註曰跛而登故笑之左傳曰跛穀梁曰眇今乃蹇歸魯使以克為僂且竟蹇眇傴僂如之導客不聞魯衛之姓名而獨區區郤子誓盟河伯何哉

季本曰公會晉侯衛侯曹伯邾子同盟于斷道宣公事齊最謹至是始與晉盟齊不能為主復推晉為伯同盟于斷道非以笑客故也黃震氏曰晉為是盟以固曹魯之心胡氏乃以郤克徵齊婦人笑跛以此盟為謀齊不知徵會乃在未見笑之先豈預知其笑而盟會以謀之耶

趙世家

夙生共孟共孟生趙衰字子餘

閔元年趙夙御戎註曰夙趙衰兄也晉語趙衰先君之戎御趙夙之弟也衰夙雁行乃曰孫祖合而觀之吾將誰信

景公三年朔將下軍取成公姊為夫人大夫屠岸賈欲誅趙氏徧告諸將韓厥曰妄誅謂之亂臣賈不聽韓厥告朔趣亡朔曰子必不絕趙氏朔死不恨賈不請命擅與諸將攻趙氏于下宮殺趙朔趙同趙括趙嬰皆滅其族成公姊有遺腹走公宮免身生男賈聞索于公宮姬

藏兒袴中無聲已脫程嬰與俱山中十五年景公疾韓厥曰大業之後為祟乃言趙孤召武與嬰徧拜諸將攻岸賈滅其族復趙武田邑如故

晉世家景十二年作六軍趙穿趙括趙旃皆為卿景十七年誅趙同趙括韓厥曰趙衰趙盾之功豈可忘乎奈何絕嗣乃復令趙庶子武為趙後復與之邑十九年景公病卒

韓世家晉景公十七年病卜大業之不遂者為祟厥言趙武而復與故趙氏田邑

諸侯年表成公八年晉景公十七年復趙武田邑

傳成二年欒書將下軍註曰朔死而代之也成四年趙嬰通于莊姬註曰姬朔妻也成五年原屏放諸齊嬰曰我在故欒氏不作我亡吾二昆其憂哉舍我何害註曰言已雖淫而能令姬護趙氏也成八年姬為趙嬰之亡故譖之晉侯曰原屏將為亂欒郤為徵六月晉討趙同趙括武從姬氏畜于公宮以其田與祁

奚韓厥言于晉侯曰成季之勳宣孟之忠而無後為善者懼矣乃立武而反其田成公十一年晉侯夢大厲曰殺余孫不義覺召桑田巫曰不食新矣公病如廁陷而卒宣十二年趙朔將下軍成二年欒書將下軍蓋朔死而書代也成四年趙嬰通于莊姬成五年原屏放于齊乃同括因其滅倫而放之也原屏者同括之采邑齊者嬰之邑也成八年莊姬以趙嬰之亡故而譖晉侯故春秋書曰晉殺其大夫趙同趙括而

朔死嬰放不及也况姬乃成公女景公妹譖行由莊姬也即使朔在莊姬乃殺其夫與子乎成二年朔死成八年姬安得孕乎傳云武從姬氏畜于公宮蓋姬寡而武長從姬畜于宮也即使孕而免也姬在外而免乎在宮而免乎在外則强賈必知之何俟入宮而始索之即幸而至宮乃景公之宮也豈無隙地可以藏兒而臃腫于袴中藏不如是愚索不如是拙幸其無聲何其危哉故正義云按二年欒書將下軍朔已

死矣同括為姬所譖朔不得與同括俱死于時晉君明晉臣强無容有屠岸賈輒厠其間得如此之横恣也又公孫杵臼程嬰事與左傳背違馬遷妄説不可信也余按成八年殺同括成十年丙午晉侯獳卒左傳曰不食新矣如厠陷而卒又安得十五年之匿兒而晉侯之夢大厲也傳曰厥言于晉侯立武而反其田即史記年表成公八年即景公十七年乃殺同括之年也内書復趙武田邑是立武復田在于當年而亦不在于十五年之後也武果匿十五年則安所得景公乎史曰朔不肯曰子必不絶趙祀若十五年之内韓厥一旦不禄趙祀不危矣乎朔迂亦必不至是又曰賈有寵于靈公為司寇而治靈公之賊徧告諸將當是時趙同為下軍佐趙括為新軍佐中軍大夫主兵者乃趙氏也徧告諸將將其誰與况由莊姬之譖同括將為亂而同括見殺也實非治靈公之賊也况自景十七年遡靈公弑年已二十五年矣不討于

晉成公之日而討于晉景公之時又于景十七年而始討又同括皆為將而朔又其壻也謬甚不足言也至嬰杵之得兒誰乎與之既可抱持出入何必藏袴自危且初生之子無乳不生嬰又安得乳乎兹事殊屬可疑

楚世家

陸終生子六人坼剖而生焉莫能紀其世

一産三男已云多矣人非犬豕安能一胎六子哉且

生産之道舉天下古今莫有異也坼剖而生不類異端感世之脅出背生者耶或曰鴟鴞剖腹鸕鷀吐生余訪見之皆從卵出為此異聞當知不外于是者也然既曰莫能紀世夫又安能識其始産也哉疑而不闕有異古史者矣

熊渠卒子摯紅立摯紅卒其弟弑而代立曰熊延

傳僖公二十六年夔子不祀祝融與鬻熊楚人讓之曰我先王熊摯有疾鬼神勿赦而自竄于夔吾以是失楚又何祀焉摯疾而竄為夔之祖苟為延弑何竄

之云弑君大罪寧得漫加于人哉

吳兵逆入郢辱平王之墓吳世家曰鞭平王之尸

鞭尸辱墓事迥異也辱乎鞭乎不可不辨也父仇雖曰必報君義不容盡泯員之先世深受楚恩若至鞭尸必然毀墓途窮日暮未有若斯之甚者也若云辱墓猶庶幾乎

越世家

句踐請為臣吳王許之子胥諫不聽卒赦越罷兵而歸使范蠡大夫柘稽行成為質于吳二歲而吳歸蠡吳世家越王棲于會稽使大夫種行成卒許越平與盟而罷兵去

行成者文種耶范蠡耶罷去者為質耶與盟耶何互異也然行成赦越為質與盟皆事之所有理之所通者也此所以左傳書云越與吳平不書吳不告慶越不告敗無他詞也若夫吳越春秋之駕車養馬秘于石室之中犢鼻樵頭親給糞除之事食溲嘗惡不似

人為駕舍却行居然奴僕實皆趙曄之謬言深倍史官之直筆者矣

朱公中子殺人使少子而長子固請後以喪歸曰吾日夜固望其喪之來也長子見苦為生難故重棄財

莊子既善朱公雖為所賣寧不念朱公而不一自咎乎既知其以喪歸獨不能遣一介而必子之親詣乎況朱公者越大夫也齊相也其長子豈見苦為生難

者私賚數百金獻楚國貴人則又非重棄財者矣夫豈村農力作錙銖積累之子乎且去越而易名子皮間行而為陶朱公又何據而知之

鄭世家

武姜生太子寤生生之難生叔段生易

傳隱元年莊公寤生驚姜氏故名曰寤生遂惡之蓋寐而生子寤而方驚若謂難生何以名寤至云生易又有何徵文與義違每多類此

子產者鄭成公少子也

傳襄八年子國子耳侵蔡唯子產不順子國怒曰爾何知童子而言將為僇矣註曰子產子國之子蓋子國者靈公之弟穆公子也成公者穆公之孫既子產為子國之子則亦同成公而為穆公之孫矣以兄弟為父子何所考焉

魏世家

魏之先畢公高之後也畢公高與周同姓

傳僖二十四年富辰曰畢原酆郇文之昭也註曰文王子夫高為文子分封于畢今曰同姓不亦疎且遠乎至魏絳為武仲之子而曰孫獻之荼為魏絳之子而亦曰孫世系之間豈容棼棼如此

田敬仲世家

悼公既立田乞為相田乞卒子常代立是為田成子鮑牧與齊悼公有郤弒悼公齊人立簡公田常復修僖子之政齊人歌之曰嫗乎采芑歸乎田成子選齊國中女

子長七尺以上為後宮後宮以百數而使賓客舍人出入後宮者不禁及田常卒有七十餘男謚為成子

傳哀十年齊人弒悼公赴于師哀八年鮑牧謂羣公子曰使女有馬千乘乎公子愬之公謂鮑子或譖子子姑居于潞以察之使以二乘及潞麇之以入遂殺之夫悼弒赴于師不知其人也或云乞弒其君荼恒弒其君壬莫陳氏之強橫若也悼之弒也舍陳氏又誰之焉今曰鮑牧牧已先誅矣而又當此弒君之名

不亦寃乎至成子者死謚也生而名死而諱故謚之也今陳常未死而遽歌曰成子者何哉女子百餘後宮不禁而有七十餘男將陳氏之子孫盡非田常之遺派與得非遷有憾于田陳而云若乎其或藉以誅亂賊乎

孔子世家

紇與顏氏女野合而生孔子

萬世之師人倫宗表聖父求婚于顏氏聖母禱祀于

尼山生我天縱祖述憲章夫豈事同鄭衛敢云野合乎哉註曰紇老徵少故爾云然此乃年齒相差不應謬書若此

孔子疑其父墓處母諱之也母死乃殯于五父之衢郰人輓父之母誨孔子父墓然後合葬于防

陳澔曰顏氏之死夫子成立久矣聖人人倫之至豈終母世不尋求父葬之地至母殯而猶不知乎且殯之衢路等之死于道路者夫子忍為之乎馬遷野合之誣謂顏氏諱而不告鄭註因之以滋後世之惑此出諸子雜說不可據也若終身不知父墓何以為孔子其不然也審矣此即禮記檀弓註也五父之衢豈殯棺之地倘無郰母之誨將終殯之衢已乎輓父之母係孔氏之何親若不詳而有徵又何敢冒昧以母合葬乎至曰疑其父墓則已知其處矣又曰母諱之也則是聖母親言尚生疑惑夫豈郰母一語遂成實信者哉檀弓野說誣聖良多司馬信之

更增舛謬余于檀弓又特辨之

孔子要絰季氏享士孔子與往陽虎絀曰季氏享士非敢享子也孔子由是退

索隱曰家語孔子之母喪既練而見不非之也今謂孔子實要絰與享為陽虎所絀亦近誣矣況喪而要絰喪未除也而與享者有乎至聞虎一叱由是而退則禮樂之宗曾不若一竊寶玉大弓之盜已瞷亡之拜將仕之言還應不知此也

季桓子穿井得土缶中若羊問仲尼曰得狗仲尼曰此丘所聞羊也土之恠羵羊也吳伐越墮會稽得骨節專車仲尼曰禹致羣神于會稽山防風後至禹殺而僇之其節專車有隼集于陳庭而死楛矢貫之石砮矢長尺有咫孔子曰此肅慎氏之矢也

子不語恠吾聞之矣博學多聞非羵羊罔象防風肅慎之謂也以此多聖誠不若太宰矣立極之聖豈若張華之知詭物東方朔滑稽逢君者流哉此事家語

亦載之漢儒之謬也

孔子適齊為高昭子家臣欲以通乎景公反衛夫人在絺帷中孔子入門北面稽首夫人自帷中再拜環佩玉聲璆然公與夫人同車宦者雍渠參乘出使孔子為次乘招搖市過之

欲通齊景不恥家臣欲媚夫人帷中交拜且使為次乘儼同宦寺之流過市招搖不顧辱身之醜小人之所不為也而謂孔子為之乎馬遷誣聖罪在難寬

西狩獲麟子曰吾道窮矣因史記作春秋

杜預曰感麟而作作起獲麟則文起于所止為得其實至于反袂拭面稱吾道窮亦無取焉

公山不狃以費畔召子欲往

子欲往者豈從叛哉正欲反叛為順以正其大義使強臣不僭竊而為東周之治耳豈不狃可輔哉今史云孔子循道彌久溫溫無所試莫能已用曰周文武起豐鎬而王今費雖小儻庶幾乎欲往子路止孔子

卒不行噫馬遷以孔子欲費與不狃為可以文武乎是從叛也何妄之甚

襄公二十二年孔子生年七十三以魯哀公十六年四月己丑卒

索隱曰公羊曰襄公二十一年十一月庚子孔子生周以十一月為正朔故曰二十二年公羊註曰歲在己卯襄公二十一年係己酉年非己卯也正月甲申朔閏八月辛巳朔九月庚戌朔日食十月庚辰朔二十一

日庚子並非二十七又查庚戌年至哀公十六年壬戌正合七十三則二十二年生是也正月戊申朔四月丁丑朔十一月内無庚子日十月朔甲戌至二十七日適是庚子是庚戌年八月二十七日為聖誕三命通會作申時乃庚戌年乙酉月庚子日甲申時確乎不可易也惟精歷者知之

會齊侯夾谷矛戟劒撥鼓譟而至孔子舉袂言曰請命有司左右視晏子與景公景公心怍麾而去之有頃諸

優倡侏儒為戲孔子曰匹夫而熒惑諸侯罪當誅景公大恐乃歸侵魯之鄆汶陽龜陰之田

左氏曰萊人以兵劫魯侯必得志孔子曰兩君合而裔夷之俘以兵亂之將盟使玆無還對曰而不反我汶陽之田吾以共命者亦如之齊人來歸鄆讙龜陰之田穀梁曰齊人鼓譟起欲執魯君孔子命司馬止之齊侯謝過會使優施舞于魯君之幕下孔子曰笑君者罪當死使有司行法首足異門而出齊人來歸田公羊以為行乎季孫三月不違齊人來歸田王樵氏曰魯大治而齊為夾谷之會安有萊人劫魯之事況聖人相禮必敦信義以從先王之典故不言盟也經言會而傳言盟者誣也至齊之盟詞曰齊師出境而魯不以甲兵三百乘從我者邾滕其魯也今要其反汶陽田而已苟反之魯將為齊役乎齊師出境而魯即以三百乘從乎左以孔子為止饗也史穀則以謝過也公羊則謂孔子之政行也吾其誰適乎故姜廷善曰晏子謝過之言何休氏載之但晏子自襄二

十五年崔杼弒君時見之至是又四十八年當不勝老矣七十致仕安得從會乎自定七年之後景公結黨稱兵侵伐魯衛甚非晏子所為然諸書皆不及晏惟何休與史記言之或以何休本之晏子春秋則非可信之書也左以萊人劫公而穀梁史記亦不言萊人故季本氏曰萊人劫魯之事理所無也豈孔子臨會而有待于用武耶況劫會未見于前時而當兩國

講好孔子為相之日乎即反田之語伯者末流之語也而謂孔子為之乎胡氏以為自序其績抑謬矣蓋兩國修睦歸魯三田亦中分其地以息爭耳鄆范之界濟西之田也讙棘之界汶陽之田也龜博之界龜陰之田也鄆讙博之近魯者魯有之范棘龜之近齊者齊有之宜公事齊而齊歸濟西之田哀公睦齊而齊歸讙及闡睦則與忿則奪春秋之時使然耳今會夾谷曰夫子功將歸濟西田歸讙及闡為誰之功與

況鄆讙龜陰者三邑之田也獨曰而不反我汶陽之田則止讙耳求反一邑而齊反三邑是遵何盟與

蕭何世家

鮑生謂丞相莫若遣君子孫昆弟能勝軍者悉詣軍漢王大悅又東陵侯召平曰願君讓封勿受悉以家私財佐軍高帝大喜客有說相國曰君胡不多買田地賤貰貸以自汙上心乃安相國從其計上乃大說

蕭何文無害也主吏掾給卒史事課最第一豈遣子弟出私財買田地之區區也不知轉漕興卒之能而侯之鮑君與客乎況讓封勿受貰貸自汙庸者優為耳何必屬之相國歸功鮑召哉總之高祖忌猜蕭何無學求其學術不能過此者矣

沛公心欲何第一關內侯鄂君進曰蕭何常全關中以待陛下此萬世之功也今雖亡曹參等百數何缺于漢

逢君長君鄂侯是已蓋萬世功豈一蕭何力哉若無參等百數吾恐漢亦非其漢矣今不過欲以何為第

一人耳遽曰亡參等百數何缺于漢豪傑聞之有不寒心者哉此淮陰等之不能已于懷反側也張良之所以辭三萬戶也良有以夫

相國為民請上林空地上大怒曰相國多受賈人財物乃為請吾苑乃下相國廷尉械繫之

相國者安蒼生奠社稷者也況井田學校已澌滅于亡秦經史詩書又煙灰于項炬當此漢基初定王業方興正宜左經右史修明三代之典章尚義行仁纘

述先王之禮樂今乃貰貸自汙不過富貴苟全之計請苑獵恩亦同溱洧乘輿之惠已耳名之相國實媿疑丞付之廷尉宜正是罪可也

曹參世家

參聞蓋公治黃老言厚幣請之蓋公言治道貴清靜而民自定參避正堂舍蓋公日夜飲醇酒卿大夫已下欲有言至者參輒飲以醇酒閒之欲有所言復飲之醉而後去相舍後園近吏舍吏舍日飲歌呼參游園中聞亦

歌呼與相應和惠帝怪相國不治事謂窋曰若歸試私從容問而父窋既洗沐歸諫參參怒而笞窋二百至朝惠帝曰與窋胡治乎乃者我使諫君也參曰高帝與蕭何定天下法令既明今陛下垂拱參等守職遵而勿失不亦可乎惠帝曰善君休矣參為相國出入三年卒

孝惠之初正諸呂用事之漸呂后恣横之始劉之為劉亦岌岌矣曹參以二年入相五年八月死三年之間既不能消呂后之强横使北鷄之不鳴又不能申高帝之大盟非劉氏其不王顧乃舍蓋公治清靜獨不計劉祚之將為呂揺乎尚敢曰垂拱守職飲醇酒而使欲言者醉乎且吏舍歌呼相與應和致相國之紀綱一掃地乎若以呂后方恣恐蹈危機莫如學留侯之杜門矣又何以告舍人趣治行而熱中此相位也總之古典淪于衛鞅詩書滅于秦始生斯世者皆入其所愚一習之詐偽而已即有一二聰明未盡寘者亦辟此儒名竄歸黃老託言清靜緘嘿保身之小

智如留侯蓋公其人耳又何足以知民生國政之本哉是故一漢也始以掾吏之蕭何繼以獄掾之曹參致漢治不純亂臣賊子終漢世而比比其人者皆何參之罪也若夫養成呂禍幾至滅劉雖曰陳平左右之誰不曰曹參蓄成之哉

留侯世家

高帝令子房自擇齊三萬户良曰始臣起下邳與上會留此天以臣授陛下臣願封留足矣乃封良為留侯留

侯性多病即導引不食穀杜門不出曰願棄人間事從
赤松子遊後八年卒
高帝曰諸君功狗也則良亦狗矣酇侯曰亡曹參等
何缺于漢則漢亦可以缺此良矣又安敢居功自擇
侈然三萬戶哉曰天授陛下未嘗不自負也曰與上
會留封留足矣又何其詞之婉而理也乃封良為留
侯則向之令自擇者不幾正所以紿之與信之斬越
之醢豨布之反意皆日夜爭功之流也良之一讓而

益形之矣是以辭三萬戶也所以辟走狗之烹其杜
門不出也所以辟呂雉之禍非實有赤松子之可從
而辟穀導引有仙人不死之方也書曰後八年卒不
益明乎
上從複道望見諸將往往相與坐沙中語上曰此何語
留侯曰陛下不知乎此謀反也
謀反何事沙中何地悄謀密室猶畏人知明語沙中
不憚耳目且僕從車馬之衆多複道宮中之可見者
與至于上曰何語夫豈沙中曠遠而諸將喁喁之聲
竟入耳與良曰謀反夫豈密謀反側而諸將不軌之
情先之良與況羣小聚集將以犯君沙中形露似乎
朝謀而夕發者良乃嘿然杜口俟問方言者何與蓋
不過漢家初定高祖以猜忌為心議功不決諸將或
懷私而怏怏良乃緩言封齒以堅衆心此安劉室定
功臣之正計也若夫偶語沙中直言謀反未能信也
高祖紀甲午即皇帝位于汜水之陽皇帝曰義帝無

後齊王韓信習楚風俗徙為楚王建成侯彭越為梁
王韓王信為韓王吳芮為長沙王淮南王布燕王臧
荼趙王敖皆如故置酒雒陽宮高祖曰列侯諸將無
敢隱朕皆言其情按此則諸將已封而無怏怏者又
何爭功不決沙中謀反之獨見于留侯世家云

陳丞相世家

陳平長可取妻富人莫肯與者貧者平亦耻之負郭窮
巷門外多長者車轍張仲曰平貧不事事一縣中盡笑

其所為

守財之夫安知擇婿庸下之流豈識英才莫肯與妻盡笑所為無足怪也但平美如冠玉不過詭計之人耻取貧女並鮮讀書之識門外之長者又何自來且既多長者車轍何又云盡笑而莫肯與女也

審食其為左丞相常給事于中幸于吕太后絳侯世家周勃常為人吹簫給喪事

為人臣者為國諱雖曰史筆亦有體裁况以漢人而

作漢史嫌疑之禍所宜遠避今曰吹簫送殯擬之社長之卑田給事后宫大揭娥姁之醜惡去病之母少兒曰陳掌私通衛青之姊子夫曰平陽謳者廣利為故倡之家樊噲為屠狗之子欒布酒傭灌嬰販繒一例直書曾無諱忌王允目史記為謗書也固宜亦可見西漢文字之寬也

樊噲將兵伐燕時有讒噲欲殺趙王者帝用陳平計召周勃受詔牀下即軍中斬噲頭兩人行謀曰恐上悔寧因而致之上

平勃受詔之際知帝病篤欲德于吕氏而不斬噲竟敢以君命即斬之人而曰寧因而致之上平為雉黨甚矣至張卿風大臣語太后以王諸吕大臣請立吕産等為王而此大臣也者乃平也平逢太后交關張卿先太后未發早已定策獨重難王陵垂成而始問及之陵之諤諤亦云後矣此陵之在平術中也程子猶以為平懲陵不諫平豈諫者哉至惠帝崩而丞相

陳平如辟彊計拜吕台吕産為將諸吕皆官宫中用事而吕氏之幾亡劉者皆平也或曰張良辟穀曹參湎酒陳平湛于酒與婦人皆不得已不知漢初君臣恬秦政之敝養吕姁之亂使三代之典章禮樂澌沒無存者正此輩之為之也曾有相而飲醇酒日夜不事事而天下可望其治者乎曾有去五穀之食可以生而有神仙不死者乎

史記疑問卷中

欽定四庫全書

史記疑問卷下

欽天監左監副邵泰衢撰

孫臏傳

王之寵姬二人為隊長孫子欲斬之王從臺上觀下令曰寡人非此二姬食不甘味願勿斬也孫子曰臣已受命遂斬之用其次為隊長復鼓之皆中規矩使報王曰用之雖赴水火可也王曰罷休

孫子試兵也非穰苴之將兵也安得斬殺自由乎況王曰非此二姬食不甘味即欲必斬王亦早已罷休矣又何待報命之時哉更有疑者宮中無刑劊之人將名之外庭與王未必命之入也將即此之娥眉乎吾恐其力不能辦也至以一斬之威遂欲令娥眉之赴水火也與有不然矣夫豈兵之不必服心而徒恃之威刦者乎

仲尼弟子列傳

宰我為臨菑大夫與田常作亂以夷其族孔子恥之

傳哀十四年子我歸屬徒不勝陳氏追之殺諸郭關子我者闞止也有寵于簡公陳成子憚之陳豹曰勿先必禍子此所以田常追子我而殺諸郭關也今曰宰我遷其以子我為宰我矣況陳恒弒君夫子請討之不得者也而我且安然為相即使與常為亂田氏其安而宰我其族乎求之聚斂夫子尚欲攻之況與于弒君之列乎討陳恒之不得討宰我亦不得乎言

語之科我先子貢雖曰晝寢夫豈若斯

子貢一出存魯亂齊破吳強晉伯越子貢一使使勢相破十年之中五國各有變

性與天道賜也孰聞即列言語之科亦在博學多聞之列夫豈揣摩三載探知人主之性情利害相傾唯恃一時之口給秦儀一例害此利彼者與擬之不倫事難盡信貌觀似乎誇詡多能嘿思大為聖賢深恥故一出存魯可也而齊不必亂吳不必破先儒論之

詳矣

公伯寮字子周周愬子路于季孫

道行道廢伯寮固不能如命何也然既云譖愬安得尚列門墻鳴鼓之攻尤恐或緩遷乃列之弟子抑何本與朱子註曰公伯寮魯人邁乎遷矣明徹其祀宜也

有若狀似孔子弟子相與共立為師師之如夫子弟子進問曰他日月宿畢竟不雨商瞿年四十後當五丈夫

何也有若嘿然無以應弟子起曰有子避之此非子之位也

狀似孔子共立為師愛屋及烏今乃以其形似即取為師不答所問即令避坐夫豈聖門賢者向不知有若之學而為之乎衆賢不如是之愚也有若亦不敢公然之肆也史通曰柴愚參魯品藻已詳如有若者名不列於四科譽無偕於十哲安得公然自欺詐相策奉此童兒相戲非長老所為得自委巷曾無先覺

悲夫

顔回少孔子三十歲二十九髮盡白蚤死

按孔子卒于哀公十六年年七十三哀公十四年顔子死伯魚年五十先孔子死家語云回三十二而死按孔子生伯魚五十而死是時孔子六十九矣哀公十四年回死是孔子七十一矣計其年回當四十一非三十二也夫子曰短命者德宜長年雖四十一亦曰短命耳謂二十九而髮白蚤死與三十二死者皆

非也鯉先回死孔子年六十九而鯉卒若回三十二而死則先鯉矣

伯夷傳

伯夷曰父命也遂逃去叔齊亦不肯立而逃之聞西伯善養老盍往歸焉武王東伐紂伯夷叔齊叩馬而諫餓死首陽山

既云盍往歸焉是夷齊與太公同歸者也所謂待天下之清去腥聞之紂也夫商之太師尚陳洪範於周

而微子之親亦且受封於宋何北海來歸之老獨枵腹而死義也況夷與太公為天下之二老武王伐商未有不咨而詢之者若不即我謀當孑然而去若即我謀亦當廷諍否則仍北海之北耳今不言於帷幄定謀之初而乃諫於干戈既出之日不徒托之空言與夫子曰餓于首陽之下未聞其餓而死也田之粟曰周粟山之薇獨非周薇乎蓋採薇而食不食周禄如顏子簞瓢可也若云餓死其殆過矣

老子傳

孔子去謂弟子曰吾今日見老子其猶龍邪

孔子世家孔子適周問禮蓋見老子云老子送以言孔子自周反魯蓋問禮之不止於老子而老子獨送之言耳然其言不過曰若虛若愚而已又不過曰不議人不發人惡而已非古先哲王之至言也聖人曰竊比於我老彭者以其好古也今老子傳與孔子世家之言互異而亦非聖哲典謨之訓所謂異言者近之矣異言者誅將老子之幾同少正卯矣夫子安得嘆其猶龍哉況龍者易之飛龍見龍與夫聖人作覩之雲龍也老子安能當而夫子必不以為喻也吾以為老子既為柱下史而知禮者必其言有則古稱先王者在而必不若是之泛泛曰去子之驕多欲而已也馬遷好異之說也

吳起傳

魯欲將吳起起取齊女為妻而魯疑之吳起于是殺其

妻以明不與齊也

韓非子曰吳起使妻織組而幅狹于度使更之妻曰吾始經之而不可更也吳起出之噫為起之妻不亦難乎且夫婦人倫之重也就名而殺致功而出夫亦孰不可哉不能安其妻安能友其友而又為之君哉是故功名傑然而其君猜之大臣害之卒臠其尸也

蘇秦傳

嫂何前倨而後恭也曰季子位高而多金耳

秦之父母嫂妻前倨後恭家庭天性之間而市道存焉所恭又不過位與金耳知富貴而不知道義此所以終于車裂也雖然秦之功亦不過誇嫂婦之功亦秖見其過洛陽時耳若秦之庭說諸侯時不知道義其戴鬚眉為婦人宛媚舌敝以求說之一售何嘗有丈夫氣哉有妻有妾之一齊人耳妻嫂不泣于中庭而恭者未嘗瞷所之也

商鞅傳

公孫座謂惠王曰鞅有奇才願舉國聽之不用即殺之召鞅謝曰我言若為相王色不許我我方先君後臣勿用當殺之汝可疾去

夫既先君後臣則告以疾去者不忠夫既召謝趣去而先告王必殺者不義不忠不義座兩有之

吾說君以帝王之道而君曰久遠以强國之術說君君大說之耳鞅曰苟可以强國不法其故苟可以利民不循其禮

井田學校之法盡廢於鞅刑刻慘苛之學全由於衛致古先聖王之遺意至今蕩然而不復者皆其罪也尚安敢曰帝王之道也哉曰不法故不循禮而三代百王之制淪矣又曰常人安於故俗學者溺於所聞而焚書坑儒愚民之所由來矣三王不同禮而王五伯不同法而霸罷封建置郡守自號始皇帝而尊君卑臣之所由起矣反古者不可非循禮者不足多則凡逸于倫常之外矯制殺扶蘇立胡亥指鹿為馬之

無不可行矣至於收司連坐使民莫敢議令鞅始之斯繼之而漢不能復之民到于今受其害鞅罪寧淺鮮哉車裂以徇而滅其家未足贖也王安石之祖宗不足法天變不足畏人言不足恤者本是也

孟嘗君傳

趙人聞孟嘗君賢出觀之皆笑曰始以薛公為魁然今視之乃眇小丈夫耳孟嘗君聞之怒客與俱者下砍擊殺數百人遂滅一縣以去

孟嘗聲聞諸侯傾天下士眇小一語遂致怒滅一縣乎況曰魁然也乃眇耳如子房之計魁梧奇偉見圖狀如婦人好女而已何至殺人滅縣乎即曰客也文獨不禁之乎即曰言者之有罪也豈一縣之老幼盡譁然言乎且以齊嘗而遽滅趙縣乎誠未喻也

魏昭王以為相西合于秦趙與燕共伐破齊閔王亡在莒死焉魏世家昭魚曰田需死吾恐張儀犀首薛公有一人相魏者也吾終欲太子之自相也太子果相魏昭

王十二年與秦趙韓燕共伐齊閔王出亡

相國重任也伐齊大事也薛公相魏伐齊魏世家既無其事田文傳獨有其文豈相國之事無關於魏而伐齊之舉獨出之文者乎向日人毀於王文奔有賢者自剄宮門王乃復召孟嘗孟嘗因謝病歸老於薛事已釋然矣豈以此而云魏嘗伐齊致王之出亡而死乎且田文如果相魏則不若樂毅樂間之去燕矣

孟嘗太息嘆曰食客三千餘人先生所知也客見文一日廢皆背文而去莫顧文者如復見文者必唾其面而大辱之

冷煖人情其去來原不足輕重況皆雞鳴狗盜之徒而所為士君子者鮮乎見文一日廢背去而不顧毋庸怪也但恐客雖背德文蹈虛聲已耳使果致敬盡禮以隆賢者則廉恥勵節之士充滿於庭又何必三千食客而止此一彈鋏之馮驩哉至欲唾面大辱益徵其褊矣馮驩之技亦止鑿三窟為田文謀耳無他

長也

平原君傳

平原君樓臨民家躄者行汲美人笑之躄者曰願得笑臣者頭平原君曰以一笑故殺吾美人不亦甚乎門下舍人稍稍引去平原君乃斬笑躄者

客平原之客也美人平原之美人也情均也多情者必不割情能割情者必不多情今日可以割情斬美人又安知不可以割情斬客乎況以一笑之微毫無

可殺之理而割情媚客使人聞之不曰忍心即曰市名耳忍心市名君子之所不屑交也而謂豪傑之肯至乎且後宮數百又安知其笑者為誰使後宮齊曰未嘗笑躄者吾輩自笑耳將若何撥諸人情物理必不然也

范睢傳

秦王屏左右宮中虛無人又曰左右多竊聽者范睢恐未敢言内先言外事

既虛無人又安多竊聽者

睢請為君見於張君須賈曰吾馬病車軸折非大車駟馬吾不出睢取大車駟馬為須賈御之入見睢睢曰汝罪有三所以得無死者以綈袍戀戀有故人之意故釋公而坐須賈於堂下置莝豆其前令兩黥徒夾而馬食之

賈大夫也馬病軸折寧無副乎非大車駟馬吾不出若無范睢將終不出見張祿乎置堂下而馬食之戀戀故人意又安在乎初御之不必如是畢後食之又不必如是辱均云過矣

秦昭王聞魏齊在平原君所乃為好書遺平原君入秦又遺趙王書曰王之弟在秦范君之仇魏齊在平原君之家使人疾馳其頭來否則不出王之弟于關魏齊自剄卒取頭予秦乃出平原君歸趙

孟嘗入秦平原未嘗入秦也秦止孟嘗卒雞鳴狗盜之出關也秦未嘗止平原得魏齊首而始出之關也平原君傳趙世家皆書平原如楚未嘗書平原入秦乃獨見之睢傳者豈睢仇魏齊得其首之為重平原入秦而不出之關之為輕也乎

魯仲連傳

新垣衍曰吾請出不敢復言帝秦秦將聞之為卻軍五十里

連衍互言帝秦而衍為連絀吾以秦將聞之怒而進軍則有之矣今反卻者何與至聊城之將遺書自剄

田单遂屠聊城此燕齊之大事也田单之戰功也何以考之燕世家及田单傳均亦無是事也

聶政傳

政姊榮伏尸哭極哀曰政自棄于市販之間者幸老母無恙妾未嫁也親既以天年下世妾已嫁夫嚴仲子乃察吾弟困汚之中而交之澤厚矣乃呼天於邑而死

俠累被刺韓之搆其主使也亟矣政之毀面使人不識者不特全仲子且以全姊也姊惡弟之沒其名乃

哭其尸而暴之使天下後世之知有聶政也又懼已身之罹於法而不如死也則榮亦烈矣若曰嚴仲子察吾弟而明告之使韓知之奈仲子何榮應不出此也考之韓史原無所為俠累與嚴仲子也不過妄言之而妄聽之耳然使榮死而出仲子也不幾泯聶政任俠之心且虐仲子禮政之意而榮亦徒死也與

張耳陳餘傳

陳餘怒解印綬予張耳起如廁張耳佩其印收其麾下陳餘獨與麾下所善數百人之河上澤中漁獵由此張耳陳餘有郤

秦亂之際諸將蜂起各將其士非如上有天子惟視印所歸也況一如廁之頃張耳即能安衆心而服麾下乎即陳餘之將卒亦必視餘之舉動而不肯以一如廁頃而即為所收也至與麾下去而漁獵將示終身不復將兵乎將舍是而更有士卒乎封以南皮三縣與張耳等餘尤大怒今乃甘心舍是而漁獵乎

陳豨傳

上自擊東垣不下卒罵上東垣降卒罵者斬之不罵者黥之

東垣衆卒要非素面若曰罵上而盡坑之可也若曰別其罵不罵而斬黥之則有難乎其別者人其肯自認曰我向罵哉

朱建傳

建事黥布布欲反平原君朱建止之不聽而聽梁父侯

遂反漢已誅布聞建諫得不誅語在黥布語中

按黥布傳布幸姬數如醫家醫家與中大夫賁赫對門赫厚餽遺姬姬侍王譽赫王疑其與私赫恐告變上使人徵驗布遂族赫家發兵反未嘗有梁父侯也未聞有朱建之諫也今云在黥布語中者何與

酈食其傳

酈生謂騎士若見沛公曰臣里中有酈生年六十餘人皆謂之狂生沛公至高陽傳舍召酈生入謁沛公方倨

牀洗足見之

初沛公引兵過陳留酈生踵軍門上謁曰高陽賤民使者出謝酈生按劍瞋目曰吾高陽酒徒也使者復入報曰客天下壯士也沛公遽雪足仗矛曰延客入

酈生雖曰辯士謁上之時必有定稱而始延之入今曰狂生又曰賤民酒徒而上之見之也一曰使兩女子洗足一曰雪足仗矛吾其誰從也與或曰後乃褚先生之所補也褚又何所聞而為此異詞哉

孟子荀卿列傳

荀卿之與孟子爝火之同皎日也荀卿者李斯韓非之師非斯之焚書滅學至今日而禮樂淪亡幾使二氏異端並為三教者皆非斯之罪而實非斯之本荀卿也安得與吾孟子距楊墨邪說者之可同年語哉至云天下方務合從連衡以攻伐為賢孟子乃述唐虞三代之德是以所如不合退而與萬章之徒序詩書述仲尼之意作孟子七篇未嘗不知之也且唐虞

三代之德荀卿知之乎更以騶忌騶衍與夫淳于髡慎到等亦列之一傳還可謂不知類矣荀子性惡而孟子性善是荀子早已外於聖人之教至騶衍之言大類佛氏南贍西牛之荒而曰見尊禮如此豈與夫子菜色陳蔡孟氏困于齊梁者同哉又自騶衍與齊之稷下先生如淳于髡慎到環淵接子田駢騶奭之徒各著書言治亂之事以干世主豈可勝道還未嘗不知尊孟子也而與荀卿輩同傳者何哉豈漢儒淺

陋謂孟子不過荀卿流乎至遷言退與萬章之徒作孟子七篇晁氏謂趙岐之言亦然韓昌黎曰弟子所集今考孟子所見諸侯皆稱謚如齊宣梁惠滕文蓋死而後謚者也諸王公死于孟子之前未可知也至魯平公者自惠王元年至魯平卒年凡七十七年孟子見梁惠之時已稱叟矣决不及平公之卒也則後人所集是也韓子之言是也趙氏曰孟子凡二百六十一章三萬六千四百八十五字

韓信傳

漢王出成皋東渡河宿修武傳舍晨自稱漢使馳入趙壁張耳韓信未起即其臥内奪其印符以麾召諸將易置之信耳起乃知漢王來大驚

細柳之營天子先驅不得入況漢使而即馳入壁乎入壁猶可而印符在將軍之肘腋可易奪乎夫亦從誰手而奪之乎即或奪之亦必親奪之信耳也又胡為起而知漢王始驚乎況麾召諸將而易置之為時亦少間矣豈信耳聽漢使之奪符印而猶偃仰高臥待易置畢而始起視乎倘項王詐稱漢使入壁信耳之頭不且入羽囊乎且諸將不見信耳忽有他人坐其上而易置之能無譁乎左右不得其解

呂不韋傳

邯鄲姬至大期時生子政註曰人十月生此過二月曰大期

譙周曰姙身十四月生者非人能為之也人心欲速

亡秦而駕詞以為先六國而亡也十二月而始生政似非不韋之子矣史遷曰知有身姬自匿有身之說從何見之哉

衛青傳

青父鄭季給事平陽侯家與侯妾衛媪通生青媪次女少兒即霍去病母青之姊霍仲孺給事主家與少兒通生去病外戚世家褚先生曰平陽主寡議長安中列侯可為夫者皆言大將軍可主笑曰此出吾家常使令騎

從我出入耳奈何用為夫乎左右曰今大將軍富貴振動天下主何以易之乎于是主乃許之

漢之無禮一至此乎公主不特夫其奴抑且姑其婢矣至武帝既通西域以江都王建女細君為公主妻烏孫王昆莫為右夫人昆莫年老公主悲愁昆莫使其孫岑娶尚之後公主死漢復以楚王戊之孫解憂為公主妻岑娶岑娶死以國與季父肥王肥王復尚楚主肥王死岑娶之子泥靡為昆彌復尚楚主此兩主

者一為人之祖母而復為孫之妻一既以兄之嫂為叔之妻而又復為子之妻與平陽公主之以奴為夫以婢為姑而王昭君之為子妻而生二女者何異又何怪乎明之三娘子以外孫女而為外大父之妻又妻其子又妻其孫之如此哉然而非其罪也婁敬實為戎首

李廣傳

廣出獵見草中石以為虎射之中石沒鏃（一作沒羽）

沒羽非也沒鏃是也鏃金可沒也羽附木者也木不能附金以入石也

李陵傳

單于以兵八萬圍陵陵軍五千人兵矢既盡士卒死者過半而所殺匈奴亦萬餘人且引且戰連鬬八日

兵圍八萬而以五千當之是一敵其十八矣然兵矢既盡以何砍擊所殺萬餘似涉空文矧且引且戰計無遑于飲食連鬬八日命何得以生全思欲過誇陵

勇以明陵非戰之罪耳不知適所以誕也

袁盎傳

盎曰淮南有三子唯在陛下耳于是文帝立其三子為王

淮南厲王傳孝文八年淮南厲王有子四人皆七八歲乃封子安為阜陵侯勃為安陽侯賜為周陽侯良為東成侯孝文十六年乃立安為淮南王勃為衡山王賜為廬江王良前薨無後賜盎諫帝而封淮南之

子雖曰諫亦封不諫亦封然不可謂非盎力也然封其四子為侯則有之封其三子為王則非也四子為侯封于厲王之薨年三子為王封于孝文之十六年間九年矣今竟曰立其三子為王歸功專美于盎傳則得之矣柰厲王之本傳何

酷吏傳

郅都為中郎將從入上林賈姬如廁野彘卒入廁上目郅都都不行上自欲持兵救賈姬郅都諫曰亡一姬復

一姬進天下所少寧賈姬等乎陛下縱自輕柰宗廟太后何

袁盎傳帝從霸陵上欲西馳下峻阪中郎將袁盎曰陛下騁六飛馳下峻山馬驚車敗陛下縱自輕柰宗廟太后何

上林游獵之苑衛士不知其幾許也豈上與賈姬郅都三人俱乎目郅都不行上乃即欲自持兵乎況賈姬一出別館離宮次舍又不知幾許矣樂毅報燕惠王書云廁之賓客之中則廁為旁舍也而謂姬獨入且使野彘得隨之乎亦誕甚矣且中郎將郅都之言又何其似中郎將袁盎之言也

滑稽傳

淳于髡說齊王以隱曰國中有大鳥止王之庭三年不蜚又不鳴王知此鳥何也王曰不蜚則已一蜚沖天不鳴則已一鳴驚人乃朝諸縣令長語在田完世家

田完世家齊威王九年國人不治封即墨大夫烹阿

大夫騶忌以鼓琴見威王三月而受相印淳于髡曰是人者吾與之微言五其應我若響之應聲必封不久矣

楚世家楚莊王三年不出號令日夜為樂左抱鄭姬右抱越女坐鐘鼓之間伍舉曰願有進隱曰有鳥在于阜三年不蜚不鳴是何鳥也莊王曰三年不蜚蜚將沖天三年不鳴鳴將驚人乃罷淫樂聽政誅數百人進數百人按田完世家有威王而無好淫有淳于

而無隱諫今曰語在田完者何與唯楚莊王有鄭姬越女之淫有伍舉不蜚不鳴之諫非威王也非淳于也齊威元年後于楚莊元年二百三十二年淳于乃齊威之臣優孟謂楚莊之人滑稽傳云淳于髠後百餘年有優孟優孟以談笑諫楚莊王是以齊威而反前楚莊矣夫既齊威可以前楚莊又何不可以楚莊之事屬之齊威乎前後彼此一任錯綜真可謂滑稽矣

威王八年楚大發兵加齊使髠之趙請救蓋齎黄金千鎰白璧十雙車馬百駟事趙趙與精兵十萬革車千乘楚聞之夜引去田完世家威王六年魯伐我入陽關晉伐我至博陵七年衛伐我取薛陵九年趙伐我取甄楚兵加我誠非細故師聞而遁豈無明文今乃敬仲世家鈌而不録滑稽一傳獨紀其事者何與

莊王置酒優孟前為壽莊王大驚以為孫叔敖復生欲以為相孟曰請歸而謀諸婦計之三日而為相莊王許之

愛敖心切憐及衣冠舉國聽之理所未有史通曰人心不同有如其面故窊隆異等修短殊姿非由倣效俾有遷革如優孟之象孫叔敖也衣冠談説容或亂真眉目口鼻如何取類而楚王左右曾無疑惑者耶昔陳焦既亡累年而活秦諜從縊六日而生遂使竹帛顯書今古稱怪況叔敖之没時日已久楚王即謂其復生也先當詰其枯骨再肉所由合棺重開所以

豈有片言不接一見無疑遽欲加以寵榮復其禄位豈非夢中行事哉

相如傳

相如之臨卭從車騎雍容閒雅甚都文君夜亡奔乃與馳歸家徒四壁立

車騎雍容状甚富饒家徒壁立貧又無聊何也矧相如身非一介早已服官駟馬高車題橋有志者也今乃犢鼻當壚賤同厮養豈圖卓氏之金遂不惜卑

汚之若此耶當不然矣

龜策傳

漁者豫且舉網而得神龜龜自見夢于楚元王元王名衛平告以夢得龜王欲放之江衛平諌留剥之以為國寶

神龜可寶貴以前知出使不免于豫且之籠見夢而自投于衛平之剝龜之不神可知矣乃曰匹夫得我為人君又曰戰勝攻取莫如元王龜之力也廢人聽

龜後德先物亦云倍矣

天官書

在斗魁中貴人之牢

天牢六星臨於魁外者也天理四星在於魁中者也理非理刑之理乃天理人情之理也故在斗魁之中以為運行佐理之主今以天理之理訛理刑之理而曰貴人之牢非也

有句圜十五星屬杓曰賤人之牢

賤人之牢貫索也在天市垣之上句圜九星耳無所為十五星也貫索近大角之間故曰屬杓也

旁三星三公或曰子屬

帝星前一星曰太子後二星曰庶子后非旁三星也亦非三公也曰子屬是也

後句四星末大星正妃餘三星后宮之屬

句者勾陳也後句四星餘三星者句陳六星并天皇大帝一星也句陳第三星最大為大帝之正妃非末

星也

前直列斗口三星隨北端兊若見若不見曰陰德或曰天乙

陰德二星在垣内帝星之右者也天乙與太乙共二星在玉衡之間者也以陰德為天乙非也以二星為三星又非也至曰直列斗口隨北端兊更非也直列斗口之星上輔少尉也

東北曲十二星曰旗旗中四星曰天市

天市垣左右之星曰旗共二十二國非十二也十二之上當脱去二字也至左旗九星右旗九星亦非十二星也至于四星天市並無是名當即市樓六星謂之天市耳然又以六言四不合何也

其南北兩大星曰南門

南門二星在庫樓之南東西横列未嘗南北列也唯平星二星南北斜列而星亦不大

衡太微三光之庭匡衛十二星藩臣西將東相南四星執法

太微垣左右將相共八星非十二星也左右執法共二星非四星也西將東相之名亦非

門内六星諸侯

垣内五諸侯五星非六星

廷藩西有隋星五曰少微士大夫

隋者其形圓而匾也今垣西四星南北列曰少微非五星而隋形也

其旁有一小星曰長沙

軫中有小星曰長沙非旁也

危東六星兩兩相比曰司空

虚東危西有兩兩相比者曰司命司禄司危司非之八星室上有兩兩相比者離宮六星並無兩兩相比于危東之六星也至曰司空亦止危上二星曰土公吏亦無六星之司空也軫之下有二星曰上司空亦無六星之司空也

旁有八星絶漢曰天潢天潢旁江星江星動人涉水

王良西有九星如弓形絶漢曰天津非八星也天江四星在尾宿之上與天津天潢毫不相涉今曰旁江星非也

歲行左行在寅歲陰右轉居丑歲陰在卯星居子歲陰在未星居申以六月與參晨出

今康熙辛未星居酉六月與婁俱出年與星俱差一宮晨出之星差二宮矣歲行歲陰之說不可據也

史記疑問卷下

讀史記劄記

［清］潘永季

清道光世楷堂刻昭代叢書本

讀史記劄記　新編補卷第二

宜興潘永季純甫著

鄭漁仲云史記一書功在十表此論從來未發太史公荅任少卿書上紀軒轅下至于茲亦從十表說起蓋不讀十表全不得史記要領

十表罔羅古今非止爲一時一事也宗室世系宰相世系直一家之書耳其失史公之意亦遠矣

十表精能之至此班氏所不能爲無論新唐以下

張守節曰史記起黃帝訖于漢武帝天漢四年合二

千四百一十三年愚案史公于共和以前不詳其年故作三代世表後人以年論史記皆過也

十表爲一部史記之綱領十二諸侯年表六國年表漢興以來諸侯年表此三篇紀年相接起共和元年至漢武帝太初四年凡七百四十一年

五帝至三代其年不可得詳故作世表也依張守節之言則歷年一千六百六十餘止得文四五篇耳所以班固云其言秦漢詳矣

三代世表注此表依帝繫及系本實敘五帝三代而篇唯名三代系表者以三代皆出自五帝愚案此正是史公立名之妙若稱五帝三代世表成甚文理恐如魏伯起所譏賦名六合已是大愚者也

十二諸侯年表全据作春秋立論三代世表卻据尚書序　史公大本領只在折衷孔子在陸先生云先黃老者談也非遷也只看可謂至聖矣老子隱君子也二語是多少分明

桓譚新論云太史三代世表旁行邪上並效周譜

世表凡八格帝王世國號顓頊屬俈屬堯屬舜屬夏

屬殷屬周屬首格自黃帝左行一世爲一格禹繼舜湯繼桀武王繼紂以至于共和而止下七格自顓頊至周皆從黃帝推出亦左行一世爲一格今汲古閣本于舜殷周屬有兩世併一格者舜屬六世三格禹屬顓頊生鯀中間又空白兩格當是欲湊合首格帝王相次之世耳殷屬併四格周屬併五格皆爲參錯恐未必是史公原本

世表毛本自帝泄至周武王三十九行單行成王以後爲十二格下列魯齊晉秦楚宋衛陳蔡曹燕世次與

上格俱左行所謂周以來諸侯乃頗可著也葢一篇中自分兩截

世表所重在帝王世次前半截以不居帝王位者之世次爲緯後半截以自魯至曹十國世次爲緯案此十一國爲後篇十二諸侯張本也不列鄭吳者鄭未封吳之世次雖可攷而年不可攷于後篇無所厝手也燕只總注九世至惠侯而必列之者歷春秋至戰國不可略其本也史公之斟酌如此

世表以三代名卻從黃帝敘起亦可以得史公愼重

之心矣所以他自已說疑則傳疑只看表云從黃帝至桀二十世黃帝至紂四十六世黃帝至武王十九世其疏略固不煩指摘也

世表表世年表表年月表表月就中體製又有三種

世表自爲一例十二諸侯六國漢興以來諸侯將相名臣四年表及月表爲一例功臣侯王子侯四年表爲一例　十二諸侯六國漢興諸侯年表以年爲經國爲緯月表以月爲經國爲緯將相名臣年表爲五格首列紀年爲經次四格曰大事記曰相位曰將位曰御史大夫位旁行爲緯

十二諸侯年表十四格周魯齊晉秦楚宋衛陳蔡曹鄭燕吳索隱曰篇言十二實敘十三者賤夷狄不數吳又霸在後故也不數吳而敘之者闔閭霸盟上國故也案表起庚申共和元年訖甲子敬王四十三年凡三百六十五年吳壽夢元當簡王之初至敬王四十三年一百九年于三百六十五年不及三之一是以不數吳也索隱之說比老蘇爲勝　六國年表起周元王元年乙丑訖秦二世三年甲午凡二百七十年　漢高帝元年乙未至武帝天漢四年甲申一百

十年

共和在春秋前一百十九年（共伯和師古曰共國名伯爵和共伯名也共音恭遷史以爲周召二公行政號曰共和無所據也）敬王四十三年魯哀公十八年也（哀公十四年至威烈王二十三年七十八年案左傳紀悼之四年而及知伯之敗趙滅知氏在貞定王十六年距悼之四年凡九年）

十二諸侯先魯者此篇據春秋魯史也次齊晉秦楚政由五伯也宋至燕以爵敘（宋公衛陳蔡侯曹鄭燕伯）燕封于周初而顧居鄭後者在春秋時燕之交于中國僅矣世

家言有管杞而不列者杞微甚而管不傳世也

越不列于年表何也吳越相持事在春秋之季又年表主于年而勾踐以後其歷年不可得詳故不列也夫世家首吳而句踐有禹之遺烈蘇氏貶夷之論蓋不然矣　句踐之霸當春秋戰國之間前不足列十二諸侯後不足列于六國也

十二諸侯年表其首在世表周以後述魯至燕十一國之世次是也其尾在六國年表晉衛附于魏鄭附于韓蔡魯吳越附于楚宋附于齊是也

六國年表入格周秦魏韓趙楚燕齊秦繼周而此篇据秦紀故挈秦于六國之先至始皇二十六年滅六國并天下獨紀秦年訖二世者案表二世三年書諸侯入秦子嬰爲項羽所殺尋誅羽天下屬漢以明統也

案表三晉何爲侯在威烈王二十三年而先標魏韓趙于七十年之前體例不得不爾也標目書魏獻子韓宣子趙簡子意魏韓趙大書于前獻子宣子簡子書于下失格乃爲得體恐是刻本相沿之誤

案表于趙襄子韓武子趙桓子皆書元年而元王元年即已書趙簡子四十二大夫安得紀年此未盡事理

晉衛附于魏衛至二世元年乃廢鄭附于韓韓所并也魯蔡附于楚楚所并也宋附于齊齊所并也楚惠王十四年書越圍吳十六年越滅吳了卻吳事附于楚者楚滅越也案越世家句踐之前句踐之後略無年數王無彊滅于楚威王注徐廣曰周顯王之四十六年而表無之疑是闕文也六國中楚燕爲舊國三

晉故晉也晉附于魏此是事宜衛與魏同姓而壤相接附于魏亦是事宜也惟齊爲變格二百七十年之間前九十八年爲故齊而田齊紀年則自威王以後亦是事宜也

十表主于紀年世表月表則是年表而一詳之一略之也

太史公自序云並時異世年差不明作十表則是表以明年也又云維三代尚矣年紀不可攷于是略推作三代世表八年之間天下三擅事繁變衆故詳著

秦楚之際月表須識此意

六國年表終于秦二世三年漢興以來諸侯年表起于高帝元年此兩篇本相接月表乃在秦漢間界縫裏故題曰秦楚之際明是以楚繼秦釋項羽所以列于本紀也

楚漢春秋固先楚于漢矣非史公剏爲也

繼秦而有天下者漢也中間卻憑空結撰月表一篇最是史公得意處竅要全在秦楚之際四字陳涉發難項羽主命立十八王滅秦者楚也立漢者亦楚也

此涉所以列于世家羽所以列于本紀也或謂漢初文禁甚寬故史公爲羽作紀且儼然列漢帝之前此言未是蓋是史公起例如此

秦始皇本紀云二世三年楚上將軍項羽救鉅鹿章邯以兵降諸侯楚將沛公入武關子嬰降項羽爲西楚霸王主命分天下王諸侯秦竟滅矣後五年天下定于漢此所以爲秦楚之際也

月表分兩截前半截作九格首秦次楚秦二世元年七月楚隱王陳涉起兵入秦貫是如椽之筆次項趙齊漢燕魏韓韓最後立也夫沛公初起亦楚將爾而豫稱漢者體例不得不爾也後半截作二十格首格大書義帝元年次格西楚霸王項籍始爲天下主命立十八王所謂政由羽出也次衡山臨江九江楚分爲四次常山代趙分爲二次臨菑濟北膠東齊分爲三次漢雍塞翟關中分爲四次燕遼東爲二燕次西魏殷爲二魏次韓河南爲二韓條條理理一絲不亂每苦新唐書藩鎮表略無眉目宗室世系宰相世系更屬繁蕪吾安得不思子長乎

子嬰以二世三年九月立十月降表于漢格即書漢元年著統也前三年月字屬秦凡二十八月後五年月字屬漢凡六十二月通計九十月

今本漢三年四年五年並繫于十月如漢元年漢初承秦以十月爲歲首也唯二年不書蓋是刻誤

初讀項羽紀分王一段苦其難記論者但謂錯綜奇橫耳比讀月表乃豁然得之奪項王天下者沛公也故先敘漢漢及三秦爲一節出關次三晉二韓二魏二趙爲一節由是而南三楚爲一節由是而東北二

燕三齊爲一節或不封或封三縣或封十萬戶侯爲一節而田榮不封卽從三齊一氣帶出且爲榮并三齊起案而後以自立爲西楚霸王結之不與三楚併敘者以自立句與欲自王句對鎖作此段起結也行文如將百萬兵分部指麾悉中律度

因此文又看得貨殖傳之絕妙也中間敘貨殖之地首關中爲一幹三支自汧雍以東至河華第一支也南則巴蜀爲第二支天水隴西北地上郡爲第三支而以關中之地三句東之第一支京師最重又藏東

通三晉一句爲綫也出關而東全以三河作樞紐首河東楊平陽西賈秦翟此句聯絡關中北賈種代爲第一幹次河內溫軹西賈上黨北賈趙中山爲第二幹次河南洛陽東賈齊魯南賈梁楚爲第三幹只此六句用賈字應大賈周流句作綫　何以知之如邯鄲北通燕涿南有鄭衛燕南通齊趙東北邊胡句法大同而皆不用賈字明是細出然贅也就中細分之第一幹分一支種代石北也第二幹分二支曰中山曰邯鄲第二支又分二小支曰鄭衛曰燕第二小支中以南通齊趙句作聯絡而東北極于遼東上谷矣第三幹分二大支曰齊魯曰梁楚第一大支又分二小支曰齊曰鄒魯第二大支又分二支曰梁宋曰越楚越楚又分三支曰西楚曰東楚曰南楚于西楚中以西通巫巴句聯絡關中東楚東極于海而南楚極于南海矣潁川南陽另敘者此二郡亦屬河南特云夏人之居也與前挈三河處唐人殷人周人爲孤飛逐行之雁所謂三河在天下之中若鼎足王者所更居也而南陽西通武關鄖關聯絡關中東南受漢江淮聯絡越楚其文律完密如此葢自關中出潼關爲河東此項羽王鎭惡入秦之

河北大路也出武關爲南陽此漢高帝沈田子入秦之河南小路也天孫雲錦一縷穿成作者固難而讀者亦何容易也

在陸先生云貨殖傳只爲家貧貨賂不足以自贖一句撰出他分明說無巖處奇士之行而長貧賤爲足羞耳孔子不曰邦有道貧且賤可恥乎班氏所譏不是

有貨殖之地有貨殖之人篇如一句貨殖之地作兩段寫貨殖之人亦作兩段寫而相間出之夫貨產于

地而殖之者人也中幅以富商大賈周流天下及西賈北賈東賈南賈數句爲關鍵而由是觀之一段之發舒奇勝一段之收捲又恰似部位所應有結搆之工氣韻音節之妙眞宛斯先生所謂發峯造極無以復加者也

一幅地輿圖祇此禹蹟所掩耳而妙手寫來既有項羽紀之棋布星羅又有貨殖傳之綺迴繡錯眞是化工矣太史公具有宇宙在胷所以臨文之際并大地山河亦供其揮灑吾無以測其能事之所至也

若此傳將所敘諸人并在一處便是連營七百里雖曹子桓亦笑之矣又妙在敘太公諸人以時敘交到秦漢之閒恰好一頓又妙在烏氏巴蜀接入關中也後段先說卓氏正在蜀遙接前巴蜀作一暗綫自蜀而東至于南陽而梁而齊自齊而西至于洛陽而宣曲而塞之斥恰好到關中收科此段以地敘布置之妙不可言盡

漢書有意翻案每欲不勝最好笑是亦有貨殖傳也史公寓意遙深筆墨高妙孟堅乃斂襟正色而言之正如變秀才爲學究既截取中幅散入地理志矣勉強作此一篇夫計然范蠡子贛白圭于漢書何與也其寶貨產于地殖之者人耳中幅以富商大賈周流天下及西賈北賈東賈南賈數句爲關鍵愚所謂篇如一句者以此

敘關東之富自河東至南陽是左旋敘卓氏等自巴蜀至北塞是右行如繡交如翼抱此一妙也烏氏巴蜀恰好接入關中而敘卓氏孔氏諸人必冠以蜀宛等地項上千里之中一句又暗與前烏氏巴蜀二語鉤聯此一妙也

漢書異姓諸侯王表全用秦楚之際月表其序云據漢受命譜十八王月而列之天下一統迺以年數訖于孝文異姓盡矣較史記前去三十二月後增四十五年然據漢受命則趙歇田市韓廣魏豹韓成已前立不得與吳芮等共稱一月是無始也要亦是無可奈何

漢興以來諸侯年表起高帝元年訖于武帝太初四年

景武之後以彊幹弱支爲得計故史公立言如此迨至王莽簒漢中外殫微而後知宗室無輔之失計也所以漢書諸侯王表議論全不同

漢興以來諸侯年表包下高祖功臣侯者惠景閒侯者建元以來侯者王子侯者四篇在裏故序中帶入一句曰功臣侯者百有餘人又帶入一句曰王子支庶爲侯也

秦楚之際月表在六國年表漢興以來諸侯年表兩篇界縫中分出高祖功臣惠景閒建元以來侯者王

子侯者及將相名臣此五篇又在漢興以來諸侯年表一篇分出何也諸侯年表起漢元至太初百六十年以後五篇所列之年亦只是此百六十年也

高帝五年既滅西楚異姓王者七人楚王韓信梁王彭越淮南王英布趙王張耳代王韓王信燕王盧綰長沙王吳芮六年韓信廢而齊王肥楚王交荊王賈立韓王信入匈奴而代王喜立九年張敖廢而趙王如意立十一年彭越廢而梁王恢淮陽王友立呂后本紀注淮陽章昭曰今陳留郡英布誅而淮南王長立十二年盧綰入匈奴而燕王建立若夫十一年代王恒之立以代頃王喜棄國故十二年吳王濞之立以荊王賈見殺故此漢初諸侯之大略也

高帝十二年同姓王者九人弟楚王交子齊王肥趙王如意梁王恢淮南王長代王恒淮陽王友燕王建兄子吳王濞漢表所謂尊王子弟大啟九國也

呂后時如意恢友建誅絕至呂后八年呂氏王者三人梁王產爲相國趙王祿爲上將軍燕王通而常山王朝呂王太淮陽王武呂后所名孝惠子也琅邪王

澤高帝從祖昆弟也魯王張偃呂后外孫也高帝舊封在者楚齊淮南代吳五國異姓長沙一國

文帝十六年立齊七王淮南三王此所謂采賈生之議

漢興以來諸侯年表二十七格首紀年次楚空二格齊空六格荊淮南燕趙空五格梁空三格淮陽代長沙列此十國者高帝封也呂后初置之國四魯常山呂琅邪文帝初置之國五城陽濟北太原衡山廬江分置之國五河間濟南菑川膠西膠東景帝初置之國六廣川

臨江汝南中山江都清河分置之國四濟川濟東山陽濟陰武帝初置之國一泗水而更江都爲廣陵清河爲眞定案漢初諸侯王唯長沙爲異姓大啟九國周帀三垂所謂初置者皆分置也

漢書諸侯王表直敘列國而以始封子孫曾元爲次壁壘一新亦足見史記不可學也

高祖功臣侯者年表此篇以百年之間見侯五句作主前後意議俱從此句生出　漢興以來諸侯年表止太初四年此篇亦合止太初四年今本列至後元

二年非也此是後人所增耳若盡後元則爲百二十年矣安得云百年哉且所謂見侯五者謂平陽侯曹宗曲周侯酈終根陽河侯仁其姓史失戴侯祕蒙穀陵侯馮偃也若今本只得平陽穀陵二侯耳安得五也

侯者百四十三人高帝世絕封者三人惠帝世二人失此侯所起及所絕者一人高后世九人文帝世十九人景帝世三十八人而建元至太初四十年間絕封者六十六人此足悲矣史公寄慨甚雅淡

此敘亦謗書也而取勢極遠引氣極平用筆極細立論極穩所以侯諸百世而不惑也

九格國名侯功高祖十二孝惠七高后八孝文二十三孝景十六建元至元封三十六此是史公本文下云太初至後元二年十八後人所增也

侯第

侯功最高古當時金匱石室藏之宗廟史公云讀列封至便侯知此是受封本文也

難之難者無如高祖功臣侯者年表一篇何也侯者百四十三人歷年百有六載而欲使各國傳世紀元享年久暫或絕或繼或更封瞭然于尺幅之間一覽

而知其紀元傳世繼絕更封在何帝之世此眞是巧者所縮手也

前四篇以年爲經國爲緯此篇以國爲經年爲緯立格正相反何也侯功之下以高祖至太初分作六格而各國須還他世次紀元歷年久暫盡以漢年爲緯而各國之年爲經眞所謂濬發于巧心希世之絕構也要知他作法關鍵全在高祖十二孝惠七高后八孝文二十三孝景十六建元至元封三十六幾箇數目字眼立定百年之案遂有順流破竹之勢汲古閣本極爲

姓繆細讀之乃見因歎古人苦心政自索解人亦不得也

項羽紀沛公謝羽鴻門與樊噲夏侯嬰靳彊紀信持劍盾步走紀信漢書高帝紀作紀成劉貢父云疑成者即信之一名也案高祖功臣侯者襄平侯紀通以父成死事封侯而周苛子成鄘食其子疥封侯亦以父死事故苛與信俱死滎陽則貢父之說是矣晉灼曰紀信焚死不見其後功臣表云通紀成之子劉貢父曰漢祖以善用人得天下豈忘紀信之功哉疑成者即信之一名也

惠景間侯者年表八格去高帝侯第而分建元至元封三十六年太初已後爲二格惠帝世封三人高后三十一人文帝二十八人景帝三十一人凡九十三人

案孝惠時封三人首便侯長沙王子次軑侯秩倉以長沙相侯次平都侯劉到高祖功臣侯此亦見惠帝好處史公就便侯發論寄意特深蓋以高祖定天下功臣王者八人韓信黥布彭越張耳韓王信盧綰吳芮注引其尉者高祖即位後乃滅尉也淮陰布越有破楚之大功而卒以夷滅長沙無功于漢而獨得傳

世支庶侯者數人此史公所悲也特贊其守職能忠意在言外 只如此便不消替吳芮立傳便是高于漢書處

建元以來侯者年表八格國名侯功元光元朔元狩元鼎元封太初已後凡七十三人 高帝定天下功臣侯者百有餘人武帝誅胡越窮兵好大而功臣侯者半高祖用意在此

王子侯者八格易侯功爲王子號餘同上篇 此表有紀征和後元事者後人所增也

將相名臣年表自漢初迄天漢爲丞相者高帝世蕭何世家惠帝世曹參世家高后世王陵陳平世家陵附審食其無傳文帝世周勃世家灌嬰傳張蒼傳申屠嘉附張蒼傳景帝世陶青無周亞夫絳侯世家劉舍無衛綰附萬石君傳武帝世竇嬰傳許昌無田蚡傳薛澤無公孫宏傳李蔡附李將軍傳莊青翟無趙周無石慶萬石君傳公孫賀漢書有傳百十年間二十三人蕭何十四年陳平十一年張蒼十五年石慶十年此四人爲久任 此二十三人列世家者四人附世家者二人列傳五

人附傳四人其八人皆不立傳最是史公高手以此推之則如漢書劉屈氂王訢蔡義之流皆一筆掃之可也况于宋世兩府之猥雜者乎

朱子綱目凡例凡正統命官曰以某人爲某宰相皆書漢丞相相國三公及權臣秉政者皆書御史大夫因事乃書自永初元年以後三公因事乃書依朱子此例則作史者于宋之兩府明之入閣諸臣固當有裁斷矣朱子葢用史公法也

案漢書表公孫賀之後爲劉屈氂田千秋通武帝世

丞相十二人而誅死者六人亦足以見其少恩矣

班孟堅亦知史記不可學所以他人表目不用年字是矣而異姓諸侯王及公卿表二篇仍以月列之及以年數此吾所謂名實不相應也

漢書八表異姓諸侯王取諸史記其餘則班氏自爲之

漢初衡山臨江九江常山代齊濟北膠東雍塞翟燕遼東西魏殷韓河南凡十七國史記月表首義帝次西楚而列漢于雍塞之前則所謂十八王者并漢數之也漢書首漢次楚則十八王當并楚數之又與史記不同

史記月表漢元年至五年並繫于十月漢書異姓諸侯王表首行大書漢元年而二年三年四年並繫于十二月後之一月又與史記不同

高后時魯王張偃以外孫封呂王台梁王產趙王祿燕王通以呂氏封而淮陽王強王武常山王不疑王義王朝並以呂后所詐立孝惠子列之異姓可謂好手

酈寄說呂祿曰劉氏所立九王索隱云吳楚齊淮南琅邪代常山王朝淮陽王武濟川王太是九王也呂后賊殺三趙故索隱云爾宣平侯女爲孝惠皇后無子詳爲有身取美人子名之劉莊伯云諸美人元幸呂氏懷身而入宮生子漢書以淮陽王強王武常山王不疑王義王朝濟川王太（呂后更名梁曰呂呂曰濟川）與呂王呂台呂嘉呂產產徙王梁趙王呂祿燕王呂通並列異姓諸侯王表而于強不疑始封注云高后所詐立孝惠子葢絳侯等迎立文帝時滕公謂少帝曰足下

非劉氏不當立丞相陳平等皆曰子宏等皆非孝惠帝子而劉伯莊直以爲呂氏子也

諸侯王功臣王子侯史記表其年漢書表其世葢漢書紀年或至建武永平紀世至九世十世十一世其不能爲史記亦勢也　王子侯安衆侯寵建武二年以崇從父弟紹封建武十三年侯松嗣今見師古曰作表時見爲侯也春陵節侯買買元孫敞建武二年立敞子祉爲城陽王　海昏侯會邑建武後封　高惠高后文功臣平陽侯曹宏建武二年嗣侯十一世侯曠嗣今見　景武昭宣元成功臣建平侯杜憲建武中以先降梁王悳不得代　高昌侯董永建武二年紹封　歸德侯先賢撣以匈奴日逐王降侯建武二年侯襄嗣侯霸嗣永平十四

年有罪免　外戚恩澤侯富平侯張純建武中爲武始侯今見　平阿侯王造建武三年薨絶　紅陽侯王泓建武元年以父丹爲將軍戰死位與上有舊侯

諸侯王表九格號諡屬始封子孫曾孫元孫六世七世王子侯以下竝倣此　自漢表以世次爲敘而唐書宗史因之宗室世系宰相世系不可謂非孟堅作俑也廣平王漢中山王勝之七世孫也以有天下之號爲名亦是奇事

王子侯表分上下孝宣以後另作一序其標格曰號諡姓名葢爲王莽擅朝僞褒宗室故從異姓侯之例老蘇論之當矣

兩功臣表目不言侯疑是今本闕漏　營陵侯澤高祖從昆弟列之功臣是班書得處

外戚恩澤侯表特爲明整　通鑑胡身之注營平侯食邑于濟南夫以趙充國之賢之功而班史列之恩澤侯者以其初封以定策功也如衛青霍去病本以破匈奴功封而班史亦列于恩澤侯以其由衛思后戚屬得進也班史書法猶有古史官典刑後之爲史者不復知此矣

百官公卿表分上下先敘官制次以丞相太尉御史

大夫列將軍九卿爲次

古今人表師古曰但次古人而不表今人者其書未畢故也顏氏雖有此周旋然起太昊至司馬欣于漢書何與此最是班書繆處

其次則莫如五行志之無謂也金史五行志序云金世未能一天下天文災祥猶有星野之說五行休咎見于國內者不得他諉乃彙其史氏所書仍前史法作五行志至于五常五事之感應則不必泥漢儒爲例云案新唐書五行志五代史司天考皆削去事應

金史自太祖至哀宗不分各項只依年滚敘尤爲超絕

世表起五帝而只以三代名篇何也正義云五帝久古傳記少見夏殷以來乃有尚書略有年月比于五帝事跡易明故也索隱云三代之系長遠宜以名篇此二說皆未確世表以表世不爲夏殷以來略有年月也世次著明何論遠近葢表但不稱五帝者勢不可也三代以後非繼即及五帝則不然据表黃帝至顓頊三世至帝佶四世至堯五世此可以世言者也

帝舜黃帝元孫之元孫帝禹黃帝耳孫黃帝至舜九世至禹五禹與堯同世以帝次則舜繼堯後以世次則禹在舜前此不可以世言者也史公沒世之文而但曰元孫之元孫與耳孫云爾此所謂辭有所窮而又烏得以五帝爲表目也

表三代之世而起于五帝卜世三十周固不止厲王也此政是史公結構

舜不言九世禹不言五世所以表目不稱五帝

据表禹與堯同世王季與湯同世此後人訾議之端而史公已自言之矣曰疑則傳疑

契至湯十四世而契一人分二格曹圉冥微報丁報乙報丙主壬主癸皆二人合一格史公自不欲整齊也

成王誦下列十一國秦女防不合與魯齊等並書初封葢拘于類而失之

師摯見之矣鄭康成云魯大師摯識關雎之聲首理其亂也案此句連下紂爲象箸而箕子唏爲義史公葢以師摯爲殷末人　董子云紂逆天暴物守職之

人皆奔走逃亡入于河海漢表列大師摯亞飯干等于伯夷叔齊之次師古曰自師摯以下八人皆紂時奔走分散而去康成以爲周平王時人非也　殷本紀箕子佯狂爲奴殷之大師少師乃持其祭器奔周周本紀紂暴虐滋甚大師疵少師彊抱其樂器而奔周疵摯彊陽葢聲之轉　漢表殷末既有大師摯少師陽周初又有大師疵少師彊葢不攷之過

書甲子于周之上是朱子綱目所本

共和元年以宣王少大臣共和行政二年厲王子居

召公宫是爲宣王書法謹嚴

宋惠公三十一年宋惠公薨當是衍文諸國無書薨者

魯孝公稱元年伯御立爲君稱爲諸公子云十一年周宣王誅伯御立其弟稱是爲孝公伯御爲魯君十一年矣今于稱爲諸公子時即書孝公元年是爲變例

桓王十三年伐鄭鄭莊公三十四年伐周傷王王伐鄭祝聃射王中肩非伐周也

晉小子四年曲沃武公殺小子因伐曲沃因字疑誤

莊王二年有兄弟有誤

魯莊公四年齊襄公八年伐紀去其都邑此是紀侯大去其國之誤

惠王二年燕衛伐王王奔溫立子頽燕莊公十六年伐王王奔溫立子頽案是年燕表重出王奔溫立子頽而衛表不書伐王亦是疏處

齊桓公十四年陳完自陳來奔田常始此也晉文公元年魏武爲魏大夫（武字疑）趙衰爲原大夫桓文稱霸而田氏六　卿已蘖芽其閒豫爲六國起案

齊靈公二十七年晉圍臨淄晏嬰大破之有誤

楚靈王十二年弃疾作亂自立靈王自殺簡妙

齊平公驁元年齊自是稱田氏似太早計

書孔子生孔子相魯孔子來衛來陳過宋孔子歸魯卒孔子列于世家故詳著之

六國年表齊康公十九年田常曾孫田和始列爲諸侯二十一年田和子桓公午立二十六年康公卒田氏遂并齊而有之太公望之后絶祀案田和遷康公海上食一城其不亡僅矣史公紀康公之年至公卒後乃書齊威王因齊元年此眞得春秋之法宋史爲宋季三帝作紀正是如此

秦昭王二年彗星見桒君爲亂誅疑有誤

十二諸侯年表本春秋故主魯六國年表本秦紀故主秦秦楚之際月表本楚漢春秋故主楚師退云十二諸侯年表以周爲主月表以漢爲主未是　二世元年七月楚隱王陳涉起兵入秦滅秦者楚也立漢者亦楚也故曰秦楚之際　秦之下次楚次項趙齊

乃夨漢故不得以漢爲主　滅秦者楚所以陳涉列
于世家立漢者亦楚所以項羽列于本紀
楚隱王六月陳涉死魏王咎四月咎自陳歸立陳涉
死重書涉死者咎至是乃得歸立也
二世二年端月趙王歇始立多一立字六月韓王成
韓始多一韓字
趙王歇十九月張耳從楚西入秦二十三張耳從楚
西入秦重出
陳涉世家云陳勝王凡六月特揭六月以發明作月
表之意

沛公入咸陽之夨月書沛公出令三章秦民大悅于
項氏書羽詐坑殺秦降卒二十萬人于新安劉項成
敗決于此
漢元年秦王子嬰降沛公入破咸陽平秦是時故未
有漢也而卽書漢元者秦覚滅矣不書漢元則月無
所繫閏三月復書義帝元年徐克范云漢猶未成乎
帝也　漢元年法春秋定公元年
義帝元年蒙表目楚字夨格書西楚主伯項籍始爲

天下主命立十八王明是以楚繼秦矣所以稱秦楚
之際　表目楚項爲二格項氏從民望立楚懷王而
實自專之故項王曰吾家項梁所立耳何以得主約
故自立十八王之後卽以項爲楚
書義帝元年不書西楚元年實予而名不予　實予
者項羽列于本紀名不予者不得稱西楚本紀也
于楚書義帝元年義帝既滅故于西楚書二年三年
四年以楚繼秦也西楚既書二年故衡山九江雍燕
皆書二年也衡山燕既有二年斯有三年四年矣其

實欲紀楚年者此篇本指也所以項王本紀云漢之
元年漢之二年漢之三年漢之四年云云稱漢之幾
年者有楚年也至楚亡則直稱漢五年矣本紀與月
表相發也燕有五年
後半篇第一格　義帝元年第一格　二徙都江南郴第二格　九
楚懷王立已八月此第九月也諸侯尊懷王爲義帝案此處不當有
九字諸侯尊懷王爲義帝當卽注于義帝元年之下
而誤分爲二格　第二格　二西楚之二月　都彭城第三格　二
都江都此四字衍文　第三格　十七項氏起至此十七月　項籍自立爲

西楚霸王第二格　西楚主伯項籍始爲天下主命立十八王案西楚主伯云云當接在西楚霸王一行而誤分爲二格　此必非史公原文定是後人刻誤也知然者以高祖功臣侯年表之舛錯而知之也

趙王歇三十五月歇復王趙三十六代王歇還王趙重出

代王陳餘十二月漢將韓信斬陳餘次行十三字衍文又次行屬漢爲太原郡趙王歇四十八月漢滅歇立張耳屬漢爲郡此處互誤屬漢爲郡（屬字上當有地字）當

在斬陳餘之下屬漢爲太原郡當在立張耳之下

既有漢元年又有義帝元年有漢二年又有楚衡山九江雍燕二年有漢三年四年又有楚衡山燕三年四年朱子綱目于周秦之際秦漢之際漢晉之際晉隋之際隋唐之際唐宋之際分注各國紀年于甲子之下法此也（燕有五年）

既書漢元年矣而十月十一月十二月仍書秦格漢格仍通前月數稱二十七二十八二十九故曰前半篇月字屬秦也　義帝元年項籍自立爲西楚霸王通前月數稱十七與趙王歇之二十六齊王市之十九燕王廣之三十魏王豹之十八韓王成之二十一爲類獨漢則不計前月特書正月以繼秦格之十二月故曰後半篇月字屬漢也

後半篇月字屬漢而大書義帝元年于首格何也滅秦者楚而義帝乃項氏所尊立也滅秦者楚故秦本紀曰楚上將軍項羽救鉅鹿楚將沛公入武關也義帝乃項氏所尊立故高帝亦曰吾與羽俱北面受命懷王也

漢元年爲追書義帝元年爲紀實故表目曰秦楚之際

西楚主伯而大書義帝于西楚之上者名也追書漢元年于入咸陽之時而大書義帝元年于西楚之上此之謂賓予而名不予

微特漢元年爲追書也高祖功臣侯蓼侯孔藂以執盾前元年從起碭費侯陳賀以舍人前元年起碭陽夏侯陳豨以特將將卒五百人前元年從起宛朐汁邡侯雍齒以趙將前三年從定諸侯棘蒲侯陳武以

將軍前元年起薛都昌侯朱軫以舍人前元年從起沛河陽侯陳涓以卒前元年從起碭芒侯昭漢書作耏跖以門尉前元年初起碭棘邯侯襄以執盾隊史前元年從起碭阿陵侯郭亭以連敖前元年從單父厭次侯爰項以慎將前元年從起留穀陵侯馮谿以卒從前二年起柘菌侯張平以中涓前元年從起單父師古曰前元年胡亥元年案漢初列侯功狀不得稱秦二世元年二年三年故變文稱前元年前二年前三年此等書法決非後人所及若不是侯功本文則史公破例爲之　前元年前二年前三年正是畫淸漢字蓋高祖功臣侯以下四篇俱蒙漢興爲文而將相名臣年表又作一總束也

十八王齊王都四月是爲漢元年之五月濟北王安六月韓王成通前二十七月于諸王受封之後亦得六月是爲漢元年之七月塞王欣七月翟王翳七月遼東王廣通前三十七月于諸王受封之後亦得七月是爲漢元年之八月義帝十月通前十八月常山王耳九月河南王陽九月韓王昌三月是爲漢二年之十月齊王榮八月是爲漢二年之正月齊王假二月殷王印十四月是爲漢二年之三月雍王邯二年五月通前十七月是爲漢二年之六月魏王豹三十八月是爲漢二年之九月趙王歇四十八月代王陳餘十二月是爲漢三年之十月九江王布二年十二月通前二十四月是爲漢三年之十二月齊王廣二十一月是爲漢四年之十一月西楚四年十二月通前六十四月臨江王敖三十一月教子驩十七月通計四十八月是爲漢五年之十二月燕王荼五年九月通前五十七月是爲漢五年之九月齊王田榮自立榮子廣爲榮弟橫所立代王陳餘爲趙王歇所立韓王鄭昌齊王田假亦楚所立而在十八王之後楚既亡漢王更號爲皇帝英布徙王淮南吳芮徙王長沙趙王張耳傳子敖餘十四王皆滅無後

漢二年二月于西楚衡山九江雍燕稱二年一月獨臨江王共敖不稱二年蒙上十二月稱十三者蓋以英布章邯臧荼皆及身亡滅敖則傳子驩乃滅漢書作驩

尉如齊王田榮既爲平原民所殺閒二月而榮子廣

立爲齊王歷二十一月而爲漢所滅廣之立在漢二年四月驢之立在漢三年八月若于齊與臨江紀年則月數不得盡一也　何也廣與驢始立既不得稱元年欲書二年一月則年月皆參差不整故于一篇中稍變其例正是細意對貼處　衡山王芮漢五年二月徙王長沙事體與臨江不同　漢初諸王獨田榮傳子廣共數傳子驢廣歷二十一月數三十一月驢十七月唯不紀年而紀月乃得與前半篇相應此等處皆是苦心結撰而出

漢五年正月既滅楚諸侯臣屬漢則月表可以止矣而必終于後九月者豈以是年九月漢虜臧荼後九月立盧綰爲燕王既爲十八王結案又以見漢初異姓王之大略歟

十二諸侯年表其首在三代世表尾在六國年表秦楚之際月表其尾在漢興以來諸侯年表所以十表須合看

月表後半篇第一行義帝九項十七趙王歇二十六齊王市十九燕王廣三十魏王豹十八韓王成二十一因前月數也漢稱正月繼秦十二月也第二行第一格義帝二前行書諸侯尊懷王爲義帝是義帝之二月也第二格書西楚主伯以下十八王竝云某王某始者始立也于漢爲元年之二月漢書異姓諸侯王表第一行第一格漢元年一月第二格西楚霸王項籍始爲天下主命立十八王以下十七格云某王某始較史記差一月是年五月田榮擊田都都降楚而漢表在四月餘倣此　二年後九月徐廣曰應閏建巳漢表無後九月較史記少一月其亥月爲漢三年十月漢滅趙王歇月數乃

與史記相應其不同如此　漢元年二月韓廣起已三十一月漢表作三十以後皆較史記差一月

月表第一格大書義帝元年漢書易之以漢元年亦其勢然也高帝固云天下共立義帝北面事之漢書削去義帝元年并羽弑義帝亦不得書此眞是局于體法無可如何　漢元年一月代王趙歇二十七膠東王田市二十遼東王韓廣三十魏王魏豹十九韓王韓成二十二漢書既削去月表前半截則此二十七二十等字爲無根然無可如何

漢表以高帝元年之二月爲一月應劭曰諸王始受封之月也十八王同時稱一月案月表漢二年二月于西楚衡山九江雍燕稱二年一月者成之爲列國又以紀其月數也漢表乃以漢元年之二月爲一月則非名自此月至二年之九月紀事較先一月則非實是亦宜爲漁仲所呵矣　諸王始受封之月謂之一月是旁觀者紀數之詞非十八王自稱之也應氏乃云十八王同時稱一月可謂糊突　十八王除故王趙歇田市韓廣魏豹韓成通前數月其始受封者

獨吳芮等十三王耳安得十八王同時稱一月乎

漢表序云據漢受命譜十八王所謂十八王者當不數漢而數楚表云西楚霸王項籍始爲天下主命立十八王所謂十八王者又當不數楚而數漢此所謂名實不相應也

漢初仍秦以十月爲歲首月表于二世三年九月之次行十月漢書元年以後二年三年四年五年皆起十月何等直截分明漢表旣刪卻月表前半篇不得不標漢元年于始受封之月又以非正月也不得不改稱二月爲一月于是二年三年四年皆不得不始于一月至四年則止于九月而次行書五年又不得不起十月名實乖違本是史記學不得改不得也

一月只是旁觀之詞漢表于漢元年以二月爲一月二年三年四年以正月爲一月不知當時本不謂之一月也緣班書以漢爲名故此篇不得不割去月表前半截又不得不增入高帝六年迄于孝文以畢異姓諸王之緒固是無可如何卻免不了滿身病痛

十表如天孫雲錦絲牽繩聯綺迴繡合讀之而知其

意者或寡矣況欲取而更張割裂之歟

史記十表全重在世字年字月字漢書八表體裁絕異故表目更不復有世字年字月字也異姓諸侯王表前半月而列之後半乃以年數正是史家苦事

班史旣另作體裁如諸侯王至外戚恩澤侯竝以國爲經矣異姓王曷不倣此也攷西楚所立十八王自漢而外唯共敖傳子驩吳芮從王長沙傳五世他如趙歇三齊三秦二燕二魏二韓及韓王昌齊王田榮田假田廣代王陳餘漢所封韓信彭越黥布盧綰韓

王信呂產呂祿呂通皆及身亡滅唯張耳傳子敖敖子偃封魯王呂台傳子嘉耳若亦如諸侯王表以國爲經便恐寥落不成片段故不得已于一篇中自分兩局此吾所謂史家苦事也　班書自諸侯王表以後索性自立局面而異姓諸侯王表獨割裂史記而爲之宜其病痛百出也

月表前半篇標目秦楚項趙齊漢燕魏韓于項王之十六月書分天下立諸侯故後半篇標目稱分楚爲四分趙爲二分關中爲漢爲雍云云漢書既刪卻月

表前半不但趙歇之二十七田市之二十爲無根并標目中分字俱無著落

月表後半篇秦旣滅矣漢還定三秦漢地卽是秦地故標目稱分關中爲雍爲塞爲翟以關中字換卻秦字令好學深思者自知之

所以稱關中者後半標目二十格俱依前半標目九格相銜而下前半秦居首格不可儳出中央況爾時已無秦故不得稱秦而又不可稱漢也故變文而稱關中乃似天造地設也

漢表高后元年淮陽王彊常山王不疑皆云高后所詐立孝惠子與史不同八年淮陽王武常山王朝皆云以非子誅旣列之異姓則書法不得不然　案漢書今本高后七年第八格呂王產徙梁十一月丁巳王大始故平昌侯八年呂王大不書下落疑闕（大史記作太）史記年表注云呂后崩後徙太王梁尋與常山淮陽皆以非惠帝子誅（常山王朝淮陽王武）

漢興諸侯仍先楚以結前篇之案

高帝時異姓王誅廢略盡而大封同姓景武以後諸

侯強大者悉分析爲小國此是漢初形勢

高帝四年淮南武王英布元年布何以有謚豈亦如尉佗自立爲南越武王歟　嘗疑春秋時崔杼欒盈不應有謚戰國之季楚幽王趙幽繆王亦有謚皆不可曉

景帝四年膠東初王元年是爲孝武帝疑是後人增入

高祖功臣侯年表目第八格建元至元封六年三十六太初元年盡後元二年十八史記迄于天漢太初

元年盡後元二年十八似是後人增入只合如惠景閒侯者年表目云太初已後爲是

此篇眞奇殆絕不知史公當日如何打算到此直令千古錦心繡腸人一齊俯首　所見刻本錯誤極多只這幾箇數目字眼而千載無能讀人所以張思光云所恨古人又不見我

諸侯王功臣侯史記表年而漢書表世匪直才不逮也漢興至太初百年天漢以後至哀平之季又百餘年欲効子長委難措手故孟堅不得不變格亦是無

可奈何

將相名臣年表　大事記爲史家提要之祖

高帝元年御史大夫周苛守滎陽案二年夏伐項籍至彭城還據滎陽三年楚圍我滎陽苛守滎陽當在三年

世表及十二諸侯六國年表已記大事矣此篇乃遙接六國年表也史記十表是通盤打算了然後下筆非若後人節節而爲之者也　大事記稍少孫不能學班孟堅亦不能學也五代史十國年表有年而無事歐陽永叔不能學也

史記體製不是學左氏卻是學尙書記得魏澹如此說

晉人張輔云遷敘三千年事唯五十萬言班固敘二百年事乃八十萬言煩省不同固不如遷也案史記百三十篇而漢事且十之六此正與班書均等耳烏足以決其優劣哉

張輔以煩省爲馬班之優劣案史記百三十篇記漢事者無慮五之三而漢書十志專于漢者不過五之

一校記贏縮大約相當史記勝人處不在此

愚意史公初年也只要紀述漢事後來本領旣大便要上繼春秋又無奈難爲斷限遂索性從五帝作起今日讀記是順流而下他初間卻是逆推上偶見得是如此　細讀自序亦有此意

司馬貞曰夫敘事美功合有本末或國有數君或士兼百行遂乃頗取一事偏引一奇斯亦明月之珠不能無纇矣愚案此正是史公擅場索隱乃用此爲譏議乎

據尚書只合紀堯舜而五帝德帝繫姓亦孔子所傳也并紀黃帝以此

夏本紀不載羿浞事或謂史公未見左傳吳世家又全載季札請觀周樂此殆未可曉吳伐越敗之夫椒卒許越平亦載子胥引有過氏語

周本紀于是虞芮之人注引地理志虞在河東太陽縣秦本紀昭襄王五十三年敗吳城徐廣曰在太陽是虞即吳也後漢郡國志太陽有吳山上有虞城虞城即吳城也左傳杜注亦曰仲雍支子別封西吳遒世

家注索隱曰孟姚吳虞女舜之後虞在河東太陽山西有上虞城亦曰吳城虞吳音相近故舜後亦吳姓

補武帝本紀引詩不虞不驁索隱曰按何承天云虞當為吳音洪霸反說文以吳一口大言也此作虞為與吳聲相近故假借也

漢書云史記十篇闕有錄無書謂景武本紀禮樂律書將相表三王世家蒯蘄日者龜策傳也入書天官當另看歷書封禪河渠平準大半為武帝作也

樂書成王作頌推己懲艾悲彼家難正義曰難謂文王囚羑里武王伐紂非也家難如云我國有疵謂管蔡耳

一動一靜者天地之間也鄭康成云間謂百物也愚意天地自相依附故曰天地之間也故安溪先生云陰陽豈能相離禮云樂云政復劃開不得

律書置一而九三之以為法韋昭曰置一而九以三乘之愚案一數不可變故置一不用也三一為三三三為九九即三也故曰置一而九三之也只是一句一語悉洛書洪範之蘊　漢書云數者一十百千萬也本起于黃鍾之數始于一而三之三三積之與此相發

天官書近世十二諸侯七國相王正義解七國為孝景時吳楚七國非也只謂春秋戰國耳故下文云言從橫者繼踵

天官書注星經云危室壁衛之分野并州畢觜參魏之分野益州衛地非并益州非魏此不可曉

天官書列宿部星此天之五官坐位也為經不移徙水火金木塡星此五星者天之五佐為經緯經緯者經之緯正義云五星行南北為經東西為緯誤

天官書爲天數者必通三五索隱曰三辰五星非也此即前文所云爲國者必貴三五耳天運三十歲一小變五百載大變故此下云終始古今也

魯世家成王命魯得郊祭文王注引鄭康成曰魯以周公之故立文王之廟禮諸侯五廟二昭二穆與太祖之廟而五左傳襄十二年魯爲諸姬臨于周廟爲邢凡蔣茅胙祭臨于周公之廟杜注周廟文王廟也鄭康成注禮記郊特牲云魯以周公故立文王廟三家見而僭焉魯公爲魯太祖如立文王廟不知規制

當如何毛鄭又以閟宮爲姜嫄廟朱子則以爲魯之羣廟也諸侯不敢祖天子而左氏云宋祖帝乙鄭祖厲王意者周衰禮壞而宋魯首爲僭與呂氏春秋云惠公使宰讓請郊廟之禮于天子是知魯僭蓋起于東遷之初也

孔子世家因史記作春秋據魯親周故殷運之三代正義殷中也此注不是親周故殷即何氏所云新周故宋也

倉公傳曹山跗病意曰死不治適其共養此不當醫索隱曰適音釋謂山跗家適近所持財物共養我我不敢當此注恐誤言但當好好供養其病故不治也

太史公傳相如政以其文耳漢書司馬遷楊雄傳全似此故昌黎論西漢之文必曰司馬遷相如楊雄也

後漢書班固傳亦似此至其後則不復能爲而傳文苑矣

循吏傳云不在循吏在酷吏故曰何必威嚴哉只看序列孫叔敖等五人竝秦以前人而次于淮南衡山之後一也石奢李離二傳只說用刑二也　孟堅便

認眞傳循吏與史公意全別

貨殖傳故物賤之徵貴貴之徵賤即所云貴上極則反賤賤下極則反貴耳故曰旱則資舟水則資車也索隱曰徵者求也謂此處物賤求彼貴賣之非是

讀史記劄記跋

余讀龍門書想見子長之爲人穆然有遠志故其文縱筆所如不拘拘于小節且其所據者獨有秦記秦人僻處西垂所見所聞往往與春秋國語不協子長隨所得而採錄之互有異同于是集解索隱諸書出焉然子長自述其舊聞裴駰司馬貞張守節諸家各抒其心得並行而不相悖然則潘氏之書亦安可少邪癸卯仲夏吳江沈楙悳識

十七史商榷·史記

[清]王鳴盛

清乾隆五十二年洞涇草堂刻本

十七史商榷序

十七史者上起史記下訖五代史宋時嘗彙而刻之者也商榷者商度而揚榷之也海虞毛晉汲古閣所刻行世已久而從未有全校之一周者予爲改譌文補脱文去衍文又舉其中典制事蹟詮解蒙滯審覈踳駁以成是書故名曰商榷也舊唐書舊五代史毛刻所無而云十七者統言之仍故名也若遼宋等史則予未暇及焉大抵史家所記典制有得有失讀史者不必橫生意見馳騁議論以明法戒也但當考其典制之實俾數千百年建置沿革瞭如指掌而或宜

法或宜戒待人之自擇焉可矣其事蹟則有美有惡讀史者亦不必强立文法擅加與奪以爲襃貶也但當考其事蹟之實俾年經事緯部居州次紀載之異同見聞之離合一一條析無疑而若者可襃若者可貶聽諸天下之公論焉可矣書生匈臆每患迂愚即使考之已詳而議論襃貶猶恐未當況其考之未確者哉蓋學問之道求于虛不如求于實議論襃貶皆虛文耳作史者之所記錄讀史者之所考核總期于能得其實焉而已矣外此又何多求邪予束髮好談史學將壯輟史而治經經既竣乃重理史業摩研排纘二紀餘年始悟讀史之法與讀經小異而大同何以言之經以明道而求道者不必空執義理以求之也但當正文字辨音讀釋訓詁通傳注則義理自見而道在其中矣譬若人欲食甘操錢入市問物有名甘者乎無有也買飴食之甘在焉人欲食鹹問物有名鹹者乎無有也買鹽食之鹹在焉讀史者不必以議論求法戒而但當考其典制之實不必以襃貶爲與奪而但當考其事蹟之實亦猶是也故曰同也若夫異者則有矣治經斷不敢駁經而史則雖子長孟堅苟有所失無妨箴而砭之此其異也抑治經豈特

不敢駁經而已經文艱奧難通若于古傳注憑已意擇取融貫猶未免于僭越但當墨守漢人家法定從一師而不敢佗徙至于史則于正文有失尚加箴砭何論裴駰顏師古一輩乎其當擇善而從無庸偏徇固不待言矣故曰異也要之二者雖有小異其總歸于務求切實之意則一也予識暗才懦一切行能舉無克堪惟讀書校書頗自力嘗謂好著書不如多讀書欲讀書必先精校書校之未精而遽讀恐讀亦多誤矣讀之不勤而輕著恐著且多妄矣二紀以來恒獨處一室覃思史事既校始讀亦隨讀隨校購借善

本再三讐勘又搜羅偏霸雜史稗官野乘山經地志譜牒簿録以暨諸子百家小說筆記詩文别集釋老異教旁及於鐘鼎尊彝之欵識山林冢墓祠廟伽藍碑碣斷闕之文盡取以供佐證參伍錯綜比物連類以互相檢照所謂考其典制事蹟之實也暗砌蛩吟曉窗鷄唱細書飲格夾注跳行每當目輪火爆肩山石壓猶且吮殘墨而凝神搦禿豪而忘倦時復默坐而翫之緩步而繹之仰眠牀上而尋其曲折忽然有得躍起書之鳥入雲魚縱淵不足喻其疾也顧視案上有藜羮一盃糲飯一盂于是乎引飯進羮登春臺

饗太牢不足喻其適也凡所考者皆在簡眉牘尾字如黑蟻久之皆滿無可復容乃謄於别帙而寫成淨本都爲一編計史記六卷漢書二十二卷後漢書十卷三國志四卷晉書十卷南史合宋齊梁陳書十二卷北史合魏齊周隋書四卷新舊唐書二十四卷新舊五代史六卷總九十八卷别論史家義例崖略爲綴言二卷終焉閑館自擕寒燈細展指瑕索瘢重加點竄至屢易稾始定噫嘻予豈有意于著書者哉不過出其讀書校書之所得標舉之以詒後人初未嘗别出新意卓然自著爲一書也如所謂橫生意見馳騁議論以明法戒與夫强立文法擅加與奪襃貶以筆削之權自命者皆予之所不欲效尤者也然則予葢以不著爲著且雖著而仍歸于不著者也學者每苦正史繁塞難讀或遇典制茫昧事蹟樛葛地理職官眼眯心瞀試以予書爲孤竹之老馬置于其旁而參閱之疏通而證明之不覺如關開節解筋轉脈揺殆或不無小助也與夫以予任其勞而使後人受其逸予居其難而使後人樂其易不亦善乎以予之識暗才懦碌碌無可自見猥以校訂之役穿穴故紙堆中實事求是庶幾啓導後人則予懷其亦可以稍自

慰矣夫書既成而平生不喜爲人作序故亦不求序于人聊復自道其區區務實之微意弁之卷端序所不足者綴言具之云進士及第通議大夫光祿卿前史官嘉定王鳴盛字鳳喈號西沚譔

十七史商榷序

十七史商榷目

卷五　史記五

卷六　史記六

十七史商榷卷一

東吳王鳴盛述

史記一

史記集解分八十卷

漢志史記百三十篇無卷數裴駰集解則分八十卷見司馬貞史記索隱序隋志始以一篇爲一卷又别列裴注八十卷新舊唐志亦然不知何人刻集解亦以一篇爲一卷疑始于宋人今予所據常熟毛晉刻正如此裴氏八十卷之舊不可復見不知其分卷若何

目錄之學學中第一緊要事必從此問塗方能得其門而入然此事非苦學精究質之良師未易明也自宋之晁公武下迄明之焦弱侯一輩人皆學識未高未足剖斷古書之眞僞是非辨其本之佳惡校其譌謬也有某氏者藏書最稱奥博自誇其家藏宋刻開元本史記升老子於列傳首居伯夷上又自誇集諸宋板史記共成一書凡一百三十卷小大長短咸備因李沂公取桐絲精者襍綴爲一琴名百衲琴故亦戲名此爲百衲史記但百衲本既分一百三十卷而開元本分卷若干其爲仍裴駰之舊乎抑已改之乎某之學不足以知此竟未嘗討論及之如某之搜奇訪秘多見多聞較儉陋者誠不可同日語惜其未有學識枉見如許奇秘古本竟不能有所發明以開益後人如某但可云能藏書未敢許爲能校書能讀書也或問予曰讀書但當求其意理卷帙離合有何關繫而子斷斷若此予笑而不能答

索隱正義皆單行

索隱三十卷張守節正義三十卷見唐志皆别自單行不與正文相附今本皆散入（明監板及震澤王氏莆田何氏刻並同）惟常熟毛晉既專刻集解外又别得北宋刻索隱單

行本而重翻刻之是小司馬本來面目自識云倘有問張守節正義者有王震澤行本在震澤本亦非唐本三十卷之舊亦是將司馬氏張氏注散入裴本中者但必出自宋人故毛氏云然張氏三十卷本今不可得而見矣

遷字子長

集解序張守節正義云司馬遷字子長左馮翊人也按遷之字史記自序及漢書本傳皆不見惟見法言寡見篇後漢書張衡傳晉書干寶傳文選載其報任安書亦書司馬子長魏收魏書附收上書啓亦稱之

新唐書柳宗元傳亦云韓愈評其文似司馬子長但楊子雲既稱之則班氏豈有不知而竟不著於本傳蓋史例雖至班氏而定每人輒冠以字某某郡縣人而遷傳即用自序元文例不畫一故漏其字又自序云遷生龍門漢地理志左馮翊夏陽縣龍門山在北故張氏以爲左馮翊人。

子長遊蹤

司馬遷自言生長龍門二十南游江淮上會稽探禹穴闚九疑浮沅湘北涉汶泗講業齊魯之都鄉射鄒嶧厄困鄱薛彭城過梁楚以歸此游所涉歷甚多閱

時必甚久約計當有數年歸後始仕爲郎中又奉使巴蜀南略邛筰昆明還報命徐廣以爲平西南夷在元鼎六年其明年爲元封元年約計是時遷之年必在四十左右元封初其父談卒遷使還見父父卒三歲始爲太史令而紬石室金匱書又五年當太初元年始論次其文是時遷之年蓋已五十又七年遭李陵之禍徐廣以爲天漢三年既腐刑乃卒述黄帝至太初則書成時必六十餘矣後爲中書令卒必在武帝之末曹參世家末言參之五世孫宗以征和二年坐太子死即戾太子也又田仁任安二人皆坐戾太子事誅而史記田叔傳及仁死事且云予與仁善故述之又報安書作於安下獄將論死之時則巫蠱之獄戾太子之敗遷固親見之又四年武帝崩漢書本傳于報任安書後言遷卒則在武帝末或更至昭帝也孝武本紀裴駰注云太史公自序曰作今上本紀又其述事皆云今上今天子或有言孝武帝者悉後人所定也愚謂遷實卒於昭帝初觀景帝本紀末云太子即位是爲孝武皇帝衛將軍驃騎傳末段亦屢稱武帝按其文義皆非後人附益間有稱武帝爲今上者史記作非一時入昭帝未久即卒不及追改也。

惟賈生傳末述賈生之孫嘉與余通書至孝昭時列爲九卿此孝昭二字則是後人追改其元本當爲今上耳。

五帝本紀贊自言予嘗西至空峒北過涿鹿東漸於海南浮江淮黄帝紀云西至空桐注引韋昭曰山在隴右又戰于涿鹿之野注引服虔曰涿鹿山名在涿郡遷東至海南至江淮即二十南遊事至空峒涿鹿遊跡不知約在何年其二十南遊無空峒涿鹿蹤跡河渠書贊則云余南登廬山觀禹疏九江遂至于會稽太湟上姑蘇望五湖東闚洛汭大邳迎河行淮泗

濟漯洛渠西瞻蜀之岷山及離碓北自龍門至于朔方其廬山以下云云蓋卽二十南遊所歷瞻岷山離碓卽爲郎中使巴蜀時事意者其時并至隴右故登空峒若朔方及涿鹿則究無由至蒙恬傳贊云吾適北邊自直道歸行觀蒙恬所爲秦築長城亭鄣蓋遷別自有北邊之遊但不知此段遊蹤定在何時耳不可攷矣屈原傳贊云余適長沙觀屈原所自沈淵未甞不垂涕想見其爲人此遊蹤卽二十南遊闚九疑浮沅湘時事樊酈滕灌傳贊云吾適豐沛問其遺老卽過梁楚以歸時事

史記所本

本傳云孔子因魯史記作春秋左丘明論輯其本事以爲之傳又纂異同爲國語又有世本錄黃帝以來至春秋時帝王公侯卿大夫祖世所出春秋之後七國並爭秦兼諸侯有戰國策漢興伐秦定天下有楚漢春秋故司馬遷據左氏國語采世本戰國策述楚漢春秋接其後事訖于大漢裴駰全采此段爲集解序攷藝文志春秋經左氏傳外有國語二十一篇亦左丘明著世本十五篇古史官記戰國策三十三篇記春秋後楚漢春秋九篇陸賈所記又諸子儒家別有陸賈二十三篇世本今已亡而楚漢春秋亦亡今所傳陸賈新語繹其文卽列於諸子之儒家者絕非楚

漢春秋而篇數只有十二無二十三子長于酈生陸賈傳贊云余讀陸生新語書十二篇則知本十二漢書乃言二十三傳寫誤也

史記刱立體例

司馬遷刱立本紀表書世家列傳體例後之作史者遞相祖述莫能出其範圍卽班范稱書陳壽稱志李延壽南北朝稱史歐陽子五代稱史記小異其目書之名各史皆改稱志五代又改稱考世家之名晉書改稱載記要皆不過小小立異大指總在司馬氏牢籠中司馬取法尚書及春秋內外傳自言述而非作其實以述兼作者

新唐一百九十七卷循吏傳云李至遠撰周書起后稷至赧爲傳紀令狐德棻許其良史周事載于經傳諸子者已詳何勞復用史記體強作編次此爲牀上安牀德棻稱之無異兒童之見

史記先本紀次表次書次世家次列傳漢書同晉書載記五代史世家附于末尾蓋以僭僞諸國自不便居傳之前非必立意欲與史記別異也若新唐書改爲先志後表宋遼金元皆然此則特變史記之例者也魏收北魏書并改志居傳後蓋收先著紀傳奏上

以志未成奏請終業然後又續十志上之自云志之為用網羅遺逸略始撰錄彌歷炎涼是以綴于傳末而五代史亦從之此變中之變也史記太史公曰云云者此其斷語也而班氏改稱贊陳壽改稱評至范蔚宗又改稱論矣而又系以贊論為散文贊為四言詩沈約宋書改論稱史臣曰惟趙倫之等傳一卷無論校者以為非約原書蕭子顯南齊書姚思廉梁陳二書魏收北魏書令狐德棻北周書及晉書隋書舊唐書並同五代史論直起不加標題而輒以嗚呼二字引其端此皆其名目之不同者也有論無贊者宋書梁書陳書北魏書北

周書隋書南北史新唐書五代史宋遼金三史也論贊並用者晉書南齊書舊唐書而南齊書志亦有贊宋遼二史本紀稱贊列傳稱論則變之尤者晉書中間有唐太宗御論改稱制曰但如王羲之傳制專論其善書一節則知太宗當日特偶然論及未必欲以此作史論史臣特援入之以為重耳梁書本紀末史臣論後又贊侍中鄭國公魏徵論一段昭明太子及王茂等傳襍用其父所作論稱為陳吏部尚書姚察曰云云陳書亦然此皆思廉之謬至於李百藥北齊書本紀之末於論外又附鄭文貞公魏徵總論一篇矣而其餘紀傳有有論無贊者有有贊無論者有論贊俱無者有論贊俱有者其論或稱論曰或稱史臣曰參差不一蓋因北齊書多亡僅存者十八篇其餘皆後人取北史充入故體例錯亂如此若前明所修元史全部皆無論贊則幾不足以為史矣要總未有能出史記之範圍者

十篇有錄無書

漢司馬遷傳書十二本紀八書三十世家七十列傳凡百二十篇而十篇缺有錄無書張晏注云遷沒之後亡景紀武紀禮書樂書兵書漢興已來將相年表

日者列傳三王世家龜策列傳傅靳列傳元成之間褚先生補缺作武帝紀三王世家龜策日者傳言辭鄙陋非遷本意也史記自序末段裴駰即引此注注之而兵書二字作律書索隱于自序末則云景紀取班書補之武紀專取封禪書禮書取荀卿禮論樂書取禮樂記兵書亡不補略述律而言兵遂分歷述以次之三王系家空取其策文以續此篇何率略且重非當也日者不能記諸國之同異而論司馬季主龜策直太卜所得占龜兆襍說而無筆削功何蕪鄙也今攷景紀現存是遷元文不知張晏何以言遷沒後

亡且此紀文及贊皆與漢書景紀絶不同又不知索隱何爲言以班書補之其武紀則是褚少孫所補禮書樂書雖是取荀卿禮記其實亦是子長筆非後人所補不知張晏何以云亡兵書即是律書觀自序自明師古謂本無兵書以駁張晏誠誤但今律書見存即是兵書不亡而張晏何以云亡索隱亦誤會也漢興以來將相年表。惟太始以後。後人所補。其前仍是子長筆。何以云亡。日者龜策二篇。惟末段各另附褚先生言。其元文仍出子長筆。索隱以日者傳司馬季主事爲褚補。非也。不知張晏何以云亡而褚龜策傳

末則云太史公作龜策列傳臣往來長安中求龜策傳不能得故之太卜官問掌故文學長老習事者寫取龜策卜事編于下方然則今所有龜策元文出子長者褚所未見又不知以何時出而得行也三王世家直列三王封策書而不置一詞其贊云王者封立子弟以褒親親自古至今由來久矣非有異故弗論著也然封立三王文辭爛然可觀是以附之世家此亦是子長筆。據文雖未定之筆。亦不可云亡。而張晏何以云亡。其後則有褚先生曰臣好觀太史公傳傳中稱三王世家文辭可觀求其世家終不能得竊從

長老好故事者取其封策書編列而傳之據贊則取封策以當世家者亦子長所爲而褚乃以爲其自所編列是皆不可解（索隱據褚之言以爲褚所補）傳靳傳俱是子長元文並無補續又不知張晏何以云亡然則漢書所謂十篇有録無書者。今惟武紀灼然全亡。三王世家日者龜策傳爲未成之筆。但可云闕。不可云亡。其餘皆不見所亡何文。

褚先生補史記

世皆言褚先生補史記其實史記惟亡武紀一篇餘間有缺無全亡者說已見上而褚所補亦惟武紀其

餘特附益于各篇中。如贊疣耳。武紀之補固屬可笑其餘皆鄙瑣無謂或冗複混目已詳見各條惟外戚世家有數句可取至若建元以來侯者年表。末補武帝末年侯者四人昭宣時所封及元帝初元間封者一人。張蒼傳。末附征和以後并宣元諸相車千秋韋賢元成魏相丙吉黄霸匡衡。此等雖無害然史記本訖天漢亦何勞贅述其平津侯傳。末附太皇太后賜公孫宏後當爲後者關內侯爵詔一通。又采入漢書贊一篇。徐廣曰此詔是平帝元始中王元后詔後人寫此及班固所稱以續卷後索隱云案廣所云則又

非褚先生所錄攷張晏謂褚爲博士在元成間此非褚筆明矣

徐廣音義

裴駰松之之子宋南中郎參軍注司馬遷史記行于世見宋書六十四卷及南史三十三卷其自序云東莞徐廣研核衆本爲史記音義麄有發明而殊恨省略聊以愚管增演徐氏以徐爲本號曰集解攷宋書五十五卷徐廣本傳云字野民東莞姑幕人云云此傳敘述頗詳並不言廣注史記晉書八十二卷本傳南史三十三卷本傳並同蓋偶然漏略諸傳沿襲不補廣郎太子前衛率邈字仙民之弟

裴注所采

裴注于尚書則引鄭元馬融王肅注不但引僞孔安國於左傳則引賈逵鄭衆服虔注不但引杜預於穀梁傳則引糜信注不但引范甯於國語則引賈逵唐固注不但引韋昭於孟子則引劉熙注不但引趙岐於戰國策則引綦毋邃孫檢注不但引高誘又引尚書大傳韓詩章句司馬法孫子兵法尸子魯連書皇覽楚漢春秋茅盈內紀劉向別錄譙周古史考皇甫謐帝王世紀及宋忠世本注左思齊都賦注王肅禮記注諸書今皆亡藉其采用存千百之一二亦爲有功所引雖係隨手掇拾非有鑒裁然亦博雅古書現存爲其所引者不數

裴注下半部簡略

裴注上半部頗有可觀其下半部則簡畧甚至連數紙不注一字世家自陳涉以下列傳自張耳陳餘以下裴於徐廣舊注外但襲取服虔漢書注晉灼臣瓚及蔡謨漢書音義裴所自爲者十無一二漢書之所取者史記也今史記注反取漢書注以爲法陋矣大約自戰國以前關涉經傳者尚屬用心一入漢事卽無足取

索隱改補皆非

索隱凡三十卷前二十八卷貞采徐廣裴駰鄒誕生劉伯莊舊注兼下己意按文申義自序一篇附于末其二十九卷及三十卷之上半卷則貞嫌元本述贊未善而重爲一百三十篇之贊下半卷則補序一篇自述其補之之由又逐段論其改删升降之意大旨謂五帝之前當補太皞庖犧氏女媧氏炎帝神農氏并於其前又追補天皇地皇人皇三皇總稱三皇本紀又欲將秦本紀項羽本紀俱降爲世家又謂惠帝

事不當沒之而入於呂后紀中欲依班氏分爲二紀又欲補曹叔振鐸許男邾子張耳吳芮諸世家又欲將列傳中吳王濞升入世家與楚元王同爲一篇淮南衡山升入世家與齊悼惠王同爲一篇又欲將陳涉世家降爲列傳又謂外戚不當入世家其意蓋亦欲降入列傳又謂子產叔向不宜入循吏傳欲於管晏後補吳延陵鄭子產晉叔向衞史魚等傳又欲分老子與尹喜莊周爲一篇韓非別入商君傳末又欲抽魯連與田單爲一傳鄒陽與枚乘賈生爲一傳屈原與宋玉等自爲一傳又謂司馬相如汲鄭傳不宜

在西夷之下大宛傳宜在朝鮮之下不宜在酷吏游俠之間貞所改補如此後乃自悔其穿鑿俱仍舊貫而聊附其說於此惟三皇本紀一篇贅于卷末然述贊猶於李廣之下衞青之前抽出匈奴入於南越之前愚謂貞之改補誠不知而作皆非是至其又欲分蕭相國曹相國留侯絳侯五宗三王世家各爲一篇作六篇按今本固爲六篇而貞言如此則不可解意者此卽所謂八十卷本之分卷邪但子長於留侯下有陳平方繼以絳侯而貞所舉留侯下卽絳侯則又不可解

貞所移易篇次有非是者有似是而不必者如老韓同傳正以老子清虛不有其身故無情則必入於深刻故使同傳今乃謂其教迹全乖而欲移之眞强作解事李廣衞青事迹與匈奴相出入故以匈奴參錯于二人之間今移之亦非司馬相如次西南夷下者亦因相如嘗欲通西南夷者移之則非其本意其餘皆多事而無謂不必也惟惠帝年十六卽位在位七年年二十三而崩史記將惠帝事亦入呂后本紀此則似不如漢書別立惠帝紀爲妥然此惟漢書斷代爲史立體必應如是若史記本自疏濶周七八百年

只一紀漢每帝一紀已自詳近略遠惠帝無紀亦復何害

周禮春官外史掌三皇五帝之書則五帝以前固有三皇矣但不知孰謂三皇孰謂五帝僞孔安國尚書序以伏羲神農黃帝爲三皇少昊顓頊高辛堯舜爲五帝而史記則以黃帝與顓頊高辛堯舜爲五帝無少昊考昭十七年左傳少皞氏鳥名官杜預云少皞金天氏黃帝之子疏引大戴禮帝系云黃帝生元囂史記云黃帝生二子其一曰元囂是爲青陽據世本及春秋緯皆言青陽卽是少皞黃帝之子代黃帝有

天下號曰金天氏雖史記言靑陽降居江水與諸書言有天下似不同而其爲黃帝之子則同意者亦如帝摯立而不終故當統於黃帝爲一代而不得別爲一帝僞孔說非矣且史記所敘五帝本之大戴禮五帝德篇此孔子之言豈可不依又易繫辭以伏羲神農爲上古黃帝堯舜爲後世聖人二者顯有區別然則羲農爲皇黃帝等爲帝明甚（困學紀聞十一卷引五峯胡氏說易繫以羲農黃帝堯舜爲五帝大謬）而僞孔之謬尤可知矣索隱謂僞孔說惟皇甫謐帝王世紀與之同豈知孔卽謐之所假託自譔自證以售其欺者乎要之羲農爲皇尚少一

皇不足三數故司馬貞必欲追補三皇先取羲農從鄭元據春秋緯配以女媧猶之可也乃復於其前追紀天皇地皇人皇則甚誕鄭樵陸唐老皆以三皇冠于五帝前若劉恕陳桱則於三皇前又追敘盤古皆非也

十七史商榷卷一

十七史商榷卷二

東吳王鳴盛述

史記二

殷本紀裴注誤

殷本紀盤庚涉河南治亳裴駰引鄭元曰治於亳之殷地商家自此徙而改號曰殷亳皇甫謐曰今偃師是也按尚書疏引鄭注以亳在偃師若皇甫謐則以亳爲梁國穀熟縣此妄談也（詳尚書後案）安肯遵鄭注乎皇甫謐曰四字裴駰妄加裴於經注援引多誤今不服詳辨

始皇本紀贊後人所亂

秦始皇本紀太史公贊采賈生之言自秦兼諸侯山東三十餘郡起至是二世之過也凡二千四五百字今攷此文見賈誼新書卷一過秦上中下三篇予所藏係宋淳祐八年刻本最爲可据自秦孝公至攻守之勢異也爲上篇自秦并海內兼諸侯南面稱帝至是二世之過也爲中篇自秦兼諸侯山東三十餘郡至而社稷安矣爲下篇若如今本史記則司馬遷所采乃倒其次以下篇爲上篇上篇爲中篇中篇爲下篇矣又陳涉世家末有褚先生曰吾聞賈生之稱曰

云云即用秦孝公至攻守之勢異也一段若果本紀
內已有此一段則兩處重出不但遷必不如此即庸
陋如褚先生亦不應至是今試取賈誼原書等繹之
上篇是專責始皇而每以陳涉與六國相形以見其
不施仁義故前之滅六國易後之亡於陳涉亦易中
篇亦數始皇罪惡而下半篇却歸罪二世下篇則兼
責子嬰故每並稱三主其次第甚明再取徐廣及裴
駰司馬貞注詳繹之則知司馬遷當日實取過秦中
下二篇爲始皇本紀贊上篇爲陳涉世家贊而中下
篇亦仍就賈生元次未嘗倒其文班固所見司馬氏

元本本如此徐廣亦見之本紀贊中秦孝公云云至
攻守之勢異也一段乃魏晉間妄人所益後人見其
與世家贊重出疑出褚少孫手于是又妄改世家贊
太史公曰爲褚先生曰

始皇本紀贊末段云賈誼司馬遷曰向使嬰有庸主
之才僅得中佐山東雖亂秦之地可全而有宗廟之
祀未當絶也秦之積衰天下土崩瓦解雖有周旦之
材無所復陳其巧而以責一日之孤誤哉云云各本
並同愚謂上司馬遷三字衍未嘗絶也之下脱司馬
遷曰四字

江西江東

史記項羽本紀秦二世元年七月陳涉等起大澤中
九月會稽守通謂項梁曰江西皆反此天亡秦之時
也陳涉世家二世元年七月發閭左適戍漁陽九百
人屯大澤鄉涉爲屯長徐廣注大澤鄉在沛郡蘄縣
然則所云江西乃指江北言本紀又言項梁收會稽
兵得八千人召平矯陳涉命立梁爲上柱國曰江東
已定急引兵西擊秦項梁乃以八千人渡江而西又
范增說項梁曰君起江東又羽軍敗欲渡烏江烏江
亭長曰江東雖小亦足王也羽曰我與江東子弟八

千人渡江而西今無一人還縱江東父兄憐而王我
我何面目見之臣瓚云烏江在牛渚以上所言江東
指今之江寧鎮江常州蘇州松江嘉興湖州等府而
言會稽守治則今之蘇州府治也而江西則古人西
北通稱非以對東乃得稱之若三國志吳主傳曹公
恐江濱郡縣爲孫權所略徵令內移民轉相驚自廬
江九江蘄春廣陵戶十餘萬皆東渡江江西遂虛合
肥以南惟有皖城吳宗室傳謂孫權初統事時賓客
諸將多江西人而孫策傳則謂策說袁術乞平定江
東術表策爲折衝校尉行殄寇將軍又言曹公表策

爲討逆將軍封爲吳侯時袁紹方强而策并江東又策臨死謂權曰舉江東之衆決機於兩陳之間卿不如我舉賢任能以保江東我不如卿彼時策之所有會稽吳丹楊豫章廬陵五郡則所云江西江東約略可見要皆據大勢約略言之非有劈分定界

鄭注非康成

項羽本紀懷王都盱台裴駰引鄭元曰音煦怡案康成不注史漢此所引鄭注當是鄭德漢書注而漢書羽傳此下亦無鄭德注不知裴何據常熟毛氏索隱跋謂宋刻鄭德誤作鄭元則此亦宋人妄改

項氏謬計四

項氏謬計凡四方項梁起江東渡江而西并諸軍連戰勝及陳涉死召諸别將會薛計事此時天下之望已繫於項梁若不立楚懷王孫心卽其後破死於章邯之手而項羽收其餘燼大可以制天下范增首唱議立懷王其後步步爲其掣肘使沛公入關羽得負約名殺之江中得弒主名增計最拙大誤項氏謬一酈生勸立六國後張良借前箸籌其不可在劉如此在項何獨不然章邯破滅項梁羽之讐也乃許之盟與之和好立之爲王此事秦民已不服又詐坑降卒二十萬失秦民心謬二棄關中不都而東歸乃三分關中王章邯及其長史司馬欣都尉董翳以距漢豈知三人詐秦民降諸侯被坑民怨之刺骨安肯爲守坐使漢還定三秦如反掌謬三漢之敗彭城諸侯皆與楚背漢范增勸急圍漢王榮陽范增諸所爲項王計畫惟此最得乃又聽漢反間逐增使軍心懈散失漢王謬四

六國亡久矣起兵誅暴秦不患無名何必立楚後制人者變爲制於人而懷王者公然主約既約先入關者王之而不使項羽入關是明明不欲羽成功也獨不思已本牧羊兒誰所立乎既不能殺羽而顯與爲

難且不但不使羽入關而已并救趙亦僅使爲次將所使上將則妄人宋義也羽卽帳中斬其頭如探囊取物迨至羽屠咸陽殺子嬰後懷王猶曰如約如約者欲令沛公王關中也兵在其頭猶爲大言牧羊兒愚至此范增謬計既誤項氏亦誤懷王

項王之失不在粗疏無謀乃在苛細多猜疑不任人韓信陳平皆棄以資漢至於屢坑降卒嗜殺失人心更不待言黥布傳贊云項氏所坑殺人以千萬數而布常爲首虐用此得王亦不免于身爲世大僇子長著布之罪而項羽之罪亦見

高祖紀不書諱

史記于高祖云字季不書諱餘帝則諱與字皆不書漢書本紀因之馬班自以爲漢臣故耳其餘各史則皆書諱某字某沈約曾仕宋而宋書亦皆書諱夫史以紀實也帝王之尊當時爲臣子者固不敢書其名字若史而不書後何觀焉各史不襲馬班是也

似君當作以君

高紀呂后與兩子居田中有一老父過相呂后曰夫人天下貴人相孝惠曰夫人所以貴者乃此男也老父已去高祖來追及問老父老父曰鄉者夫人嬰兒皆似君君相貴不可言皆似君漢書作皆以君卽上文夫人所以貴者此男之意漢書凡以皆作目惟此作以蓋就史記文去人旁故耳彼如淳注云以或作似或又引論衡作似爲據但呂后貌似高祖此何說乎皆非也夫人嬰兒皆以君荀悅漢紀作夫人兒子蒙君之力語意尤覺顯然

劉項俱觀始皇

秦始皇帝游會稽項梁與籍俱觀籍曰彼可取而代也高祖繇咸陽縱觀秦皇帝喟然太息曰嗟乎大丈夫當如此也項之言悍而戾劉之言則津津然不勝其歆羨矣陳勝曰壯士舉大名耳王侯將相寧有種乎項籍口吻正與勝等而高祖似更出其下天下既定置酒未央宮奉玉卮爲太上皇壽曰始大人常以臣亡賴不能治產業不如仲力今某之業所就孰與仲多其言之鄙至此

劉藉項噬項

兩敵相爭此與彼敗恒有之事從無藉彼之力以起事後又步步資彼乃反噬之如劉之於項者也[illegible]吳中以精兵八千人渡江并陳嬰數千人黥布蒲將軍亦以兵屬凡六七萬人又并秦嘉軍其勢强盛項梁聞陳王死召諸別將會薛計事沛公亦起沛往焉此時沛公甚弱未能成軍項梁益沛公卒五千人五大夫將十人始得攻豐拔之此後凡所攻伐史每以沛公項羽並稱兩人相倚如左右手非項藉劉乃劉依項項氏之失策在立楚懷王而聽命焉羽欲西入關懷王不許而以命沛公乃使羽北救趙約先入關者王之其後羽乃得負約名此項之失策也然當日若非羽破秦兵於鉅鹿虜王離殺涉閒使章邯震恐乞降沛公安能入關乎羽不救趙破秦兵秦得舉趙則關中聲勢轉壯沛公入秦何如此之易乎沛公始終藉項之力以成事而反噬項者也故曰吾能鬬智不鬬力其自道如此若使夫子許之必曰譎而不正

漢惟利是視

漢始終惟利是視頑鈍無恥其言曰吾與項羽俱北面受命懷王約爲兄弟羽少漢王十五歲項羽本紀籍起時年二十四時高祖年三十九又徐廣注項王以始皇十五年已巳歲生漢五年之十二月死時年三十一時高祖四十六如其言則漢王爲兄項王弟矣鴻門之會自知力弱將爲羽所滅即親赴軍門謝罪其言至卑屈讓項王上坐已乃居范增之下爲末坐縱反間以去范增用隨何以下黥布有急則使紀信代死不顧子女推墮車下鴻溝既畫旋即背之屢敗窮蹙不以爲辱失信廢義不以爲媿也若以沛公居項羽之地在鴻門必取人於杯酒之間在垓下必渡烏江而王江東矣

不許趙高

史記于高紀西略地入關之下敘至趙高已殺二世使人來欲約分王關中沛公以爲詐乃使酈生陸賈往說秦將啗以利因襲破之以爲詐三字漢書改爲不許近儒遂云不許賊臣眞可云扶義而西者攷始皇本紀沛公屠武關使人私於趙高然則沛公豈眞扶義而不許高者乎特以爲詐耳班之改焉非也

爲羽發哀

爲義帝發喪袒而大哭此猶自可殺項羽以魯公禮葬爲發哀泣之而去天下豈有我殺之即我哭之者不知何處辦此一副急淚千載下讀之笑來鄭當時傳詔項籍故臣皆名籍怨毒如許哭之何爲

高祖年當從臣瓚

高紀漢十二年四月甲辰高祖崩裴駰引皇甫謐曰高祖以秦昭王五十一年生至漢十二年年六十三按六國表秦昭王五十一年歲在乙巳至漢十二年歲在丙午則高祖年當爲六十二三字傳寫誤若如此說則高祖以秦二世元年九月起兵時年已四十

八至爲漢王之元年年已五十一至即眞年已五十五若漢書高紀臣瓚注則云帝年四十二即位即位十二年壽五十三若如此說則高祖以秦莊襄王三年歲在甲寅生至起兵之年年三十九爲漢王四十二即眞四十六愚謂當從臣瓚秦昭王五十一年周赧王以是年卒皇甫謐欲推漢以繼周故妄造此言王應麟信之載困學紀聞十一卷其實非也

少帝諸王皆非劉氏

史記呂后紀云惠帝崩太子即位元年號令一出太后四月立孝惠後宮子强爲淮陽王子不疑爲常山

王子山爲襄成侯子朝爲軹侯子武爲壺關侯二年常山王薨以其弟襄成侯山爲常山王更名義四年太后幽殺帝五月立常山王義爲帝更名宏不稱元年以太后制天下也以軹侯朝爲常山王五年八月淮陽王薨以弟壺關侯武爲淮陽王七年立皇子平昌侯（表作昌平）太爲呂王更名梁曰呂呂曰濟川其下又敘至八年七月太后崩諸呂欲爲亂之下則云當是時濟川王太淮陽王武常山王朝名爲少帝弟以下又敘至諸呂誅後大臣謀曰少帝及梁淮陽常山王皆非眞孝惠子也呂后以計詐名他人子殺其母養

後宮令孝惠子之立以爲後及諸王云云其下敘立代王後與居滕公除宫謂少帝曰足下非劉氏不當立載之出代王入宮夜分部誅梁淮陽常山王及少帝于邸一則曰非孝惠子再則曰非劉氏其文甚明所誅梁王即前封呂王更名梁王亦更名濟川王名太者也所誅淮陽王即前封壺關侯更封淮陽王名武者也所誅常山王即前封軹侯更封常山王名朝者也所誅少帝即前封襄成侯更封常山王又立爲帝初名山改名義又改名宏者也（據索隱改名宏晨今本無晨字）張守節史記正義引劉伯莊云諸美人皆先幸呂氏懷身而入宮生子而漢書高后紀于元年既書並封二王三侯事其作表乃以二王入異姓諸侯王且注云皆高后所詐立孝惠子又于八年武朝下皆注云以非子誅又以義朝武及太入外戚恩澤侯表且注云皆呂氏子也（此句今本脫如淳高后紀注引之）又五行志云惠帝崩嗣子立有怨言太后廢之更立呂氏子宏爲少帝則諸子非劉氏甚明何氏讀書記謂少帝非劉乃大臣既誅諸呂從而爲之辭誤也（綱目書法發明皆云少帝非劉氏）

武紀妄補

武紀褚少孫全取封禪書爲之觀文紀贊云孔子言

必世後仁善人治國百年可以勝殘去殺漢興至孝文四十餘載德至盛也廩廩鄉改正服封禪矣謙讓未成於今嗚呼豈不仁哉而自序則云漢興五世隆在建元封禪改正朔易服色作今上本紀以不改正服封禪爲仁則以改正服封禪爲不仁遷若作武紀封禪固所必書然必無專紀此事之理且亦何取重見其有錄無書豈誠未暇作乎抑諱而有待也而少孫率意補之眞妄人耳

十七史商榷卷二

十七史商榷卷三

東吳王鳴盛述

史記三

共和庚申以前無甲子紀年

三代世表云孔子序尚書略無年月或頗有然多闕不可錄疑則傳疑蓋其慎也余讀諜記黃帝以來皆有年數稽其譜牒終始五德之傳古文咸不同乖異夫子之弗論次其年月豈虛哉太史公自序云維三代尚矣年紀不可攷蓋取之譜牒舊聞本于茲于是略推作三代世表子長之言如此故十二諸侯年表斷自共和庚申始以前三代但作世表無甲子紀年也鄭康成詩譜序亦云夷厲已上歲數不明太史年表自共和始歷宣幽平王而得春秋乃張守節于裴氏集解序注云史記五十二萬六千五百言敘二千四百一十三年事又論例云史記起黃帝訖漢武帝天漢四年合二千四百一十三年此說誕妄已極大約本之皇甫謐帝王世紀謐恣意妄造以欺世所說世系紀年亦皆以意為之幾於無一可信幸其書已亡而裴駰司馬貞張守節皆無識濫采入史記注孔穎達作諸經疏間亦引之皆非也今亦未暇詳攷即

如五帝本紀索隱引其文云炎帝神農氏至黃帝中間凡隔八帝五百餘年集解引其文云黃帝在位百年而崩年百一十一歲顓頊在位七十八年年九十八歲帝嚳在位七十年年百五歲帝堯以甲申歲生甲辰即帝位辛巳崩年百十八歲在位九十八年至荒遠事豈得鑿鑿言之況甲子古人但用以紀日本不以紀年乎至如宣三年左傳云商載祀六百周卜年七百周易乾鑿度卷上云太任順季享國七百孟子云由堯舜至湯由湯至文王由文王至孔子皆五百餘歲此俱約略之詞若欲實指某年為某君元年某年為某君崩年則不能張守節楷定若干年非得之謚而何皆非是

竹書紀年云是晉太康二年汲郡人不準盜發魏襄王冢所得見晉書束皙傳今觀其書起自黃帝軒轅氏於五帝三王紀事皆有年月日立年崩年歷歷言之可謂妄矣必是束晳偽譔也司馬子長見黃帝以來諜記又見世本而不敢著其年安得此書若是之歷歷明審又晉書云凡十三篇記夏以來至周幽王今起黃帝則今本恐并非元本必又遭後世妄人增益又有沈約注約傳並不言有此注亦出流俗附會

胡三省通鑑注自序乃言紀年是魏國史記脫秦火之厄而晉得之子長不及見又可謂愚矣北史第四十三卷張彝傳彝在北魏宣武帝時上歷帝圖五卷起元庖犧終于晉末凡十六代一百二十八帝歷三千二百七十年此等妄談正是竹書紀年之類其穿鑿附會不但不足信亦不足辨也大約妄人何代蔑有全賴有識者屏黜之有疑則闕方爲善讀書

劉歆三統歷載於漢書律歷志者惟云堯即位七十載舜即位五十載皆尚書正文而皇甫謐乃故與違異云堯在位九十八年且律歷志於黃帝顓頊帝嚳

皆無年而謐又追言之此其妄也司馬光稽古錄劉恕通鑑外紀外紀目錄邵雍皇極經世書金履祥通鑑前編陳桱通鑑續編薛應旂甲子會紀南軒通鑑綱目前編顧錫疇綱鑑正史約鍾淵映歷代建元考雖各互異而皆有三皇五帝下至周初歷年久近之數列其甲子此皆皇甫謐爲之作俑也愚謂直當槩闕其疑略而不道通鑑之作劉氏譔述司馬氏總領兩家史學精矣然所當考者周秦以下若共和前則可勿論劉雖作外紀仍題疑年尚爲有識宋南渡後承誤踵謬降而愈下自鄶無譏矣

王應麟困學紀聞卷九歷數篇云自帝堯元年甲辰至宋德祐丙子凡三千六百三十三年王氏知諸家說開闢之年爲茫誕豈知堯元年甲辰以下亦茫誕邪王氏未敢許其有學識近儒史學惟萬斯同季野善于稽覈識見獨精所譔紀元彙考斷自共和庚申始今本亦從此逆溯至唐堯元年甲辰者乃後人所附益也

漢諸侯王表云周過其歷應劭注云武王克商卜世三十卜年七百今乃三十六世八百六十七歲此謂過其歷也漢律歷志上卷云太史令張壽王治黃帝

歷言黃帝至元鳳三年六千餘歲丞相屬寶長安單安國安陵桮育言黃帝以來三千六百二十九歲不與壽王合此皆荒誕之言姑勿論下卷載劉歆之說云夏后氏繼世十七王四百三十二歲三統上元至伐桀之歲十四萬一千四百八十歲殷世三十一王六百二十九歲三統上元至伐紂之歲十四萬二千一百九歲春秋魯桓公元年上距伐紂四百歲春秋盡哀十四年二百四十二年秦昭王五十一年秦始滅周周凡三十六王八百六十七歲應劭之說蓋本于此但劉歆三統歷不言堯舜以前年固佳而言三

代年亦不的彼於置閏不在歲終及二日爲旁死霸十七日爲旁生霸皆不合古歷法况歷法但能推年月日不能推古帝王在位年數史記既起共和其前皆不可知歆亦何據而知三代年數此皆不足信至於稽古外紀之類不但三皇五帝之年爲荒誕而所列三代之年亦當槩置勿論不待言矣凡此諸書予揷架皆有之然未暇徧觀矣荀悅漢紀首卷言夏四百四十二年周七百六十七年四十二當作三十二七百當作八百此傳寫誤實皆與劉歆同其餘唐虞及殷並同

商年數諸書互異

史記本紀竹書紀年商皆三十王晉語及漢書律歷

志則三十一王此一字似衍至其年數史記既不具而諸書又復互異左傳云商載祀六百律歷志云六百二十九年左傳正義引以證六百之說若竹書紀年則起癸亥終戊寅四百九十六年與左傳律歷志已絕異紀年固不足信矣而邵氏經世金氏通鑑前編又改爲六百四十四年更不知其何據胡渭洪範正論又於六百四十四年之外欲更進一年蓋因紂死于建丑月之初五日依夏正言之雖爲十二月若依商正則已是正月胡因有此五日故欲爲紂更延一年位號爭其體而此其用心良苦但未知確否萬

氏紀元彙考亦與胡說同則後人所益也

世表未妄補

三代世表末褚先生忽綴一段稱大將軍霍光爲黃帝後案光父中孺以縣吏給事平陽侯家與侍者衛少兒私通生去病中孺吏畢歸家娶婦生光少兒女弟子夫得幸武帝爲后去病以后姊子貴任光爲郎可謂瑣瑣膴仕不足道也少孫因光擅權爲此言以貢諛遙遙華胄至推爲黃帝苗裔抑何妄且陋哉

餘祭年表誤

十二諸侯年表吳餘祭四年是年爲魯襄公二十九

年歲在丁巳守門閽殺餘祭以下仍以餘祭紀年直至十七年以下始爲餘眛元年殊不可解吳世家餘祭在位十七年卒弟餘眛立則似餘祭并無被殺之事矣其實餘祭在位僅四年餘眛則在位十七年倒錯二王之年數耳索隱於世家辨之

周敬王以下世次

史記十二諸侯及六國表紀年歷然分明然自敬王以下年代世次諸說互異竊謂史記爲得其實年表敬王元壬午崩甲子凡四十三年其三十九年爲魯哀公十四年則獲麟之年也四十一年爲魯哀公十

六年則孔子卒之年也敬王實崩於哀公十八年敬王子元王元乙丑崩壬申凡八年元王子定王元癸酉崩庚子凡二十八年其元年爲魯哀公二十七年左傳盡此明年哀公卒其說如此左傳哀十九年叔青如京師敬王崩故也案其事似敬王有四十四年與史記異又汲郡紀年敬王元壬午崩乙丑凡四十四年元王元丙寅崩壬申凡七年較之史記敬王多一年元王少一年是敬王以哀公十九年崩矣然正義云叔青如京師自爲敬王崩未知敬王何年崩也考之魯事隱公三年三月平王崩至秋來求賻以魯

不會葬又不共奉王喪也文公八年八月襄王崩明年二月叔孫得臣如京師其怠緩也若是況哀公之季乎逾年始往固無足怪不得執此以疑史記也世本則以定王爲貞王且以敬王崩貞王介立貞王崩元王赤立其元王之名與史記名仁互異及以敬王亦爲崩於哀十九年皆姑置勿論惟史記元王爲定王父世本元王爲貞王子則迴不相合矣宋忠爲世本注亦疑而不能定夫年代既遠世次顛倒理固有之但本紀定王有三子爭立事長子去疾立是爲哀王立三月弟叔殺哀王自立是爲思王立五月弟嵬殺思王自立是爲考王此三王皆定王之子元王既無此事則馬遷於此不應亦誤世本未足信也杜預世族譜又以爲敬王四十二年崩敬王子元王十年春秋之傳終矣如此則敬王崩於癸亥元王元甲子崩癸酉其說與史記及左傳紀年世本諸書皆不同不知所據云何恐未足信且如此則敬王之崩叔青逾三年而會葬殊覺遠於情事矣最後皇甫謐作帝王世紀又謂敬王元己卯崩壬戌凡四十四年貞定王元癸亥崩壬申凡十年元王元癸酉崩庚子凡二十八年公子爭立立嵬爲考王年表己卯爲景王之

二十三年景王崩於辛巳凡二十五年如謐說則景王當削去三年以二十二年戊寅崩矣國語景王二十三年將鑄無射單穆公諫不聽二十四年鐘成二十五年王崩則謐之言妄矣且如此則敬王之崩叔青逾四年而往此尤必無之理也其以定王爲元王父亦襲世本而遂以三子爭立皆移爲元王以就其說但以十一年癸未三晉滅知伯則滅知伯乃十六年戊子事是年爲晉哀公四年魯悼公十四年在春秋後二十七年杜預引世家及年表以解左傳其事甚明吳師道校鮑彪戰國策注亦同安得以爲癸未

事乎又索隱亦從世本以定當爲貞字之誤而曰豈周家有兩定王代數又非遠乎皇甫謐見此疑而不決遂通於史記世本之錯謬因謂爲貞定王未爲得其實案國語景王崩王室大亂及定王王室遂卑又敬王十年劉文公萇宏欲城成周衞彪傒曰萇劉其不沒乎二十八年殺萇宏及定王劉氏亡是國語與史記合周有兩定王明矣革邪强改爲貞抑思國語所紀何容兩處並誤耶若所謂貞定王者據索隱係謐妄造今紀年亦作貞定而海寧周廣業云班氏古今人表亦作貞定則非謐妄造年代悠遠紀載錯互

但當闕疑不可强說

八書所本

史記八書采禮記大戴禮荀子賈誼新書等書而成至天官書一篇錢少詹大昕以爲當是取甘石星經爲之愚考此書漢藝文志巳不載而前明俗刻有之疑唐宋人僞託也

十七史商榷卷三

十七史商榷卷四

東吳王鳴盛述

史記四

魯世家與年表相違

魯世家徐廣注曰自悼公以下盡與劉歆歷譜合而反違年表未詳何故今考之平公世家二十二年卒若依年表當十九年其餘俱合無違反者惟年表悼公元年三桓勝魯如小侯此當在定王三年乙亥今誤入四年丙子魯共公元年此當在烈王二年丁未今誤入元年丙午則與世家遂多牴牾然哀公既卒

于定王二年甲戌則悼公元年自當在三年乙亥由此數之方與十四年知伯滅合豈徐廣于劉宋時所見之本已不免傳寫之誤邪又知伯滅之年爲晉哀公四年各書所載皆同但晉出公以十七年奔齊其年爲定王十一年癸未魯悼公九年也明年甲申晉國無君史記不詳其事蓋知伯專晉如季孫意如事而出公之卒當即在此一年中若今本史記于世家知伯滅又誤十四年爲十三賴有左傳正義所引正之甚矣刊誤之難也

滅楚名爲楚郡

楚世家秦將王翦破楚虜楚王負芻滅楚名爲楚郡云孫檢注云滅去楚名以楚地爲秦郡秦郡震澤王氏刻本作三郡疑是當從之秦莊襄王名楚本諱楚字故于破楚虜王後除去楚名而爲郡也楚郡之楚字疑衍三郡當謂南郡九江會稽如黔中固是後來所置非初滅六國時所有南海桂林象郡亦然且于楚亦僅羈縻非其疆域然如長沙郡則實楚地建爲郡者而孫檢但言三郡特約畧之詞耳其實當言四郡抑古人四字亦積畫作三故易混邪

孔子世家

以孔子入世家推崇已極亦復斟酌盡善王介甫妄議之全不考三代制度時勢不識古人貴貴尙爵之意困學紀聞史記正誤篇又載王文公及潏水李氏說皆非也

外戚世家附

外戚世家末褚先生附三段一段記武帝同母異父之姊修成君及衛子夫事又述衛青尙平陽主事一段記武帝所幸尹婕妤邢夫人事一段記鉤弋夫人事每段各系以論斷皆鄙瑣惟衛青尙主事甚詳此事史記于青傳只一句而漢書青傳則采用褚所補

語惟此稍可取

三召平

項羽本紀內廣陵人召平矯陳涉命封項梁呂后本紀內齊王相召平舉兵欲圍王（亦見高五王傳）蕭何世家內有故秦東陵侯召平種瓜城東三人皆同姓名非一人通鑑十三卷胡三省注已言之

四皓

四皓留侯輔立惠帝以致趙王如意母子冤死成呂氏之亂唐五王既殺二張奪武氏位當迎立太宗他子之子不但不當使中宗復辟并高宗之子皆不當立此二事者吾皆恨之

張負

史記高祖紀從王媪武負貰酒武負諸家皆不注漢書如淳注則云武姓也俗謂老大母爲阿負師古曰劉向列女傳云魏曲沃負者魏大夫如耳之母也此則古語謂老母爲負耳王媪王家之媪武負武家之母也絳侯周勃世家勃子亞夫爲河內守許負相之曰君後三歲而侯索隱引應劭漢書注云負河內溫人老媪也又云按楚漢春秋高祖封負爲鳴雌亭侯是知婦人亦有封邑然則負爲婦人之稱明矣若陳

丞相平世家戶牖富人張負有女孫平欲得之此張負則的係男子觀下文負既見陳平於邑中人家喪所又隨平至其家語甚明白而索隱乃云負是婦人老宿之稱或恐是丈夫一何淺謬

陳平邪說

陳平小人也漢得天下皆韓信功一旦有告反者閭左蜚語略無證據平不以此時彌縫其隙乃倡僞遊雲夢之邪說使信無故見黜其後爲呂后所殺直平殺之耳迨高祖命卽軍中斬樊噲而平械之歸噲呂氏黨也故平活之其揣時附勢如此且平六出奇計

而其解白登之圍特圖畫美人以遺閼氏計甚庸鄙又何奇焉

梁孝王世家附

梁孝王世家末附一段記梁孝王欲爲太子事又記梁孝王殺袁盎景帝使田叔案梁事已見田叔傳此重出可厭

五宗世家

五宗世家凡十三人皆景帝子以其母五人所生號爲五宗殊屬無理漢書改爲景十三王傳是也但其中臨江哀王閼于漢書作閼去于字景紀亦然則未詳

三王世家

三王世家武帝之子所載直取請封三王之疏及三封策錄之與他王敘述迥異則遷特漫爾鈔錄猶待潤色未成之筆也據漢書武五子傳武帝六男衞皇后生戾太子趙婕妤生昭帝王夫人生齊懷王閎李姬生燕剌王旦廣陵厲王胥李夫人生昌邑哀王髆遷但取閎旦胥不及戾太子及髆者閎旦胥之封在元狩六年遷書訖太初則三王自應入世家髆封于天漢四年既有所不及書而戾太子之敗在征和二

年遷固目擊其事前則因其爲太子不當入世家後則既敗不復補書且有所諱也

十七史商榷卷四

十七史商榷卷五

東吳王鳴盛述

史記五

正義改列傳之次

常熟毛氏刻集解及索隱皆伯夷列傳第一老子韓非列傳第三此元本也而震澤王氏刻以老子莊子居伯夷傳之前同爲一卷居第一申不害韓非爲一卷居第三蓋正義本也開元二十三年奉勑升老子莊子因老而類升張守節從之若監本老子伯夷同傳第一莊子韓非同傳第三則又是後人所定

刑名

老子韓非列傳云申不害者京人也學本於黃老而主刑名韓非者韓之諸公子也喜刑名法術之學刑非刑罰之刑與形同古字通用刑名猶言名實故其論云申子卑卑施之於名實商君列傳少好刑名之學義同陳氏瑚曰申韓之學其法在審合形名故曰不知其名復修其形形名參同用其所生又曰君操其名臣效其形形名參同上下和調蓋循名責實之謂也愚謂禮記王制篇云刑者侀也侀者成也一成而不可變墨子經上篇云力刑之所以奮也生刑與知處也皆以刑爲形呂氏春秋君守覽云皐陶作形高誘注引虞書五刑有服則知刑與形通矣漢張歐傳孝文時以治刑名傳太子師古引劉向別錄云申子學號曰刑名刑名者循名以責實其尊君卑臣崇上抑下合於六經

弟子籍

仲尼弟子列傳裴駰注引鄭元注如冄季字子産鄭元曰魯人秦祖字子南鄭元曰秦人之類既非論語注鄭又不注史記家語王肅私定鄭亦不見竟不知此爲鄭何書之注太史公曰弟子籍出孔氏古文然則亦是孔安國所得魯共王壞宅壁中取出書也蓋

康成曾注之壁中書如逸書逸禮康成皆不注而弟子籍則有注

弟子籍出孔氏古文所云少孔子若干歲云云的確可信

范雎傾白起殺之

白起破趙長平詐坑其卒四十萬自謂建不世之功孰知范雎已伺其後傾而殺之天道惡殺而好還豈不可懼哉若雎亦小人之尤也夫起在秦則可謂勞臣矣雎惡其偪已必置之死地而後快蓋自古權臣欲竊人主之威柄雖有良將在外務掣其肘使不得

成功甚且從而誅翦之其但爲一身富貴計而不爲人主計有如此者

張耳弑故主

張耳與陳餘共立趙王歇臣事之耳初無德於餘及耳與趙王歇保鉅鹿城爲王離章邯所困責陳餘出死力以救之陳餘救之不力其後項羽來救破秦於鉅鹿圍得解而耳遂紿奪陳餘兵此耳負餘也項羽立耳爲常山王餘襲攻耳耳亡走乃遂忘羽救鉅鹿及立已爲王之大恩而背楚歸漢此又耳之負羽也餘既定趙迎歇復爲趙王其後耳遂與韓信破趙擊

十七史商榷　卷　三十

斬餘泜水上亦已甚矣乃并趙王歇追殺之較羽之弑義帝殆有甚焉義帝奪羽兵柄而歇則無怨于耳特以憾餘并其故主殺之何得爲有人心者乎耳眞小人惟利是視身既善終子孫封侯五世乃絶不可解也漢功臣表師古注云張耳及子敖並無大功蓋以魯元之故呂后曲升之也此言甚確耳之後傳至漢末而儉且入黨錮之魁遂爲清流所推重刊章捕之不自詣吏慷慨對簿徒亡命自全坐藏匿而糜爛者且數千百人在黨人中亦爲下品

諸傳互見

六國之後惟魏豹韓信田儋三人有傳若魏王咎韓王成與夫趙王歇楚懷王孫心則其事已互見于他處故皆不爲列傳不欲贅出耳至諸田之稱王者多矣皆見儋傳中以儋實首事聊用爲標目耳辟陽侯審食其當入佞幸亦因事已他見故不贅出此隨事立文非有成例也六國獨燕無後所立韓廣臧荼皆非燕之子孫蓋燕遣荆軻刺秦王不中秦恨之刺骨燕亡後遂盡滅其族此史傳所不載而可以意揣者漢書皆因史記之舊惟有魏豹田儋韓王信三傳

韓信兵法

韓信既破趙軍斬成安君與諸將論所以勝趙之術因引兵法曰陷之死地而後生置之亡地而後存此

十七史商榷　卷五　四

二句當在武經七書某篇失記俟考六韜六卷尉繚子五卷司馬法三卷吳子六篇黃石公三略一篇唐李衛公問對一篇孫武子十三篇以上七書宋元豐間頒行武學至今仍之太史公自序云漢興蕭何次律令韓信申軍法漢書藝文志分兵書爲四種一權謀二形勢三陰陽四技巧權謀內有韓信三篇班氏論之云權謀者先計後戰兼形勢包陰陽用技巧者也又總論云自春秋至戰國出奇設伏變詐之兵作漢興張良韓信序次兵法凡百八十二家删取要用定著三十五家觀信引兵法以自證其用兵之妙且又著書三篇序次諸家爲三十五家可見信平日學問本原寄食受辱

時揣摩已久其連百萬之衆戰必勝攻必取皆本于平日學問非以危事嘗試者信書雖不傳就本傳所載戰事攷之可見其純用權謀所謂出奇設伏變詐之兵也形勢内有項王一篇項王嘗學兵法故良與信亦取而存之以項之形勢當信之權謀則敗矣

信自立爲假王

信定齊後若不自請立爲假王以鎮之高帝之忌而必欲殺之猶未必如此之甚也然張耳定趙自請立爲趙王以鎮之而高帝殊不介意耳庸材因人成事不足忌耳

信反面攻故主

信本項氏臣雖無異遇非有深嫌去而事劉可也反面而攻故主親斬殺之可乎故友鍾離眛爲漢所深怨窮而歸信即斬其首歸漢其傾危至此范睢怨魏齊欲殺之魏齊亡匿平原君所秦紿平原君入關而謂曰願使人歸取魏齊頭來不然吾不出君於關平原君曰魏齊者勝之友也在固不出也其意錚錚讀之令人氣壯信欲斬窮交以自贖仍不免被擒亦可羞矣陳平稱眛爲項王骨鯁之臣信固嘗與眛比肩事項王信親誅故主何有于故友眛欲依之固爲不智而信之惟利是視誠反覆小人鍾室之禍要非不幸也然千載而下有可爲信解嘲者初爲漢連敖坐法當斬同輩十三人皆斬訖信以滕公救得生死于鍾室較死于連敖差勝矣但薦信爲大將蕭何也紿信而斬之亦蕭何也曾不少憐焉何也何之傾危殆與信等

田榮擊殺田市

田儋定齊自立與其從弟榮榮弟橫俱起爲章邯破殺榮收餘兵走東阿邯追圍之賴項梁救之擊邯邯走而西榮乃得免齊人因儋死國無主乃立故齊王

建之弟假未爲大謬也而榮甫脫大阨旋擊逐假假亡走楚乃立田儋子市爲王榮相之亦可已矣及項梁以東阿之役追章邯而邯兵益盛乞兵於榮榮乃邀之使殺田假乃出兵楚以義不忍殺則遂坐視章邯敗殺項梁而不救其後項羽滅秦分立諸侯王乃徙田市王卽墨更封田都于臨淄田安于濟北而以田榮負項梁不肯出兵助楚不得王羽之主約人皆稱其不平而此事則未可非榮逐田都殺田安且擊殺田市於卽墨而并有三齊以自王何其戾也夫儋與榮橫三人爲從昆弟實齊之疎族而假爲故齊王

建之弟假之當立甚於儋其立也又非取之儋手榮必欲殺之悖暴已極乃因此讐項氏以德爲怨又并儋子市而殺之何哉誠喪心害理之尤者項氏之敗半爲田氏牽綴不西憂漢而北擊齊以此致亡漢宜心德田氏然其後田橫亡居海島高帝召之則恐其爲亂非眞欲赦之橫自知不免來而自殺高帝爲流涕葬以王禮高帝慣有此一副急淚藉以欺人屢矣不獨于田橫爲然心實幸其死非眞惜而哀之也

灌嬰於平諸呂爲有功

諸呂之平灌嬰有力焉方高后病甚令呂祿爲上將

軍軍北軍呂產居南軍其計可謂密矣卒使酈寄紿說呂祿歸將印以兵屬太尉而誅諸呂者陳平周勃之功也然其始惠帝崩高后哭泣不下此時高后奸謀甫兆使平勃能逆折其邪心安見不可撲滅者乃聽張辟彊狂豎之言請拜產祿爲將將兵居南北軍高后欲王諸呂王陵守白馬之約而平勃以爲無所不可然則成呂氏之亂者平勃也幸而產祿本庸才又得朱虛侯之忠勇平勃周旋其間而亂卒平功盡歸此兩人而孰知當留屯滎陽與齊連和之時嬰之遠慮有過人者齊王之殺其相而發兵奪琅琊王兵并將而西也此時呂祿獨使嬰擊之嬰高帝宿將諸呂方忌故大臣而危急之際一旦假以重兵此必嬰平日僞自結於呂氏若樂爲之用者而始得此於祿既得兵柄遂留屯滎陽得其變而共誅之其時呂氏亂謀急矣顧未敢猝發者彼見大將握重兵在外而與敵連和以觀變恐猝發而嬰倍之反率諸侯西向故猶豫未忍決於是平勃乃得從容定計奪其兵權而誅之然則平勃之成功嬰有以助之也然嬰不以此時亟與齊合引兵而歸共誅諸呂乃案兵無動者蓋太尉入北軍呂祿歸將印此其誅諸呂如振槁葉

耳若嬰合齊兵而歸遽以討呂氏爲名則呂氏亂謀發之必驟將印必不肯解而太尉不得入北軍矣彼必將脅平勃而拒嬰與齊之兵幸而勝之喋血京師不戕千萬之命不止此又嬰計之得也

十七史商榷卷五

十七史商榷卷六

東吳王鳴盛述

史記六

酈陸傳附

史記酈生陸賈傳末提行起附平原君朱建事此傳爲者誤提行當連寫觀論贊則附建事當亦是子長筆惟其中建勸黥布勿反云語在布傳而裴駰云布傳無此語此爲可疑但太史公贊言平原君子與余善是以得具論之則知此段仍子長筆也至此下又重述酈生初見沛公及說下陳留事語皆重見何用

贅出悉褚先生妄附益耳其中誤以籍孺閎孺爲一人此道聽塗說索隱已譏之而今皆與元文相亂何也

張恢先

史記鼂錯傳學申商刑名于軹張恢先所徐廣曰先即先生漢書則先直作生師古曰軹縣之儒生姓張名恢而此傳末有鄧公則漢書作鄧先師古曰鄧先猶云鄧先生也又匈奴傳匈奴見漢使非中貴人其儒先裴駰曰先先生也漢書先亦作生以先生爲先古有此語班氏改先爲生以其亦可單稱生也貢禹傳天子報禹曰朕以生有伯夷之廉史魚之直師古曰生謂先生也梅福傳叔孫先非不忠師古曰先先生也晉書郭璞傳璞好卜筮才高位卑著客傲曰無沈冥之韻而希風乎嚴先嚴先者嚴先生遵也

聶翁壹

史記韓長孺傳匈奴傳俱有聶翁壹漢書于韓傳作聶壹于匈奴傳則仍作聶翁壹蓋壹者其名翁者老稱方言周晉秦隴謂父爲翁故可省

匈奴大宛

匈奴贊但言春秋定哀多微詞又泛論宜擇將帥大宛贊只辨昆侖虛妄餘置不論傳中言案古圖書名

河所出山曰昆侖而贊則云惡睹所謂昆侖有味可想

大宛傳始之以張騫終之以李廣利敘騫事作結束之筆則云於是西北始通漢矣然張騫鑿空著其首倡邪謀也敘廣利事作提唱之筆則云欲侯寵姬李氏拜廣利爲貳師將軍以往伐宛見此舉志荒矣班氏以二人截分兩傳體例明整馬不如班文筆離奇班不如馬

往伐宛者數萬人入玉門者僅萬餘人死亡十之九又衛將軍傳云兩軍出塞官私馬十四萬匹復入塞

者不滿三萬匹言馬以見人也

衛將軍驃騎

衛將軍驃騎列傳敘述戰功雖詳而指摘其短特甚其論贊又補敘蘇建責大將軍至尊重而天下賢士大夫無稱宜招選賢者大將軍謝以奉法不敢招士與傳中和柔自媚等語相應其下則云驃騎亦放此意而末束以一句云其爲將如此論體應加褒貶此則敘述而止無所可否乃論之變例隱以見其人本庸猥用兵制勝皆竭民力以成功豈眞有謀略敵未滅無以家爲亦是自媚之詞非其本心上益重之者

與信燕齊怪迂士搤擊談神仙同一受欺耳此遷意也

李廣傳贊美其死天下知與不知皆盡哀忠心誠信于士大夫衛青傳贊則著其不肯招士位尊而天下賢士大夫無稱兩兩相形優劣自見乃青名爲不薦士而傾危如主父偃（漢書偃傳云立衛皇后偃有功焉此偃所以報青）殘賊如減宣皆其所薦又爲郭解請免徙關內然則青特不薦賢耳於不肖者未嘗不交通援引也

佞幸傳末忽贅二語云衛青霍去病亦以外戚貴幸然頗用材能自進一若以此二人本可入佞幸者子長措詞如此

公孫宏等

公孫宏及主父偃徐樂嚴安皆傾險浮薄之徒耳而其上書言事皆能諫止用兵蓋是時如若輩者猶倚正論以行其說武帝亦喜而恨相見晚武帝好文故愛其辭而不責其忤已偃既任用遂請城朔方以爲滅匈奴之本與初進議論大相矛盾矣

公孫宏以儒者致位宰相封侯乃與主父偃同傳張湯杜周皆三公也乃入之酷吏傳子長惡此三人特甚故其位置如此至班氏欲體裁整齊故遂提公孫

宏與卜式兒寬同傳而主父偃自與嚴助朱買臣輩同傳搭配停勻殊覺合宜不似子長之不倫不類矣至于張杜兩人在子長輕薄之則可豈料其子孫名臣相繼富貴烜赫自不便復入酷吏故班氏不得已而升入列傳夫兩人皆殘刻小人致位三公亦過矣乃其後復大昌誠不可解班氏求其故而不得故于湯傳贊則以湯雖酷烈及身蒙咎爲解見其餘殃不當又及子孫若杜周則善終者班氏幾無以爲解故於傳贊深致其疑訝而終解之曰自謂唐杜苗裔豈其然乎見得除非因此或當流慶此等措詞之妙班

直不讓馬矣吁自有馬班而二人之惡孝子慈孫百世不改若非良史則爲善者懼爲惡者勸史權不亦重哉蘇氏洵譏班以異張純之徒故升湯等于列傳誅未諒班之苦心湯之後有安世有放至東京則張純爲議禮名臣與鄭康成同傳周之後有延年至東京則杜篤在文苑傳而杜畿又魏之名臣杜預又晉之名臣直至唐之杜子美乃爲詩人并晁自子美以下始無聞遺澤之遠至千餘年代有名人

司馬相如

戰國策敘蘇秦貧賤時困阨之狀及佩趙國相印歸

而父母郊迎三十里妻側目而視側耳而聽史記司馬相如竊妻買酒舍酤酒令妻當鑪身著犢鼻褌滌器市中及拜中郎將建節馳傳使蜀太守郊迎縣令負弩矢前驅卓王孫喟然嘆自以使女得尚長卿晚漢書朱買臣貧爲妻所棄後拜會稽太守衣故衣懷印綬步歸郡邸守邸與上計掾吏驚駭遂乘傳去見故妻載之後車妻自經死三者止是一副筆墨史傳中寫小人得志情形亦多矣而國策史漢尤善描摹窮秀才誦之不覺眉飛色舞作四書八股文者每拈孟子齊人章題便將此段與會闌入毫端真

堪一噱然如蘇秦及買臣終得慘禍稍有識者猶知戒之若相如之事輕薄文人自許風流千載下猶豔羨不已自知道者觀之則深醜其行而不屑挂齒牙間也韋昭注相如事云言其無恥也昭本通經此言甚有識若司馬遷雖有識究屬文士頗有取于相如之文而載之譏之之意半取之之意亦半

司馬相如傳贊後人所亂

司馬相如傳贊太史公曰春秋推見至隱易本隱以之顯大雅言王公大人而德逮黎庶小雅譏小己之得失其流及上所以言雖外殊其合德一也相如雖多虛辭濫說然其要歸引之節儉此與詩之風諫何

異楊雄以爲靡麗之賦勸百風一猶馳騁鄭衛之聲曲終而奏雅不已虧乎余采其語可論者著於篇漢書贊全用其文但於首加司馬遷稱四字末尾刪余采其語云云大約史記一書爲後世妄人附益甚多楊雄云云乃班氏之言余采其語云云仍是司馬氏之元本不知何人妄取班以益司馬遂成此惑

儒林傳

子長於封禪平準等書匈奴大宛等傳直筆無隱至儒林傳則力表武帝之能尊儒又用蚡公孫宏本傳及他傳惡之殊甚而儒林傳則言蚡爲相始絀黃老

刑名百家之言而延儒者宏以春秋白衣爲三公而天下學士靡然鄉風皆是深許之且又詳載宏請置博士弟子等奏制曰可而結之曰自此以來則公卿大夫士吏斌斌多文學之士矣其歸功於武帝君臣如此此篇多是頌揚可謂不以人廢言惡而知其美也班氏所云不虛美不隱惡良信而先黄老後六經非子長本意明矣

公孫宏疾汲黯則請徙爲右内史疾董仲舒則請使相膠西王五宗世家言膠西于王端爲人賊戾所殺二千石甚衆宏之請使爲相欲殺之也與盧杞陷顔眞卿正同其後膠西王卒善待仲舒媢嫉者爲徒勞矣

酷吏傳

酷吏傳論稱十人蓋郅都甯成周陽由趙禹張湯義縱王溫舒尹齊減宣杜周也而其敘首中又帶敘侯封鼂錯二人共十二人鼂錯雖刻深究以文學進子長不忍抑之與刀筆吏及攻剽爲羣盗椎埋爲姦者伍故只用帶敘侯封則於敘首中已明目之爲酷吏矣而不數者子長意以酷吏惟郅都當景帝時餘皆盛於武帝之世侯封高后時人故略而不數於郅都傳中特提云是時民朴畏罪自重而都獨先嚴酷致行法民朴畏罪則固無所事重法矣而都獨先嚴酷云云者深著郅都實首惡以爲世戒也次敘甯成周陽由皆從景帝入武帝者而又特提云武帝即位吏治尚循謹甚然由居二千石中最爲暴酷末又結之云自成由後事益多民巧法大抵吏之治類成由等矣見酷吏多而吏治壞在武帝世也又次趙禹而言禹晚節吏愈嚴而禹治反名爲平其用意如此後又詳述盗賊滋起官事耗廢皆由酷吏所致乃又云慘酷斯稱其位一似自相矛盾者衍其詞耳

十二人中得免禍良死者僅趙禹尹齊杜周三人而已棄市者五人自殺者三人髡鉗者一人楊僕不應提行另起必是後世陋儒所改非子長元本班氏因此遂以楊僕列酷吏數中子長不數也詳覈史記原文自明且僕爲將軍班以征伐事皆入酷吏傳尤不類　班氏於十二人之後增益耶宜以下四人田廣明田延年嚴延年尹賞也良死者僅尹賞而已餘三人共二皆棄市共一自殺

通飲食

史記酷吏傳盗賊滋起乃使范昆等發兵興擊斬首大部或至萬餘級及以法誅通飲食坐連諸郡甚者數千人通飲食坐連漢作通行飲食坐相連彼尹賞

傳云守長安令捕長安中輕薄少年惡子數百人皆劾以爲通行飲食羣盜又元后傳繡衣御史暴勝之等奏殺二千石誅千石以下及通行飲食坐連及者通飲食之義如此

後書陳寵傳寵子忠上疏曰穿窬不禁則致彊盜彊盜不斷則爲攻盜故亡逃之科憲令所急通行飲食罪致大辟注通行飲食猶今律云過致資給與同罪也飲音蔭食音寺

滑稽傳附

滑稽傳末褚先生附甚多若王夫人請封其子於齊

事重出可厭鄴令西門豹事又不當附滑稽

史通駁史記

史通曰太史公述儒林則不取游夏之文學著循吏則不言冉季之政事至於貨殖爲傳獨以子貢居先成人之美不其缺如愚謂游夏冉季子貢已載仲尼弟子列傳史通妄也困學紀聞有史記正誤篇愚謂子長與經傳牴牾處誠多至如史通此條紀聞亦取之則無識

太史公

自序篇內自談爲太史公以下一段敘其父談事凡六稱太史公皆指談也自太史公曰先人有言云云以下既述父談之言又與上大夫壺遂相往復又自述遭李陵之禍作史記事凡四稱太史公皆自謂至其下文云漢興文學彬彬稍進百年之間天下遺文古事靡不畢集太史公此則又屬其父其下又云太史公仍父子相續纂其職則標明其父子相繼爲太史令故皆得稱太史公之旨其下又序作紀表書世家列傳凡百三十篇爲太史公書序略此稱父子共之末又總結之曰太史公曰余述黃帝以來至太初而訖此太史公則又屬自稱若本紀列傳等篇之贊

所云太史公曰者則亦皆自稱班氏誤以談言爲遷言蓋因名稱參錯遂自致淆

司馬氏父子異尚

太史公自序述其父談論六家要指謂陰陽儒墨名法道德也其意以五家各有所長亦各有所短並致其不滿之詞而獨推崇老氏道德謂其能兼有五家之長而去其所短且又特舉道家之指約易操事少功多與儒之博而寡要勞而少功兩兩相校以明孔不如老此談之學也而遷意則尊儒父子異尚猶劉向好穀梁而子歆明左氏也觀其下文稱引董仲舒

之言隱隱以已上承孔子其意可見

漢初黃老之學極盛君如文景宮闈如竇太后宗室如劉德將相如曹參陳平名臣如張良汲黯鄭當時直不疑班嗣漢敘傳處士如蓋公曹參傳鄧章袁盎傳王生張釋之傳蓋寬饒傳亦有王生其議論絕類老氏但爲太子庶子且與文帝時代隔遠與釋之傳中王生非一人黃子司馬遷傳楊王孫傳自有安丘望之見後書耿弇傳等皆宗之東方朔戒子以首陽爲拙柱下爲工應劭曰老子爲周柱下史朝隱故終身無患是爲工也是亦宗黃老者而遷獨不然漢本傳贊謂遷論大道先黃老而後六經此本班彪之言見後漢本傳而固述之桓譚謂大司空王邑納言嚴

尤曰老聃著虛無之言兩篇薄仁義非禮樂然好之者以爲過於五經自漢文景之君及司馬遷皆有是言班彪桓譚皆誤以談之言即遷之意

漢敘傳述其從父嗣好黃老父彪則尊儒遷意與班同但不便斥老斥老則形父之短耳

膠西蓋公善治黃老言曹參爲齊相厚幣請之蓋公爲言治道貴清靜而民自定參於是避正堂舍蓋公其治要用黃老術及入爲相國壹遵蕭何約束日夜飲酒不事事民歌之曰蕭何爲法較若畫一曹參代之守而勿失載其清靜民以寧壹蓋蕭曹皆學黃老者張良陳平同傳平傳稱少好讀書治黃帝老子之術而良愛黃石公書是良平二人皆黃老也

裴注引衛宏非是

裴駰於自序末引衛宏漢舊儀注云司馬遷作景帝本紀極言其短及武帝過武帝怒而削去之後坐舉李陵陵降匈奴故下遷蠶室有怨言下獄死今觀景紀絕不言其短又遷下蠶室在天漢三年後爲中書令尊寵任職其卒在昭帝初距獲罪被刑蓋已十餘年矣何得謂下蠶室有怨言下獄死乎與情事全不合皆非是

十七史商榷卷六

廿二史劄記·史記

［清］趙翼

清嘉慶五年湛貽堂刻本

廿二史劄記卷一

陽湖　趙翼　雲崧

司馬遷作史年歲

司馬遷報任安書謂身遭腐刑而隱忍苟活者恐沒世而文采不表於後世也論者遂謂遷遭李陵之禍始發憤作史記而不知非也其自序謂父談臨卒屬遷論著列代之史父卒三歲遷爲太史令卽紬石室金匱之書爲太史令五年當太初元年改正朔正值孔子春秋後五百年之期於是論次其文會草創未就而遭李陵之禍惜其不成是以就刑而無怨是遷爲太史令卽編纂史事五年爲太初元年則初爲太史令時乃元封二年

也元封二年至天漢二年遭李陵之禍已十年又報任安書內謂安抱不測之罪將迫季冬恐卒然不諱則僕之意終不得達故畧陳之安所抱不測之罪緣戾太子以巫蠱事斬江充使安發兵助戰安受其節而不發兵武帝聞之以爲懷二心故詔棄市此書正安坐罪將死之時則征和二年間事也自天漢二年至征和二年又閱八年統計遷作史記前後共十八年況安死後遷尚未亡必更有刪訂改削之功蓋書之成凡二十餘年也其自敘末謂自黃帝以來至太初而訖乃指所述歷代之事止於太初非謂作史歲月至太初而訖也李延壽作南北史凡十七年歐陽修宋子京修新唐書亦十七年司馬溫公作資治通鑑凡十九年遷作史之歲月更有過之合班固作史之歲月並觀之可知編訂史事未可聊爾命筆矣元末修宋遼金三史不過三年明初修元史兩次設局不過一年毋怪乎草率荒謬爲史家最劣也

班固作史年歲

漢書武帝以前紀傳表多用史記文其所撰述不過昭宣元成哀平王莽七朝君臣事蹟且有史遷創例於前宜其成之易易乃考其始末凡經四人手閱三四十年始成完書然後知其審訂之密也據後漢書班固傳固父彪接遷書太初以後繼採遺事傍貫異聞作後傳數

十篇是彪已有撰述也固以父書未詳欲就其業會有人告其私改國史明帝閱其書而善之使固終成之固乃起高祖終於孝平王莽之誅十有二世二百三十年爲紀表志傳凡百篇自永平始受詔積二十餘年至建初中乃成是固成此書已二十餘年其八表及天文志尚未就而固已卒和帝又詔其妹昭就東觀藏書閣踵成之是固所未成又有妹爲之卒業也漢書始出多未能通馬融伏於閣下從昭受讀後又詔融兄續繼昭成之是昭之外又有馬續也百篇之書得之于史遷者已居其半其半又經四人之手而成其後張衡又條上漢書與典籍不合者十餘事盧植馬日磾楊彪蔡邕韓說

等校書東觀又補續漢記則是書亦尚有未盡善者益
作著書之難也

各史例目異同

古者左史記言右史記事言爲尚書事爲春秋其後沿爲編年記事二種記事者以一篇記一事而不能統貫一代之全編年者又不能即一人而各見其本末司馬遷参酌古今發凡起例創爲全史本紀以序帝王世家以記侯國十表以繫時事八書以詳制度列傳以誌人物然後一代君臣政事賢否得失總彙於一編之中自此例一定歷代作史者遂不能出其範圍信史家之極則也魏禧序十國春秋謂遷僅工於文班固則密於體

廿二史劄記　卷一　史記　漢書　三

以是爲史漢優劣不知無所因而特創者難爲功有所本而求精者易爲力此固未可同日語耳至於篇目之類固不必泥於一定或前代所有而後代所無或前代所無而後代所有自不妨隨時增損改換今列二十二史篇目異同于左

本紀　古有禹本紀尚書世紀等書遷用其體以敘述帝王惟項羽作紀頗失當故漢書改爲列傳三國志亦但有魏紀而吳蜀二主皆不立紀以魏爲正統故也後漢書又立皇后紀蓋仿史漢呂后紀之例不知史遷以政由后出故高紀後即立后紀至班固則先立孝惠紀孝惠崩始立后紀其體例已截然以少帝既廢所立者非劉氏子故不得以偽主紀年而歸之於后也若東漢則各有帝紀即女后臨朝而用人行政已皆編在帝紀內何必又立后紀新唐書武后已改唐爲周故朝政則編入后紀宮闈瑣屑事仍立后傳較有斟酌宋史度宗本紀後附瀛國公及二王不曰帝而曰瀛國公曰二王因以著其不成爲君而猶附於紀後則以其正統緒餘已登極建號不得而沒其實也至馬令陸游南唐書作李氏本紀吳任臣十國春秋爲僭大號者皆作紀殊太濫矣其時已有梁唐晉漢周稱紀諸國皆偏隅何得亦稱紀耶金史於太祖本紀之前先立世紀以敘其先世此又仿尚書世紀之名最爲典切

廿二史劄記　卷一　史記　漢書　四

世家　史記衛世家贊余讀世家言云云是古來本有世家一體遷用之以記王侯諸國漢書乃盡改爲列傳（按班固傳改世家爲列傳係其父彪所倡）傳者傳一人之生平也王侯開國子孫世襲故稱世家今改作傳而其子孫嗣爵者又不能不附其後究非體矣然自漢書定例後歷代因之晉書於僭僞諸國數代相傳者不曰世家而曰載記蓋以劉石苻姚諸君有稱大號者不得以侯國例之也歐陽修五代史則於吳南唐前蜀後蜀南漢北漢楚吳越閩南平皆稱世家宋史因之亦作十國世家遼史於高麗西夏則又變其名曰外記

表　史記作十表昉於周之譜牒與紀傳相爲出入凡

列侯將相三公九卿功名表著者既爲立傳此外大臣無功無過者傳之不勝傳而又不容盡沒則於表載之作史體裁莫大於是故漢書因之亦作七表以史記中三代世表十二諸侯年表六國表皆無與於漢也其餘諸侯皆本史記舊表而增武帝以後沿革以續之惟外戚恩澤侯表史記所無又增百官公卿表最爲明晰另有古今人表既非漢人何煩臚列且所分高下亦非定評殊屬贅設也後漢三國宋齊梁陳魏齊周隋及南北史皆無表新唐書宰相方鎮宗室世系三表薛五代史無表歐五代史亦無表但有十國世家年譜宋史有宰相宗室二表遼史立表最多有世表皇子表公主表皇族表外戚表遊幸表部屬表屬國表表多則傳可省此作史良法也金史宗室交聘二表元史后妃宗室世系諸王公主三公宰相六表明史諸王功臣外戚宰輔七卿共五表（後人有因各史無表而補之者伏無忌黃景作諸王王子功臣恩澤侯表邊韶崔寔延篤作百官表皆不傳袁希之又有漢表熊方有補漢表李燾作歷代宰相年表皆所以補前人之缺近時萬斯同又取歷代正史之未著表者一一補之凡六十篇並以明史表十三篇最爲詳贍）

書志　八書乃史遷所創以紀朝章國典漢書因之作十志律歷志則本於律書歷書也禮樂志則本於禮書樂書也食貨志則本於平準書也郊祀志則本於封禪書也天文志則本於天官書也溝洫志則本於河渠書也此外又增刑法五行地理藝文四志其後律歷禮樂天文地理刑法歷代史皆不能無後漢書改地理爲郡國又增禮儀祭祀百官輿服四志三國無志晉宋齊書大概與前書同惟宋書增符瑞志齊書亦有祥瑞志梁陳書及南史無志魏書改天文爲天象地理爲地形祥瑞爲靈徵餘皆相同而增官氏釋老二志齊周及北史皆無志隋書本亦無志今志乃合梁陳齊周隋并撰者其藝文則改爲經籍新唐書增儀衛選舉兵制三志薛五代史志類有減無增歐五代史另立司天職方二考亦即天文地理而變其名也宋史諸志與前史名目多同惟遼史增營衛捺鉢部族兵衛諸志其國俗然也金元二史志目與宋史同惟少藝文耳明史志目與宋史同其藝文志內專載明人著述而前代書流傳於世者不載

列傳　古書凡記事立論及解經者皆謂之傳非專記一人事蹟也（說見陔餘叢考）其專記一人爲一傳者則自遷始又於傳之中分公卿將相爲列傳其儒林循吏酷吏刺客游俠佞幸滑稽日者龜策貨殖等又別立名目以類相從自後作史者各就一朝所有人物傳之固不必盡拘遷史舊名也如漢書少刺客滑稽日者龜策四傳而增西域傳蓋無其人不妨缺有其事不妨增至外夷傳則又隨各朝之交兵通貢者而載之更不能盡同也惟貨殖一款本可不立傳而漢書所載貨殖又多周秦時人與漢無涉殊亦贅設後漢書於列傳儒林循吏酷吏外

又增宦者文苑獨行方術逸民列女等傳三國志名目有減無增晉書改循吏爲良吏方術爲藝術不過稍易其名又增孝友忠義二傳其逆臣則附於卷末不另立逆臣名目宋書但改佞幸爲恩倖其二凶亦附卷末齊書改文苑爲文學良吏爲良政隱逸爲高逸孝友忠義爲孝義恩倖爲倖臣亦稍變其名其降敵國者亦附卷末梁書改孝義爲孝行又增止足一欵其逆臣亦附卷末陳書及南史亦同惟侯景等另立賊臣名目後魏書改孝行爲孝感忠義爲節義隱逸爲逸士宦者爲閹官亦稍變其名其劉聰石勒晉宋齊梁俱入外國傳北齊各傳名目無所增改周書增附庸一欵隋書改忠義爲

誠節孝行又爲孝義餘皆與前史同而以李密楊元感次列傳後宇文化及王世充附于卷末北史各傳名目大概與前史同增僭僞一欵舊唐書諸傳名目亦與前史同其安祿山等亦附卷末不另立逆臣名目新唐書增公主藩鎮姦臣三欵逆臣中又分叛臣逆臣爲二亦附卷末薛五代史增世襲一欵歐五代史另立家人義兒伶官等傳其歷仕各朝者謂之雜傳又分忠義爲死節死事二欵又立唐六臣傳蓋五代時事多變局故傳名亦另刱也宋史增道學一欵及周三臣傳餘與前史同遼史改良吏爲能吏餘與前史同另有國語解金史無儒學但改外戚爲世戚文苑爲文藝餘與前史同亦另有國語解元史增釋老餘亦與前史同明史各傳名目亦多與前史同增閹黨流賊及土司傳

史記編次

史記列傳次序蓋成一篇卽編入一篇不待撰成全書後重爲排比故李廣傳後忽列匈奴傳下又列衛青霍去病傳朝臣與外夷相次已屬不倫然此猶曰諸臣事皆與匈奴相涉也公孫宏傳後忽列南越東越朝鮮西南夷等傳下又列司馬相如傳相如之下又列淮南衡山王傳循吏後忽列汲黯鄭當時傳儒林酷吏後又忽入大宛傳其次第皆無意義可知其隨得隨編也

褚少孫補史記不止十篇

漢書司馬遷傳謂史記內十篇有錄無書顔師古注引張晏曰遷沒後亡景紀武紀禮書樂書兵書漢興以來將相年表日者列傳三王世家龜策列傳傅靳蒯成列傳凡十篇元成間褚少孫補之文詞鄙陋非遷原本也是少孫所補祇此十篇然細按之十篇之外尚有少孫增入者如外戚世家增尹邢二夫人相避不相見及鉤弋夫人生子武帝將立爲太子而先賜鉤弋死又衛青本平陽公主騎奴後貴爲大將軍而平陽公主寡居遂以青爲夫等事田仁傳後增仁與任安皆由衛青舍人選入見帝二人互相舉薦帝遂拔用之等事又張蒼申屠嘉傳後增記征和以後爲相者車千秋之外有韋賢

魏相丙吉黄霸皆宣帝時也韋元成匡衡則元帝時也此皆少孫別有傳附綴於各傳之後今史記內各有褚先生曰以別之其無褚先生曰者則于正文之下另空一字以爲識別此少孫所補顯然可見者也又有就史遷原文而增改者楚元王世家後敘其子孫有至地節二年者則宣帝年號也齊悼惠王世家後敘朱虛侯子孫有至建始三年者則成帝年號也此亦皆在遷後而遷書內見之則亦少孫所增入也又史記匈奴傳太初四年且鞮侯單于立其明年浞野侯亡歸又明年漢使李廣利擊右賢王於天山又使李陵出居延陵敗降匈奴則天漢二年也又二年漢使廣利出朔方與匈奴連

戰十餘日廣利聞家已族滅遂降匈奴則應是天漢四年事然漢書武帝紀天漢二年李陵降匈奴與此傳同而廣利之降則在征和三年距天漢四年尚隔七年殊屬歧互不知者必以史遷爲及身親見與班固事後追書者不同自應以史記爲準然征和元年巫蠱事起二年太子斬江充戰敗自殺而廣利之降則以太子既死之明年廣利出擊匈奴丞相劉屈氂餞於郊外廣利以太子既死屬屈氂勸上立昌邑王爲太子昌邑王者廣利妹李夫人所生子廣利甥也此語爲人所告發帝遂誅其家廣利聞之乃降匈奴是廣利之降在衛太子死後而太子之死實在征和二年此等大事漢書本紀編年記載斷無差誤則廣利之降必不在天漢四年明矣再以漢書匈奴傳核對則李陵降匈奴以前皆與史記匈奴傳同陵降後二年廣利出兵與單于連戰十餘日無所得乃引還並未降匈奴也又明年匈奴且鞮侯單于死狐鹿姑單于立是爲漢太始元年狐鹿姑立六年遣兵入寇上谷五原酒泉漢乃又遣廣利出塞戰勝追北至范夫人城聞妻子坐巫蠱事被收乃降匈奴計其歲年正是征和三年之事與武帝紀相合則知史記匈奴傳末所云天漢四年廣利降匈奴者非遷原本也遷是時目擊其事豈有錯誤年歲至此蓋遷所作傳僅至李陵降後二年廣利出塞不利引還便止遷自敘謂訖於太初則並在陵降匈奴之前

而褚少孫於數十年後但知廣利降匈奴之事不復細考年代即以係於天漢四年出兵之下故年代錯誤也可知史記十篇之外多有少孫所竄入者

按史公自敘十二本紀八書三十世家七十列傳共百三十篇五十二萬六千五百字是史公已訂成全書其十篇之缺乃後人所遺失非史公未及成而有待於後人補之也班固作遷傳但云十篇有錄無書而不言少孫所補然班書內燕王旦等封策及平陽公主以衛青爲夫等事皆採少孫語入列傳則知少孫所補久附史記並傳矣

又按史公自序作武帝紀謂漢興五世隆在建元外

攘夷狄內修法度興封禪改正朔易服色故作今上本紀是遷所作武紀凡征匈奴平兩越收朝鮮開西南夷以及修儒術改夏正等事必按年編入非僅侈陳封禪一事也今少孫所補則係全取封禪書下半篇所敘武帝事遂以作武帝本紀凡封禪書中所云今上皆改曰武帝（中尚有一今上字未改）其文字稍異者惟亳人謬忌武紀改云薄誘忌少翁以書置牛腹中天子識其手書武紀改云天子疑之有識其手書者而已武紀贊亦全用史公封禪書後文無一字改易因思少孫所補大概多抄錄舊文不必自作如龜策傳內宋元王與衛平論龜之文皆是韵語此必學故中本有此

文字其後所云首仰首俛足開肣開之類亦是當時龜卜成法特少孫抄入以補缺耳至扁鵲倉公傳雖非少孫所補然淳于意答文帝詔問之語所治何人所療何症自成一篇亦必當時有此現成文字而抄入者使史遷爲之必不如此瑣屑竊意扁鵲傳史遷原文也倉公傳亦少孫抄入者也

褚少孫沛人嘗受詩于王式後應博士弟子選由是魯詩有張唐褚氏之學（張長安唐長賓與少孫同受業王式漢書儒林傳）

史記有後人竄入處

史記田儋傳贊怨言蒯通辨士著書八十一篇項羽欲封之而不受此事與儋何涉而贊及之司馬相如傳贊謂相如雖多虛詞濫說然其要歸引之節儉揚雄以爲靡麗之賦勸百諷一猶馳騁鄭衛之音曲終而奏雅不已虧乎余采其語可論者著於篇云云按雄乃哀平王莽時人史遷何由預引其語此并非少孫所補而後人竄入者也漢書相如傳贊正同豈本是班固引雄言作贊而後人反移作史記傳贊耶外戚世家敘衛子夫得幸之處不曰今上而曰武帝此或是少孫所改耳

史記律書即兵書

史記所缺十篇張晏謂禮書樂書兵書顏師古據史記目錄但有律書而無兵書以駁張晏之誤不知律書即兵書也遷自序云非兵不強非德不昌司馬法所從來

尚矣太公孫吳王子（徐廣曰王子成甫）能紹而明之故作律書云云是遷所作律書即兵書也今褚少孫所補序亦云六律爲萬事根本其於兵械尤重遂極論秦時黷武漢定天下偃兵息戰等事是亦尚見兵律相關之意而其他則又專序律呂上生下生之法與兵事毫不相涉此最無頭緒蓋少孫補作時見遷序目有司馬法太公孫吳字樣故其序以兵律相關爲言至其正文則以律書爲名遂專取律呂以實之而與兵事不相涉也張晏謂兵書者專指史遷序目而言顏師古駁之者專據少孫所補律呂而言度史遷原文必有兵與律相應之故惜不可考矣

史記變體

史記曹參世家敘功處絕似有司所造冊籍自後樊噲酈商夏侯嬰灌嬰傳靳歙周緤等傳記功俱用此法并細敘斬級若干生擒若干降若干人又分書身自擒斬若干所將卒擒斬若干又總敘攻得郡若干縣若干擒斬大將若干裨將若干二千石以下若干纖悉不遺另成一格蓋本分封時所據功冊而遷料簡存之者也張良傳以諸將未定封上急趣丞相御史定功行封是必先有功冊然亦可見漢初起兵即令諸將各立簿籍以紀勞績無枉無濫所以能得人死力以定大業也又張蒼任敖周昌合爲一傳竇嬰灌夫田蚡亦合爲一傳似斷不斷似連不連此又是一體漢書皆全

用之漢書韓安國傳下半篇全載王恢與安國辨論擊匈奴事一難一答至十餘番不下斷語亦一奇格

漢王父母妻子

高祖稱漢王之二年定三秦將五諸侯兵破彭城尋爲項羽所敗西奔過沛使人求家室家室已亡去道遇孝惠魯元公主載以行而家屬反遇楚軍爲羽所得常置軍中爲質據史記謂是時羽取漢王父母妻子置軍中漢書則但謂取太公呂后而不言父母妻子其後羽與漢王約中分天下以鴻溝爲界遂歸漢王家屬據史記謂歸漢王父母妻子而班書亦但言歸太公呂后而不言父母妻子蓋以高祖之母久已前死高祖起兵時母死於小黃羽所得者但有太公呂后而以史記所云父母妻子者不過家屬之通稱非眞有母與子在項羽軍中故改言太公呂后也不知高祖母雖已前死而楚元王爲高祖異母弟則高祖尚有庶母也史記謂同母少弟漢書則謂同父少弟顏師古注曰同父則知其異母也按楚王傳贊稱曰高帝大封同姓庶弟元王王楚四十餘城則元王乃異母弟無疑陸機漢高功臣頌侯公伏軾皇媼來歸正指侯公說項羽歸漢王家屬之事曰皇媼來歸明言漢高之母也孝惠帝尚有庶兄肥後封齊爲悼惠王當高祖道遇孝惠時與孝惠偕行者但有魯元公主則悼惠未偕行可知也悼惠既未偕行又別無投歸高祖之事則必與太公呂后同爲羽所得故高祖有子在項軍也然則史記所謂父母妻子乃無一字虛設而漢書改云太公呂后轉疏漏矣

五世相韓

史記稱張良以五世相韓故爲韓報仇然五世指韓王而言謂韓王五世皆張氏爲相非張氏五世皆相韓也良大父開地相韓昭侯及宣惠王襄哀王良父相釐王及悼惠王是爲五世顏師古註從昭侯至悼惠王凡五君也

過秦論三處引用

賈誼過秦論大指謂秦尚法律不施仁義以至一夫作難天下土崩史遷用之秦本紀後最爲切當乃褚少孫又引之於陳涉世家後則以其中有陳涉甕牖繩樞之子數語故牽用之然已非正旨矣班固又於陳涉項羽

傳後引此及史遷所論項羽者以作二人傳贊未免數典而忘其祖也　再漢書武帝以前紀傳多用史記文而即以為已作未嘗自言引用史遷云云所引過秦論及戰國策陸賈新語之文亦即以為已作未嘗自言引用某人蓋古人著述往往如此不以抄竊為嫌也（漢書五行志記秦始皇滈池君遺璧之事卻書明引用史記之文）

史記自相歧互處

史記田儋傳項梁趣齊進兵共擊章邯儋欲楚殺田假然後出兵據項羽紀項梁曰假與國之王窮來歸我殺之不義而田榮傳則以此語為楚懷王之言

齊悼惠王傳悼惠子哀王將發兵誅諸呂乃先誘燕王

劉澤入齊使祝午至燕發其國兵并將之澤不得歸乃願往長安議立哀王為帝哀王遂資其行而澤傳不言被誘入齊事但云太后崩澤即曰帝少諸呂用事劉氏孤弱遂與齊合兵而澤先至長安（漢書亦同）

朱建傳謂黥布欲反建諫之不聽布誅建得不誅事在黥布傳中云云今布傳無此語

佞幸傳序高祖有籍孺孝惠有閎孺而朱建傳又云孝惠有閎籍孺是并二人為一人漢書亦云閎籍孺

酈食其傳既敘食其見高祖之事而朱建傳又重敘酈生見高祖之事與彼傳小異

周仁傳仁以不潔清得幸景帝崩仁尚為郎中令終無所言景帝以此再自幸其家按既云景帝崩乃又云景帝再幸其家文義不順漢書刪景帝崩三字便明

田仁傳戾太子斬江充發兵與丞相劉屈氂戰之事既云丞相令司直田仁閉守城門因縱太子下吏誅死下又云仁發兵長陵令車千秋上變仁族死陘城文既繁複且不可解

史漢不同處

一代修史必備眾家記載兼考互訂而後筆之於書觀各史藝文志所載各朝文士著述有關史事者何啻數十百種當修史時自必盡取之彼此校核然後審定去取其所不取者必其記事本不確實故棄之而其書或

間有流傳好奇之士往往轉據以駁正史此妄人之見也即如班固作漢書距司馬遷不過百餘年其時著述家豈無別有記載倘遷有錯誤固自當據以改正乃今以漢書比對武帝以前如高祖紀及諸王侯年表諸臣列傳多與史記同并有全用史記文一字不改者然後知正史之未可輕議也其間有不同者張泌有漢書刊誤朱子文有漢書辨正劉巨容有漢書纂誤今皆不傳現存者惟劉攽漢書刊誤吳仁傑兩漢刊誤補遺皆不過就本書中穿穴訂正非於此二書外別有援據以資辨駁也劉仁翁有班馬異同蓋亦就史記漢書歧互處分別指出今少有其本姑以二書比對摘其不同者列

於後

韓信擊魏豹史記在漢三年漢書在二年韓信襲殺龍且史記在三年漢書在四年諸侯會垓下史記在四年漢書在五年項羽使海春侯曹咎守成皋爲漢王所虜史記在劉項同軍廣武之後漢書在同軍廣武之前徙王韓信於楚史記在漢王即帝位後漢書在殺羽未即位前蕭何造未央宮史記在八年漢書在七年黥布封九江王後史記謂七年朝陳八年朝洛陽漢書謂六年朝陳七年朝洛陽二書紀事每差一年

項羽陳涉二人史記稱項王陳王漢書改爲列傳故皆稱名

史記項羽立田都爲齊王田榮怒乃殺都自立爲齊王漢書謂榮攻都都走降楚

史記項紀高紀皆言項羽徙義帝長沙郴使衡山王臨江王擊殺義帝漢書高紀則云羽使九江王布擊殺義帝于郴（師古注謂衡山臨江九江三王羽皆使殺義帝而擊殺者乃九江王也）

史記項紀楚軍敗于定陶項梁死楚懷王恐乃從盱眙徙彭城并項羽呂臣軍自將之漢書謂羽與沛公等聞項梁死乃徙懷王都于彭城

項羽分王諸將史記先敘諸將分王畢方敘徙楚懷王於長沙漢書則先敘徙懷王然後分王諸將

史記分王諸將韓王成都陽翟漢書無都陽翟三字以成雖有此封實未至國也（按史記成無軍功羽不使之國與俱至彭城殺之）

史記田榮擊殺濟北王田安并王三齊漢書彭越擊殺田安榮遂王三齊

史記項羽美人名虞漢書謂姓虞氏

史記漢騎將追項羽爲羽所叱人馬俱驚者爲赤泉侯而不著姓名漢書則曰楊喜然史記羽死後分其四體者有楊喜又不言即赤泉侯

史記張耳傳外黃富人女嫁庸奴亡其夫去抵父客謂所嫁者乃庸奴故逃之至父客處也漢書謂庸奴其夫亡抵父客則富人女以夫爲庸奴故去之也

史記盧綰陳豨分兩傳漢書兩人合爲一傳以綰之反

因陳豨事見疑而起也

荆王劉賈史記謂不知其何屬漢書謂高祖從父兄

燕王劉澤史記謂諸劉遠屬漢書謂高祖從祖兄弟

任敖傳史記謂高后崩敖不與大臣共誅諸呂故免官漢書謂與大臣共誅諸呂後坐事免官

史記倪寬在儒林尚書條內董仲舒在儒林春秋條內漢書皆改入列傳

史記循吏傳載周秦間人孫叔敖子產公儀休石奢李離漢書所載則文翁王成王霸朱邑龔遂召信臣皆漢人也

史記張湯在酷吏傳漢書以其子孫多爲名公卿乃以

湯另入列傳其他酷吏游俠佞幸內較史記各有所增則皆遷以後人也惟貨殖傳多仍史記之舊列入白圭猗頓烏氏倮巴寡婦清等但去子貢耳試思漢書也而敘周秦間人耶

史記儒林傳以詩爲首次尚書次禮次易次春秋漢書儒林傳以易爲首次尚書次詩次禮次春秋

史記高祖爲亭長以竹皮爲冠令求盜之薛治之求盜者亭長之卒也薛有作冠師故令其副至薛使冠師治之漢書但云令求盜之薛治刪一之字便不明

史記秦始皇以東南有天子氣乃東游以厭之高祖卽自疑隱于芒碭山澤之間呂后以其所居處常有雲氣求輒得之漢書刪却卽自疑三字高祖以匹夫而以天

子自疑正見其志氣不凡也漢書刪此三字便覺無意

史記沛公破豐命雍齒守之齒以豐降魏沛公攻之不能下項梁益沛公五千兵攻豐而不言攻之勝負漢書則云攻豐拔之雍齒奔魏

史記漢王敗入關又東出袁生說漢王出武關令滎陽成臯間且得休息漢書作轅生

陳涉傳漢書改伍徐曰伍逢朱房曰朱防

史記項羽燒秦宮室東歸說者譏其沐猴而冠漢書說者乃韓生也

吳王濞傳史記高祖封兄仲爲郃陽侯漢書作合陽侯

韓信傳史記漢王之敗彭城信收兵與漢王會滎陽漢書謂信發兵與漢王會滎陽按是時信未有分地從何發兵蓋收集潰卒耳收字得實

張良傳史記載其所致四皓姓名東園公甪里先生綺里季夏黃公漢書但云四人不著氏名

周勃傳史記沛公拜勃爲虎賁令漢書作襄賁令

史記周文漢書作周仁張叔漢書作張歐

史記梁平王傳有告變者曰類犴反漢書作犴反又史記告變後驗實削梁八城梁尚有十城漢書則云削五縣尚有十城

史記田蚡傳景帝後三年封蚡爲武安侯漢書則云武帝初卽位蚡以舅封武安侯按景帝後三年正是武帝

卽位之歲蚡乃武帝所封特是時尚未改元故耳

李廣傳史記廣爲匈奴所得絡而盛兩馬間廣佯死睨其旁一胡兒騎善馬乃忽騰而上推墮兒乘其馬歸漢書謂抱胡兒鞭馬南馳

李陵傳史記陵降匈奴漢聞單于以女妻陵遂族其母妻子漢書謂漢聞李陵教匈奴爲兵遂族其母妻子後乃知教兵者李緒非李陵也

史漢互有得失

垓下之戰　史記高祖紀敘韓信孔將軍費將軍等戰頗詳漢書高紀但撮敘數語然殺項羽是漢王一大事漢書略之殊失輕重

高祖紀末　史記但記其諸子漢書獨總敘高祖之明達好謀雖日不暇給而規模宏遠史記少此議論又史記高紀既敘高祖八男而呂后紀內又敘之殊複漢書兩紀俱不敘另立高五王傳

孝文紀　史記於後六年忽總敘帝之節儉寬厚下方敘後七年六月帝崩殊屬非法總敘自應在帝崩後也漢書取此語作贊

吳王濞傳　史記鼂錯議削諸王地楚王戊以在薄太后服中有姦削東海郡因削吳之豫章會稽二郡及前二年削趙王河間郡膠西王六縣漢廷臣方議削吳吳王恐削地無已因此發謀按是時廷臣所議削者即豫

章會稽也故下文云及削豫章會稽書至吳王遂反今先云削吳之豫章會稽下又云方議削吳是又於二郡外再議削矣則下文所謂及削豫章會稽書至者又何說耶漢書先刪去削豫章會稽字但云削楚及趙膠西地廷臣方議削吳及削豫章會稽書至吳王遂反較爲明晰

七國反時　史記謂膠西王聽吳王計約同反遂發使約齊臨菑膠東濟南濟北皆許諾漢書獨無濟北按齊孝王傳是時孝王狐疑不同反尋被臨菑等三國圍急陰與三國通謀會路中大夫來告漢兵且至遂堅守及漢將欒布等解三國圍後聞齊亦通謀將伐之孝王懼自殺而濟北王以城壞未完郎中令劫守其王不得發兵故亦不同反後聞齊王自殺濟北王亦欲自殺梁孝王爲之辨雪乃得不坐（鄒陽傳）據此則齊與濟北二王亦非必能堅守之人史記謂膠西來約同反時齊濟北皆許諾從其實也漢書獨無濟北則以其未成反也然以其未成反而遂不列於約反之內則齊王不惟不反且有堅守之功何以轉列於從反之內乎豈以齊王自殺遂坐以反謀濟北免罪則并其先欲從而不得反之處概爲隱諱耶

四國攻臨菑時　史記謂膠西爲渠率與膠東菑川濟南共攻臨菑漢書則云膠西膠東爲渠率與菑川濟南

共攻臨菑按膠西聽吳王之謀使人約諸王反則主兵者膠西也漢書增膠東爲主謀亦非

淮南厲王傳　史記高帝過趙趙王獻美人帝幸之有身會貫高等謀反帝令盡捕趙王家屬繫之美人亦在繫中告吏曰得幸上有身吏以聞上方怒未理及美人生厲王即自殺吏奉厲王詣上上令呂后母之漢書敘事亦同而改美人告吏曰得幸上有子按是時厲王尚未生也何得先言有子史記以爲有身較穩

厲王以罪廢徙蜀　史記謂一路傳送者皆不聽發車封王謂侍者曰吾以驕故不聞過至此人生一世間安能邑邑如此乃不食死至雍雍令發封以死聞按既不

發封則王在車中與誰語若有人共語則餓死後豈不聲言直待雍令發封始知耶漢書先敘王語方敘傳送者不敢發封以致餓死文義較明

廿二史劄記卷二

陽湖 趙翼 雲松

漢書移置史記文

漢書武帝以前紀傳多用史記原文惟移換之法別見剪裁如鴻門之會沛公危急賴項伯張良樊噲等得免彭城之敗漢王道逢孝惠魯元載以俱行陳平間楚使去范增鴻溝解兵張良陳平勸漢王追楚漢王至固陵彭越韓信兵不至用張良策分地王之遂皆會兵等事史記皆詳於項羽本紀中漢書則項羽傳畧敘數語而此等事皆詳於高祖紀內蓋史記爲羽立紀在高紀前故大事皆先載羽紀使閱者得其大概而其下諸紀傳自可了然漢書則項羽改作列傳次於帝紀世家之後而高紀則在首卷故此等事必先於高紀詳之而羽傳不必再敘也

呂后殺戚夫人及趙王如意史記載呂后紀內而外戚傳敘呂后處不復載漢書呂后紀事載臨朝稱制之事而殺戚姬等事則入外戚傳中蓋紀以記朝政傳以詳細事固各有所當也

齊悼惠王來朝惠帝庶兄也帝以家人禮使坐上坐呂后怒欲酖之帝起取卮爲壽呂后恐急自起泛卮此事史記在呂后紀內漢書則入於齊悼惠傳而呂紀不載

韓信從至漢中不見用亡走蕭何自追之薦於漢王遂

拜大將史記在信傳內漢書已詳其事於高紀故信傳不復敘

蒯通說范陽令降武信君又說武信君以侯印封范陽令史記在張耳陳餘傳內漢書另立通傳詳其事故耳餘傳僅摘敘數語

盧綰反高祖親擊邯鄲即用趙人爲將史記詳於綰傳漢書入高紀故綰傳不載

史記韓信傳贊另提出信貧時葬母處其旁可置萬家以見其志度不凡漢書則以此敘入信傳

韓信將擊齊聞酈食其已說下齊欲止蒯通曰將軍受詔擊齊寧有詔止將軍乎何得無行也史記詳信傳內

漢書另入通傳

蒯通說信三分鼎足之計至數千言史記在信傳內漢書亦另入通傳

吳楚反袁盎對景帝以爲不足憂鼂錯在旁善其語上問盎計安出盎請屏人語惟錯尚在盎又謂臣所言人臣不得知乃并屏錯避入東廂盎遂請斬錯以謝七國上因斬錯史記以此事敘在吳王濞傳內漢書敘入錯傳而濞傳刪之

淮南王安與伍被謀反被先諫之繼又爲畫策其文甚麗史記載入淮南王世家內漢書另立伍被傳載此文而安傳刪之

田叔傳史記載高祖過趙嫚罵趙王王之臣趙午貫高等不平謀逆後事發收捕趙王等漢書以此事敘入趙王傳故田叔傳不復詳敘

漢書多載有用之文

晉張輔論史漢優劣謂司馬遷敘三千年事惟五十餘萬言班固敘二百年事乃八十餘萬言以此分兩人之高下然有不可以是爲定評者蓋遷喜敘事至於經術之文幹濟之策多不收入故其文簡固則於文字之有關於學問有繫於政務者必一一載之此其所以卷帙多也今以漢書各傳與史記比對多有史記所無而漢書增載者皆係經世有用之文則不得以繁冗議之也

摘開于後

賈誼傳史記與屈原同傳以其才高被謫有似屈原故列其弔屈賦鵩鳥賦而治安策竟不載按此策皆有關治道經事綜物兼切於當日時勢文帝亦多用其言何得遺之漢書全載

鼂錯傳載其教太子一疏言兵事一疏募民徙塞下等疏賢良策一道皆有關世事國計

路溫舒傳載尚德緩刑疏

賈山傳載其至言

鄒陽傳載其諷諫吳王濞邪謀一書

枚乘傳載其諫吳王謀逆一書

韓安國傳載其與王恢論伐匈奴事恢主用兵安國主和親反覆辨論凡十餘番皆邊疆大計

公孫宏傳載其賢良策并待詔時上書一道帝答詔一道

以上皆史記無而漢書特載之者其武帝以後諸傳亦多載有用章疏

韋元成傳載其宗廟議禮之文原本經義可爲後世法而并及匡衡王舜劉歆等所論廟制按匡衡等皆元成以後之人與元成何涉以其於禮制互相發明故并載元成傳內

匡衡傳載其所上封事元帝時論教化之原成帝時論燕私之累皆有關君德

總計漢書所載文字皆有用之文至如司馬相如傳所載子虛賦喻蜀文諫獵疏宜春宮賦大人賦[illegible]揚雄傳載其反離騷河東賦校獵賦長楊賦解嘲解難法言序目此雖無關於經術政治而班固本以作賦見長心之所好愛不能捨固文人習氣而亦可爲後世詞賦之祖也

漢書增傳

漢書武帝以前王侯公卿皆用史記舊文間有史記無傳而增立者今列於後

史記無吳芮傳蒯通則附韓信傳內伍被則附淮南王傳內漢書俱另立傳

史記有齊悼惠王世家而趙隱王如意趙共王恢燕靈王建皆無傳趙幽王友附于楚元王世家內然皆高帝子也何得闕之漢書皆立傳

景帝子爲王者十三人史記以同母者爲一宗作五宗世家漢書則十三王各立傳而河間獻王傳詳敘其好古愛儒所積書與漢朝等魯共王傳敘其好治宮室壞孔子宅廣其宮因得壁中古書史記皆不載史記張騫附衛青傳後寥寥數語而詳其事于大宛傳漢書另立騫傳

史記李陵附李廣傳後但云陵將步騎五千人出居延與單于戰殺傷萬餘人兵食盡欲歸匈奴圍陵陵降匈奴其兵遂沒得還者四百餘人蓋遷以陵事得禍故不敢多爲辨雪也漢書特爲陵立傳詳敘其戰功極有精采并述司馬遷對上之語爲之剖白

史記無蘇武傳蓋遷在時武尚未歸也漢書爲立傳敘次精采千載下猶有生氣合之李陵傳悽惋悲涼使遷爲之恐亦不能過也說者謂固密於體而以工文專屬之遷不知固之工於文蓋亦不減子長耳

漢書增事蹟

韓信傳信貧時葬母營高燥地度其旁可置萬家史記以此事作贊漢書則敘於傳內又增漢王使信擊魏豹

信問酈生魏得無用田叔爲將乎曰柏直也信曰豎子耳遂進兵又增信既虜豹使人請漢王願益兵三萬北舉趙東擊齊絕楚糧道與大王會滎陽漢王即與兵三萬史記但云漢王遣張耳與信北擊趙代

楚元王傳史記但載其封國生卒及子孫承襲之事漢書增元王少時嘗與穆生申生受詩於浮邱伯後隨高祖軍中出入卧內及封楚王又遣子郢至長安與申公仍從浮邱卒業申公好詩爲魯詩元王次之其詩傳號曰元王詩并其孫戊襲位初爲穆生設醴後竟胥靡申公等事

蕭何傳漢書增項羽負約封沛公於巴蜀爲漢王漢王

怒欲攻羽蕭何力言不可乃之國

王陵傳史記呂后欲王諸呂問陵陵曰不可問陳平平曰可漢書增陵責平負先帝約及平自解之語

淮南王安好文學及神仙之事其始固賢王也史記世家開首即敘其以父厲王死怨望欲叛初不述其賢行并其諫伐南粵一書最可傳者亦但載入嚴助傳而安世家內不載漢書則增其好學作內書二十一篇外書甚多中書八篇言神仙黃白之事武帝好文每作報書必令司馬相如等視草及安入朝獻賦頌等事

石慶傳漢書增武帝責丞相一詔

李廣傳漢書增廣斬霸陵尉自劾武帝不責反加獎磨一詔

衛青傳漢書增青初爲平陽公主騎奴及後貴爲大將軍而平陽主以夫曹壽有惡疾當另嫁問左右列侯誰賢左右皆以大將軍對主笑曰是嘗騎從我奈何用爲夫左右曰於今尊貴無比遂以青尚主按此事本在褚少孫外戚世家遺事內史遷是時目擊其事而不載入傳蓋其時青正貴盛不敢直書以取怨也漢書蓋即取少孫所補

公孫宏傳漢書增宏沒後爲相者李蔡等十餘人盡誅惟石慶得善終正以見宏之能得君也

鄭當時傳末漢書增翟公罷官賓客皆散後復官舊時

賓客又將來乃署其門有一貴一賤交情乃見等語此本史記引之作贊語已無甚關涉而漢書增入當時傳中尤覺無謂

漢書書恒山王

漢書呂后紀孝惠帝張后無子取後宮美人子殺其母名之立爲太子惠帝崩太子立太后稱制立孝惠後宮子強爲淮陽王不疑爲恒山王宏爲襄城侯朝爲軹侯武爲壺關侯四年帝自知非皇后子而所生母被殺出怨言太后乃廢之以幽死更立恒山王宏爲帝太后崩大臣以宏及三弟皆非孝惠子共誅之（思澤表五行志並云皆呂氏子周勃傳亦云呂后以計詐名他人子殺其母令孝惠子之）由前所書則強等孝惠後宮子也由後所

書則皆非孝惠子也此已屬岐互且先所書恒山王則不疑也宏則襄城侯也後忽云立恒山王宏爲帝更不明晰據史記則襄城侯本名山因常山王即恒山王不疑薨以山改封常山王更名義後立爲帝又名宏始覺了了此雖小節亦見史記之密

漢書武帝紀贊不言武功

漢書武帝紀贊謂帝罷黜百家表章六經與太學修郊祀改正朔定歷數協音律作詩樂舉封禪紹周後號令文章煥焉可述後嗣得遵洪業有三代之風以帝之雄才大畧不改文景之恭儉雖詩書所稱何以加焉是專贊武帝之文事而武功則不置一詞抑思帝之雄才大畧正在武功因匈奴屢入寇則使衛青七出塞擊收河南地置朔方郡公孫敖築受降城徐自爲築五原塞千餘里列亭障至盧朐徙貧民實之又使霍去病六出塞擊匈奴右地降渾邪王築令居以西置酒泉武威張掖敦煌四郡又使李廣利伐大宛斬其王母寡自燉煌西至鹽澤起亭障屯田於輪臺渠黎此開境於西與北者也使伏波將軍路博德樓船將軍楊僕等取南粵以其地爲儋耳珠崖南海蒼梧鬱林合浦交趾九眞日南九郡此開境於極南者也又使楊僕及橫海將軍韓說等擊東越東越人殺其王餘善降遂徙東越之民於江淮而空其地此開境於東境者也又使唐蒙司馬相如諷

諭西南諸夷置道中郎郭昌衛平等平南夷爲牂柯郡卭都爲越嶲郡筰都爲沈黎郡冉駹爲文山郡白馬爲武都郡夜郎滇王先後入朝以滇地爲益州郡此開境於西南者也又使楊僕及左將軍荀彘擊朝鮮以其地爲眞番臨屯樂浪元菟四郡此開境於東北者也又使張騫等通西域而三十六國君長皆慕化入貢此開境於極西者也其中有秦所本有已淪入外國而武帝恢復之者如朔方朝鮮南越閩越秦時雖已內屬然不過羈縻附隸至武帝始郡縣其地也并有秦所本無而新闢之者西北則酒泉敦煌等郡南則九眞日南等郡西南則益州等郡而西域三十六國又秦時所未嘗聞也統計武帝所闢疆土視高惠文景時幾至一倍西域之通尚無與中國重輕其餘所增地永爲中國四至千萬年皆食其利故宣帝時韋元成等議以武帝豐功偉烈奉爲世宗永爲不毀之廟乃班固一概抹煞并謂其不能法文景之恭儉轉以闢疆闢土爲非計者蓋其窮兵黷武敝中國以事四夷當時實爲天下大害故宣帝時議立廟樂夏侯勝已有武帝多殺士卒竭民財力天下虛耗之語至東漢之初論者猶以爲戒故班固之贊如此其西域傳贊亦謂光武閉玉門關謝外國朝貢雖大禹之敘西戎文帝之卻走馬殆無以過其持論猶此意也

漢帝多自立廟

西漢諸帝多生前自立廟漢書本紀文帝四年作顧成廟註帝自爲廟制度狹小若可顧望而成者賈誼策有云使顧成之廟爲天下太宗即指此也景帝廟曰德陽武帝廟曰龍淵昭帝廟曰徘徊宣帝廟曰樂游元帝廟曰長壽成帝廟曰陽池俱見漢書註

漢初布衣將相之局

漢初諸臣惟張良出身最貴韓相之子也其次則張蒼秦御史叔孫通秦待詔博士次則蕭何沛主吏掾曹參獄掾任敖獄吏周苛泗水卒史傅寬魏騎將申屠嘉材官其餘陳平王陵陸賈酈商酈食其夏侯嬰等皆白徒

樊噲則屠狗者周勃則織薄曲吹簫給喪事者灌嬰則販繒者婁敬則輓車者一時人才皆出其中致身將相前此所未有也蓋秦漢間爲天地一大變局自古皆封建諸侯各君其國卿大夫亦世其官成例相沿視爲固然其後積弊日甚暴君荒主既虐用其民無有底止強臣大族又篡弑相仍禍亂不已再并而爲七國益務戰爭肝腦塗地其勢不得不變而數千年世侯世卿之局一時亦難遽變於是先從在下者起游說則范雎蔡澤蘇秦張儀等徒步而爲相征戰則孫臏白起樂毅廉頗王翦等白身而爲將此已開後世布衣將相之例而兼并之力尚在有國者天方藉其力以成混一固不能一旦掃除之使匹夫而有天下也於是縱秦皇盡滅六國以開一統之局使秦皇當日發政施仁與民休息則禍亂不興下雖無世祿之臣而上猶是繼體之主也惟其威虐毒痛人人思亂四海鼎沸草澤競奮於是漢祖以匹夫起事角群雄而定一尊其君既起自布衣其臣亦自多亡命無賴之徒立功以取將相此氣運爲之也天之變局至是始定然楚漢之際六國各立後尚有楚懷王心趙王歇魏王咎魏王豹韓王成韓王信齊王田儋田榮田廣田安田市等即漢所封功臣亦先裂地以王彭韓等纔分國以侯絳灌等蓋人情習見前世封建故事不得而遽易之也乃不數年而六國諸王皆敗滅漢

所封異姓王八人其七人亦皆敗滅則知人情猶狃於故見而天意已另換新局故除之易易耳而是時尚有分封子弟諸國迨至七國反後又嚴諸侯王禁制除吏皆自天朝諸侯王惟得食租衣稅又多以事失侯於是三代世侯世卿之遺法始蕩然淨盡而成後世徵辟選舉科目雜流之天下矣豈非天哉

漢初諸侯王自置官屬

漢書齊悼惠王傳贊云高祖初定天下大封同姓諸侯得自置御史大夫以下漢但爲置丞相而已此可見當日法制之疎也今按悼惠初封得自置二千石（悼惠傳）是二千石得自置也田叔爲人廉直趙相言於趙王張敖即

以爲郎中（傳）是郎中亦自置也薄昭與淮南厲王書云大王逐漢所置相二千石而請自置皇帝屈法許之是并得自置相矣昭書又云今諸侯子爲吏者御史主爲軍吏者中尉主出入殿門者衛尉大行主從竈來歸者內史縣令主如淳曰御史以下皆王官也是諸侯王有此等官以主諸事矣至景帝以梁孝王驕官韓安國爲梁內史孝王則欲以公孫詭爲之竇太后詔不許是時已在七國反後故禁令稍嚴武帝以衡山王驕恣乃爲置吏二百石以上則禁網更密矣其後又有左官附益阿黨之法諸侯王惟得食租衣稅貧者或乘牛車（參傳）蓋法制先疏闊而後漸嚴亦事勢之必然也

武帝年號係元狩以後追建

古無年號即有改元亦不過以某年改作元年如漢文帝十六年因新垣平候日再中以爲吉祥乃以明年爲後元年景帝即位之七年改明年爲中元年又以中元五年改明年爲後元年是也至武帝始創爲年號朝野上下俱便於記載實爲萬世不易之良法然武帝非初登極即建年號也據史記封禪書武帝六年竇太后崩其明年徵文學之士明年至雍郊見五畤以後則但云其後其後而不著某年下又云後三年有司言元宜以天瑞命不宜以一二數一元曰建元二元以長星見曰元光三元以郊得一角獸曰元狩是帝至元狩始建年號從前之建元元光等號乃元狩後重制嘉號追紀其歲年也不然則武帝六年即應云建元六年其下所云明年又明年皆可書元光幾年元朔幾年豈不簡易明白而乃云明年後年耶又按武帝自建元至元封每六年一改元太初至征和每四年一改元征和四年後但改爲後元年而無復年號蓋帝亦將終矣

漢儒言災異

上古之時人之視天甚近迫人事繁與情僞日起遂與天日遠一日此亦勢之無可如何也即以六經而論易最先出所言皆天道尚書次之洪範一篇備言五福六極之徵其他詔誥亦無不以惠迪從逆爲吉凶至詩禮

樂盛于商周則已多詳於人事而天人相應之理略焉如正月繁霜諸作不一二見也惟春秋記人事兼記天變蓋猶是三代以來記載之古法非孔子所創也戰國紛爭詐力相尚至於暴秦天理幾於滅絕漢興董仲舒治公羊春秋始推陰陽爲儒者宗宣元之後劉向治穀梁數其禍福傳以洪範（與仲舒錯）而後天之與人又漸覺親切觀五行志所載天象每一變必驗一事推既往以占將來雖其中不免附會然亦非盡空言也昌邑王爲帝無道數出微行夏侯勝諫曰久陰不雨臣下有謀上者時霍光方與張安世謀廢立疑安世漏言安世實未言乃召問勝勝對洪範五行傳云皇之不極厥罰常陰時則

有下人謀上者光安世大驚霍光傳宣帝將祠昭帝廟旄頭劍落泥中刃向乘輿帝令梁邱賀筮之云有兵謀不吉上乃還果有任宣子章匿廟間欲俟上至爲逆事發伏誅霍光傳京房以易六十四卦更直日用事以風雨寒溫爲候各有占驗每先上疏言其將然近者或數月遠或一歲無不屢中京房傳翼奉以成帝獨親異姓之臣爲陰氣太甚極陰生陽恐反有火災未幾孝武園白鶴館火翼奉傳是漢儒之言天者實有驗于人故諸上疏者皆言之深切著明無復忌諱翼奉謂人氣內逆則感動天地變見於星氣猶人之五藏六體藏病則氣色發于面體病則欠伸動于貌也李尋謂日失其度晻昧無光陰雲邪氣在

日出時者爲牽於女謁日出後者爲近臣亂政日中者爲大臣欺誣日入時者爲妻妾役使所營也孔光謂皇之不極則咎徵薦臻其傳曰有日月亂行諸變異也而光言之最切者莫如董仲舒謂國家將有失道之敗天乃先出災害以譴告之以此見天心之仁愛人君欲止其亂也谷永亦言災異者天所以儆人君過失猶嚴父之明誡改則禍消不改則咎罰是皆援天道以證人事若有抄忽不爽者而其時人君亦多遇災而懼如成帝以災異用翟方進言遂出寵臣張放於外賜蕭望之爵登用周堪爲諫大夫又因何武言擢用辛慶忌哀帝亦因災異用鮑宣言召用彭宣孔光何武而罷孫寵息夫

躬等其視天猶有影響相應之理故應之以實不以文降及後世機智競興權術是尚一若天下事皆可以人力致而天無權卽有志圖治者亦徒詳其法制禁令爲人事之防而無復有求端於天之意故自漢以後無復援災異以規時政者間或日食求言亦祇奉行故事而人情意見但覺天自天人自人空虛寥廓與人無涉抑思孔子修春秋日食三十六地震五山陵崩二彗星見三夜恆星不見星隕如雨一火災十四以及五石隕墜六鷁退飛多麋有蜮鸜鵒來巢晝暝晦大雨雹雨木冰李梅冬實七月霜八月殺菽之類大書特書不一書如果與人無涉則聖人亦何事多費此筆墨哉

漢書藝文志有劉向五行傳十一卷是以言五行傳者皆以爲劉向所作然漢書五行志先引經曰則洪範本文也次引傳曰顏師古初未註明何人所作今觀夏侯勝引洪範五行傳以對張安世則武帝末已有是書不自劉向始也漢代言陰陽災異者惟睢孟與勝同時其餘京房翼奉劉向谷永李尋解光等皆在勝後見睢孟李尋傳則勝所引必非諸人所作也在勝前者有董仲舒夏侯始昌然仲舒之陰陽本之春秋不出於洪範今仲舒所著繁露具在初無推演五行之處至尚書雖自景帝時伏生所傳而伏生亦未言洪範災異其弟子作尚書大傳亦無五行之說惟夏侯始

日以尚書教授明於陰陽先言柏梁臺災日至期果驗自董仲舒韓嬰死後武帝甚重始昌然則勝所引洪範五行傳蓋即始昌所作也其後劉向又推演之成十一篇耳

漢重日食

漢文帝詔曰人主不德則天示之災今日食適見于天災孰大焉宣帝詔曰皇天見異以戒朕躬光武詔曰吾德薄致災謫見日月戰慄恐懼夫何言哉今方念愆庶消厥咎其令百官各上封事上書者不得言聖明帝詔曰朕奉承祖業無有善政日月薄蝕彗孛見天雖夙夜勤思而知能不逮今之動變儻有可救其言事者靡有

所諱又詔曰朕以無德下貽人怨上動三光日食之變其災尤大春秋圖讖所謂至譴永思厥咎在予一人章帝詔曰朕之不德上累三光震慄切切痛心疾首前代聖君博思咨諏有開匱反風之應今予小子徒慘慘而已以上諸詔皆有道之君太平之世尚遇災而懼如此他如西漢成帝建始三年河平元年永始二年之詔哀帝元壽元年之詔東漢和帝永元六年之詔雖庸主亦以災異爲變甚至明帝永平十三年日食三公亦皆免冠自劾蓋漢時去古未遠經傳垂戒之語師友相傳如孔光論日者衆陽之宗人君之表君德衰微則日蝕應之谷永以正月朔日蝕爲兵亂將作劉向並以春秋日食三十六爲弑君三十六之應鄭興亦疏言天反時爲災地反物爲妖今孟夏純乾陰氣未作其災尤重馬嚴亦疏言日者衆陽之長食者陰侵之徵是陰盛陵陽之象也丁鴻亦以爲臣陵君之象蓋皆聖賢緒論期於修德弭災初不以爲次舍躔度之常不關人事也

漢詔多懼詞

文帝詔曰朕以不敏不明而久臨天下朕甚自愧又詔曰間者歲比不登朕甚憂之愚而不明未達其咎元帝詔曰元元大困盜賊並興是皆朕之不明政有所虧咎至於此朕甚自恥爲民父母若是之薄謂百姓何又詔曰朕晻于王道靡瞻不眩靡聽不惑是以政令多違民

心未得東漢明帝詔曰朕承大運繼體守文不知稼穡之艱難懼有廢失若涉淵冰而無舟楫實賴有德左右小子又詔曰比者水旱不時邊人食寡政失于上人受其咎章帝即位詔曰朕以無德奉承大業夙夜戰慄不敢荒寧而災異仍見與政相應朕既不明涉道日寡又選舉乖實俗吏傷人官職耗亂刑章不中可不憂歟岐山得銅器詔曰今上無明天子下無賢方伯民之無良相怨一方斯器曷爲來哉和帝詔曰朕奉承鴻烈陰陽不和水旱違度而未獲忠言至謀所以匡救之策寤寐永歎用思孔疚又詔曰比年不登百姓虛匱京師去冬無雪今春無雨黎民流離困於道路朕痛心疾首靡知

所濟將仰昊天何辜今人安帝詔曰朕以不德不能興和降善災異蜂起寇賊縱横百姓匱乏疲于徵發朕以不明統理失中亦未獲忠良以毗闕政順帝詔曰朕涉道日寡政失厥中陰陽氣隔寇盜肆暴憂瘁永歎疢如疾首以上諸詔雖皆出自繼體守文之君不能有高武英氣然皆小心謹畏故多蒙業而安兩漢之衰但有庸主而無暴君亦家風使然也

漢時以經義斷事

漢初法制未備每有大事朝臣得援經義以折衷是非如張湯爲廷尉每決大獄欲傅古義乃請博士弟子治尚書春秋者補廷尉史亭疑奏讞湯傳倪寬爲廷尉掾以古義決疑獄奏輒報可寬傳張敞爲京兆尹每朝廷大議敞引古今處便宜公卿皆服是也敞傳今見于各傳者宣帝時有一男子詣闕自稱衛太子舉朝莫敢發言京兆尹雋不疑至即令縛之或以爲是非未可知不疑曰昔蒯聵違命出奔輒拒而不納春秋是之衛太子得罪先帝已爲罪人矣帝及霍光聞之曰公卿當用經術明大義者不疑傳匈奴大亂議者遂欲舉兵滅之蕭望之曰春秋士匄侵齊聞齊侯卒引師還君子善其不伐喪今宜遣使弔問則四夷聞之咸服中國之仁義宣帝從之呼韓邪單于遂內屬望之傳朱博趙元傅晏等奏何武傅喜雖已罷退仍宜革爵彭宣劾奏博元晏等欲禁錮大臣以專

國權詔下公卿議龔勝引叔孫僑如欲專國譖季孫行父於晉晉人執囚行父春秋重而書之今傅晏等職爲亂階宜治其罪哀帝乃削晏封戶坐元罪朱博傳哀帝寵董賢以武庫兵送其第毋將隆奏春秋之誼家不藏甲所以抑臣威也孔子曰奚取于三家之堂臣請收還武庫隆傳賈捐之與楊興迎合石顯上書薦顯爲顯所惡下獄定讞引書讒說殄行王制順非而澤請論如法捐之遂棄市興減死一等捐之傳此皆無成例可援而引經義以斷事者也援引古義固不免於附會後世有一事即有一例自亦無庸援古証今第條例過多竟成一吏胥之天下而經義盡爲虛設耳

賢良方正茂材直言多舉現任官

漢時賢良方正等人大抵從布衣舉者甚少今見于各列傳者賢良惟公孫弘由布衣起晁錯則已爲太子家令董仲舒已爲博士馮唐已爲騎都尉歸家群臣舉爲賢良唐年九十餘不能爲官王吉已爲雲陽令舉賢良爲昌邑中尉貢禹已爲涼州刺史病去官復舉賢良爲河南令此賢良之多已仕者也杜欽舉方正時已爲武庫令朱雲舉方正時已爲槐里令孔光已爲議郎舉方正遷諫大夫蓋寬饒亦已爲郎舉方正對策高第亦遷諫大夫陳咸已爲九卿罷歸舉方正直言爲光祿大夫給事中此方正之多已仕者也薛宣爲不其丞舉茂材

遷欒涙都尉尹賞爲樓煩長舉茂材遷粟邑令此茂材之多已仕者也至于孝廉之舉其名雖合爲一而廉與孝又分大約舉孝者少而察廉者多如平陵令薛恭乃本縣孝者不能繁劇其他如趙廣漢以察廉爲陽翟令尹翁歸舉廉爲緱氏尉又舉廉爲宏農尉張敞察廉爲泉倉長蕭望之察廉爲大行治禮丞王尊察廉爲監官長黃霸察廉爲太守丞是也

漢時諸王國各自紀年

三代諸侯各自紀年孔子志在尊王而修春秋亦以魯公編年蓋成例相沿雖聖人不能改也至漢猶然史記諸侯王世家紀年不用帝年而仍以諸侯王之年紀事

如楚元王傳元王子戊二十一年景帝之三年也又梁孝王傳十四年入朝二十二年孝文帝崩二十四年入朝二十五年復朝最後云梁共王三年景帝崩是轉以侯國歲年記天子之事矣漢書亦同蓋當時雖已大一統而列國紀載猶用古法也按漢書齊悼惠傳城陽景王章孝文二年以朱虛侯與東牟侯興居俱立二年薨子喜嗣孝文十二年徙王淮南是又以帝年紀侯國事

三老孝悌力田皆鄉官名

漢文帝詔曰孝悌天下之大順也力田爲生之本也三老衆民之師也其以戶口率置常員章懷後漢書註三老孝悌力田皆鄉官之名也三老高帝置孝悌力田高后置云而其時孝與悌又稍有差別文帝賜三老及孝者帛人五匹弟及力田人一匹武帝賜縣三老孝者帛人五匹鄉三老弟者力田帛人三匹元帝詔賜三老孝者帛人五匹弟者力田人三匹東漢章帝詔曰三老尊年也孝悌淑行也力田勤勞也其賜帛人各一匹

漢三公官

漢承秦制設丞相御史大夫以理朝政謂之二府劉向封事所云令二府奏佞諂不當在位是也亦稱三公鼂錯之父謂錯曰人口議多怨公者以父而呼子爲公徐孚遠曰御史大夫三公也錯父蓋以官稱之又汲黯謂公孫宏身爲三公而猶布被是時宏爲御史大夫是御

史大夫已稱三公也其掌兵者則曰太尉武帝改爲大司馬而冠以將軍之號如衞青爲大司馬大將軍霍去病爲大司馬驃騎將軍成帝以何武言政事煩多丞相一人事多廢滯于是改御史大夫爲大司空與丞相大司馬備三公官哀帝又改丞相爲大司徒至東漢光武又改大司馬爲太尉于是太尉大司徒大司空稱爲三公建武二十七年詔大司徒大司空去大字故劉昭百官志稱太尉公司徒公司空公此三公亦曰三司安帝以旱蝗詔責三公曰三司之職內外是監順帝詔亦云刺史二千石之選歸任三司是也鄧騭以車騎將軍儀同三司于是三司之外又有儀同之號自騭始也東漢諸帝多幼年嗣位于是三公之上

又以太傅錄尚書事如和帝初竇太后臨朝以鄧彪爲太傅錄尚書事殤帝初鄧太后臨朝以張禹爲太傅錄尚書事是也于是太尉太傅司徒司空又稱四府种暠疏請敕四府條舉近臣之親爲二千石殘穢者是也至大將軍驃騎車騎將軍本由太尉改爲大司馬而冠以此號後省大司馬仍爲太尉則將軍之號可不必設然自霍光以大司馬大將軍受遺輔政自後外戚輔政者往往爲是官於是大將軍之權又在太傅太尉司徒司空四府之上舊制大將軍位在三公下明帝以弟東平王蒼爲驃騎將軍輔政故位在三公上後仍復舊制和帝初竇憲以大將軍輔政權勢既盛公卿希旨奏憲位

在太傅下三公上嗣後梁商梁冀爲大將軍皆因之故順帝舉將帥選武猛等詔皆以大將軍列三公之首終漢之世以外戚秉權者爲大將軍以老臣錄尚書者爲太傅否則不設惟三公官常爲宰相之任至獻帝時董卓自爲相國（相國又在丞相上蕭何由丞相進位相國）而太尉司徒司空之官仍舊迨曹操柄國慮人分權乃復漢初舊制罷三公官專設丞相御史大夫而自爲丞相于是大權盡歸於操矣

灾異策免三公

按周官三公之職本以論道經邦燮理陰陽爲務漢初猶重此說陳平謂文帝曰宰相者上佐天子理陰陽順四時遂萬物之宜者也丙吉問牛喘以爲三公調和陰陽今方春少陽用事未可大熱恐牛因暑而喘則時節失氣有所傷害魏相亦奏臣備位宰相陰陽未和灾害未息咎在臣等是漢時三公官猶知以調和陰陽引爲已職因而遇有灾異遂有策免三公之制徐防傳防爲太尉與張禹參錄尚書事後以灾異寇賊策免三公以灾異策免自防始也（防傳）然薛宣爲丞相成帝冊曰灾異數見比歲不登百姓飢饉盜賊並興君爲丞相無以帥示四方其上丞相印綬罷歸是防之先已有此制如淳漢書注謂天文大變天下大禍則使侍中以上尊養牛賜丞相策告殃咎丞相即日自殺則并有不止策免者矣亦有不待免而自劾者如元帝永光元年春霜夏寒

日青無光丞相于定國自劾歸侯印乞骸骨明帝永平十三年日蝕三公免冠自劾是也蓋西漢三公之官無所不統觀安帝詔謂三司之職內外是監順帝詔謂刺史二千石之選歸任三司此雖東漢之詔而職任實自西京可見選用牧守舉劾奸邪皆三公之責朱浮傳漢故事刺史奏二千石不任職者事先下三公三公遣掾吏案實然後黜退武帝又置丞相司直助丞相舉不法者如鮑宣爲冀州牧司直奏宣舉錯煩苛代二千石署吏又王商爲丞相有琅邪太守楊彤其郡有灾十四以上商部屬按實商遂奏免彤官此可見西漢三公之任也自光武躬親吏事三府任輕機事轉委尚書（陳忠傳）共刺

吏刻二千石亦不復下三公而權歸刺舉之吏故朱浮謂帝以使者爲腹心使者以從事爲耳目是謂尚書之平決於百石之吏浮傳自和安以後女后臨朝外戚輔政三公之任益輕如鄧彪年老貪太后兄憲以其柔和易制讓彪爲太傅錄尚書事而憲實握事權有所施爲外令彪奏內白太后事無不從是錄尚書者且聽命于戚臣矣三公之輕如此而策免三公則沿爲故事此實非事理之平故陳忠以爲非國體而仲長統謂光武雖置三公權歸臺閣謂尚書也然政有不理猶加譴責如韓歆歐陽歙戴涉等或後爲司徒皆坐事死以後則權移外戚之家寵被近習之豎及至災異屢見反以策讓三公至於死免往者任之重而責之輕今者任之輕而責之重此兩漢三公輕重不同之大概也

上書無忌諱

賈誼治安策願文帝生爲明帝沒爲明神使顧成之廟稱爲太宗上配太祖與天無極又曰若畜亂宿禍使萬年之後傳之老母弱子將使不寧不可謂仁是直謂帝必早崩於太后之前太子未成人之時也又谷永奏成帝曰漢興九世百九十餘歲繼體之主七皆順承天道至陛下獨違道縱慾輕身妄行積失君道不合天意亦已多矣爲人後嗣守人功業如此豈不負哉永傳劉向奏成帝亦曰陛下爲人子孫而令國祚移于外家降爲皂隸縱不爲身奈宗廟何此等狂悖無忌諱之語敵以下所難堪而二帝受之不加譴怒且歎賞之可謂盛德矣然文帝以誼所言分封王國子弟等事多見之施行成帝則徒嘆向之忠而不能收外家之權卒至日後篡奪之禍是徒受直言亦無益也

上書召見

漢高祖駐軍鄗食其謁見帝方洗足即召入酈生責以不宜倨見長者帝又改容謝之陳平以魏無知入見即召賜食遣出平曰臣所言不可過今日遂欣然留使盡言平傳帝在洛陽婁敬脫輓輅謂虞將軍欲爲易衣敬曰臣衣帛帛見衣褐褐見將軍入言上上即召見賜食敬傳此高祖創業時固以收攬人才爲急也至武帝則繼體已五世朝廷尊嚴宜與臣民隔絕矣乃主父偃上書朝奏入暮即召見同時徐樂嚴安亦上書俱召見曰公等皆安在何相見之晚也偃傳終軍上書言事帝奇其文即拜爲謁者軍傳甚而東方朔上書自言年十三學書十五學劍十六學詩書誦二十二萬言十九學孫吳亦誦二十二萬言今年二十三長九尺三寸目若懸珠齒若編貝勇若孟賁捷若慶忌廉若鮑叔信若尾生若此可爲天子大臣矣其狂肆自舉如此使在後世豈不以妄誕得罪乃帝反偉之而令待詔金馬門遂以進用朔傳史稱武帝招英俊程其器能用之如不及宜乎與文治建武功爲千古英主也又戾太子死巫

蠱之禍車千秋上書爲太子訟冤帝大感悟召見即拜爲大鴻臚不數月遂爲丞相帝之度外用人如此而當時禁網疎濶懷才者皆得自達亦於此可見矣

漢武用將

武帝長駕遠馭所用皆跅弛之士不計流品也張騫傳自騫開外國道致尊貴吏士爭上書言外國利害天子爲其絕遠輒予節募吏民無問所從來爲備人衆遣之或道中被侵盜失物及失指天子爲其習之輒按致重罪以激之令贖復求使大者予節小者爲副故妄言無行之徒爭應募此其鼓動人材之大略也至其操縱賞罰亦實有足以激勸者如衛青霍去病等屢經出塞爲

國宜力圖貴之寵之封侯增邑不少斬或奮身死事如韓千秋戰死南越帝曰千秋功雖不成然亦軍鋒之冠則封其子爲成安侯或在軍有私罪而功足錄者如李廣利伐大宛斬其王母寡而私罪惡甚多則以其萬里征伐不錄其過甚至失機敗事而其罪可議其才尚可用者亦終不刑戮使得再自効如張騫與李廣俱出右北平擊匈奴廣失亡多騫後期皆當斬皆許贖爲庶人廣又全軍覆没身爲匈奴所得佯死奪其馬奔歸當斬亦贖爲庶人他如公孫敖亡七千人趙食其迷失道樓船將軍楊僕擊朝鮮坐兵至列口不待左將軍以致失亡多皆當斬皆許贖爲庶人後皆重詔起用使之立功且任用時不拘以文法如李廣夜行爲灞陵醉尉所辱及爲將請尉俱行至即斬以報怨上疏自言帝不惟不以爲罪反獎譽之以成其氣其有恃功稍驕蹇者則又挫折而用之如楊僕已破南越會東越反帝欲以爲將爲其伐前勞特詔責之又數其受詔不至蘭池宮等罪激使立功自贖其駕馭豪傑如此眞所謂縱鞭在手操縱自如者也而於畏懦者則誅無赦如大司農張成山州侯劉齒擊東越畏賊不敢進卻就便處即立誅之又或自功行詐如左將軍荀彘擊朝鮮與楊僕爭功嫉妬雖克朝鮮終坐棄市（以上皆見各本傳）賞罰嚴明如此孰敢挾詐避險而不盡力哉史稱雄才大略固不虛也

武帝三大將皆出女寵

漢武帝三大將皆從嬖寵擢用衛青父鄭季給事平陽侯家與衛媼通生青故青冒姓衛氏爲平陽主騎奴而衛媼先有女子夫以主家謳者得幸于帝立爲后青以后同母弟見用爲大將軍征匈奴有功封長平侯平陽主寡居青即尚焉霍去病父霍仲孺先與衛子夫之姊少兒通生去病去病以皇后姊子見用爲驃騎將軍征匈奴有功封冠軍侯李廣利之進也其女弟本倡後得幸于帝爲李夫人帝用廣利爲貳師將軍伐大宛得其王母寡頭以歸封海西侯三大將皆出自淫賤苟合或爲奴僕或爲倡優徒以嬖寵進後皆成大功爲名將此

理之不可解者也且衛媼一失節僕婦生男爲大將軍生女長君孺嫁公孫賀官至丞相次少兒生去病又嫁陳掌亦爲詹事小女子夫且爲皇后而去病異母弟光又因去病入侍中後受遺輔政封博陸侯爲一代名臣其始皆由媵婦而起閒氣所鍾固有不擇地者哉

與蘇武同出使者

蘇武使匈奴守節不屈十九年始得歸人皆知之然是時守節絶域或歸或不得歸不止武一人也先是長史任敞使匈奴欲令單于爲外臣單于怒留敞不遣又郭吉諷單于單于亦留吉辱之於北海上路充國爲單于所留且鞮侯單于立始得歸是諸人皆在武之先又匈

奴傳匈奴欲和親先歸蘇武馬宏等以通善意馬宏者前副光祿任忠使西域爲匈奴所遮忠戰死宏被擒不肯降至是得歸是武之外尚有馬宏也趙破奴以浚稽將軍與匈奴戰爲所得在匈奴中十年與其子安國逃歸是破奴亦守節不屈者也張騫先使月氏道半爲匈奴所得留十年持漢節不失後乃逃出由大宛康居至月氏大夏從羌中歸又爲匈奴所得歲餘乘其國內亂乃脫歸是騫之崎嶇險阻更甚於武也卽與武同時出使者有中郎將張勝及假吏常惠等後勝爲匈奴所殺惠仍在匈奴教漢使言天子在上林射得鴈足書知武等所在故武得歸是惠在匈奴亦十九年也同時隨武還者九人見於武傳者常惠徐聖趙終根然至今但稱武而已惠後以軍功封長羅侯尚在人耳目閒聖終根雖附書於傳已莫有知之者其餘尚有六人幷氏名亦不載則同一使也而傳不傳亦有命又況是時二十餘年閒漢留匈奴使匈奴亦留漢使以相當前後凡十餘輩則其中守節不屈者亦必有人而皆不見於史籍則有幸有不幸豈不重可歎哉

廿二史劄記卷三

漢使立功絕域

陽湖　趙翼　雲崧

自漢武擊匈奴通西域徼外諸國無不懾漢威是時漢之兵力實強鼂錯謂匈奴之長技三中國之長技五陳湯亦謂外夷兵刃朴鈍胡兵五當漢兵一今頗得漢巧猶三當一此可見兵威之足以讋服諸外夷也而其時奉使者亦皆有膽決策畧往往以單車使者斬名王定屬國於萬里之外如傅介子使大宛還卻匈奴使者在龜茲卽率其從人誅匈奴使者龜茲遂服霍光以樓蘭王嘗遮殺漢使遣介子賫金幣揚言賞賜外國樓蘭王

不甚親附介子引去副譯者曰漢有重賜而王不來受我去之西國矣王貪漢物果來見介子與飲酒醉引入帳後二壯士殺之左右皆亂介子諭以王負漢罪天子遣我誅之漢兵方至毋敢動動則滅國矣遂持其首歸闕都尉文忠送罽賓使還其國國王欲害忠忠與容屈王子陰末赴合謀攻殺王立陰末赴而還小昆彌末振將殺大昆彌雌栗靡有翎侯殺末振將漢恨不自誅之使段會宗往會宗以三十騎至其國召其太子番邱至手刃之官屬驚亂會宗諭以來誅之意乃散去此皆以單使立奇功者也又有擅發屬國兵而定亂者漢公主嫁烏孫烏孫爲匈奴所攻上書請救漢使常惠往護其

兵入右谷蠡王地獲名王都尉以下四萬級馬牛羊七十餘萬杅彌太子賴丹爲漢校尉屯田輪臺龜茲貴人姑翼欸其王殺賴丹常惠自烏孫還以便宜發諸國兵攻龜茲龜茲出姑翼送惠斬之郅支單于殺漢使谷吉犇康居地漢使三輩求谷吉死狀皆被辱都護甘延壽及副陳湯謀夷狄畏大種今留郅支必爲西域患乃發屯田兵及烏孫諸國兵攻單于城破之郅支被創死斬其頭幷斬閼氏以下千五百級莎車殺漢所置莎車王萬年幷殺漢使奚充國以其屬屬匈奴適馮奉世送大宛使者至伊修城以爲不急擊之則莎車日强必爲西域患乃以節發諸國兵萬五千人拔其城莎車王自殺

傳首長安此又以一使者用便宜調發諸國兵以靖反側者也可見漢之威力行于絕域奉使者亦皆非常之才故萬里折衝無不如志其後楚王侍者馮嫽隨公主嫁烏孫常持漢節爲公主行賞城郭諸國咸敬信之號曰馮夫人都護鄭吉遂使馮夫人說烏就屠來降則不惟朝臣出使者能立功卽女子在外亦仗國威以懾夷情矣東漢班超爲假司馬使西域至鄯善鄯善王廣初甚敬超後忽疏懈超謂其吏士此必有虜使來乃召侍胡詰之果然遂與其吏士三十六人夜攻殺虜使召廣以首示之廣遂納子爲質後超又出使西域先至于寘其王廣德禮甚疏信巫言求超善馬超令巫來受馬卽

斬送廣德廣德大恐殺匈奴使者而降龜茲王建爲匈奴所立攻破疏勒立龜茲人兜題爲疏勒王超遣吏田慮先往降之戒慮曰兜題本非疏勒種國人不附若不即降可即執之慮遂劫縛兜題超即赴之因立其故王兄子爲疏勒王後超奉詔還朝疏勒于窴皆抱超馬號泣曰依漢使如父母誠不可去超遂仍駐疏勒擊斬其反者又勒康居于窴拘彌兵萬人攻姑墨破之後疏勒王忠反超又討斬之又發于窴諸國兵擊莎車殺五千餘級莎車遂降以次降月氏龜茲姑墨焉耆諸國於是西域五十餘國皆內屬後其子勇復爲西域長史諭降龜茲王白英發其兵至車師擊走匈奴又發鄯善諸國

兵擊擒車師後部王軍就立故王子加特奴爲王又使別校斬東且彌王亦更立其種人爲王又發諸國兵擊匈奴走之於是車師無復虜跡城郭皆安此班氏父子之功更優於西漢諸人也

武帝時刑罰之濫

杜周傳武帝時詔獄益多二千石繫廷尉者不下百餘人其他獄案一歲至千餘章大者連逮證案數百人小者數十人遠者數千里近者數百里既到獄吏責如章告不服則笞掠定之於是皆亡匿獄久者至更數赦十餘歲猶相告言大抵詆以不道以上廷尉及中都詔獄逮至六七萬人吏所增加又十有餘萬是可見當日刑獄之濫也民之生于是時何不幸哉

兩帝捕盜法不同

漢武時酷吏盛行民輕犯法盜賊滋起大者至數千人攻城邑掠庫兵帝使光祿大夫范昆九卿張德等衣繡衣持節發兵斬首或至萬數並誅通行飲食者數年稍得其渠率而散亡者又聚黨阻山川無可奈何乃作沉命法盜起不發覺發覺而勿捕滿品者二千石以下至小吏皆死其後小吏畏誅雖有盜不敢發恐累府府亦使不言故盜賊益多咸宣傳光武帝建武十六年羣盜並起所在殺長吏討之則解散去又屯結乃下令聽羣盜自相糾摘五人斬一人者除其罪牧守令長界內有盜賊及

棄城者皆不以爲罪但取獲賊多少爲殿最惟蔽匿者罪之於是更相追捕並解散光武紀同一捕盜也一則法愈嚴而盜愈多一則法稍疏而盜易散此亦前事之師也

呂武不當並稱

母后臨朝肆其妒害世莫不以呂武並稱然非平情之論也武后改朔易朝徧王諸武殺唐子孫幾盡甚至自殺其子孫數人以縱淫慾其惡爲古今未有呂后則當高帝臨危時問蕭相國後孰可代者是固以安國家爲急也孝惠既立政由母氏其所用曹參王陵陳平周勃等無一非高帝注意安劉之人是惟恐孝惠之不能守業非如武后以嫌忌而殺太子宏太子賢也后所生惟

孝惠及魯元公主其他皆諸姬子使孝惠而在則方與孝惠區治詩長久親於高祖欲廢太子時后迫留侯畫策至覲謝周昌之廷諍則其母子間可知也迨孝惠既崩而所取後宮子立爲帝者又以怨懟而廢於是已之子孫無在者則與其使諸姬子擁權勢以變呂氏不如先張呂氏以久其權故孝惠時未嘗王諸呂王諸呂乃在孝惠崩後此則后之私心短見蓋嫉妒者婦人之常情也然其所最妒亦祗戚夫人母子以其先寵幸時幾至於奪嫡故高帝崩後即殺之此外諸姬子如文帝封於代則聽其母薄太后隨之淮南王長無母依呂后以成立則始終無恙齊悼惠王以孝惠庶兄失后意后怒

欲酖之已而悼惠獻城陽郡爲魯元湯沐邑仍復待之如初其子朱虛侯章入侍宴請以軍法行酒斬諸呂逃酒者一人后亦未嘗加罪也趙王友之幽死梁王恢之自殺則皆以與妃呂氏不諧之故然趙王友妃呂產女梁王妃亦諸呂女又少帝后及朱虛侯妻皆呂祿女呂氏有女不以他適而必以配諸劉正見后之欲使劉呂常相親以視武后之啟周滅唐相去萬萬也即其以辟陽侯爲左丞相令監宮中亦以辟陽侯先嘗隨后在項羽軍中同患難雖有所私而至是時其年已老正如人家老僕可使令于閫閾間非必尚與之昵史記劉澤傳太后尚有所幸張子卿（漢書作張卿）然如淳註謂奄人也則亦

非私褻之變以視武后之寵薛懷義張易之兄弟恬不知恥者更相去萬萬也武后之禍惟後魏之文明馮后及胡后約畧似之而世乃以呂武並稱豈公論哉

漢初妃后多出微賤

高祖薄姬先在魏豹宮漢擊虜豹姬入織室高祖納之歲餘不得幸先是姬與管夫人趙子兒相約先貴者毋相忘已而二人先幸相與笑姬初約時高祖問之以實對高祖憐之乃召幸遂生男後爲文帝尊薄姬爲皇太后武帝母王太后先嫁爲金王孫婦后母臧兒卜此女當大貴乃從金氏奪歸景帝時爲太子后母以后納太子宮生男景帝即位立爲太子遂立王夫人爲后太子

即位是爲武帝尊王后爲皇太后武帝衛皇后本平陽主家謳者名子夫帝過主家悅之遂進入宮後生男據乃立子夫爲皇后據爲皇太子兩太后一皇后皆出自微賤且多有夫者其後成帝時趙飛燕亦由陽阿主家謳者得幸立爲皇后其妹亦進位昭儀

婚娶不論行輩

漢惠帝后張氏乃帝姊魯元公主之女則帝之女甥也呂后欲爲重親遂以配帝立爲皇后是以甥爲妻也哀帝后傅氏乃帝祖母傅太后從弟之女太后初爲元帝昭儀生定陶共王王生哀帝（入繼成帝後爲帝）是哀帝乃傅太后之孫而傅太后欲重親以姪女妻之則以外家諸姑爲妻

也漢時法制疏闊如此

皇子繫母姓

漢時皇子未封者多以母姓爲稱武帝子據立爲太子以母衞氏遂稱衞太子太子之子進以母史良娣故稱史皇孫後漢靈帝生子協靈帝母董太后自養之因號曰董侯即獻帝也亦有不用母姓而以所養之家爲姓者獻帝兄辯養于史道人家號曰史侯又按滕公夏侯嬰曾孫頗尚主主隨外家姓號孫公主故滕公子孫更姓孫氏是主既隨母姓子又隨母姓蓋當時習尚如此

漢公主不諱私夫

武帝姊館陶公主寡居寵董偃十餘年主欲使偃見帝

乃獻長門園地帝喜過主家主親引偃出偃奏館陶公主庖人偃昧死拜謁帝大歡樂呼爲主人翁（東方朔傳）武帝女鄂邑蓋公主寡居昭帝初立年八歲主以長姊入禁中供養帝而主素私通丁外人帝與霍光聞之不絕主歡詔外人侍長公主上官桀諂外人欲援列侯尚主例爲外人求封侯燕王旦亦上書言陛下幸使丁外人侍公主宜有爵號是時霍光秉政不許（霍光傳）以帝女私幸之人天子聞之不以爲怪溺王大臣且爲上書乞封其時宮庭淫逸之習固已毫無忌諱東方朔傳謂自董偃後公主貴人多踰禮制蓋上行下效勢所必至也

漢諸王荒亂

燕王劉定與父康王姬姦生一子又奪弟妻爲姬并與子女三人姦事發自殺衡山王孝與父侍婢姦趙太子丹與同產姊及王後宮亂爲江充所告梁王立與姑園子姦江都王建父易王薨未葬即召易王美人淖姬等與姦又與女弟徵臣姦建又欲令人與禽獸交而生子令宮人裸而據地與羝羊及狗交齊王終古使所愛奴與妾八子（妾號）及諸御婢姦或使白晝裸伏與犬馬交按終古臨視之廣陵王胥子賓與胥姬左修姦事發棄市（俱漢史各本傳）此漢諸王荒亂之故事也推原其始總由于分封太早無師友輔導之益以至如此觀文帝八歲即封代王出居於代其他諸王可知故漢書傳贊引魯哀公之

言曰寡人生深宮之中長於婦人之手未嘗知憂知懼因以明漢諸王率多驕淫失道蓋沉溺放恣之中居勢使然也劉立姦事發詔治立對曰立少失父母處深宮中獨與宦者婦妾居漸漬小國之俗加以性質下愚輔相亦不以仁義相輔遂至陷於大戮此雖畏罪自解之辭實亦當時致弊之由也

上尊養牛

漢制大臣告老特詔留之者則賜養老之具以慰之如平當乞骸骨詔賜養牛一上尊酒十石匡衡乞骸骨詔賜上尊酒養牛張禹告病亦賜養牛上尊酒大官致餐是也而其時大臣有罪當誅亦用此法賜死翟方進被

讓成帝賜冊曰今賜君上尊酒十石養牛一君其自審處焉方進即日自殺上仍秘之遣丞相印綬乘輿秘器更親臨弔以上見各本傳如淳註曰漢儀注有天文大變天下大禍皇帝使侍中持節乘四白馬車賜上尊酒十斛牛一頭策告殃咎使者去半道丞相即上病使者還未白事尚書以丞相不起聞蓋自文帝感賈生梁水加劍之言優禮大臣不加顯戮後世遂制此法雖賜死而仍若以病終者於是遂成故事其有不肯自殺願就獄對簿者轉以爲違制拒命如王嘉爲丞相有詔詣廷尉掾吏泣進藥嘉不肯服主簿曰丞相不對簿已爲故事宜自引決嘉曰備位三公負國者當伏尸都市何爲咀藥死帝

聞其詣廷尉遂大怒嘉歐血死嘉傳

兩漢多鳳凰

兩漢多鳳凰而最多者西漢則宣帝之世東漢則章帝之世本紀所載本始元年五月鳳凰集膠東千乘四年五月集北海安邱淳于地節二年夏鳳凰集魯郡羣鳥從之元康元年鳳凰集泰山二年三月鳳凰又集三年神爵數集雍又五色鳥萬數飛過屬縣翱翔而舞欲集未下四年神爵五采萬數集長樂未央北宮等處乃改元神爵神爵二年鳳凰集京師羣鳥從之者萬數四年鳳凰又集京師又集杜陵者十一五鳳三年鸞鳳集長樂宮東闕中樹上飛下地文章五采留十餘刻甘露三

年鳳凰集新蔡羣鳥四面行列皆向鳳凰立以萬數此宣帝時事也元和二年鳳凰集肥城三年告岱宗有黃鵠三十從西南來經祠壇上過宮屋五年詔曰乃者鳳凰黃龍鸞鳥比集七郡或一郡再見又詔鳳凰所見亭部無出今年租先見者賜帛十匹近者三匹此章帝時事也按宣帝當武帝用兵勞擾之後昭帝以來與民休息天下和樂章帝承明帝之吏治肅清太平日久故宜皆有此瑞然抑何鳳凰之多耶觀宣帝紀年以神爵五鳳黃龍等爲號章帝亦詔曰乃者鸞鳳仍集麟龍並臻甘露宵降嘉穀滋生似亦鳴其得意者得無二帝本喜符瑞而臣下遂附會其事耶按宣帝時黃霸守潁川潁

川鳳凰尤數見後霸入爲丞相會有鶡雀自京兆尹張敞舍飛集丞相府霸以爲神爵欲奏聞後知從敞舍來乃止當日所謂鳳凰者毋乃亦鶡雀之類耶又東漢桓帝時濟陰言有五色大鳥見于已氏靈帝時河南言鳳凰見新城以衰亂之朝而鳳凰猶見可知郡國所奏符瑞皆未必得實也

漢多黃金

古時不以白金爲幣專用黃金而黃金甚多尉繚說秦王賂諸侯豪臣不過三十萬金而諸侯可盡漢高亂以四萬斤與陳平使爲楚反間不問其出入婁敬說帝都關中田肯說帝當以親子弟封齊即各賜五百斤叔孫

通定朝儀亦賜五百斤呂后崩遺詔賜諸侯王各千斤陳平交歡周勃用五百斤文帝即位以大臣誅諸呂功賜周勃五千斤陳平灌嬰各二千斤劉章劉揭各千斤吳王濞反募能斬漢大將者賜五千斤列將三千斤裨將二千斤二千石一千斤梁孝王薨有四十萬斤武帝賜平陽公主千斤賜卜式四百斤衛青擊匈奴斬首虜萬九千級軍受賜二十餘萬斤昌邑王賜故臣君卿千斤宣帝既立賜霍光七千斤廣陵王五千斤諸王十五人各百斤賜孔霸二百斤賜黃霸百斤元帝賜段會宗甘延壽陳湯各百斤成帝賜王根五百斤王莽聘史氏女為后用三萬斤賜孝單于千斤順單于五百斤莽末

年省中黃金萬斤者為一匱尚有六十匱黃門鉤盾尚方處處各有數匱以上見本紀及各本傳可見古時黃金之多也後世黃金日少金價亦日貴蓋由中土產金之地已發掘淨盡而自佛教入中國後塑像塗金大而通都大邑小而窮鄉僻壤無不有佛寺即無不用金塗以天下計之無慮幾千萬萬此最為耗金之蠹加以風俗侈靡泥金寫經貼金作榜積少成多日消月耗故老言黃金作器雖變壞而金自在一至泥金塗金則不復還本此所以日少一日也

先生或只稱一字

古時先生二字或稱先或稱生史記鼂錯傳錯初學於張恢先所漢書則云初學於張恢生所一稱先一稱生顏註云皆先生也又鼂錯傳校尉鄧公諸公皆稱為鄧先顏註亦曰鄧先生也貢禹傳禹以老乞骸骨元帝詔曰朕以生有伯夷之廉史魚之直師古註生謂先生也梅福上書曰叔孫先非不忠也師古亦註先謂先生也是古時先生或稱先或稱生不必二字並稱

漢外戚輔政

漢自呂后王諸呂使産祿掌兵幾致奪國故諸大臣以薄太后家仁善遂立文帝固有鑒于外戚之禍矣乃武帝又以祖母竇太后弟子竇嬰為丞相母王太后之同母弟田蚡亦為丞相已而衛后弟青為大司馬大將軍

后姊子霍去病為大司馬驃騎將軍於是外戚又日以寵貴其後去病之弟光遂以大司馬大將軍受遺詔輔政自此大司馬兼將軍一官遂永為外戚輔政之職宣帝祖母史良娣死巫蠱之禍帝乃以良娣弟高為大司馬車騎將軍領尚書事又許后為霍氏毒死乃以后叔父延壽為大司馬車騎將軍輔政然武宣二帝皆英斷不假以權故劉向謂正所以安全之也元帝又以延壽子嘉為大司馬車騎將軍輔政嘉女為成帝后成帝又以嘉輔政後又以母王太后弟鳳為大司馬大將軍輔政鳳卒從弟音為大司馬車騎將軍輔政音卒又以其弟根為大司馬驃騎將軍輔政根薦兄子莽自代合戚

帝崩哀帝即位莽避帝外家退就國哀帝以祖母傅太后從弟喜爲大司馬輔政尋罷又以母丁太后兄明爲大司馬驃騎將軍輔政然帝亦不假以權不如王氏在成帝時也哀帝崩成帝母王太后仍詔莽爲大司馬立平帝莽輔政遂以篡漢

兩漢外戚之禍

兩漢以外戚輔政國家既受其禍而外戚之受禍亦莫如兩漢者崔駰疏言漢興以後至於哀平外家二十餘保全者四家而已章懷註謂高帝呂后產祿謀反誅惠帝張后廢文帝母薄太后弟昭被殺文帝竇后弟子嬰誅景帝薄后武帝陳后俱廢武帝衛后自殺昭帝母趙

太后賜死昭帝上官后家族誅宣帝祖母史良娣以巫蠱死宣帝母王夫人弟子商下獄死霍后廢家亦破元帝王后弟子莽篡位伏誅成帝許后賜死趙后廢自殺哀帝祖母傅太后家屬徙合浦平帝母衛姬家屬誅其四家者景帝王后宣帝許后王后哀帝母丁姬家皆保全也按章懷此註亦有誤史良娣死時衛太子未爲帝史氏並未以外戚干政致禍也惟哀帝后傅氏帝崩後爲王莽所廢自殺此當在曄所言二十餘家之內耳東漢后家惟光武郭后陰后家皆無禍郭后雖廢帝待郭后恩禮無替明帝即位待陰郭二家亦均明帝馬后戒飭外家以王氏五侯及田蚡竇嬰爲戒故馬廖兄弟雖封侯而退居私第迄無禍敗章帝竇后其兄憲以謀不軌誅和帝陰后被廢其父綱自殺家屬徙日南鄧后終身稱制亦約束外家兄騭等忠謹無過然后崩後騭等俱被譴死一門七人皆死非其罪安帝閻后兄顯及弟景耀晏俱以謀立外藩誅后亦遷離宮順帝梁后兄冀以弒逆誅桓帝梁后以憂死鄧后被廢從父萬世從兄會皆下獄死竇后以父武謀誅宦官爲宦官所覺后亦遷南宮靈帝母董后兄子重爲何進所收自殺靈帝宋后廢以憂死父兄皆誅何后兄進謀誅宦官亦爲宦官所害后又爲董卓所弒獻帝伏后爲曹操所弒曹后隨帝廢爲山陽公夫人計東京后族亦祇陰郭馬三家保全其餘皆無不敗者推原禍本總由於柄用輔政故權重而禍亦隨之西漢武宣諸帝東漢光武明章諸

帝皆無外戚之禍由於不假以權也成帝柔仁專任王氏而國祚遂移東漢多女主臨朝不得不用其父兄子弟以寄腹心於是權勢太盛不肖者輒縱恣不軌其賢者亦爲衆忌所歸遂至覆轍相尋國家俱斃此國運使然也至伏后之死不關母家輔政然猶爲曹操所忌外戚之危如此

兩漢喪服無定制

漢文帝臨崩詔曰令到吏民三日釋服按天子之喪吏民尚齊衰三月今易以三日故後世謂之以日易月然此專指吏民而言未嘗槩之於臣子也詔又曰殿中當臨者旦夕各十五舉音以下則服大紅十五日小紅十

四日纖七日已下者下棺已葬也自始崩至葬皆衰既葬則大功小功及纖以次而殺也劉攽謂漢諸帝自崩至葬皆有百餘日未葬則服不除既葬又有大功小功及纖以次而殺是文帝雖有短喪之詔其實臣子向有未葬以前之服即既葬後大功小功纖亦有三十六日初非二十七日也且此專指國喪而言非令天下臣民凡父母之喪皆以日易月也乃自有此制大臣不行三年喪遂爲成例翟方進爲丞相後母死三十六日除服起視事以爲身備漢相不敢踰國家之制直至東漢安帝時鄧太后臨朝始詔長吏不爲親行服者不得選舉而議者猶謂牧守不應同此制劉愷獨以爲刺史一州之表二千石千里之師若不以身率先是濁其源而欲流之淸也（愷傳）於是牧守皆行服鄧后崩安帝又改制仍不聽行喪桓帝時又令刺史二千石行喪未幾又斷之統計兩漢臣僚罕有爲父母服三年者蓋因習俗相沿已成故事也然雖成故事而朝廷本未有不許行喪之令故行不行仍聽人自便西漢河間王良喪太后服三年哀帝特詔以爲宗室儀表益封萬戶（良傳）東漢濟北王次守喪梁太后詔曰王諒闇以來二十八月自諸國有憂未之聞也（宣傳）薛宣後母死弟修去官持服宣以爲三年喪人罕行之兄弟自相駁修遂竟服兄弟一也而一服一不服可見朝廷本無定制也鄧衍不服父喪明帝

聞之雖薄其爲人然本無服喪定例故亦不能以此罪之其臣下丁憂自願持服者則上書自陳有聽者有不聽者亦有暫聽而朝廷爲之起復者如太尉趙憙遭母憂乞身行喪明帝不許遣使者爲釋服（憙傳）太僕鄧彪遭母憂乞身詔以光祿大夫行服（彪傳）桓郁遭母憂乞身詔以侍中行服桓焉以母憂乞身詔以大夫行服踰年詔賜牛酒釋服（郁傳）（焉傳）寔諸爲金城太守崔寔爲遼東太守俱以母憂自上歸行喪服（寔傳）蓋本無必當行喪之制故欲行喪者皆須自乞亦無不許行喪之制故乞身者亦多得請也惟其無定制聽人自爲輕重於是徇名義者寧過無不及如江革遭母憂三年服竟猶不忍除郡守遣丞掾爲除服（革傳）東海王臻喪母服闋又追念喪父時幼小哀禮有闕乃重行喪制（臻傳）袁紹母死去官三年禮畢追感幼孤又行父喪（紹傳）甚至有如傅毅荀爽桓鸞爲舉主服喪三年李恂桓典王允爲郡將服喪三年崔寔以期喪去官侯苞以師喪持服可見兩漢喪服本無定制故轉以此立名青州民趙宣葬親而不閉埏隧居其中行服二十餘年鄉里稱其孝然五子皆服中生（陳蕃傳）又可知徇名者之未必出于眞也

長官喪服

兩漢父母之喪無定制而魏晉以後長官之喪轉有定制蓋自漢制三公得自置吏刺史得置從事二千石得

辟功曹掾吏不由尚書選授爲所辟置者即同家臣故有君臣之誼其後相沿凡屬吏之於長官皆如之晉書向雄傳雄爲主簿時爲太守劉毅所笞又與奮爲太守亦繫雄於獄後雄爲黃門侍郎而奮毅俱爲侍中同在門下不交一言武帝聞之特詔雄復修君臣之好可見是時長官屬吏有君臣分誼雖帝王不禁也既有君臣之禮遂有持服之制晉書丁潭爲琅邪王裒郎中令裒薨潭上書求終喪禮曰今制王侯之喪官僚服斬既葬而除今國無嗣子喪廷乏主臣宜終喪詔下博議令既葬除服心喪三年（潭傳）桓溫卒服終府州文武咸辭去（與元傳）齊書皇太子妃薨宮臣未知應服與否王儉議宮僚本

屬臣隸存既盡敬亡自應服齊潤由司徒改司空未拜而卒司空掾屬疑應服與否王儉議依婦在途聞夫家喪改服而入之禮其司徒掾屬宜居官持服（儉傳）魏書公孫邃爲青州刺史卒佐吏疑所服孝文帝詔曰專古也理與今違專今也大乖聲義主簿云近代相承服斬過葬而除自餘無服如此則太寥落可準諸境內爲齊衰三月（禮志）是晉以後屬吏爲長官持服并有定制非如漢時之自以意爲之也

王莽之敗

漢祚中衰元后長壽王莽藉其勢以輔政援立幼弱手握大權說托周公輔成王由安漢公而宰衡而居攝而即眞權勢所劫始則頌功德者八千餘人繼則諸王公侯議加九錫者九百二人又吏民上書者前後四十八萬七千五百七十二人雖宗室有安衆侯劉崇徐鄉侯劉快等臣僚有東郡太守翟義期門郎張充等先後起兵匡復皆旋即敗滅其威力所劫亦已遍天下靡然從風使能逆取順守沛大澤以結人心則天下雖未忘前朝而亦且安于新政未必更有發大難之端起而相抗者其敗也一由收天下田名曰王田禁之不得買賣一夫田過一井者分與里族敢有非議者投四裔又禁積五銖錢犯者亦投四裔于是農商皆失業以賣田積錢坐罪者不可勝數繼又設六筦之令令州縣酤酒賣鹽

鑄造鐵器諸采取名山大澤衆物者稅之此召怨于中國也莽自以爲北化匈奴東致海外南懷黃支惟西方未廓乃遣人誘西羌獻地置西海郡而西羌以失地遂叛又改蠻夷諸王皆爲侯使人授單于新印收故漢印改璽爲章單于欲得故印使者椎破之單于大怒遂寇邊句町王亦以改王爲侯而叛此召怨于外夷也又以匈奴之叛遣十二將出討之偏裨以下百八十人兵三十萬又搗鑄錢隣伍坐罪者男子檻車兒女步行鐵鎖琅當其頸詣軍前以十萬數到者易其夫婦州縣饋運糧餉自江海至北邊兵先到者屯駐候到畢同出於是將吏在邊者縱恣爲害五原代郡尤被其毒（漢書匈奴傳 北邊自宣帝）

以來不見烽火人民繁盛牛馬被野及莽撓亂匈奴與之構難邊民亡死相繫又十二部兵屯久不出吏行侵暴于是野多暴骨其討句町者士卒死什之五六此又因用兵而病民使外夷與中國胥怨者也於是四海沸騰寇盜蠭起更始赤眉光武因得以劉宗號召天下人但知莽之敗由于人心思漢而不知人心之所以思漢實莽之激而成之也當其始也詭激立名以濟其闒干之計似亦姦雄之所爲及僭逆已成不知所以撫御方謂天下盡可欺而肆其毒痡結怨中外土崩瓦解猶不以爲虞但銳意于稽古之事以爲制定則天下自平乃日夜講求制禮作樂附會六經之說不復省政事制作未畢而身已爲戮矣此其識見三尺童子之不若語云今之愚也詐而已矣若莽者其詐也愚而已矣

王莽時起兵者皆稱漢後

漢自高惠以後賢聖之君六七作深仁厚澤被於人者深即元成哀三帝稍劣亦絕無虐民之政祇以運祚中衰國統頻絕故王莽得乘便竊位班彪所謂危自上起傷不及下故雖時代改易而民心未去加以莽政愈虐則思漢之心益堅王常曰莽政令苛酷失天下心民之謳吟思漢非一日也常傳鄭興說更始曰天下同苦王氏虐政而思高祖之舊德興傳馮衍說廉丹曰海內潰亂人懷漢德甚於詩人之思召公也衍傳馮異說光武曰天下同苦王氏思漢久矣異傳歷觀諸說可見當日之民心也故羣雄之起兵者無不以劉氏舉號劉聖公在平林羣盜中爲安集掾軍雖衆而無所統一諸將以聖公本漢裔遂立爲天子建元曰更始更始初都洛陽將大封功臣朱鮪以爲高祖約非劉氏不王是諸將初起事即守漢祖法也更始傳赤眉樊崇起兵已屢勝聞更始立即往洛陽降後仍亡歸因齊巫言城陽景王云當爲縣官何故作賊遂奉劉盆子爲帝劉盆子傳平林人方望謂弓林等曰莽篡奪而孺子嬰尚在今皆云劉氏當更受命嬰故漢主也乃求得嬰立之更始傳卜者王郎偽稱成帝子子輿有趙王子林欲立之會赤眉將至林乃宣言赤眉來當立子輿爲帝以觀衆心百姓果信之遂立郎於邯鄲於是趙

國以北遼東以西皆從風而靡王郎傳盧芳因人心思漢乃詭自稱武帝曾孫劉文伯謂曾祖母匈奴谷蠡渾邪王之姊爲武帝后生三子遭江充之亂小子回卿流出在外再傳生文伯以此誑惑人諸豪傑以其爲劉氏子孫遂立爲上將軍使人與匈奴通和匈奴即立芳爲帝而是時五原人李興朔方人田颯代郡人石鮪等各自起兵者聞芳係漢後即迎入塞奉之芳傳劉永亦漢後更始封爲梁王更始敗永據睢陽起兵遣使拜董憲張步爲王憲步本特起不借劉氏爲號者以永係漢後遂受其爵命爲之盡力永及張步等傳公孫述雖自帝於蜀然其先亦借輔漢起事時宗成王岑皆以應漢爲將軍述在成都迎

之西成等暴掠遂乃謂少年曰天下同苦新室思漢故聞漢將到即迎之今反肆虐此寇賊非義兵也乃使人詐稱漢使者自東方來假述輔漢將軍益州牧印綬遂擊破成等自立爲蜀王尋稱帝（述傳）隗囂後雖割據天水諸郡然初起時亦思奉漢因王莽尚在長安臚更始不得通即立高帝廟稱臣奉祠莽死更始至長安囂即入謁見更始政亂遂逃歸後又受光武將鄧禹所封官號并遣子入侍末年惑于王元之說始懷貳志（囂傳）歷觀諸起事者非自稱劉氏子孫即以輔漢爲名可見是時人心思漢舉天下不謀而同是以光武得天下之易起兵不三年遂登帝位古未有如此之速者因民心之所嚮故易爲力也

王莽自殺子孫

王莽妻生四子宇獲安臨其名也哀帝時莽退就國獲殺奴莽切責獲迫令自殺及平帝立莽秉政慮帝母衛姬及舅衛寶衛元入朝撓己權遂建議奉大宗者不顧私親但封以爵號而不許入京師莽子宇心竊非之乃與師吳章及婦兄呂寬竊議章以莽不可諫而好鬼神當爲變怪懼之宇即使寬夜持血灑莽門爲門吏所發莽執宇送獄飲藥死宇妻懷子繫獄俟產後亦殺之此未居攝以前托大義滅親之說以立名也僭位後以安有疾立臨爲太子而莽妻以數哭子失明莽使臨侍養妻侍兒原碧者舊爲莽所幸至是臨又通焉懼事泄謀殺莽適以事貶出外第而莽妻病臨寄書於母爲莽所見中有怨望語莽疑之收原碧考問具得謀逆狀莽欲秘之乃殺考問者而賜臨藥臨不肯飲自刺死并其妻亦自殺是月安亦病死已而莽孫宗自畫容貌服天子衣冠刻三印其母舅呂寬家徒合浦宗又私與通書事發宗亦自殺又其兄子光少孤莽舊嘗敬事寡嫂撫光以立名莽僭位後光私屬洗金吾竇況爲之殺人莽聞之大怒切責光光母謂光曰汝自視孰與長孫仲孫（宇獲）也遂母子俱自殺是莽三子一孫一從子皆爲莽所殺其意但貪帝王之尊并無骨肉之愛也

王莽引經義以文其奸

王莽僭竊動引經義以文其奸居攝時使羣臣奏曰周成王幼小不能修文武之烈周公攝政則周道成不攝則恐失墜天命故君奭篇曰我嗣子孫大不克共上下遏失前人光在家不知命不易天應棐諶乃亡隊命此言周公服天子袞冕南面朝羣臣發號施令常稱王命召公不知其意故不說也書逸嘉禾篇曰周公奉鬯立于阼階延登贊曰假王莅政勤和天下此周公攝政贊者所稱也又康誥篇王若曰孟侯朕其弟小子封此周公居攝稱王之文也平帝疾莽又作策請於泰畤戴璧秉珪願以身代藏策金縢置於前殿敕諸公勿言又以

漢高廟爲文祖廟取虞書受終文祖之意此皆援尚書以行事也又引禮記明堂記曰周公朝諸侯于明堂天子負斧扆南面而立此言周公踐天子位朝諸侯制禮作樂而天下大服也莽又欲定封建之制引禮記王制千七百餘國是以孔子孝經曰不敢遺小國之臣而況於公侯伯子男乎於是封爵高者爲侯伯次爲子男此引禮記孝經以文其奸也又引孔子作春秋至於哀公十四年而一代畢協之於今亦哀之十四也謂哀帝六年平帝五年至莽居攝三年共年十四此引春秋以文其奸也其傅聖言以濟其私也如此